2010中国城市（镇）生活与价格年鉴

CHINA URBAN LIFE AND PRICE YEARBOOK

国家统计局城市社会经济调查司 编

Compiled by
Department of Urban Society and Economic Statistics,
National Bureau of Statistics of China

中国统计出版社
China Statistics Press

(京)新登字041号

图书在版编目（CIP）数据

2010中国城市(镇)生活与价格年鉴／国家统计局城市社会经济调查司编. - 北京：中国统计出版社，2010. 11
ISBN 978-7-5037-6151-5

Ⅰ. ①2… Ⅱ. ①国… Ⅲ. ①城镇 - 职工家庭收支调查 - 统计资料 - 中国 -2010- 年鉴②物价管理 - 统计资料 - 中国 -2010- 年鉴 Ⅳ. F126.2-66 ② F726.7-66

中国版本图书馆CIP数据核字（2010）第228129号

中国城市(镇)生活与价格年鉴—2010

作　　者／国家统计局城市社会经济调查司
责任编辑／申明九
E-mail／cbsebs@stats.gov.cn
封面设计／李雪燕
出版发行／中国统计出版社
通信地址／北京市西城区月坛南街57号
邮政编码／100826
办公地址／北京市丰台区西三环南路甲6号
网　　址／www.stats.gov.cn/tjshujia
电　　话／邮购（010）63376907　书店（010）68783172
印　　刷／河北天普润印刷厂
经　　销／新华书店
开　　本／880×1230毫米　1/16
字　　数／700千字
印　　张／23.25
版　　别／2010年12月第1版
版　　次／2010年12月第1次印刷
书　　号／ISBN 978-7-5037-6151-5/F・2971
定　　价／208.00元

《中国城市（镇）生活与物价年鉴—2010》

编委会和编辑人员

2010 CHINA URBAN LIFE AND PRICE YEARBOOK

Editorial Board And Staff

编者说明

一、《中国城市（镇）生活与物价年鉴—2010》是在《城镇居民家庭收支调查资料》与《中国物价统计年鉴》的基础上，对资料进行了充实和重新编排，增加了英文对照。本年鉴系统收录了2009年度城镇居民家庭收支调查资料、城市发展基本情况资料、价格调查资料，是一部比较全面地反映中国城市（镇）人民生活水平和各类价格指数的专业性综合年鉴。

二、年鉴分四个主要部分，第一部分，城镇居民家庭收入和消费；第二部分，城市资源与经济；第三部分，城市生活质量与环境；第四部分，价格指数。篇末附有统计指标解释。

三、本年鉴所涉及的全国性统计数据，均未包括香港、澳门特别行政区和台湾省数据。

四、年鉴资料中所使用的度量单位均采用国际统一标准计量单位。

五、资料中的城市为地级及以上城市。城市统计数据由各市统计部门或调查队采集。城市中的“全市”为城市全部行政区域，包括城区、郊区、市辖县；“市辖区”包括城区、郊区，不包括市辖县。

六、资料中的城镇居民家庭收支调查资料和物价调查资料为抽样调查资料，引用时须注意代表性误差。

七、城镇居民家庭收支调查（又称住户调查）和价格指数调查，是由国家统计局城市社会经济调查司组织实施，国家统计局各调查总队及抽中市（县）的调查队依据国家统计局统一制定的调查方案具体操作的。

八、年鉴符号使用说明：“空格”表示无该项数据或数据不详；*号表示本表下有注释，# 号表示其中数。

PREFACE

I. China Urban Life and Price Yearbook 2010mainly uses data of two books Data of urban households' income and expenditure and China Price Statistical Yearbook, with the English explanation and abundance in contents and re-organization in editing mode. The yearbook is a professional annual statistics publication, which covers very comprehensive data in 2009of urban households' income and expenditure, basic condition of urban development and price indices.

II. The yearbook contains four main chapters, 1.the urban households' income and expenditure; 2.Resources and economics in urban area; 3.Quality of life and circumstance in urban area; 4.Price indices. In addition, Explanatory Notes on Main Statistical Indicators are provided at the end of the yearbook.

III. The national data in this yearbook do not include that of Hong Kong SAR (Special Administrative Region), Macao SAR and Taiwan province.

IV. The units of measurement used in this yearbook are in accordance with internationally standard measurement units.

V. The urban areas in this yearbook are the cities at prefecture level and above. The urban data are collected by the municipal statistical sector or the survey organization at different level; "All cities" in this yearbook is the whole administrative district of a city, including the city and suburb district and counties under the jurisdiction of city government; "Districts under city" include city and suburban district, excluded counties.

VI. The data of urban households' income and expenditure and price indices, both are collected by sample survey; attention must be paid when the data are used as quotation.

VII. Department of Urban Surveys of National Bureau of statistics in China organizes urban household's survey and price indices survey. The survey organizations of provinces, autonomous regions and municipalities directly under the central government as well as the survey organizations of the selected cities and countries collect the data in accordance with the survey scheme stipulated by NBS.

VIII. Notations used in the yearbook: "blank space" indicates that the data are unknown or are not available; "#" indicates a major breakdown of the total; "*" indicates footnotes at the end of the table.

目 录

CONTENTS

第1篇　收入与消费

Ⅰ. Income and Consumption

1-1-1　城镇居民家庭可支配收入和消费支出 …… 3
The Cash Income and Expenditure of Urban Household
1-1-2　城镇居民家庭基本情况 …… 4
Basic Conditions of Urban Households
1-1-3　最低收入户城镇居民家庭基本情况 …… 6
Basic Conditions of Lowest Income Households
1-1-4　困难户城镇居民家庭基本情况 …… 6
Basic Conditions of Poor Households
1-1-5　低收入户城镇居民家庭基本情况 …… 8
Basic Conditions of Low income Households
1-1-6　中等偏下收入户城镇居民家庭基本情况 …… 8
Basic Conditions of Lower Middle income Households
1-1-7　中等收入户城镇居民家庭基本情况 …… 10
Basic Conditions of Middle Income Households
1-1-8　中等偏上收入户城镇居民家庭基本情况 …… 10
Basic Conditions of Upper Middle Income Households
1-1-9　高收入户城镇居民家庭基本情况 …… 12
Basic Conditions of High Income Households
1-1-10　最高收入户城镇居民家庭基本情况 …… 12
Basic Conditions of Highest Income Households
1-1-11　最低收入户城镇居民家庭现金收支表 …… 14
Income and Expenditure in Cash of Lowest Income Households
1-1-12　困难户城镇居民家庭现金收支表 …… 16
Income and Expenditure in Cash of Poor Income Households
1-1-13　低收入户城镇居民家庭现金收支表 …… 18
Income and Expenditure in Cash of Low Income Households

1-1-14 中等偏下收入户城镇居民家庭现金收支表 …………………………………………………………………… 20
Income and Expenditure in Cash of Lower Middle Income Households
1-1-15 中等收入户城镇居民家庭现金收支表 ………………………………………………………………………… 22
Income and Expenditure in Cash of Middle Income Households
1-1-16 中等偏上户城镇居民家庭现金收支表 ………………………………………………………………………… 24
Income and Expenditure in Cash of Urban Middle Income Households
1-1-17 高收入户城镇居民家庭现金收支表 …………………………………………………………………………… 26
Income and Expenditure in Cash of Urban High Income Households
1-1-18 最高收入户城镇居民家庭现金收支表 ………………………………………………………………………… 28
Income and Expenditure in Cash of Highest Income Households
1-1-19 城镇居民家庭平均每人全年购买主要商品数量 ……………………………………………………………… 30
Per Capita Annual Purchases of Major Commodities of Urban Households
1-1-20 城镇居民家庭平均每百户年底耐用消费品拥有量 …………………………………………………………… 30
Number of Major Durable Consumer Goods Owned Per 100 Urban Households at the Year-end
1-2-1 按收入等级分城镇居民家庭基本情况(2009年) …………………………………………………………… 32
Basic Condition of Urban Households by Level of Income (2009)
1-2-2 按收入等级分城镇居民家庭现金收入和支出 (平均每人全年,2009年) …………………………………… 34
Per Capita Annual Cash Income and Expenditure (2009)
1-2-3 按收入等级分城镇居民家庭消费支出(2009年) …………………………………………………………… 38
Per Capita Annual Living Expenditure of Urban Households (2009)
1-2-4 按收入等级分城镇居民家庭消费支出构成(2009年) ……………………………………………………… 42
Composition of Per Capita Annual Living Expenditure of Urban Households (2009)
1-2-5 按收入等级分城镇居民家庭每人全年购买主要商品数量(2009年) ……………………………………… 46
Per Capita Annual Purchases of Major Commodities of Urban Households by Level of Income (2009)
1-2-6 按收入等级分城镇居民家庭平均每百户购买主要耐用消费品数量(2009年) …………………………… 48
Purchases of Number of Durable Consumer Goods Per 100 Urban Households by Level of Income (2009)
1-2-7 按收入等级分城镇居民家庭平均每百户年底主要耐用消费品拥有量(2009年) ………………………… 48
Number of Durable Consumer Goods Owned Per 100 Urban Households at Year-end by Level of Income(2009)
1-3 按绝对收入分组城镇居民家庭基本情况(2009年) ………………………………………………………… 50
Basic Conditions of Urban Households by Level of Income (2008)
1-4-1 各地区城镇居民家庭人口就业情况(平均每户,2009年) …………………………………………………… 54
Employment Status of Urban Households by Region (2009)
1-4-2 各地区城镇居民家庭现金收入(平均每人全年，2009年) ………………………………………………… 56
Per Capita Annual Cash Income of Urban by Region (2009)
1-4-3 各地区城镇居民家庭现金支出(平均每人全年，2009年) ………………………………………………… 62
Per Capita Annual Living Expenditure of Urban Households by Region (2009)
1-4-4 各地区城镇居民家庭年末主要耐用消费品拥有量(2009年) ……………………………………………… 68
Number of Major Durable Consumer Goods Owned Per 100 Urban Households at the Year-end by Region (2009)
1-4-5 各地区城镇居民家庭消费支出(平均每人全年,2009年) …………………………………………………… 72
Per Capita Annual Consumption Expenditure of Urban Households by Region (2009)
1-4-6 各地区城镇居民家庭消费支出构成(2009年) ……………………………………………………………… 85
Composition of Per Capita Annual Consumption Expenditure of Urban Households by Region (2009)

1-5 大中城市居民家庭基本情况(2009年) …… 98
Basic Condition of Urban Households of Major Cities (2009)

第2篇 城市资源与经济
Ⅱ. Urban Resources and Economy

2-1 城市人口资源分布(2009年) …… 105
Distribution of Urban Population Resources(2009)
2-2 城市土地资源分布(2009年) …… 112
Distribution of Urban Land Resources(2009)
2-3 城市劳动力与就业(2009年) …… 119
Labor Force and Employees(2009)
2-4 城市经济主要指标(市辖区，2009年) …… 126
Main Indicators of Urban Economic(Districts under City，2009)

第3篇 城市生活质量与环境
Ⅲ. Urban Life Quality and Environment

3-1 居住情况(市辖区,2009年) …… 135
Urban Residence (Districts under City，2009)
3-2 城市生活用水、电、气(市辖区,2009年) …… 142
Urban Consumption of Water and Power and Gas for Residential Use (Districts under City，2009)
3-3 城市教育与文化(市辖区,2009年) …… 149
Urban Education and Culture (Districts under City，2009)
3-4 城市医疗卫生(2009年) …… 156
Urban Health(2009)
3-5 城市社会保障(2009年) …… 163
Urban Social Security(2009)
3-6 城市道路与交通(市辖区,2009年) …… 170
Urban Roads and Public Transportation (Districts under City，2009)
3-7 城市绿化(市辖区,2009年) …… 177
Urban Green Areas(Districts under City，(2009)

第4篇 价格指数
Ⅳ.Price Indices

4-1 各种价格总指数(1951～2009年)Price Indices (1951～2009) …… 187
Price Indices (1951～2009)
4-2 各种价格定基指数(1978～2009年)Fixed-base Price Indices(1978～2009) …… 188
Fixed-base Price Indices(1978～2009)
4-3-1 全国工业品出厂价格分类指数(1985～2009年) …… 189
Ex-Factory Price Indices of Industrial Products(1985～2009)
4-3-2 全国按部门分工业品出厂价格指数(1985～2009年) …… 190
Ex-Factory Price Indices of Industrial Products by Branch(1985～2009)
4-3-3 全国按行业分工业品出厂价格指数(1985～2009年) …… 191
Ex-Factory Price Indices of Industrial Products by Sector(1985～2009)
4-3-4 全国主要产品工业品出厂价格指数(1993～2009年) …… 195
Main Ex-Factory Price Indices of Industrial Products(1993～2009)

4-3-5 各地区工业品出厂价格总指数(1987～2009年) …… 196
Ex-factory Price Indices of Industrial Products by Region (1987~2009)
4-3-6 各地区工业品出厂价格分类指数(2009年) …… 198
Ex-factory Price Indices of Industrial Products by Region (2009)
4-3-7 各地区按部门分工业品出厂价格指数 (2009年) …… 200
Ex-factory Price Indices of Industrial Products by Branch and Region (2009)
4-3-8 各地区按行业分工业品出厂价格指数 (2009年) …… 202
Ex-factory Price Indices of Industrial Products by Sector and Region (2009)
4-4-1 全国原材料、燃料、动力购进价格分类指数(1986～2009年) …… 210
Indices of Purchasing Prices of Raw Materials,Fuels and Power (1986～2009)
4-4-2 各地区原材料、燃料、动力购进价格总指数(1986～2009年) …… 211
Indices of Purchasing Prices of Raw Materials, Fuels and Power by region (1986～2009)
4-4-3 各地区原材料、燃料、动力购进价格分类指数(2009年) …… 213
Indices of Purchasing Prices of Raw Materials,Fuels and Power by Category and Region (2009)
4-5-1 全国固定资产投资价格分类指数(1991～2009年) …… 214
Price Indices of Investment in Fixed Assets(1991～2009)
4-5-2 各地区固定资产投资价格总指数(1991～2009年) …… 215
Price Indices of Investment in Fixed Assets by Region(1991～2009)
4-5-3 各地区固定资产投资价格分类指数(2008～2009年) …… 217
Price Indices of Investment in Fixed Assets by Region and Category (2008～2009)
4-6-1 全国房地产价格分类指数(1998～2009年) …… 218
Price Indices for Real Estate(1998～2009)
4-6-2 70个大中城市房地产价格指数(1998～2009年) …… 220
Price Indices of Real Estate in 70 Large-scale and Medium-scale Cities(1998～2009)
4-6-3 全国70个大中城市土地交易价格指数(2009年) …… 226
Transactions Price Indices of Land in 70 Major Cities(2009)
4-6-4 全国70个大中城市房屋租赁价格指数(2009年) …… 228
Renting Price Indices of Houses in 70 Major Cities (2009)
4-6-5 全国70个大中城市物业管理价格指数(2009年) …… 232
Price Indices of Real Estate Management in 70 Major Cities (2009)
4-7-1 全国居民消费价格分类指数(2001～2009年) …… 236
Consumer Price Indices by Category (2001～2009)
4-7-2 全国居民消费价格分类指数(2009年) …… 240
Consumer Price Indices by Category (2009)
4-7-3 各地区居民消费价格总指数(1981～2009年) …… 242
Consumer Price Indices by Region(1981～2009)
4-7-4 各地区居民消费价格指数(2009年) …… 244
Consumer Price Indices by Category and Region (2009)
4-7-5 各地区城市居民消费价格指数 (2009年) …… 255
Urban Consumer Price Indices by Category and Region (2009)
4-7-6 各地区农村居民消费价格指数 (2009年) …… 266
Rural Consumer Price Indices by Category and Region (2009)
4-7-7 36个大中城市居民消费价格指数 (2009年) …… 277
Consumer Price Indices in 36 Major Cities (2009)
4-8-1 全国商品零售价格分类指数(1978～2009年) …… 288
Retail Price Indices by Category(1978～2009)
4-8-2 全国商品零售价格分类指数 (2009年) …… 293
Retail Price Indices by Category (2009)

4-8-3 各地区商品零售价格总指数(1981～2009年) …… 294
Retail Price Indices by Region(1981～2009)
4-8-4 各地区商品零售价格分类指数 (2009年) …… 296
Retail Price Indices by Category and Region (2009)
4-8-5 各地区城市商品零售价格分类指数(2009年) …… 304
Urban Retail Price Indices by Category and Region (2009)
4-8-6 各地区农村商品零售价格分类指数(2009年) …… 312
Rural Retail Price Indices by Category and RegionUrban (2009)
4-8-7 36个大中城市商品零售价格分类指数(2009年) …… 320
Retail Price Indices by Category in 36 Major Cities (2009)
4-9-1 各地区农业生产资料价格分类指数(2009年) …… 328
Price Indices of Means of Agricultural Production by Category (2009)
4-9-2 各地区农业生产资料价格总指数(1994～2009年) …… 330
Price Indices of Means of Agricultural Production by Region(1994～2009)

附录 Appendix

附录1 主要统计指标解释 …… 335
Explanatory Nofes on Main Statistical Indicators
附录2 城市调查统计方法的简要说明 …… 355
Brief Illustration of Urban Statistical Method

收入与消费

Income and Consumption

第 *1* 篇

1-1-1 城镇居民家庭可支配收入和消费支出

The Cash Income and Expenditure of Urban Household

年 份 Year	城镇居民家庭人均可支配收入 Per Capita Annual Disposable Income of Urban Household			城镇居民人均消费性支出 Per Capita Annual Consumption Expenditure of Urban Household		
	绝对数 Value (元) (yuan)	增长率 Growth Rate		绝对数 Value (元) (yuan)	增长率 Growth Rate	
		1978=100	上年=100 Preceding Year=100		1978=100	上年=100 Preceding Year=100
1978	343.4	100.0		311.2		
1979	405.0	115.7	115.7			
1980	477.6	127.0	109.7	412.4	121.0	
1981	500.4	129.9	102.2	456.8	130.9	108.1
1982	535.3	136.3	104.9	471.0	132.3	101.1
1983	564.6	141.5	103.9	505.9	139.3	105.3
1984	652.1	158.7	112.2	559.4	150.0	107.7
1985	739.1	160.4	101.1	673.2	161.2	107.5
1986	900.9	182.7	113.9	799.0	178.8	110.9
1987	1002.1	186.8	102.2	884.4	182.0	101.7
1988	1180.2	182.3	97.6	1104.0	188.1	103.4
1989	1373.9	182.5	100.1	1211.0	177.5	94.3
1990	1510.2	198.1	108.5	1278.9	185.1	104.3
1991	1700.6	212.4	107.1	1453.8	200.3	108.2
1992	2026.6	232.9	109.7	1671.7	212.0	105.9
1993	2577.4	255.1	109.5	2110.8	230.6	108.8
1994	3496.2	276.8	108.5	2851.3	249.1	108.1
1995	4283.0	290.3	104.9	3537.6	264.6	106.2
1996	4838.9	301.6	103.8	3919.5	269.5	101.8
1997	5160.3	311.9	103.4	4185.6	279.1	103.6
1998	5425.1	329.9	105.8	4331.6	290.6	104.1
1999	5854.0	360.6	109.3	4615.9	313.8	108.0
2000	6280.0	383.7	106.4	4998.0	337.0	107.4
2001	6859.6	416.3	108.5	5309.0	355.5	105.5
2002	7702.8	472.1	113.4	6029.9	407.9	114.7
2003	8472.2	514.6	109.0	6510.9	436.5	107.0
2004	9421.6	554.2	107.7	7182.1	466.1	106.8
2005	10493.0	607.4	109.6	7942.9	507.4	108.9
2006	11759.5	670.7	110.4	8696.7	547.4	107.9
2007	13785.8	752.5	112.2	9997.5	602.1	110.0
2008	15780.8	815.7	108.4	11242.9	641.3	106.5
2009	17174.7	895.4	109.8	12264.6	705.6	110.0

注：本表绝对数按当年价格计算，增长率按可比价计算。

Absolute at current prices, growth rates based on comparable prices.

1-1-2 城镇居民家庭基本情况

项　目	Item	单位	Unit	1985	1990	1995
调查户数	**Number of Households Surveyed**	**户**	**household**	**17143**	**35660**	**35520**
平均每户家庭人口	**Average Household Size**	**人**	**person**	**3.82**	**3.50**	**3.23**
平均每户就业人口	**Average Number of Employed Persons Per Household**	**人**	**person**	**2.20**	**1.98**	**1.87**
平均每户就业面	**Proportion of Employment per Household**	**%**	**%**	**57.59**	**56.57**	**57.89**
平均每一就业者负担人数	**Number of Dependents per Employee**					
（包括就业者本人）	**(Including the Employee Himself or Herself)**	**人**	**person**	**1.74**	**1.77**	**1.73**
平均每人全部年收入	**Per Capita Annual Income**	**元**	**yuan**	**821.40**	**1516.21**	**4279.02**
工薪收入	Income of Wages and Salaries	元	yuan		1149.70	3390.21
经营净收入	Net Business Income	元	yuan		22.50	72.62
财产性收入	Income from Property	元	yuan		15.60	90.43
转移性收入	Income from Transfer	元	yuan		328.41	725.76
#可支配收入	#Disposable Income	元	yuan	752.40	1510.16	4282.95
平均每人消费性支出	**Per Capita Annual Consumption Expenditures**	**元**	**yuan**	**732.24**	**1278.89**	**3537.57**
食　品	Food	元	yuan	390.36	693.77	1771.99
衣　着	Clothing	元	yuan	112.32	170.90	479.20
居　住	Housing	元	yuan	25.56	60.86	283.76
家庭设备用品及服务	Household Appliances and Service	元	yuan	81.48	108.45	263.36
医疗保健	Health Care and Medical Services	元	yuan	5.52	25.67	110.11
交通通信	Transport and Communications	元	yuan	9.24	40.51	183.22
教育文化娱乐服务	Education, Cultural and Recreation Services	元	yuan	75.48	112.26	331.01
杂项商品与服务	Miscellaneous Goods and Services	元	yuan	32.28	66.57	114.92
平均每人消费性支出构成	**Composition of Per Capita Annual Consumption**					
（人均消费性支出=100）	**Expenditures**	%	%			
食　品	Food	%	%	53.31	54.25	50.09
衣　着	Clothing	%	%	15.34	13.36	13.55
居　住	Housing	%	%	3.49	6.98	8.02
家庭设备用品及服务	Household Appliances and Service	%	%	11.13	10.14	7.44
医疗保健	Health Care and Medical Services	%	%	0.75	2.01	3.11
交通通信	Transport and Communications	%	%	1.26	1.20	5.18
教育文化娱乐服务	Education, Cultural and Recreation Services	%	%	10.31	11.12	9.36
其它商品与服务	Miscellaneous Goods and Services	%	%	4.41	0.94	3.25

注：从2002年起，城市住户调查对象由原来的非农业人口改为城市市区和县城关镇区，相关资料按新口径计算，历史数据相应调整。
Since 2002, the objects of unban households survey are the permanent residents of city districts and county towns. The relative data in the chapter are calculated according to the new standard, and history data have been adjusted accordingly.

Basic Conditions of Urban Households

2000	2001	2002	2003	2004	2005	2006	2007	2008	2009
42220	**43840**	**45317**	**48028**	**50430**	**54496**	**56094**	**59305**	**64675**	**65506**
3.13	**3.10**	**3.04**	**3.01**	**2.98**	**2.96**	**2.95**	**2.91**	**2.91**	**2.89**
1.68	**1.65**	**1.58**	**1.58**	**1.56**	**1.51**	**1.53**	**1.54**	**1.48**	**1.49**
53.67	**53.23**	**51.97**	**52.49**	**52.35**	**51.01**	**51.86**	**52.92**	**50.86**	**51.56**
1.86	**1.88**	**1.92**	**1.91**	**1.91**	**1.96**	**1.93**	**1.89**	**1.97**	**1.94**
6295.91	**6868.88**	**8177.40**	**9061.22**	**10128.51**	**11320.77**	**12719.19**	**14908.61**	**17067.78**	**18858.09**
4480.50	4829.86	5739.96	6410.22	7152.76	7797.54	8766.96	10234.76	11298.96	12382.11
246.24	274.05	332.16	403.82	493.87	679.62	809.56	940.72	1453.57	1528.68
128.38	134.62	102.12	134.98	161.15	192.91	244.01	348.53	387.02	431.84
1440.78	1630.36	2003.16	2112.20	2320.73	2650.70	2898.66	3384.60	3928.23	4515.45
6279.98	6859.58	7702.80	8472.20	9421.61	10493.03	11759.45	13785.81	15780.76	17174.65
4998.00	**5309.01**	**6029.88**	**6510.94**	**7182.10**	**7942.88**	**8696.55**	**9997.47**	**11242.85**	**12264.55**
1971.32	2027.99	2271.84	2416.92	2709.60	2914.39	3111.92	3628.03	4259.81	4478.54
500.46	533.66	590.88	637.72	686.79	800.51	901.78	1042.00	1165.91	1284.2
565.29	610.67	624.36	699.38	733.53	808.66	904.19	982.28	1145.41	1228.91
374.49	376.22	388.68	410.34	407.37	446.52	498.48	601.80	691.83	786.94
318.07	343.28	430.08	475.98	528.15	600.85	620.54	699.09	786.20	856.41
426.95	493.94	626.04	721.12	843.62	996.72	1147.12	1357.41	1417.12	1682.57
669.58	736.63	902.28	934.38	1032.80	1097.46	1203.03	1329.16	1358.26	1472.76
171.83	186.61	195.84	215.10	240.24	277.75	309.49	357.70	418.31	474.21
39.44	38.20	37.68	37.12	37.73	36.69	35.78	36.29	37.89	36.52
10.01	10.05	9.80	9.79	9.56	10.08	10.37	10.42	10.37	10.47
11.31	11.50	10.35	10.74	10.21	10.18	10.40	9.83	10.19	10.02
7.49	7.09	6.45	6.30	5.67	5.62	5.73	6.02	6.15	6.42
6.36	6.47	7.13	7.31	7.35	7.56	7.14	6.99	6.99	6.98
8.54	9.30	10.38	11.08	11.75	12.55	13.19	13.58	12.60	13.72
13.40	13.88	14.96	14.35	14.38	13.82	13.83	13.29	12.08	12.01
3.44	3.51	3.25	3.30	3.34	3.50	3.56	3.58	3.72	3.87

1-1-3 最低收入户城镇居民家庭基本情况

项 目	Item	单位	Unit	1985
调查户数	**Number of Households Surveyed**	**户**	**household**	**1714**
一、家庭人口数	**Households Size**	**人**	**person**	**4.47**
(一)有收入者人数	**Number of Persons with Income**	**人**	**person**	
1.就业人口数	Number of Employed Persons	**人**	**person**	1.82
(1)国有经济单位职工人数	Staff and Workers in State-owned Economic Units	人	person	
(2)城镇集体经济单位职工人数	Staff and Workers in Collective-owned Economic Units	人	person	
(3)其他各种经济类型单位职工人数	Staff and Workers in Units of Other Economic Type	人	person	
(4)城镇个体经营者人员数	Urban Self-employed Individuals or Owners of Private Enterprises	人	person	
(5)城镇个体被雇人员数	Employed Persons of Urban Self-employed or Private Enterprises	人	person	
(6)离退休再就业人员数	Retired Staff and Veteran Cadres of Reemployment	人	person	
(7)其他就业人员数	Other Employed	人	person	
2.离退休人数	Number of Retired Staff and Veteran Cadres	人	person	
3.其他有收入者人数	Number of Other Persons Earning Income	人	person	
(二)无收入者人数	**Number of Persons Without Income**	**人**	**person**	
二、期末家庭人口数	**Number of Households Members at the end of Period**	**人**	**person**	

1-1-4 困难户城镇居民家庭基本情况

项 目	Item	单位	Unit	1985
调查户数	**Number of Households Surveyed**	**户**	**household**	**857**
一、家庭人口数	**Households Size**	**人**	**person**	**4.55**
(一)有收入者人数	**Number of Persons with Income**	**人**	**person**	
1.就业人口数	Number of Employed Persons	**人**	**person**	1.70
(1)国有经济单位职工人数	Staff and Workers in State-owned Economic Units	人	person	
(2)城镇集体经济单位职工人数	Staff and Workers in Collective-owned Economic Units	人	person	
(3)其他各种经济类型单位职工人数	Staff and Workers in Units of Other Economic Type	人	person	
(4)城镇个体经营者人员数	Urban Self-employed Individuals or Owners of Private Enterprises	人	person	
(5)城镇个体被雇人员数	Employed Persons of Urban Self-employed or Private Enterprises	人	person	
(6)离退休再就业人员数	Retired Staff and Veteran Cadres of Reemployment	人	person	
(7)其他就业人员数	Other Employed	人	person	
2.离退休人数	Number of Retired Staff and Veteran Cadres	人	person	
3.其他有收入者人数	Number of Other Persons Earning Income	人	person	
(二)无收入者人数	**Number of Persons Without Income**	**人**	**person**	
二、期末家庭人口数	**Number of Households Members at the end of Period**	**人**	**person**	

Basic Conditions of Lowest Income Households

1990	1995	2000	2001	2002	2003	2004	2005	2006	2007	2008	2009
3566	**3552**	**4222**	**4383**	**4532**	**4783**	**5060**	**5376**	**5594**	**5940**	**6353**	**6518**
4.09	**3.67**	**3.56**	**3.51**	**3.43**	**3.40**	**3.36**	**3.34**	**3.31**	**3.30**	**3.33**	**3.29**
	2.05	**1.93**	**1.90**	**1.77**	**1.76**	**1.79**	**1.75**	**1.77**	**1.72**	**1.68**	**1.72**
1.75	1.71	1.59	1.54	1.36	1.35	1.36	1.26	1.30	1.34	1.27	1.32
	1.11	0.87	0.80	0.61	0.57	0.53	0.41	0.44	0.42	0.32	0.33
	0.45	0.31	0.29	0.17	0.14	0.13	0.10	0.09	0.09	0.06	0.06
	0.01	0.06	0.06	0.07	0.07	0.12	0.13	0.16	0.17	0.14	0.15
	0.05	0.16	0.18	0.21	0.22	0.23	0.22	0.22	0.21	0.17	0.19
	0.02	0.10	0.12	0.18	0.19	0.21	0.26	0.25	0.30	0.39	0.42
	0.03	0.02	0.02	0.01	0.01	0.01	0.01	0.01		0.01	0.01
	0.02	0.07	0.06	0.13	0.14	0.14	0.13	0.14	0.15	0.18	0.17
	0.32	0.31	0.34	0.28	0.25	0.27	0.30	0.30	0.29	0.26	0.24
	0.02	0.03	0.03	0.13	0.16	0.16	0.19	0.18	0.10	0.16	0.15
	1.62	**1.64**	**1.60**	**1.66**	**1.64**	**1.57**	**1.59**	**1.53**	**1.58**	**1.65**	**1.58**
	3.66	**3.56**	**3.50**	**3.42**	**3.38**	**3.35**	**3.35**	**3.28**	**3.30**	**3.30**	**3.29**

Basic Conditions of Poor Households

1990	1995	2000	2001	2002	2003	2004	2005	2006	2007	2008	2009
1783	**1861**	**2111**	**2291**	**2266**	**2383**	**2524**	**2666**	**2801**	**2967**	**3137**	**3248**
4.13	**3.73**	**3.60**	**3.57**	**3.49**	**3.46**	**3.42**	**3.38**	**3.33**	**3.30**	**3.34**	**3.30**
	2.01	**1.87**	**1.86**	**1.68**	**1.66**	**1.70**	**1.61**	**1.66**	**1.59**	**1.54**	**1.59**
1.63	1.65	1.54	1.52	1.27	1.25	1.27	1.13	1.17	1.23	1.16	1.22
	1.05	0.82	0.76	0.53	0.49	0.46	0.33	0.32	0.33	0.24	0.28
	0.46	0.32	0.30	0.16	0.14	0.11	0.09	0.07	0.08	0.06	0.05
	0.01	0.05	0.07	0.06	0.06	0.10	0.12	0.13	0.15	0.12	0.14
	0.06	0.16	0.18	0.20	0.21	0.23	0.20	0.23	0.21	0.16	0.17
	0.02	0.10	0.12	0.20	0.20	0.19	0.24	0.25	0.29	0.38	0.39
	0.03	0.01	0.01		0.01		0.01	0.01		0.01	0.01
	0.02	0.07	0.08	0.11	0.14	0.16	0.15	0.15	0.16	0.19	0.18
	0.33	0.30	0.31	0.24	0.22	0.23	0.25	0.26	0.24	0.20	0.19
	0.02	0.03	0.03	0.16	0.19	0.20	0.24	0.23	0.12	0.19	0.19
	1.72	**1.73**	**1.71**	**1.81**	**1.81**	**1.72**	**1.77**	**1.66**	**1.71**	**1.80**	**1.71**
	3.72	**3.60**	**3.56**	**3.48**	**3.43**	**3.41**	**3.39**	**3.30**	**3.30**	**3.31**	**3.30**

1-1-5 低收入户城镇居民家庭基本情况

项 目	Item	单位	Unit	1985
调查户数	**Number of Households Surveyed**	**户**	**ıousehold**	**1714**
一、家庭人口数	**Household Size**	**人**	**person**	**4.19**
(一)有收入者人数	**Number of Persons with Income**	**人**	**person**	
1.就业人口数	Number of Employed Persons	**人**	**person**	2.03
(1)国有经济单位职工人数	State-owned Units	人	person	
(2)城镇集体经济单位职工人数	Urban Collective-owned Units	人	person	
(3)其他各种经济类型单位职工人数	Staff and Workers in Units of Other Economic Type	人	person	
(4)城镇个体经营者人员数	Urban Self-employed Individuals or Owners of Private Enterprises	人	person	
(5)城镇个体被雇人员数	Employed Persons of Urban Self-employed or Private Enterprises	人	person	
(6)离退休再就业人员数	Retired Staff and Veteran Cadres of Reemployment	人	person	
(7)其他就业人员数	Other Employed	人	person	
2.离退休人数	Number of Retire	人	person	
3.其他有收入者人数	Number of Other Persons Earning Income	人	person	
(二)无收入者人数	**Number of Persons Without Income**	**人**	**person**	
二、期末家庭人口数	**Number of Households Members at the end of Period**	**人**	**person**	

1-1-6 中等偏下收入户城镇居民家庭基本情况

项 目	Item	单位	Unit	1985
调查户数	**Number of Households Surveyed**	**户**	**ıousehold**	**3429**
一、家庭人口数	**Households Size**	**人**	**person**	**3.99**
(一)有收入者人数	**Number of Persons with Income**	**人**	**person**	
1.就业人口数	Number of Employed Persons	**人**	**person**	2.12
(1)国有经济单位职工人数	Staff and Workers in State-owned Economic Units	人	person	
(2)城镇集体经济单位职工人数	Staff and Workers in Collective-owned Economic Units	人	person	
(3)其他各种经济类型单位职工人数	Staff and Workers in Units of Other Economic Type	人	person	
(4)城镇个体经营者人员数	Urban Self-employed Individuals or Owners of Private Enterprises	人	person	
(5)城镇个体被雇人员数	Employed Persons of Urban Self-employed or Private Enterprises	人	person	
(6)离退休再就业人员数	Retired Staff and Veteran Cadres of Reemployment	人	person	
(7)其他就业人员数	Other Employed	人	person	
2.离退休人数	Number of Retired Staff and Veteran Cadres	人	person	
3.其他有收入者人数	Number of Other Persons Earning Income	人	person	
(二)无收入者人数	**Number of Persons Without Income**	**人**	**person**	
二、期末家庭人口数	**Number of Households Members at the end of Period**	**人**	**person**	

Basic Conditions of Low income Households

1990	1995	2000	2001	2002	2003	2004	2005	2006	2007	2008	2009
3566	**3552**	**4222**	**4384**	**4532**	**4849**	**5055**	**5454**	**5607**	**5936**	**6485**	**6563**
3.88	**3.49**	**3.40**	**3.38**	**3.34**	**3.28**	**3.24**	**3.22**	**3.20**	**3.20**	**3.22**	**3.23**
	2.16	**2.03**	**2.02**	**1.99**	**1.98**	**1.99**	**1.96**	**2.00**	**1.98**	**1.95**	**1.98**
1.92	1.81	1.66	1.62	1.54	1.53	1.52	1.45	1.52	1.55	1.44	1.46
	1.29	1.01	0.95	0.86	0.81	0.79	0.66	0.67	0.66	0.46	0.50
	0.39	0.27	0.24	0.18	0.16	0.14	0.11	0.11	0.10	0.08	0.07
	0.02	0.07	0.08	0.09	0.12	0.14	0.20	0.22	0.20	0.19	0.19
	0.05	0.16	0.15	0.18	0.17	0.17	0.17	0.19	0.17	0.18	0.18
	0.01	0.09	0.11	0.14	0.15	0.19	0.21	0.22	0.29	0.39	0.38
	0.04	0.02	0.03	0.02	0.01	0.01	0.01	0.02	0.01	0.01	0.01
	0.01	0.05	0.05	0.08	0.10	0.09	0.09	0.10	0.11	0.13	0.13
	0.34	0.36	0.38	0.37	0.36	0.38	0.41	0.39	0.39	0.42	0.43
	0.01	0.01	0.02	0.09	0.09	0.10	0.11	0.09	0.04	0.09	0.09
	1.33	**1.37**	**1.36**	**1.34**	**1.30**	**1.25**	**1.26**	**1.20**	**1.22**	**1.28**	**1.25**
	3.47	**3.40**	**3.37**	**3.33**	**3.26**	**3.24**	**3.21**	**3.19**	**3.20**	**3.20**	**3.22**

Basic Conditions of Lower Middle income Households

1990	1995	2000	2001	2002	2003	2004	2005	2006	2007	2008	2009
7132	**7104**	**8444**	**8768**	**9063**	**9691**	**10124**	**10943**	**11251**	**11880**	**12983**	**13132**
3.71	**3.36**	**3.28**	**3.25**	**3.20**	**3.13**	**3.10**	**3.10**	**3.09**	**3.05**	**3.06**	**3.04**
	2.19	**2.13**	**2.10**	**2.10**	**2.07**	**2.08**	**2.09**	**2.10**	**2.10**	**2.06**	**2.08**
1.98	1.87	1.69	1.66	1.62	1.58	1.57	1.55	1.56	1.57	1.52	1.53
	1.43	1.14	1.09	1.04	0.99	0.94	0.84	0.87	0.81	0.67	0.67
	0.33	0.23	0.22	0.16	0.15	0.13	0.11	0.10	0.09	0.08	0.08
	0.02	0.08	0.08	0.11	0.12	0.15	0.19	0.21	0.20	0.20	0.20
	0.04	0.12	0.13	0.12	0.12	0.12	0.14	0.13	0.14	0.15	0.16
	0.01	0.07	0.08	0.12	0.12	0.14	0.17	0.16	0.22	0.30	0.31
	0.04	0.03	0.03	0.02	0.02	0.02	0.02	0.02	0.02	0.01	0.01
	0.01	0.04	0.04	0.06	0.07	0.07	0.07	0.07	0.08	0.09	0.10
	0.31	0.43	0.43	0.41	0.43	0.44	0.48	0.48	0.50	0.49	0.50
	0.01	0.01	0.01	0.06	0.07	0.07	0.07	0.06	0.03	0.06	0.05
	1.17	**1.15**	**1.15**	**1.10**	**1.06**	**1.02**	**1.01**	**0.99**	**0.95**	**1.00**	**0.96**
	3.35	**3.28**	**3.24**	**3.19**	**3.12**	**3.09**	**3.09**	**3.09**	**3.05**	**3.04**	**3.03**

1-1-7 中等收入户城镇居民家庭基本情况

项 目	Item	单位	Unit	1985
调查户数	**Number of Households Surveyed**	**户**	**household**	**3429**
一、家庭人口数	**Households Size**	**人**	**person**	**3.80**
(一)有收入者人数	**Number of Persons with Income**	**人**	**person**	
1.就业人口数	Number of Employed Persons	**人**	**person**	2.22
(1)国有经济单位职工人数	Staff and Workers in State-owned Economic Units	人	person	
(2)城镇集体经济单位职工人数	Staff and Workers in Collective-owned Economic Units	人	person	
(3)其他各种经济类型单位职工人数	Staff and Workers in Units of Other Economic Type	人	person	
(4)城镇个体经营者人员数	Urban Self-employed Individuals or Owners of Private Enterprises	人	person	
(5)城镇个体被雇人员数	Employed Persons of Urban Self-employed or Private Enterprises	人	person	
(6)离退休再就业人员数	Retired Staff and Veteran Cadres of Reemployment	人	person	
(7)其他就业人员数	Other Employed	人	person	
2.离退休人数	Number of Retired Staff and Veteran Cadres	人	person	
3.其他有收入者人数	Number of Other Persons Earning Income	人	person	
(二)无收入者人数	**Number of Persons Without Income**	**人**	**person**	
二、期末家庭人口数	**Number of Households Members at the end of Period**	**人**	**person**	

1-1-8 中等偏上收入户城镇居民家庭基本情况

项 目	Item	单位	Unit	1985
调查户数	**Number of Households Surveyed**	**户**	**household**	**3429**
一、家庭人口数	**Households Size**	**人**	**person**	**3.62**
(一)有收入者人数	**Number of Persons with Income**	**人**	**person**	
1.就业人口数	Number of Employed Persons	**人**	**person**	2.30
(1)国有经济单位职工人数	Staff and Workers in State-owned Economic Units	人	person	
(2)城镇集体经济单位职工人数	Staff and Workers in Collective-owned Economic Units	人	person	
(3)其他各种经济类型单位职工人数	Staff and Workers in Units of Other Economic Type	人	person	
(4)城镇个体经营者人员数	Urban Self-employed Individuals or Owners of Private Enterprises	人	person	
(5)城镇个体被雇人员数	Employed Persons of Urban Self-employed or Private Enterprises	人	person	
(6)离退休再就业人员数	Retired Staff and Veteran Cadres of Reemployment	人	person	
(7)其他就业人员数	Other Employed	人	person	
2.离退休人数	Number of Retired Staff and Veteran Cadres	人	person	
3.其他有收入者人数	Number of Other Persons Earning Income	人	person	
(二)无收入者人数	**Number of Persons Without Income**	**人**	**person**	
二、期末家庭人口数	**Number of Households Members at the end of Period**	**人**	**person**	

Basic Conditions of Middle Income Households

	1990	1995	2000	2001	2002	2003	2004	2005	2006	2007	2008	2009
	7132	**7104**	**8444**	**8768**	**9063**	**9663**	**10108**	**10966**	**11236**	**11869**	**12993**	**13137**
	3.49	**3.23**	**3.14**	**3.11**	**3.04**	**3.03**	**2.99**	**2.95**	**2.92**	**2.88**	**2.89**	**2.84**
		2.22	**2.16**	**2.13**	**2.15**	**2.16**	**2.16**	**2.14**	**2.15**	**2.14**	**2.12**	**2.13**
	2.04	1.92	1.72	1.67	1.63	1.65	1.63	1.56	1.56	1.57	1.50	1.49
		1.54	1.28	1.21	1.15	1.14	1.10	0.97	0.97	0.94	0.79	0.79
		0.26	0.17	0.16	0.12	0.11	0.10	0.08	0.08	0.08	0.08	0.07
		0.02	0.07	0.08	0.11	0.12	0.15	0.19	0.20	0.21	0.20	0.20
		0.03	0.08	0.09	0.09	0.09	0.09	0.11	0.11	0.11	0.14	0.12
		0.01	0.05	0.06	0.09	0.10	0.10	0.11	0.12	0.14	0.21	0.20
		0.04	0.04	0.04	0.03	0.03	0.03	0.04	0.04	0.03	0.02	0.03
		0.01	0.03	0.03	0.04	0.05	0.06	0.06	0.05	0.06	0.07	0.07
		0.29	0.43	0.46	0.47	0.46	0.49	0.53	0.54	0.55	0.58	0.60
		0.01	0.01	0.01	0.04	0.05	0.05	0.05	0.04	0.02	0.04	0.04
		1.02	**0.98**	**0.97**	**0.90**	**0.87**	**0.83**	**0.81**	**0.78**	**0.74**	**0.77**	**0.72**
		3.23	**3.13**	**3.10**	**3.03**	**3.02**	**2.98**	**2.94**	**2.91**	**2.88**	**2.88**	**2.83**

Basic Conditions of Upper Middle Income Households

	1990	1995	2000	2001	2002	2003	2004	2005	2006	2007	2008	2009
	7132	**7104**	**8444**	**8768**	**9063**	**9615**	**10094**	**10920**	**11225**	**11865**	**12998**	**13122**
	3.30	**3.12**	**2.97**	**2.97**	**2.91**	**2.87**	**2.84**	**2.79**	**2.79**	**2.74**	**2.74**	**2.71**
		2.24	**2.17**	**2.18**	**2.20**	**2.18**	**2.18**	**2.17**	**2.17**	**2.16**	**2.15**	**2.15**
	2.04	1.92	1.71	1.70	1.61	1.61	1.58	1.54	1.55	1.54	1.49	1.49
		1.60	1.35	1.33	1.19	1.17	1.11	1.03	1.00	0.96	0.85	0.85
		0.20	0.12	0.11	0.09	0.09	0.08	0.07	0.08	0.07	0.05	0.06
		0.02	0.07	0.08	0.12	0.12	0.15	0.18	0.20	0.21	0.21	0.20
		0.03	0.07	0.07	0.06	0.07	0.08	0.09	0.09	0.09	0.13	0.12
		0.01	0.04	0.04	0.06	0.07	0.08	0.07	0.08	0.10	0.17	0.16
		0.05	0.04	0.05	0.06	0.05	0.05	0.05	0.06	0.05	0.04	0.04
		0.01	0.01	0.01	0.03	0.03	0.04	0.04	0.05	0.05	0.04	0.05
		0.31	0.46	0.48	0.54	0.53	0.56	0.59	0.59	0.61	0.63	0.63
					0.04	0.04	0.03	0.04	0.04	0.02	0.03	0.03
		0.88	**0.80**	**0.80**	**0.71**	**0.69**	**0.66**	**0.62**	**0.62**	**0.58**	**0.59**	**0.56**
		3.11	**2.97**	**2.96**	**2.90**	**2.86**	**2.83**	**2.78**	**2.78**	**2.74**	**2.73**	**2.70**

1-1-9 高收入户城镇居民家庭基本情况

项 目	Item	单位	Unit	1985
调查户数	**Number of Households Surveyed**	**户**	**household**	**1714**
一、家庭人口数	**Households Size**	**人**	**person**	**3.48**
(一)有收入者人数	**Number of Persons with Income**	**人**	**person**	
1.就业人口数	Number of Employed Persons	人	person	2.43
(1)国有经济单位职工人数	Staff and Workers in State-owned Economic Units	人	person	
(2)城镇集体经济单位职工人数	Staff and Workers in Collective-owned Economic Units	人	person	
(3)其他各种经济类型单位职工人数	Staff and Workers in Units of Other Economic Type	人	person	
(4)城镇个体经营者人员数	Urban Self-employed Individuals or Owners of Private Enterprises	人	person	
(5)城镇个体被雇人员数	Employed Persons of Urban Self-employed or Private Enterprises	人	person	
(6)离退休再就业人员数	Retired Staff and Veteran Cadres of Reemployment	人	person	
(7)其他就业人员数	Other Employed	人	person	
2.离退休人数	Number of Retired Staff and Veteran Cadres	人	person	
3.其他有收入者人数	Number of Other Persons Earning Income	人	person	
(二)无收入者人数	**Number of Persons Without Income**	**人**	**person**	
二、期末家庭人口数	**Number of Households Members at the end of Period**	**人**	**person**	

1-1-10 最高收入户城镇居民家庭基本情况

项 目	Item	单位	Unit	1985
调查户数	**Number of Households Surveyed**	**户**	**household**	**1714**
一、家庭人口数	**Households Size**	**人**	**person**	**3.24**
(一)有收入者人数	**Number of Persons with Income**	**人**	**person**	
1.就业人口数	Number of Employed Persons	人	person	2.41
(1)国有经济单位职工人数	Staff and Workers in State-owned Economic Units	人	person	
(2)城镇集体经济单位职工人数	Staff and Workers in Collective-owned Economic Units	人	person	
(3)其他各种经济类型单位职工人数	Staff and Workers in Units of Other Economic Type	人	person	
(4)城镇个体经营者人员数	Urban Self-employed Individuals or Owners of Private Enterprises	人	person	
(5)城镇个体被雇人员数	Employed Persons of Urban Self-employed or Private Enterprises	人	person	
(6)离退休再就业人员数	Retired Staff and Veteran Cadres of Reemployment	人	person	
(7)其他就业人员数	Other Employed	人	person	
2.离退休人数	Number of Retired Staff and Veteran Cadres	人	person	
3.其他有收入者人数	Number of Other Persons Earning Income	人	person	
(二)无收入者人数	**Number of Persons Without Income**	**人**	**person**	
二、期末家庭人口数	**Number of Households Members at the end of Period**	**人**	**person**	

Basic Conditions of High Income Households

1990	1995	2000	2001	2002	2003	2004	2005	2006	2007	2008	2009
3566	**3552**	**4222**	**4384**	**4532**	**4767**	**5012**	**5440**	**5610**	**5919**	**6445**	**6526**
3.14	**2.99**	**2.87**	**2.83**	**2.78**	**2.76**	**2.74**	**2.68**	**2.69**	**2.63**	**2.62**	**2.61**
	2.24	**2.19**	**2.18**	**2.21**	**2.21**	**2.21**	**2.18**	**2.19**	**2.15**	**2.13**	**2.16**
2.05	1.90	1.69	1.66	1.57	1.57	1.60	1.54	1.56	1.54	1.51	1.51
	1.61	1.38	1.35	1.15	1.11	1.11	1.03	1.00	0.97	0.87	0.88
	0.16	0.09	0.08	0.07	0.06	0.07	0.06	0.06	0.06	0.06	0.06
	0.03	0.06	0.07	0.13	0.16	0.17	0.19	0.22	0.23	0.23	0.22
	0.03	0.06	0.06	0.05	0.06	0.07	0.08	0.10	0.10	0.13	0.13
		0.03	0.03	0.05	0.07	0.07	0.06	0.07	0.09	0.13	0.13
	0.06	0.06	0.06	0.08	0.08	0.08	0.07	0.08	0.07	0.05	0.06
	0.01	0.01	0.01	0.02	0.02	0.03	0.03	0.04	0.03	0.03	0.04
	0.34	0.50	0.52	0.62	0.60	0.58	0.62	0.61	0.60	0.59	0.62
				0.03	0.03	0.03	0.03	0.03	0.01	0.03	0.02
	0.75	**0.67**	**0.65**	**0.56**	**0.55**	**0.53**	**0.50**	**0.50**	**0.47**	**0.49**	**0.45**
	2.99	**2.86**	**2.82**	**2.77**	**2.74**	**2.73**	**2.67**	**2.68**	**2.62**	**2.61**	**2.60**

Basic Conditions of Highest Income Households

1990	1995	2000	2001	2002	2003	2004	2005	2006	2007	2008	2009
3566	**3552**	**4222**	**4384**	**4532**	**4660**	**4977**	**5398**	**5571**	**5894**	**6418**	**6508**
2.87	**2.79**	**2.66**	**2.64**	**2.68**	**2.68**	**2.65**	**2.64**	**2.62**	**2.58**	**2.51**	**2.51**
	2.24	**2.16**	**2.15**	**2.22**	**2.20**	**2.17**	**2.16**	**2.16**	**2.13**	**2.07**	**2.09**
1.99	1.81	1.60	1.60	1.58	1.62	1.60	1.59	1.62	1.60	1.57	1.55
	1.53	1.30	1.31	1.07	1.09	1.05	1.00	1.01	0.97	0.86	0.86
	0.12	0.07	0.07	0.07	0.07	0.06	0.06	0.07	0.06	0.05	0.04
	0.03	0.08	0.07	0.19	0.21	0.22	0.25	0.26	0.26	0.27	0.27
	0.03	0.06	0.06	0.07	0.07	0.08	0.11	0.12	0.12	0.17	0.16
	0.01	0.01	0.02	0.04	0.05	0.05	0.05	0.05	0.07	0.12	0.11
	0.08	0.07	0.07	0.12	0.11	0.10	0.10	0.10	0.09	0.08	0.08
		0.01	0.01	0.02	0.02	0.02	0.02	0.02	0.03	0.03	0.02
	0.43	0.57	0.55	0.62	0.55	0.54	0.54	0.51	0.53	0.48	0.52
				0.02	0.03	0.03	0.03	0.03	0.01	0.02	0.02
	0.54	**0.49**	**0.49**	**0.46**	**0.48**	**0.48**	**0.48**	**0.46**	**0.44**	**0.44**	**0.42**
	2.79	**2.65**	**2.63**	**2.66**	**2.66**	**2.64**	**2.62**	**2.61**	**2.57**	**2.49**	**2.50**

1-1-11 最低收入户城镇居民家庭现金收支表

单位：元

项　目	Item	1985	1990	1995
平均每人全部年收入	**Per Capita Annual Income**	**482.76**	**859.92**	**2177.72**
工薪收入	Income of Wages and Salaries			1655.32
经营净收入	Net Business Income			52.79
财产性收入	Income from Property			23.18
转移性收入	Income from Transfer			446.43
可支配收入	**Disposable Income**	**437.40**	**761.16**	**2169.75**
平均每人消费性支出	**Per Capita Annual Consumption Expenditures**	**455.64**	**782.28**	**2060.96**
食　品	Food	278.88	479.83	1226.06
衣　着	Clothing	60.00	90.16	208.86
居　住	Housing	20.40	47.56	167.89
家庭设备用品及服务	Household Appliances and Service	35.76	51.88	107.93
医疗保健	Health Care and Medical Services	4.56	18.11	67.53
交通通信	Transport and Communications	4.68	7.06	62.77
教育文化娱乐服务	Education, Cultural and Recreation Services	33.48	60.62	162.99
其它商品和服务	Miscellaneous Goods and Services	17.88	27.15	56.94
平均每人消费性支出构成（人均消费性支出=100）	**Composition of Per Capita Annual Consumption Expenditures (%)**			
食　品	Food	61.21	61.34	59.49
衣　着	Clothing	13.17	11.53	10.13
居　住	Housing	4.48	6.08	8.15
家庭设备用品及服务	Household Appliances and Service	7.85	6.63	5.24
医疗保健	Health Care and Medical Services	1.00	2.32	3.28
交通通信	Transport and Communications	1.03	0.90	3.05
教育文化娱乐服务	Education, Cultural and Recreation Services	7.35	7.75	7.91
其它商品和服务	Miscellaneous Goods and Services	3.92	3.47	2.76

Income and Expenditure in Cash of Lowest Income Households

Unit: yuan

2000	2001	2002	2003	2004	2005	2006	2007	2008	2009
2678.32	**2834.70**	**2527.68**	**2762.43**	**3084.83**	**3377.68**	**3871.37**	**4604.09**	**5203.83**	**5950.68**
1839.81	1882.74	1642.06	1768.14	1946.41	2066.49	2434.11	2981.82	3361.62	3864.73
185.01	222.61	261.87	316.69	350.96	405.02	441.39	510.96	520.94	633.99
52.47	54.38	26.02	27.10	33.33	32.47	35.29	53.56	57.60	63.49
601.05	674.96	597.73	650.50	754.13	873.70	960.59	1057.73	1263.66	1388.47
2653.02	**2802.83**	**2408.60**	**2590.17**	**2862.39**	**3134.88**	**3568.73**	**4210.06**	**4753.59**	**5253.23**
2540.13	**2690.98**	**2387.91**	**2562.36**	**2855.15**	**3111.47**	**3422.98**	**4036.32**	**4532.88**	**4900.56**
1256.62	1301.05	1127.41	1222.76	1417.76	1475.67	1586.02	1904.09	2182.29	2293.82
190.07	200.02	193.09	198.71	213.50	243.66	286.12	360.89	398.03	458.48
301.40	332.54	282.74	309.01	323.05	384.08	427.16	469.05	556.19	578.93
118.49	120.77	86.69	91.99	97.78	109.21	139.99	163.91	190.78	226.04
162.71	168.38	164.63	175.77	185.05	232.50	234.50	281.13	323.93	362.6
142.73	163.90	157.64	174.17	197.80	228.37	257.72	314.24	345.31	394.8
286.83	317.03	317.57	327.71	353.76	363.61	406.05	445.71	424.20	457.22
81.28	87.29	58.15	62.25	66.46	74.36	85.42	97.29	112.16	128.67
49.47	48.35	47.21	47.72	49.66	47.43	46.33	47.17	48.14	46.81
7.48	7.43	8.09	7.75	7.48	7.83	8.36	8.94	8.78	9.36
11.87	12.36	11.84	12.06	11.31	12.34	12.48	11.62	12.27	11.81
4.66	4.49	3.63	3.59	3.42	3.51	4.09	4.06	4.21	4.61
6.41	6.26	6.89	6.86	6.48	7.47	6.85	6.97	7.15	7.40
5.62	6.09	6.60	6.80	6.93	7.34	7.53	7.79	7.62	8.06
11.29	11.78	13.30	12.79	12.39	11.69	11.86	11.04	9.36	9.33
3.20	3.24	2.44	2.43	2.33	2.39	2.50	2.41	2.47	2.63

1-1-12 困难户城镇居民家庭现金收支表

单位：元

项　目	Item	1985	1990	1995
平均每人全部年收入	**Per Capita Annual Income(yuan)**	**438.36**	**782.93**	**1984.92**
工薪收入	Income of Wages and Salaries			1477.81
经营净收入	Net Business Income			50.61
财产性收入	Income from Property			22.77
转移性收入	Income from Transfer			433.74
可支配收入	**Disposable Income**	**394.80**	**688.97**	**1975.84**
平均每人消费性支出	**Per Capita Annual Consumption Expenditures(yuan)**	**417.96**	**724.80**	**1904.41**
食　品	Food	261.84	452.44	1153.86
衣　着	Clothing	53.40	78.56	184.13
居　住	Housing	10.92	45.34	154.79
家庭设备用品及服务	Household Appliances and Service	29.76	46.34	95.27
医疗保健	Health Care and Medical Services	4.20	17.01	62.35
交通通信	Transport and Communications	4.44	6.71	47.76
教育文化娱乐服务	Education, Cultural and Recreation Services	29.28	52.86	155.11
其它商品和服务	Miscellaneous Goods and Services	24.12	25.54	51.14
平均每人消费性支出构成（人均消费性支出=100）	**Composition of Per Capita Annual Consumption Expenditures(%)**			
食　品	Food	62.65	62.42	60.59
衣　着	Clothing	12.78	10.84	9.67
居　住	Housing	2.61	6.26	8.13
家庭设备用品及服务	Household Appliances and Service	7.12	6.39	5.00
医疗保健	Health Care and Medical Services	1.00	2.35	3.27
交通通信	Transport and Communications	1.06	0.93	2.51
教育文化娱乐服务	Education, Cultural and Recreation Services	7.01	7.29	8.14
其它商品和服务	Miscellaneous Goods and Services	5.77	3.52	2.69

Income and Expenditure in Cash of Poor Income Households

Unit: yuan

2000	2001	2002	2003	2004	2005	2006	2007	2008	2009
2350.75	**2497.32**	**2063.95**	**2278.29**	**2531.46**	**2733.30**	**3129.34**	**3744.87**	**4187.20**	**4935.81**
1607.22	1681.61	1299.77	1411.26	1521.63	1628.94	1840.18	2331.57	2647.33	3180.44
171.74	196.78	226.79	250.34	309.83	320.06	403.28	453.08	404.46	493.75
44.32	45.60	18.93	22.71	23.07	23.06	29.19	40.53	49.66	53.47
527.45	573.33	518.47	593.97	676.93	761.24	856.69	919.70	1085.76	1208.15
2325.05	**2464.80**	**1957.46**	**2098.92**	**2312.50**	**2495.75**	**2838.87**	**3357.91**	**3734.35**	**4197.58**
2320.36	**2450.91**	**2079.52**	**2237.27**	**2441.12**	**2656.41**	**2953.27**	**3447.68**	**3862.72**	**4256.81**
1172.77	1209.15	988.19	1087.20	1248.87	1290.09	1387.70	1672.36	1889.87	2041.55
166.66	175.57	152.38	157.02	169.55	189.78	225.02	288.50	309.97	376.6
280.56	318.84	261.45	286.93	280.44	338.74	391.51	415.66	489.27	515.7
106.15	96.70	71.49	76.85	76.02	90.39	121.23	130.58	146.62	173.77
140.69	142.35	150.74	144.97	158.63	206.52	213.39	250.27	293.11	343.96
124.55	144.58	126.34	137.67	157.13	180.86	205.60	243.21	265.44	310.28
258.18	289.37	280.53	293.00	297.91	293.17	332.64	366.54	378.33	390.56
70.79	74.34	48.39	53.62	52.56	66.86	76.18	80.55	90.11	104.39
50.54	49.33	47.52	48.59	51.16	48.57	46.99	48.51	48.93	47.96
7.18	7.16	7.33	7.02	6.95	7.14	7.62	8.37	8.02	8.85
12.09	13.01	12.57	12.83	11.49	12.75	13.26	12.06	12.67	12.11
4.57	3.95	3.44	3.43	3.11	3.40	4.10	3.79	3.80	4.08
6.06	5.81	7.25	6.48	6.50	7.77	7.23	7.26	7.59	8.08
5.37	5.90	6.08	6.15	6.44	6.81	6.96	7.05	6.87	7.29
11.13	11.81	13.49	13.10	12.20	11.04	11.26	10.63	9.79	9.17
3.05	3.03	2.33	2.40	2.15	2.52	2.58	2.34	2.33	2.45

1-1-13 低收入户城镇居民家庭现金收支表

单位：元

项　目	Item	1985	1990	1995
平均每人全部年收入	**Per Capita Annual Income**	**599.16**	**1077.12**	**2778.49**
工薪收入	Income of Wages and Salaries			2164.41
经营净收入	Net Business Income			62.54
财产性收入	Income from Property			32.88
转移性收入	Income from Transfer			518.66
可支配收入	**Disposable Income**	**546.72**	**968.64**	**2774.94**
平均每人消费性支出	**Per Capita Annual Consumption Expenditures**	**551.28**	**960.72**	**2516.22**
食　品	Food	319.56	564.51	1462.42
衣　着	Clothing	81.36	119.91	287.63
居　住	Housing	12.72	59.17	185.88
家庭设备用品及服务	Household Appliances and Service	51.12	71.75	133.54
医疗保健	Health Care and Medical Services	5.04	21.41	82.93
交通通信	Transport and Communications	6.48	9.65	79.84
教育文化娱乐服务	Education, Cultural and Recreation Services	43.68	79.94	205.85
其它商品和服务	Miscellaneous Goods and Services	31.32	34.38	78.12
平均每人消费性支出构成（人均消费性支出=100）	**Composition of Per Capita Annual Consumption Expenditures(%)**			
食　品	Food	57.97	58.76	58.12
衣　着	Clothing	14.76	12.48	11.43
居　住	Housing	2.31	6.16	7.39
家庭设备用品及服务	Household Appliances and Service	9.27	7.47	5.31
医疗保健	Health Care and Medical Services	0.91	2.23	3.30
交通通信	Transport and Communications	1.18	1.00	3.17
教育文化娱乐服务	Education, Cultural and Recreation Services	7.92	8.32	8.18
其它商品和服务	Miscellaneous Goods and Services	5.68	3.58	3.10

Income and Expenditure in Cash of Low Income Households

Unit: yuan

2000	2001	2002	2003	2004	2005	2006	2007	2008	2009
3658.53	**3888.13**	**3833.01**	**4209.16**	**4697.62**	**5202.12**	**5946.10**	**6992.55**	**7916.53**	**8956.81**
2571.64	2674.66	2644.30	2913.14	3239.22	3475.95	4040.28	4807.36	5175.38	5822.01
237.92	239.36	302.58	324.83	366.79	435.64	546.58	589.33	762.91	802.13
64.58	68.50	31.22	36.25	39.34	54.00	57.89	73.95	78.98	102.94
784.39	905.61	854.91	934.93	1052.26	1236.53	1301.35	1521.91	1899.26	2229.72
3633.51	**3856.49**	**3649.16**	**3970.03**	**4429.05**	**4885.32**	**5540.71**	**6504.60**	**7363.28**	**8162.07**
3274.93	**3452.27**	**3259.59**	**3549.28**	**3942.23**	**4295.35**	**4765.55**	**5634.15**	**6195.32**	**6743.09**
1524.48	1569.77	1457.87	1594.67	1827.42	1926.01	2073.45	2451.15	2846.26	3009.48
279.10	295.12	309.49	329.15	352.04	408.63	470.00	565.19	598.65	684.18
368.20	387.28	355.12	387.88	413.37	472.21	530.06	605.01	688.39	735.23
184.27	176.30	144.67	156.26	154.45	171.60	212.02	282.51	309.58	366.43
198.92	207.88	225.67	236.76	271.56	308.13	350.01	378.69	457.21	504.09
212.52	234.65	257.63	300.65	329.77	375.86	431.13	548.82	532.52	582.28
390.21	453.07	425.33	454.53	488.77	518.77	572.38	646.99	594.68	665.96
117.22	128.19	83.81	89.41	104.84	114.14	126.50	155.79	168.04	195.43
46.55	45.47	44.73	44.93	46.35	44.84	43.51	43.51	45.94	44.63
8.52	8.55	9.49	9.27	8.93	9.51	9.86	10.03	9.66	10.15
11.24	11.22	10.89	10.93	10.49	10.99	11.12	10.74	11.11	10.90
5.63	5.11	4.44	4.40	3.92	4.00	4.45	5.01	5.00	5.43
6.07	6.02	6.92	6.67	6.89	7.17	7.34	6.72	7.38	7.48
6.49	6.80	7.90	8.47	8.37	8.75	9.05	9.74	8.60	8.64
11.92	13.12	13.05	12.81	12.40	12.08	12.01	11.48	9.60	9.88
3.58	3.71	2.57	2.52	2.66	2.66	2.65	2.77	2.71	2.90

1-1-14 中等偏下收入户城镇居民家庭现金收支表

单位：元

项　目	Item	1985	1990	1995
平均每人全部年收入	**Per Capita Annual Income**	**691.68**	**1266.60**	**3363.67**
工薪收入	Income of Wages and Salaries			2716.94
经营净收入	Net Business Income			54.62
财产性收入	Income from Property			42.15
转移性收入	Income from Transfer			549.96
可支配收入	**Disposable Income**	**632.88**	**1144.44**	**3359.84**
平均每人消费性支出	**Per Capita Annual Consumption Expenditures**	**626.88**	**1097.76**	**2934.16**
食　品	Food	352.44	627.91	1606.15
衣　着	Clothing	95.76	144.73	380.85
居　住	Housing	23.52	58.81	208.14
家庭设备用品及服务	Household Appliances and Service	62.88	95.32	186.34
医疗保健	Health Care and Medical Services	5.04	23.20	93.77
交通通信	Transport and Communications	7.44	11.50	113.14
教育文化娱乐服务	Education, Cultural and Recreation Services	55.32	94.21	242.65
其它商品和服务	Miscellaneous Goods and Services	24.48	42.09	103.13
平均每人消费性支出构成	**Composition of Per Capita Annual Consumption**			
（人均消费性支出=100）	**Expenditures(%)**			
食　品	Food	56.22	57.20	54.74
衣　着	Clothing	15.28	13.18	12.98
居　住	Housing	3.75	5.36	7.09
家庭设备用品及服务	Household Appliances and Service	10.03	8.68	6.35
医疗保健	Health Care and Medical Services	0.80	2.11	3.20
交通通信	Transport and Communications	1.19	1.05	3.86
教育文化娱乐服务	Education, Cultural and Recreation Services	8.82	8.58	8.27
其它商品和服务	Miscellaneous Goods and Services	3.91	3.83	3.51

Income and Expenditure in Cash of Lower Middle Income Households

Unit: Yuan

2000	2001	2002	2003	2004	2005	2006	2007	2008	2009
4651.72	**4983.50**	**5209.18**	**5705.67**	**6423.89**	**7177.05**	**8103.73**	**9568.02**	**10974.63**	**12345.17**
3286.94	3487.48	3758.89	4060.66	4560.07	4960.55	5669.97	6622.03	7427.34	8333.34
223.11	263.46	270.19	317.25	373.79	475.75	532.86	656.81	881.78	972.42
82.82	96.00	48.32	50.81	72.03	83.79	88.77	109.31	138.87	161.84
1058.85	1136.56	1131.78	1276.94	1417.99	1656.96	1812.12	2179.86	2526.63	2877.56
4623.54	**4946.60**	**4931.96**	**5377.25**	**6024.10**	**6710.58**	**7554.16**	**8900.51**	**10195.56**	**11243.55**
3947.91	**4197.57**	**4205.97**	**4557.82**	**5096.15**	**5574.32**	**6108.33**	**7123.69**	**7993.67**	**8738.79**
1748.90	1790.57	1772.88	1926.06	2201.88	2336.30	2484.28	2942.78	3428.85	3640.22
375.07	392.14	438.38	456.14	489.78	565.13	665.74	776.85	843.20	962.45
407.82	451.46	421.90	459.56	514.62	580.01	655.61	718.26	841.30	880.76
256.85	264.95	226.42	228.41	235.95	268.81	301.42	385.04	437.18	521.47
247.84	273.78	286.56	325.14	355.53	408.12	425.48	501.69	587.61	632.03
281.32	316.34	367.72	427.79	479.48	536.22	610.03	710.05	764.13	861.44
469.16	529.59	576.71	605.57	675.28	720.40	781.97	877.36	851.83	953.75
160.95	178.74	115.38	129.17	143.61	159.32	183.79	211.66	239.59	286.68
44.30	42.66	42.15	42.26	43.21	41.91	40.67	41.31	42.89	41.66
9.50	9.34	10.42	10.01	9.61	10.14	10.90	10.91	10.55	11.01
10.33	10.76	10.03	10.08	10.10	10.41	10.73	10.08	10.52	10.08
6.51	6.31	5.38	5.01	4.63	4.82	4.93	5.41	5.47	5.97
6.28	6.52	6.81	7.13	6.98	7.32	6.97	7.04	7.35	7.23
7.13	7.54	8.74	9.39	9.41	9.62	9.99	9.97	9.56	9.86
11.88	12.62	13.71	13.29	13.25	12.92	12.80	12.32	10.66	10.91
4.08	4.26	2.74	2.83	2.82	2.86	3.01	2.97	3.00	3.28

1-1-15　中等收入户城镇居民家庭现金收支表

单位：元

项　　目	Item	1985	1990	1995
平均每人全部年收入	**Per Capita Annual Income**	**805.20**	**1489.08**	**4073.88**
工薪收入	Income of Wages and Salaries			3360.22
经营净收入	Net Business Income			57.65
财产性收入	Income from Property			57.74
转移性收入	Income from Transfer			598.28
可支配收入	**Disposable Income**	**737.28**	**1351.68**	**4068.66**
平均每人消费性支出	**Per Capita Annual Consumption Expenditures**	**724.20**	**1275.12**	**3446.12**
食　品	Food	392.76	696.79	1770.12
衣　着	Clothing	113.52	174.53	483.70
居住	Housing	24.84	67.25	238.48
家庭设备用品及服务	Household Appliances and Service	77.16	124.20	253.28
医疗保健	Health Care and Medical Services	5.76	25.77	107.96
交通通信	Transport and Communications	9.24	14.60	156.28
教育文化娱乐服务	Education, Cultural and Recreation Services	70.56	118.44	293.02
其它商品和服务	Miscellaneous Goods and Services	30.36	53.54	143.28
平均每人消费性支出构成（人均消费性支出=100）	**Composition of Per Capita Annual Consumption Expenditures (%)**			
食　品	Food	54.23	54.65	51.37
衣　着	Clothing	15.68	13.69	14.04
居住	Housing	3.43	5.27	6.92
家庭设备用品及服务	Household Appliances and Service	10.65	9.74	7.35
医疗保健	Health Care and Medical Services	0.80	2.02	3.13
交通通信	Transport and Communications	1.28	1.14	4.53
教育文化娱乐服务	Education, Cultural and Recreation Services	9.74	9.29	8.50
其它商品和服务	Miscellaneous Goods and Services	4.19	4.20	4.16

Income and Expenditure in Cash of Middle Income Households

Unit: yuan

2000	2001	2002	2003	2004	2005	2006	2007	2008	2009
5930.82	**6406.16**	**7061.37**	**7753.86**	**8746.65**	**9886.96**	**11052.05**	**12978.61**	**15054.73**	**16858.36**
4335.70	4583.49	5162.40	5684.84	6375.79	6961.71	7744.63	9082.90	10097.99	11288.45
210.79	249.35	279.98	320.58	364.12	539.60	609.86	719.35	1067.63	1109.19
107.20	117.76	68.31	75.50	101.26	112.37	123.14	173.87	218.09	239.83
1277.12	1453.55	1550.68	1672.94	1905.48	2273.27	2574.42	3002.49	3671.02	4220.89
5897.92	**6366.24**	**6656.81**	**7278.75**	**8166.54**	**9190.05**	**10269.70**	**12042.32**	**13984.23**	**15399.92**
4794.56	**5131.55**	**5452.94**	**5848.02**	**6498.36**	**7308.06**	**7905.41**	**9097.35**	**10344.70**	**11309.73**
1960.82	2032.81	2140.34	2293.98	2581.24	2838.83	3019.37	3538.30	4181.25	4410.49
504.70	528.79	571.19	617.54	661.21	784.56	884.74	1017.66	1136.46	1263.8
470.95	529.26	563.31	588.75	642.85	745.49	799.32	873.89	1060.58	1131.03
376.25	377.96	331.54	343.06	349.63	397.17	444.57	545.18	616.31	701.08
300.29	335.52	382.83	415.13	466.86	561.82	590.45	646.52	748.68	834.48
353.19	421.09	505.78	598.16	696.36	764.70	859.87	993.43	1078.83	1285.03
597.55	660.70	797.52	811.91	901.80	985.68	1047.48	1172.43	1171.44	1290.09
230.82	245.41	160.43	179.54	198.42	229.81	259.60	309.95	351.14	393.73
40.90	39.61	39.25	39.23	39.72	38.85	38.19	38.89	40.42	39.00
10.53	10.30	10.47	10.56	10.18	10.74	11.19	11.19	10.99	11.17
9.82	10.31	10.33	10.07	9.89	10.20	10.11	9.61	10.25	10.00
7.85	7.37	6.08	5.87	5.38	5.43	5.62	5.99	5.96	6.20
6.26	6.54	7.02	7.10	7.18	7.69	7.47	7.11	7.24	7.38
7.37	8.21	9.28	10.23	10.72	10.46	10.88	10.92	10.43	11.36
12.46	12.88	14.63	13.88	13.88	13.49	13.25	12.89	11.32	11.41
4.81	4.78	2.94	3.07	3.05	3.14	3.28	3.41	3.39	3.48

1-1-16 中等偏上户城镇居民家庭现金收支表

单位：元

项　目	Item	1985	1990	1995
平均每人全部年收入	**Per Capita Annual Income**	**935.52**	**1756.56**	**4958.42**
工薪收入	Income of Wages and Salaries			4013.78
经营净收入	Net Business Income			82.64
财产性收入	Income from Property			95.97
转移性收入	Income from Transfer			766.02
可支配收入	**Disposable Income**	**861.96**	**1598.28**	**4954.54**
平均每人消费性支出	**Per Capita Annual Consumption Expenditures**	**830.28**	**1456.68**	**4045.52**
食　品	Food	430.80	766.19	1946.42
衣　着	Clothing	130.56	203.40	585.74
居　住	Housing	27.72	77.54	275.79
家庭设备用品及服务	Household Appliances and Service	96.36	163.92	358.76
医疗保健	Health Care and Medical Services	5.88	26.88	121.20
交通通信	Transport and Communications	10.68	17.66	214.28
教育文化娱乐服务	Education, Cultural and Recreation Services	91.69	138.21	362.64
其它商品和服务	Miscellaneous Goods and Services	36.59	62.88	180.68
平均每人消费性支出构成	**Composition of Per Capita Annual Consumption**			
（人均消费性支出=100）	**Expenditures (%)**			
食　品	Food	51.89	52.60	48.11
衣　着	Clothing	15.72	13.96	14.48
居　住	Housing	3.34	5.32	6.82
家庭设备用品及服务	Household Appliances and Service	11.61	11.25	8.87
医疗保健	Health Care and Medical Services	0.71	1.85	3.00
交通通信	Transport and Communications	1.29	1.21	5.30
教育文化娱乐服务	Education, Cultural and Recreation Services	11.04	9.49	8.96
其它商品和服务	Miscellaneous Goods and Services	4.41	4.32	4.47

Income and Expenditure in Cash of Urban Middle Income Households

Unit: yuan

2000	2001	2002	2003	2004	2005	2006	2007	2008	2009
7524.98	**8213.66**	**9437.99**	**10463.66**	**11870.79**	**13596.66**	**15199.70**	**17684.55**	**20784.19**	**23050.76**
5496.09	5967.59	6772.64	7553.70	8450.05	9462.00	10579.93	12232.34	13717.52	15271.69
238.54	252.01	266.87	347.37	464.35	628.84	719.67	837.98	1495.65	1531.73
143.27	150.43	86.91	115.28	140.00	178.41	233.24	312.21	373.16	399.82
1647.07	1843.64	2311.58	2447.30	2816.40	3327.41	3666.86	4302.02	5197.87	5847.53
7487.37	**8164.22**	**8869.51**	**9763.37**	**11050.89**	**12603.37**	**14049.17**	**16385.80**	**19254.08**	**21017.95**
5894.92	**6241.50**	**6939.95**	**7547.31**	**8345.70**	**9410.77**	**10218.25**	**11570.39**	**13316.63**	**14964.37**
2215.56	2272.11	2596.95	2762.75	3130.75	3425.91	3647.94	4229.78	5043.63	5367.01
627.81	676.22	737.20	791.36	849.19	1010.63	1120.40	1278.22	1432.93	1601.19
578.89	614.13	643.15	779.81	813.24	921.67	1009.55	1095.36	1265.94	1493.31
526.42	524.81	460.99	472.55	480.60	546.06	583.94	716.89	837.63	977.07
373.83	405.29	510.15	560.89	665.82	764.91	762.37	861.43	977.89	1072.01
487.11	580.63	718.92	826.32	938.65	1074.90	1264.52	1420.31	1633.57	2047.83
758.84	820.73	1046.46	1102.89	1182.09	1336.77	1469.14	1544.20	1630.13	1807.73
326.64	347.57	226.13	250.79	285.36	329.92	360.39	424.19	494.91	598.21
37.58	36.40	37.42	36.61	37.51	36.40	35.70	36.56	37.87	35.87
10.65	10.83	10.62	10.49	10.18	10.74	10.96	11.05	10.76	10.70
9.82	9.84	9.27	10.33	9.74	9.79	9.88	9.47	9.51	9.98
8.93	8.41	6.64	6.26	5.76	5.80	5.71	6.20	6.29	6.53
6.34	6.49	7.35	7.43	7.98	8.13	7.46	7.45	7.34	7.16
8.26	9.30	10.36	10.95	11.25	11.42	12.38	12.28	12.27	13.68
12.87	13.15	15.08	14.61	14.16	14.20	14.38	13.35	12.24	12.08
5.54	5.57	3.26	3.32	3.42	3.51	3.53	3.67	3.72	4.00

1-1-17 高收入户城镇居民家庭现金收支表

单位：元

项　　目	Item	1985	1990	1995
平均每人全部年收入	**Per Capita Annual Income**	**1098.24**	**2071.92**	**6036.43**
工薪收入	Income of Wages and Salaries			4821.69
经营净收入	Net Business Income			108.94
财产性收入	Income from Property			98.02
转移性收入	Income from Transfer			1007.78
可支配收入	**Disposable Income**	**1012.32**	**1889.52**	**6031.61**
平均每人消费性支出	**Per Capita Annual Consumption Expenditures**	**963.24**	**1685.28**	**4665.91**
食　品	Food	473.88	858.16	2127.00
衣　着	Clothing	152.64	231.88	688.67
居　住	Housing	29.64	92.27	308.99
家庭设备用品及服务	Household Appliances and Service	118.44	197.78	445.87
医疗保健	Health Care and Medical Services	6.00	32.42	139.85
交通通信	Transport and Communications	12.12	22.42	277.40
教育文化娱乐服务	Education, Cultural and Recreation Services	120.24	172.56	443.55
其它商品和服务	Miscellaneous Goods and Services	50.28	77.80	234.58
平均每人消费性支出构成	**Composition of Per Capita Annual Consumption**			
（人均消费性支出=100）	**Expenditures (%)**			
食　品	Food	49.20	50.92	45.59
衣　着	Clothing	15.85	13.76	14.76
居　住	Housing	3.08	5.48	6.62
家庭设备用品及服务	Household Appliances and Service	12.30	11.74	9.56
医疗保健	Health Care and Medical Services	0.62	1.92	3.00
交通通信	Transport and Communications	1.26	1.33	5.95
教育文化娱乐服务	Education, Cultural and Recreation Services	12.48	10.24	9.51
其它商品和服务	Miscellaneous Goods and Services	5.22	4.62	5.03

Income and Expenditure in Cash of Urban High Income Households

Unit: yuan

2000	2001	2002	2003	2004	2005	2006	2007	2008	2009
9484.67	**10441.61**	**12555.07**	**14076.07**	**16156.02**	**18687.74**	**20699.63**	**24106.62**	**28518.85**	**31171.69**
6824.31	7439.91	8727.13	9795.67	11441.10	12826.09	14207.10	16552.82	19153.53	20351.80
251.73	289.11	344.69	450.19	544.81	852.18	1056.18	1236.30	1972.55	2299.93
185.50	201.55	138.42	212.10	247.76	340.27	409.62	544.86	711.84	775.20
2223.14	2511.04	3344.82	3618.08	3922.36	4669.20	5026.73	5772.65	6680.93	7744.76
9434.21	**10374.92**	**11772.82**	**13123.08**	**14970.91**	**17202.93**	**19068.95**	**22233.56**	**26250.10**	**28386.47**
7102.33	**7495.09**	**8919.94**	**9627.58**	**10749.35**	**12102.51**	**13169.82**	**15297.73**	**17888.18**	**19263.88**
2458.60	2509.80	3171.36	3337.82	3740.68	4151.09	4392.35	5062.13	6087.25	6360.33
760.39	810.10	866.38	945.33	1071.52	1255.95	1350.76	1579.06	1857.49	1986.16
681.61	739.72	906.67	965.22	1100.61	1195.48	1341.89	1436.69	1795.45	1775.08
780.47	735.26	645.72	687.17	685.43	754.85	842.34	967.68	1209.95	1325.54
442.70	487.26	657.33	757.57	821.16	997.59	1020.20	1108.59	1257.64	1322.40
628.15	688.10	991.17	1106.03	1274.18	1590.28	1801.04	2467.69	2632.91	3181.88
925.35	1040.60	1373.85	1482.57	1673.76	1700.23	1901.68	2092.01	2297.17	2461.10
425.06	484.27	307.46	345.91	382.00	457.03	519.56	583.88	750.33	851.39
34.62	33.49	35.55	34.67	34.80	34.30	33.35	33.09	34.03	33.02
10.71	10.81	9.71	9.82	9.97	10.38	10.26	10.32	10.38	10.31
9.60	9.87	10.16	10.03	10.24	9.88	10.19	9.39	10.04	9.21
10.99	9.81	7.24	7.14	6.38	6.24	6.40	6.33	6.76	6.88
6.23	6.50	7.37	7.87	7.64	8.24	7.75	7.25	7.03	6.86
8.84	9.18	11.11	11.49	11.85	13.14	13.68	16.13	14.72	16.52
13.03	13.88	15.40	15.40	15.57	14.05	14.44	13.68	12.84	12.78
5.98	6.46	3.45	3.59	3.55	3.78	3.95	3.82	4.19	4.42

1-1-18 最高收入户城镇居民家庭现金收支表

单位：元

项　目	Item	1985	1990	1995
平均每人全部年收入	**Per Capita Annual Income**	**1383.72**	**2675.64**	**8231.31**
工薪收入	Income of Wages and Salaries			5890.70
经营净收入	Net Business Income			178.98
财产性收入	Income from Property			353.61
转移性收入	Income from Transfer			1808.01
可支配收入	**Disposable Income**	**1276.20**	**2447.92**	**8221.94**
平均每人消费性支出	**Per Capita Annual Consumption Expenditures**	**1162.92**	**2039.76**	**6033.10**
食　品	Food	546.12	991.95	2440.91
衣　着	Clothing	178.68	271.23	831.51
居　住	Housing	35.28	133.43	443.81
家庭设备用品及服务	Household Appliances and Service	167.04	265.69	801.85
医疗保健	Health Care and Medical Services	6.60	38.77	189.21
交通通信	Transport and Communications	17.16	32.81	385.31
教育文化娱乐服务	Education, Cultural and Recreation Services	153.24	197.68	597.42
其它商品和服务	Miscellaneous Goods and Services	58.80	108.20	343.08
平均每人消费性支出构成（人均消费性支出=100）	**Composition of Per Capita Annual Consumption Expenditures(%)**			
食　品	Food	46.96	48.63	40.46
衣　着	Clothing	15.36	13.30	13.78
居　住	Housing	3.03	6.54	7.36
家庭设备用品及服务	Household Appliances and Service	14.36	13.03	13.29
医疗保健	Health Care and Medical Services	0.57	1.90	3.14
交通通信	Transport and Communications	1.48	1.61	6.39
教育文化娱乐服务	Education, Cultural and Recreation Services	13.18	9.69	9.90
其它商品和服务	Miscellaneous Goods and Services	5.06	5.30	5.69

Income and Expenditure in Cash of Highest Income Households

Unit: yuan

2000	2001	2002	2003	2004	2005	2006	2007	2008	2009
13390.49	**15219.98**	**20208.43**	**23483.95**	**27506.23**	**31237.52**	**34834.39**	**40019.22**	**47422.40**	**51349.57**
8748.89	9831.37	13557.84	16272.22	19114.53	21427.02	23724.14	26979.75	30638.65	32539.08
562.94	561.81	776.79	1017.82	1422.67	2149.30	2726.40	3020.55	5587.65	5521.99
378.11	350.30	425.44	632.98	775.23	937.09	1279.28	1911.30	2059.22	2321.94
3700.73	4476.51	5448.37	5560.93	6193.80	6724.11	7104.57	8107.62	9136.87	10966.56
13311.02	**15114.85**	**18995.85**	**21837.32**	**25377.17**	**28773.11**	**31967.34**	**36784.51**	**43613.75**	**46826.05**
9250.63	**9834.20**	**13040.69**	**14515.68**	**16841.82**	**19153.73**	**21061.68**	**23337.33**	**26982.13**	**29004.41**
2847.03	2921.26	4100.79	4332.62	4914.64	5367.27	5746.72	6439.53	7874.14	8135.04
933.52	1022.75	1103.16	1276.08	1461.11	1757.59	1956.60	2162.63	2643.01	2782.30
864.71	972.10	1485.72	1794.64	1812.28	1897.91	2196.59	2290.13	2681.92	2863.28
1219.75	1243.00	1014.63	1172.69	1195.98	1287.53	1415.42	1597.44	1925.62	2114.20
638.30	648.58	933.10	1070.24	1218.42	1287.67	1311.35	1472.54	1589.70	1745.91
876.61	1024.75	1731.09	2081.14	2828.09	3769.58	4316.82	4815.64	4985.66	5858.67
1223.97	1273.10	2148.56	2208.97	2707.79	2907.99	3176.07	3526.23	3959.34	4116.41
646.73	728.66	523.68	579.33	703.50	878.19	942.10	1033.17	1322.74	1388.59
30.78	29.71	31.45	29.85	29.18	28.02	27.29	27.59	29.18	28.05
10.09	10.40	8.46	8.79	8.68	9.18	9.29	9.27	9.80	9.59
9.35	9.88	11.39	12.36	10.76	9.91	10.43	9.81	9.94	9.87
13.19	12.64	7.78	8.08	7.10	6.72	6.72	6.84	7.14	7.29
6.90	6.60	7.16	7.37	7.23	6.72	6.23	6.31	5.89	6.02
9.48	10.42	13.27	14.34	16.79	19.68	20.50	20.63	18.48	20.20
13.23	12.95	16.48	15.22	16.08	15.18	15.08	15.11	14.67	14.19
6.99	7.41	4.02	3.99	4.18	4.58	4.47	4.43	4.90	4.79

1-1-19 城镇居民家庭平均每人全年购买主要商品数量

项目	Item	单位 Unit	1957	1964	1981	1982	1983	1984	1985	1986	1987	1988
粮食	Grain	千克 kg	167.2	155.8	145.4	144.6	144.5	142.1	131.2	137.9	133.9	137.2
鲜菜	Fresh Vegetables	千克 kg	109.1	130.3	152.3	159.1	165.0	149.0	147.7	148.3	142.6	147.0
食用植物油	Edible Vegetable Oil	千克 kg	4.2	2.2	4.8	5.8	6.5	7.1	6.4	6.2	6.4	7.0
猪肉	Pork	千克 kg	6.7		16.9	16.9	18.0	17.1	17.2	19.0	18.9	16.9
牛羊肉	Beef and Mutton	千克 kg	1.2		1.7	1.8	1.9	2.8	3.0	2.6	3.1	2.8
家禽	Poultry	千克 kg	1.2	0.5	1.9	2.3	2.6	2.9	3.8	3.7	3.4	4.0
鲜蛋	Fresh Eggs	千克 kg	3.3	2.0	5.2	5.9	6.9	7.6	8.8	7.1	6.6	6.9
水产品	Aquatic Products	千克 kg	7.6	4.7	7.3	7.7	8.1	7.8	7.8	8.2	7.9	7.1
鲜奶	Milk	千克 kg										
水果(瓜果)	Fresh Melons and Fruits	千克 kg										
酒	Liquor	千克 kg	2.5	1.0	4.4	4.5	5.3	6.8	8.0	9.4	9.9	9.5
煤炭	Coal	千克 kg	274.6	285.5	240.0	226.5	229.3	254.8	258.7	267.6	236.3	280.8

1-1-20 城镇居民家庭平均每百户年底耐用消费品拥有量

项目	Item	单位	Unit	1985	1990	1991	1992	1993	1994
摩托车	Motorcycle	辆	unit	1.04	1.94	2.25	2.80	3.53	5.26
洗衣机	Washing Machine	台	set	52.83	78.41	80.58	83.41	86.36	87.29
电冰箱	Refrigerator	台	set	9.57	42.33	48.70	52.60	56.68	62.10
彩色电视机	Colour Television Set	台	set	18.43	59.04	68.41	74.87	79.46	86.21
组合音响	Hi-Fi Stereo Component System	套	set				3.99	5.69	8.68
照相机	Camera	架	set	12.09	19.22	21.32	24.32	26.48	29.83
空调器	Air Conditioner	台	unit	0.08	0.34	0.71	1.19	2.33	5.00
淋浴热水器	Shower	台	unit				13.00	17.74	25.24
家用电脑	Computer	台	unit						
摄像机	Pickup Camera	架	unit						
微波炉	Oven	台	unit						
健身器材	Healthy Equipment	套	unit						
移动电话	Mobile Telephone	部	unit						
家用汽车	Automobile	辆	unit						

Per Capita Annual Purchases of Major Commodities of Urban Households

	1989	1990	1991	1992	1993	1994	1995	1999	2000	2003	2004	2005	2006	2007	2008	2009
	133.9	130.7	127.9	111.5	97.8	101.7	97.0	84.9	82.3	79.5	78.2	77.0	75.9	77.6		81.3
	144.6	138.7	132.2	124.9	120.6	120.7	116.5	114.9	114.7	118.3	122.32	118.6	117.6	117.8	123.2	120.5
	6.2	6.4	6.9	6.7	7.1	7.5	7.1	7.8	8.2	9.2	9.29	9.3	9.4	9.6	10.3	9.7
	17.5	18.5	18.9	17.7	17.4	17.1	17.2	16.9	16.7	20.4	19.19	20.2	20.0	18.2	19.3	20.5
	2.7	3.3	3.3	3.7	3.4	3.1	2.4	3.1	3.3	3.3	3.7	3.7	3.8	3.9	3.4	3.7
	3.7	3.4	4.4	5.1	3.7	4.1	4.0	4.9	5.4	9.2	6.4	9.0	8.3	9.7		10.5
	7.1	7.3	8.3	9.5	8.9	9.7	9.7	10.9	11.2	11.2	10.35	10.4	10.4	10.3	10.7	10.6
	7.6	7.7	8.0	8.2	8.0	8.5	9.2	10.3	11.7	13.4	12.5	12.6	13.0	14.2		
		4.6		5.5	5.4	5.3	4.6	7.9	9.9	18.6	18.83	17.9	18.3	17.8	15.2	14.9
		41.1		47.4	38.9	40.0	45.0	54.2	57.5	57.8	56.5	56.7	60.2	59.5	54.5	56.6
	9.0	9.3	9.5	9.9	9.7	10.0	9.9	9.6	10.0	9.4	8.94	8.9	9.1	9.1		
	217.5	206.0	195.4	164.7	136.0	130.5	129.5	115.5	128.1	104.7	91.97	84.0	70.9	51.0	55.7	43.3

Number of Major Durable Consumer Goods Owned Per 100 Urban Households at the Year-end

	1995	1999	2000	2001	2002	2003	2004	2005	2006	2007	2008	2009
	6.29	15.12	18.80	20.24	22.19	24.00	24.84	25.00	25.30	24.81	21.39	22.40
	88.97	91.44	90.50	92.22	92.90	94.41	95.90	95.51	96.77	96.77	94.65	96.01
	66.22	77.74	80.10	81.87	87.38	88.73	90.15	90.72	91.75	95.03	93.63	95.35
	89.79	111.57	116.60	120.52	126.38	130.50	133.44	134.80	137.43	137.79	132.89	135.65
	10.52	19.66	22.20	23.84	25.16	26.89	28.29	28.79	29.05	30.20	27.43	28.21
	30.56	38.11	38.40	39.79	44.08	45.36	47.04	46.94	47.99	45.06	39.11	41.68
	8.09	24.48	30.80	35.79	51.10	61.79	69.81	80.67	87.79	95.08	100.28	106.84
	30.05	45.49	49.10	52.00	62.42	66.61	69.40	72.65	75.13	79.52	80.65	83.39
		5.91	9.70	13.31	20.63	27.81	33.11	41.52	47.20	53.77	59.26	65.74
		1.06	1.30	1.63	1.92	2.45	3.17	4.32	5.11	6.17	7.12	7.77
		12.15	17.60	22.27	30.91	36.96	41.70	47.61	50.61	53.39	54.57	57.18
		3.83	3.50	3.98	3.74	4.07	4.22	4.68	5.00	4.39	3.95	4.13
		7.14	19.50	33.97	62.89	90.07	111.35	137.00	152.88	165.18	172.02	181.04
		0.34	0.50	0.60	0.88	1.36	2.18	3.37	4.32	6.06	8.83	10.89

1-2-1 按收入等级分城镇居民家庭基本情况(2009年)

项 目	Item	单位	Unit	全 国 National
调查户数	Number of Households Surveyed	户	household	65506
调查户比重	Proportion	%	%	100.00
平均每户家庭人口	Average Household Size	人	person	2.89
平均每户就业人口	Average Number of Employed Persons per Household	人	person	1.49
平均每户就业面	Proportion of Employment per Household	%	%	51.56
平均每一就业者负担人数	Number of Dependents per Employee			
(包括就业者本人)	(including the employee himself or herself)	人	person	1.94
平均每人全部年收入	Per Capita Annual Income	元	yuan	18858.09
平均每人可支配收入	Per Capita Disposable Income	元	yuan	17174.65
平均每人消费性支出(元)	Per Capita Annual Consumption Expenditure	元	yuan	12264.55

Basic Condition of Urban Households by Level of Income (2009)

按收入等级分 Grouped by Percentile of Households	最低收入户 Lowest Income Households (first decile)	困难户 Poor Households (first five percent)	低收入户 Low Income Households (second decile)	中等偏下户 Lower Middle Income Households (second quintile)	中等收入户 Middle Income Households (third quintile)	中等偏上户 Upper Middle Income Households (fourth quintile)	高收入户 High Income Households (ninth decile)	最高收入户 Highest Income Households (tenth decile)
	6518	3248	6563	13132	13137	13122	6526	6508
	9.95	4.96	10.02	20.05	20.05	20.03	9.96	9.93
	3.29	3.30	3.23	3.04	2.84	2.71	2.61	2.51
	1.32	1.22	1.46	1.53	1.49	1.49	1.51	1.55
	40.12	36.97	45.20	50.33	52.46	54.98	57.85	61.75
	2.49	2.70	2.21	1.99	1.91	1.82	1.73	1.62
	5950.68	4935.81	8956.81	12345.17	16858.36	23050.76	31171.69	51349.57
	5253.23	4197.58	8162.07	11243.55	15399.92	21017.95	28386.47	46826.05
	4900.56	4256.81	6743.09	8738.79	11309.73	14964.37	19263.88	29004.41

1-2-2 按收入等级分城镇居民家庭现金收入和支出（平均每人全年,2009年）

单位：元

项 目	Item	总平均 Average	最低收入户 Lowest Income Households (first decile)	困难户 Poor Households (first five percent)
一、期初手存现金	**Deposited Cash at Beginning of the Period**	**913.40**	**447.73**	**402.97**
二、家庭总收入	**Total Income of Living Expenditure**	**18858.09**	**5950.68**	**4935.81**
#可支配收入	Disposable Income	17174.65	5253.23	4197.58
(一)工薪收入	Income of Wages and Salaries	12382.11	3864.73	3180.44
1.工资及补贴收入	Income of Wages and Allowances	12084.49	3589.39	2901.84
2.其他劳动收入	Other Working Income	297.62	275.34	278.60
(二)经营净收入	Net Income from Management	1528.68	633.99	493.75
(三)财产性收入	Property Income	431.84	63.49	53.47
1.利息收入	Interest Income	60.54	7.84	7.23
2.股息与红利收入	Bonus and Dividends	76.43	3.21	2.14
3.保险收益	Insurance Yield	5.53	0.97	0.32
4.其它投资收入	Other Investment Income	53.73	3.85	0.77
5.出租房屋收入	House Leasing Income	222.05	41.88	39.35
6.知识产权收入	Intellectual Property Income	0.28		
7.其他财产性收入	Other Property Income	13.28	5.74	3.67
(四)转移性收入	Transfer Income	4515.45	1388.47	1208.15
1.养老金或离退休金	Pension	3656.02	868.52	633.97
2.社会救济收入	Social Assistance Grants	44.72	194.58	263.42
3.辞退金	Compensation for Dismissal	8.64	0.62	1.06
4.赔偿收入	Compensation Income	8.11	0.66	0.53
5.保险收入	Insurance Proceeds	18.72	14.90	11.96
#失业保险金	Insurance for Unemployment	12.05	14.11	11.49
6.赡养收入	Solatium Income	180.99	88.81	88.75
7.捐赠收入	Donation Income	342.62	102.03	93.64
8.提取住房公积金	Withdrawal of Public Accumulation Fund for Housing Construct	65.46	0.92	0.58
9.记帐补贴	Bookkeeping Allowance	114.29	82.63	82.34
10.其他转移性收入	Other Transfer Income	75.89	34.82	31.89
三、出售财物收入	**Income from Selling Property**	**389.97**	**23.27**	**34.79**
1.出售住房收入	House Leasing Income	375.06	19.68	31.40
2.出售其他物品收入	Other Articles	14.90	3.60	3.39
四、借贷收入	**Debit and Credit Income**	**5680.68**	**1372.04**	**1399.88**
1.提取储蓄存款	Withdrawal of Deposit	4787.91	1154.06	1152.09
2.借入款	Borrowing	232.65	159.55	207.43
3.收回借出款	Withdrawal of Debts	65.01	26.47	26.92
4.收回储蓄性保险本	Withdrawal of Saving Insurance Principal	7.61	2.65	0.99
5.兑售有价证券	Changing or Sale Securities	35.05	13.68	0.03
6.收回投资本金	Withdrawal of Investment Principal	21.38	1.81	2.15
7.住房贷款	Housing Loans	445.87	3.85	1.62
8.汽车贷款	Car loans	12.69		
9.教育贷款	Education Loans	0.91	1.11	1.55
10.其他贷款	Other loans	13.58	1.11	2.10
11.其他借贷收入	Other Debit and Credit Income	58.01	7.76	5.01

Per Capita Annual Cash Income and Expenditure (2009)

Unit: yuan

低收入户 Low Income Households (second decile)	中等偏下户 Lower Middle Income Households (second quintile)	中等收入户 Middle Income Households (third quintile)	中等偏上户 Upper Middle Income Households (fourth quintile)	高收入户 High Income Households (ninth decile)	最高收入户 Highest Income Households (tenth decile)
592.16	**699.38**	**859.26**	**1087.20**	**1357.27**	**1874.32**
8956.81	**12345.17**	**16858.36**	**23050.76**	**31171.69**	**51349.57**
8162.07	11243.55	15399.92	21017.95	28386.47	46826.05
5822.01	8333.34	11288.45	15271.69	20351.80	32539.08
5565.59	8082.92	11031.40	14980.01	20007.22	31962.38
256.41	250.42	257.05	291.68	344.58	576.69
802.13	972.42	1109.19	1531.73	2299.93	5521.99
102.94	161.84	239.83	399.82	775.20	2321.94
13.70	23.71	41.18	68.26	125.46	262.53
8.34	21.87	34.80	69.20	147.69	465.61
2.01	2.22	3.84	5.05	14.73	21.46
2.02	6.16	6.68	23.11	54.86	505.81
72.00	98.10	145.14	224.51	414.15	1002.80
	0.10	0.31	0.26	0.32	1.42
4.88	9.68	7.89	9.43	17.99	62.32
2229.72	2877.56	4220.89	5847.53	7744.76	10966.56
1754.81	2404.37	3607.04	4978.56	6457.74	7917.97
60.96	33.19	17.82	12.99	13.96	8.98
1.52	2.15	6.29	10.91	17.65	38.72
2.55	5.17	4.79	8.51	8.64	41.05
13.61	14.19	15.93	20.72	21.34	43.04
12.49	11.03	10.49	14.06	10.44	12.17
123.96	107.73	150.44	185.17	266.10	564.16
141.57	169.22	251.67	370.03	557.68	1368.27
0.76	2.47	9.12	42.00	112.61	556.67
86.77	96.80	109.66	129.76	152.62	182.02
43.22	42.26	48.14	88.89	136.41	245.68
72.56	**106.44**	**234.98**	**483.46**	**550.27**	**2118.75**
66.71	89.90	228.17	464.84	524.83	2078.91
5.85	16.54	6.80	18.62	25.44	39.84
1714.64	**2526.47**	**4183.13**	**6678.59**	**10779.75**	**21964.89**
1462.23	2213.84	3584.41	5871.55	9044.53	17628.31
138.73	171.33	167.71	244.40	412.69	578.15
34.55	28.14	55.87	48.74	102.50	280.61
5.12	3.57	1.71	8.46	18.81	29.73
2.30	1.80	20.48	20.86	43.57	258.78
1.97	2.73	6.18	43.16	34.21	101.57
32.20	83.09	284.33	371.07	1000.20	2611.15
	3.70	2.65	9.02	33.78	83.34
2.31	1.23	0.16	0.71	0.93	0.01
26.06	4.72	16.86	6.59	46.50	10.24
9.16	12.33	42.77	54.03	42.03	383.01

单位：元

项　目	Item	总平均 Average	最低收入户 Lowest Income Households (first decile)
五、家庭总支出	**Total Expenditure of Household**	**17248.30**	**6185.59**
(一)消费支出	Living Expenditure	12264.55	4900.56
其中:服务性消费支出	Living Expenditure for Services	3167.67	1040.14
1.食品	Food	4478.54	2293.82
2.衣着	Clothing	1284.20	458.48
3.居住	Residence	1228.91	578.93
4.家庭设备用品及服务	Household Facilities, Articles and Services	786.94	226.04
5.医疗保健	Medicine and Medical Services	856.41	362.60
6.交通和通信	Transportation and Communication	1682.57	394.80
7.教育文化娱乐服务	Education, Cultural and Recreation Services	1472.76	457.22
8.其它商品和服务	Miscellaneous Commodities and Services	474.21	128.67
(二)购房与建房支出	Expenditure for Purchasing and Building House	1506.66	134.08
1.购房	Purchasing House	1475.67	125.95
2.建房	Building House	31.00	8.13
(三)转移性支出	Transfer Expenditure	1923.44	534.39
1.交纳的个人收入税	Tax	121.89	1.63
2.捐赠支出	Contribution	1141.73	346.11
3.购买彩票	Expenditure for Purchasing Lotteries	12.73	2.74
4.赡养支出	Expenditure for support	511.13	159.86
其中:在外就学子女费用	Expenditure for Children Studying Out Of Current Cities	285.79	107.44
5.各种非储蓄性保险支出	Expenditure on all Kinds of Non-saving Insurances	79.27	10.50
其中:车辆保险支出	Expenditure on Car Insurance	38.65	0.88
6.其他转移性支出	Other Transfer Expenditure	56.69	13.55
(四)财产性支出	Property Expenditure	106.38	3.38
1.非生产性利息支出	Expenditure on Non-productional Loan Interests	87.51	2.85
2.其他	Others	18.87	0.53
(五)社会保障支出	Expenditure on Social Securities	1447.26	613.17
1.个人交纳的养老基金	Individually Paid Pension Fund	624.55	432.88
2.个人交纳的住房公积金	Individually Paid Public Accumulation Fund for Housing Construction	577.93	68.06
3.个人交纳的医疗基金	Individually Paid Medical Fund	197.70	95.00
4.个人交纳的失业基金	Individually Paid Unemployment Fund	37.47	8.99
5.其他社会保障支出	Other Expenditure on Social Securities	9.62	8.25
六、借贷支出	**Expenditure on Debit and Credit**	**7002.04**	**938.80**
1.存入储蓄款	Deposited Saving Money	6214.28	851.62
2.借出款	Loans	61.66	7.79
3.归还借款	Returning Loans	127.99	33.63
4.储蓄性保险支出	Expenditure on Saving Insurance	125.08	18.82
5.购买有价证券	Purchasing Securities	71.45	3.47
6.其它投资支出	Other Investment Expenses	37.26	2.55
7.归还住房贷款	Returning Housing Loans	315.48	15.47
8.归还汽车贷款	Returning Car Loans	12.50	
9.归还教育贷款	Returning Education Loans	0.64	0.13
10.归还其他贷款	Returning Other Loan	7.97	0.09
11.其他借贷支出	Other Debit and Credit Expenses	27.74	5.24
七、期末手存现金	**Deposited Cash at the end of Period**	**1590.82**	**667.64**

1-2-2 Continued

Unit: yuan

困难户 Poor House-holds(first five percent)	低收入户 Low Income Households (second decile)	中等偏下户 Lower Middle Income Households (second quintile)	中等收入户 Middle Income Households (third quintile)	中等偏上户 Upper Middle Income Households (fourth quintile)	高收入户 High Income Households (ninth decile)	最高收入户 Highest Income Households (tenth decile)
5519.79	**8475.23**	**11353.45**	**15197.49**	**20764.77**	**28179.51**	**46936.90**
4256.81	6743.09	8738.79	11309.73	14964.37	19263.88	29004.41
892.77	1487.53	2050.82	2794.07	3896.27	5250.37	8675.87
2041.55	3009.48	3640.22	4410.49	5367.01	6360.33	8135.04
376.60	684.18	962.45	1263.80	1601.19	1986.16	2782.30
515.70	735.23	880.76	1131.03	1493.31	1775.08	2863.28
173.77	366.43	521.47	701.08	977.07	1325.54	2114.20
343.96	504.09	632.03	834.48	1072.01	1322.40	1745.91
310.28	582.28	861.44	1285.03	2047.83	3181.88	5858.67
390.56	665.96	953.75	1290.09	1807.73	2461.10	4116.41
104.39	195.43	286.68	393.73	598.21	851.39	1388.59
154.53	194.63	383.49	865.13	1504.98	2952.46	8373.10
143.08	173.74	365.69	820.93	1471.15	2907.98	8312.52
11.46	20.90	17.81	44.20	33.83	44.48	60.57
451.03	820.94	1213.11	1658.18	2392.97	3357.38	5465.83
1.95	5.78	13.23	41.08	114.69	245.11	831.23
294.36	556.63	816.86	1074.74	1433.12	1998.78	2592.91
1.77	6.89	8.98	13.89	16.56	18.79	27.55
132.98	211.12	306.10	430.67	653.23	854.12	1506.06
86.69	143.64	188.45	250.00	343.99	447.37	790.12
10.05	22.83	34.87	49.83	93.97	152.00	338.58
0.37	1.48	5.90	13.33	39.36	94.33	234.40
9.92	17.70	33.06	47.98	81.40	88.58	169.51
3.48	14.38	26.47	56.75	114.10	218.31	583.29
2.99	9.63	22.58	49.19	92.66	185.10	471.60
0.49	4.74	3.89	7.57	21.44	33.21	111.69
653.94	702.20	991.59	1307.70	1788.36	2387.48	3510.27
495.30	414.02	514.60	584.99	698.58	866.76	1169.77
51.96	147.07	282.67	485.32	791.18	1151.86	1856.07
86.76	118.57	161.47	194.49	238.45	291.59	372.29
7.77	15.51	25.19	35.16	49.24	65.00	92.72
12.15	7.03	7.66	7.73	10.91	12.27	19.42
700.71	**1927.87**	**3160.22**	**5439.52**	**8568.43**	**13159.91**	**26974.95**
623.94	1760.20	2857.69	4921.32	7680.47	11527.70	23463.78
3.34	16.52	36.83	50.32	55.14	131.48	237.92
37.35	46.55	66.63	100.74	138.23	266.80	440.50
15.19	37.32	63.92	94.42	153.29	223.01	473.54
0.19	1.43	6.75	19.19	27.94	149.27	582.55
1.70	9.93	9.04	28.83	77.45	65.05	102.84
10.09	39.01	101.47	199.77	371.58	712.28	1448.85
	0.03	2.42	3.03	9.51	24.48	91.99
0.26	0.31	0.87	0.41	0.51	1.64	1.05
0.07	12.92	2.40	6.42	6.44	21.55	19.88
8.58	3.65	12.19	15.07	47.88	36.66	112.05
554.67	**931.20**	**1166.48**	**1500.96**	**1950.89**	**2497.84**	**3430.95**

1-2-3 按收入等级分城镇居民家庭消费支出(2009年)

单位：元

项 目	Item	总平均 Average	最低收入户 Lowest Income Households (first decile)	困难户 Poor Households (first five percent)
消费支出	**Total Consumption Expenditures**	**12264.55**	**4900.56**	**4256.81**
#服务性消费支出	#Service Consumption Expenditure	3167.67	1040.14	892.77
一、食品	**Food**	**4478.54**	**2293.82**	**2041.55**
(一)粮油类	Grain and Oil	552.52	429.89	410.50
1.粮食	Grain	334.29	265.32	254.36
2.淀粉及薯类	Starches and Tubers	30.49	23.22	22.83
3.干豆类及豆制品	Beans and Bean Products	58.37	42.03	38.66
4.油脂类	Oil and Fats	129.37	99.32	94.65
(二)肉禽蛋水产品类	Meat,Poultry,Egg,Aquatic Products and Related Products	1261.69	708.84	618.60
1.肉类	Meat Products	653.23	403.45	359.88
2.禽类	Poultry Products	214.26	117.40	98.53
3.蛋类	Eggs	92.78	66.06	61.14
4.水产品类	Aquatic Products	301.42	121.94	99.05
(三)蔬菜类	Vegetables	446.57	304.82	283.88
1.鲜菜	Fresh Vegetables	406.26	283.46	265.77
2.干菜	Dried Vegetables	25.17	12.42	10.21
3.菜制品	Vegetable Products	15.15	8.94	7.90
(四)调味品	Condiments	58.25	37.30	34.56
(五)糖烟酒饮料类	Sugar,Tobacco,Liquor and Beverages	488.75	229.34	191.95
1. 糖类	Sugar	38.28	19.46	17.35
2. 烟草类	Tobacco	228.54	110.86	93.09
3. 酒类	Liquor	127.90	59.06	49.34
4. 饮料	Beverages	94.03	39.97	32.17
(六)干鲜瓜果类	Dried and Fresh Melons and Fruits	332.73	161.00	142.68
1. 鲜果	Fruits	208.17	104.04	92.84
2. 鲜瓜	Melons	41.55	21.18	18.76
3. 其它干鲜瓜果类及制品	Dried Fruits	83.00	35.78	31.09
(七)糕点、奶及奶制品	Cake, Milk and Its Products	287.53	131.08	113.07
1. 糕点	Cake	91.39	42.00	35.46
2. 奶及奶制品	Milk and Its Products	196.14	89.09	77.62
(八)其他食品	Other Food	72.79	35.14	30.74
(九)饮食服务	Bite and Sup Service	977.71	256.41	215.57
1. 食品加工服务费	Food Processing Service Fees	1.65	1.18	1.04
2. 在外饮食	Dining Out	976.06	255.24	214.53
二、衣着	**Clothing**	**1284.20**	**458.48**	**376.60**
(一)服装	Garments	923.99	306.87	249.96
(二)衣着材料	Clothing Materials	10.63	4.47	3.82
(三)鞋类	Shoes	300.09	125.58	103.40
(四)其他衣着用品	Other Clothing	41.73	18.61	16.68
(五)衣着加工服务费	Tailoring and Laundering Services	7.77	2.95	2.74

Per Capita Annual Living Expenditure of Urban Households (2009)

Unit：yuan

低收入户 Low Income Households (second decile)	中等偏下户 Lower Middle Income Households (second quintile)	中等收入户 Middle Income Households (third quintile)	中等偏上户 Upper Middle Income Households (fourth quintile)	高收入户 High Income Households (ninth decile)	最高收入户 Highest Income Households (tenth decile)
6743.09	**8738.79**	**11309.73**	**14964.37**	**19263.88**	**29004.41**
1487.53	2050.82	2794.07	3896.27	5250.37	8675.87
3009.48	**3640.22**	**4410.49**	**5367.01**	**6360.33**	**8135.04**
483.32	522.16	564.39	608.59	630.03	671.60
292.15	316.34	339.81	366.04	380.85	407.44
25.52	27.33	30.68	34.17	37.07	40.83
49.20	54.58	59.77	65.98	68.72	73.53
116.44	123.91	134.13	142.39	143.39	149.80
952.77	1104.92	1295.21	1497.68	1677.82	1863.72
527.35	599.47	685.32	757.26	808.32	858.97
163.82	187.57	219.09	253.51	287.47	319.24
79.22	86.34	97.09	103.87	109.96	114.09
182.38	231.55	293.71	383.04	472.06	571.42
372.72	408.44	464.27	509.42	543.04	571.14
343.99	373.91	422.71	460.08	488.23	510.18
17.45	21.11	25.67	31.41	35.26	39.47
11.29	13.43	15.89	17.93	19.55	21.50
46.58	52.76	60.85	67.46	71.53	78.53
309.00	391.57	488.52	601.73	703.45	897.78
25.07	30.73	36.84	45.72	56.18	72.28
149.46	189.46	230.62	279.22	321.55	397.76
81.20	102.56	129.43	158.65	176.11	237.41
53.28	68.82	91.63	118.14	149.62	190.33
213.98	269.26	335.31	409.42	483.14	581.40
136.26	171.21	208.99	253.10	299.21	360.25
28.16	35.20	43.90	50.56	56.24	65.46
49.56	62.85	82.43	105.75	127.69	155.69
185.55	231.10	291.97	354.82	418.66	508.28
57.45	72.65	91.01	113.17	135.26	166.65
128.10	158.45	200.96	241.65	283.40	341.63
48.30	61.17	77.26	90.31	99.15	114.81
397.25	598.83	832.71	1227.59	1733.51	2847.78
1.32	1.65	1.89	1.84	1.72	1.67
395.93	597.19	830.82	1225.74	1731.79	2846.11
684.18	**962.45**	**1263.80**	**1601.19**	**1986.16**	**2782.30**
466.34	675.04	900.29	1156.29	1465.42	2092.69
6.21	8.97	11.18	13.43	15.13	17.82
182.22	239.20	303.87	371.29	431.78	573.30
25.27	33.07	41.46	50.47	61.70	81.46
4.14	6.17	7.00	9.72	12.13	17.02

单位：元

项　目	Item	总平均 Average	最低收入户 Lowest Income Households (first decile)	困难户 Poor Households (first five percent)
三、居住	**Residence**	**1228.91**	**578.93**	**515.70**
(一)住房	House	396.95	84.73	60.83
(二)水电燃料及其他	Water, Electricity and Fuels	746.62	470.97	436.49
(三)居住服务费	Housing Services	85.33	23.22	18.38
四、家庭设备用品及服务	**Household Appliances and Services**	**786.94**	**226.04**	**173.77**
(一)耐用消费品	Durable Consumer Goods	358.98	70.10	42.57
1. 家具	Furniture	103.73	15.06	6.83
2. 家庭设备	Household Appliances	247.28	52.28	32.84
(二)室内装饰品	Room Decorations	23.98	3.47	3.44
(三)床上用品	Bed Articles	72.99	19.47	14.27
(四)家庭日用杂品	Household Articles for Daily Use	264.57	122.79	106.53
(五)家具材料	Furniture Materials	11.44	1.97	0.59
(六)家庭服务	Household Services	54.98	8.24	6.37
1. 家政服务	Housekeeping Services	37.25	2.38	1.89
2. 加工维修服务费	Manufacturing Upkeep	17.20	5.73	4.36
五、医疗保健	**Health Care and Medical Services**	**856.41**	**362.60**	**343.96**
(一)医疗器具	Medical Appliances	7.81	1.11	0.84
(二)保健器具	Health Care Appliances	17.87	1.63	0.87
(三)药品费	Medicine	417.44	215.77	201.60
(四)滋补保健品	Health Products	116.01	10.91	7.66
(五)医疗费	Health Care Services	282.13	129.69	130.14
(六)其他	Other	15.15	3.49	2.85
六、交通和通讯	**Transport and Communications**	**1682.57**	**394.80**	**310.28**
(一)交通	Transport	1040.88	147.81	109.83
1. 家庭交通工具	Transportation Facility	497.44	38.03	17.33
2. 车辆用燃料及零配件	Fuels and Parts	201.78	21.88	16.66
3. 交通工具服务支出	Using and Upkeep Fare	89.92	10.07	7.03
4. 交通费	Traffic Fare	251.74	77.84	68.80
(二)通信	Communication	641.70	246.99	200.45
1. 通信工具	Communication Facility	92.56	21.73	15.38
2. 通信服务	Communication Services	549.14	225.26	185.08
七、教育文化娱乐服务	**Recreation, Education and Culture**	**1472.76**	**457.22**	**390.56**
(一)文化娱乐用品	Cultural and Recreational Articles	381.32	82.96	68.30
(二)文化娱乐服务	Expenditure of Culture and Recreation	445.56	60.47	47.09
(三)教育	Education	645.89	313.79	275.17
1. 教材	Teaching material	64.13	43.57	41.00
2. 教育费用	Tuition	581.75	270.22	234.17
八、其它商品和服务	**Miscellaneous Goods and Services**	**474.21**	**128.67**	**104.39**
(一)其它商品	Miscellaneous Goods	308.56	71.76	56.89
(二)服务	Services	165.65	56.91	47.50

Unit：yuan

低收入户 Low Income Households (second decile)	中等偏下户 Lower Middle Income Households (second quintile)	中等收入户 Middle Income Households (third quintile)	中等偏上户 Upper Middle Income Households (fourth quintile)	高收入户 High Income Households (ninth decile)	最高收入户 Highest Income Households (tenth decile)
735.23	**880.76**	**1131.03**	**1493.31**	**1775.08**	**2863.28**
123.92	178.48	301.37	526.36	659.61	1482.11
578.54	657.27	759.86	862.51	967.55	1095.27
32.77	45.00	69.80	104.44	147.92	285.90
366.43	**521.47**	**701.08**	**977.07**	**1325.54**	**2114.20**
138.72	217.97	307.95	453.89	632.98	1085.97
25.89	46.04	75.50	128.50	195.10	412.53
105.96	163.27	221.77	317.65	427.17	667.23
6.86	14.48	19.58	28.51	47.94	78.41
31.32	50.44	68.96	96.56	127.39	169.20
174.60	210.85	255.52	319.06	385.91	511.40
3.55	7.50	10.25	15.54	19.01	32.48
11.37	20.22	38.82	63.52	112.31	236.72
3.77	8.64	21.17	41.77	83.63	191.46
7.31	11.31	16.85	21.30	27.28	44.58
504.09	**632.03**	**834.48**	**1072.01**	**1322.40**	**1745.91**
2.98	4.09	8.37	11.74	12.23	19.48
3.01	8.12	12.38	21.16	43.02	67.87
284.81	337.51	427.84	510.43	593.94	689.83
27.34	53.82	89.94	152.30	249.10	401.41
175.88	218.95	282.87	355.44	393.77	537.09
10.08	9.54	13.07	20.93	30.33	30.23
582.28	**861.44**	**1285.03**	**2047.83**	**3181.88**	**5858.67**
206.12	368.31	656.37	1258.76	2180.90	4552.91
39.43	116.71	259.87	598.26	1157.36	2482.84
38.52	67.25	122.07	248.29	389.94	942.38
14.33	24.33	45.29	93.99	186.91	483.97
113.83	160.02	229.15	318.22	446.68	643.72
376.16	493.13	628.65	789.07	1000.98	1305.76
38.66	64.17	85.75	117.43	160.20	236.37
337.50	428.96	542.90	671.64	840.78	1069.39
665.96	**953.75**	**1290.09**	**1807.73**	**2461.10**	**4116.41**
151.82	225.50	335.78	483.42	682.50	1116.97
107.44	194.47	329.46	566.03	909.93	1673.86
406.70	533.78	624.85	758.28	868.67	1325.58
48.87	60.81	63.55	75.94	77.19	85.47
357.83	472.97	561.30	682.34	791.48	1240.10
195.43	**286.68**	**393.73**	**598.21**	**851.39**	**1388.59**
117.98	183.38	251.22	393.44	581.91	915.75
77.45	103.30	142.52	204.78	269.49	472.84

1-2-4 按收入等级分城镇居民家庭消费支出构成(2009年)

单位：%

项　目	Item	总平均 Average	最低收入户 Lowest Income Households (first decile)	困难户 Poor Households (first five percent)
消费支出	**Total Consumption Expenditures**	**100.00**	**100.00**	**100.00**
#服务性消费支出	#Service Consumption Expenditure	25.83	21.22	20.97
一、食品	**Food**	**36.52**	**46.81**	**47.96**
(一)粮油类	Grain and Oil	4.51	8.77	9.64
1.粮食	Grain	2.73	5.41	5.98
2.淀粉及薯类	Starches and Tubers	0.25	0.47	0.54
3.干豆类及豆制品	Beans and Bean Products	0.48	0.86	0.91
4.油脂类	Oil and Fats	1.05	2.03	2.22
(二)肉禽蛋水产品类	Meat,Poultry,Egg,Aquatic Products and Related Products	10.29	14.46	14.53
1.肉类	Meat Products	5.33	8.23	8.45
2.禽类	Poultry Products	1.75	2.40	2.31
3.蛋类	Eggs	0.76	1.35	1.44
4.水产品类	Aquatic Products	2.46	2.49	2.33
(三)蔬菜类	Vegetables	3.64	6.22	6.67
1.鲜菜	Fresh Vegetables	3.31	5.78	6.24
2.干菜	Dried Vegetables	0.21	0.25	0.24
3.菜制品	Vegetable Products	0.12	0.18	0.19
(四)调味品	Condiments	0.47	0.76	0.81
(五)糖烟酒饮料类	Sugar,Tobacco,Liquor and Beverages	3.99	4.68	4.51
1.糖类	Sugar	0.31	0.40	0.41
2.烟草类	Tobacco	1.86	2.26	2.19
3.酒类	Liquor	1.04	1.21	1.16
4.饮料	Beverages	0.77	0.82	0.76
(六)干鲜瓜果类	Dried and Fresh Melons and Fruits	2.71	3.29	3.35
1.鲜果	Fruits	1.70	2.12	2.18
2.鲜瓜	Melons	0.34	0.43	0.44
3.其它干鲜瓜果类及制品	Dried Fruits	0.68	0.73	0.73
(七)糕点、奶及奶制品	Cake, Milk and Its Products	2.34	2.67	2.66
1.糕点	Cake	0.75	0.86	0.83
2.奶及奶制品	Milk and Its Products	1.60	1.82	1.82
(八)其他食品	Other Food	0.59	0.72	0.72
(九)饮食服务	Bite and Sup Service	7.97	5.23	5.06
1.食品加工服务费	Food Processing Service Fees	0.01	0.02	0.02
2.在外饮食	Dining Out	7.96	5.21	5.04
二、衣着	**Clothing**	**10.47**	**9.36**	**8.85**
(一)服装	Garments	7.53	6.26	5.87
(二)衣着材料	Clothing Materials	0.09	0.09	0.09
(三)鞋类	Shoes	2.45	2.56	2.43
(四)其他衣着用品	Other Clothing	0.34	0.38	0.39
(五)衣着加工服务费	Tailoring and Laundering Services	0.06	0.06	0.06

Composition of Per Capita Annual Living Expenditure of Urban Households (2009)

Unit: %

低收入户 Low Income Households (second decile)	中等偏下户 Lower Middle Income Households (second quintile)	中等收入户 Middle Income Households (third quintile)	中等偏上户 Upper Middle Income Households (fourth quintile)	高收入户 High Income Households (ninth decile)	最高收入户 Highest Income Households (tenth decile)
100.00	**100.00**	**100.00**	**100.00**	**100.00**	**100.00**
22.06	23.47	24.71	26.04	27.25	29.91
44.63	**41.66**	**39.00**	**35.87**	**33.02**	**28.05**
7.17	5.98	4.99	4.07	3.27	2.32
4.33	3.62	3.00	2.45	1.98	1.40
0.38	0.31	0.27	0.23	0.19	0.14
0.73	0.62	0.53	0.44	0.36	0.25
1.73	1.42	1.19	0.95	0.74	0.52
14.13	12.64	11.45	10.01	8.71	6.43
7.82	6.86	6.06	5.06	4.20	2.96
2.43	2.15	1.94	1.69	1.49	1.10
1.17	0.99	0.86	0.69	0.57	0.39
2.70	2.65	2.60	2.56	2.45	1.97
5.53	4.67	4.11	3.40	2.82	1.97
5.10	4.28	3.74	3.07	2.53	1.76
0.26	0.24	0.23	0.21	0.18	0.14
0.17	0.15	0.14	0.12	0.10	0.07
0.69	0.60	0.54	0.45	0.37	0.27
4.58	4.48	4.32	4.02	3.65	3.10
0.37	0.35	0.33	0.31	0.29	0.25
2.22	2.17	2.04	1.87	1.67	1.37
1.20	1.17	1.14	1.06	0.91	0.82
0.79	0.79	0.81	0.79	0.78	0.66
3.17	3.08	2.96	2.74	2.51	2.00
2.02	1.96	1.85	1.69	1.55	1.24
0.42	0.40	0.39	0.34	0.29	0.23
0.73	0.72	0.73	0.71	0.66	0.54
2.75	2.64	2.58	2.37	2.17	1.75
0.85	0.83	0.80	0.76	0.70	0.57
1.90	1.81	1.78	1.61	1.47	1.18
0.72	0.70	0.68	0.60	0.51	0.40
5.89	6.85	7.36	8.20	9.00	9.82
0.02	0.02	0.02	0.01	0.01	0.01
5.87	6.83	7.35	8.19	8.99	9.81
10.15	**11.01**	**11.17**	**10.70**	**10.31**	**9.59**
6.92	7.72	7.96	7.73	7.61	7.22
0.09	0.10	0.10	0.09	0.08	0.06
2.70	2.74	2.69	2.48	2.24	1.98
0.37	0.38	0.37	0.34	0.32	0.28
0.06	0.07	0.06	0.06	0.06	0.06

1-2-4 续表

单位: %

项 目	Item	总平均 Average	最低收入户 Lowest Income Households (first decile)	困难户 Poor Households (first five percent)
三、居住	**Residence**	**10.02**	**11.81**	**12.11**
(一)住房	House	3.24	1.73	1.43
(二)水电燃料及其他	Water, Electricity and Fuels	6.09	9.61	10.25
(三)居住服务费	Housing Services	0.70	0.47	0.43
四、家庭设备用品及服务	**Household Appliances and Services**	**6.42**	**4.61**	**4.08**
(一)耐用消费品	Durable Consumer Goods	2.93	1.43	1.00
1. 家具	Furniture	0.85	0.31	0.16
2. 家庭设备	Household Appliances	2.02	1.07	0.77
(二)室内装饰品	Room Decorations	0.20	0.07	0.08
(三)床上用品	Bed Articles	0.60	0.40	0.34
(四)家庭日用杂品	Household Articles for Daily Use	2.16	2.51	2.50
(五)家具材料	Furniture Materials	0.09	0.04	0.01
(六)家庭服务	Household Services	0.45	0.17	0.15
1. 家政服务	Housekeeping Services	0.30	0.05	0.04
2. 加工维修服务费	Manufacturing Upkeep	0.14	0.12	0.10
五、医疗保健	**Health Care and Medical Services**	**6.98**	**7.40**	**8.08**
(一)医疗器具	Medical Appliances	0.06	0.02	0.02
(二)保健器具	Health Care Appliances	0.15	0.03	0.02
(三)药品费	Medicine	3.40	4.40	4.74
(四)滋补保健品	Health Products	0.95	0.22	0.18
(五)医疗费	Health Care Services	2.30	2.65	3.06
(六)其他	Other	0.12	0.07	0.07
六、交通和通讯	**Transport and Communications**	**13.72**	**8.06**	**7.29**
(一)交通	Transport	8.49	3.02	2.58
1. 家庭交通工具	Transportation Facility	4.06	0.78	0.41
2. 车辆用燃料及零配件	Fuels and Parts	1.65	0.45	0.39
3. 交通工具服务支出	Using and Upkeep Fare	0.73	0.21	0.17
4. 交通费	Traffic Fare	2.05	1.59	1.62
(二)通信	Communication	5.23	5.04	4.71
1. 通信工具	Communication Facility	0.75	0.44	0.36
2. 通信服务	Communication Services	4.48	4.60	4.35
七、教育文化娱乐服务	**Recreation, Education and Culture**	**12.01**	**9.33**	**9.17**
(一)文化娱乐用品	Cultural and Recreational Articles	3.11	1.69	1.60
(二)文化娱乐服务	Expenditure of Culture and Recreation	3.63	1.23	1.11
(三)教育	Education	5.27	6.40	6.46
1. 教材	Teaching material	0.52	0.89	0.96
2. 教育费用	Tuition	4.74	5.51	5.50
八、杂项商品和服务	**Miscellaneous Goods and Services**	**3.87**	**2.63**	**2.45**
(一)杂项商品	Miscellaneous Goods	2.52	1.46	1.34
(二)服务	Services	1.35	1.16	1.12

Unit: %

低收入户 Low Income Households (second decile)	中等偏下户 Lower Middle Income Households (second quintile)	中等收入户 Middle Income Households (third quintile)	中等偏上户 Upper Middle Income Households (fourth quintile)	高收入户 High Income Households (ninth decile)	最高收入户 Highest Income Households (tenth decile)
10.90	**10.08**	**10.00**	**9.98**	**9.21**	**9.87**
1.84	2.04	2.66	3.52	3.42	5.11
8.58	7.52	6.72	5.76	5.02	3.78
0.49	0.51	0.62	0.70	0.77	0.99
5.43	**5.97**	**6.20**	**6.53**	**6.88**	**7.29**
2.06	2.49	2.72	3.03	3.29	3.74
0.38	0.53	0.67	0.86	1.01	1.42
1.57	1.87	1.96	2.12	2.22	2.30
0.10	0.17	0.17	0.19	0.25	0.27
0.46	0.58	0.61	0.65	0.66	0.58
2.59	2.41	2.26	2.13	2.00	1.76
0.05	0.09	0.09	0.10	0.10	0.11
0.17	0.23	0.34	0.42	0.58	0.82
0.06	0.10	0.19	0.28	0.43	0.66
0.11	0.13	0.15	0.14	0.14	0.15
7.48	**7.23**	**7.38**	**7.16**	**6.86**	**6.02**
0.04	0.05	0.07	0.08	0.06	0.07
0.04	0.09	0.11	0.14	0.22	0.23
4.22	3.86	3.78	3.41	3.08	2.38
0.41	0.62	0.80	1.02	1.29	1.38
2.61	2.51	2.50	2.38	2.04	1.85
0.15	0.11	0.12	0.14	0.16	0.10
8.64	**9.86**	**11.36**	**13.68**	**16.52**	**20.20**
3.06	4.21	5.80	8.41	11.32	15.70
0.58	1.34	2.30	4.00	6.01	8.56
0.57	0.77	1.08	1.66	2.02	3.25
0.21	0.28	0.40	0.63	0.97	1.67
1.69	1.83	2.03	2.13	2.32	2.22
5.58	5.64	5.56	5.27	5.20	4.50
0.57	0.73	0.76	0.78	0.83	0.81
5.01	4.91	4.80	4.49	4.36	3.69
9.88	**10.91**	**11.41**	**12.08**	**12.78**	**14.19**
2.25	2.58	2.97	3.23	3.54	3.85
1.59	2.23	2.91	3.78	4.72	5.77
6.03	6.11	5.52	5.07	4.51	4.57
0.72	0.70	0.56	0.51	0.40	0.29
5.31	5.41	4.96	4.56	4.11	4.28
2.90	**3.28**	**3.48**	**4.00**	**4.42**	**4.79**
1.75	2.10	2.22	2.63	3.02	3.16
1.15	1.18	1.26	1.37	1.40	1.63

1-2-5 按收入等级分城镇居民家庭每人全年购买主要商品数量(2009年)

项　目	Item	单位	Unit	总平均 Average	最低收入户 Lowest Income Households (first decile)	困难户 Poor Households (first five percent)
大米	Rice	千克	kg	42.50	37.09	34.53
面粉	Flour	千克	kg	12.47	15.45	16.52
食用植物油	Edible Vegetable Oil	千克	kg	9.67	8.26	7.98
猪肉	Pork	千克	kg	20.50	14.39	12.92
牛肉	Beef	千克	kg	2.38	1.39	1.26
羊肉	Mutton	千克	kg	1.32	0.89	0.92
鸡	Chicken	千克	kg	5.96	3.97	3.50
鸭	Duck	千克	kg	1.92	1.07	0.88
鲜蛋	Fresh eggs	千克	kg	10.57	8.20	7.70
鱼	Fish	千克	kg	10.58	6.42	5.48
虾	Shrimp	千克	kg	1.59	0.59	0.43
鲜菜	Fresh Vegetables	千克	kg	120.45	97.43	93.75
白酒	Liquor	千克	kg	2.31	2.08	1.81
果酒	Fruit Wine	千克	kg	0.25	0.12	0.09
啤酒	Beer	千克	kg	5.43	3.47	3.00
碳酸饮料	Soda Pop	千克	kg	2.04	1.13	0.90
茶叶	Tea	千克	kg	0.30	0.21	0.19
鲜果	Fruits	千克	kg	38.94	24.18	22.03
鲜瓜	Melons	千克	kg	17.61	10.86	9.96
糕点	Cake	千克	kg	5.09	2.98	2.56
鲜乳品	Milk	千克	kg	14.91	8.01	6.98
奶粉	Milk Powder	千克	kg	0.48	0.25	0.24
酸奶	Yogurt	千克	kg	3.88	1.89	1.58
服装	Clothing	件	piece	8.19	4.02	3.50
鞋类	Shoes	双	pair	2.95	1.95	1.72
水	Water	吨	ton	42.15	26.03	23.46
电	Electricity	度	degree	612.47	354.90	323.95
煤炭	Coal	千克	kg	43.31	90.46	97.59
液化石油气	LPG	千克	kg	15.13	13.20	11.53
管道煤气	Coal Gas	立方米	stere	13.54	7.40	6.13

Per Capita Annual Purchases of Major Commodities of Urban Households by Level of Income (2009)

低收入户 Low Income Households (second decile)	中等偏下户 Lower Middle Income Households (second quintile)	中等收入户 Middle Income Households (third quintile)	中等偏上户 Upper Middle Income Households (fourth quintile)	高收入户 High Income Households (ninth decile)	最高收入户 Highest Income Households (tenth decile)
40.92	42.61	43.76	44.47	43.79	43.29
13.55	13.00	13.15	11.76	9.81	7.94
9.38	9.61	10.09	10.22	9.73	9.92
18.11	19.88	21.52	22.74	23.27	23.85
1.90	2.20	2.62	2.81	2.89	2.87
1.02	1.23	1.51	1.56	1.53	1.42
5.09	5.45	6.08	6.72	7.40	7.85
1.60	1.81	2.07	2.23	2.35	2.33
9.52	10.11	11.19	11.57	11.80	11.64
8.48	9.61	10.88	12.23	13.59	14.55
0.90	1.19	1.60	2.05	2.53	3.03
111.64	116.98	126.20	130.36	131.21	127.68
2.07	2.53	2.47	2.43	2.07	1.97
0.14	0.17	0.23	0.30	0.44	0.52
4.44	5.16	6.06	6.31	6.22	6.07
1.42	1.81	2.20	2.45	2.66	2.87
0.23	0.25	0.31	0.36	0.40	0.43
29.84	35.59	40.74	45.34	49.43	52.23
14.00	16.40	19.06	20.29	21.02	22.55
3.85	4.60	5.37	6.03	6.53	6.92
10.47	12.80	15.98	18.20	20.08	21.35
0.38	0.41	0.51	0.58	0.60	0.74
2.75	3.38	4.20	4.68	5.23	5.73
5.43	6.95	8.24	9.73	11.32	14.58
2.39	2.74	3.03	3.30	3.57	4.10
32.96	37.37	41.74	48.51	55.73	63.54
453.30	513.50	615.99	723.87	830.32	985.21
69.25	47.23	35.04	27.73	16.00	12.23
14.92	16.18	15.38	15.50	15.66	13.32
9.34	11.84	14.31	16.79	18.27	18.74

1-2-6 按收入等级分城镇居民家庭平均每百户购买主要耐用消费品数量(2009年)

项　目	Item	单位	Unit	总平均 Average	最低收入户 Lowest Income Households (first decile)	困难户 Poor Households (first five percent)
洗衣机	Washing Machine	台	set	4.96	1.76	1.51
电冰箱	Refrigerator	台	set	4.18	1.40	0.59
微波炉	Microwave	台	unit	3.69	1.03	0.79
空调器	Air Conditioner	台	unit	5.88	1.17	0.86
淋浴热水器	Shower	台	unit	4.83	1.31	0.83
消毒碗柜	Disinfection Cupboard	台	unit	0.43	0.24	0.23
摩托车	Motorcycle	辆	unit	0.63	0.46	0.34
助力车	Helping Hand Car	辆	unit	3.26	1.58	1.26
家用汽车	Automobile	辆	unit	1.16	0.10	0.01
电话机	Telephone	部	unit	8.51	3.56	3.59
移动电话	Mobile Telephone	部	unit	25.75	9.52	7.98
彩色电视机	Color Television Set	台	set	5.89	1.21	0.66
组合音响	Hi-Fi Stereo Component	台	set	0.38	0.07	0.01
摄像机	Pickup Camera	架	set	0.31	0.02	0.04
照相机	Camera	架	set	2.75	0.26	0.15
钢琴	Piano	架	set	0.1	0.05	0.07
其他中高档乐器	Other Medium and High Grade Musical Instrument	件	unit	0.64	0.13	0.07

1-2-7 按收入等级分城镇居民家庭平均每百户年底主要耐用消费品拥有量(2009年)

项　目	Item	单位	Unit	总平均 Average	最低收入户 Lowest Income Households (first decile)	困难户 Poor Households (first five percent)
摩托车	Motorcycle	辆	unit	22.40	18.79	15.98
助力车	Helping Hand Car	辆	unit	25.73	18.00	15.11
家用汽车	Automobile	辆	unit	10.89	1.21	1.02
洗衣机	Washing Machine	台	set	96.01	85.47	82.57
电冰箱	Refrigerator(	台	set	95.35	75.44	69.66
彩色电视机	Colour Television Set	台	set	135.65	111.25	108.78
家用电脑	Computer	台	set	65.74	25.57	20.21
组合音响	Hi-Fi Stereo Component	套	set	28.21	12.82	10.81
摄像机	Pickup Camera	架	set	7.77	0.69	0.43
照相机	Camera	架	set	41.68	10.66	8.19
钢琴	Piano	架	set	2.47	0.19	0.07
其他中高档乐器	Other Medium and High Grade Musical Instrument	件	unit	4.65	1.12	0.85
微波炉	Oven	台	unit	57.18	23.17	17.92
空调器	Air Conditioner	台	unit	106.84	35.62	27.31
淋浴热水器	Shower	台	unit	83.39	52.50	45.08
消毒碗柜	Disinfection Cupboard	台	unit	18.72	7.21	5.50
洗碗机	Dishwasher	台	unit	0.81	0.26	0.27
健身器材	Healthy Equipment	套	unit	4.13	0.45	0.26
固定电话	Telephone	部	unit	81.86	66.93	64.77
移动电话	Mobile Telephone	部	unit	181.04	129.54	117.96

Purchases of Number of Durable Consumer Goods Per 100 Urban Households by Level of Income (2009)

低收入户 Low Income Households (second decile)	中等偏下户 Lower Middle Income Households (second quintile)	中等收入户 Middle Income Households (third quintile)	中等偏上户 Upper Middle Income Households (fourth quintile)	高收入户 High Income Households (ninth decile)	最高收入户 Highest Income Households (tenth decile)
3.08	4.41	4.45	6.17	6.71	8.60
2.53	3.13	4.01	4.91	5.70	8.71
1.48	2.99	5.91	3.93	4.06	4.93
3.06	3.96	4.81	7.33	9.63	13.87
2.86	3.70	4.55	5.98	7.35	9.00
0.27	0.17	0.39	0.39	0.92	1.05
0.51	0.61	0.58	0.99	0.38	0.65
2.10	3.35	3.53	3.89	3.93	3.62
0.06	0.37	0.74	1.40	2.51	4.30
5.37	6.07	7.32	10.98	12.23	16.49
14.97	22.01	26.11	30.21	34.12	45.13
2.30	3.70	5.25	7.54	9.46	14.17
0.14	0.18	0.36	0.43	0.49	1.22
0.12	0.12	0.31	0.39	0.62	0.76
0.95	1.74	2.31	3.76	4.25	6.99
0.01	0.02	0.09	0.1	0.18	0.32
0.18	0.54	0.59	0.86	0.83	1.42

Number of Durable Consumer Goods Owned Per 100 Urban Households at Year-end by Level of Income(2009)

低收入户 Low Income Households (second decile)	中等偏下户 Lower Middle Income Households (second quintile)	中等收入户 Middle Income Households (third quintile)	中等偏上户 Upper Middle Income Households (fourth quintile)	高收入户 High Income Households (ninth decile)	最高收入户 Highest Income Households (tenth decile)
23.41	26.43	24.24	22.53	19.24	15.38
24.86	26.20	27.94	27.63	26.13	24.97
2.15	4.15	7.43	13.63	20.15	38.11
91.61	94.82	97.10	98.78	100.42	102.39
86.83	94.08	97.28	100.43	103.43	106.42
120.94	125.88	133.54	143.37	154.97	168.75
41.83	54.51	66.18	78.16	89.41	109.79
19.07	23.28	27.13	32.75	38.48	48.28
2.10	3.41	6.41	10.38	14.27	22.21
18.71	28.77	38.95	53.06	66.88	85.82
0.39	1.16	1.88	3.27	4.63	7.54
2.09	3.58	4.64	6.12	7.06	8.21
36.52	47.79	59.23	70.58	77.04	85.45
60.03	79.27	101.63	130.28	159.04	206.03
68.14	77.22	86.29	92.59	98.89	106.43
11.26	13.31	17.04	22.25	28.07	38.09
0.46	0.48	0.72	0.83	1.20	2.29
1.41	1.76	2.82	5.27	8.49	12.29
73.96	77.99	82.17	87.14	90.63	94.80
157.84	174.75	184.52	194.50	205.52	216.41

1-3 按绝对收入分组城镇居民家庭基本情况(2009年)

项　目	Item	单位	Unit	全　国 National	按户总收入分 10000元以下	10000~15000
调查户数	**Number of Households Surveyed**	**户**	**household**	**65506**	**575**	**1683**
调查户比重	**Proportion**	**%**	**%**	**100.00**	**0.88**	**2.57**
平均每户家庭人口	**Average Household Size**	**人**	**person**	**2.89**	**2.15**	**2.41**
平均每户就业人口	**Average Number of Employed Persons Per Household**	**人**	**person**	**1.49**	**0.64**	**0.82**
平均每户就业面	**Proportion of Employment per Household**	**%**	**%**	**51.56**	**29.57**	**33.92**
平均每一就业者负担人数	**Number of Dependents per Employee**					
(包括就业者本人)	**(Including the employee himself or herself)**	**人**	**person**	**1.94**	**3.38**	**2.95**
平均每人全部年收入	**Per Capita Annual Income**	**元**	**yuan**	**18858.09**	**3661.62**	**5320.35**
工薪收入	Income of Wages and Salaries	元	yuan	12382.11	1694.19	2465.27
经营净收入	Net Business Income	元	yuan	1528.68	235.54	500.86
财产性收入	Income from Property	元	yuan	431.84	61.51	60.16
转移性收入	Income from Transfer	元	yuan	4515.45	1670.37	2294.06
#可支配收入	#Disposable Income	元	yuan	17174.65	3259.55	4944.69
平均每人消费性支出	**Per Capita Annual Consumption Expenditures**	**元**	**yuan**	**12264.55**	**3922.56**	**4820.22**
食　品	Food	元	yuan	4478.54	2021.03	2398.79
衣　着	Clothing	元	yuan	1284.2	274.74	381.54
居　住	Housing	元	yuan	1228.91	521.47	643.14
家庭设备用品及服务	Household Appliances and Service	元	yuan	786.94	142.49	194.70
医疗保健	Health Care and Medical Services	元	yuan	856.41	386.76	422.93
交通通信	Transport and Communications	元	yuan	1682.57	244.32	309.51
教育文化娱乐服务	Education, Cultural and Recreation Services	元	yuan	1472.76	243.75	348.62
其它商品与服务	Miscellaneous Goods and Services	元	yuan	474.21	88.01	121.00
平均每人消费性支出构成	**Composition of Per Capita Annual Consumption Expenditures**	**%**	**%**			
食　品	Food	%	%	36.52	51.52	49.77
衣　着	Clothing	%	%	10.47	7.00	7.92
居　住	Housing	%	%	10.02	13.29	13.34
家庭设备用品及服务	Household Appliances and Service	%	%	6.42	3.63	4.04
医疗保健	Health Care and Medical Services	%	%	6.98	9.86	8.77
交通通信	Transport and Communications	%	%	13.72	6.23	6.42
教育文化娱乐服务	Education, Cultural and Recreation Services	%	%	12.01	6.21	7.23
其它商品与服务	Miscellaneous Goods and Services	%	%	3.87	2.24	2.51

Basic Conditions of Urban Households by Level of Income (2009)

By Level of Income							
15000 ~ 20000	20000 ~ 25000	25000 ~ 30000	30000 ~ 35000	35000 ~ 40000	40000 ~ 45000	45000 ~ 50000	50000 ~ 55000
3270	**4374**	**5293**	**5593**	**5552**	**5344**	**4820**	**4159**
4.99	**6.68**	**8.08**	**8.54**	**8.48**	**8.16**	**7.36**	**6.35**
2.56	**2.68**	**2.71**	**2.77**	**2.82**	**2.89**	**2.96**	**2.93**
1.01	**1.14**	**1.18**	**1.26**	**1.39**	**1.49**	**1.58**	**1.63**
39.26	**42.44**	**43.57**	**45.69**	**49.12**	**51.55**	**53.42**	**55.55**
2.55	**2.36**	**2.30**	**2.19**	**2.04**	**1.94**	**1.87**	**1.80**
6883.11	**8443.61**	**10179.10**	**11730.20**	**13272.90**	**14693.00**	**16038.83**	**17883.91**
3720.04	4577.23	5571.38	6777.07	8068.29	9392.52	10696.58	12099.08
508.83	811.02	747.40	810.50	994.82	1017.91	1111.34	1243.30
55.33	90.63	114.00	136.52	144.21	201.87	194.34	286.61
2598.91	2964.73	3746.33	4006.10	4065.58	4080.70	4036.57	4254.92
6413.32	7852.72	9496.72	10891.12	12290.64	13527.28	14722.12	16316.21
5707.78	**6655.76**	**7742.83**	**8527.19**	**9305.76**	**10060.88**	**10691.43**	**11807.17**
2709.46	3087.88	3457.57	3702.51	3868.81	4048.14	4179.45	4505.57
529.26	637.87	770.73	868.37	1008.23	1122.22	1226.37	1353.80
702.11	789.23	880.65	902.41	992.95	998.35	1082.55	1136.78
263.07	363.93	444.41	515.72	572.69	621.44	690.12	764.14
476.03	533.06	680.51	720.52	728.46	801.57	784.89	875.76
450.23	515.00	623.41	756.67	864.19	1037.64	1129.88	1331.21
424.88	542.02	651.10	793.55	953.87	1083.59	1222.16	1410.49
152.74	186.76	234.44	267.44	316.58	347.92	376.01	429.43
47.47	46.39	44.66	43.42	41.57	40.24	39.09	38.16
9.27	9.58	9.95	10.18	10.83	11.15	11.47	11.47
12.30	11.86	11.37	10.58	10.67	9.92	10.13	9.63
4.61	5.47	5.74	6.05	6.15	6.18	6.45	6.47
8.34	8.01	8.79	8.45	7.83	7.97	7.34	7.42
7.89	7.74	8.05	8.87	9.29	10.31	10.57	11.27
7.44	8.14	8.41	9.31	10.25	10.77	11.43	11.95
2.68	2.81	3.03	3.14	3.40	3.46	3.52	3.64

项 目	Item	单位	Unit	按户总收入分	
				55000 ~ 60000	60000 ~ 65000
调查户数	**Number of Households Surveyed**	**户**	**household**	**3511**	**3187**
调查户比重	**Proportion**	**%**	**%**	**5.36**	**4.87**
平均每户家庭人口	**Average Household Size**	**人**	**person**	**2.99**	**3.01**
平均每户就业人口	**Average Number of Employed Persons Per Household**	**人**	**person**	**1.63**	**1.68**
平均每户就业面	**Proportion of Employment per Household**	**%**	**%**	**54.52**	**55.92**
平均每一就业者负担人数	**Number of Dependents per Employee**				
(包括就业者本人)	**(Including the employee himself or herself)**	**人**	**person**	**1.83**	**1.79**
平均每人全部年收入	**Per Capita Annual Income**	**元**	**yuan**	**19200.70**	**20763.00**
工薪收入	Income of Wages and Salaries	元	yuan	12764.18	14133.3
经营净收入	Net Business Income	元	yuan	1263.22	1429.63
财产性收入	Income from Property	元	yuan	332.29	357.49
转移性收入	Income from Transfer	元	yuan	4841.01	4842.58
#可支配收入	#Disposable Income	元	yuan	17625.38	18910.37
平均每人消费性支出	**Per Capita Annual Consumption Expenditures**	**元**	**yuan**	**12626.88**	**13625.29**
食 品	Food	元	yuan	4641.54	4861.95
衣 着	Clothing	元	yuan	1422.54	1445.40
居 住	Housing	元	yuan	1192.94	1308.02
家庭设备用品及服务	Household Appliances and Service	元	yuan	799.56	880.49
医疗保健	Health Care and Medical Services	元	yuan	937.30	996.46
交通通信	Transport and Communications	元	yuan	1561.22	1992.74
教育文化娱乐服务	Education, Cultural and Recreation Services	元	yuan	1575.54	1630.99
其它商品与服务	Miscellaneous Goods and Services	元	yuan	496.24	509.24
平均每人消费性支出构成	**Composition of Per Capita Annual Consumption Expenditures**	%	%		
食 品	Food	%	%	36.76	35.68
衣 着	Clothing	%	%	11.27	10.61
居 住	Housing	%	%	9.45	9.60
家庭设备用品及服务	Household Appliances and Service	%	%	6.33	6.46
医疗保健	Health Care and Medical Services	%	%	7.42	7.31
交通通信	Transport and Communications	%	%	12.36	14.63
教育文化娱乐服务	Education, Cultural and Recreation Services	%	%	12.48	11.97
其它商品与服务	Miscellaneous Goods and Services	%	%	3.93	3.74

By Level of Income							
65000 ~ 70000	70000 ~ 75000	75000 ~ 80000	80000 ~ 85000	85000 ~ 90000	90000 ~ 95000	95000 ~ 100000	100000元以上
2668	**2317**	**1931**	**1628**	**1350**	**1091**	**946**	**6214**
4.07	**3.54**	**2.95**	**2.48**	**2.06**	**1.67**	**1.44**	**9.49**
3.04	**3.06**	**3.04**	**3.04**	**3.18**	**3.11**	**3.18**	**3.25**
1.74	**1.75**	**1.76**	**1.79**	**1.83**	**1.86**	**1.88**	**1.95**
57.47	**57.01**	**58.04**	**58.87**	**57.57**	**59.80**	**59.02**	**60.06**
1.74	**1.75**	**1.72**	**1.70**	**1.74**	**1.67**	**1.69**	**1.67**
22204.57	**23622.31**	**25486.60**	**27128.85**	**27484.41**	**29753.14**	**30598.78**	**44335.64**
15295.28	16442.9	17618.39	19012.4	19195.15	20801.56	21593.79	30227.51
1557.98	1594.27	1758.91	1921.45	1944.05	2141.52	2268.03	4930.18
406.88	460.52	566.11	520.15	604.96	801.12	955.58	1933.47
4944.43	5124.63	5543.19	5674.85	5740.25	6008.95	5781.37	7244.47
20197.60	21343.08	22988.09	24392.17	24748.42	26824.24	27606.50	39737.52
14095.89	**14834.18**	**15938.90**	**16719.28**	**16937.45**	**18753.84**	**19082.43**	**25332.00**
5046.06	5163.39	5411.03	5600.78	5770.90	5809.16	6130.28	7196.80
1606.51	1702.20	1716.94	1765.49	1863.15	1932.83	1909.17	2390.34
1308.02	1422.14	1697.54	1593.36	1583.75	1829.41	1835.03	2384.63
918.31	989.19	1072.69	1117.19	1066.91	1328.96	1254.36	1778.01
962.65	989.94	1063.06	1112.07	1116.03	1072.11	1142.75	1334.06
1921.82	1997.17	2303.46	2696.29	2418.68	3461.40	3508.03	5300.08
1749.22	1936.24	2026.95	2129.40	2393.23	2482.51	2497.06	3760.30
583.31	633.93	647.22	704.69	724.81	837.46	805.75	1187.77
35.80	34.81	33.95	33.50	34.07	30.98	32.13	28.41
11.40	11.47	10.77	10.56	11.00	10.31	10.00	9.44
9.28	9.59	10.65	9.53	9.35	9.75	9.62	9.41
6.51	6.67	6.73	6.68	6.30	7.09	6.57	7.02
6.83	6.67	6.67	6.65	6.59	5.72	5.99	5.27
13.63	13.46	14.45	16.13	14.28	18.46	18.38	20.92
12.41	13.05	12.72	12.74	14.13	13.24	13.09	14.84
4.14	4.27	4.06	4.21	4.28	4.47	4.22	4.69

1-4-1 各地区城镇居民家庭人口就业情况(平均每户,2009年)

Employment Status of Urban Households by Region (2009)

单位：人 Unit: person

地 区	Region	调查户数(户) Number of Households Surveyed (household)	一、家庭人口数 Households Size	(一)有收入者人数 Number of Persons with Income	1.就业人口数 Number of Employed Persons	(1)国有经济单位职工人数 Staff and Workers in State-owned Economic Units	(2)城镇集体经济单位职工人数 Staff and Workers in Collective-owned Economic Units	(3)其他各种经济类型单位职工 Staff and Workers in Units of Other Economic Type	(4)城镇个体经营者人员数 Urban Self-employed Individuals or Owners of Private Enterprises
合 计	**Total**	**65506**	**2.89**	**2.06**	**1.49**	**0.71**	**0.06**	**0.20**	**0.15**
北 京	Beijing	5000	2.80	2.24	1.58	0.85	0.07	0.30	0.04
天 津	Tianjin	1500	2.88	2.31	1.50	0.72	0.02	0.29	0.08
河 北	Hebei	2520	2.87	2.05	1.42	0.84	0.06	0.10	0.11
山 西	Shanxi	1810	2.90	1.87	1.33	0.86	0.04	0.11	0.11
内蒙古	Inner Mongolia	2350	2.83	1.93	1.46	0.80	0.05	0.11	0.18
辽 宁	Liaoning	4300	2.73	2.09	1.40	0.58	0.05	0.14	0.11
吉 林	Jilin	1450	2.84	2.06	1.43	0.74	0.03	0.10	0.15
黑龙江	Heilongjiang	2250	2.70	1.91	1.30	0.67	0.03	0.10	0.13
上 海	Shanghai	999	2.93	2.35	1.60	0.75	0.05	0.44	0.08
江 苏	Jiangsu	5099	2.81	2.14	1.42	0.45	0.07	0.41	0.17
浙 江	Zhejiang	4450	2.68	1.93	1.37	0.46	0.05	0.27	0.20
安 徽	Anhui	2350	2.84	2.03	1.48	0.69	0.05	0.31	0.14
福 建	Fujian	1800	3.12	2.24	1.72	0.78	0.08	0.32	0.18
江 西	Jiangxi	1280	2.88	2.10	1.57	0.90	0.04	0.11	0.14
山 东	Shandong	3300	2.86	2.03	1.64	0.87	0.17	0.23	0.11
河 南	Henan	2399	2.85	2.04	1.43	0.85	0.07	0.09	0.13
湖 北	Hubei	1900	2.94	2.09	1.48	0.75	0.08	0.18	0.15
湖 南	Hunan	1250	2.90	2.03	1.41	0.64	0.07	0.15	0.23
广 东	Guangdong	3150	3.25	2.13	1.65	0.62	0.07	0.28	0.20
广 西	Guangxi	1340	3.01	2.20	1.59	0.85	0.06	0.15	0.19
海 南	Hainan	600	3.32	2.11	1.55	0.71	0.08	0.17	0.20
重 庆	Chongqing	2050	2.92	2.23	1.57	0.61	0.07	0.13	0.18
四 川	Sichuan	2650	2.86	2.03	1.48	0.66	0.05	0.19	0.14
贵 州	Guizhou	1670	3.04	2.00	1.43	0.79	0.04	0.09	0.19
云 南	Yunnan	1750	2.85	1.99	1.40	0.68	0.05	0.13	0.19
西 藏	Tibet	800	3.44	1.64	1.50	1.18	0.08	0.02	0.06
陕 西	Shaanxi	1500	2.89	1.97	1.44	1.01	0.03	0.09	0.06
甘 肃	Gansu	880	2.79	1.88	1.40	0.78	0.07	0.12	0.11
青 海	Qinghai	599	3.00	1.83	1.33	0.64	0.01	0.19	0.14
宁 夏	Ningxia	950	2.90	1.79	1.34	0.62		0.18	0.24
新 疆	Xinjiang	1560	3.00	1.90	1.55	0.95	0.04	0.08	0.16

单位：人　　Unit: person

地　区	Region	(5)城镇个体被雇人员数 Employed Persons of Urban Self-employed or Private Enterprises	(6)离退休再就业人员数 Retired Staff and Veteran Cadres of Reemployment	(7)其他就业人员数 Other Employed	2.离退休人　数 Number of Retired Staff and Veteran Cadres	3.其他有收入者人数 Number of Other Persons Earning Income	(二)无收入者人数 Number of Persons Without Income	二、期末家庭人口数 Number of Households Members at the end of Period
合　计	**Total**	**0.24**	**0.03**	**0.08**	**0.53**	**0.05**	**0.83**	**2.88**
北　京	Beijing	0.19	0.11	0.03	0.61	0.04	0.56	2.79
天　津	Tianjin	0.15	0.13	0.13	0.76	0.05	0.57	2.87
河　北	Hebei	0.23	0.01	0.07	0.60	0.03	0.83	2.86
山　西	Shanxi	0.16	0.01	0.03	0.48	0.06	1.03	2.89
内蒙古	Inner Mongolia	0.19	0.03	0.09	0.41	0.07	0.90	2.82
辽　宁	Liaoning	0.30	0.04	0.17	0.66	0.03	0.64	2.72
吉　林	Jilin	0.25	0.03	0.12	0.58	0.05	0.78	2.83
黑龙江	Heilongjiang	0.23	0.02	0.12	0.55	0.06	0.78	2.68
上　海	Shanghai	0.09	0.15	0.05	0.65	0.10	0.57	2.91
江　苏	Jiangsu	0.25	0.04	0.04	0.68	0.04	0.67	2.80
浙　江	Zhejiang	0.31	0.03	0.04	0.51	0.05	0.76	2.68
安　徽	Anhui	0.24	0.01	0.04	0.51	0.04	0.81	2.83
福　建	Fujian	0.26	0.04	0.06	0.44	0.09	0.88	3.12
江　西	Jiangxi	0.29	0.02	0.07	0.50	0.03	0.78	2.86
山　东	Shandong	0.19	0.01	0.06	0.36	0.02	0.83	2.86
河　南	Henan	0.23	0.02	0.05	0.57	0.04	0.81	2.84
湖　北	Hubei	0.24	0.02	0.07	0.54	0.07	0.86	2.94
湖　南	Hunan	0.18	0.01	0.13	0.51	0.12	0.86	2.89
广　东	Guangdong	0.38	0.01	0.09	0.43	0.05	1.11	3.24
广　西	Guangxi	0.20	0.03	0.11	0.56	0.05	0.82	3.01
海　南	Hainan	0.25		0.14	0.46	0.09	1.21	3.30
重　庆	Chongqing	0.38	0.06	0.15	0.60	0.06	0.69	2.91
四　川	Sichuan	0.25	0.04	0.15	0.49	0.06	0.83	2.84
贵　州	Guizhou	0.16	0.02	0.15	0.49	0.07	1.05	3.03
云　南	Yunnan	0.16	0.01	0.18	0.52	0.08	0.86	2.84
西　藏	Tibet	0.04	0.02	0.10	0.10	0.04	1.80	3.43
陕　西	Shaanxi	0.18	0.04	0.04	0.47	0.06	0.92	2.87
甘　肃	Gansu	0.24	0.01	0.07	0.41	0.07	0.90	2.79
青　海	Qinghai	0.23	0.01	0.11	0.44	0.07	1.16	2.99
宁　夏	Ningxia	0.25	0.02	0.02	0.37	0.08	1.10	2.87
新　疆	Xinjiang	0.27	0.01	0.04	0.31	0.04	1.10	2.99

1-4-2 各地区城镇居民家庭现金收入(平均每人全年，2009年)

Per Capita Annual Cash Income of Urban by Region (2009)

单位：元 Unit: yuan

地区	Region	一、期初手存现金 Deposited Cash at Beginning of the Period	二、家庭总收入 Total Income of Living Expenditure	可支配收入 Disposable Income	(一)工薪收入 Income of Wages and Salaries	1.工资及补贴收入 Income of Wages and Allowances	2.其他劳动收入 Other Working Income	(二)经营净 Net Business Income
合 计	**National Average**	**913.40**	**18858.09**	**17174.65**	**12382.11**	**12084.49**	**297.62**	**1528.68**
北 京	Beijing	1132.37	30673.68	26738.48	21105.61	20663.29	442.32	1095.45
天 津	Tianjin	964.23	23565.67	21402.01	14389.10	14281.10	108.00	847.23
河 北	Hebei	917.80	15675.75	14718.25	9830.57	9672.36	158.21	977.23
山 西	Shanxi	840.47	14983.15	13996.55	9741.38	9280.11	461.26	944.42
内蒙古	Inner Mongolia	290.55	16951.35	15849.19	11267.40	10288.50	978.90	1737.04
辽 宁	Liaoning	917.58	17757.70	15761.38	10420.60	10233.65	186.95	1553.18
吉 林	Jilin	766.66	15155.16	14006.27	9482.13	9097.59	384.55	1307.31
黑龙江	Heilongjiang	767.74	13689.85	12565.98	8356.66	7831.58	525.08	1224.29
上 海	Shanghai	1316.06	32402.97	28837.78	23172.36	22959.17	213.20	1434.88
江 苏	Jiangsu	1606.35	22494.94	20551.72	13480.72	13338.56	142.16	2139.83
浙 江	Zhejiang	1845.31	27119.30	24610.81	16701.04	16486.15	214.88	3294.48
安 徽	Anhui	742.00	15691.94	14085.74	10362.39	10142.46	219.93	1023.48
福 建	Fujian	830.95	21692.35	19576.83	14211.49	13735.05	476.44	2054.95
江 西	Jiangxi	1100.11	15047.19	14021.54	9789.79	9621.35	168.43	1153.45
山 东	Shandong	715.45	19336.91	17811.04	13985.83	13796.39	189.44	1379.02
河 南	Henan	546.15	15408.04	14371.56	9910.46	9670.82	239.64	1202.69
湖 北	Hubei	681.62	15698.11	14367.48	10331.51	9802.91	528.60	1232.29
湖 南	Hunan	973.21	16078.12	15084.31	9854.09	9289.44	564.65	1744.37
广 东	Guangdong	1038.46	24116.46	21574.72	16898.88	16674.11	224.77	2459.83
广 西	Guangxi	554.32	17032.89	15451.48	11193.64	10718.88	474.76	1385.85
海 南	Hainan	636.52	14909.28	13750.85	9678.65	9100.05	578.61	1531.70
重 庆	Chongqing	1054.60	16990.30	15748.67	11824.00	11554.51	269.49	1018.76
四 川	Sichuan	553.71	15323.76	13839.40	10132.43	9902.03	230.40	1132.13
贵 州	Guizhou	713.07	13793.38	12862.53	9005.57	8569.27	436.30	1135.05
云 南	Yunnan	381.30	15680.27	14423.93	9641.68	9294.75	346.93	1092.29
西 藏	Tibet	1373.07	14978.95	13544.41	13326.40	12872.18	454.22	378.07
陕 西	Shaanxi	1084.91	15311.29	14128.76	10775.37	10636.88	138.49	544.30
甘 肃	Gansu	386.15	12918.04	11929.78	9182.24	8861.48	320.76	690.41
青 海	Qinghai	151.13	14150.25	12691.85	9341.26	9031.99	309.27	835.48
宁 夏	Ningxia	175.94	15550.75	14024.70	9597.11	9341.13	255.98	2036.14
新 疆	Xinjiang	396.43	13602.18	12257.52	10232.91	10139.46	93.45	974.62

单位：元　　　　Unit: yuan

地 区	Region	(三)财产性收 入 Income from Properties	1.利息收入 Interest Income	2.股息与红利收 入 Bonus and Dividends	3.保险收益 Insurance Yield	4.其它投资收 入 Other Investment Income	5.出租房屋收 入 House Leasing Income	6.知识产权收 入 Intellectual Property Income
合 计	**National Average**	**431.84**	**60.54**	**76.43**	**5.53**	**53.73**	**222.05**	**0.28**
北 京	Beijing	586.72	55.22	110.77	11.83	49.12	299.85	0.70
天 津	Tianjin	305.31	132.46	31.19	5.79		135.87	
河 北	Hebei	193.71	53.68	20.84	3.51	13.04	93.13	0.55
山 西	Shanxi	252.39	50.94	29.05	4.11	33.27	126.45	1.08
内蒙古	Inner Mongolia	363.81	53.98	86.20	2.99	55.69	122.09	0.02
辽 宁	Liaoning	239.81	42.01	41.41	7.50	62.40	75.05	1.78
吉 林	Jilin	145.73	34.52	13.10	7.71	4.53	78.78	1.16
黑龙江	Heilongjiang	88.94	25.55	17.01	0.33	4.80	32.39	
上 海	Shanghai	473.40	73.86	20.15	0.37	0.62	378.40	
江 苏	Jiangsu	381.71	79.58	50.65	3.70	63.22	175.14	
浙 江	Zhejiang	1414.52	144.89	212.61	7.42	309.52	709.50	0.73
安 徽	Anhui	272.87	58.34	60.19	7.34	22.82	113.69	1.15
福 建	Fujian	1172.76	109.02	164.73	0.37	197.36	697.36	
江 西	Jiangxi	239.83	41.59	29.97	1.80	14.00	134.07	0.02
山 东	Shandong	412.76	107.40	101.47	6.86	72.28	112.21	
河 南	Henan	164.85	53.51	25.59	12.43	16.45	53.94	
湖 北	Hubei	296.63	63.19	93.24	2.64	17.31	116.41	
湖 南	Hunan	419.17	64.78	33.88	5.40	57.45	243.92	
广 东	Guangdong	736.55	27.68	202.13	10.94	18.19	465.77	
广 西	Guangxi	493.36	54.92	84.85	2.52	59.35	288.22	0.18
海 南	Hainan	424.46	21.25	50.37	0.17	12.56	321.83	
重 庆	Chongqing	253.98	44.15	22.02	5.77	17.30	155.90	
四 川	Sichuan	305.38	52.86	54.76	2.62	25.54	155.16	
贵 州	Guizhou	134.34	6.81	4.70	0.29	1.50	103.74	
云 南	Yunnan	1043.93	28.31	167.90	5.19	196.40	565.21	
西 藏	Tibet	218.30	7.41	6.62		10.17	183.35	
陕 西	Shaanxi	152.30	33.88	7.13	3.09	0.16	107.24	
甘 肃	Gansu	59.49	24.27	7.78	0.47	6.59	17.42	
青 海	Qinghai	45.70	6.69	11.88		1.54	25.30	
宁 夏	Ningxia	281.15	27.57	86.95	4.61	83.03	67.18	
新 疆	Xinjiang	115.77	36.24	15.04	4.75	19.91	39.25	

单位：元 Unit: yuan

地区	Region	7.其他财产性收入 Other Property Income	(四)转移性收入 Income from Transfer	1.养老金或离退休金 Pension	2.社会救济收入 Social Assistance Grants	3.辞退金 Compensation for Dismissal	4.赔偿收入 Compensation Income	5.保险收入 Insurance Proceeds
合计	**National Average**	**13.28**	**4515.45**	**3656.02**	**44.72**	**8.64**	**8.11**	**18.72**
北京	Beijing	59.24	7885.90	6609.10	54.76	24.88	5.48	16.13
天津	Tianjin		8024.04	6226.50	57.00	44.65	10.44	19.69
河北	Hebei	8.96	4674.23	4287.85	30.62	1.25	2.66	6.76
山西	Shanxi	7.49	4044.97	3203.81	74.89	5.01	9.13	19.72
内蒙古	Inner Mongolia	42.85	3583.10	2966.04	60.81	3.84	1.57	26.39
辽宁	Liaoning	9.66	5544.11	4638.72	50.57	6.31	12.11	17.04
吉林	Jilin	5.93	4219.98	3579.53	48.26	16.88	1.70	10.88
黑龙江	Heilongjiang	8.86	4019.96	3406.37	50.09	2.09	1.91	7.33
上海	Shanghai		7322.32	5971.08	117.66		4.01	84.76
江苏	Jiangsu	9.41	6492.69	5404.35	31.47	28.58	10.20	20.73
浙江	Zhejiang	29.85	5709.26	4513.75	20.97	7.21	2.88	25.19
安徽	Anhui	9.34	4033.20	3041.05	47.60	4.68	21.19	19.92
福建	Fujian	3.91	4253.15	2917.45	12.33	0.64	1.18	29.64
江西	Jiangxi	18.38	3864.13	2794.32	35.90	14.07	11.67	3.39
山东	Shandong	12.53	3559.30	2915.86	15.58	4.20	27.92	21.39
河南	Henan	2.92	4130.05	3436.56	37.81	15.28	1.19	18.62
湖北	Hubei	3.84	3837.68	3077.45	59.07	3.52	2.06	20.04
湖南	Hunan	13.74	4060.49	2927.08	54.76	1.02	13.34	7.76
广东	Guangdong	11.83	4021.20	2995.57	16.40	5.35	4.14	18.39
广西	Guangxi	3.31	3960.05	3368.83	17.66	10.32	0.67	28.29
海南	Hainan	18.29	3274.46	2374.10	39.24		10.24	40.90
重庆	Chongqing	8.85	3893.57	3290.66	59.21	1.94	3.53	10.27
四川	Sichuan	14.44	3753.81	3062.04	66.04	3.66	9.44	19.61
贵州	Guizhou	17.30	3518.42	3026.06	89.68	31.54	2.98	0.58
云南	Yunnan	80.92	3902.38	3254.13	58.35		30.65	17.61
西藏	Tibet	10.75	1056.18	796.91	104.41		1.01	3.52
陕西	Shaanxi	0.81	3839.30	3235.77	58.41	10.77	1.27	14.07
甘肃	Gansu	2.96	2985.90	2641.55	134.72	0.16	3.95	
青海	Qinghai	0.29	3927.81	3476.38	121.65			3.22
宁夏	Ningxia	11.81	3636.36	3058.06	96.10	28.81	3.84	7.75
新疆	Xinjiang	0.57	2278.88	2016.16	46.98	0.04		3.84

单位：元 Unit: yuan

地 区	Region	失业保险金 Insurance for Unemployment	6.赡养收入 Solatium Income	7.捐赠收入 Donation Income	8.提取住房公积金 Withdrawal of Public Accumulation Fund for Housing Construct	9.记帐补贴 Bookkeeping Allowance	10.其他转移性收入 Other Transfer Income	三、出售财物收入 Income from Selling Property
合 计	**National Average**	**12.05**	**180.99**	**342.62**	**65.46**	**114.29**	**75.89**	**389.97**
北 京	Beijing	2.13	214.94	325.79	334.07	259.24	41.51	450.47
天 津	Tianjin	13.57	217.95	606.05	651.13	119.48	71.15	1220.85
河 北	Hebei	4.11	80.61	159.05	27.44	46.63	31.37	161.53
山 西	Shanxi	17.48	153.66	423.29	32.21	54.39	68.87	151.47
内蒙古	Inner Mongolia	3.17	97.69	281.71	25.85	79.36	39.84	172.38
辽 宁	Liaoning	9.18	224.46	385.53	77.89	102.67	28.81	222.36
吉 林	Jilin	3.75	90.54	242.98	75.53	127.49	26.19	88.10
黑龙江	Heilongjiang	5.88	108.54	296.35	23.62	114.10	9.56	135.05
上 海	Shanghai	79.07	248.84	484.14	74.12	204.12	133.60	5891.77
江 苏	Jiangsu	19.30	193.38	424.92	92.98	145.96	140.11	312.26
浙 江	Zhejiang	21.53	259.00	442.47	134.96	169.68	133.16	781.33
安 徽	Anhui	12.66	129.86	436.65	148.82	82.50	100.92	263.77
福 建	Fujian	26.61	457.85	494.98	84.31	162.12	92.65	270.14
江 西	Jiangxi	0.75	273.85	442.15	6.48	125.53	156.75	26.18
山 东	Shandong	1.07	122.33	324.92	38.50	62.01	26.59	48.93
河 南	Henan	11.97	182.84	301.50	19.72	93.54	22.99	112.79
湖 北	Hubei	11.39	178.01	327.38	20.20	76.85	73.11	12.98
湖 南	Hunan	5.30	122.27	714.57	6.12	119.69	93.88	69.17
广 东	Guangdong	9.33	299.16	384.17	46.24	157.10	94.69	490.92
广 西	Guangxi	24.57	70.20	249.46	47.42	95.84	71.37	90.09
海 南	Hainan	2.54	193.47	274.47	53.59	122.80	165.67	197.25
重 庆	Chongqing	5.11	105.13	181.92	22.71	109.30	108.89	138.08
四 川	Sichuan	13.87	173.07	176.92	15.82	103.51	123.70	186.55
贵 州	Guizhou		121.07	109.35	10.22	95.03	31.90	17.66
云 南	Yunnan	14.05	66.53	179.43	53.81	97.23	144.63	745.27
西 藏	Tibet		9.32	4.74	15.05	59.28	61.94	51.98
陕 西	Shaanxi	13.67	167.96	217.88	18.98	90.92	23.27	4.47
甘 肃	Gansu		51.91	86.14		56.08	11.38	77.22
青 海	Qinghai	3.16	97.18	63.97	32.77	118.93	13.71	313.39
宁 夏	Ningxia	6.60	154.14	151.46	29.84	74.20	32.15	563.06
新 疆	Xinjiang	0.94	61.44	81.86		66.49	2.08	43.34

单位：元　　Unit: yuan

地 区	Region	1.出售住房收 入 House Leasing Income	2.出售其他物品收入 Other Articles	四、借贷收入 Debit and Credit Income	1.提取储蓄存 款 Withdrawal of Deposit	2.借入款 Borrowing	3.收回借出款 Withdrawal of Debts	4.收回储蓄性保险本 Withdrawal of Saving Insurance Principal
合 计	**National Average**	**375.06**	**14.90**	**5680.68**	**4787.91**	**232.65**	**65.01**	**7.61**
北 京	Beijing	387.07	63.41	17075.47	15849.75	256.33	96.93	28.27
天 津	Tianjin	1212.38	8.47	6704.02	5097.73	421.15	69.46	17.96
河 北	Hebei	156.93	4.61	2939.55	2224.15	244.49	33.28	19.23
山 西	Shanxi	148.10	3.37	2885.96	2098.20	504.75	78.91	1.28
内蒙古	Inner Mongolia	165.14	7.24	5114.39	4569.34	230.50	62.01	0.77
辽 宁	Liaoning	217.88	4.47	4875.55	4099.36	247.36	104.93	13.25
吉 林	Jilin	84.67	3.43	3127.01	2657.78	151.10	43.93	1.93
黑龙江	Heilongjiang	132.64	2.40	2181.66	1953.49	151.10	16.95	0.44
上 海	Shanghai	5871.99	19.78	13960.84	8266.54	537.69	36.23	6.02
江 苏	Jiangsu	297.69	14.57	4552.92	3950.72	182.07	24.05	6.87
浙 江	Zhejiang	761.87	19.47	8294.58	6592.38	298.18	229.38	18.10
安 徽	Anhui	166.15	97.62	3713.70	2692.85	197.44	128.61	19.52
福 建	Fujian	237.48	32.65	13357.97	11596.13	142.12	271.23	9.54
江 西	Jiangxi	8.34	17.84	2510.95	2245.33	109.71	11.08	6.73
山 东	Shandong	39.49	9.43	8185.88	7611.85	269.89	51.38	1.42
河 南	Henan	97.68	15.11	2585.87	2177.37	202.80	54.02	4.00
湖 北	Hubei	12.06	0.92	2742.80	2367.81	215.41	25.62	0.28
湖 南	Hunan	67.71	1.46	2959.63	2721.95	128.06	9.19	1.03
广 东	Guangdong	483.90	7.02	9006.18	7666.71	179.62	22.09	1.02
广 西	Guangxi	53.12	36.96	5841.90	5377.30	307.05	87.69	3.38
海 南	Hainan	194.48	2.78	2926.72	2546.77	79.10	6.26	0.49
重 庆	Chongqing	133.16	4.92	3539.49	3082.55	186.98	34.90	5.03
四 川	Sichuan	182.72	3.83	3621.11	2978.99	209.08	38.77	14.56
贵 州	Guizhou	0.57	17.09	2277.39	1922.08	83.15	22.23	2.23
云 南	Yunnan	736.78	8.49	7694.74	6783.19	326.62	61.98	9.82
西 藏	Tibet	51.11	0.87	1096.43	614.95	41.01	3.23	
陕 西	Shaanxi		4.47	3552.07	2927.01	416.70	91.35	9.76
甘 肃	Gansu	75.08	2.14	2458.37	2187.34	146.62	38.78	8.23
青 海	Qinghai	312.16	1.22	8155.30	7948.47	129.27	0.39	
宁 夏	Ningxia	533.40	29.65	12305.83	10384.55	779.90	287.96	5.79
新 疆	Xinjiang	32.25	11.10	2958.94	2302.54	87.25	29.19	2.98

单位：元 Unit: yuan

地 区	Region	5.兑售有价证券 Changing or Sale Securities	6.收回投资本金 Withdrawal of Investment Principal	7.住房贷款 Housing Loans	8.汽车贷款 Car loans	9.教育贷款 Education Loans	10.其他贷款 Other loans	11.其他借贷收入 Other Debit and Credit Income
合 计	**National Average**	**35.05**	**21.38**	**445.87**	**12.69**	**0.91**	**13.58**	**58.01**
北 京	Beijing	212.97	83.99	483.25	22.38		8.48	33.12
天 津	Tianjin	76.49	2.32	989.34	27.11		0.39	2.07
河 北	Hebei	52.56	155.36	199.34			7.07	4.07
山 西	Shanxi	4.93	2.14	171.08	8.04		8.95	7.69
内蒙古	Inner Mongolia	9.91	3.00	168.19	33.48	0.45	35.84	0.90
辽 宁	Liaoning	94.53	7.18	256.39	27.66	1.78	5.65	17.45
吉 林	Jilin	2.98	2.84	207.75		8.56	4.38	45.75
黑龙江	Heilongjiang			50.79		0.09	1.90	6.91
上 海	Shanghai	1.71		5105.72		2.05		4.89
江 苏	Jiangsu	5.63	6.61	324.18	12.30	0.18	7.21	33.11
浙 江	Zhejiang	35.14	59.96	539.37	8.16		5.54	508.38
安 徽	Anhui	7.49	18.32	597.05		1.46	15.51	35.46
福 建	Fujian	33.14	133.15	854.45	12.78	1.13	240.30	64.00
江 西	Jiangxi	19.01	0.14	72.24		0.50		46.20
山 东	Shandong	3.61	7.31	178.90	7.62	1.56	6.27	46.06
河 南	Henan	1.52		135.37	3.87	0.45	0.04	6.42
湖 北	Hubei	12.66		111.13		1.69	7.74	0.45
湖 南	Hunan	13.54		82.22	3.40			0.23
广 东	Guangdong	140.27	0.72	895.57	51.58		3.12	45.48
广 西	Guangxi		2.35	57.25			4.27	2.62
海 南	Hainan	0.33	12.79	75.98		5.12		199.87
重 庆	Chongqing	28.44	16.12	168.57	4.44	1.40	8.76	2.29
四 川	Sichuan	13.07	13.40	265.63	19.63	1.66	1.31	65.03
贵 州	Guizhou		5.38	151.31		0.38	3.72	86.91
云 南	Yunnan	23.76	11.48	391.94	26.50		48.81	10.65
西 藏	Tibet	0.95		426.91			9.00	0.38
陕 西	Shaanxi	0.68	6.45	72.78		0.75	9.72	16.88
甘 肃	Gansu	16.17	19.04	11.18	18.65		2.36	10.01
青 海	Qinghai			67.31			7.52	2.34
宁 夏	Ningxia	9.10	116.26	500.60	13.90	3.62	34.08	170.07
新 疆	Xinjiang	1.39	0.74	97.74	8.81		3.07	425.23

1-4-3 各地区城镇居民家庭现金支出(平均每人全年，2009年)

Per Capita Annual Living Expenditure of Urban Households by Region (2009)

单位：元 Unit: yuan

地 区	Region	家庭总支出 Total Consumption Expenditures	(一)消费支出 Consumption Expenditure	服务性消费 Expense for Services Consumption	1.食品 Food	2.衣着 Clothing	3.居住 Housing	4.家庭设备用品及服务 Household Appliances and Service	5.医疗保健 Health Care and Medical Services
合 计	**National Average**	**17248.30**	**12264.55**	**3167.67**	**4478.54**	**1284.20**	**1228.91**	**786.94**	**856.41**
北 京	Beijing	25413.10	17893.30	4968.89	5936.11	1795.68	1290.22	1225.68	1389.45
天 津	Tianjin	22136.64	14801.35	3886.11	5404.53	1362.56	1505.7	911.92	1273.38
河 北	Hebei	12681.38	9678.75	2035.85	3250.77	1190.19	1142.83	628.49	971.29
山 西	Shanxi	13212.53	9355.1	2484.09	3071.93	1162	1319.45	563.82	789.92
内蒙古	Inner Mongolia	16097.69	12369.87	3180.45	3772.63	1857.19	1246.21	797.77	992.73
辽 宁	Liaoning	17799.94	12324.58	3187.29	4680.85	1338.84	1293	607.51	1018.44
吉 林	Jilin	14194.12	10914.44	2558.12	3637.32	1419.12	1394.94	543.69	1120.44
黑龙江	Heilongjiang	12869.76	9629.6	2316.54	3397.41	1403.72	1026.77	547.87	978.79
上 海	Shanghai	39506.23	20992.35	6655.73	7344.83	1593.08	1913.22	1365.39	1002.14
江 苏	Jiangsu	18992.92	13153	3468.69	4773.67	1297.95	1148.85	923.32	808.37
浙 江	Zhejiang	24110.82	16683.48	4672.57	5604.72	1614.66	1485.9	828.96	984.62
安 徽	Anhui	15283.56	10233.98	2557.33	4051.4	1080.06	1219.83	589.73	716.87
福 建	Fujian	19925.34	13450.57	3412.75	5336.36	1171.88	1394.91	859.06	591.5
江 西	Jiangxi	12836.76	9739.99	2108.51	3881.56	1053.01	935.44	761.85	550.25
山 东	Shandong	16072.8	12012.73	2580.37	3954.34	1548.75	1280.04	885.04	885.16
河 南	Henan	12902.14	9566.99	2285.62	3272.75	1270.74	1004.37	684.79	875.52
湖 北	Hubei	13868.19	10294.07	2442.94	4160.51	1210.32	999.49	759.24	694.61
湖 南	Hunan	14956.32	10828.23	2724.83	4174.55	1146.25	1074.69	798.4	784.66
广 东	Guangdong	23245.56	16857.5	5006.97	6225.22	1064.33	1814	1052.57	925.62
广 西	Guangxi	14787.14	10352.38	2451.02	4129.55	855.6	1021.11	754.79	538.17
海 南	Hainan	12820.14	10086.65	2638.77	4507.81	581.66	1000.32	585.72	604.15
重 庆	Chongqing	15683.57	12144.06	2997.67	4576.23	1503.49	1120.6	1043.06	982.73
四 川	Sichuan	14727.3	10860.2	2719.75	4391.73	1178.38	973.02	679.16	648.31
贵 州	Guizhou	12085.93	9048.29	2350.91	3755.61	1012.14	747.57	589.35	535.43
云 南	Yunnan	13802.91	10201.81	2494.87	4460.58	1102.14	943.67	393.22	708.78
西 藏	Tibet	11710.99	9034.31	1912.23	4581.6	1086.42	689.76	356.86	352.31
陕 西	Shaanxi	14307.81	10705.67	2957.73	3988.57	1209.96	1018.23	683.51	863.36
甘 肃	Gansu	11259.98	8890.79	2225.35	3359.3	1169.7	801.21	559.06	746.77
青 海	Qinghai	12117.92	8786.52	2179.64	3548.85	1043.4	790.5	505.32	701.37
宁 夏	Ningxia	16162.76	10280	2407.93	3432.23	1260.58	1128.12	636.88	921.86
新 疆	Xinjiang	12601.37	9327.55	2244.91	3386.33	1357.05	856.78	552.5	684.01

1-4-3 续表 1 Continued 1

单位：元 Unit: yuan

地 区	Region	6.交通和通信 Transport and Communications	7.教育文化娱乐服务 Education, Cultural and Recreation Services	8.其它商品和服务 Miscellaneous Goods and Services	(二)购房与建房支出 Expenditure for Purchasing and Building House	1.购房 Purchasing House	2.建房 Building House	(三)转移性支出 Transfer Expenditure	1.交纳的个人收入税 Tax
合 计	**National Average**	**1682.57**	**1472.76**	**474.21**	**1506.66**	**1475.67**	**31.00**	**1923.44**	**121.89**
北 京	Beijing	2767.85	2654.98	833.32	1668.07	1621.76	46.3	2543.01	600.58
天 津	Tianjin	1968.37	1740.85	634.05	2990.2	2990.2		2223.51	118.32
河 北	Hebei	1151.15	982.21	361.83	824.21	815.01	9.2	1262.36	29.02
山 西	Shanxi	1095.77	1070.6	281.61	837.55	754.01	83.55	2096.83	36.12
内蒙古	Inner Mongolia	1557.03	1504.36	641.96	724.24	723.76	0.48	2039.02	74.57
辽 宁	Liaoning	1493.17	1283.68	609.09	1459.97	1456.81	3.16	2168.06	126.42
吉 林	Jilin	1305.45	1028.06	465.42	607.84	600.2	7.64	1674.18	51.23
黑龙江	Heilongjiang	922.77	956.85	395.41	460.86	460.86		1760.65	16.79
上 海	Shanghai	3498.65	3138.98	1136.06	12502.81	12440.21	62.6	2820.38	600.01
江 苏	Jiangsu	1721.87	1968.03	510.94	1698.88	1694.58	4.29	2309.5	105.13
浙 江	Zhejiang	3290.63	2295.32	578.67	2391.43	2339.3	52.13	2696.94	253.8
安 徽	Anhui	1013.38	1225.36	337.36	1573.17	1543.19	29.98	1932.58	45.87
福 建	Fujian	1993.77	1504.96	598.13	2436.08	2324.91	111.17	2058.95	183.1
江 西	Jiangxi	1145.16	1066.94	345.78	621.09	620.34	0.75	1531.75	24.79
山 东	Shandong	1719.68	1332.97	406.75	955.81	947.66	8.15	1653.99	49.49
河 南	Henan	1033.99	1048.14	376.7	906.82	873.4	33.42	1486.91	30.44
湖 北	Hubei	953.69	1208.46	307.75	556.55	540.59	15.96	1798.24	49.61
湖 南	Hunan	1233.82	1207.72	408.14	511.14	511.14		2752.8	40.17
广 东	Guangdong	2979.88	2168.88	627.01	1986.57	1950.77	35.8	2047.73	321.19
广 西	Guangxi	1598.68	1111.13	343.33	1064.7	1012.57	52.13	1943.89	85.62
海 南	Hainan	1548.76	961.95	296.28	255.96	238.05	17.91	1510.7	76.58
重 庆	Chongqing	1189.03	1351.9	377.02	715.12	715.12	0.01	1662.21	54.66
四 川	Sichuan	1416.49	1150.73	422.38	1051.97	973.34	78.64	1409.69	42.94
贵 州	Guizhou	983.13	1146.35	278.71	303.88	303.69	0.19	1857.66	14.96
云 南	Yunnan	1587.19	798.69	207.53	851.34	624.83	226.51	1556.21	63.37
西 藏	Tibet	1062.83	465.84	438.68	392.76	203.19	189.57	902.67	2.87
陕 西	Shaanxi	1071.48	1430.22	440.35	1020.84	1018.48	2.36	1498.51	29.54
甘 肃	Gansu	894.35	1025.47	334.95	221.42	221.42		1221.9	27.25
青 海	Qinghai	975.91	889.32	331.86	769.44	768.66	0.78	1192.53	30.13
宁 夏	Ningxia	1363.63	1075.88	460.82	2564.83	2561.46	3.37	1800.2	43.56
新 疆	Xinjiang	1198.65	855.53	436.7	623.63	612.53	11.1	1359.33	26.02

1-4-3 续表 2 Continued 2

单位：元　　　　Unit: yuan

地　区	Region	2.捐赠支出 Contribution	3.购买彩票 Expenditure for Purchasing Lotteries	4.赡养支出 Expenditure for support	在外就学子女费用 Expenditure for Children Studying Out Of Current Cities	5.各种非储蓄性保险支出 Expenditure on all Kinds of Non-saving Insurances	车辆保险支出 Expenditure on Car Insurance	6.其他转移性支出 Other Transfer Expenditure
合　计	**National Average**	**1141.73**	**12.73**	**511.13**	**285.79**	**79.27**	**38.65**	**56.69**
北　京	Beijing	1056.84	24.12	570.87	119.75	221.52	120.81	69.09
天　津	Tianjin	1627.44	5.40	359.83	99.22	90.32	68.55	22.21
河　北	Hebei	721.93	11.84	419.11	261.64	58.07	19.99	22.39
山　西	Shanxi	1180.16	9.24	741.65	518.23	81.26	36.32	48.39
内蒙古	Inner Mongolia	1427.09	4.19	441.41	342.93	52.29	16.25	39.48
辽　宁	Liaoning	1183.59	24.67	669.02	418.81	105.19	23.54	59.16
吉　林	Jilin	999.44	14.65	518.55	366.61	74.67	18.99	15.64
黑龙江	Heilongjiang	1298.26	7.11	357.58	265.58	47.02	3.99	33.89
上　海	Shanghai	1508.18	13.44	530.26	337.04	115.35	108.12	53.14
江　苏	Jiangsu	1610.63	9.50	452.01	317.87	82.17	46.82	50.07
浙　江	Zhejiang	1508.81	19.89	636.74	270.03	182.52	143.34	95.17
安　徽	Anhui	1098.94	27.24	617.39	399.31	87.72	11.40	55.42
福　建	Fujian	1141.73	9.06	585.54	339.70	72.27	46.30	67.27
江　西	Jiangxi	1018.79	2.65	398.21	256.78	45.37	8.13	41.94
山　东	Shandong	1060.59	5.80	360.06	183.90	104.48	52.62	73.56
河　南	Henan	961.8	5.09	421.76	255.57	35.23	6.99	32.59
湖　北	Hubei	1302.52	10.33	341.07	155.59	36.39	8.02	58.33
湖　南	Hunan	2111.82	5.09	501.07	331.61	31.95	10.63	62.69
广　东	Guangdong	820.94	13.18	721.00	259.58	98.45	70.12	72.97
广　西	Guangxi	1113.2	6.51	626.28	416.63	46.32	23.99	65.95
海　南	Hainan	597.49	85.65	669.44	458.17	19.67	7.62	61.87
重　庆	Chongqing	1129.25	13.14	311.64	142.59	64.25	6.30	89.27
四　川	Sichuan	698.62	4.44	501.69	292.85	84.08	18.63	77.92
贵　州	Guizhou	1435.01	12.03	313.77	195.92	30.22	20.73	51.66
云　南	Yunnan	734.08	59.37	641.40	391.09	26.14	17.85	31.84
西　藏	Tibet	28.12	43.87	731.05	437.17	26.70	16.83	70.06
陕　西	Shaanxi	901.29	11.82	482.66	271.07	39.37	22.79	33.82
甘　肃	Gansu	731.43	5.09	340.26	205.51	41.75	9.07	76.11
青　海	Qinghai	701.53	9.44	382.65	206.16	19.48	4.81	49.29
宁　夏	Ningxia	899.68	15.82	760.04	423.66	41.83	30.66	39.27
新　疆	Xinjiang	760.2	10.40	491.23	292.26	39.81	12.98	31.67

单位：元 Unit: yuan

地 区	Region	(四)财产性支 出 Property Expenditure	1.非生产性利息支出 Expenditure on Non-productional Loan Interests	2.其他 Others	(五)社会保障 支 出 Expenditure on Social Securities	1.个人交纳的养老基金 Individually Paid Pension Fund	2.个人交纳的住房公积金 Individually Paid Public Accumulation Fund for Housing Construction	3.个人交纳的医疗基金 Individually Paid Medical Fund	4.个人交纳的失业基金 Individually Paid Unemployment Fund
合 计	**National Average**	**106.38**	**87.51**	**18.87**	**1447.26**	**624.55**	**577.93**	**197.70**	**37.47**
北 京	Beijing	233.33	162.01	71.33	3075.38	1065.98	1554.90	363.84	82.58
天 津	Tianjin	195.72	127.40	68.32	1925.87	593.85	1034.85	238.14	58.04
河 北	Hebei	34.22	25.26	8.96	881.84	381.35	318.09	151.15	20.79
山 西	Shanxi	26.96	17.91	9.05	896.09	393.17	322.76	137.83	29.30
内蒙古	Inner Mongolia	16.32	11.31	5.01	948.23	354.43	402.31	127.52	25.09
辽 宁	Liaoning	80.11	70.90	9.21	1767.23	844.48	592.72	282.19	41.84
吉 林	Jilin	27.49	20.82	6.67	970.17	423.51	377.40	133.00	27.16
黑龙江	Heilongjiang	25.67	12.24	13.43	992.98	462.82	309.53	188.25	27.11
上 海	Shanghai	429.64	275.95	153.69	2761.05	1223.99	1070.09	319.91	146.93
江 苏	Jiangsu	139.40	116.54	22.86	1692.14	769.62	629.82	244.71	37.43
浙 江	Zhejiang	253.95	222.73	31.22	2085.02	804.38	1003.42	222.86	52.63
安 徽	Anhui	65.98	55.22	10.76	1477.84	602.43	670.46	167.26	30.52
福 建	Fujian	209.44	192.18	17.26	1770.31	637.69	799.89	283.57	37.11
江 西	Jiangxi	68.58	54.58	14.00	875.34	397.75	333.34	105.08	14.86
山 东	Shandong	35.90	22.27	13.63	1414.37	650.01	527.15	178.66	46.76
河 南	Henan	28.92	21.68	7.24	912.50	391.43	352.12	143.59	24.59
湖 北	Hubei	15.16	14.19	0.97	1204.17	564.72	432.78	179.40	19.68
湖 南	Hunan	30.19	27.65	2.54	833.96	337.21	349.43	130.21	16.67
广 东	Guangdong	290.31	266.21	24.10	2063.44	985.20	775.00	252.22	45.64
广 西	Guangxi	26.23	16.44	9.80	1399.95	472.67	698.86	162.53	41.87
海 南	Hainan	7.78	7.78		959.05	381.02	404.29	129.64	30.28
重 庆	Chongqing	84.50	74.43	10.07	1077.67	690.64	228.43	117.52	23.66
四 川	Sichuan	67.53	56.17	11.36	1337.91	576.33	520.78	194.92	24.53
贵 州	Guizhou	55.23	43.18	12.06	820.86	400.79	243.54	151.76	19.86
云 南	Yunnan	97.81	93.09	4.72	1095.74	330.78	518.45	200.78	31.09
西 藏	Tibet	8.87	5.10	3.77	1372.38	184.26	854.70	234.28	18.00
陕 西	Shaanxi	20.73	8.52	12.22	1062.06	492.18	361.25	163.60	34.63
甘 肃	Gansu	20.95	20.39	0.56	904.93	335.28	403.54	122.81	31.31
青 海	Qinghai	60.10	59.36	0.74	1309.34	489.00	617.02	160.92	36.17
宁 夏	Ningxia	109.43	87.35	22.08	1408.30	564.87	641.11	166.61	34.74
新 疆	Xinjiang	38.71	33.65	5.05	1252.15	515.68	467.16	217.06	47.71

1-4-3 续表 4 Continued 4

单位：元 Unit: yuan

地 区	Region	5.其他社会保障支出 Other Expenditure on Social Securities	(六)借贷支出 Expenditure on Debit and Credit	1.存入储蓄款 Deposited Saving Money	2.借出款 Loans	3.归还借款 Returning Loans	4.储蓄性保险支出 Expenditure on Saving Insurance	5.购买有价证券 Purchasing Securities
合 计	**National Average**	**9.62**	**7002.04**	**6214.28**	**61.66**	**127.99**	**125.08**	**71.45**
北 京	Beijing	8.08	23063.72	21234.62	127.66	191.20	216.29	445.49
天 津	Tianjin	0.98	7199.68	6257.53	161.06	126.84	203.69	96.94
河 北	Hebei	10.46	4999.61	4538.72	59.46	97.94	35.39	63.49
山 西	Shanxi	13.03	4090.57	3601.25	93.38	198.52	59.04	15.06
内蒙古	Inner Mongolia	38.88	5954.88	5299.89	11.44	107.47	133.89	8.77
辽 宁	Liaoning	6.01	4043.21	3326.03	110.16	105.18	51.94	166.64
吉 林	Jilin	9.10	3943.68	3462.90	39.50	86.90	85.87	14.21
黑龙江	Heilongjiang	5.29	2629.31	2407.27	14.55	50.08	65.94	13.49
上 海	Shanghai	0.13	9107.21	7796.22	0.11	76.08	397.07	7.70
江 苏	Jiangsu	10.56	7475.41	6671.70	49.11	127.88	154.16	35.32
浙 江	Zhejiang	1.73	11906.44	10594.09	125.14	143.37	153.52	87.54
安 徽	Anhui	7.17	3769.35	2910.67	65.28	120.27	136.79	26.82
福 建	Fujian	12.06	15004.61	13367.89	87.78	164.60	161.84	39.12
江 西	Jiangxi	24.31	4472.10	3979.87	21.18	66.88	90.38	27.25
山 东	Shandong	11.78	11120.59	10460.27	41.21	133.52	130.92	24.93
河 南	Henan	0.78	4650.50	4246.49	58.97	80.89	114.12	38.16
湖 北	Hubei	7.60	4070.59	3513.23	52.73	250.25	111.94	51.57
湖 南	Hunan	0.43	3469.59	3098.45	16.38	59.54	68.03	18.01
广 东	Guangdong	5.38	9290.18	8082.35	41.87	105.89	191.76	215.78
广 西	Guangxi	24.01	7956.51	6938.82	108.72	315.67	124.47	48.56
海 南	Hainan	13.82	5198.57	4931.47	40.81	28.51	64.60	1.35
重 庆	Chongqing	17.42	4180.05	3756.81	28.52	85.63	49.00	21.13
四 川	Sichuan	21.36	3731.83	3097.59	91.41	153.50	71.74	72.44
贵 州	Guizhou	4.91	3284.53	2903.20	7.87	66.53	49.41	4.28
云 南	Yunnan	14.65	10187.24	8665.39	187.19	259.85	90.30	50.38
西 藏	Tibet	81.15	3046.56	1707.00	20.35	104.07	3.05	11.74
陕 西	Shaanxi	10.40	4356.78	3804.52	38.17	135.12	156.44	22.99
甘 肃	Gansu	11.98	3949.71	3475.83	42.75	111.65	107.57	9.53
青 海	Qinghai	6.24	10479.10	9986.67	5.62	133.34	52.01	7.10
宁 夏	Ningxia	0.97	12235.12	10971.90	53.68	229.28	218.21	8.10
新 疆	Xinjiang	4.54	3791.57	3104.94	23.34	111.88	226.12	37.96

单位: 元　　Unit: yuan

地 区	Region	6.其它投资支出 Other Investment Expenses	7.归还住房贷款 Returning Housing Loans	8.归还汽车贷款 Returning Car Loans	9.归还教育贷款 Returning Education Loans	10.归还其他贷款 Returning Other Loan	11.其他借贷支出 Other Debit and Credit Expenses	(七)期末手存现金 Deposited Cash at the end of Period
合 计	**National Average**	**37.26**	**315.48**	**12.50**	**0.64**	**7.97**	**27.74**	**1590.82**
北 京	Beijing	30.07	695.15	33.49	0.02	9.13	80.59	866.66
天 津	Tianjin	12.28	311.37	1.68	2.94	0.49	24.85	2986.10
河 北	Hebei	26.93	165.74	5.30		0.76	5.87	2090.33
山 西	Shanxi	8.01	86.22	7.07	4.52	3.33	14.17	1568.98
内蒙古	Inner Mongolia	8.45	292.72	14.62	1.31	63.56	12.76	503.56
辽 宁	Liaoning	47.13	209.10	10.57	0.05	1.65	14.78	1924.96
吉 林	Jilin	7.10	233.02	2.25	0.21	3.07	8.65	1003.56
黑龙江	Heilongjiang	1.36	54.84	0.36	0.09	1.61	19.73	1281.31
上 海	Shanghai		822.49		1.57		5.96	4943.12
江 苏	Jiangsu	8.59	390.23	6.90	0.23	6.24	25.05	2523.85
浙 江	Zhejiang	11.57	703.74	23.59		3.31	60.56	1985.70
安 徽	Anhui	62.38	383.84	10.17	0.27	5.49	47.37	1353.99
福 建	Fujian	615.14	444.57	20.56	1.35	79.51	22.26	1232.46
江 西	Jiangxi	54.61	202.05	13.33		0.63	15.91	1381.20
山 东	Shandong	18.04	268.61	5.26	0.84	6.48	30.50	1100.28
河 南	Henan	5.59	99.52	0.19		0.37	6.19	1096.91
湖 北	Hubei	8.03	80.39	0.69	0.12	0.25	1.39	1199.11
湖 南	Hunan	5.72	178.04	0.69		0.54	24.19	1666.87
广 东	Guangdong	10.82	557.27	49.04	0.39	1.12	33.89	2089.45
广 西	Guangxi	15.67	318.94	0.41	0.86	52.61	31.80	769.21
海 南	Hainan	5.93	106.67			9.72	9.52	659.44
重 庆	Chongqing	14.12	205.93	12.92	1.50	3.47	1.04	1754.71
四 川	Sichuan	6.14	183.43	8.55		5.79	41.24	1208.12
贵 州	Guizhou	10.07	190.73	0.44	4.72	7.96	39.32	1421.25
云 南	Yunnan	187.17	654.03	40.82	4.46	2.70	44.94	515.57
西 藏	Tibet	14.40	1082.45	61.32	5.49	25.50	11.19	2709.03
陕 西	Shaanxi	2.03	174.03	3.74		0.98	18.77	1298.38
甘 肃	Gansu	7.76	153.59	6.37	0.41	32.49	1.75	630.57
青 海	Qinghai	37.79	239.13			0.60	16.84	172.90
宁 夏	Ningxia	1.80	375.52	40.94	0.15	5.61	329.93	198.64
新 疆	Xinjiang	5.66	215.58	1.86	0.04	13.67	50.51	602.46

1-4-4 各地区城镇居民家庭年末主要耐用消费品拥有量(2009年)

Number of Major Durable Consumer Goods Owned Per 100 Urban Households at the Year-end by Region (2009)

地 区	Region	1.摩托车 (辆) Motorcycle (unit)	2.助力车 (辆) Helping Hand Car (unit)	3.家用汽车 (辆) Automobile (unit)	4.洗衣机 (台) Washing Machine (set)	5.电冰箱 (台) Refrigerator (set)
全 国	**National Average**	**22.40**	**25.73**	**10.89**	**96.01**	**95.35**
北 京	Beijing	3.88	9.07	29.55	100.44	103.60
天 津	Tianjin	2.42	27.06	11.86	100.25	107.57
河 北	Hebei	29.75	39.34	10.13	97.32	97.22
山 西	Shanxi	26.02	24.29	10.03	99.21	86.97
内蒙古	Inner Mongolia	28.80	19.09	9.51	95.27	94.70
辽 宁	Liaoning	6.39	8.46	7.23	93.76	97.54
吉 林	Jilin	10.79	3.37	5.95	92.85	88.72
黑龙江	Heilongjiang	8.05	2.02	3.23	91.51	84.45
上 海	Shanghai	2.18	33.33	14.04	98.81	104.45
江 苏	Jiangsu	21.64	67.48	11.92	101.55	98.27
浙 江	Zhejiang	25.63	42.76	23.72	92.91	99.23
安 徽	Anhui	25.90	25.59	2.76	96.76	96.69
福 建	Fujian	52.07	32.94	9.57	100.28	103.91
江 西	Jiangxi	20.34	28.35	4.31	92.45	95.25
山 东	Shandong	35.82	51.59	16.00	94.58	100.83
河 南	Henan	18.87	45.24	5.03	96.01	88.17
湖 北	Hubei	19.00	11.12	4.41	97.46	98.75
湖 南	Hunan	20.00	12.63	5.51	94.50	93.22
广 东	Guangdong	44.85	11.64	23.31	96.65	95.54
广 西	Guangxi	49.68	37.53	10.68	95.88	96.29
海 南	Hainan	44.93	27.36	10.72	68.31	76.60
重 庆	Chongqing	10.97	2.34	4.90	96.76	100.23
四 川	Sichuan	8.39	11.34	6.83	94.90	93.09
贵 州	Guizhou	6.15	0.91	4.85	99.03	94.42
云 南	Yunnan	32.24	15.60	14.88	92.00	82.91
西 藏	Tibet	9.97	4.14	13.28	83.15	78.64
陕 西	Shaanxi	15.51	14.57	5.72	96.73	88.84
甘 肃	Gansu	7.14	7.77	2.53	96.92	85.11
青 海	Qinghai	3.57	0.39	3.95	96.34	91.07
宁 夏	Ningxia	20.35	19.99	5.30	93.92	86.22
新 疆	Xinjiang	17.31	6.73	7.61	93.57	89.75

地 区	Region	6.彩色电视机 (台) Color Television (set)	7.家用电脑 (台) Computer (set)	8.组合音响 (套) Hi-Fi Stereo Component (set)	9.摄像机 (架) Pickup Camera (set)	10.照相机 (架) Camera (set)
全 国	**National Average**	**135.65**	**65.74**	**28.21**	**7.77**	**41.68**
北 京	Beijing	137.63	96.96	28.21	21.93	89.35
天 津	Tianjin	127.75	79.52	26.57	12.29	58.66
河 北	Hebei	118.00	57.30	21.93	5.60	37.69
山 西	Shanxi	111.03	49.47	17.40	3.95	27.19
内蒙古	Inner Mongolia	110.36	43.24	19.00	5.95	34.85
辽 宁	Liaoning	121.76	60.97	28.17	12.97	46.68
吉 林	Jilin	120.58	50.57	12.88	6.66	29.65
黑龙江	Heilongjiang	107.60	42.22	12.03	5.94	22.18
上 海	Shanghai	184.96	123.24	50.25	16.02	91.30
江 苏	Jiangsu	166.75	75.72	27.50	7.44	46.39
浙 江	Zhejiang	181.63	84.53	33.36	9.22	47.87
安 徽	Anhui	140.09	56.10	22.11	3.45	28.03
福 建	Fujian	175.45	89.15	32.63	8.64	43.57
江 西	Jiangxi	146.05	54.91	28.02	4.27	31.69
山 东	Shandong	121.05	70.87	23.50	9.84	52.67
河 南	Henan	124.62	51.70	17.33	5.54	31.55
湖 北	Hubei	130.45	57.58	29.95	5.38	33.71
湖 南	Hunan	124.39	47.77	25.39	3.33	24.19
广 东	Guangdong	142.77	91.54	50.82	11.78	58.29
广 西	Guangxi	135.46	71.85	40.09	5.52	40.53
海 南	Hainan	118.22	49.73	26.91	4.95	21.08
重 庆	Chongqing	144.61	62.03	33.69	7.32	32.87
四 川	Sichuan	134.12	55.58	26.18	5.39	30.99
贵 州	Guizhou	122.03	52.47	36.84	4.80	28.78
云 南	Yunnan	122.36	46.52	39.91	5.24	37.22
西 藏	Tibet	127.23	35.10	38.33	6.21	34.27
陕 西	Shaanxi	125.41	62.30	25.11	6.40	44.63
甘 肃	Gansu	108.85	38.24	20.25	2.71	24.27
青 海	Qinghai	104.74	36.01	11.43	3.31	25.11
宁 夏	Ningxia	104.27	48.47	19.56	3.27	19.39
新 疆	Xinjiang	104.64	45.19	14.97	4.28	26.29

地 区	Region	11.钢琴 (架) Piano (set)	12.其他中高档乐器 (件) Other Medium and High Grade Musical Instrument (unit)	13.微波炉 (台) Microwave (unit)	14.空调器 (台) Air Conditioner (unit)	15.淋浴热水器 (台) Shower (unit)
全 国	**National Average**	**2.47**	**4.65**	**57.18**	**106.84**	**83.39**
北 京	Beijing	3.99	6.72	87.92	162.68	98.08
天 津	Tianjin	1.68	2.11	86.16	129.92	93.48
河 北	Hebei	1.95	4.38	48.61	84.51	76.60
山 西	Shanxi	2.00	2.60	31.14	33.78	52.04
内蒙古	Inner Mongolia	1.39	5.39	36.97	10.23	50.98
辽 宁	Liaoning	3.56	4.86	59.86	29.73	70.88
吉 林	Jilin	1.51	5.30	45.35	6.22	47.91
黑龙江	Heilongjiang	1.12	2.49	33.40	7.92	33.36
上 海	Shanghai	5.74	7.52	96.54	196.04	97.82
江 苏	Jiangsu	2.65	4.28	87.80	163.80	95.67
浙 江	Zhejiang	2.97	5.85	69.35	180.05	99.20
安 徽	Anhui	0.94	4.42	53.23	110.31	85.58
福 建	Fujian	3.75	5.11	78.20	175.36	108.98
江 西	Jiangxi	1.15	5.60	53.45	101.99	91.07
山 东	Shandong	3.55	7.25	50.48	95.04	87.02
河 南	Henan	1.92	4.26	37.03	112.81	64.40
湖 北	Hubei	1.62	5.16	52.84	112.47	82.79
湖 南	Hunan	1.87	2.14	39.76	102.81	81.11
广 东	Guangdong	4.16	3.90	68.09	196.21	109.90
广 西	Guangxi	1.61	5.03	64.84	106.34	102.81
海 南	Hainan	1.91	1.01	30.58	66.52	85.91
重 庆	Chongqing	1.76	2.74	66.65	151.13	99.56
四 川	Sichuan	1.84	3.90	51.79	98.38	87.21
贵 州	Guizhou	1.88	4.29	45.28	17.49	72.24
云 南	Yunnan	2.30	3.72	50.54	1.50	89.03
西 藏	Tibet	0.85	0.95	24.43	6.22	22.10
陕 西	Shaanxi	1.56	6.93	49.08	100.57	78.03
甘 肃	Gansu	1.33	2.85	35.01	5.28	61.41
青 海	Qinghai	1.34	4.18	47.25	1.28	42.46
宁 夏	Ningxia	1.36	5.18	40.35	10.47	71.47
新 疆	Xinjiang	2.23	6.63	33.76	11.22	72.55

地 区	Region	16.消毒碗柜（台）Disinfection Cupboard (unit)	17.洗碗机（台）Dishwasher (unit)	18.健身器材（套）Healthy Equipment (unit)	19.固定电话（部）Telephone (unit)	20.移动电话（部）Mobile Telephone (unit)
全 国	**National Average**	**18.72**	**0.81**	**4.13**	**81.86**	**181.04**
北 京	Beijing	7.54	1.28	6.73	100.24	212.67
天 津	Tianjin	1.37	0.19	2.36	82.62	190.63
河 北	Hebei	3.16	0.55	3.52	75.79	164.43
山 西	Shanxi	2.32	0.23	1.67	85.24	137.52
内蒙古	Inner Mongolia	2.42	0.27	3.01	65.18	170.85
辽 宁	Liaoning	8.65	0.99	4.41	84.10	169.28
吉 林	Jilin	7.16	0.44	3.10	69.55	193.89
黑龙江	Heilongjiang	3.79	0.77	1.66	72.81	157.69
上 海	Shanghai	15.33	0.20	8.51	98.52	223.05
江 苏	Jiangsu	8.35	0.75	5.16	110.46	176.20
浙 江	Zhejiang	23.89	1.16	5.82	89.71	191.57
安 徽	Anhui	6.01	0.36	1.75	87.81	158.19
福 建	Fujian	46.34	0.73	6.09	93.56	216.68
江 西	Jiangxi	13.85	0.88	2.99	72.73	175.17
山 东	Shandong	7.48	0.94	6.88	75.33	189.74
河 南	Henan	7.32	0.24	2.97	67.40	167.87
湖 北	Hubei	11.29	0.83	3.82	72.40	164.01
湖 南	Hunan	23.64	0.57	2.99	74.05	163.57
广 东	Guangdong	81.60	2.04	4.54	92.83	215.28
广 西	Guangxi	66.13	1.12	4.69	76.28	204.18
海 南	Hainan	57.30	1.29	2.36	91.27	168.80
重 庆	Chongqing	16.88	1.27	4.64	86.00	180.50
四 川	Sichuan	12.93	0.88	3.00	76.59	177.51
贵 州	Guizhou	30.14	1.04	4.47	71.38	177.27
云 南	Yunnan	14.90	0.59	3.76	60.55	185.99
西 藏	Tibet	4.72	0.53	1.24	78.57	152.43
陕 西	Shaanxi	7.80	0.05	3.48	67.12	193.76
甘 肃	Gansu	1.24	0.16	1.90	60.82	152.87
青 海	Qinghai	1.53	0.52	1.87	82.71	148.02
宁 夏	Ningxia	2.05	0.31	2.22	64.55	175.46
新 疆	Xinjiang	4.05	0.18	2.44	82.80	154.47

1-4-5 各地区城镇居民家庭消费支出(平均每人全年,2009年)

Per Capita Annual Consumption Expenditure of Urban Households by Region (2009)

单位：元　　Unit：yuan

地区	Region	消费支出 Consumption Expenditure	服务性消费支出 Service Consumption Expenditure	一、食品 Food	(一)粮油类 Grain and Oil	1.粮食 Grain	2.淀粉及薯类 Starches and Tubers	3.干豆类及豆制品 Beans and Bean Products	4.油脂类 Oil and Fats
全国	**National Average**	**12264.55**	**3167.67**	**4478.54**	**552.52**	**334.29**	**30.49**	**58.37**	**129.37**
北京	Beijing	17893.30	4968.89	5936.11	612.91	361.16	44.43	67.45	139.86
天津	Tianjin	14801.35	3886.11	5404.53	527.29	295.90	39.76	51.99	139.64
河北	Hebei	9678.75	2035.85	3250.77	480.91	280.32	23.63	40.95	136.00
山西	Shanxi	9355.10	2484.09	3071.93	582.80	393.13	51.57	51.36	86.74
内蒙古	Inner Mongolia	12369.87	3180.45	3772.63	498.28	348.00	25.38	34.05	90.86
辽宁	Liaoning	12324.58	3187.29	4680.85	535.90	329.09	17.77	56.43	132.61
吉林	Jilin	10914.44	2558.12	3637.32	534.14	340.72	22.67	60.03	110.71
黑龙江	Heilongjiang	9629.60	2316.54	3397.41	567.33	359.17	45.33	52.81	110.03
上海	Shanghai	20992.35	6655.73	7344.83	652.60	387.01	49.63	92.43	123.53
江苏	Jiangsu	13153.00	3468.69	4773.67	493.97	277.17	35.22	72.27	109.30
浙江	Zhejiang	16683.48	4672.57	5604.72	525.42	306.16	31.72	72.87	114.66
安徽	Anhui	10233.98	2557.33	4051.40	528.43	316.20	19.19	61.95	131.09
福建	Fujian	13450.57	3412.75	5336.36	630.54	408.29	34.91	62.97	124.37
江西	Jiangxi	9739.99	2108.51	3881.56	585.45	324.87	17.08	72.89	170.61
山东	Shandong	12012.73	2580.37	3954.34	500.19	312.55	29.14	49.15	109.35
河南	Henan	9566.99	2285.62	3272.75	517.63	322.33	37.62	54.54	103.15
湖北	Hubei	10294.07	2442.94	4160.51	607.53	352.62	23.65	81.79	149.46
湖南	Hunan	10828.23	2724.83	4174.55	611.41	348.27	19.43	76.13	167.59
广东	Guangdong	16857.50	5006.97	6225.22	644.24	417.18	30.32	53.58	143.16
广西	Guangxi	10352.38	2451.02	4129.55	481.56	300.53	22.12	55.93	102.97
海南	Hainan	10086.65	2638.77	4507.81	403.01	241.54	20.07	21.72	119.67
重庆	Chongqing	12144.06	2997.67	4576.23	577.95	293.78	32.58	56.52	195.07
四川	Sichuan	10860.20	2719.75	4391.73	579.80	317.44	36.29	44.83	181.25
贵州	Guizhou	9048.29	2350.91	3755.61	497.21	295.28	16.36	46.71	138.86
云南	Yunnan	10201.81	2494.87	4460.58	425.88	306.39	16.44	45.19	57.85
西藏	Tibet	9034.31	1912.23	4581.60	671.86	451.85	37.75	5.62	176.64
陕西	Shaanxi	10705.67	2957.73	3988.57	535.83	325.45	39.60	61.18	109.60
甘肃	Gansu	8890.79	2225.35	3359.30	525.36	315.84	27.02	39.75	142.75
青海	Qinghai	8786.52	2179.64	3548.85	575.80	408.93	29.09	34.45	103.33
宁夏	Ningxia	10280.00	2407.93	3432.23	502.84	305.51	34.84	39.91	122.58
新疆	Xinjiang	9327.55	2244.91	3386.33	528.35	339.64	29.68	31.52	127.51

单位：元 Unit：yuan

地 区	Region	(二)肉禽蛋水产品类 Meat,Poultry, Egg,Aquatic Products and Related Products	1.肉类 Meat Products	2.禽类 Poultry Products	3.蛋类 Eggs	4.水产品类 Aquatic Products	(三)蔬菜类 Vegetables	1.鲜菜 Fresh Vegetables	2.干菜 Dried Vegetables
全 国	**National Average**	**1261.69**	**653.23**	**214.26**	**92.78**	**301.42**	**446.57**	**406.26**	**25.17**
北 京	Beijing	1254.37	745.43	156.52	106.47	245.96	441.52	388.30	35.30
天 津	Tianjin	1374.34	696.33	144.35	139.01	394.65	459.00	422.71	26.02
河 北	Hebei	820.40	453.88	100.53	109.09	156.90	383.70	346.38	24.04
山 西	Shanxi	570.97	356.96	62.00	94.30	57.71	332.98	306.13	17.46
内蒙古	Inner Mongolia	798.84	573.48	77.30	60.55	87.51	306.30	282.83	13.96
辽 宁	Liaoning	1236.92	638.69	126.33	121.67	350.23	478.97	430.70	32.05
吉 林	Jilin	947.63	559.16	104.81	103.15	180.51	446.09	413.81	19.11
黑龙江	Heilongjiang	887.31	546.97	95.22	85.37	159.75	343.30	307.79	23.92
上 海	Shanghai	1905.14	727.94	343.65	105.99	727.56	549.79	489.34	30.73
江 苏	Jiangsu	1407.37	657.12	273.82	94.77	381.65	472.39	430.63	23.29
浙 江	Zhejiang	1471.07	536.84	236.65	74.58	623.01	447.96	400.58	27.53
安 徽	Anhui	1030.97	516.98	208.53	121.22	184.24	442.50	410.49	21.40
福 建	Fujian	2174.89	818.91	296.40	105.63	953.96	459.32	386.55	55.09
江 西	Jiangxi	1188.55	659.78	212.56	79.25	236.96	486.46	433.75	34.73
山 东	Shandong	1082.96	527.85	119.76	123.06	312.28	345.03	310.93	21.46
河 南	Henan	747.92	446.85	128.76	96.47	75.84	371.30	347.72	14.55
湖 北	Hubei	1149.20	668.79	153.82	87.93	238.65	542.84	497.55	23.74
湖 南	Hunan	1184.07	685.16	213.67	71.93	213.31	464.09	420.77	22.68
广 东	Guangdong	2203.57	1040.27	492.46	77.05	593.79	525.11	468.96	37.73
广 西	Guangxi	1579.91	836.41	405.58	62.10	275.81	364.98	324.84	19.44
海 南	Hainan	1863.89	802.52	399.67	42.45	619.24	449.38	420.95	18.17
重 庆	Chongqing	1373.74	790.94	304.03	97.25	181.52	509.10	469.47	25.79
四 川	Sichuan	1338.63	829.02	271.27	93.79	144.56	571.09	537.85	22.02
贵 州	Guizhou	1013.98	684.27	190.23	64.84	74.64	420.85	379.66	22.82
云 南	Yunnan	1019.62	627.67	194.41	76.73	120.81	522.17	501.05	12.56
西 藏	Tibet	1185.05	994.09	88.21	47.85	54.91	534.95	498.14	32.67
陕 西	Shaanxi	660.30	409.86	93.26	72.60	84.59	391.78	362.25	17.62
甘 肃	Gansu	617.00	398.08	91.58	62.07	65.27	363.79	345.56	12.72
青 海	Qinghai	871.45	620.40	105.70	64.28	81.06	367.50	349.90	9.52
宁 夏	Ningxia	686.07	463.88	109.98	53.02	59.19	332.98	317.76	9.94
新 疆	Xinjiang	887.46	626.98	121.11	58.90	80.47	313.42	294.88	12.45

1-4-5 续表 2 Continued 2

单位：元 Unit：yuan

地 区	Region	3.菜制品 Vegetable Products	(四)调味品 Condiments	(五)糖烟酒饮料类 Sugar,Tobacco, Liquor and Beverages	1.糖 类 Sugar	2.烟草类 Tobacco	3.酒 类 Liquor	4.饮 料 Beverages
全 国	**National Average**	**15.15**	**58.25**	**488.75**	**38.28**	**228.54**	**127.90**	**94.03**
北 京	Beijing	17.91	103.64	705.56	64.13	193.25	189.77	258.41
天 津	Tianjin	10.27	96.75	550.96	40.86	217.59	176.76	115.75
河 北	Hebei	13.29	46.85	465.90	28.42	169.34	167.46	100.67
山 西	Shanxi	9.39	39.38	379.66	21.33	222.57	67.97	67.79
内蒙古	Inner Mongolia	9.51	45.98	561.69	28.87	252.02	193.66	87.13
辽 宁	Liaoning	16.22	75.16	598.78	31.04	272.19	164.92	130.62
吉 林	Jilin	13.17	51.31	385.70	25.31	170.34	105.09	84.97
黑龙江	Heilongjiang	11.59	57.69	289.17	31.33	117.73	82.04	58.06
上 海	Shanghai	29.72	77.93	796.48	92.25	406.31	131.90	166.02
江 苏	Jiangsu	18.47	54.15	538.75	35.28	283.49	139.24	80.73
浙 江	Zhejiang	19.85	48.98	694.86	40.32	416.45	137.11	100.98
安 徽	Anhui	10.61	39.45	678.09	32.20	327.86	227.28	90.75
福 建	Fujian	17.67	63.62	447.06	32.69	181.46	105.53	127.38
江 西	Jiangxi	17.98	49.01	358.62	36.83	189.77	81.10	50.92
山 东	Shandong	12.65	53.01	431.23	31.27	117.21	182.04	100.71
河 南	Henan	9.04	49.04	416.15	23.98	172.53	135.18	84.46
湖 北	Hubei	21.56	61.93	472.43	35.04	251.25	137.32	48.82
湖 南	Hunan	20.63	56.44	436.19	34.47	240.02	101.54	60.17
广 东	Guangdong	18.42	56.48	433.10	55.25	154.16	82.77	140.91
广 西	Guangxi	20.69	37.45	286.37	38.49	124.73	71.08	52.07
海 南	Hainan	10.26	42.46	275.64	29.03	132.77	65.61	48.22
重 庆	Chongqing	13.85	84.49	476.97	51.11	266.37	108.11	51.37
四 川	Sichuan	11.21	84.85	491.74	46.50	267.61	116.58	61.04
贵 州	Guizhou	18.37	49.61	470.42	42.55	266.26	94.49	67.12
云 南	Yunnan	8.56	45.93	613.07	32.00	454.38	52.59	74.09
西 藏	Tibet	4.14	46.57	834.88	54.83	471.66	185.22	123.17
陕 西	Shaanxi	11.92	58.88	459.67	32.86	238.25	109.11	79.45
甘 肃	Gansu	5.51	53.20	419.25	27.91	201.25	123.69	66.39
青 海	Qinghai	8.08	46.35	385.80	31.33	158.16	126.97	69.34
宁 夏	Ningxia	5.28	41.32	367.72	30.63	195.76	67.65	73.70
新 疆	Xinjiang	6.09	38.43	273.68	44.10	99.27	75.19	55.12

1-4-5 续表 3 Continued 3

单位：元 Unit：yuan

地 区	Region	(六)干鲜瓜果类 Dried and Fresh Melons and Fruits	1.鲜果 Fruits	2.鲜瓜 Melons	3.其它干鲜瓜果类及制品 Dried Fruits	(七)糕点、奶及奶制品 Cake,Milk and Its Products	1.糕点 Cake	2.奶及奶制品 Milk and Its Products
全 国	**National Average**	**332.73**	**208.17**	**41.55**	**83.00**	**287.53**	**91.39**	**196.14**
北 京	Beijing	562.57	327.42	64.73	170.42	549.16	207.28	341.88
天 津	Tianjin	444.67	266.57	49.32	128.79	365.62	159.69	205.93
河 北	Hebei	248.96	155.69	41.87	51.40	241.65	75.27	166.38
山 西	Shanxi	229.81	126.27	36.81	66.72	272.79	62.15	210.64
内蒙古	Inner Mongolia	289.13	190.50	31.80	66.82	227.03	51.52	175.51
辽 宁	Liaoning	446.26	313.35	55.96	76.96	324.39	105.82	218.57
吉 林	Jilin	355.70	247.55	65.77	42.38	209.51	63.22	146.29
黑龙江	Heilongjiang	329.07	216.12	36.73	76.22	198.77	63.58	135.19
上 海	Shanghai	521.76	278.40	84.45	158.92	563.08	201.35	361.73
江 苏	Jiangsu	320.15	176.04	49.29	94.82	306.14	89.35	216.79
浙 江	Zhejiang	421.29	247.14	56.64	117.50	312.27	105.51	206.77
安 徽	Anhui	265.72	149.25	50.29	66.18	320.89	91.85	229.03
福 建	Fujian	356.64	239.89	28.51	88.24	270.63	77.92	192.71
江 西	Jiangxi	297.25	182.95	39.59	74.71	258.02	77.25	180.77
山 东	Shandong	370.01	214.35	57.06	98.60	320.22	102.29	217.93
河 南	Henan	241.10	131.01	36.41	73.68	220.88	72.58	148.30
湖 北	Hubei	245.60	138.88	38.34	68.39	236.17	86.63	149.54
湖 南	Hunan	320.33	192.82	44.47	83.04	197.62	66.27	131.35
广 东	Guangdong	380.01	269.92	26.02	84.07	336.30	115.78	220.52
广 西	Guangxi	291.41	199.62	36.79	55.00	215.85	70.58	145.27
海 南	Hainan	272.88	224.32	18.97	29.59	205.83	61.45	144.38
重 庆	Chongqing	269.49	190.16	18.68	60.66	281.38	67.37	214.01
四 川	Sichuan	277.43	195.64	19.04	62.75	278.62	66.87	211.75
贵 州	Guizhou	279.92	206.22	17.70	56.00	197.19	64.03	133.15
云 南	Yunnan	283.83	222.51	9.37	51.95	156.94	73.09	83.85
西 藏	Tibet	226.29	190.57	17.06	18.67	315.23	31.99	283.24
陕 西	Shaanxi	331.43	194.37	45.45	91.61	325.11	102.70	222.41
甘 肃	Gansu	275.98	160.65	35.34	79.99	204.05	54.49	149.56
青 海	Qinghai	280.69	178.72	24.54	77.43	239.13	63.95	175.18
宁 夏	Ningxia	317.64	191.97	47.88	77.79	232.57	53.33	179.24
新 疆	Xinjiang	326.42	159.22	37.58	129.62	228.33	76.69	151.64

单位：元 Unit：yuan

地 区	Region	(八)其他食品 Other Food	(九)饮食服务 bite and sup service	1.食品加工服务费 Food Processing Service Fees	2.在外饮食 Dine Out	二、衣着 Clothing	(一)服装 Garments	(二)衣着材料 Clothing Materials
全 国	**National Average**	**72.79**	**977.71**	**1.65**	**976.06**	**1284.20**	**923.99**	**10.63**
北 京	Beijing	60.04	1646.34	0.54	1645.80	1795.68	1254.60	11.95
天 津	Tianjin	95.97	1489.92	0.18	1489.74	1362.56	970.97	16.09
河 北	Hebei	53.97	508.42	2.56	505.87	1190.19	797.63	12.99
山 西	Shanxi	42.08	621.47	0.91	620.55	1162.00	834.72	9.66
内蒙古	Inner Mongolia	165.02	880.36	0.67	879.69	1857.19	1327.09	6.50
辽 宁	Liaoning	64.44	920.04	2.63	917.40	1338.84	879.52	15.27
吉 林	Jilin	81.47	625.77	4.20	621.57	1419.12	972.44	17.03
黑龙江	Heilongjiang	70.07	654.71	0.80	653.91	1403.72	948.95	5.94
上 海	Shanghai	86.89	2191.16	0.17	2191.00	1593.08	1190.32	21.52
江 苏	Jiangsu	112.02	1068.74	2.31	1066.43	1297.95	951.10	13.02
浙 江	Zhejiang	72.48	1610.40	0.90	1609.50	1614.66	1231.91	16.21
安 徽	Anhui	73.03	672.33	2.47	669.85	1080.06	734.09	22.32
福 建	Fujian	46.67	887.01	0.69	886.32	1171.88	898.38	2.50
江 西	Jiangxi	91.75	566.46	1.15	565.32	1053.01	793.08	9.19
山 东	Shandong	86.24	765.45	1.61	763.84	1548.75	1102.98	12.59
河 南	Henan	60.39	648.33	0.90	647.42	1270.74	925.12	7.17
湖 北	Hubei	44.22	800.60	1.41	799.19	1210.32	885.63	9.03
湖 南	Hunan	86.44	817.96	1.01	816.94	1146.25	834.38	7.99
广 东	Guangdong	61.24	1585.17	0.74	1584.43	1064.33	790.97	1.35
广 西	Guangxi	61.86	810.17	1.00	809.17	855.60	636.97	6.53
海 南	Hainan	34.86	959.88	1.23	958.64	581.66	451.63	0.79
重 庆	Chongqing	73.02	930.09	4.49	925.61	1503.49	1103.76	6.92
四 川	Sichuan	38.14	731.41	4.72	726.70	1178.38	858.51	8.20
贵 州	Guizhou	82.63	743.79	1.98	741.81	1012.14	711.15	16.52
云 南	Yunnan	55.95	1337.20	0.63	1336.57	1102.14	782.14	9.35
西 藏	Tibet	83.31	683.46	2.01	681.45	1086.42	811.95	4.30
陕 西	Shaanxi	103.06	1122.51	0.74	1121.77	1209.96	872.29	12.36
甘 肃	Gansu	148.17	752.50	0.35	752.15	1169.70	820.97	16.87
青 海	Qinghai	116.20	665.92	0.45	665.47	1043.40	754.96	7.94
宁 夏	Ningxia	115.88	835.20	0.56	834.64	1260.58	929.59	11.96
新 疆	Xinjiang	66.52	723.73	1.13	722.60	1357.05	963.30	17.91

1-4-5 续表 5 Continued 5

单位：元 Unit：yuan

地区	Region	(三)鞋类 Shoes	(四)其他衣着用品 Other Clothing	(五)衣着加工服务费 Tailoring and Laundering Services	三、居住 Residence	(一)住房 House	(二)水电燃料及其他 Water, Electricity and Fuels	1.水 Water
全 国	**National Average**	**300.09**	**41.73**	**7.77**	**1228.91**	**396.95**	**746.62**	**88.24**
北 京	Beijing	458.00	57.48	13.64	1290.22	551.99	635.05	86.50
天 津	Tianjin	317.92	46.89	10.68	1505.70	450.48	994.81	91.06
河 北	Hebei	328.20	42.24	9.12	1142.83	187.24	905.64	65.85
山 西	Shanxi	276.51	36.23	4.90	1319.45	420.83	814.64	50.87
内蒙古	Inner Mongolia	422.20	86.19	15.22	1246.21	422.52	745.11	39.30
辽 宁	Liaoning	384.30	51.53	8.22	1293.00	276.24	927.28	69.91
吉 林	Jilin	370.95	48.17	10.53	1394.94	209.28	1105.28	61.83
黑龙江	Heilongjiang	385.46	53.97	9.40	1026.77	210.14	770.92	57.43
上 海	Shanghai	327.04	38.85	15.35	1913.22	991.08	702.49	107.04
江 苏	Jiangsu	280.38	43.86	9.60	1148.85	512.11	577.92	87.12
浙 江	Zhejiang	320.23	38.02	8.28	1485.90	652.20	762.93	115.18
安 徽	Anhui	278.91	36.03	8.72	1219.83	576.39	574.74	71.87
福 建	Fujian	235.60	31.41	3.99	1394.91	469.24	838.63	140.28
江 西	Jiangxi	218.97	26.82	4.95	935.44	271.99	625.14	74.70
山 东	Shandong	360.08	64.54	8.57	1280.04	373.81	839.40	59.37
河 南	Henan	296.77	35.12	6.56	1004.37	279.91	666.11	73.31
湖 北	Hubei	271.54	37.14	6.99	999.49	289.00	665.79	90.33
湖 南	Hunan	266.72	30.77	6.39	1074.69	315.10	700.29	103.11
广 东	Guangdong	234.95	32.50	4.55	1814.00	562.00	1029.45	149.12
广 西	Guangxi	184.67	23.05	4.39	1021.11	314.03	663.00	124.48
海 南	Hainan	116.23	11.34	1.68	1000.32	341.61	584.49	110.03
重 庆	Chongqing	342.62	43.65	6.54	1120.60	385.73	623.83	112.71
四 川	Sichuan	262.95	41.89	6.81	973.02	314.46	568.67	90.08
贵 州	Guizhou	249.26	31.84	3.37	747.57	113.61	590.66	91.99
云 南	Yunnan	281.56	27.87	1.23	943.67	432.74	464.97	107.60
西 藏	Tibet	254.78	11.61	3.79	689.76	105.27	552.75	33.88
陕 西	Shaanxi	278.66	36.86	9.80	1018.23	243.32	703.08	67.89
甘 肃	Gansu	272.45	51.85	7.56	801.21	176.55	573.45	34.88
青 海	Qinghai	219.54	53.41	7.55	790.50	166.93	550.74	29.58
宁 夏	Ningxia	276.27	34.85	7.91	1128.12	369.03	692.42	36.78
新 疆	Xinjiang	307.62	52.19	16.04	856.78	259.91	550.69	33.34

单位：元　　Unit：yuan

地　区	Region	2.电 Electricity	3.燃　料 Fuels	4.取暖费	5.其　他 Other	(三)居住服务费 Housing Services	1.物　业管理费 Realty Management	2.维　修服务费 Fitment Service Fees
全　国	**National Average**	**338.34**	**171.85**	**128.72**	**19.47**	**85.33**	**55.84**	**13.22**
北　京	Beijing	278.54	122.75	140.26	6.99	103.18	92.25	5.43
天　津	Tianjin	387.22	104.39	397.69	14.46	60.41	46.28	5.02
河　北	Hebei	247.06	158.71	415.67	18.34	49.95	27.67	12.08
山　西	Shanxi	234.49	215.13	266.15	48.00	83.99	22.79	19.37
内蒙古	Inner Mongolia	205.02	146.29	336.82	17.68	78.58	38.66	19.01
辽　宁	Liaoning	285.66	148.03	411.57	12.10	89.48	62.37	17.99
吉　林	Jilin	266.33	152.77	591.91	32.44	80.37	42.16	25.21
黑龙江	Heilongjiang	238.24	137.44	322.95	14.86	45.70	27.09	9.67
上　海	Shanghai	397.79	194.28		3.38	219.66	162.11	6.00
江　苏	Jiangsu	335.55	130.55	3.86	20.85	58.82	30.10	11.45
浙　江	Zhejiang	463.52	172.49		11.73	70.77	51.33	8.06
安　徽	Anhui	323.18	162.59	4.46	12.64	68.70	34.70	24.73
福　建	Fujian	516.76	174.87	0.01	6.72	87.04	54.76	14.29
江　西	Jiangxi	369.02	166.36	0.07	15.00	38.31	16.46	12.11
山　东	Shandong	248.16	137.01	330.07	64.78	66.84	38.17	16.34
河　南	Henan	316.22	180.31	74.87	21.41	58.35	25.01	12.47
湖　北	Hubei	372.32	174.95	1.65	26.54	44.69	17.99	10.37
湖　南	Hunan	375.22	201.77	0.91	19.29	59.29	34.25	13.96
广　东	Guangdong	570.52	297.61		12.20	222.55	194.75	12.09
广　西	Guangxi	353.29	174.19	0.02	11.01	44.09	25.58	7.80
海　南	Hainan	298.75	163.91		11.79	74.22	56.00	5.47
重　庆	Chongqing	329.11	176.24	0.12	5.65	111.03	66.63	15.97
四　川	Sichuan	293.36	177.53	0.31	7.39	89.89	47.39	16.87
贵　州	Guizhou	354.97	139.27	0.63	3.81	43.30	20.13	9.00
云　南	Yunnan	252.60	103.79	0.03	0.96	45.97	26.31	8.65
西　藏	Tibet	204.21	258.88	14.51	41.27	31.73	15.19	3.61
陕　西	Shaanxi	252.48	163.63	191.14	27.93	71.83	39.98	13.79
甘　肃	Gansu	169.20	93.34	258.39	17.64	51.21	29.43	7.41
青　海	Qinghai	179.00	108.50	224.07	9.59	72.83	38.99	15.72
宁　夏	Ningxia	164.88	99.87	339.69	51.20	66.67	40.82	16.11
新　疆	Xinjiang	144.92	125.67	236.62	10.14	46.17	26.75	6.07

单位：元 Unit：yuan

地 区	Region	3.其它 Other	四、家庭设备用品及服务 Household Appliances and Services	(一)耐用消费品 Durable Consumer Goods	1.家具 Furniture	2.家庭设备 Household Appliances	(二)室内装饰品 Room Decorations	(三)床上用品 Bed Articles
全 国	**National Average**	**16.27**	**786.94**	**358.98**	**103.73**	**247.28**	**23.98**	**72.99**
北 京	Beijing	5.49	1225.68	632.41	239.23	393.18	29.41	93.64
天 津	Tianjin	9.11	911.92	507.63	178.30	329.33	32.39	65.85
河 北	Hebei	10.20	628.49	325.67	86.20	239.48	28.33	76.77
山 西	Shanxi	41.82	563.82	302.19	78.39	223.79	22.75	33.41
内蒙古	Inner Mongolia	20.91	797.77	364.60	134.61	229.99	40.41	64.91
辽 宁	Liaoning	9.11	607.51	224.23	79.16	145.07	30.90	83.96
吉 林	Jilin	13.00	543.69	214.26	49.55	137.16	32.21	78.22
黑龙江	Heilongjiang	8.94	547.87	228.69	52.51	164.66	14.99	51.20
上 海	Shanghai	51.55	1365.39	683.87	266.00	417.87	56.62	120.79
江 苏	Jiangsu	17.27	923.32	436.77	121.35	315.42	15.38	79.17
浙 江	Zhejiang	11.38	828.96	390.75	111.72	279.03	23.01	86.33
安 徽	Anhui	9.28	589.73	241.25	42.99	164.18	30.02	67.09
福 建	Fujian	17.99	859.06	416.15	115.13	301.03	16.69	60.65
江 西	Jiangxi	9.73	761.85	324.85	58.79	235.10	14.20	60.65
山 东	Shandong	12.33	885.04	469.05	156.54	312.51	38.23	67.29
河 南	Henan	20.86	684.79	340.22	93.00	247.23	22.52	76.95
湖 北	Hubei	16.32	759.24	354.79	65.59	256.89	16.95	57.53
湖 南	Hunan	11.09	798.40	342.40	66.60	275.80	15.60	75.71
广 东	Guangdong	15.72	1052.57	385.20	120.67	254.51	22.59	85.68
广 西	Guangxi	10.71	754.79	406.93	168.17	238.56	11.16	57.99
海 南	Hainan	12.75	585.72	235.43	55.84	138.22	13.68	30.94
重 庆	Chongqing	28.43	1043.06	483.87	114.39	363.43	25.78	167.75
四 川	Sichuan	25.63	679.16	279.13	74.34	185.47	21.23	58.22
贵 州	Guizhou	14.17	589.35	212.21	33.87	178.34	10.53	53.28
云 南	Yunnan	11.01	393.22	194.40	87.09	107.31	9.15	37.23
西 藏	Tibet	12.93	356.86	92.82	14.10	78.73	18.81	74.75
陕 西	Shaanxi	18.06	683.51	319.11	62.74	227.73	15.45	60.07
甘 肃	Gansu	14.37	559.06	248.89	97.18	151.72	21.37	50.12
青 海	Qinghai	18.11	505.32	221.70	65.19	152.62	21.45	49.25
宁 夏	Ningxia	9.74	636.88	328.62	127.69	199.11	38.76	44.78
新 疆	Xinjiang	13.35	552.50	202.88	69.03	133.86	30.87	44.67

单位：元 Unit：yuan

地 区	Region	(四)家庭日用杂品 Household Articles for Daily Use	(五)家具材料 Furniture Materials	(六)家庭服务 Household Services	1.家政服务 Housekeeping Services	2.加工维修服务费 Manufacturing Upkeep	五、医疗保健 Health Care and Medical Services	(一)医疗器具 Medical Appliances
全 国	**National Average**	**264.57**	**11.44**	**54.98**	**37.25**	**17.20**	**856.41**	**7.81**
北 京	Beijing	378.98	5.46	85.78	59.00	26.78	1389.45	12.19
天 津	Tianjin	251.86	2.89	51.29	31.60	19.70	1273.38	14.07
河 北	Hebei	157.48	11.85	28.38	15.49	12.89	971.29	11.17
山 西	Shanxi	148.60	15.56	41.33	22.87	18.45	789.92	7.26
内蒙古	Inner Mongolia	255.69	34.65	37.51	22.73	14.78	992.73	9.69
辽 宁	Liaoning	208.02	10.43	49.96	43.05	6.91	1018.44	10.27
吉 林	Jilin	169.49	18.96	30.55	19.88	6.90	1120.44	9.37
黑龙江	Heilongjiang	225.85	7.79	19.34	11.94	7.02	978.79	5.93
上 海	Shanghai	362.23	7.74	134.14	99.83	34.30	1002.14	48.73
江 苏	Jiangsu	305.81	6.48	79.71	53.93	25.77	808.37	4.39
浙 江	Zhejiang	230.54	12.34	86.00	65.94	20.05	984.62	5.88
安 徽	Anhui	203.38	12.37	35.63	16.90	14.61	716.87	10.46
福 建	Fujian	275.09	5.17	85.31	66.81	18.50	591.50	2.27
江 西	Jiangxi	309.97	20.22	31.96	9.98	19.74	550.25	4.57
山 东	Shandong	260.56	16.03	33.88	18.50	15.38	885.16	10.01
河 南	Henan	212.00	6.86	26.23	11.93	14.30	875.52	6.07
湖 北	Hubei	289.68	13.96	26.33	13.79	11.30	694.61	3.15
湖 南	Hunan	293.70	16.12	54.87	30.85	24.02	784.66	5.93
广 东	Guangdong	410.23	13.49	135.39	110.03	25.05	925.62	6.07
广 西	Guangxi	228.20	11.22	39.30	16.49	22.81	538.17	2.30
海 南	Hainan	268.47	8.14	29.06	13.54	13.16	604.15	0.79
重 庆	Chongqing	297.63	21.14	46.88	31.46	15.17	982.73	4.41
四 川	Sichuan	274.74	9.24	36.60	21.74	13.84	648.31	5.03
贵 州	Guizhou	275.28	2.95	35.11	16.84	18.27	535.43	2.71
云 南	Yunnan	138.11	0.20	14.13	8.28	5.85	708.78	4.76
西 藏	Tibet	150.28	7.78	12.42	6.30	6.12	352.31	7.00
陕 西	Shaanxi	250.74	6.95	31.18	15.29	14.83	863.36	6.36
甘 肃	Gansu	216.67	5.90	16.10	4.85	11.26	746.77	3.82
青 海	Qinghai	190.58	8.62	13.71	3.60	9.78	701.37	15.01
宁 夏	Ningxia	193.73	1.61	29.39	14.36	14.92	921.86	14.34
新 疆	Xinjiang	236.77	8.59	28.72	16.53	12.19	684.01	3.91

1-4-5 续表 9 Continued 9

单位：元 Unit：yuan

地 区	Region	(二)保健器具 Health Care Appliances	(三)药品费 Medicine	(四)滋补保健品 Health Products	(五)医疗费 Health Care Services	(六)其他 Other	六、交通和通 讯 Transport and Communications	(一)交通 Transport
全 国	**National Average**	**17.87**	**417.44**	**116.01**	**282.13**	**15.15**	**1682.57**	**1040.88**
北 京	Beijing	66.68	706.37	186.41	404.83	12.98	2767.85	1885.02
天 津	Tianjin	24.17	663.30	83.49	479.64	8.71	1968.37	1214.72
河 北	Hebei	24.93	484.15	119.95	303.25	27.84	1151.15	636.57
山 西	Shanxi	12.47	413.26	47.21	296.07	13.65	1095.77	526.25
内蒙古	Inner Mongolia	16.73	421.38	75.07	428.84	41.01	1557.03	1021.50
辽 宁	Liaoning	22.87	442.75	169.13	353.93	19.48	1493.17	911.78
吉 林	Jilin	16.02	528.94	152.68	390.34	23.09	1305.45	827.92
黑龙江	Heilongjiang	12.54	524.51	70.58	355.02	10.21	922.77	476.52
上 海	Shanghai	35.57	400.47	225.33	283.74	8.30	3498.65	2425.79
江 苏	Jiangsu	14.15	360.73	161.05	255.19	12.85	1721.87	1172.70
浙 江	Zhejiang	15.11	462.63	257.97	230.32	12.71	3290.63	2359.80
安 徽	Anhui	10.58	300.84	110.95	257.21	26.84	1013.38	492.08
福 建	Fujian	7.15	243.09	89.50	239.70	9.81	1993.77	1103.16
江 西	Jiangxi	4.02	298.92	49.21	177.72	15.81	1145.16	676.56
山 东	Shandong	22.88	382.11	134.58	314.27	21.30	1719.68	1192.13
河 南	Henan	21.04	476.04	67.48	298.10	6.78	1033.99	499.95
湖 北	Hubei	10.91	331.83	48.43	285.90	14.40	953.69	469.21
湖 南	Hunan	3.89	451.03	92.72	225.37	5.72	1233.82	701.19
广 东	Guangdong	29.06	442.51	181.21	247.69	19.09	2979.88	1941.39
广 西	Guangxi	20.16	261.58	59.40	186.26	8.47	1598.68	994.41
海 南	Hainan	1.67	283.33	37.10	276.73	4.54	1548.76	1038.01
重 庆	Chongqing	14.76	527.94	84.36	333.55	17.72	1189.03	592.51
四 川	Sichuan	7.67	359.68	59.84	203.67	12.43	1416.49	752.21
贵 州	Guizhou	7.82	284.74	28.78	201.67	9.71	983.13	436.24
云 南	Yunnan	10.04	338.47	73.01	263.28	19.22	1587.19	1028.76
西 藏	Tibet	2.41	195.09	62.06	82.49	3.25	1062.83	438.90
陕 西	Shaanxi	20.32	488.64	48.59	295.01	4.45	1071.48	517.58
甘 肃	Gansu	10.67	415.12	48.15	258.74	10.28	894.35	440.26
青 海	Qinghai	6.54	303.97	37.20	325.82	12.83	975.91	555.79
宁 夏	Ningxia	7.43	605.50	51.63	237.17	5.79	1363.63	885.16
新 疆	Xinjiang	5.53	289.51	65.23	313.36	6.48	1198.65	743.58

1-4-5 续表 10 Continued 10

单位：元 Unit：yuan

地 区	Region	1.家庭交通工具 Transportation Facility	2.车辆用燃料及零配件 Fuels and Parts	3.交通工具服务支出 Using and Upkeep Fare	4.交通费 Traffic Fare	(二)通 信 Communication	1.通信工具 Communication Facility	2.通信服务 Communication Service
全 国	**National Average**	**497.44**	**201.78**	**89.92**	**251.74**	**641.70**	**92.56**	**549.14**
北 京	Beijing	828.72	507.51	182.16	366.63	882.83	189.01	693.82
天 津	Tianjin	647.82	166.90	144.92	255.08	753.64	106.20	647.45
河 北	Hebei	366.21	105.04	31.61	133.71	514.58	78.56	436.03
山 西	Shanxi	283.32	79.39	39.07	124.47	569.52	55.32	514.20
内蒙古	Inner Mongolia	548.15	118.53	102.34	252.47	535.53	121.46	414.07
辽 宁	Liaoning	373.52	169.79	27.55	340.93	581.39	69.84	511.55
吉 林	Jilin	394.20	80.72	39.86	313.13	477.53	78.11	399.42
黑龙江	Heilongjiang	107.78	68.74	25.56	274.45	446.25	79.54	366.71
上 海	Shanghai	1003.12	337.05	326.89	758.74	1072.85	185.55	887.31
江 苏	Jiangsu	687.40	190.06	101.10	194.14	549.17	103.55	445.62
浙 江	Zhejiang	1432.71	540.06	152.53	234.51	930.83	103.00	827.82
安 徽	Anhui	175.44	80.40	36.86	199.38	521.30	102.97	418.33
福 建	Fujian	533.89	304.13	77.84	187.30	890.61	99.36	791.25
江 西	Jiangxi	375.93	81.72	46.07	172.85	468.60	70.32	398.28
山 东	Shandong	706.97	217.07	87.52	180.58	527.55	97.65	429.90
河 南	Henan	278.77	63.92	25.53	131.73	534.04	76.65	457.38
湖 北	Hubei	117.49	87.77	27.91	236.04	484.49	68.70	415.78
湖 南	Hunan	277.91	97.66	56.39	269.23	532.62	78.84	453.78
广 东	Guangdong	790.18	523.54	261.94	365.74	1038.49	107.87	930.62
广 西	Guangxi	555.74	168.75	96.35	173.57	604.27	71.68	532.59
海 南	Hainan	437.67	250.40	66.61	283.33	510.75	58.18	452.57
重 庆	Chongqing	146.32	71.77	49.46	324.96	596.52	109.13	487.40
四 川	Sichuan	335.76	120.39	59.67	236.39	664.29	68.95	595.34
贵 州	Guizhou	81.32	68.84	29.23	256.86	546.89	82.60	464.29
云 南	Yunnan	604.68	237.12	68.45	118.51	558.43	59.49	498.94
西 藏	Tibet	77.85	104.10	23.62	233.34	623.94	22.03	601.91
陕 西	Shaanxi	122.61	83.65	53.33	258.01	553.89	105.55	448.34
甘 肃	Gansu	118.06	38.36	22.85	260.99	454.09	66.74	387.35
青 海	Qinghai	126.82	45.26	19.54	364.16	420.12	84.90	335.22
宁 夏	Ningxia	429.84	80.23	53.85	321.24	478.47	114.75	363.72
新 疆	Xinjiang	329.11	65.68	33.86	314.94	455.07	73.17	381.90

单位：元 Unit：yuan

地 区	Region	七、教育文化娱乐服务 Recreation, Education and Culture	(一)文化娱乐用品 Cultural and Recreational Articles	(二)文化娱乐服务 Expenditure of Culture and Recreation	1.参观游览 Touring and Outgoing	2.健身活动 Body Moves	3.团体旅游 Team Travel	4.其它文娱活动 Other Entertainment
全 国	**National Average**	**1472.76**	**381.32**	**445.56**	**51.35**	**15.61**	**256.04**	**112.67**
北 京	Beijing	2654.98	820.73	909.58	105.36	72.89	563.31	157.44
天 津	Tianjin	1740.85	555.89	467.75	42.28	12.61	232.18	168.84
河 北	Hebei	982.21	369.61	251.62	43.24	8.48	151.57	42.49
山 西	Shanxi	1070.60	253.52	268.95	41.01	2.35	160.72	58.49
内蒙古	Inner Mongolia	1504.36	412.40	462.49	66.31	4.11	240.08	145.53
辽 宁	Liaoning	1283.68	313.61	235.98	36.45	32.26	125.88	39.91
吉 林	Jilin	1028.06	198.72	167.97	23.60	14.74	46.33	77.15
黑龙江	Heilongjiang	956.85	229.59	203.34	52.80	7.49	51.28	86.72
上 海	Shanghai	3138.98	957.49	990.26	52.80	50.06	627.73	234.30
江 苏	Jiangsu	1968.03	516.36	607.39	81.57	17.50	358.47	142.93
浙 江	Zhejiang	2295.32	470.50	643.32	55.18	13.25	469.44	98.04
安 徽	Anhui	1225.36	283.53	303.95	23.65	20.76	179.00	68.46
福 建	Fujian	1504.96	410.40	497.09	22.95	13.97	373.43	80.71
江 西	Jiangxi	1066.94	247.33	395.61	57.93	4.91	146.11	150.63
山 东	Shandong	1332.97	453.05	307.28	57.77	17.08	152.84	70.07
河 南	Henan	1048.14	284.68	285.83	28.46	5.56	173.95	74.34
湖 北	Hubei	1208.46	269.42	310.61	35.23	13.37	130.26	111.62
湖 南	Hunan	1207.72	255.52	375.30	47.84	8.20	168.27	146.16
广 东	Guangdong	2168.88	472.12	918.18	82.06	25.29	604.61	194.92
广 西	Guangxi	1111.13	341.34	366.21	30.45	4.84	233.65	91.35
海 南	Hainan	961.95	257.77	245.72	17.17	1.86	76.33	133.32
重 庆	Chongqing	1351.90	371.34	441.69	70.13	9.94	247.85	99.53
四 川	Sichuan	1150.73	266.26	359.42	27.87	3.81	162.20	153.96
贵 州	Guizhou	1146.35	309.29	401.43	40.60	9.06	223.67	118.21
云 南	Yunnan	798.69	213.45	306.34	60.14	3.84	168.79	65.87
西 藏	Tibet	465.84	151.60	113.53	2.52	26.02	0.09	83.96
陕 西	Shaanxi	1430.22	345.85	404.45	63.88	11.53	167.27	142.45
甘 肃	Gansu	1025.47	306.54	292.20	81.74	6.17	99.92	94.46
青 海	Qinghai	889.32	277.53	244.54	40.97	5.17	79.44	111.43
宁 夏	Ningxia	1075.88	351.95	285.59	54.14	3.59	81.24	138.20
新 疆	Xinjiang	855.53	255.80	195.79	36.90	5.36	91.12	59.34

1-4-5 续表 12 Continued 12

单位：元 Unit：yuan

地 区	Region	5.文娱用品修理服务费 Fixing Service Fees for Recreation Expense	(三)教育 Education	1.教材 Teaching Material	2.教育费用 Tuition	八、其它商品和服务 Miscellaneous Goods and Services	(一)其它商品 Miscellaneous Goods	(二)服务 Services
全 国	**National Average**	**8.85**	**645.89**	**64.13**	**581.75**	**474.21**	**308.56**	**165.65**
北 京	Beijing	10.59	924.67	68.44	856.22	833.32	569.04	264.28
天 津	Tianjin	11.84	717.22	107.38	609.84	634.05	455.91	178.13
河 北	Hebei	5.84	360.98	33.25	327.73	361.83	227.01	134.81
山 西	Shanxi	6.38	548.13	56.94	491.19	281.61	142.23	139.37
内蒙古	Inner Mongolia	6.47	629.46	24.27	605.19	641.96	441.19	200.77
辽 宁	Liaoning	1.47	734.09	56.98	677.11	609.09	299.91	309.17
吉 林	Jilin	4.50	661.37	186.44	474.92	465.42	206.33	259.09
黑龙江	Heilongjiang	4.76	523.92	71.51	452.41	395.41	241.17	154.25
上 海	Shanghai	25.36	1191.24	70.19	1121.05	1136.06	830.03	306.02
江 苏	Jiangsu	6.92	844.28	25.61	818.66	510.94	332.91	178.02
浙 江	Zhejiang	7.41	1181.49	48.75	1132.74	578.67	392.30	186.37
安 徽	Anhui	7.36	637.88	111.12	526.77	337.36	203.30	134.06
福 建	Fujian	6.04	597.47	36.98	560.49	598.13	349.65	248.47
江 西	Jiangxi	34.21	424.00	68.79	355.21	345.78	238.59	107.19
山 东	Shandong	9.53	572.65	36.71	535.95	406.75	299.69	107.06
河 南	Henan	3.52	477.64	36.27	441.37	376.70	236.13	140.57
湖 北	Hubei	18.61	628.43	141.15	487.28	307.75	218.70	89.05
湖 南	Hunan	4.83	576.90	15.12	561.78	408.14	266.02	142.12
广 东	Guangdong	9.55	778.59	101.90	676.68	627.01	445.70	181.31
广 西	Guangxi	5.92	403.58	23.68	379.91	343.33	249.62	93.71
海 南	Hainan	12.66	458.47	47.59	410.88	296.28	186.68	109.60
重 庆	Chongqing	5.56	538.88	46.80	492.07	377.02	280.00	97.02
四 川	Sichuan	8.54	525.05	98.25	426.80	422.38	210.90	211.48
贵 州	Guizhou	9.90	435.63	24.03	411.59	278.71	192.72	85.99
云 南	Yunnan	7.71	278.90	16.08	262.82	207.53	141.14	66.39
西 藏	Tibet	0.93	200.71	29.45	171.26	438.68	218.30	220.38
陕 西	Shaanxi	15.51	679.91	93.89	586.02	440.35	298.15	142.20
甘 肃	Gansu	9.91	426.73	31.50	395.24	334.95	243.16	91.78
青 海	Qinghai	7.50	367.26	60.72	306.54	331.86	235.55	96.30
宁 夏	Ningxia	8.41	438.34	93.63	344.71	460.82	341.94	118.88
新 疆	Xinjiang	3.08	403.95	40.59	363.35	436.70	337.48	99.23

1-4-6 各地区城镇居民家庭消费支出构成(2009年)

Composition of Per Capita Annual Consumption Expenditure of Urban Households by Region (2009)

单位：%　　unit:%

地区	Region	消费支出 Consumption Expenditure	服务性消费 Service Consumption Expenditure	一、食品 Food	(一)粮油类 Grain and Oil	1.粮食 Grain	2.淀粉及薯类 Starches and Tubers	3.干豆类及豆制品 Beans and Bean Products	4.油脂类 Oil and Fats
全国	**National Average**	**100.00**	**25.83**	**36.52**	**4.51**	**2.73**	**0.25**	**0.48**	**1.05**
北京	Beijing	100.00	27.77	33.18	3.43	2.02	0.25	0.38	0.78
天津	Tianjin	100.00	26.26	36.51	3.56	2.00	0.27	0.35	0.94
河北	Hebei	100.00	21.03	33.59	4.97	2.90	0.24	0.42	1.41
山西	Shanxi	100.00	26.55	32.84	6.23	4.20	0.55	0.55	0.93
内蒙古	Inner Mongolia	100.00	25.71	30.50	4.03	2.81	0.21	0.28	0.73
辽宁	Liaoning	100.00	25.86	37.98	4.35	2.67	0.14	0.46	1.08
吉林	Jilin	100.00	23.44	33.33	4.89	3.12	0.21	0.55	1.01
黑龙江	Heilongjiang	100.00	24.06	35.28	5.89	3.73	0.47	0.55	1.14
上海	Shanghai	100.00	31.71	34.99	3.11	1.84	0.24	0.44	0.59
江苏	Jiangsu	100.00	26.37	36.29	3.76	2.11	0.27	0.55	0.83
浙江	Zhejiang	100.00	28.01	33.59	3.15	1.84	0.19	0.44	0.69
安徽	Anhui	100.00	24.99	39.59	5.16	3.09	0.19	0.61	1.28
福建	Fujian	100.00	25.37	39.67	4.69	3.04	0.26	0.47	0.92
江西	Jiangxi	100.00	21.65	39.85	6.01	3.34	0.18	0.75	1.75
山东	Shandong	100.00	21.48	32.92	4.16	2.60	0.24	0.41	0.91
河南	Henan	100.00	23.89	34.21	5.41	3.37	0.39	0.57	1.08
湖北	Hubei	100.00	23.73	40.42	5.90	3.43	0.23	0.79	1.45
湖南	Hunan	100.00	25.16	38.55	5.65	3.22	0.18	0.70	1.55
广东	Guangdong	100.00	29.70	36.93	3.82	2.47	0.18	0.32	0.85
广西	Guangxi	100.00	23.68	39.89	4.65	2.90	0.21	0.54	0.99
海南	Hainan	100.00	26.16	44.69	4.00	2.39	0.20	0.22	1.19
重庆	Chongqing	100.00	24.68	37.68	4.76	2.42	0.27	0.47	1.61
四川	Sichuan	100.00	25.04	40.44	5.34	2.92	0.33	0.41	1.67
贵州	Guizhou	100.00	25.98	41.51	5.50	3.26	0.18	0.52	1.53
云南	Yunnan	100.00	24.46	43.72	4.17	3.00	0.16	0.44	0.57
西藏	Tibet	100.00	21.17	50.71	7.44	5.00	0.42	0.06	1.96
陕西	Shaanxi	100.00	27.63	37.26	5.01	3.04	0.37	0.57	1.02
甘肃	Gansu	100.00	25.03	37.78	5.91	3.55	0.30	0.45	1.61
青海	Qinghai	100.00	24.81	40.39	6.55	4.65	0.33	0.39	1.18
宁夏	Ningxia	100.00	23.42	33.39	4.89	2.97	0.34	0.39	1.19
新疆	Xinjiang	100.00	24.07	36.30	5.66	3.64	0.32	0.34	1.37

1-4-6 续表 1 Continued 1

单位：% unit:%

地 区	Region	(二)肉禽蛋水产品类 Meat,Poultry, Egg,Aquatic Products and Related Products	1.肉类 Meat Products	2.禽类 Poultry Products	3.蛋类 Eggs	4.水产品类 Aquatic Products	(三)蔬菜类 Vegetables	1.鲜菜 Fresh Vegetables	2.干菜 Dried Vegetables
全 国	**National Average**	**10.29**	**5.33**	**1.75**	**0.76**	**2.46**	**3.64**	**3.31**	**0.21**
北 京	Beijing	7.01	4.17	0.87	0.60	1.37	2.47	2.17	0.20
天 津	Tianjin	9.29	4.70	0.98	0.94	2.67	3.10	2.86	0.18
河 北	Hebei	8.48	4.69	1.04	1.13	1.62	3.96	3.58	0.25
山 西	Shanxi	6.10	3.82	0.66	1.01	0.62	3.56	3.27	0.19
内蒙古	Inner Mongolia	6.46	4.64	0.62	0.49	0.71	2.48	2.29	0.11
辽 宁	Liaoning	10.04	5.18	1.03	0.99	2.84	3.89	3.49	0.26
吉 林	Jilin	8.68	5.12	0.96	0.95	1.65	4.09	3.79	0.18
黑龙江	Heilongjiang	9.21	5.68	0.99	0.89	1.66	3.57	3.20	0.25
上 海	Shanghai	9.08	3.47	1.64	0.50	3.47	2.62	2.33	0.15
江 苏	Jiangsu	10.70	5.00	2.08	0.72	2.90	3.59	3.27	0.18
浙 江	Zhejiang	8.82	3.22	1.42	0.45	3.73	2.69	2.40	0.17
安 徽	Anhui	10.07	5.05	2.04	1.18	1.80	4.32	4.01	0.21
福 建	Fujian	16.17	6.09	2.20	0.79	7.09	3.41	2.87	0.41
江 西	Jiangxi	12.20	6.77	2.18	0.81	2.43	4.99	4.45	0.36
山 东	Shandong	9.02	4.39	1.00	1.02	2.60	2.87	2.59	0.18
河 南	Henan	7.82	4.67	1.35	1.01	0.79	3.88	3.63	0.15
湖 北	Hubei	11.16	6.50	1.49	0.85	2.32	5.27	4.83	0.23
湖 南	Hunan	10.94	6.33	1.97	0.66	1.97	4.29	3.89	0.21
广 东	Guangdong	13.07	6.17	2.92	0.46	3.52	3.11	2.78	0.22
广 西	Guangxi	15.26	8.08	3.92	0.60	2.66	3.53	3.14	0.19
海 南	Hainan	18.48	7.96	3.96	0.42	6.14	4.46	4.17	0.18
重 庆	Chongqing	11.31	6.51	2.50	0.80	1.49	4.19	3.87	0.21
四 川	Sichuan	12.33	7.63	2.50	0.86	1.33	5.26	4.95	0.20
贵 州	Guizhou	11.21	7.56	2.10	0.72	0.82	4.65	4.20	0.25
云 南	Yunnan	9.99	6.15	1.91	0.75	1.18	5.12	4.91	0.12
西 藏	Tibet	13.12	11.00	0.98	0.53	0.61	5.92	5.51	0.36
陕 西	Shaanxi	6.17	3.83	0.87	0.68	0.79	3.66	3.38	0.16
甘 肃	Gansu	6.94	4.48	1.03	0.70	0.73	4.09	3.89	0.14
青 海	Qinghai	9.92	7.06	1.20	0.73	0.92	4.18	3.98	0.11
宁 夏	Ningxia	6.67	4.51	1.07	0.52	0.58	3.24	3.09	0.10
新 疆	Xinjiang	9.51	6.72	1.30	0.63	0.86	3.36	3.16	0.13

1-4-6 续表 2 Continued 2

单位：% unit:%

地 区	Region	3.菜制品 Vegetable Products	(四)调味品 Condiments	(五)糖烟酒饮料类 Sugar,Tobacco, Liquor and Beverages	1.糖类 Sugar	2.烟草类 Tobacco	3.酒类 Liquor	4.饮料 Beverages
全 国	**National Average**	**0.12**	**0.47**	**3.99**	**0.31**	**1.86**	**1.04**	**0.77**
北 京	Beijing	0.10	0.58	3.94	0.36	1.08	1.06	1.44
天 津	Tianjin	0.07	0.65	3.72	0.28	1.47	1.19	0.78
河 北	Hebei	0.14	0.48	4.81	0.29	1.75	1.73	1.04
山 西	Shanxi	0.10	0.42	4.06	0.23	2.38	0.73	0.72
内蒙古	Inner Mongolia	0.08	0.37	4.54	0.23	2.04	1.57	0.70
辽 宁	Liaoning	0.13	0.61	4.86	0.25	2.21	1.34	1.06
吉 林	Jilin	0.12	0.47	3.53	0.23	1.56	0.96	0.78
黑龙江	Heilongjiang	0.12	0.60	3.00	0.33	1.22	0.85	0.60
上 海	Shanghai	0.14	0.37	3.79	0.44	1.94	0.63	0.79
江 苏	Jiangsu	0.14	0.41	4.10	0.27	2.16	1.06	0.61
浙 江	Zhejiang	0.12	0.29	4.16	0.24	2.50	0.82	0.61
安 徽	Anhui	0.10	0.39	6.63	0.31	3.20	2.22	0.89
福 建	Fujian	0.13	0.47	3.32	0.24	1.35	0.78	0.95
江 西	Jiangxi	0.18	0.50	3.68	0.38	1.95	0.83	0.52
山 东	Shandong	0.11	0.44	3.59	0.26	0.98	1.52	0.84
河 南	Henan	0.09	0.51	4.35	0.25	1.80	1.41	0.88
湖 北	Hubei	0.21	0.60	4.59	0.34	2.44	1.33	0.47
湖 南	Hunan	0.19	0.52	4.03	0.32	2.22	0.94	0.56
广 东	Guangdong	0.11	0.34	2.57	0.33	0.91	0.49	0.84
广 西	Guangxi	0.20	0.36	2.77	0.37	1.20	0.69	0.50
海 南	Hainan	0.10	0.42	2.73	0.29	1.32	0.65	0.48
重 庆	Chongqing	0.11	0.70	3.93	0.42	2.19	0.89	0.42
四 川	Sichuan	0.10	0.78	4.53	0.43	2.46	1.07	0.56
贵 州	Guizhou	0.20	0.55	5.20	0.47	2.94	1.04	0.74
云 南	Yunnan	0.08	0.45	6.01	0.31	4.45	0.52	0.73
西 藏	Tibet	0.05	0.52	9.24	0.61	5.22	2.05	1.36
陕 西	Shaanxi	0.11	0.55	4.29	0.31	2.23	1.02	0.74
甘 肃	Gansu	0.06	0.60	4.72	0.31	2.26	1.39	0.75
青 海	Qinghai	0.09	0.53	4.39	0.36	1.80	1.45	0.79
宁 夏	Ningxia	0.05	0.40	3.58	0.30	1.90	0.66	0.72
新 疆	Xinjiang	0.07	0.41	2.93	0.47	1.06	0.81	0.59

1-4-6 续表 3 Continued 3

单位: % unit:%

地区	Region	(六)干鲜瓜果类 Dried and Fresh Melons and Fruits	1.鲜果 Fruits	2.鲜瓜 Melons	3.其它干鲜瓜果类及制品 Dried Fruits	(七)糕点、奶及奶制品 Cake,Milk and Its Products	1.糕点 Cake	2.奶及奶制品 Milk and Its Products
全 国	**National Average**	**2.71**	**1.70**	**0.34**	**0.68**	**2.34**	**0.75**	**1.60**
北 京	Beijing	3.14	1.83	0.36	0.95	3.07	1.16	1.91
天 津	Tianjin	3.00	1.80	0.33	0.87	2.47	1.08	1.39
河 北	Hebei	2.57	1.61	0.43	0.53	2.50	0.78	1.72
山 西	Shanxi	2.46	1.35	0.39	0.71	2.92	0.66	2.25
内蒙古	Inner Mongolia	2.34	1.54	0.26	0.54	1.84	0.42	1.42
辽 宁	Liaoning	3.62	2.54	0.45	0.62	2.63	0.86	1.77
吉 林	Jilin	3.26	2.27	0.60	0.39	1.92	0.58	1.34
黑龙江	Heilongjiang	3.42	2.24	0.38	0.79	2.06	0.66	1.40
上 海	Shanghai	2.49	1.33	0.40	0.76	2.68	0.96	1.72
江 苏	Jiangsu	2.43	1.34	0.37	0.72	2.33	0.68	1.65
浙 江	Zhejiang	2.53	1.48	0.34	0.70	1.87	0.63	1.24
安 徽	Anhui	2.60	1.46	0.49	0.65	3.14	0.90	2.24
福 建	Fujian	2.65	1.78	0.21	0.66	2.01	0.58	1.43
江 西	Jiangxi	3.05	1.88	0.41	0.77	2.65	0.79	1.86
山 东	Shandong	3.08	1.78	0.47	0.82	2.67	0.85	1.81
河 南	Henan	2.52	1.37	0.38	0.77	2.31	0.76	1.55
湖 北	Hubei	2.39	1.35	0.37	0.66	2.29	0.84	1.45
湖 南	Hunan	2.96	1.78	0.41	0.77	1.83	0.61	1.21
广 东	Guangdong	2.25	1.60	0.15	0.50	1.99	0.69	1.31
广 西	Guangxi	2.81	1.93	0.36	0.53	2.09	0.68	1.40
海 南	Hainan	2.71	2.22	0.19	0.29	2.04	0.61	1.43
重 庆	Chongqing	2.22	1.57	0.15	0.50	2.32	0.55	1.76
四 川	Sichuan	2.55	1.80	0.18	0.58	2.57	0.62	1.95
贵 州	Guizhou	3.09	2.28	0.20	0.62	2.18	0.71	1.47
云 南	Yunnan	2.78	2.18	0.09	0.51	1.54	0.72	0.82
西 藏	Tibet	2.50	2.11	0.19	0.21	3.49	0.35	3.14
陕 西	Shaanxi	3.10	1.82	0.42	0.86	3.04	0.96	2.08
甘 肃	Gansu	3.10	1.81	0.40	0.90	2.30	0.61	1.68
青 海	Qinghai	3.19	2.03	0.28	0.88	2.72	0.73	1.99
宁 夏	Ningxia	3.09	1.87	0.47	0.76	2.26	0.52	1.74
新 疆	Xinjiang	3.50	1.71	0.40	1.39	2.45	0.82	1.63

1-4-6 续表 4 Continued 4

单位: % unit:%

地 区	Region	(八)其他食品 Other Food	(九)饮食服务 Bite and Sup Service	1.食品加工服务费 Food Processing Service Fees	2.在外饮食 Dining Out	二、衣着 Clothing	(一)服装 Garments	(二)衣着材料 Clothing Materials
全 国	**National Average**	**0.59**	**7.97**	**0.01**	**7.96**	**10.47**	**7.53**	**0.09**
北 京	Beijing	0.34	9.20	0.00	9.20	10.04	7.01	0.07
天 津	Tianjin	0.65	10.07	0.00	10.06	9.21	6.56	0.11
河 北	Hebei	0.56	5.25	0.03	5.23	12.30	8.24	0.13
山 西	Shanxi	0.45	6.64	0.01	6.63	12.42	8.92	0.10
内蒙古	Inner Mongolia	1.33	7.12	0.01	7.11	15.01	10.73	0.05
辽 宁	Liaoning	0.52	7.47	0.02	7.44	10.86	7.14	0.12
吉 林	Jilin	0.75	5.73	0.04	5.69	13.00	8.91	0.16
黑龙江	Heilongjiang	0.73	6.80	0.01	6.79	14.58	9.85	0.06
上 海	Shanghai	0.41	10.44	0.00	10.44	7.59	5.67	0.10
江 苏	Jiangsu	0.85	8.13	0.02	8.11	9.87	7.23	0.10
浙 江	Zhejiang	0.43	9.65	0.01	9.65	9.68	7.38	0.10
安 徽	Anhui	0.71	6.57	0.02	6.55	10.55	7.17	0.22
福 建	Fujian	0.35	6.59	0.01	6.59	8.71	6.68	0.02
江 西	Jiangxi	0.94	5.82	0.01	5.80	10.81	8.14	0.09
山 东	Shandong	0.72	6.37	0.01	6.36	12.89	9.18	0.10
河 南	Henan	0.63	6.78	0.01	6.77	13.28	9.67	0.07
湖 北	Hubei	0.43	7.78	0.01	7.76	11.76	8.60	0.09
湖 南	Hunan	0.80	7.55	0.01	7.54	10.59	7.71	0.07
广 东	Guangdong	0.36	9.40	0.00	9.40	6.31	4.69	0.01
广 西	Guangxi	0.60	7.83	0.01	7.82	8.26	6.15	0.06
海 南	Hainan	0.35	9.52	0.01	9.50	5.77	4.48	0.01
重 庆	Chongqing	0.60	7.66	0.04	7.62	12.38	9.09	0.06
四 川	Sichuan	0.35	6.73	0.04	6.69	10.85	7.91	0.08
贵 州	Guizhou	0.91	8.22	0.02	8.20	11.19	7.86	0.18
云 南	Yunnan	0.55	13.11	0.01	13.10	10.80	7.67	0.09
西 藏	Tibet	0.92	7.57	0.02	7.54	12.03	8.99	0.05
陕 西	Shaanxi	0.96	10.49	0.01	10.48	11.30	8.15	0.12
甘 肃	Gansu	1.67	8.46	0.00	8.46	13.16	9.23	0.19
青 海	Qinghai	1.32	7.58	0.01	7.57	11.88	8.59	0.09
宁 夏	Ningxia	1.13	8.12	0.01	8.12	12.26	9.04	0.12
新 疆	Xinjiang	0.71	7.76	0.01	7.75	14.55	10.33	0.19

1-4-6 续表 5 Continued 5

单位：% unit:%

地 区	Region	(三)鞋类 Shoes	(四)其他衣着用品 Other Clothing	(五)衣着加工服务费 Tailoring and Laundering Services	三、居住 Residence	(一)住房 House	(二)水电燃料及其他 Water, Electricity and Fuels	1.水 Water
全 国	**National Average**	**2.45**	**0.34**	**0.06**	**10.02**	**3.24**	**6.09**	**0.72**
北 京	Beijing	2.56	0.32	0.08	7.21	3.08	3.55	0.48
天 津	Tianjin	2.15	0.32	0.07	10.17	3.04	6.72	0.62
河 北	Hebei	3.39	0.44	0.09	11.81	1.93	9.36	0.68
山 西	Shanxi	2.96	0.39	0.05	14.10	4.50	8.71	0.54
内蒙古	Inner Mongolia	3.41	0.70	0.12	10.07	3.42	6.02	0.32
辽 宁	Liaoning	3.12	0.42	0.07	10.49	2.24	7.52	0.57
吉 林	Jilin	3.40	0.44	0.10	12.78	1.92	10.13	0.57
黑龙江	Heilongjiang	4.00	0.56	0.10	10.66	2.18	8.01	0.60
上 海	Shanghai	1.56	0.19	0.07	9.11	4.72	3.35	0.51
江 苏	Jiangsu	2.13	0.33	0.07	8.73	3.89	4.39	0.66
浙 江	Zhejiang	1.92	0.23	0.05	8.91	3.91	4.57	0.69
安 徽	Anhui	2.73	0.35	0.09	11.92	5.63	5.62	0.70
福 建	Fujian	1.75	0.23	0.03	10.37	3.49	6.23	1.04
江 西	Jiangxi	2.25	0.28	0.05	9.60	2.79	6.42	0.77
山 东	Shandong	3.00	0.54	0.07	10.66	3.11	6.99	0.49
河 南	Henan	3.10	0.37	0.07	10.50	2.93	6.96	0.77
湖 北	Hubei	2.64	0.36	0.07	9.71	2.81	6.47	0.88
湖 南	Hunan	2.46	0.28	0.06	9.92	2.91	6.47	0.95
广 东	Guangdong	1.39	0.19	0.03	10.76	3.33	6.11	0.88
广 西	Guangxi	1.78	0.22	0.04	9.86	3.03	6.40	1.20
海 南	Hainan	1.15	0.11	0.02	9.92	3.39	5.79	1.09
重 庆	Chongqing	2.82	0.36	0.05	9.23	3.18	5.14	0.93
四 川	Sichuan	2.42	0.39	0.06	8.96	2.90	5.24	0.83
贵 州	Guizhou	2.75	0.35	0.04	8.26	1.26	6.53	1.02
云 南	Yunnan	2.76	0.27	0.01	9.25	4.24	4.56	1.05
西 藏	Tibet	2.82	0.13	0.04	7.63	1.17	6.12	0.38
陕 西	Shaanxi	2.60	0.34	0.09	9.51	2.27	6.57	0.63
甘 肃	Gansu	3.06	0.58	0.09	9.01	1.99	6.45	0.39
青 海	Qinghai	2.50	0.61	0.09	9.00	1.90	6.27	0.34
宁 夏	Ningxia	2.69	0.34	0.08	10.97	3.59	6.74	0.36
新 疆	Xinjiang	3.30	0.56	0.17	9.19	2.79	5.90	0.36

1-4-6 续表 6 Continued 6

单位：%

地 区	Region	2.电 Electricity	3.燃料 Fuels	4.取暖费	5.其他 Other	(三)居住服务费 Housing Services	1.物业管理费 Realty Management	2.维修服务费 Fitment Service Fees
全 国	**National Average**	**2.76**	**1.40**	**1.05**	**0.16**	**0.70**	**0.46**	**0.11**
北 京	Beijing	1.56	0.69	0.78	0.04	0.58	0.52	0.03
天 津	Tianjin	2.62	0.71	2.69	0.10	0.41	0.31	0.03
河 北	Hebei	2.55	1.64	4.29	0.19	0.52	0.29	0.12
山 西	Shanxi	2.51	2.30	2.84	0.51	0.90	0.24	0.21
内蒙古	Inner Mongolia	1.66	1.18	2.72	0.14	0.64	0.31	0.15
辽 宁	Liaoning	2.32	1.20	3.34	0.10	0.73	0.51	0.15
吉 林	Jilin	2.44	1.40	5.42	0.30	0.74	0.39	0.23
黑龙江	Heilongjiang	2.47	1.43	3.35	0.15	0.47	0.28	0.10
上 海	Shanghai	1.89	0.93		0.02	1.05	0.77	0.03
江 苏	Jiangsu	2.55	0.99	0.03	0.16	0.45	0.23	0.09
浙 江	Zhejiang	2.78	1.03		0.07	0.42	0.31	0.05
安 徽	Anhui	3.16	1.59	0.04	0.12	0.67	0.34	0.24
福 建	Fujian	3.84	1.30		0.05	0.65	0.41	0.11
江 西	Jiangxi	3.79	1.71		0.15	0.39	0.17	0.12
山 东	Shandong	2.07	1.14	2.75	0.54	0.56	0.32	0.14
河 南	Henan	3.31	1.88	0.78	0.22	0.61	0.26	0.13
湖 北	Hubei	3.62	1.70	0.02	0.26	0.43	0.17	0.10
湖 南	Hunan	3.47	1.86	0.01	0.18	0.55	0.32	0.13
广 东	Guangdong	3.38	1.77		0.07	1.32	1.16	0.07
广 西	Guangxi	3.41	1.68		0.11	0.43	0.25	0.08
海 南	Hainan	2.96	1.63		0.12	0.74	0.56	0.05
重 庆	Chongqing	2.71	1.45		0.05	0.91	0.55	0.13
四 川	Sichuan	2.70	1.63		0.07	0.83	0.44	0.16
贵 州	Guizhou	3.92	1.54	0.01	0.04	0.48	0.22	0.10
云 南	Yunnan	2.48	1.02		0.01	0.45	0.26	0.08
西 藏	Tibet	2.26	2.87	0.16	0.46	0.35	0.17	0.04
陕 西	Shaanxi	2.36	1.53	1.79	0.26	0.67	0.37	0.13
甘 肃	Gansu	1.90	1.05	2.91	0.20	0.58	0.33	0.08
青 海	Qinghai	2.04	1.23	2.55	0.11	0.83	0.44	0.18
宁 夏	Ningxia	1.60	0.97	3.30	0.50	0.65	0.40	0.16
新 疆	Xinjiang	1.55	1.35	2.54	0.11	0.49	0.29	0.07

单位：% unit:%

地 区	Region	3.其它 Other	四、家庭设备用品及服务 Household Appliances and Services	(一)耐用消费品 Durable Consumer Goods	1.家具 Furniture	2.家庭设备 Household Appliances	(二)室内装饰品 Room Decorations	(三)床上用品 Bed Articles
全 国	**National Average**	**0.13**	**6.42**	**2.93**	**0.85**	**2.02**	**0.20**	**0.60**
北 京	Beijing	0.03	6.85	3.53	1.34	2.20	0.16	0.52
天 津	Tianjin	0.06	6.16	3.43	1.20	2.22	0.22	0.44
河 北	Hebei	0.11	6.49	3.36	0.89	2.47	0.29	0.79
山 西	Shanxi	0.45	6.03	3.23	0.84	2.39	0.24	0.36
内蒙古	Inner Mongolia	0.17	6.45	2.95	1.09	1.86	0.33	0.52
辽 宁	Liaoning	0.07	4.93	1.82	0.64	1.18	0.25	0.68
吉 林	Jilin	0.12	4.98	1.96	0.45	1.26	0.30	0.72
黑龙江	Heilongjiang	0.09	5.69	2.37	0.55	1.71	0.16	0.53
上 海	Shanghai	0.25	6.50	3.26	1.27	1.99	0.27	0.58
江 苏	Jiangsu	0.13	7.02	3.32	0.92	2.40	0.12	0.60
浙 江	Zhejiang	0.07	4.97	2.34	0.67	1.67	0.14	0.52
安 徽	Anhui	0.09	5.76	2.36	0.42	1.60	0.29	0.66
福 建	Fujian	0.13	6.39	3.09	0.86	2.24	0.12	0.45
江 西	Jiangxi	0.10	7.82	3.34	0.60	2.41	0.15	0.62
山 东	Shandong	0.10	7.37	3.90	1.30	2.60	0.32	0.56
河 南	Henan	0.22	7.16	3.56	0.97	2.58	0.24	0.80
湖 北	Hubei	0.16	7.38	3.45	0.64	2.50	0.16	0.56
湖 南	Hunan	0.10	7.37	3.16	0.62	2.55	0.14	0.70
广 东	Guangdong	0.09	6.24	2.29	0.72	1.51	0.13	0.51
广 西	Guangxi	0.10	7.29	3.93	1.62	2.30	0.11	0.56
海 南	Hainan	0.13	5.81	2.33	0.55	1.37	0.14	0.31
重 庆	Chongqing	0.23	8.59	3.98	0.94	2.99	0.21	1.38
四 川	Sichuan	0.24	6.25	2.57	0.68	1.71	0.20	0.54
贵 州	Guizhou	0.16	6.51	2.35	0.37	1.97	0.12	0.59
云 南	Yunnan	0.11	3.85	1.91	0.85	1.05	0.09	0.36
西 藏	Tibet	0.14	3.95	1.03	0.16	0.87	0.21	0.83
陕 西	Shaanxi	0.17	6.38	2.98	0.59	2.13	0.14	0.56
甘 肃	Gansu	0.16	6.29	2.80	1.09	1.71	0.24	0.56
青 海	Qinghai	0.21	5.75	2.52	0.74	1.74	0.24	0.56
宁 夏	Ningxia	0.09	6.20	3.20	1.24	1.94	0.38	0.44
新 疆	Xinjiang	0.14	5.92	2.18	0.74	1.44	0.33	0.48

单位：% unit:%

地区	Region	(四)家庭日用杂品 Household Articles for Daily Use	(五)家具材料 Furniture Materials	(六)家庭服务 Household Services	1.家政服务 Housekeeping Services	2.加工维修服务费 Manufacturing Upkeep	五、医疗保健 Health Care and Medical Services	(一)医疗器具 Medical Appliances
全 国	**National Average**	**2.16**	**0.09**	**0.45**	**0.30**	**0.14**	**6.98**	**0.06**
北 京	Beijing	2.12	0.03	0.48	0.33	0.15	7.77	0.07
天 津	Tianjin	1.70	0.02	0.35	0.21	0.13	8.60	0.10
河 北	Hebei	1.63	0.12	0.29	0.16	0.13	10.04	0.12
山 西	Shanxi	1.59	0.17	0.44	0.24	0.20	8.44	0.08
内蒙古	Inner Mongolia	2.07	0.28	0.30	0.18	0.12	8.03	0.08
辽 宁	Liaoning	1.69	0.08	0.41	0.35	0.06	8.26	0.08
吉 林	Jilin	1.55	0.17	0.28	0.18	0.06	10.27	0.09
黑龙江	Heilongjiang	2.35	0.08	0.20	0.12	0.07	10.16	0.06
上 海	Shanghai	1.73	0.04	0.64	0.48	0.16	4.77	0.23
江 苏	Jiangsu	2.33	0.05	0.61	0.41	0.20	6.15	0.03
浙 江	Zhejiang	1.38	0.07	0.52	0.40	0.12	5.90	0.04
安 徽	Anhui	1.99	0.12	0.35	0.17	0.14	7.00	0.10
福 建	Fujian	2.05	0.04	0.63	0.50	0.14	4.40	0.02
江 西	Jiangxi	3.18	0.21	0.33	0.10	0.20	5.65	0.05
山 东	Shandong	2.17	0.13	0.28	0.15	0.13	7.37	0.08
河 南	Henan	2.22	0.07	0.27	0.12	0.15	9.15	0.06
湖 北	Hubei	2.81	0.14	0.26	0.13	0.11	6.75	0.03
湖 南	Hunan	2.71	0.15	0.51	0.28	0.22	7.25	0.05
广 东	Guangdong	2.43	0.08	0.80	0.65	0.15	5.49	0.04
广 西	Guangxi	2.20	0.11	0.38	0.16	0.22	5.20	0.02
海 南	Hainan	2.66	0.08	0.29	0.13	0.13	5.99	0.01
重 庆	Chongqing	2.45	0.17	0.39	0.26	0.12	8.09	0.04
四 川	Sichuan	2.53	0.09	0.34	0.20	0.13	5.97	0.05
贵 州	Guizhou	3.04	0.03	0.39	0.19	0.20	5.92	0.03
云 南	Yunnan	1.35	0.00	0.14	0.08	0.06	6.95	0.05
西 藏	Tibet	1.66	0.09	0.14	0.07	0.07	3.90	0.08
陕 西	Shaanxi	2.34	0.06	0.29	0.14	0.14	8.06	0.06
甘 肃	Gansu	2.44	0.07	0.18	0.05	0.13	8.40	0.04
青 海	Qinghai	2.17	0.10	0.16	0.04	0.11	7.98	0.17
宁 夏	Ningxia	1.88	0.02	0.29	0.14	0.15	8.97	0.14
新 疆	Xinjiang	2.54	0.09	0.31	0.18	0.13	7.33	0.04

单位：% unit:%

地 区	Region	(二)保健器具 Health Care Appliances	(三)药品费 Medicine	(四)滋补保健品 Health Products	(五)医疗费 Health Care Services	(六)其他 Other	六、交通和通讯 Transport and Communications	(一)交通 Transport
全 国	**National Average**	**0.15**	**3.40**	**0.95**	**2.30**	**0.12**	**13.72**	**8.49**
北 京	Beijing	0.37	3.95	1.04	2.26	0.07	15.47	10.53
天 津	Tianjin	0.16	4.48	0.56	3.24	0.06	13.30	8.21
河 北	Hebei	0.26	5.00	1.24	3.13	0.29	11.89	6.58
山 西	Shanxi	0.13	4.42	0.50	3.16	0.15	11.71	5.63
内蒙古	Inner Mongolia	0.14	3.41	0.61	3.47	0.33	12.59	8.26
辽 宁	Liaoning	0.19	3.59	1.37	2.87	0.16	12.12	7.40
吉 林	Jilin	0.15	4.85	1.40	3.58	0.21	11.96	7.59
黑龙江	Heilongjiang	0.13	5.45	0.73	3.69	0.11	9.58	4.95
上 海	Shanghai	0.17	1.91	1.07	1.35	0.04	16.67	11.56
江 苏	Jiangsu	0.11	2.74	1.22	1.94	0.10	13.09	8.92
浙 江	Zhejiang	0.09	2.77	1.55	1.38	0.08	19.72	14.14
安 徽	Anhui	0.10	2.94	1.08	2.51	0.26	9.90	4.81
福 建	Fujian	0.05	1.81	0.67	1.78	0.07	14.82	8.20
江 西	Jiangxi	0.04	3.07	0.51	1.82	0.16	11.76	6.95
山 东	Shandong	0.19	3.18	1.12	2.62	0.18	14.32	9.92
河 南	Henan	0.22	4.98	0.71	3.12	0.07	10.81	5.23
湖 北	Hubei	0.11	3.22	0.47	2.78	0.14	9.26	4.56
湖 南	Hunan	0.04	4.17	0.86	2.08	0.05	11.39	6.48
广 东	Guangdong	0.17	2.63	1.07	1.47	0.11	17.68	11.52
广 西	Guangxi	0.19	2.53	0.57	1.80	0.08	15.44	9.61
海 南	Hainan	0.02	2.81	0.37	2.74	0.05	15.35	10.29
重 庆	Chongqing	0.12	4.35	0.69	2.75	0.15	9.79	4.88
四 川	Sichuan	0.07	3.31	0.55	1.88	0.11	13.04	6.93
贵 州	Guizhou	0.09	3.15	0.32	2.23	0.11	10.87	4.82
云 南	Yunnan	0.10	3.32	0.72	2.58	0.19	15.56	10.08
西 藏	Tibet	0.03	2.16	0.69	0.91	0.04	11.76	4.86
陕 西	Shaanxi	0.19	4.56	0.45	2.76	0.04	10.01	4.83
甘 肃	Gansu	0.12	4.67	0.54	2.91	0.12	10.06	4.95
青 海	Qinghai	0.07	3.46	0.42	3.71	0.15	11.11	6.33
宁 夏	Ningxia	0.07	5.89	0.50	2.31	0.06	13.26	8.61
新 疆	Xinjiang	0.06	3.10	0.70	3.36	0.07	12.85	7.97

1-4-6 续表 10 Continued 10

单位：% unit:%

地 区	Region	1.家庭交通工具 Transportation Facility	2.车辆用燃料及零配件 Fuels and Parts	3.交通工具服务支出 Using and Upkeep Fare	4.交通费 Traffic Fare	(二)通信 Communication	1.通信工具 Communication Facility	2.通信服务 Communication Service
全 国	**National Average**	**4.06**	**1.65**	**0.73**	**2.05**	**5.23**	**0.75**	**4.48**
北 京	Beijing	4.63	2.84	1.02	2.05	4.93	1.06	3.88
天 津	Tianjin	4.38	1.13	0.98	1.72	5.09	0.72	4.37
河 北	Hebei	3.78	1.09	0.33	1.38	5.32	0.81	4.51
山 西	Shanxi	3.03	0.85	0.42	1.33	6.09	0.59	5.50
内蒙古	Inner Mongolia	4.43	0.96	0.83	2.04	4.33	0.98	3.35
辽 宁	Liaoning	3.03	1.38	0.22	2.77	4.72	0.57	4.15
吉 林	Jilin	3.61	0.74	0.37	2.87	4.38	0.72	3.66
黑龙江	Heilongjiang	1.12	0.71	0.27	2.85	4.63	0.83	3.81
上 海	Shanghai	4.78	1.61	1.56	3.61	5.11	0.88	4.23
江 苏	Jiangsu	5.23	1.44	0.77	1.48	4.18	0.79	3.39
浙 江	Zhejiang	8.59	3.24	0.91	1.41	5.58	0.62	4.96
安 徽	Anhui	1.71	0.79	0.36	1.95	5.09	1.01	4.09
福 建	Fujian	3.97	2.26	0.58	1.39	6.62	0.74	5.88
江 西	Jiangxi	3.86	0.84	0.47	1.77	4.81	0.72	4.09
山 东	Shandong	5.89	1.81	0.73	1.50	4.39	0.81	3.58
河 南	Henan	2.91	0.67	0.27	1.38	5.58	0.80	4.78
湖 北	Hubei	1.14	0.85	0.27	2.29	4.71	0.67	4.04
湖 南	Hunan	2.57	0.90	0.52	2.49	4.92	0.73	4.19
广 东	Guangdong	4.69	3.11	1.55	2.17	6.16	0.64	5.52
广 西	Guangxi	5.37	1.63	0.93	1.68	5.84	0.69	5.14
海 南	Hainan	4.34	2.48	0.66	2.81	5.06	0.58	4.49
重 庆	Chongqing	1.20	0.59	0.41	2.68	4.91	0.90	4.01
四 川	Sichuan	3.09	1.11	0.55	2.18	6.12	0.63	5.48
贵 州	Guizhou	0.90	0.76	0.32	2.84	6.04	0.91	5.13
云 南	Yunnan	5.93	2.32	0.67	1.16	5.47	0.58	4.89
西 藏	Tibet	0.86	1.15	0.26	2.58	6.91	0.24	6.66
陕 西	Shaanxi	1.15	0.78	0.50	2.41	5.17	0.99	4.19
甘 肃	Gansu	1.33	0.43	0.26	2.94	5.11	0.75	4.36
青 海	Qinghai	1.44	0.52	0.22	4.14	4.78	0.97	3.82
宁 夏	Ningxia	4.18	0.78	0.52	3.12	4.65	1.12	3.54
新 疆	Xinjiang	3.53	0.70	0.36	3.38	4.88	0.78	4.09

1-4-6 续表 11 Continued 11

单位：% unit:%

地 区	Region	七、教育文化娱乐服务 Recreation, Education and Culture	(一)文化娱乐用品 Cultural and Recreational Articles	(二)文化娱乐服务 Expenditure of Culture and Recreation	1.参观游览 Touring and Outgoing	2.健身活动 Body Moves	3.团体旅游 Team Travel	4.其它文娱活动 Other Entertainment
全 国	**National Average**	**12.01**	**3.11**	**3.63**	**0.42**	**0.13**	**2.09**	**0.92**
北 京	Beijing	14.84	4.59	5.08	0.59	0.41	3.15	0.88
天 津	Tianjin	11.76	3.76	3.16	0.29	0.09	1.57	1.14
河 北	Hebei	10.15	3.82	2.60	0.45	0.09	1.57	0.44
山 西	Shanxi	11.44	2.71	2.87	0.44	0.03	1.72	0.63
内蒙古	Inner Mongolia	12.16	3.33	3.74	0.54	0.03	1.94	1.18
辽 宁	Liaoning	10.42	2.54	1.91	0.30	0.26	1.02	0.32
吉 林	Jilin	9.42	1.82	1.54	0.22	0.14	0.42	0.71
黑龙江	Heilongjiang	9.94	2.38	2.11	0.55	0.08	0.53	0.90
上 海	Shanghai	14.95	4.56	4.72	0.25	0.24	2.99	1.12
江 苏	Jiangsu	14.96	3.93	4.62	0.62	0.13	2.73	1.09
浙 江	Zhejiang	13.76	2.82	3.86	0.33	0.08	2.81	0.59
安 徽	Anhui	11.97	2.77	2.97	0.23	0.20	1.75	0.67
福 建	Fujian	11.19	3.05	3.70	0.17	0.10	2.78	0.60
江 西	Jiangxi	10.95	2.54	4.06	0.59	0.05	1.50	1.55
山 东	Shandong	11.10	3.77	2.56	0.48	0.14	1.27	0.58
河 南	Henan	10.96	2.98	2.99	0.30	0.06	1.82	0.78
湖 北	Hubei	11.74	2.62	3.02	0.34	0.13	1.27	1.08
湖 南	Hunan	11.15	2.36	3.47	0.44	0.08	1.55	1.35
广 东	Guangdong	12.87	2.80	5.45	0.49	0.15	3.59	1.16
广 西	Guangxi	10.73	3.30	3.54	0.29	0.05	2.26	0.88
海 南	Hainan	9.54	2.56	2.44	0.17	0.02	0.76	1.32
重 庆	Chongqing	11.13	3.06	3.64	0.58	0.08	2.04	0.82
四 川	Sichuan	10.60	2.45	3.31	0.26	0.04	1.49	1.42
贵 州	Guizhou	12.67	3.42	4.44	0.45	0.10	2.47	1.31
云 南	Yunnan	7.83	2.09	3.00	0.59	0.04	1.65	0.65
西 藏	Tibet	5.16	1.68	1.26	0.03	0.29	0.00	0.93
陕 西	Shaanxi	13.36	3.23	3.78	0.60	0.11	1.56	1.33
甘 肃	Gansu	11.53	3.45	3.29	0.92	0.07	1.12	1.06
青 海	Qinghai	10.12	3.16	2.78	0.47	0.06	0.90	1.27
宁 夏	Ningxia	10.47	3.42	2.78	0.53	0.03	0.79	1.34
新 疆	Xinjiang	9.17	2.74	2.10	0.40	0.06	0.98	0.64

1-4-6 续表 12 Continued 12

单位：% unit:%

地 区	Region	5.文娱用品修理服务费 Fixing Service Fees for Recreation Expense	(三)教育 Education	1.教材 Teaching Material	2.教育费用 Tuition	八、其它商品和服务 Miscellaneous Goods and Services	(一)其它商品 Miscella-neous Goods	(二)服务 Services
全 国	**National Average**	**0.07**	**5.27**	**0.52**	**4.74**	**3.87**	**2.52**	**1.35**
北 京	Beijing	0.06	5.17	0.38	4.79	4.66	3.18	1.48
天 津	Tianjin	0.08	4.85	0.73	4.12	4.28	3.08	1.20
河 北	Hebei	0.06	3.73	0.34	3.39	3.74	2.35	1.39
山 西	Shanxi	0.07	5.86	0.61	5.25	3.01	1.52	1.49
内蒙古	Inner Mongolia	0.05	5.09	0.20	4.89	5.19	3.57	1.62
辽 宁	Liaoning	0.01	5.96	0.46	5.49	4.94	2.43	2.51
吉 林	Jilin	0.04	6.06	1.71	4.35	4.26	1.89	2.37
黑龙江	Heilongjiang	0.05	5.44	0.74	4.70	4.11	2.50	1.60
上 海	Shanghai	0.12	5.67	0.33	5.34	5.41	3.95	1.46
江 苏	Jiangsu	0.05	6.42	0.19	6.22	3.88	2.53	1.35
浙 江	Zhejiang	0.04	7.08	0.29	6.79	3.47	2.35	1.12
安 徽	Anhui	0.07	6.23	1.09	5.15	3.30	1.99	1.31
福 建	Fujian	0.04	4.44	0.27	4.17	4.45	2.60	1.85
江 西	Jiangxi	0.35	4.35	0.71	3.65	3.55	2.45	1.10
山 东	Shandong	0.08	4.77	0.31	4.46	3.39	2.49	0.89
河 南	Henan	0.04	4.99	0.38	4.61	3.94	2.47	1.47
湖 北	Hubei	0.18	6.10	1.37	4.73	2.99	2.12	0.87
湖 南	Hunan	0.04	5.33	0.14	5.19	3.77	2.46	1.31
广 东	Guangdong	0.06	4.62	0.60	4.01	3.72	2.64	1.08
广 西	Guangxi	0.06	3.90	0.23	3.67	3.32	2.41	0.91
海 南	Hainan	0.13	4.55	0.47	4.07	2.94	1.85	1.09
重 庆	Chongqing	0.05	4.44	0.39	4.05	3.10	2.31	0.80
四 川	Sichuan	0.08	4.83	0.90	3.93	3.89	1.94	1.95
贵 州	Guizhou	0.11	4.81	0.27	4.55	3.08	2.13	0.95
云 南	Yunnan	0.08	2.73	0.16	2.58	2.03	1.38	0.65
西 藏	Tibet	0.01	2.22	0.33	1.90	4.86	2.42	2.44
陕 西	Shaanxi	0.14	6.35	0.88	5.47	4.11	2.78	1.33
甘 肃	Gansu	0.11	4.80	0.35	4.45	3.77	2.73	1.03
青 海	Qinghai	0.09	4.18	0.69	3.49	3.78	2.68	1.10
宁 夏	Ningxia	0.08	4.26	0.91	3.35	4.48	3.33	1.16
新 疆	Xinjiang	0.03	4.33	0.44	3.90	4.68	3.62	1.06

1-5 大中城市居民家庭基本情况(2009年)

Basic Condition of Urban Households of Major Cities (2009)

城 市	City	调查户数 (户) Number of Households Surveyed (number)	平均每户家庭人口 (人) Average Household Size (person)	平均每户就业人口 (人) Average Number of Employed Persons Per Household (person)	平均每户就业面 (%) Proportion of Employment Per Household (%)	平均每一就业者负担人数* (人) Number of Dependents per Employee (person)	平均每人全部年收入 (元) Per Capita Annual Income (yuan)
北 京	Beijing	3165	2.81	1.63	58.01	1.72	32392.53
天 津	Tianjin	1500	2.88	1.50	52.08	1.92	23565.67
石家庄	Shijiazhuang	300	2.63	1.22	46.39	2.16	17833.42
太 原	Taiyuan	300	2.72	1.19	43.75	2.29	16911.21
呼和浩特	Hohhot	400	2.65	1.34	50.57	1.98	23825.42
沈 阳	Shenyang	500	2.81	1.53	54.45	1.84	21277.11
大 连	Dalian	500	2.86	1.59	55.59	1.80	22328.45
长 春	Changchun	300	2.93	1.58	53.92	1.85	17524.71
哈尔滨	Harbin	500	2.71	1.33	49.08	2.04	17448.69
上 海	Shanghai	999	2.93	1.60	54.61	1.83	32402.97
南 京	Nanjing	800	2.68	1.30	48.51	2.06	28278.32
杭 州	Hangzhou	600	2.68	1.25	46.64	2.14	30337.78
宁 波	Ningbo	600	2.62	1.37	52.29	1.91	31018.65
合 肥	Hefei	400	2.85	1.60	56.14	1.78	18924.87
福 州	Fuzhou	300	3.13	1.67	53.35	1.87	22976.6
厦 门	Xiamen	300	3.07	1.73	56.35	1.77	29751.19
南 昌	Nanchang	300	2.81	1.62	57.65	1.73	17701.69
济 南	Jinan	600	2.77	1.49	53.79	1.86	24752.66
青 岛	Qingdao	400	2.84	1.64	57.75	1.73	24416.74
郑 州	Zhengzhou	400	2.89	1.33	46.02	2.17	18813.04
武 汉	Wuhan	500	2.92	1.40	47.95	2.09	20541.57
长 沙	Changsha	400	2.94	1.40	47.62	2.10	21244.56
广 州	Guangzhou	300	3.17	1.73	54.57	1.83	32681
深 圳	Shenzhen	600	3.24	1.66	51.23	1.95	31932.24
南 宁	Nanning	200	3.01	1.71	56.81	1.76	19181.21
海 口	Haikou	300	3.16	1.36	43.04	2.32	16511.48
重 庆	Chongqing	950	2.93	1.59	54.27	1.84	18729.26
成 都	Chengdu	400	2.74	1.43	52.19	1.92	20410.71
贵 阳	Guiyang	300	2.96	1.54	52.03	1.92	16536.33
昆 明	Kunming	800	2.87	1.24	43.21	2.31	16948.89
拉 萨	Lhasa	200	3.23	1.50	46.44	2.15	17276.21
西 安	Xi'an	350	2.93	1.49	50.85	1.97	17751.78
兰 州	Lanzhou	300	2.65	1.33	50.19	1.99	13683.62
西 宁	Xining	299	2.94	1.22	41.50	2.41	14123.27
银 川	Yinchuan	300	2.73	1.21	44.32	2.26	17330.32
乌鲁木齐	Urumqi	400	2.82	1.60	56.74	1.76	14670.44

*平均每一就业者负担人数包括就业者本人。

Number of dependents per employee including the employee himself or herself.

1-5 续表 1 Continued 1

城　市	City	工薪收入 (元) Income of Wages and Salaries (yuan)	经营净收入 (元) Net Business Income (yuan)	财产性收入 (元) Income from Property (yuan)	转移性收入 (元) Income from Transfer (yuan)	可支配收 入 Disposable Income	平均每人消费性支出 (元) Per Capita Annual Consumption Expenditures (yuan)
北　京	Beijing	22449.49	1004.65	596.03	8342.37	28165.2	19076
天　津	Tianjin	14389.1	847.23	305.31	8024.04	21402.01	14801.35
石家庄	Shijiazhuang	9574.12	1188.98	41.09	7029.22	16606.85	10077.81
太　原	Taiyuan	9726.11	784.48	185.40	6215.22	15606.90	11708.37
呼和浩特	Hohhot	13411.76	2280.64	1048.23	7084.79	22294.74	14729.31
沈　阳	Shenyang	12176.18	2294.43	170.54	6635.96	18474.61	16110.85
大　连	Dalian	14611.80	1487.15	542.02	5687.48	19014.37	15329.83
长　春	Changchun	11158.01	1754.57	170.38	4441.76	16072.14	13409.28
哈尔滨	Harbin	10105.01	1667.53	234.39	5441.76	15886.96	12358.12
上　海	Shanghai	23172.36	1434.88	473.40	7322.32	28837.78	20992.35
南　京	Nanjing	17991.33	1060.38	229.94	8996.68	25504.12	16339.10
杭　州	Hangzhou	18769.76	1596.66	2147.08	7824.28	26863.93	18594.75
宁　波	Ningbo	19607.26	2916.73	1851.91	6642.75	27368.34	18202.69
合　肥	Hefei	12368.97	2029.09	314.72	4212.09	17158.47	12694.82
福　州	Fuzhou	15098.67	1168.86	951.34	5757.74	20747.77	14574.68
厦　门	Xiamen	20637.08	2181.33	1514.78	5418.00	26130.58	17989.97
南　昌	Nanchang	12127.42	1137.32	146.24	4290.71	16472.40	12406.44
济　南	Jinan	18026.66	1373.22	138.56	5214.21	22721.65	14764.26
青　岛	Qingdao	16120.56	1760.92	797.45	5737.81	22367.88	16079.91
郑　州	Zhengzhou	11336.27	1418.82	119.39	5938.56	17416.83	10223.78
武　汉	Wuhan	12783.11	1595.25	257.51	5905.70	18389.13	12710.29
长　沙	Changsha	11613.75	2793.77	575.48	6261.57	20004.05	14166.74
广　州	Guangzhou	23860.55	2066.61	540.03	6213.82	27609.59	22820.88
深　圳	Shenzhen	22644.73	4658.51	1274.71	3354.29	29244.53	21526.10
南　宁	Nanning	14244.72	924.05	425.25	3587.18	16530.58	11120.05
海　口	Haikou	10121.31	1881.92	598.02	3910.23	15236.66	11673.61
重　庆	Chongqing	13214.37	926.83	235.14	4352.92	17191.10	13507.30
成　都	Chengdu	12080.14	1787.67	628.92	5913.97	18659.40	14087.79
贵　阳	Guiyang	11034.55	1662.33	50.08	3789.38	15040.66	11518.81
昆　明	Kunming	8752.64	1077.48	2486.55	4632.22	15674.05	11586.53
拉　萨	Lhasa	16182.22	91.18	249.07	753.74	15113.84	11082.84
西　安	Xi'an	12051.09	669.66	254.22	4776.81	16559.78	12734.25
兰　州	Lanzhou	8992.01	486.42	44.56	4160.63	12760.66	9653.36
西　宁	Xining	8226.32	930.00	44.89	4922.06	12911.03	8716.59
银　川	Yinchuan	9757.52	2372.59	190.98	5009.24	15715.44	12271.76
乌鲁木齐	Urumqi	11027.70	1071.80	110.13	2460.81	13074.54	9045.14

城 市	City	食 品 Food	衣 着 Clothing	居 住 Housing	家庭设备用品及服务 Household Appliances and Service	医疗保健 Health Care and Medical Services	交通通信 Transport and Communications
北 京	Beijing	6323.09	1910.89	1300.64	1311.2	1408.65	2955.23
天 津	Tianjin	5404.53	1362.56	1505.70	911.92	1273.38	1968.37
石家庄	Shijiazhuang	3533.65	1117.37	1311.69	654.51	1179.65	852.74
太 原	Taiyuan	3764.23	1312.67	1390.46	572.35	1276.93	1497.14
呼和浩特	Hohhot	4388.34	1755.53	1495.42	1177.70	1418.97	1969.26
沈 阳	Shenyang	5744.80	1804.04	1523.83	840.22	1358.43	2066.68
大 连	Dalian	5820.77	1496.63	1433.63	710.16	1182.73	2477.23
长 春	Changchun	4323.82	1540.68	1537.15	569.95	1574.68	1551.15
哈尔滨	Harbin	4224.09	1835.46	1131.21	894.76	1124.48	1219.82
上 海	Shanghai	7344.83	1593.08	1913.22	1365.39	1002.14	3498.65
南 京	Nanjing	5997.23	1363.54	1070.92	1207.44	1372.92	2158.34
杭 州	Hangzhou	6972.89	1818.07	2046.72	1096.70	961.47	3008.68
宁 波	Ningbo	6449.54	1839.19	1621.38	983.07	856.82	3093.53
合 肥	Hefei	4712.82	1261.57	1682.75	820.40	581.75	1491.48
福 州	Fuzhou	5888.50	1290.73	1243.44	917.70	690.09	2180.28
厦 门	Xiamen	6878.91	1465.31	1941.71	1127.93	686.33	3037.21
南 昌	Nanchang	4381.73	1420.72	1062.78	1167.23	930.27	1505.50
济 南	Jinan	4836.78	1484.78	1496.68	1086.71	1247.45	2435.85
青 岛	Qingdao	6188.88	2062.68	1433.75	1174.18	998.25	1998.10
郑 州	Zhengzhou	3662.68	1528.54	981.72	705.78	713.61	1133.27
武 汉	Wuhan	5109.70	1419.89	1150.17	1052.36	889.02	1283.41
长 沙	Changsha	5096.47	1293.57	1382.07	1066.51	1012.67	2260.01
广 州	Guangzhou	7571.43	1521.02	2122.78	1624.78	1387.74	3329.77
深 圳	Shenzhen	7535.26	1617.53	2373.81	1241.46	1043.83	4288.42
南 宁	Nanning	4316.86	792.58	993.20	908.58	565.24	1814.96
海 口	Haikou	4893.71	647.52	1245.08	646.65	690.80	2048.92
重 庆	Chongqing	5020.22	1690.57	1179.64	1101.43	81.22	366.52
成 都	Chengdu	5279.38	1303.29	1047.13	804.58	939.90	2295.56
贵 阳	Guiyang	4717.55	1225.64	752.67	696.39	667.62	1344.27
昆 明	Kunming	4966.10	1332.73	1018.86	418.17	946.88	1672.61
拉 萨	Lhasa	5227.65	1504.28	680.25	594.53	456.63	1387.15
西 安	Xi'an	4728.47	1277.00	1274.01	710.81	1029.23	1316.30
兰 州	Lanzhou	3696.28	1181.67	857.10	644.39	868.24	837.57
西 宁	Xining	3688.78	925.41	800.31	488.85	776.07	918.83
银 川	Yinchuan	4026.70	1406.13	1267.44	771.33	1092.74	1742.74
乌鲁木齐	Urumqi	3487.80	1124.03	648.48	535.19	617.53	1153.61

城市	City	教育文化娱乐服务(元) Education, Cultural and Recreation Services (yuan)	其它商品与服务(元) Miscellaneous Goods and Services (yuan)	平均每人消费性支出构成(人均消费性支出=100) Composition of Per Capita Annual Consumption Expenditures (%)	食品 Food	衣着 Clothing	居住 Housing
北京	Beijing	2954.95	911.35	100.00	33.15	10.02	6.82
天津	Tianjin	1740.85	634.05	100.00	36.51	9.21	10.17
石家庄	Shijiazhuang	973.33	454.88	100.00	35.06	11.09	13.02
太原	Taiyuan	1548.64	345.94	100.00	32.15	11.21	11.88
呼和浩特	Hohhot	1900.97	623.11	100.00	29.79	11.92	10.15
沈阳	Shenyang	1950.25	822.60	100.00	35.66	11.20	9.46
大连	Dalian	1476.95	731.72	100.00	37.97	9.76	9.35
长春	Changchun	1635.29	676.57	100.00	32.24	11.49	11.46
哈尔滨	Harbin	1431.19	497.11	100.00	34.18	14.85	9.15
上海	Shanghai	3138.98	1136.06	100.00	34.99	7.59	9.11
南京	Nanjing	2589.57	579.14	100.00	36.70	8.35	6.55
杭州	Hangzhou	1956.94	733.28	100.00	37.50	9.78	11.01
宁波	Ningbo	2747.23	611.93	100.00	35.43	10.10	8.91
合肥	Hefei	1741.16	402.90	100.00	37.12	9.94	13.26
福州	Fuzhou	1673.98	689.95	100.00	40.40	8.86	8.53
厦门	Xiamen	2040.11	812.46	100.00	38.24	8.15	10.79
南昌	Nanchang	1362.00	576.20	100.00	35.32	11.45	8.57
济南	Jinan	1733.61	442.42	100.00	32.76	10.06	10.14
青岛	Qingdao	1623.41	600.66	100.00	38.49	12.83	8.92
郑州	Zhengzhou	1166.34	331.83	100.00	35.83	14.95	9.60
武汉	Wuhan	1406.89	398.84	100.00	40.20	11.17	9.05
长沙	Changsha	1700.42	355.02	100.00	35.97	9.13	9.76
广州	Guangzhou	4136.58	1126.79	100.00	33.18	6.67	9.30
深圳	Shenzhen	2661.77	764.02	100.00	35.01	7.51	11.03
南宁	Nanning	1362.49	366.14	100.00	38.82	7.13	8.93
海口	Haikou	1147.03	353.90	100.00	41.92	5.55	10.67
重庆	Chongqing	620.20	47.50	100.00	37.17	12.52	8.73
成都	Chengdu	1904.25	513.69	100.00	37.47	9.25	7.43
贵阳	Guiyang	1684.51	430.16	100.00	40.96	10.64	6.53
昆明	Kunming	944.78	286.40	100.00	42.86	11.50	8.79
拉萨	Lhasa	633.27	599.08	100.00	47.17	13.57	6.14
西安	Xi'an	1876.10	522.34	100.00	37.13	10.03	10.00
兰州	Lanzhou	1188.98	379.12	100.00	38.29	12.24	8.88
西宁	Xining	804.19	314.16	100.00	42.32	10.62	9.18
银川	Yinchuan	1416.75	547.94	100.00	32.81	11.46	10.33
乌鲁木齐	Urumqi	1033.11	445.38	100.00	38.56	12.43	7.17

城市	City	家庭设备用品及服务 Household Appliances and Service	医疗保健 Health Care and Medical Services	交通通信 Transport and Communications	教育文化娱乐服务 Education, Cultural and Recreation Services	其它商品与服务 Miscellaneous Goods and Services
北京	Beijing	6.87	7.38	15.49	15.49	4.78
天津	Tianjin	6.16	8.60	13.30	11.76	4.28
石家庄	Shijiazhuang	6.49	11.71	8.46	9.66	4.51
太原	Taiyuan	4.89	10.91	12.79	13.23	2.95
呼和浩特	Hohhot	8.00	9.63	13.37	12.91	4.23
沈阳	Shenyang	5.22	8.43	12.83	12.11	5.11
大连	Dalian	4.63	7.72	16.16	9.63	4.77
长春	Changchun	4.25	11.74	11.57	12.20	5.05
哈尔滨	Harbin	7.24	9.10	9.87	11.58	4.02
上海	Shanghai	6.50	4.77	16.67	14.95	5.41
南京	Nanjing	7.39	8.40	13.21	15.85	3.54
杭州	Hangzhou	5.90	5.17	16.18	10.52	3.94
宁波	Ningbo	5.40	4.71	16.99	15.09	3.36
合肥	Hefei	6.46	4.58	11.75	13.72	3.17
福州	Fuzhou	6.30	4.73	14.96	11.49	4.73
厦门	Xiamen	6.27	3.82	16.88	11.34	4.52
南昌	Nanchang	9.41	7.50	12.13	10.98	4.64
济南	Jinan	7.36	8.45	16.50	11.74	3.00
青岛	Qingdao	7.30	6.21	12.43	10.10	3.74
郑州	Zhengzhou	6.90	6.98	11.08	11.41	3.25
武汉	Wuhan	8.28	6.99	10.10	11.07	3.14
长沙	Changsha	7.53	7.15	15.95	12.00	2.51
广州	Guangzhou	7.12	6.08	14.59	18.13	4.94
深圳	Shenzhen	5.77	4.85	19.92	12.37	3.55
南宁	Nanning	8.17	5.08	16.32	12.25	3.29
海口	Haikou	5.54	5.92	17.55	9.83	3.03
重庆	Chongqing	8.15	8.00	10.12	11.99	3.31
成都	Chengdu	5.71	6.67	16.29	13.52	3.65
贵阳	Guiyang	6.05	5.80	11.67	14.62	3.73
昆明	Kunming	3.61	8.17	14.44	8.15	2.47
拉萨	Lhasa	5.36	4.12	12.52	5.71	5.41
西安	Xi'an	5.58	8.08	10.34	14.73	4.10
兰州	Lanzhou	6.68	8.99	8.68	12.32	3.93
西宁	Xining	5.61	8.90	10.54	9.23	3.60
银川	Yinchuan	6.29	8.90	14.20	11.54	4.47
乌鲁木齐	Urumqi	5.92	6.83	12.75	11.42	4.92

城市资源与经济

Urban Resources and Economy

第2篇

2-1 城市人口资源分布(2009年)*

Distribution of Urban Population Resources(2009)*

城　市	City	年末总人口(万人) Total population (10000 persons) 全　市 Total Area of City	市辖区 Districts under City	年末总户数(万户) Total Household (year end) (10000 households) 全　市 Total Area of City	市辖区 Districts under City
城市合计	**Total**	**123376032.00**	**38149.31**	**38451.97**	**12490.34**
北　京	Beijing	1245.83	1174.63	488.75	455.33
天　津	Tianjin	979.84	802.90	341.90	284.65
石家庄	Shijiazhuang	977.41	242.78	271.24	61.88
唐　山	Tangshan	733.90	307.00	227.26	96.42
秦皇岛	Qinhuangdao	287.24	82.63	99.18	29.03
邯　郸	Handan	942.77	147.40	250.60	41.97
邢　台	Xingtai	718.63	61.48	210.58	19.94
保　定	Baoding	1155.28	106.25	332.69	31.08
张家口	Zhanjiakou	462.31	89.65	169.82	32.40
承　德	Chengde	371.91	54.51	124.94	20.01
沧　州	Cangzhou	717.50	53.29	218.74	15.70
廊　坊	Langfang	413.33	81.03	117.33	21.09
衡　水	Hengshui	436.27	31.10	131.04	9.04
太　原	Taiyuan	365.12	285.16	103.50	75.61
大　同	Datong	315.60	154.69	116.21	54.99
阳　泉	Yangquan	130.27	68.76	48.19	23.60
长　治	Changzhi	329.63	69.80	104.32	20.40
晋　城	Jincheng	216.53	34.30	73.44	12.40
朔　州	Shuozhou	157.37	64.09	58.69	23.75
晋　中	Jinzhong	320.00	58.88	115.00	19.19
运　城	Yuncheng	503.62	65.89	149.90	20.55
忻　州	Xinzhou	306.91	52.86	116.94	20.81
临　汾	Linfen	437.04	83.30	147.06	37.30
吕　梁	Luliang	381.09	27.45	125.82	10.47
呼和浩特	Huhehaote	227.37	118.79	76.90	41.13
包　头	Baotou	219.59	141.48	76.19	47.55
乌　海	Wuhai	48.06	48.06	16.90	16.90
赤　峰	Chifeng	459.19	121.44	150.51	40.90
通　辽	Tongliao	318.86	76.30	101.99	25.30
鄂尔多斯	Erdos	149.48	25.31	58.27	8.21
呼伦贝尔	Hulunbeier	271.76	26.92	97.31	8.61
巴彦淖尔	Bayannaoer	173.30	53.60	57.80	17.90
乌兰察布	Wulanchabu	289.72	30.37	108.58	10.20
沈　阳	Shenyang	716.55	512.23	247.61	179.34
大　连	Dalian	584.80	302.01	205.55	109.97
鞍　山	Anshan	352.03	147.24	116.87	52.21
抚　顺	Fushun	222.61	139.05	82.20	53.66
本　溪	Benxi	155.46	95.54	56.44	35.83
丹　东	Dandong	242.64	78.93	82.22	29.27
锦　州	Jinzhou	310.19	93.38	103.33	33.63

*第二和第三篇资料为初步数。

Table 2 and 3 are preliminary data.

城　市	City	年末总人口(万人) Total population (10000 persons) 全 市 Total Area of City	市辖区 Districts under City	年末总户数(万户) Total Household (year end) (10000 households) 全 市 Total Area of City	市辖区 Districts under City
营　口	Yingkou	235.04	89.28	88.21	37.45
阜　新	Fuxin	192.27	77.59	64.49	28.64
辽　阳	Liaoyang	183.48	72.70	67.67	28.16
盘　锦	Panjin	130.01	60.62	46.66	21.94
铁　岭	Tieling	306.06	44.69	104.33	16.08
朝　阳	Chaoyang	342.60	59.80	111.63	19.40
葫 芦 岛	Huludao	282.27	99.18	96.11	36.49
长　春	Changchun	756.50	362.32	243.73	120.51
吉　林	Jinlin	437.42	185.07	148.40	63.38
四　平	Siping	339.12	60.95	113.90	24.75
辽　源	Liaoyuan	123.78	47.79	42.47	17.94
通　化	Tonghua	226.81	44.93	76.66	15.62
白　山	Baishan	129.72	59.33	53.88	25.56
松　原	Songyuan	288.33	55.26	91.16	22.31
白　城	Baicheng	203.17	50.89	79.04	20.60
哈 尔 滨	Harbin	991.60	474.70	339.70	168.20
齐齐哈尔	Qiqihaer	571.56	141.99	195.43	55.61
鸡　西	Jixi	190.71	88.11	74.09	43.50
鹤　岗	Hegang	109.41	67.87	48.05	32.55
双 鸭 山	Shuangyashan	150.81	50.18	58.07	20.94
大　庆	Daqing	280.17	132.53	98.57	47.53
伊　春	Yichun	127.31	81.03	50.37	32.42
佳 木 斯	Jiamusi	252.26	81.49	89.76	31.38
七 台 河	Qitaihe	92.77	55.32	32.56	20.09
牡 丹 江	Mudanjiang	270.57	79.91	97.36	29.16
黑　河	Heihe	174.21	19.21	64.78	7.30
绥　化	Suihua	580.15	89.91	188.28	29.48
上　海	Shanghai	1400.70	1331.68	509.79	480.37
南　京	Nanjing	629.77	545.97	205.64	177.22
无　锡	Wuxi	465.65	238.12	154.53	80.03
徐　州	Xuzhou	957.61	186.22	278.46	57.52
常　州	Changzhou	359.82	226.67	125.47	77.86
苏　州	Suzhou	633.29	240.21	210.69	79.15
南　通	Nantong	762.66	211.54	279.03	80.03
连 云 港	Lianyungang	490.64	88.69	138.86	27.29
淮　安	Huaian	534.16	274.52	159.00	84.36
盐　城	Yancheng	812.37	162.55	277.56	56.21
扬　州	Yangzhou	458.80	121.99	154.59	40.64
镇　江	Zhenjiang	269.88	103.45	100.52	39.55
泰　州	Taizhou	503.98	82.07	172.34	28.48
宿　迁	Suqian	540.60	159.52	146.37	43.06
杭　州	Hangzhou	683.38	429.44	215.28	126.92

城 市	City	年末总人口(万人) Total population (10000 persons) 全 市 Total Area of City	市辖区 Districts under City	年末总户数(万户) Total Household (year end) (10000 households) 全 市 Total Area of City	市辖区 Districts under City
宁 波	Ningbuo	571.02	221.83	222.46	88.81
温 州	Wenzhou	779.11	144.77	288.11	43.29
嘉 兴	Jiaxing	339.60	83.12	102.83	27.12
湖 州	Huzhou	259.17	108.56	85.00	34.49
绍 兴	Shaoxing	437.74	64.90	162.39	23.88
金 华	Jinhua	463.68	92.70	181.96	37.22
衢 州	Quzhou	249.86	82.18	85.17	29.17
舟 山	Zhoushan	96.77	69.66	36.69	25.54
台 州	Taizhou	578.47	153.77	193.34	50.17
丽 水	Lishui	257.39	38.46	90.95	15.88
合 肥	Hefei	491.43	208.58	152.93	64.02
芜 湖	Wuhu	230.10	104.92	78.38	36.69
蚌 埠	Bengbu	360.64	92.52	103.38	29.57
淮 南	Huainan	242.52	180.77	75.17	55.74
马鞍山	Maanshan	128.61	63.61	39.95	20.25
淮 北	Huaibei	217.74	109.02	64.58	34.60
铜 陵	Tongling	73.99	44.95	24.87	14.62
安 庆	Anqing	615.88	73.96	177.69	25.59
黄 山	Huangshan	148.60	46.66	49.97	14.57
滁 州	Chuzhou	450.25	53.24	139.83	18.73
阜 阳	Fuyang	1000.50	204.23	279.91	57.58
宿 州	Suzhou	635.19	183.90	172.06	53.00
巢 湖	Chaohu	458.60	88.64	144.27	31.21
六 安	Liuan	705.89	185.15	224.92	61.37
亳 州	Bozhou	596.93	159.52	167.53	48.34
池 州	Chizhou	159.88	65.81	53.63	22.66
宣 城	Xuancheng	277.77	85.76	91.46	28.08
福 州	Fuzhou	637.92	187.33	197.32	60.56
厦 门	Xiamen	177.00	177.00	56.04	56.04
莆 田	Putian	319.61	212.98	81.01	50.92
三 明	Sanming	271.06	28.36	76.88	9.14
泉 州	Quanhzou	680.85	102.94	183.33	28.37
漳 州	Zhangzhou	471.77	55.01	130.09	17.06
南 平	Nanping	310.10	49.27	91.19	14.48
龙 岩	Longyan	293.35	47.81	84.79	15.64
宁 德	Ningde	335.95	43.26	97.80	13.11
南 昌	Nanchang	497.33	222.50	140.61	62.02
景德镇	Jingdezhen	160.22	45.79	52.45	16.91
萍 乡	Pingxiang	186.93	84.97	58.00	27.82
九 江	Jiujiang	491.03	63.80	153.54	22.67
新 余	Xinyu	124.61	92.24	37.86	27.25
鹰 潭	Yingtan	119.82	22.23	34.63	8.09

城 市	City	年末总人口(万人) Total population (10000 persons)		年末总户数(万户) Total Household (year end) (10000 households)	
		全 市 Total Area of City	市辖区 Districts under City	全 市 Total Area of City	市辖区 Districts under City
赣 州	Ganzhou	896.99	64.57	260.78	18.58
吉 安	Jian	489.10	53.66	148.66	14.87
宜 春	Yichun	549.92	104.22	172.88	30.80
抚 州	Fuzhou	399.14	111.11	123.45	33.36
上 饶	Shangrao	728.27	39.48	205.11	11.98
济 南	Jinan	603.27	348.24	187.70	111.07
青 岛	Qingdao	762.92	275.47	244.74	92.15
淄 博	Zibuo	421.41	278.77	142.02	95.57
枣 庄	Zaozhuang	386.79	219.59	119.97	66.33
东 营	Dongying	184.59	83.28	59.03	28.50
烟 台	Yantai	652.00	179.24	231.63	64.17
潍 坊	Weifang	867.85	181.25	267.52	56.57
济 宁	Jining	831.31	119.61	241.86	34.07
泰 安	Taian	555.83	159.25	177.53	51.90
威 海	Weihai	252.97	64.54	91.99	21.22
日 照	Rizhao	285.76	122.83	98.45	41.85
莱 芜	Laiwu	126.38	126.38	45.16	45.16
临 沂	Linyi	1041.54	199.46	322.78	60.46
德 州	Dezhou	569.01	63.44	168.04	19.46
聊 城	Liaocheng	590.89	105.02	182.30	30.24
滨 州	Binzhou	377.49	63.23	113.93	19.95
菏 泽	Heze	939.44	149.60	257.38	42.83
郑 州	Zhengzhou	731.47	285.01	195.54	82.19
开 封	Kaifeng	527.14	85.38	143.55	28.33
洛 阳	Luoyang	694.89	160.07	198.87	51.30
平 顶 山	Pingdingshan	532.36	101.86	149.11	28.15
安 阳	Anyang	573.16	107.53	164.98	34.31
鹤 壁	Hebi	159.79	60.97	47.10	20.57
新 乡	Xinxiang	597.25	101.40	163.88	30.05
焦 作	Jiaozuo	364.86	83.52	98.10	22.83
濮 阳	Puyang	404.22	67.14	100.37	21.70
许 昌	Xuchang	485.21	41.17	136.22	13.61
漯 河	Luohe	276.07	139.17	77.24	40.53
三 门 峡	Sanmenxi	229.56	29.20	71.50	8.70
南 阳	Nanyang	1167.51	185.32	354.77	58.61
商 丘	Shangqiu	910.87	173.20	252.70	45.88
信 阳	Xinyang	860.99	145.75	264.49	48.09
周 口	Zhoukou	1206.76	52.73	320.52	15.73
驻 马 店	Zhumadian	873.13	66.14	227.80	20.05
武 汉	Wuhan	835.55	514.97	269.90	164.25
黄 石	Huangshi	258.56	71.54	77.00	20.68

2-1 续表 4 Continued 4

城 市	City	年末总人口(万人) Total population (10000 persons) 全 市 Total Area of City	市辖区 Districts under City	年末总户数(万户) Total Household (year end) (10000 households) 全 市 Total Area of City	市辖区 Districts under City
十 堰	Shiyan	353.22	52.78	115.50	19.38
宜 昌	Yichang	401.37	124.79	147.81	44.98
襄 樊	Xiangfan	588.88	221.75	204.03	74.37
鄂 州	Ezhou	107.24	107.24	36.13	36.13
荆 门	Jingmen	301.05	67.92	100.72	26.37
孝 感	Xiaogan	528.73	96.82	162.25	14.09
荆 州	Jingzhou	662.05	116.85	204.08	38.60
黄 冈	Huanggang	739.61	36.80	241.27	15.21
咸 宁	Xianning	290.63	59.78	86.84	19.57
随 州	Suizhou	257.77	64.68	75.59	21.83
长 沙	Changsha	651.59	240.95	200.53	75.68
株 洲	Zhuzhou	382.80	100.21	114.07	30.86
湘 潭	Xiangtan	295.26	87.75	92.21	23.14
衡 阳	Hengyang	739.80	104.27	209.10	31.96
邵 阳	Shaoyang	764.14	67.30	213.45	21.35
岳 阳	Yueyang	558.68	87.51	184.51	43.51
常 德	Changde	616.69	140.56	212.66	46.92
张家界	Zhangjiajie	165.27	49.88	56.78	18.34
益 阳	Yiyang	470.55	132.73	144.78	40.78
郴 州	Chenzhou	473.86	66.62	148.92	23.86
永 州	Yongzhou	586.66	109.59	173.95	36.21
怀 化	Huaihua	508.88	34.78	156.82	13.59
娄 底	Loudi	420.53	44.87	139.89	18.47
广 州	Guangzhou	794.62	654.68	247.44	208.00
韶 关	Shaoguan	325.54	92.09	97.41	30.53
深 圳	Shenzhen	245.96	245.96	69.81	69.81
珠 海	Zhuhai	102.65	102.65	28.74	28.74
汕 头	Shantou	510.73	503.43	114.04	111.77
佛 山	Foshan	367.63	367.63	110.46	110.46
江 门	Jiangmen	391.52	137.57	121.07	44.02
湛 江	Zhanjiang	763.14	151.81	201.11	44.23
茂 名	Maoming	735.31	130.68	196.16	33.72
肇 庆	Zhaoqing	413.69	53.19	116.20	17.32
惠 州	Huizhou	324.36	129.02	90.19	41.34
梅 州	Meizhou	507.36	31.49	132.22	9.59
汕 尾	Shanwei	340.61	52.45	72.05	11.46
河 源	Heyuan	348.98	29.83	90.33	9.64
阳 江	Yangjiang	275.67	66.81	77.20	20.15
清 远	Qingyuan	408.82	64.37	113.12	18.41
东 莞	Dongguan	178.73	178.73	52.12	52.12
中 山	Zhongshan	147.86	147.86	41.38	41.38

城市	City	年末总人口(万人) Total population (10000 persons) 全市 Total Area of City	市辖区 Districts under City	年末总户数(万户) Total Household (year end) (10000 households) 全市 Total Area of City	市辖区 Districts under City
潮州	Chaozhou	257.89	34.97	62.84	9.58
揭阳	Jieyang	649.11	69.48	145.95	16.58
云浮	Yunfu	275.80	29.63	77.62	8.56
南宁	Nanning	697.90	267.14	206.24	80.03
柳州	Liuzhou	367.56	103.83	108.48	32.94
桂林	Guilin	511.63	75.79	159.70	24.17
梧州	Wuzhou	316.18	50.06	94.21	15.53
北海	Beihai	160.18	60.42	43.65	17.82
防城港	Fangchenggang	86.92	51.86	24.78	14.51
钦州	Qinzhou	371.19	134.79	95.06	32.82
贵港	Guigang	509.69	185.84	154.00	59.16
玉林	Yulin	653.41	97.81	186.07	27.80
百色	Baise	398.57	34.77	104.45	8.81
贺州	Hezhou	223.90	107.17	60.26	30.35
河池	Hechi	409.55	33.12	119.19	10.88
来宾	Laibin	254.50	105.27	74.37	27.92
崇左	Chongzuo	241.96	35.80	68.29	10.31
海口	Haikou	158.24	158.24	48.03	48.03
三亚	Sanya	55.71	55.71	13.71	13.71
重庆	Chongqing	3275.61	1542.77	1110.70	567.57
成都	Chengdu	1139.63	520.86	417.87	190.13
自贡	Zigong	328.49	150.58	104.32	49.53
攀枝花	Panzhihua	111.58	69.20	34.42	21.71
泸州	Luzhou	497.15	145.53	142.12	44.06
德阳	Deyang	388.40	65.90	141.03	25.46
绵阳	Mianyang	544.65	122.31	187.72	44.28
广元	Guangyuan	312.73	93.24	104.65	32.31
遂宁	Suining	387.05	150.84	129.63	50.90
内江	Neijiang	425.61	141.73	148.05	46.86
乐山	Leshan	353.22	115.01	122.44	42.78
南充	Nanchong	753.51	193.35	251.92	63.31
眉山	Meishan	348.07	85.50	119.67	31.80
宜宾	Yibin	534.93	80.03	163.09	25.92
广安	Guangan	470.02	126.10	149.19	39.74
达州	Dazhou	657.56	44.21	227.62	18.02
雅安	Yaan	155.15	35.19	52.51	12.40
巴中	Bazhong	401.18	143.25	121.62	43.50
资阳	Ziyang	501.35	108.65	172.57	44.01
贵阳	Guiyang	367.08	218.79	108.09	63.43
六盘水	Liupanshui	319.35	52.95	89.68	12.59
遵义	Zunyi	750.86	85.30	208.91	27.52

城　市	City	年末总人口(万人) Total population (10000 persons) 全 市 Total Area of City	市辖区 Districts under City	年末总户数(万户) Total Household (year end) (10000 households) 全 市 Total Area of City	市辖区 Districts under City
安　顺	Anshun	273.49	84.70	76.92	23.74
昆　明	Kunming	533.99	250.24	179.70	90.97
曲　靖	Qujing	616.22	69.47	179.12	23.42
玉　溪	Yuxi	214.36	42.06	70.03	14.90
保　山	Baoshan	250.23	89.05	65.50	24.20
昭　通	Shaotong	561.04	81.69	155.53	24.51
丽　江	Lijiang	120.53	15.33	35.62	4.48
思　茅	Simao	249.64	21.76	70.59	6.84
临　沧	Lincang	239.60	30.69	59.16	8.30
拉　萨	Lhasa	51.53	21.67	15.15	8.22
西　安	Xian	781.67	561.58	221.51	160.64
铜　川	Tongchuan	85.31	75.72	27.18	24.11
宝　鸡	Baoji	378.78	141.37	110.78	42.14
咸　阳	Xanyang	516.38	89.70	150.00	26.00
渭　南	Weinan	556.86	96.80	169.48	31.21
延　安	Yanan	227.51	44.87	77.55	16.77
汉　中	Hanzhong	381.55	55.26	124.34	19.34
榆　林	Yulin	359.11	50.93	118.86	18.73
安　康	Ankang	303.57	99.89	97.02	31.30
商　洛	Shangluo	243.05	54.89	72.07	14.83
兰　州	Lanzhou	323.59	210.47	98.35	66.51
嘉峪关	Jiayuguan	20.87	20.87	5.95	5.95
金　昌	Jinchang	47.57	21.53	15.01	7.37
白　银	Baiyin	179.55	49.66	51.12	15.80
天　水	Tianshui	359.69	126.06	85.21	33.38
武　威	Wuwei	198.93	103.57	51.64	28.25
张　掖	Zhangye	130.37	51.87	41.64	16.32
平　凉	Pingliang	229.77	49.99	64.21	15.97
酒　泉	Jiuquan	96.42	40.12	31.22	12.54
庆　阳	Qingyang	260.95	35.57	72.14	10.47
定　西	Dingxi	299.43	46.73	78.93	12.92
陇　南	Longnan	279.17	55.16	76.29	16.10
西　宁	Xining	193.94	114.13	56.09	27.42
银　川	Yinchuan	155.55	91.42	52.86	30.48
石嘴山	Shizuishan	74.52	45.42	24.40	15.00
吴　忠	Wuzhong	137.21	38.11	41.87	11.55
固　原	Guyuan	150.14	44.06	41.41	13.38
中　卫	Zhongwei	116.65	39.24	34.51	12.66
乌鲁木齐	Urumqi	241.19	231.88	78.32	75.36
克拉玛依	Kelamayi	39.35	39.35	10.21	10.21

2-2 城市土地资源分布(2009年)

Distribution of Urban Land Resources(2009)

城 市	City	行政区域土地面积(平方公里) Land of Administrative Area (sq.km) 全 市 Total Area of City	市辖区 Districts under City	#建成区面积(平方公里) Area of the Established District (sq.km) 市辖区 Districts under City	人口密度(人/平方公里) Density of Population (person/sq.km) 全 市 Total Area of City	市辖区 Districts under City
城市合计	**Total**	**4711828**	**628034**	**30128**	**261.84**	**607.44**
北 京	Beijing	16411	12187	1350	759.14	963.84
天 津	Tianjin	11760	7399	662	833.20	1085.15
石家庄	Shijiazhuang	15848	456	201	616.74	5324.12
唐 山	Tangshan	13472	1230	224	544.76	2495.93
秦皇岛	Qinhuangdao	7523	363	89	381.82	2276.31
邯 郸	Handan	12062	434	108	781.60	3396.31
邢 台	Xingtai	12486	135	70	575.55	4554.07
保 定	Baoding	20584	312	131	561.25	3405.45
张家口	Zhanjiakou	36873	376	82	125.38	2384.31
承 德	Chengde	39548	760	86	94.04	717.24
沧 州	Cangzhou	14053	183	44	510.57	2912.02
廊 坊	Langfang	6429	292	59	642.91	2775.00
衡 水	Hengshui	8815	273	44	494.92	1139.19
太 原	Taiyuan	6963	1460	245	524.37	1953.15
大 同	Datong	14127	2080	108	223.40	743.70
阳 泉	Yangquan	4570	652	51	285.05	1054.60
长 治	Changzhi	13896	334	45	237.21	2089.82
晋 城	Jincheng	9425	143	41	229.74	2398.60
朔 州	Shuozhou	11066	4499	32	142.21	142.45
晋 中	Jinzhong	16404	1311	39	195.07	449.12
运 城	Yuncheng	14181	1215	55	355.14	542.30
忻 州	Xinzhou	25117	1982	21	122.19	266.70
临 汾	Linfen	20275	1316	37	215.56	632.98
吕 梁	Luliang	21240	1339	18	179.42	205.00
呼和浩特	Huhehaote	17224	2054	154	132.01	578.33
包 头	Baotou	27768	2591	182	79.08	546.04
乌 海	Wuhai	1754	1754	77	274.00	274.00
赤 峰	Chifeng	90021	7077	79	51.01	171.60
通 辽	Tongliao	59535	2821	66	53.56	270.47
鄂尔多斯	Erdos	86752	2530	109	17.23	100.04
呼伦贝尔	Hulunbeier	253356	1440	28	10.73	186.94
巴彦淖尔	Bayanzhuoer	64413	2354	38	26.90	227.70
乌兰察布	Wulanchabu	54492	149	35	53.17	2038.26
沈 阳	Shenyang	12980	3471	395	552.04	1475.74
大 连	Dalian	12574	2415	258	465.09	1250.56
鞍 山	Anshan	9252	624	154	380.49	2359.62
抚 顺	Fushun	11272	714	126	197.49	1947.48
本 溪	Benxi	8411	1518	107	184.83	629.38
丹 东	Dandong	15222	835	53	159.40	945.27
锦 州	Jinzhou	9891	436	71	313.61	2141.74

城市	City	行政区域土地面积(平方公里) Land of Administrative Area (sq.km)		#建成区面积(平方公里) Area of the Established District (sq.km)	人口密度(人/平方公里) Density of Population (person/sq.km)	
		全市 Total Area of City	市辖区 Districts under City	市辖区 Districts under City	全市 Total Area of City	市辖区 Districts under City
营口	Yingkou	5402	702	97	435.10	1271.79
阜新	Fuxin	10355	490	67	185.68	1583.47
辽阳	Liaoyang	4736	623	93	387.42	1166.93
盘锦	Panjin	4071	266	59	319.36	2278.95
铁岭	Tieling	12980	659	44	235.79	678.15
朝阳	Chaoyang	19698	1137	50	173.93	525.95
葫芦岛	Huludao	10415	2295	72	271.02	432.16
长春	Changchun	20604	4789	365	367.16	756.57
吉林	Jinlin	27126	3636	166	161.25	508.99
四平	Siping	14080	650	46	240.85	937.69
辽源	Liaoyuan	5139	442	43	240.86	1081.22
通化	Tonghua	15195	761	47	149.27	590.41
白山	Baishan	17485	2736	40	74.19	216.85
松原	Songyuan	21090	1325	42	136.71	417.06
白城	Baicheng	25745	2525	38	78.92	201.54
哈尔滨	Harbin	53068	7086	345	186.85	669.91
齐齐哈尔	Qiqihaer	42469	4365	115	134.58	325.29
鸡西	Jixi	22531	2300	79	84.64	383.09
鹤岗	Hegang	14648	4551	43	74.69	149.13
双鸭山	Shuangyashan	23209	1760	65	64.98	285.11
大庆	Daqing	21219	5107	207	132.04	259.51
伊春	Yichun	32759	19567	161	38.86	41.41
佳木斯	Jiamusi	32704	1875	64	77.13	434.61
七台河	Qitaihe	6221	3646	76	149.12	151.73
牡丹江	Mudanjiang	40583	2464	65	66.67	324.31
黑河	Heihe	82164	14444	19	21.20	13.30
绥化	Suihua	34854	2756	28	166.45	326.23
上海	Shanghai	6340	5155	886	2209.31	2583.28
南京	Nanjing	6582	4723	598	956.81	1155.98
无锡	Wuxi	4788	1623	217	972.54	1467.16
徐州	Xuzhou	11258	1160	206	850.60	1605.34
常州	Changzhou	4385	1872	134	820.57	1210.84
苏州	Suzhou	8488	1650	324	746.10	1455.82
南通	Nantong	8001	1521	94	953.21	1390.80
连云港	Lianyungang	7500	1156	100	654.19	767.21
淮安	Huaian	10072	10072	110	530.34	272.56
盐城	Yancheng	16972	1862	85	478.65	872.99
扬州	Yangzhou	6634	1024	79	691.59	1191.31
镇江	Zhenjiang	3847	1082	104	701.53	956.10
泰州	Taizhou	5797	640	61	869.38	1282.34
宿迁	Suqian	8555	2108	63	631.91	756.74
杭州	Hangzhou	16596	3068	393	411.77	1399.74

城　　市	City	行政区域土地面积(平方公里) Land of Administrative Area (sq.km) 全　市 Total Area of City	市辖区 Districts under City	#建成区面积(平方公里) Area of the Established District (sq.km) 市辖区 Districts under City	人口密度(人/平方公里) Density of Population (person/sq.km) 全　市 Total Area of City	市辖区 Districts under City
宁　波	Ningbuo	9817	2462	251	581.66	901.02
温　州	Wenzhou	11788	1187	170	660.93	1219.63
嘉　兴	Jiaxing	3915	968	82	867.43	858.68
湖　州	Huzhou	5818	1567	76	445.46	692.79
绍　兴	Shaoxing	8256	362	93	530.21	1792.82
金　华	Jinhua	10941	2044	71	423.78	453.52
衢　州	Quzhou	8841	2354	54	282.62	349.11
舟　山	Zhoushan	1440	1028	51	671.96	677.88
台　州	Taizhou	9411	1536	116	614.67	1001.11
丽　水	Lishui	17298	1502	31	148.80	256.06
合　肥	Hefei	7047	839	280	697.36	2486.05
芜　湖	Wuhu	3317	764	130	693.70	1373.30
蚌　埠	Bengbu	5952	601	103	605.91	1539.43
淮　南	Huainan	2585	1691	97	938.18	1069.01
马鞍山	Maanshan	1686	340	76	762.81	1870.88
淮　北	Huaibei	2741	760	63	794.38	1434.47
铜　陵	Tongling	1113	350	47	664.78	1284.29
安　庆	Anqing	15318	821	72	402.06	900.85
黄　山	Huangshan	9807	2342	42	151.52	199.23
滁　州	Chuzhou	13523	1404	50	332.95	379.20
阜　阳	Fuyang	9775	1844	71	1023.53	1107.54
宿　州	Suzhou	9787	2868	50	649.01	641.21
巢　湖	Chaohu	9394	2031	38	488.18	436.44
六　安	Liuan	17976	3583	56	392.68	516.75
亳　州	Bozhou	8374	2226	57	712.84	716.62
池　州	Chizhou	8272	2432	33	193.28	270.60
宣　城	Xuancheng	12323	2621	39	225.41	327.20
福　州	Fuzhou	13066	1043	183	488.23	1796.07
厦　门	Xiamen	1573	1573	212	1125.24	1125.24
莆　田	Putian	4119	2284	53	775.94	932.49
三　明	Sanming	23094	1178	26	117.37	240.75
泉　州	Quanhzou	11015	850	96	618.11	1211.06
漳　州	Zhangzhou	12873	401	48	366.48	1371.82
南　平	Nanping	26315	2660	26	117.84	185.23
龙　岩	Longyan	19063	2678	37	153.88	178.53
宁　德	Ningde	13248	1537	17	253.59	281.46
南　昌	Nanchang	7402	617	186	671.89	3606.16
景德镇	Jingdezhen	5256	423	73	304.83	1082.51
萍　乡	Pingxiang	3824	1080	42	488.83	786.76
九　江	Jiujiang	18823	598	89	260.87	1066.89
新　余	Xinyu	3181	1789	51	391.73	515.60
鹰　潭	Yingtan	3554	137	27	337.14	1622.63

城 市	City	行政区域土地面积(平方公里) Land of Administrative Area (sq.km)		#建成区面积(平方公里) Area of the Established District (sq.km)	人口密度(人/平方公里) Density of Population (person/sq.km)	
		全 市 Total Area of City	市辖区 Districts under City	市辖区 Districts under City	全 市 Total Area of City	市辖区 Districts under City
赣 州	Ganzhou	39379	479	59	227.78	1348.02
吉 安	Jian	25271	1339	32	193.54	400.75
宜 春	Yichun	18669	2532	35	294.56	411.61
抚 州	Fuzhou	18820	2122	48	212.08	523.61
上 饶	Shangrao	22791	339	31	319.54	1164.60
济 南	Jinan	8177	3277	336	737.76	1062.68
青 岛	Qingdao	10978	1405	273	694.95	1960.64
淄 博	Zibuo	5965	2970	219	706.47	938.62
枣 庄	Zaozhuang	4563	3069	107	847.67	715.51
东 营	Dongying	7923	3294	103	232.98	252.82
烟 台	Yantai	13746	2722	235	474.32	658.49
潍 坊	Weifang	16143	2650	136	537.60	683.96
济 宁	Jining	11194	1043	89	742.64	1146.79
泰 安	Taian	7762	2087	104	716.09	763.06
威 海	Weihai	5797	777	129	436.38	830.63
日 照	Rizhao	5348	1915	76	534.33	641.41
莱 芜	Laiwu	2246	2246	57	562.69	562.69
临 沂	Linyi	17191	1761	152	605.86	1132.65
德 州	Dezhou	10356	563	41	549.45	1126.82
聊 城	Liaocheng	8703	1254	65	678.95	837.48
滨 州	Binzhou	9454	1041	82	399.29	607.40
菏 泽	Heze	12239	1415	63	767.58	1057.24
郑 州	Zhengzhou	7446	1010	337	982.37	2821.88
开 封	Kaifeng	6444	362	94	818.03	2358.56
洛 阳	Luoyang	15200	544	166	457.16	2942.46
平 顶 山	Pingdingshan	7882	459	63	675.41	2219.17
安 阳	Anyang	7413	544	75	773.18	1976.65
鹤 壁	Hebi	2182	679	49	732.31	897.94
新 乡	Xinxiang	8169	346	96	731.12	2930.64
焦 作	Jiaozuo	4071	424	90	896.24	1969.81
濮 阳	Puyang	4266	260	36	947.54	2582.31
许 昌	Xuchang	4996	97	74	971.20	4244.33
漯 河	Luohe	2617	1020	52	1054.91	1364.41
三 门 峡	Sanmenxi	10496	198	29	218.71	1474.75
南 阳	Nanyang	26509	1981	87	440.42	935.49
商 丘	Shangqiu	10704	1600	59	850.96	1082.50
信 阳	Xinyang	19541	3604	62	440.61	404.41
周 口	Zhoukou	11959	148	44	1009.08	3562.84
驻 马 店	Zhumadian	15083	772	49	578.88	856.74
武 汉	Wuhan	8494	2718	475	983.69	1894.67
黄 石	Huangshi	4583	237	62	564.17	3018.57
十 堰	Shiyan	23680	1193	69	149.16	442.41

城市	City	行政区域土地面积(平方公里) Land of Administrative Area (sq.km)		#建成区面积(平方公里) Area of the Established District (sq.km)	人口密度(人/平方公里) Density of Population (person/sq.km)	
		全市 Total Area of City	市辖区 Districts under City	市辖区 Districts under City	全市 Total Area of City	市辖区 Districts under City
宜昌	Yichang	21048	4248	86	190.69	293.76
襄樊	Xiangfan	19724	3672	96	298.56	603.89
鄂州	Ezhou	1504	1504	47	713.03	713.03
荆门	Jingmen	12404	2171	50	242.70	312.85
孝感	Xiaogan	8910	946	33	593.41	1023.47
荆州	Jingzhou	14205	1576	63	466.07	741.43
黄冈	Huanggang	17446	353	27	423.94	1042.49
咸宁	Xianning	9861	1500	42	294.73	398.53
随州	Suizhou	9636	1322	42	267.51	489.26
长沙	Changsha	11819	955	249	551.31	2523.04
株洲	Zhuzhou	11276	537	105	339.48	1866.11
湘潭	Xiangtan	5015	279	73	588.75	3145.16
衡阳	Hengyang	15299	691	99	483.56	1508.97
邵阳	Shaoyang	20830	436	52	366.85	1543.58
岳阳	Yueyang	15087	1246	95	370.31	702.33
常德	Changde	17950	2510	74	343.56	560.00
张家界	Zhangjiajie	9516	2735	22	173.68	182.38
益阳	Yiyang	12144	1935	53	387.48	685.94
郴州	Chenzhou	19506	2246	49	242.93	296.62
永州	Yongzhou	22441	3181	55	261.42	344.51
怀化	Huaihua	27624	666	52	184.22	522.22
娄底	Loudi	8117	426	41	518.09	1053.29
广州	Guangzhou	7434			1068.90	
韶关	Shaoguan	18463	2870	78	176.32	320.87
深圳	Shenzhen	1992	1992	813	1234.74	1234.74
珠海	Zhuhai	1701	1701	118	603.47	603.47
汕头	Shantou	2064	1956	172	2474.47	2573.77
佛山	Foshan	3848	3848	151	955.38	955.38
江门	Jiangmen	9504	1786	120	411.96	770.34
湛江	Zhanjiang	12471	1460	79	611.93	1039.79
茂名	Maoming	11458	874	69	641.74	1495.19
肇庆	Zhaoqing	15134	761	74	273.35	698.95
惠州	Huizhou	11158	2672	161	290.70	482.86
梅州	Meizhou	15870	298	42	319.70	1056.71
汕尾	Shanwei	5271	415	14	646.20	1263.86
河源	Heyuan	15642	362	28	223.10	824.03
阳江	Yangjiang	7946	756	42	346.91	883.93
清远	Qingyuan	19036	1296	56	214.76	496.68
东莞	Dongguan	2465	2465	87	725.07	725.07
中山	Zhongshan	1800	1800	40	821.44	821.44
潮州	Chaozhou	3100	155	42	831.90	2256.13
揭阳	Jieyang	5240	181	53	1238.76	3838.67

城市	City	行政区域土地面积(平方公里) Land of Administrative Area (sq.km)		#建成区面积(平方公里) Area of the Established District (sq.km)	人口密度(人/平方公里) Density of Population (person/sq.km)	
		全市 Total Area of City	市辖区 Districts under City	市辖区 Districts under City	全市 Total Area of City	市辖区 Districts under City
云浮	Yunfu	7779	762	18	354.54	388.85
南宁	Nanning	22099	6447	190	315.81	414.36
柳州	Liuzhou	18617	658	131	197.43	1577.96
桂林	Guilin	27809	565	61	183.98	1341.42
梧州	Wuzhou	12555	1098	36	251.84	455.92
北海	Beihai	3337	957	57	480.01	631.35
防城港	Fangchenggang	6222	2818	30	139.70	184.03
钦州	Qinzhou	10843	4767	63	342.33	282.76
贵港	Guigang	10606	3543	54	480.57	524.53
玉林	Yulin	12838	1251	53	508.97	781.85
百色	Baise	36202	3718	33	110.10	93.52
贺州	Hezhou	11855	5568	29	188.87	192.47
河池	Hechi	33508	2340	18	122.22	141.54
来宾	Laibin	13411	4364	26	189.77	241.22
崇左	Chongzuo	17386	2951	18	139.17	121.31
海口	Haikou	2305	2305	91	686.51	686.51
三亚	Sanya	1915	1915	28	290.91	290.91
重庆	Chongqing	82826	26041	708	395.48	592.44
成都	Chengdu	12121	2172	439	940.21	2398.07
自贡	Zigong	4373	1438	68	751.18	1047.15
攀枝花	Panzhihua	7440	2018	55	149.97	342.91
泸州	Luzhou	12229	2133	72	406.53	682.28
德阳	Deyang	5911	648	51	657.08	1016.98
绵阳	Mianyang	20249	1570	83	268.98	779.04
广元	Guangyuan	16314	4588	34	191.69	203.23
遂宁	Suining	5325	1875	49	726.85	804.48
内江	Neijiang	5386	1569	39	790.22	903.31
乐山	Leshan	12826	2514	52	275.39	457.48
南充	Nanchong	12479	2527	71	603.82	765.14
眉山	Meishan	7186	1331	42	484.37	642.37
宜宾	Yibin	13271	1131	53	403.08	707.60
广安	Guangan	6344	1536	27	740.89	820.96
达州	Dazhou	16591	455	25	396.34	971.65
雅安	Yaan	15302	1070	20	101.39	328.88
巴中	Bazhong	12301	2566	17	326.14	558.26
资阳	Ziyang	7962	1633	32	629.68	665.34
贵阳	Guiyang	8034	2404	154	456.91	910.11
六盘水	Liupanshui	9946	488	104	321.08	1085.04
遵义	Zunyi	30762	1316	45	244.09	648.18
安顺	Anshun	9267	1704	32	295.12	497.07
昆明	Kunming	21015	4105	275	254.10	609.60

城 市	City	行政区域土地面积(平方公里) Land of Administrative Area (sq.km)		#建成区面积(平方公里) Area of the Established District (sq.km)	人口密度(人/平方公里) Density of Population (person/sq.km)	
		全 市 Total Area of City	市辖区 Districts under City	市辖区 Districts under City	全 市 Total Area of City	市辖区 Districts under City
曲 靖	Qujing	28906	1553	52	213.18	447.33
玉 溪	Yuxi	15285	1004	23	140.24	418.92
保 山	Baoshan	19637	5011	20	127.43	177.71
昭 通	Shaotong	22657	2240	23	247.62	364.69
丽 江	Lijiang	21219	1255	25	56.80	122.15
思 茅	Simao	45385	4093	24	55.00	53.16
临 沧	Lincang	24469	2652	14	97.92	115.72
拉 萨	Lhasa					
西 安	Xian	10108	3582	283	773.32	1567.78
铜 川	Tongchuan	3882	2406	40	219.76	314.71
宝 鸡	Baoji	18131	3574	118	208.91	395.55
咸 阳	Xanyang	10196	527	77	506.45	1702.09
渭 南	Weinan	13134	1221	39	423.98	792.79
延 安	Yanan	37037	3556	26	61.43	126.18
汉 中	Hanzhong	27246	556	31	140.04	993.88
榆 林	Yulin	43578	7053	52	82.41	72.21
安 康	Ankang	23529	3644	29	129.02	274.12
商 洛	Shangluo	19292	2672	24	125.98	205.43
兰 州	Lanzhou	13086	1632	184	247.28	1289.64
嘉峪关	Jiayuguan	2935	2935	44	71.11	71.11
金 昌	Jinchang	8896	3019	37	53.47	71.32
白 银	Baiyin	21158	3478	54	84.86	142.78
天 水	Tianshui	14359	5861	42	250.50	215.08
武 威	Wuwei	33238	5081	27	59.85	203.84
张 掖	Zhangye	41924	4240	28	31.10	122.33
平 凉	Pingliang	11170	1936	49	205.70	258.21
酒 泉	Jiuquan	193974	3386	37	4.97	118.49
庆 阳	Qingyang	27119	996	17	96.22	357.13
定 西	Dingxi	20330	4225	23	147.28	110.60
陇 南	Longnan	27914	4683	8	100.01	117.79
西 宁	Xining	7665	380	43	253.02	3003.42
银 川	Yinchuan	9555	2311	115	162.79	395.59
石嘴山	Shizuishan	5310	2268	114	140.34	200.26
吴 忠	Wuzhong	20394	1268	28	67.28	300.55
固 原	Guyuan	10541	2760	32	142.43	159.64
中 卫	Zhongwei	15745	5358	27	74.09	73.24
乌鲁木齐	Urumqi	13788	9527	339	174.93	243.39
克拉玛依	Kelamayi	9548	9548	57	41.21	41.21

2-3 城市劳动力与就业(2009年)

Labor Force and Employees(2009)

城市	City	年末单位从业人员数(万人) Quantity of Employees in Units(year-end) (10000 person)		城镇私营和个体从业人员(人) Private and Individual Workers in Cities and Towns (person)		城镇失业人员(人) Quantity of Registered Unemployment in Cities and Towns (person)	
		全市 Total Area of City	市辖区 Districts under City	全市 Total Area of City	市辖区 Districts under City	全市 Total Area of City	市辖区 Districts under City
城市合计	**Total**	**12051.71**	**7454.86**	**107845916**	**65350674**	**7071021**	**3999944**
北京	Beijing	619.35	604.41	3933230	3784677	81550	78271
天津	Tianjin	201.65	191.91	1790600	1790600	150000	150000
石家庄	Shijiazhuang	83.50	52.76	384003	144373	50865	31050
唐山	Tangshan	81.83	53.99	430503	18292	58178	18203
秦皇岛	Qinhuangdao	28.64	19.87	179372	135964	18539	6513
邯郸	Handan	54.85	29.09	523600	245035	47495	44182
邢台	Xingtai	34.40	14.49	327702	69297	20080	10040
保定	Baoding	67.50	24.79	336409	23364	42308	8112
张家口	Zhanjiakou	32.21	15.00	288473	15023	32244	16381
承德	Chengde	25.42	10.56	125168	52064	24648	15483
沧州	Cangzhou	43.23	12.39	317300	23044	20916	7372
廊坊	Langfang	30.17	14.87	326689	59830	11938	7805
衡水	Hengshui	21.32	8.75	345360	65961	17654	3356
太原	Taiyuan	80.33	76.67	377326	350228	43032	39811
大同	Datong	42.07	34.81	185076	132478	23647	14188
阳泉	Yangquan	22.93	18.45	100464	59267	8870	6751
长治	Changzhi	35.96	14.38	143382	34878	14260	558
晋城	Jincheng	26.82	12.86	70120	28928	6970	2721
朔州	Shuozhou	17.26	9.43	163400	100080	6649	4040
晋中	Jinzhong	36.00	9.96	136649	39070	9666	2724
运城	Yuncheng	32.16	6.97	377575	52099	12653	3800
忻州	Xinzhou	22.69	6.54	88916	24059	8200	900
临汾	Linfen	35.62	9.19	107151	41184	15000	4676
吕梁	Luliang	28.89	3.09	96104	9188	4820	1920
呼和浩特	Huhehaote	31.59	24.89	379556	263871	26885	20741
包头	Baotou	32.92	28.48	733015	632715	41924	36825
乌海	Wuhai	10.81	10.81	124500	124500	8186	8186
赤峰	Chifeng	30.07	11.83	226816	114054	24130	11448
通辽	Tongliao	126.54	8.75	141103	31021	15000	9901
鄂尔多斯	Erdos	15.94	5.02	151269	41321	9061	1542
呼伦贝尔	Hulunbeier	35.77	4.36	155084	37551	27800	4091
巴彦淖尔	Bayanzhuoer	14.70	6.57	185000	48385	18000	3500
乌兰察布	Wulanchabu	14.34	5.70	196700	33670	33213	7245
沈阳	Shenyang	105.22	98.68	780724	729557	77492	70396
大连	Dalian	93.97	81.48	1465443	1258603	67206	42609
鞍山	Anshan	39.75	30.88	252929	118054	31525	21575
抚顺	Fushun	26.49	22.52	370890	254228	41339	32823
本溪	Benxi	23.53	20.33	132521	112072	30244	23942
丹东	Dandong	20.95	13.94	177270	81544	24000	9653
锦州	Jinzhou	23.93	15.32	508642	251772	16658	6652
营口	Yingkou	18.09	14.17	437076	349115	21639	15191

城 市	City	年末单位从业人员数(万人) Quantity of Employees in Units(year-end) (10000 person)		城镇私营和个体从业人员(人) Private and Individual Workers in Cities and Towns (person)		城镇失业人员(人) Quantity of Registered Unemployment in Cities and Towns (person)	
		全 市 Total Area of City	市辖区 Districts under City	全 市 Total Area of City	市辖区 Districts under City	全 市 Total Area of City	市辖区 Districts under City
阜 新	Fuxin	17.17	13.05	222796	173797	18322	16233
辽 阳	Liaoyang	16.73	13.00	145499	141690	14718	9915
盘 锦	Panjin	49.58	27.63	206726	124472	14310	7683
铁 岭	Tieling	21.95	2.53	169763	70110	18499	5033
朝 阳	Chaoyang	23.03	9.78	170174	79357	17693	4529
葫芦岛	Huludao	22.09	17.32	203635	104311	22426	10457
长 春	Changchun	89.10	74.50	491382	371382	80798	50366
吉 林	Jinlin	33.09	19.89	232296	138646	21733	14000
四 平	Siping	20.90	8.82	202790	74422	29726	14936
辽 源	Liaoyuan	8.95	5.91	118446	90358	12171	9439
通 化	Tonghua	19.90	7.77	210200	52100	11990	3282
白 山	Baishan	16.40	9.67	116629	61965	11189	5105
松 原	Songyuan	24.04	12.88	360927	134689	12483	5432
白 城	Baicheng	17.99	8.86	114424	41510	12886	5223
哈尔滨	Harbin	144.04	118.85	753022	612077	76000	53684
齐齐哈尔	Qiqihaer	41.60	22.37	232815	131303	35508	24562
鸡 西	Jixi	27.82	13.79	114000	71100	18700	10785
鹤 岗	Hegang	26.50	12.10	93119	76298	18192	14222
双鸭山	Shuangyashan	32.73	9.00	93845	29211	9027	6920
大 庆	Daqing	52.94	46.85	334869	247123	28358	23549
伊 春	Yichun	17.67	14.25	100753	90485	22584	19973
佳木斯	Jiamusi	28.35	10.22	212280	87196	24045	10279
七台河	Qitaihe	13.23	11.46	90121	77502	5843	4071
牡丹江	Mudanjiang	24.23	9.81	375589	148957	16594	8477
黑 河	Heihe	29.28	2.66	119411	30298	7055	1582
绥 化	Suihua	24.70	2.23	191415	24150	14204	2561
上 海	Shanghai	385.41	381.81	3219700	3074800	278700	271100
南 京	Nanjing	117.66	110.56	1435470	1321817	59401	55609
无 锡	Wuxi	69.43	47.75	1398198	948981	47268	37498
徐 州	Xuzhou	61.35	31.34	689321	341250	35738	18800
常 州	Changzhou	37.27	26.76	1280733	1003603	30811	23849
苏 州	Suzhou	119.19	57.73	1994787	792371	47572	29122
南 通	Nantong	62.07	29.88	549410	235973	34850	14705
连云港	Lianyungang	33.31	17.87	332106	175782	17680	10546
淮 安	Huaian	37.95	23.64	600117	354679	24164	14182
盐 城	Yancheng	51.80	16.29	786476	278317	25281	9142
扬 州	Yangzhou	38.65	14.89	718104	295243	31337	14070
镇 江	Zhenjiang	36.62	19.00	337057	157968	15999	8143
泰 州	Taizhou	35.52	11.79	577097	181817	21454	5508
宿 迁	Suqian	20.52	7.47	437799	193169	13308	4813
杭 州	Hangzhou	204.36	178.24	1338334	1116280	56489	43561
宁 波	Ningbuo	132.27	78.99	2206500	1697400	59183	46641

城　市	City	年末单位从业人员数(万人) Quantity of Employees in Units(year-end) (10000 person)		城镇私营和个体从业人员(人) Private and Individual Workers in Cities and Towns (person)		城镇失业人员(人) Quantity of Registered Unemployment in Cities and Towns (person)	
		全　市 Total Area of City	市辖区 Districts under City	全　市 Total Area of City	市辖区 Districts under City	全　市 Total Area of City	市辖区 Districts under City
温　州	Wenzhou	107.64	40.49	989243	550682	30975	8623
嘉　兴	Jiaxing	76.01	21.94	448700	159800	27006	11239
湖　州	Huzhou	33.95	16.49	403600	95600	12128	6465
绍　兴	Shaoxing	94.74	29.00	482871	81644	34174	8987
金　华	Jinhua	48.12	15.28	951398	166389	26920	7486
衢　州	Quzhou	16.33	8.52	211813	109212	9340	4245
舟　山	Zhoushan	15.78	12.99	105762	82001	7298	5031
台　州	Taizhou	64.24	29.85	506938	203963	26790	9499
丽　水	Lishui	16.07	5.40	155400	39500	6546	1962
合　肥	Hefei	62.73	50.09	791912	603032	58085	46654
芜　湖	Wuhu	24.32	20.07	285307	151213	20539	16793
蚌　埠	Bengbu	17.43	11.21	167477	116376	23860	16953
淮　南	Huainan	30.56	26.32	158048	125856	20909	19219
马鞍山	Maanshan	15.42	13.85	105001	92501	7702	5084
淮　北	Huaibei	20.83	18.17	219148	150945	18238	14680
铜　陵	Tongling	11.67	10.17	35519	28648	10959	
安　庆	Anqing	24.07	9.64	543000	65000	30970	19471
黄　山	Huangshan	9.38	5.78	70744	36826	6207	3809
滁　州	Chuzhou	18.28	5.77	341400	77700	16160	7957
阜　阳	Fuyang	28.09	13.10	204127	79502	12051	1622
宿　州	Suzhou	22.75	11.80	141029	59231	13762	6000
巢　湖	Chaohu	17.38	5.15	113683	47159	23494	9530
六　安	Liuan	21.84	8.05	143451	80519	17650	2137
亳　州	Bozhou	15.81	5.24	115005	47813	7040	2559
池　州	Chizhou	7.19	3.57	76664	55481	7909	4612
宣　城	Xuancheng	12.40	1.60	141564	39800	10733	2701
福　州	Fuzhou	98.70	57.78	565982	329986	35935	27766
厦　门	Xiamen	80.29	80.29	816955	816955	29700	29700
莆　田	Putian	27.40	23.22	186069	165673	8028	7422
三　明	Sanming	21.35	7.27	198233	53075	12020	3447
泉　州	Quanhzou	136.99	33.64	506413	195408	15142	4361
漳　州	Zhangzhou	38.66	10.53	157452	65064	11938	3383
南　平	Nanping	23.44	7.07	156116	58337	13284	3329
龙　岩	Longyan	28.05	12.33	154353	76852	10209	5534
宁　德	Ningde	16.09	4.77	152757	26380	11745	3050
南　昌	Nanchang	66.31	51.67	359962	271838	77429	77429
景德镇	Jingdezhen	17.06	10.28	144200	108700	11600	8650
萍　乡	Pingxiang	13.66	10.44	296226	145795	15603	15603
九　江	Jiujiang	32.54	11.70	378814	183677	20871	12901
新　余	Xinyu	9.80	8.36	45300	29659	15000	13716
鹰　潭	Yingtan	8.44	2.30	100657	34800	9732	2673

城 市	City	年末单位从业人员数(万人) Quantity of Employees in Units(year-end) (10000 person)		城镇私营和个体从业人员(人) Private and Individual Workers in Cities and Towns (person)		城镇失业人员(人) Quantity of Registered Unemployment in Cities and Towns (person)	
		全 市 Total Area of City	市辖区 Districts under City	全 市 Total Area of City	市辖区 Districts under City	全 市 Total Area of City	市辖区 Districts under City
赣 州	Ganzhou	41.03	8.08	784257	98218	32655	6504
吉 安	Jian	19.98	3.70	331524	57094	19626	4942
宜 春	Yichun	27.23	8.18	433820	59038	28756	9646
抚 州	Fuzhou	21.37	7.56	331446	85238	24132	2517
上 饶	Shangrao	28.42	4.94	402300	24248	28564	2315
济 南	Jinan	123.26	95.50	1903000	1326000	60163	54112
青 岛	Qingdao	122.96	72.98	1038021	771664	59396	49246
淄 博	Zibuo	60.93	46.54	247414	237958	27484	19322
枣 庄	Zaozhuang	34.30	24.20	283542	125280	21495	13130
东 营	Dongying	37.99	28.01	124604	98876	9913	8199
烟 台	Yantai	85.83	48.05	565811	317918	47641	38980
潍 坊	Weifang	72.81	25.67	605236	200919	39076	15413
济 宁	Jining	60.49	20.87	258909	80123	36852	10047
泰 安	Taian	52.46	17.37	138333	75139	26987	9645
威 海	Weihai	39.15	19.97	226908	156463	7692	4140
日 照	Rizhao	19.21	12.82	148578	102748	13528	9571
莱 芜	Laiwu	13.27	13.27	91520	91520	6735	6735
临 沂	Linyi	55.20	23.16	376471	252849	20644	7228
德 州	Dezhou	37.54	11.44	161533	62998	21453	7508
聊 城	Liaocheng	35.04	10.90	131961	46379	24531	10816
滨 州	Binzhou	35.72	9.95	108545	61218	14583	6567
菏 泽	Heze	35.00	10.83	243672	116946	19180	4898
郑 州	Zhengzhou	103.96	70.71	685000	291016	39200	32878
开 封	Kaifeng	31.49	15.25	142598	108015	24135	18065
洛 阳	Luoyang	52.36	29.71	347608	243784	27200	11742
平顶山	Pingdingshan	47.46	28.88	115840	64549	21144	9580
安 阳	Anyang	43.04	19.72	97910	23900	21889	10625
鹤 壁	Hebi	17.11	12.40	96865	35414	9013	4463
新 乡	Xinxiang	45.35	19.01	176546	81451	22570	10833
焦 作	Jiaozuo	33.67	17.72	318600	100300	20680	14011
濮 阳	Puyang	32.40	21.79	116941	56208	7146	3793
许 昌	Xuchang	28.22	8.32	333719	39162	9773	6360
漯 河	Luohe	21.83	14.65	58071	33090	7662	5788
三门峡	Sanmenxi	23.46	7.08	84593	21828	10177	4626
南 阳	Nanyang	69.74	29.79	335600	94000	39114	15068
商 丘	Shangqiu	38.51	13.70	103604	54301	25425	8449
信 阳	Xinyang	41.93	13.21	365720	126906	15986	5025
周 口	Zhoukou	44.38	10.05	263456	26845	37466	12530
驻马店	Zhumadian	38.75	11.82	281110	33794	20561	9100
武 汉	Wuhan	175.74	135.59	1285600	1285600	111200	94902
黄 石	Huangshi	32.97	19.41	297000	142940	35395	25285

2-3 续表 4 Continued 4

城 市	City	年末单位从业人员数(万人) Quantity of Employees in Units(year-end) (10000 person) 全 市 Total Area of City	市辖区 Districts under City	城镇私营和个体从业人员(人) Private and Individual Workers in Cities and Towns (person) 全 市 Total Area of City	市辖区 Districts under City	城镇失业人员(人) Quantity of Registered Unemployment in Cities and Towns (person) 全 市 Total Area of City	市辖区 Districts under City
十 堰	Shiyan	40.17	24.36	310593	147105	24533	12210
宜 昌	Yichang	51.10	21.62	496458	278031	28906	13655
襄 樊	Xiangfan	44.32	21.13	385349	234982	41292	21969
鄂 州	Ezhou	16.74	16.74	90597	90597	12100	12100
荆 门	Jingmen	28.62	11.75	136150	35266	17529	12493
孝 感	Xiaogan	55.37	13.22	497863	93456	26438	3455
荆 州	Jingzhou	38.68	16.15	315436	89695	50874	25969
黄 冈	Huanggang	36.71	5.46	335624	31260	27600	2500
咸 宁	Xianning	18.49	6.25	170987	51731	20626	5940
随 州	Suizhou	10.73	5.06	344347	205440	4716	2228
长 沙	Changsha	100.43	68.30	581937	492429	46067	24471
株 洲	Zhuzhou	33.33	20.56	250006	164357	26131	14164
湘 潭	Xiangtan	26.26	12.99	231725	186076	19917	17000
衡 阳	Hengyang	50.09	21.58	517488	261382	36126	16866
邵 阳	Shaoyang	32.89	11.41	235354	36175	31200	8600
岳 阳	Yueyang	46.44	19.90	438300	352754	20012	1246
常 德	Changde	34.57	15.03	242181	58763	25030	9132
张家界	Zhangjiajie	7.69	3.79	57897	39014	4449	1650
益 阳	Yiyang	23.09	11.63	124077	66664	16902	7165
郴 州	Chenzhou	27.99	10.18	290736	60143	24681	8136
永 州	Yongzhou	29.50	9.67	223663	59118	20535	4891
怀 化	Huaihua	24.62	6.52	523500	120000	27429	3915
娄 底	Loudi	24.06	10.49	246100	81421	29324	10951
广 州	Guangzhou	235.15	219.60	2008778	1803170	278752	
韶 关	Shaoguan	30.24	16.03	167926	90360	64574	38326
深 圳	Shenzhen	222.00	222.00	3115859	3115859	33988	33988
珠 海	Zhuhai	58.81	58.81	368185	368185	12903	12903
汕 头	Shantou	31.64	31.13			18580	10176
佛 山	Foshan	55.48	55.48	760855	760855	18818	18818
江 门	Jiangmen	41.41	22.09	502742	260310	20341	10271
湛 江	Zhanjiang	39.55	16.83	382577	180281	23437	7565
茂 名	Maoming	30.55	9.59	323080	92489	26904	10537
肇 庆	Zhaoqing	26.79	13.27	860157	429821	12004	4738
惠 州	Huizhou	77.54	56.34	895844	389219	15737	9314
梅 州	Meizhou	22.95	5.48	132208	46358	14494	2507
汕 尾	Shanwei	14.33	5.24	140642		10871	1855
河 源	Heyuan	24.80	11.58	273777	67855	15112	3735
阳 江	Yangjiang	17.55	7.53	158460	66673	44628	16531
清 远	Qingyuan	26.55	9.17	333601	132141	13683	3833
东 莞	Dongguan	22.68	22.68	747285	747284	7674	7674
中 山	Zhongshan	26.69	26.69	965313	965313	9500	9500

城市	City	年末单位从业人员数(万人) Quantity of Employees in Units(year-end) (10000 person)		城镇私营和个体从业人员(人) Private and Individual Workers in Cities and Towns (person)		城镇失业人员(人) Quantity of Registered Unemployment in Cities and Towns (person)	
		全市 Total Area of City	市辖区 Districts under City	全市 Total Area of City	市辖区 Districts under City	全市 Total Area of City	市辖区 Districts under City
潮州	Chaozhou	12.08	5.59	310593	147105	24533	12210
揭阳	Jieyang	20.89	5.18	496458	278031	28906	13655
云浮	Yunfu	16.93	4.20	385349	234982	41292	21969
南宁	Nanning	69.07	53.36	90597	90597	12100	12100
柳州	Liuzhou	35.34	25.05	136150	35266	17529	12493
桂林	Guilin	31.31	15.99	497863	93456	26438	3455
梧州	Wuzhou	15.03	7.44	315436	89695	50874	25969
北海	Beihai	10.55	6.79	335624	31260	27600	2500
防城港	Fangchenggang	8.53	6.09	170987	51731	20626	5940
钦州	Qinzhou	12.62	6.82	344347	205440	4716	2228
贵港	Guigang	15.04	6.86	581937	492429	46067	24471
玉林	Yulin	24.95	8.61	250006	164357	26131	14164
百色	Baise	17.74	5.22	231725	186076	19917	17000
贺州	Hezhou	7.97	3.95	517488	261382	36126	16866
河池	Hechi	17.75	4.08	235354	36175	31200	8600
来宾	Laibin	11.38	5.40	438300	352754	20012	1246
崇左	Chongzuo	13.66	2.59	242181	58763	25030	9132
海口	Haikou	31.10	31.10	57897	39014	4449	1650
三亚	Sanya	5.97	5.97	124077	66664	16902	7165
重庆	Chongqing	248.75	189.97	290736	60143	24681	8136
成都	Chengdu	164.61	120.20	223663	59118	20535	4891
自贡	Zigong	19.90	14.35	523500	120000	27429	3915
攀枝花	Panzhihua	17.33	15.46	246100	81421	29324	10951
泸州	Luzhou	26.71	16.15	2008778	1803170	278752	
德阳	Deyang	24.42	11.09	167926	90360	64574	38326
绵阳	Mianyang	35.82	19.14	3115859	3115859	33988	33988
广元	Guangyuan	15.77	9.21	368185	368185	12903	12903
遂宁	Suining	19.47	8.01			18580	10176
内江	Neijiang	21.08	8.42	760855	760855	18818	18818
乐山	Leshan	29.32	14.37	502742	260310	20341	10271
南充	Nanchong	27.01	11.68	382577	180281	23437	7565
眉山	Meishan	13.11	4.22	323080	92489	26904	10537
宜宾	Yibin	33.91	12.64	860157	429821	12004	4738
广安	Guangan	11.25	3.89	895844	389219	15737	9314
达州	Dazhou	24.99	6.46	132208	46358	14494	2507
雅安	Yaan	9.35	4.24	140642		10871	1855
巴中	Bazhong	13.68	6.03	273777	67855	15112	3735
资阳	Ziyang	15.51	5.47	158460	66673	44628	16531
贵阳	Guiyang	68.56	59.69	333601	132141	13683	3833
六盘水	Liupanshui	18.78	8.27	747285	747284	7674	7674
遵义	Zunyi	30.34	10.97	965313	965313	9500	9500

城　市	City	年末单位从业人员数(万人) Quantity of Employees in Units(year-end) (10000 person)		城镇私营和个体从业人员(人) Private and Individual Workers in Cities and Towns (person)		城镇失业人员(人) Quantity of Registered Unemployment in Cities and Towns (person)	
		全　市 Total Area of City	市辖区 Districts under City	全　市 Total Area of City	市辖区 Districts under City	全　市 Total Area of City	市辖区 Districts under City
安　顺	Anshun	11.70	6.20	114657	62078	8513	3300
昆　明	Kunming	93.96	61.99	729600	668386	34700	22261
曲　靖	Qujing	31.87	6.58	237385	13193	8160	1811
玉　溪	Yuxi	18.15	6.80	211947	75792	5205	1999
保　山	Baoshan	13.66	6.75	51300	27310	7700	1810
昭　通	Shaotong	17.61	5.57	109103	20050	15117	3653
丽　江	Lijiang	8.29	3.19	82664	25758	3983	816
思　茅	Simao	14.29	4.76	128311	35470	11092	3447
临　沧	Lincang	9.63	2.22	67756	16979	7261	1550
拉　萨	Lhasa	9.09		182900			
西　安	Xian	135.64	126.08	957500	861750	100200	90180
铜　川	Tongchuan	9.99	9.42	36160	35130	6369	6038
宝　鸡	Baoji	30.95	18.91	204458	95795	19256	2750
咸　阳	Xanyang	37.20	15.00	185331	52801	24956	1177
渭　南	Weinan	36.27	10.18	25593.4	37160	18685	3802
延　安	Yanan	22.15	7.71	153543	41135	9403	2100
汉　中	Hanzhong	23.98	7.71	289600	49259	15841	1208
榆　林	Yulin	23.98	6.23	145837	49082	9619	2533
安　康	Ankang	12.27	5.13	80101	21324	9258	3978
商　洛	Shangluo	12.48	3.88	75967	9593	5800	1855
兰　州	Lanzhou	50.29	45.28	461600	373500	21169	21023
嘉峪关	Jiayuguan	4.53	4.53	20134	20134	2685	2685
金　昌	Jinchang	7.39	5.47	39409	21710	4746	2315
白　银	Baiyin	15.10	10.08	47839	28912	7837	4747
天　水	Tianshui	18.25	11.77	101156	57155	8869	5306
武　威	Wuwei	9.82	7.00	131800	102030	8104	6011
张　掖	Zhangye	9.85	4.62	48390	13343	5002	2792
平　凉	Pingliang	12.88	4.20	82976	24011	9831	3645
酒　泉	Jiuquan	9.23	3.66	54600	51800	5800	2350
庆　阳	Qingyang	9.19	2.68	53977	31185	10795	4665
定　西	Dingxi	10.28	2.59	104088	21951	7729	865
陇　南	Longnan	11.30	2.07	70510	13900	6501	621
西　宁	Xining	27.43	19.98	277000	209689	27700	23300
银　川	Yinchuan	29.66	24.59	283103	193422	19403	15734
石嘴山	Shizuishan	8.23	6.65	52355	34724	27647	23245
吴　忠	Wuzhong	7.65	3.03	73400	27717	7617	2892
固　原	Guyuan	5.85	2.29	90154	33454	16839	1485
中　卫	Zhongwei	4.89	2.37	28213	11107	2023	943
乌鲁木齐	Urumqi	46.70	46.29	406196	390246	27553	27553
克拉玛依	Kelamayi	15.68	15.68	58909	58909	2890	2890

2-4 城市经济主要指标(市辖区，2009年)

Main Indicators of Urban Economic(Districts under City，2009)

城 市	City	地区生产总值 (万元) GDP (10000 yuan)	地方财政预算内收入 (万元) Local Financial Revenue (10000 yuan)	地方财政预算内支出 (万元) Local Financial Expenditures (10000 yuan)	城乡居民储蓄年末余额 (万元) Outstanding of Deposits of Urban and Rural Residents (10000 yuan)	社会消费品零售总额 (万元) Total Retail Sales of Consumer Goods (10000 yuan)	职工平均工资 (元) Average Wage of Staff and Workers (yuan)
城市合计	**Total**	**2077440246**	**190146924**	**257456676**	**1670221065**	**803210141**	
北 京	Beijing	119720000	20075320	22191935	143452966	52119941	58804.50
天 津	Tianjin	70302455	7988065	10785366	49730500	22786973	45247.67
石家庄	Shijiazhuang	10821265	754369	1108075	14627453	3035115	30646.22
唐 山	Tangshan	19193652	1086181	1648755	12161684	4565523	36626.77
秦皇岛	Qinhuangdao	4668602	439709	634867	4766170	1931510	35989.60
邯 郸	Handan	4836098	422130	597186	5266363	1822826	32748.74
邢 台	Xingtai	1866582	216238	320038	3066649	684699	31385.70
保 定	Baoding	4808775	312434	484452	4564321	1126133	28084.10
张家口	Zhanjiakou	3097223	288366	691793	3445590	1193545	31044.21
承 德	Chengde	1900202	237894	444892	2200468	674177	30477.64
沧 州	Cangzhou	3274772	265947	454504	2418996	649815	26753.27
廊 坊	Langfang	2844352	284171	470574	3057758	736430	39917.65
衡 水	Hengshui	1415895	107186	245175	2008881	707706	26013.18
太 原	Taiyuan	14224531	1036236	1333232	18988535	6697822	33596.09
大 同	Datong	2136306	402549	649999	6630614	1734637	28975.22
阳 泉	Yangquan	2354969	216273	310829	2466347	1091093	36262.29
长 治	Changzhi	2206691	313924	370280	3208742	1483196	24072.81
晋 城	Jincheng	1248181	209252	266772	3087649	931923	42424.82
朔 州	Shuozhou	3914872	316915	381439	2128835	546005	32170.43
晋 中	Jinzhong	1223122	63255	121160	2160771	655834	20892.50
运 城	Yuncheng	1050491	31047	93317	1514775	1055934	23974.96
忻 州	Xinzhou	664304	19893	84632	1566685	930009	18476.92
临 汾	Linfen	1733438	91356	139819	3045165	1013668	27063.89
吕 梁	Luliang	491575	68531	91459	1004745	923000	
呼和浩特	Huhehaote	11813350	788992	1103465	6981782	5649192	42614.56
包 头	Baotou	18063073	1054505	1493026	5853091	5768086	37232.47
乌 海	Wuhai	3112080	217788	550425	1703762	609190	35590.36
赤 峰	Chifeng	3779292	246510	343465	2548360	1514951	33665.88
通 辽	Tongliao	3199544	109335	226400	1008852	927091	21236.47
鄂尔多斯	Erdos	5073976	452769	399503	2265643	1578126	46983.06
呼伦贝尔	Hulunbeier	1304521	43653	100325	929876	564411	31218.39
巴彦淖尔	Bayanzhuoer	1573300	72862	143136	1144247	475005	26843.57
乌兰察布	Wulanchabu	889417	26423	116790	959180	321010	27358.36
沈 阳	Shenyang	36672242	2952074	4194694	27640997	16304021	39233.97
大 连	Dalian	30204529	3409222	3900557	23738351	11468651	40111.62
鞍 山	Anshan	10779539	938538	1245942	6774207	2364459	33054.67
抚 顺	Fushun	5173997	422755	880927	4755296	2935847	31583.53
本 溪	Benxi	5081110	415026	740673	3245721	1662102	29477.51
丹 东	Dandong	2174327	239320	566270	3078490	1055353	22337.97
锦 州	Jinzhou	3607359	304025	609643	3862815	1604129	30220.09

城　　市	City	地区生产总值 (万元) GDP (10000 yuan)	地方财政预算内收入 (万元) Local Financial Revenue (10000 yuan)	地方财政预算内支出 (万元) Local Financial Expenditures (10000 yuan)	城乡居民储蓄年末余额 (万元) Outstanding of Deposits of Urban and Rural Residents (10000 yuan)	社会消费品零售总额 (万元) Total Retail Sales of Consumer Goods (10000 yuan)	职工平均工资 (元) Average Wage of Staff and Workers (yuan)
营　口	Yingkou	4506371	414499	716175	3214434	1206890	27948.24
阜　新	Fuxin	1606286	138406	555674	2031771	1023101	24374.05
辽　阳	Liaoyang	3327675	200731	554009	3322893	976633	30175.08
盘　锦	Panjin		321819	535324	3683490	1208064	37969.98
铁　岭	Tieling	1266496	161102	419960	1867048	644912	
朝　阳	Chaoyang	1359421	147110	495861	1863772	454000	28198.18
葫芦岛	Huludao	2746962	272059	577422	2848299	1247625	25883.09
长　春	Changchun	20533771	1232407	2147142	15512984	8565246	32999.31
吉　林	Jinlin	8316415	396036	875208	5846440	3970542	34640.83
四　平	Siping	1737496	83703	276818	1561110	771354	22472.64
辽　源	Liaoyuan	2025790	103566	296375	1056475	602465	22449.83
通　化	Tonghua	1939646	85309	278289	1173565	654779	24225.60
白　山	Baishan	1890411	106000	355090	1220478	478708	23416.56
松　原	Songyuan	3501639	116028	315575	1202000	728484	35900.32
白　城	Baicheng	957591	42295	268274	759776	761032	18482.13
哈尔滨	Harbin	22721091	1703015	2433726	18876631	12249136	31506.92
齐齐哈尔	Qiqihaer	3412886	268103	472632	3299905	210009	26932.06
鸡　西	Jixi	1395130	136635	224965	2041815	644255	24074.53
鹤　岗	Hegang	1339454	102805	312479	1356980	519149	26638.85
双鸭山	Shuangyashan	1095218	119991	317122	1238677	334341	27604.79
大　庆	Daqing	19289942	747413	975333	7476956	4645365	44319.77
伊　春	Yichun	1151597	45586	375162	1520823	342824	
佳木斯	Jiamusi	2097714	63492	289600	2166114	1065296	27862.87
七台河	Qitaihe	1874330	143303	324847	1314380	430019	
牡丹江	Mudanjiang	1783395	142854	418087	2629108	1227983	28649.89
黑　河	Heihe	394194	38433	176547	650808	44897	29831.68
绥　化	Suihua	573104	18038	80190	990450	358023	17365.00
上　海	Shanghai	148758036	25168864	29198143	143576500	51337084	63545.69
南　京	Nanjing	38257570	4094190	4243370	29335226	17931456	44321.34
无　锡	Wuxi	27406100	2601256	2552168	16932878	9840461	44558.73
徐　州	Xuzhou	11433600	825975	1048541	5401609	4415454	39398.43
常　州	Changzhou	19194200	1786378	1715610	13727400	6745496	42329.11
苏　州	Suzhou	29923300	2999670	2871835	16071252	8900283	42894.46
南　通	Nantong	11449000	1023914	1023903	9269525	3945720	38766.95
连云港	Lianyungang	3695386	450489	423337	2215243	1481586	34275.58
淮　安	Huaian	6856100	670074	897688	2978542	2543483	31191.39
盐　城	Yancheng	5285500	468480	609014	2837185	2109267	31490.69
扬　州	Yangzhou	8308748	738796	913690	4559840	2768587	35209.25
镇　江	Zhenjiang	7412628	560153	643396	3738276	2312540	38385.27
泰　州	Taizhou	4585300	624033	713609	2486368	1382409	33517.25
宿　迁	Suqian	3085790	273012	502434	1091185	970986	29409.04
杭　州	Hangzhou	40698686	4535191	4000324	37837815	15498992	45148.54

2-4 续表 2 Continued 2

城市	City	地区生产总值 (万元) GDP (10000 yuan)	地方财政预算内收入 (万元) Local Financial Revenue (10000 yuan)	地方财政预算内支出 (万元) Local Financial Expenditures (10000 yuan)	城乡居民储蓄年末余额 (万元) Outstanding of Deposits of Urban and Rural Residents (10000 yuan)	社会消费品零售总额 (万元) Total Retail Sales of Consumer Goods (10000 yuan)	职工平均工资 (元) Average Wage of Staff and Workers (yuan)
宁波	Ningbuo	25490039	2956346	3495868	17559053	7619023	41638.86
温州	Wenzhou	10543477	989598	1047412	14628724	6837586	39343.02
嘉兴	Jiaxing	4822499	475050	555082	4094288	1968865	34465.98
湖州	Huzhou	5061124	361736	496511	3760078	2264902	34257.04
绍兴	Shaoxing	4075819	430134	405810	4987202	1893901	31124.91
金华	Jinhua	3405154	314800	460274	2861342	1890767	37736.79
衢州	Quzhou	2647670	192062	404517	1583434	958985	39367.04
舟山	Zhoushan	3794689	399800	622292	2895480	1405124	40836.14
台州	Taizhou	7293472	590145	637063	6222237	3466197	35515.53
丽水	Lishui	1439416	128161	290267	1452362	710648	43224.05
合肥	Hefei	15914706	1552465	1888746	8610550	6183640	35470.96
芜湖	Wuhu	6523380	497891	699791	2756459	1719473	31795.61
蚌埠	Bengbu	2670865	243380	488886	2064941	1405428	27995.93
淮南	Huainan	3625392	272355	527465	3248173	1310997	41724.12
马鞍山	Maanshan	5206912	545381	630877	2374410	964457	38803.27
淮北	Huaibei	2818637	170590	377742	1790010	768383	37055.60
铜陵	Tongling	2861210	279786	391437	1297559	715095	30535.17
安庆	Anqing	1923460	157434	368071	1823260	1173951	23592.70
黄山	Huangshan	1227897	133616	291565	999491	559190	27447.33
滁州	Chuzhou	1365465	141070	336221	951139	436770	27069.26
阜阳	Fuyang	1889074	148888	456669	2086201	1034229	21426.11
宿州	Suzhou	2152324	57548	213785	1696664	447146	18256.56
巢湖	Chaohu	1406214	105397	293276	982331	450870	25757.47
六安	Liuan	1266583	52696	481079	1476536	639154	24564.54
亳州	Bozhou	1602390	72134	265187	1027208	788083	24159.28
池州	Chizhou	1266739	137113	253404	803421	419851	28892.51
宣城	Xuancheng	1312149	65114	160665	837586	653300	27283.23
福州	Fuzhou	13279794	1264771	1067934	12793086	9712232	33696.91
厦门	Xiamen	17372349	2405608	2680527	11580996	5661225	36454.99
莆田	Putian	5720439	322400	474716	3214966	2053885	24775.06
三明	Sanming	1868855	136875	166762	965973	579046	30506.16
泉州	Quanhzou	7035714	470523	490298	4296054	2806066	26548.06
漳州	Zhangzhou	2998193	239755	281961	1763722	1301822	28718.18
南平	Nanping	1527414	106596	177060	885326	577577	27156.00
龙岩	Longyan	3423187	321818	344307	1561491	1113524	30900.79
宁德	Ningde	1083595	86881	163258	446632	436032	30655.79
南昌	Nanchang	12464689	935303	1199358	9092245	5167738	33304.13
景德镇	Jingdezhen	1960668	151420	314918	1249135	1315065	22248.58
萍乡	Pingxiang	2610384	193181	441179	1282494	880271	23237.93
九江	Jiujiang	3903166	128776	155233	1869090	1075534	27537.16
新余	Xinyu	4039383	256964	458529	1713754	752971	27458.03
鹰潭	Yingtan	656301	70271	145767	645069	339870	24412.56

城市	City	地区生产总值 (万元) GDP (10000 yuan)	地方财政预算内收入 (万元) Local Financial Revenue (10000 yuan)	地方财政预算内支出 (万元) Local Financial Expenditures (10000 yuan)	城乡居民储蓄年末余额 (万元) Outstanding of Deposits of Urban and Rural Residents (10000 yuan)	社会消费品零售总额 (万元) Total Retail Sales of Consumer Goods (10000 yuan)	职工平均工资 (元) Average Wage of Staff and Workers (yuan)
赣州	Ganzhou	1834554	93442	158862	1683323	806841	26501.15
吉安	Jian	906448	36126	118671	973096	334040	22413.55
宜春	Yichun	989343	34405	172561	1055659	673516	20332.76
抚州	Fuzhou	1712520	53437	129637	1342276	755256	20035.84
上饶	Shangrao	955323	35310	66666	999637	625846	22346.86
济南	Jinan	25126262	1781047	2029776	16445864	12924772	38538.97
青岛	Qingdao	27887651	2767693	2983882	17803250	9918170	38361.92
淄博	Zibuo	18878253	792867	832581	9973963	6837367	31342.15
枣庄	Zaozhuang	6537696	381431	679478	2736409	1912006	26987.76
东营	Dongying	13770255	575440	677595	4486816	2071228	39902.24
烟台	Yantai	15530089	889482	1197992	7966140	4844083	34985.96
潍坊	Weifang	6899480	531408	809173	4891882	3160345	30043.40
济宁	Jining	5389800	537006	698682	3230168	2469024	28591.43
泰安	Taian	5873477	383107	549098	3258467	1972413	24009.88
威海	Weihai	5033182	401974	558786	3369036	1993392	26914.50
日照	Rizhao	6704300	369172	500858	2392980	171276	33282.39
莱芜	Laiwu	4713000	327009	446068	2619500	1606046	31596.69
临沂	Linyi	7689300	547381	776694	5354398	4063500	32259.58
德州	Dezhou	3069452	103872	164551	2256145	1423203	25727.84
聊城	Liaocheng	2103053	50387	118269	2129104	1045543	25271.47
滨州	Binzhou	2860881	240877	385813	1259036	990083	26208.04
菏泽	Heze	2056028	182774	382315	1757819	1130954	23951.64
郑州	Zhengzhou	13705572	2265569	2299355	19124582	8939313	32655.91
开封	Kaifeng	1905652	166914	380226	2138796	363527	22310.19
洛阳	Luoyang	6933766	612397	853433	6143369	3057392	25845.60
平顶山	Pingdingshan	4031612	393014	551631	3631018	1352986	31611.83
安阳	Anyang	2831213	324549	508662	2193017	1351638	30144.01
鹤壁	Hebi	1972043	141358	292916	942199	397980	22666.80
新乡	Xinxiang	2914726	273040	430039	2340920	1529335	22741.94
焦作	Jiaozuo	2054221	240165	416743	2104317	840506	26779.42
濮阳	Puyang	2459421	174088	299304	2177541	519098	28442.15
许昌	Xuchang	1566329	159493	280255	1375373	760463	23968.80
漯河	Luohe	3436040	157010	383127	1471269	1082116	20371.33
三门峡	Sanmenxi	903222	122741	271856	1019277	387347	26393.08
南阳	Nanyang	3832456	237869	632640	2970553	2088748	24623.83
商丘	Shangqiu	2291464	162944	458821	1951021	773951	17175.98
信阳	Xinyang	2543303	130180	451031	2015146	1083347	20367.05
周口	Zhoukou	1008923	98147	252725	1094515	583049	23046.15
驻马店	Zhumadian	1592984	130817	302673	1448426	642983	16390.47
武汉	Wuhan	38888522	2822130	4238369	27267608	19120010	
黄石	Huangshi	3038400	154161	409219	1875308	1332300	17145.20
十堰	Shiyan	3270401	144224	314933	2217958	1359439	22969.58

2-4 续表 4 Continued 4

城市	City	地区生产总值（万元）GDP (10000 yuan)	地方财政预算内收入（万元）Local Financial Revenue (10000 yuan)	地方财政预算内支出（万元）Local Financial Expenditures (10000 yuan)	城乡居民储蓄年末余额（万元）Outstanding of Deposits of Urban and Rural Residents (10000 yuan)	社会消费品零售总额（万元）Total Retail Sales of Consumer Goods (10000 yuan)	职工平均工资（元）Average Wage of Staff and Workers (yuan)
宜昌	Yichang	6499300	301755	681972	3286057	2537464	22164.13
襄樊	Xiangfan	7123200	230086	697358	3754311	2788365	23628.97
鄂州	Ezhou	3237121	136000	356712	1210900	1266789	12721.22
荆门	Jingmen	2110031	95825	297470	2050158	836510	25575.43
孝感	Xiaogan	1400755	83688	291855	1297608	576577	18316.58
荆州	Jingzhou	2490642	116409	243906	2418029	2869890	21317.54
黄冈	Huanggang	801700	55867	199758	728472	507085	17558.59
咸宁	Xianning	1092800	72129	263178	671030	476906	20990.83
随州	Suizhou	1448000	43029	220696	1732529	808111	23169.79
长沙	Changsha	22501417	1951718	2117024	14516609	11813549	36491.21
株洲	Zhuzhou	5210416	428344	646966	3463957	1829661	32397.45
湘潭	Xiangtan	4301607	266134	502168	2492461	1382448	26613.81
衡阳	Hengyang	3179738	201437	548356	3149621	1592420	32193.72
邵阳	Shaoyang	1234707	78682	361504	1339700	518505	23734.28
岳阳	Yueyang	5504648	1370062	1475749	2194709	2486692	25100.00
常德	Changde	5598953	341871	574883	2163196	1603741	29609.33
张家界	Zhangjiajie	1039170	79518	227709	567286	393407	27644.89
益阳	Yiyang	2313115	116740	425266	1546164	790192	23703.26
郴州	Chenzhou	2558570	240653	516917	2089481	1633698	31856.70
永州	Yongzhou	1863722	121177	408015	1419700	585825	26243.84
怀化	Huaihua	1271965	20719	65080	1205745	626734	29866.14
娄底	Loudi	1666391	24366	65433	1041235	261021	23714.66
广州	Guangzhou	84097486	6556596	7347085	77457757	34301889	50822.02
韶关	Shaoguan	2932298	273100	494580	2627282	1755020	33738.28
深圳	Shenzhen	82013176	8808168	10008394	57237600	25679436	46715.25
珠海	Zhuhai	10386627	1014106	1212918	8280421	4044564	31760.66
汕头	Shantou	10278497	580538	967731	11687253	6521774	25490.33
佛山	Foshan	48208972	2546988	2669855	39450053	14087766	
江门	Jiangmen	7683603	497436	628620	6675700	2411397	
湛江	Zhanjiang	6239425	387661	659449	4351703	312569	33719.02
茂名	Maoming	4451458	250908	408675	2072939	2264492	35148.87
肇庆	Zhaoqing	3252568	235821	425917	2211495	988688	27823.69
惠州	Huizhou	8882643	786440	885683	5659286	3027752	26810.88
梅州	Meizhou		132775	250545	955964	449942	35599.40
汕尾	Shanwei	1172871	74850	185267	568564	561362	30387.30
河源	Heyuan	1282594	92611	252513	910548	471047	26358.01
阳江	Yangjiang	2036075	107815	272314		1305763	22527.49
清远	Qingyuan	3137364	218771	329670	1995320	1103426	31682.25
东莞	Dongguan	37639142	2311561	2259371	29045700	9590727	42591.02
中山	Zhongshan	15664106	1104412	1171169	12209529	5497615	36159.44
潮州	Chaozhou	1077723	88812	158789	2027260	578128	28342.16
揭阳	Jieyang	1859835	120231	221011	1686699	1010633	25632.05

城 市	City	地区生产总值 (万元) GDP (10000 yuan)	地方财政预算内收入 (万元) Local Financial Revenue (10000 yuan)	地方财政预算内支出 (万元) Local Financial Expenditures (10000 yuan)	城乡居民储蓄年末余额 (万元) Outstanding of Deposits of Urban and Rural Residents (10000 yuan)	社会消费品零售总额 (万元) Total Retail Sales of Consumer Goods (10000 yuan)	职工平均工资 (元) Average Wage of Staff and Workers (yuan)
云 浮	Yunfu		67652	136115	856780	263688	30485.61
南 宁	Nanning	11042774	1047127	1440978	8893991	6198823	29135.87
柳 州	Liuzhou	6943628	517373	769101	4031171	3202570	36186.96
桂 林	Guilin	3035814	192911	373872	3120758	1842829	29965.47
梧 州	Wuzhou	1574071	129905	277554	937429	786025	28731.85
北 海	Beihai	2063680	150354	309467	1496843	587309	26818.90
防城港	Fangchenggang	1842011	131377	269129	687778	283515	27594.44
钦 州	Qinzhou	2244376	127635	370736	1101300	732596	25873.45
贵 港	Guigang	2079778	109223	318218	1282529	962505	23782.19
玉 林	Yulin	2175499	143465	303774	1630438	1178224	29403.61
百 色	Baise	1033295	23650	63649	566612	242141	27704.37
贺 州	Hezhou	1415783	69759	231203	658612	357244	26552.30
河 池	Hechi	718941	18008	53154	554230	261513	24606.83
来 宾	Laibin	1571735	129390	296138	505985	295826	30032.29
崇 左	Chongzuo	593504	29272	58921	258951	105813	25347.77
海 口	Haikou	4895519	384416	666116	6102900	2771961	30639.01
三 亚	Sanya	1733198	267153	404464	1709803	509023	28410.42
重 庆	Chongqing	48915782	2736848	5399757	35060595	19689475	
成 都	Chengdu	31398618	1958815	2554846	30778000	15923992	35999.04
自 贡	Zigong	3520831	126862	455743	1767881	1342280	25903.13
攀枝花	Panzhihua	3294848	280512	570021	2034273	1002845	32411.72
泸 州	Luzhou	3017560	209060	440359	2337783	1105541	24643.11
德 阳	Deyang	2195751	114690	581051	1902931	613690	38862.60
绵 阳	Mianyang	3874634	225024	746948	3295700	1300693	28778.60
广 元	Guangyuan	1219659	63357	781714	1252807	630970	23841.27
遂 宁	Suining	1629422	75283	366657	1464436	683134	24045.53
内 江	Neijiang	2068845	67898	333062	1442277	725297	24740.50
乐 山	Leshan	2971069	198848	451389	1991835	1044440	23994.87
南 充	Nanchong	2466740	134167	555456	2628031	1253364	22717.71
眉 山	Meishan	1525601	91274	278185	1212310	520919	26500.00
宜 宾	Yibin	2839800	273503	446707	1431303	902303	29523.39
广 安	Guangan	1312524	44970	110089	1096844	49949	24678.42
达 州	Dazhou	1023626	22055	84566	1509610	526991	29831.94
雅 安	Yaan	687188	8042	89470	628858	281900	25232.21
巴 中	Bazhong	901309	26306	302027	845803	394986	20601.40
资 阳	Ziyang	1730618	75176	275159	1017169	460814	26905.82
贵 阳	Guiyang	7259529	917138	1340741	8421912	3664996	27408.66
六盘水	Liupanshui	1531394	147428	287161	991468	610462	29076.86
遵 义	Zunyi	2392289	95410	175685	1830980	1107302	29206.20
安 顺	Anshun	753797	58095	139716	775044	300216	26684.79
昆 明	Kunming	13484922	547311	725576	12690632	4904714	23167.15

城　市	City	地区生产总值 (万元) GDP (10000 yuan)	地方财政预算内收入 (万元) Local Financial Revenue (10000 yuan)	地方财政预算内支出 (万元) Local Financial Expenditures (10000 yuan)	城乡居民储蓄年末余额 (万元) Outstanding of Deposits of Urban and Rural Residents (10000 yuan)	社会消费品零售总额 (万元) Total Retail Sales of Consumer Goods (10000 yuan)	职工平均工资 (元) Average Wage of Staff and Workers (yuan)
曲　靖	Qujing	2715210	76108	151542	1576402	491061	34895.73
玉　溪	Yuxi	3818111	70136	118491	1525147	530351	32041.13
保　山	Baoshan	917851	50741	154873	616158	351690	20231.86
昭　通	Shaotong	1020458	40711	148513	572087	361727	29018.63
丽　江	Lijiang	420702	36743	63295	556330	172294.3	26156.23
思　茅	Simao	458796	33100	77274	491205	194266	26661.28
临　沧	Lincang	286162	14298	80524	244669	159263	29808.29
拉　萨	Lhasa	306843					
西　安	Xian	23150600	1731146	2400763	26117700	12497942	
铜　川	Tongchuan	1453810	95652	297739	1201672	418029	28149.89
宝　鸡	Baoji	4678400	218875	561933	3333435	1198787	26471.16
咸　阳	Xanyang	3220170	175082	342443	2671737	888609	24374.05
渭　南	Weinan	1418320	21164	129574	1359244	502769	25605.10
延　安	Yanan	1251790	76015	110881	1328875	430075	29967.99
汉　中	Hanzhong	915850	37366	83230	1389174	498602	28819.26
榆　林	Yulin	1833140	66293	140059	1555371	302161	35764.20
安　康	Ankang	980510	18165	162875	1080634	415107	27492.69
商　洛	Shangluo	526330	15603	91649	748631	181642	24245.01
兰　州	Lanzhou	8048843	517170	915828	9929912	4476705	29261.72
嘉峪关	Jiayuguan	1600500	74808	103122	632476	204509	39384.72
金　昌	Jinchang	1603038	19780	47464	598932	222355	41745.66
白　银	Baiyin	1758791	82424	293553	1079120	474136	32971.08
天　水	Tianshui	1533504	45207	300493	1615193	558144	20281.98
武　威	Wuwei	1279793	18100	237803	1171407	383309	18384.71
张　掖	Zhangye	845708	16681	123287	743353	348609	18907.57
平　凉	Pingliang	662590	16409	133403	632900	318500	18824.88
酒　泉	Jiuquan	931518	11391	88301	872733	320463	26989.69
庆　阳	Qingyang	741374	155864	281608	650188	245032	27401.85
定　西	Dingxi	270873	9522	117280	376793	153070	25790.73
陇　南	Longnan	403823	8100	258005	251000	119917	26221.36
西　宁	Xining	3549435	95103	161926	4282021	1856625	29218.14
银　川	Yinchuan	4398196	317434	409940	4356194	1473802	39326.42
石嘴山	Shizuishan	2028609	129179	292829	1388869	398627	31413.49
吴　忠	Wuzhong	625193	53919	188711	599499	232700	28016.50
固　原	Guyuan	355849	6608	125655	318000	138608	31113.10
中　卫	Zhongwei	702728	35820	171327	455432	159285	26694.59
乌鲁木齐	Urumqi	10794352	1120353	1302651	10355262	4671942	36511.60
克拉玛依	Kelamayi	4802909	332763	427153	1723976	295683	37451.83

城市生活质量与环境

Urban Life Quality and Environment

第 3 篇

3-1 居住情况(市辖区,2009年)

Urban Residence (Districts under City，2009)

城市	City	人均住房建筑面积(平方米) Per Capita Construction Areas (sq.m)*	居住支出占消费支出比重 Percentage of Residence to Expenditure for Consumption (%)	住宅销售面积(万平方米) Sold Area of Commercial Houses (10000sq.m)	别墅 Villa	住宅销售额(万元) Sales Volume of Commercial Houses (10000yuan)
城市合计	**Total**		**10.17**	**55646.70**	**3146.72**	**298719097**
北京	Beijing	28.81	7.21	1824.29	330.43	24562451
天津	Tianjin	29.89	10.17	1338.85	53.22	9107758
石家庄	Shijiazhuang	28.64	13.02	227.85	0.85	960748
唐山	Tangshan	22.60	8.26	257.48		985500
秦皇岛	Qinhuangdao	26.93	9.44	136.10	13.41	664785
邯郸	Handan	25.15	12.67	104.49	3.49	347633
邢台	Xingtai	30.96	10.83	31.34	0.91	101983
保定	Baoding	30.46	16.10	66.65		189920
张家口	Zhanjiakou	23.65	9.82	149.66		392877
承德	Chengde	26.07	11.01	45.70		175316
沧州	Cangzhou	31.90	14.51	99.24	0.96	317422
廊坊	Langfang	34.01	10.21	90.34	10.99	409220
衡水	Hengshui	29.56	14.12	36.77		95501
太原	Taiyuan	19.28	11.87	162.92	1.81	742737
大同	Datong	21.79	11.86	42.48		140294
阳泉	Yangquan	22.20	10.20	70.30		188874
长治	Changzhi	26.67	13.36	65.53		166060
晋城	Jincheng	30.51	14.08	32.93		99521
朔州	Shuozhou	20.65	12.43	43.34		97961
晋中	Jinzhong	29.75	15.72	39.67		92087
运城	Yuncheng	33.02	14.44	108.04		204699
忻州	Xinzhou	28.95	11.12	67.51		84234
临汾	Linfen	29.42	14.70	35.82	0.43	114023
吕梁	Luliang	23.78	9.70	2.67		6816
呼和浩特	Huhehaote	29.99	10.15	290.79	35.66	970951
包头	Baotou	30.60	8.32	492.69	3.37	1620824
乌海	Wuhai	30.30	7.14	80.15	0.12	158443
赤峰	Chifeng	30.90	9.36	114.42	2.00	260401
通辽	Tongliao	28.73	10.46	7.50	1.30	15993
鄂尔多斯	Erdos	36.77	9.56	211.85	44.32	880106
呼伦贝尔	Hulunbeier	25.60	6.92	58.59		85004
巴彦淖尔	Bayanzhuoer	21.07	11.45	130.95		189469
乌兰察布	Wulanchabu	22.82	11.49	36.30		75390
沈阳	Shenyang	30.23	9.46	1245.54	59.05	5461699
大连	Dalian	25.10	9.35	840.16	35.90	5930838
鞍山	Anshan	25.53	12.40	223.98	14.30	801108
抚顺	Fushun	21.76	9.66	121.35	0.39	377852
本溪	Benxi	21.39	8.74	113.30		238661
丹东	Dandong	23.76	13.22	139.52	0.50	381912
锦州	Jinzhou	27.79	11.79	140.26	1.68	385292
营口	Yingkou	27.86	12.45	248.40	3.00	714221

*人均住房使用面积系住户调查数据仅供参考。

Per capita housing construction areas from households survey data,for your information.

3-1 续表 1 Continued 1

城 市	City	人均住房使用面积（平方米） Per Capita Construction Areas (sq.m)*	居住支出占消费支出比重 Percentage of Residence to Expenditure for Consumption (%)	住宅销售面积（万平方米） Sold Area of Commercial Houses (10000sq.m)	别墅 Villa	住宅销售额（万元） Sales Volume of Commercial Houses (10000yuan)
阜 新	Fuxin	23.67	11.25	63.00		142521
辽 阳	Liaoyang	26.84	11.72	89.50	3.70	249952
盘 锦	Panjin	28.90	8.12	119.43		399858
铁 岭	Tieling	25.99	12.12	95.00	1.60	205260
朝 阳	Chaoyang	25.32	12.53	74.21	0.20	134757
葫 芦 岛	Huludao	27.50	11.55	167.49	6.25	447695
长 春	Changchun	26.51	11.46	457.73	47.69	1836531
吉 林	Jinlin	29.31	13.73	181.70		685592
四 平	Siping	27.56	14.15	77.73		165200
辽 源	Liaoyuan	25.38	12.30	53.21		90288
通 化	Tonghua	27.62	13.70	24.68		50987
白 山	Baishan	24.36	12.34	46.57		79826
松 原	Songyuan	21.20	8.41	69.48	0.85	66564
白 城	Baicheng	30.10	13.56	6.60		11340
哈 尔 滨	Harbin	20.80	9.15	570.20	45.20	2492733
齐齐哈尔	Qiqihaer	25.00	13.31	84.99	0.14	287685
鸡 西	Jixi	22.04	9.02	22.72		45510
鹤 岗	Hegang	22.24	15.21	48.34		83776
双 鸭 山	Shuangyashan	21.33	8.30	12.00		28943
大 庆	Daqing	26.73	11.60	249.77	2.46	911132
伊 春	Yichun	24.00	9.68	33.31		52651
佳 木 斯	Jiamusi	26.16	8.62	72.83		180734
七 台 河	Qitaihe	24.65	10.13	36.34		74661
牡 丹 江	Mudanjiang	25.00	12.61	73.80		197593
黑 河	Heihe	26.09	12.91	7.60		19424
绥 化	Suihua	17.90	13.18	27.37		61210
上 海	Shanghai	34.00	9.11	2900.00	449.67	36034429
南 京	Nanjing	27.04	6.55	1015.09	71.41	7310467
无 锡	Wuxi	34.70	11.53	659.06	31.00	4055895
徐 州	Xuzhou	27.03	8.45	271.42	6.28	944501
常 州	Changzhou	32.90	6.75	658.31	19.67	3084957
苏 州	Suzhou	33.11	9.89	854.28	149.60	6349365
南 通	Nantong	32.25	7.15	307.77	18.33	1477327
连 云 港	Lianyungang	33.50	9.07	230.59	3.03	789145
淮 安	Huaian	33.83	8.66	275.45	9.11	881508
盐 城	Yancheng	29.51	7.31	202.69	1.28	672827
扬 州	Yangzhou	33.50	8.60	213.76	17.05	1141141
镇 江	Zhenjiang	34.12	9.59	238.27	32.74	1013798
泰 州	Taizhou	30.31	9.75	143.24	14.80	573709
宿 迁	Suqian	36.03	6.59	151.30	4.40	357450
杭 州	Hangzhou	30.85	11.01	1088.94	28.26	12539126

城 市	City	人均住房使用面积（平方米）Per Capita Construction Areas (sq.m)*	居住支出占消费支出比重 Percentage of Residence to Expenditure for Consumption (%)	住宅销售面积（万平方米）Sold Area of Commercial Houses (10000sq.m)	别墅 Villa	住宅销售额（万元）Sales Volume of Commercial Houses (10000yuan)
宁 波	Ningbuo	29.72	8.91	442.82	0.32	4292956
温 州	Wenzhou	30.93	8.53	111.36	9.31	2604494
嘉 兴	Jiaxing	30.99	11.84	265.56	12.98	1348342
湖 州	Huzhou	31.50	12.35	197.95	17.58	1008551
绍 兴	Shaoxing	29.11	11.06	106.95	2.68	769819
金 华	Jinhua	34.06	7.42	144.98	17.27	620253
衢 州	Quzhou	38.60	11.85	101.80	28.40	383287
舟 山	Zhoushan	30.15	13.12	116.00	1.97	847441
台 州	Taizhou	39.88	7.62	139.38	14.73	1109449
丽 水	Lishui	32.30	7.86	50.02	3.22	396338
合 肥	Hefei	26.11	13.26	1030.29	6.00	4368527
芜 湖	Wuhu	29.37	11.43	226.16	13.01	907145
蚌 埠	Bengbu	23.62	17.70	121.43	4.10	430965
淮 南	Huainan	24.46	9.09	140.30		416135
马 鞍 山	Maanshan	26.83	8.78	85.35	3.06	359010
淮 北	Huaibei	25.65	10.29	98.73	0.13	269317
铜 陵	Tongling	26.01	9.28	64.56		236148
安 庆	Anqing	28.13	12.26	86.60		296537
黄 山	Huangshan	34.24	15.85	86.54	5.40	249405
滁 州	Chuzhou	29.44	9.65	43.60	0.29	152119
阜 阳	Fuyang	32.00	8.76	94.18	2.29	278611
宿 州	Suzhou	32.06	10.07	80.27	1.50	195699
巢 湖	Chaohu	35.38	7.89	104.15	18.67	320807
六 安	Liuan	36.80	8.42	37.96		110800
亳 州	Bozhou	39.51	10.18	23.90		61044
池 州	Chizhou	36.02	13.92	82.26	3.78	207869
宣 城	Xuancheng	20.31	7.27	88.46	0.62	287649
福 州	Fuzhou	27.05	8.53	379.19	9.18	2965443
厦 门	Xiamen	30.77	10.79	401.30	15.83	3585701
莆 田	Putian	40.79	11.98	113.91	0.69	480829
三 明	Sanming	27.08	9.69	39.29	1.20	172718
泉 州	Quanhzou	48.66	10.13	141.77	29.56	825960
漳 州	Zhangzhou	30.43	9.26	118.78	3.54	454101
南 平	Nanping	29.89	11.99	29.86		130155
龙 岩	Longyan	35.04	11.58	95.20	6.13	424759
宁 德	Ningde	34.95	9.07	58.89	1.12	237201
南 昌	Nanchang	27.93	8.57	279.41	0.49	1185620
景 德 镇	Jingdezhen	29.90	12.22	67.47	0.05	140594
萍 乡	Pingxiang	35.55	8.70	55.55	0.64	124521
九 江	Jiujiang	31.87	10.00	121.14		495797
新 余	Xinyu	31.06	7.94	114.26	1.34	233591

城　市	City	人均住房使用面积(平方米) Per Capita Construction Areas (sq.m)*	居住支出占消费支出比重 Percentage of Residence to Expenditure for Consumption (%)	住宅销售面积(万平方米) Sold Area of Commercial Houses (10000sq.m)	别墅 Villa	住宅销售额(万元) Sales Volume of Commercial Houses (10000yuan)
鹰　潭	Yingtan	33.03	7.23	21.22	1.46	59045
赣　州	Ganzhou	33.60	10.80	94.39	9.51	216891
吉　安	Jian	36.86	8.07	58.65	3.90	128666
宜　春	Yichun	34.94	9.56	55.42	0.33	125236
抚　州	Fuzhou	34.55	10.39	90.81	0.04	226136
上　饶	Shangrao	30.47	7.70	27.00	2.21	54250
济　南	Jinan	29.40	10.14	295.32	4.77	1644914
青　岛	Qingdao	26.71	8.92	649.20	27.95	4559553
淄　博	Zibuo	32.54	13.46	380.51		1100748
枣　庄	Zaozhuang	28.87	8.92	90.57	0.64	223026
东　营	Dongying	33.04	8.89	248.91	14.74	793455
烟　台	Yantai	28.89	10.11	303.51	0.33	1358150
潍　坊	Weifang	33.00	14.67	390.54	1.97	1157067
济　宁	Jining	30.96	10.07	103.93	1.49	372152
泰　安	Taian	31.74	9.61	71.21	1.45	298623
威　海	Weihai	43.27	10.39	104.62	2.50	428658
日　照	Rizhao	30.64	10.12	90.30	0.03	291063
莱　芜	Laiwu	32.19	10.04	45.98	0.14	113854
临　沂	Linyi	34.14	10.15	192.40	0.92	581963
德　州	Dezhou	32.21	9.87	67.24		156305
聊　城	Liaocheng	32.85	6.67	73.63	3.24	241433
滨　州	Binzhou	34.68	13.17	70.80	0.12	157366
菏　泽	Heze	25.60	9.97	191.00		540933
郑　州	Zhengzhou	27.32	9.60	854.57	19.54	3871813
开　封	Kaifeng	30.07	12.41	78.63	2.33	204389
洛　阳	Luoyang	29.72	12.44	247.40	9.90	739951
平顶山	Pingdingshan	33.14	8.13	68.41	0.05	153405
安　阳	Anyang	29.32	7.88	113.89		270572
鹤　壁	Hebi	32.51	17.59	41.80		83941
新　乡	Xinxiang	32.72	8.45	128.96	4.90	285012
焦　作	Jiaozuo	35.17	11.79	57.10		142675
濮　阳	Puyang	30.81	9.57	58.06	4.97	126298
许　昌	Xuchang	34.53	15.84	58.14	3.95	150796
漯　河	Luohe	36.02	9.53	59.90	1.95	120151
三门峡	Sanmenxi	33.00	13.45	23.11		5883
南　阳	Nanyang	38.25	8.72	25.82	3.70	53134
商　丘	Shangqiu	36.17	9.38	77.51		167607
信　阳	Xinyang	34.47	9.87	71.24	0.31	164844
周　口	Zhoukou	42.46	12.30	17.15	0.50	34921
驻马店	Zhumadian	33.45	9.50	78.71		163599
武　汉	Wuhan	26.00	9.05	853.89	31.42	4790668

城　　市	City	人均住房使用面积（平方米） Per Capita Construction Areas (sq.m)*	居住支出占消费支出比重 Percentage of Residence to Expenditure for Consumption (%)	住宅销售面积（万平方米） Sold Area of Commercial Houses (10000sq.m)	别墅 Villa	住宅销售额（万元） Sales Volume of Commercial Houses (10000yuan)
黄　石	Huangshi	30.03	8.34	57.78		162750
十　堰	Shiyan	28.72	7.59	109.69		286505
宜　昌	Yichang	28.03	7.53	143.07	4.10	482510
襄　樊	Xiangfan	28.85	11.31	123.55	4.54	349367
鄂　州	Ezhou	32.13	13.20	48.43	7.81	125908
荆　门	Jingmen	39.40	8.41	65.22	8.43	160196
孝　感	Xiaogan	33.60	5.85	65.39		173831
荆　州	Jingzhou	28.65	11.24	65.74		167048
黄　冈	Huanggang	43.00	6.90	34.31		80500
咸　宁	Xianning	35.48	9.55	47.42	1.39	97793
随　州	Suizhou	40.50	10.53	84.55		142169
长　沙	Changsha	29.03	10.83	888.71	36.93	3483472
株　洲	Zhuzhou	28.80	13.85	258.44	1.93	664132
湘　潭	Xiangtan	30.50	11.47	119.98	11.76	284347
衡　阳	Hengyang	25.00	6.29	90.07	3.11	203048
邵　阳	Shaoyang	29.00	8.01	35.18	0.13	64147
岳　阳	Yueyang	39.30	7.81	88.17	0.19	160844
常　德	Changde	35.58	10.91	85.04	0.09	196620
张家界	Zhangjiajie	48.70	17.47	33.56		71808
益　阳	Yiyang	30.00	7.80	79.37	7.33	150774
郴　州	Chenzhou	29.94	10.79	56.52	1.34	110647
永　州	Yongzhou	33.75	6.67	42.84		65396
怀　化	Huaihua	30.27	12.05	28.58		55381
娄　底	Loudi	28.87	13.76	68.51		129295
广　州	Guangzhou	27.11	9.30	969.05	44.61	9747164
韶　关	Shaoguan	33.30	14.64	128.36	27.56	401428
深　圳	Shenzhen	26.64	11.03	717.40	4.60	10322940
珠　海	Zhuhai	29.25	10.19	277.78	12.31	2047303
汕　头	Shantou	27.95	10.31	109.95		385303
佛　山	Foshan	38.70	9.19	711.27	75.53	4412711
江　门	Jiangmen	28.25	10.43	156.95	25.76	612952
湛　江	Zhanjiang	28.36	10.00	73.38		327877
茂　名	Maoming	31.51	8.43	97.42	4.80	233781
肇　庆	Zhaoqing	26.66	9.73	154.12	7.51	559342
惠　州	Huizhou	32.78	16.17	437.26	57.52	1886039
梅　州	Meizhou	40.81	10.97	17.27		40900
汕　尾	Shanwei	30.49	11.96	27.30	10.31	83168
河　源	Heyuan	30.47	13.40	40.84	4.92	133100
阳　江	Yangjiang	53.21	9.47	45.52	1.27	141864
清　远	Qingyuan	31.46	11.67	124.97	37.92	513392
东　莞	Dongguan	53.75	9.20	578.82	96.64	3342466

城　市	City	人均住房使用面积(平方米) Per Capita Construction Areas (sq.m)*	居住支出占消费支出比重 Percentage of Residence to Expenditure for Consumption (%)	住宅销售面积(万平方米) Sold Area of Commercial Houses (10000sq.m)	别墅 Villa	住宅销售额(万元) Sales Volume of Commercial Houses (10000yuan)
中　山	Zhongshan	33.55	9.07	518.34	63.68	2355623
潮　州	Chaozhou	29.00	11.09	57.50	1.78	140712
揭　阳	Jieyang	29.02	10.57	47.60		103142
云　浮	Yunfu	31.29	10.66	12.92		34816
南　宁	Nanning	27.44	7.64	596.52	16.15	2900034
柳　州	Liuzhou	32.32	9.19	157.48	0.18	589235
桂　林	Guilin	29.19	9.18	118.49	2.61	450690
梧　州	Wuzhou	24.46	12.56	55.99	1.15	139638
北　海	Beihai	47.23	7.10	160.11	4.08	529734
防 城 港	Fangchenggang	32.67	18.12	41.24	0.29	107193
钦　州	Qinzhou	46.78	9.60	115.01	4.02	324707
贵　港	Guigang	46.58	11.98	67.17		160116
玉　林	Yulin	64.45	11.25	90.60		223324
百　色	Baise	25.61	9.78	26.80		69928
贺　州	Hezhou	50.60	11.73	9.24		17802
河　池	Hechi	36.96	12.58	13.78		32000
来　宾	Laibin	43.04	13.50	34.67		73224
崇　左	Chongzuo	28.99	10.06	18.07		36647
海　口	Haikou	28.87	10.66	182.29	47.57	969415
三　亚	Sanya	33.81	10.26	113.80	35.39	1269263
重　庆	Chongqing	27.41	8.74	2908.55	263.66	10648173
成　都	Chengdu	28.88	7.43	1769.84	84.62	9253836
自　贡	Zigong	30.35	7.20	122.43		320561
攀 枝 花	Panzhihua	26.09	9.69	60.43		161829
泸　州	Luzhou	32.00	6.76	181.05	0.72	425443
德　阳	Deyang	33.45	5.40	91.88	0.74	285681
绵　阳	Mianyang	33.54	9.09	156.70	4.07	501847
广　元	Guangyuan	32.08	8.37	44.02		113755
遂　宁	Suining	32.99	7.54	169.16		306512
内　江	Neijiang	30.55	8.25	100.10	0.40	226926
乐　山	Leshan	33.00	10.58	99.20	1.90	245180
南　充	Nanchong	33.99	8.40	133.30	0.45	387749
眉　山	Meishan	29.93	7.39	84.78		194670
宜　宾	Yibin	30.57	10.21	82.50		232713
广　安	Guangan	39.26	8.47	58.33		97276
达　州	Dazhou	34.00	7.89	61.70		158267
雅　安	Yaan	31.35	11.97	12.04	0.53	37054
巴　中	Bazhong	33.53	9.06	32.00		55471
资　阳	Ziyang	36.73	8.28	61.67		104825
贵　阳	Guiyang	22.64	6.54	712.23	21.08	2570158
六 盘 水	Liupanshui	25.25	7.68	90.91		170100

城 市	City	人均住房使用面积（平方米） Per Capita Construction Areas (sq.m)*	居住支出占消费支出比重 Percentage of Residence to Expenditure for Consumption (%)	住宅销售面积（万平方米） Sold Area of Commercial Houses (10000sq.m)	别墅 Villa	住宅销售额（万元） Sales Volume of Commercial Houses (10000yuan)
遵 义	Zunyi	31.47	8.22	89.85		200003
安 顺	Anshun	27.87	8.12	53.30		103482
昆 明	Kunming	22.49	7.65	378.50	42.83	1515735
曲 靖	Qujing	30.53	7.75	140.69	9.38	365427
玉 溪	Yuxi	42.10	7.87	85.56	6.99	207798
保 山	Baoshan	46.25	14.01	28.60	4.90	49470
昭 通	Shaotong	24.99	11.31	75.67	0.29	144511
丽 江	Lijiang	50.11	20.14	33.20	0.90	89955
思 茅	Simao	26.40	6.00	9.24	1.63	87519
临 沧	Lincang	32.91	5.35	24.57	0.10	35587
拉 萨	Lhasa	33.44	6.14			
西 安	Xian	28.40	8.86	1159.19	21.98	4052822
铜 川	Tongchuan	6.82	9.47	74.96		90341
宝 鸡	Baoji	27.19	9.09	130.53		344465
咸 阳	Xanyang	35.41	8.84	98.45		293552
渭 南	Weinan	28.00	8.61	52.15		84955
延 安	Yanan	28.03	11.96	33.02		63350
汉 中	Hanzhong	27.94	7.06	59.86		127748
榆 林	Yulin	27.54	11.75	46.95		156256
安 康	Ankang	30.40	9.40	59.93		123901
商 洛	Shangluo	30.99	11.21	17.12		29454
兰 州	Lanzhou	23.68	8.88	206.58		750031
嘉 峪 关	Jiayuguan	30.39	8.87	95.42		145076
金 昌	Jinchang	30.42	8.34	20.17	0.21	40202
白 银	Baiyin	26.63	10.28	36.97		77334
天 水	Tianshui	25.65	8.46	30.42		80718
武 威	Wuwei	24.10	12.71	7.63		11454
张 掖	Zhangye	31.39	12.11	21.90		44030
平 凉	Pingliang	29.80	9.50	28.76		56027
酒 泉	Jiuquan	29.97	9.85	29.60		55393
庆 阳	Qingyang	32.51	7.34	23.76		57606
定 西	Dingxi	30.52	9.62	13.68		32520
陇 南	Longnan	26.00	14.60	21.94		254
西 宁	Xining	25.50	9.18	146.66	5.01	412931
银 川	Yinchuan	28.94	10.32	380.71	2.66	1292638
石 嘴 山	Shizuishan	28.58	6.26	52.81	0.55	106391
吴 忠	Wuzhong	29.35	8.99	63.95	0.11	159333
固 原	Guyuan	28.86	11.08	24.05		42804
中 卫	Zhongwei	27.60	10.34	25.45		57052
乌鲁木齐	Urumqi	26.33	11.42	443.55	12.59	1517047
克拉玛依	Kelamayi	27.62	5.98	92.61	0.03	158933

3-2 城市生活用水、电、气(市辖区,2009年)
Urban Consumption of Water and Power and Gas for Residential Use (Districts under City，2009)

城　市	City	生活用水量(万吨) Volume of Water For Residential Use (10000 tons)	人均生活用水(吨/人) Per Capita Consumption of Water for Residential Use (ton/person)	城乡居民生活用电量(万千瓦时) Volume of Power For Residential Use (10000 kw/hour)	人均生活用电(千瓦时/人) Per Capita Consumption of Power for Residential Use (kwh/person)	家庭用煤气量(万立方米) Volume of Coal Gas For Residential Use (10000 m3)	人均家庭煤气用量(立方米/人) Per Capita Consumption of Coal Gas for Residential Use (m3/person)
城市合计	**Total**	**1446081**	**48.20**	**24384055**	**638.14**	**1213559**	**75.74**
北　京	Beijing	58954	39.52	1256047	1069.31	89087	77.93
天　津	Tianjin	20897	34.41	646100	804.71	21140	31.57
石家庄	Shijiazhuang	7525	29.80	124100	511.16	1474	8.94
唐　山	Tangshan	10582	53.68	70156	228.52	8637	67.12
秦皇岛	Qinhuangdao	2892	31.12	68806	832.70	1208	15.92
邯　郸	Handan	4656	31.59	55951	379.59	13258	97.03
邢　台	Xingtai	2176	33.80	51951	845.01	1200	29.20
保　定	Baoding	3339	27.23	62703	590.15	1739	33.44
张家口	Zhanjiakou	2262	26.99	33646	375.30	4046	69.67
承　德	Chengde	2151	42.91	23770	436.07	1070	107.00
沧　州	Cangzhou	1480	26.82	36437	683.75	607	20.92
廊　坊	Langfang	1838	35.94	52381	646.44	2706	64.43
衡　水	Hengshui	892	24.14	40157	1291.22	10	0.71
太　原	Taiyuan	13357	44.93	159050	557.76	23436	99.73
大　同	Datong	4069	32.12	54197	350.36	2487	27.33
阳　泉	Yangquan	2016	35.28	20035	291.38	12908	290.13
长　治	Changzhi	4205	58.40	27119	388.52	4512	103.49
晋　城	Jincheng	742	22.48	15033	438.28	3938	222.74
朔　州	Shuozhou	840	31.20	11422	178.22	1600	75.72
晋　中	Jinzhong	1153	29.46	24872	422.42	1715	88.31
运　城	Yuncheng	967	36.63	33264	504.84	531	18.31
忻　州	Xinzhou	890	44.95	12603	238.42	3075	146.29
临　汾	Linfen	1106	27.49	33089	397.23	11423	327.21
吕　梁	Luliang	395	18.04	11676	425.36	1560	138.91
呼和浩特	Huhehaote	2614	20.47	69600	585.91	2565	27.12
包　头	Baotou	3023	19.25	90450	639.31	18692	170.38
乌　海	Wuhai	3520	72.19	17318	360.34	11350	
赤　峰	Chifeng	1247	17.54	40623	334.51		
通　辽	Tongliao	724.72	18.12	20059	262.90	204	18.13
鄂尔多斯	Erdos	688	12.07	22007	869.50	776	51.73
呼伦贝尔	Hulunbeier	625	32.55	13909	516.68		
巴彦淖尔	Bayanzhuoer	964	33.82	14184	264.63	2	18.46
乌兰察布	Wulanchabu	588	25.30	22775	749.92	2970	155.90
沈　阳	Shenyang	16980	35.87	357218	697.38	11563	27.27
大　连	Dalian	6685	23.06	214224	709.33	16038	79.24
鞍　山	Anshan	3126	20.97	69195	469.95	6972	50.52
抚　顺	Fushun	1925	14.81	51275	368.75	5793	87.51
本　溪	Benxi	1313	16.78	40778	426.82	3699	64.31
丹　东	Dandong	1583	25.76	36581	463.46	3358	67.29
锦　州	Jinzhou	4971	51.35	28379	303.91	5980	73.55

城市	City	生活用水量（万吨） Volume of Water For Residential Use (10000 tons)	人均生活用水（吨/人） Per Capita Consumption of Water for Residential Use (ton/person)	生活用电量（万千瓦时） Volume of Power For Residential Use (10000 kw/hour)	人均生活用电（千瓦时/人） Per Capita Consumption of Power for Residential Use (kwh/person)	家庭用煤气量（万立方米） Volume of Coal Gas For Residential Use (10000 m3)	人均家庭煤气用量（立方米/人） Per Capita Consumption of Coal Gas for Residential Use (m3/person)
营口	Yingkou	2130	25.23	71009	795.35	822	19.76
阜新	Fuxin	2302	29.61	30882	398.02	1342	37.07
辽阳	Liaoyang	1609	21.03	30506	419.61	914	32.31
盘锦	Panjin	2525	34.51	24356	401.78	869	33.33
铁岭	Tieling	1320	29.91	23039	515.53	1793	52.74
朝阳	Chaoyang	857	18.31	19451	325.27	1504	44.24
葫芦岛	Huludao	1355	29.50	31282	315.41	1353	51.84
长春	Changchun	6813	25.36	201814	557.00	13853	66.79
吉林	Jinlin	4100	32.64	86390	466.80	2661	45.72
四平	Siping	427	10.54	30398	498.74	947	22.55
辽源	Liaoyuan	396	8.58	19991	418.31	0.07	
通化	Tonghua	989	23.77	21011	467.64	1706	55.21
白山	Baishan	820	22.65	19646	331.13	40	8.00
松原	Songyuan	2730	63.19	15647	283.15	1400	150.86
白城	Baicheng	1274	52.38	11481	225.60		
哈尔滨	Harbin	15701	44.48	211809	446.20	14605	36.79
齐齐哈尔	Qiqihaer	2268	21.62	86000	605.68	3032	43.03
鸡西	Jixi	5590	76.00	21534	244.40	440	9.72
鹤岗	Hegang	899	18.84	23596	347.66	1073	79.01
双鸭山	Shuangyashan	1352	28.77	13358	266.20	597	73.70
大庆	Daqing	4052	39.23	69963	527.90	5100	56.67
伊春	Yichun	1251	24.64	37100	457.86		
佳木斯	Jiamusi	3186	43.88	38695	474.84	629	27.29
七台河	Qitaihe	783	17.58	10034	181.38	2281	159.51
牡丹江	Mudanjiang	1589	24.45	13202	165.21		
黑河	Heihe	195	17.73	8351	434.72		
绥化	Suihua	961	22.28	33447	372.01	1300	72.22
上海	Shanghai	97327	50.66	1525192	1145.31	138895	115.55
南京	Nanjing	28324	57.50	426110	780.46	12357	52.36
无锡	Wuxi	14559	61.15	214529	900.93	6048	42.20
徐州	Xuzhou	6010	43.67	91300	490.28	4085	40.85
常州	Changzhou	8104	63.35	174911	771.65	9916	67.44
苏州	Suzhou	18079	86.81	257839	1073.39	6087	52.12
南通	Nantong	7885	90.40	107655	508.91	3320	105.73
连云港	Lianyungang	2797	38.50	46911	528.93	1327	34.92
淮安	Huaian	3849	34.99	79224	288.59	961	33.15
盐城	Yancheng	2684	39.59	56728	348.99	1070	48.86
扬州	Yangzhou	3079	41.75	75191	616.37	1283	32.08
镇江	Zhenjiang	4225	48.58	61442	593.93	2907	59.06
泰州	Taizhou	1849	29.88	39292	478.76		
宿迁	Suqian	1058	24.56	33489	209.94	85	53.80
杭州	Hangzhou	28108	93.04	453118	1055.14	7285	39.04

城　市	City	生活用水量(万吨) Volume of Water For Residential Use (10000 tons)	人均生活用水(吨/人) Per Capita Consumption of Water for Residential Use (ton/person)	生活用电量(万千瓦时) Volume of Power For Residential Use (10000 kw/hour)	人均生活用电(千瓦时/人) Per Capita Consumption of Power for Residential Use (kwh/person)	家庭用煤气量(万立方米) Volume of Coal Gas For Residential Use (10000 m3)	人均家庭煤气用量(立方米/人) Per Capita Consumption of Coal Gas for Residential Use (m3/person)
宁　波	Ningbuo	14750	90.35	208897	941.70	2675	32.46
温　州	Wenzhou	1054	8.40	188384	1301.26	38	7.60
嘉　兴	Jiaxing	1869	30.39	50703	610.00	580	20.70
湖　州	Huzhou	3582	45.93	61153	563.31	442	41.46
绍　兴	Shaoxing	2289	32.26	46453	715.76	6339	180.65
金　华	Jinhua	2103	36.71	52021	561.18	212	30.20
衢　州	Quzhou	1204	42.48	29535	359.39	668	59.12
舟　山	Zhoushan	1383	32.93	40784	585.47	645	12.54
台　州	Taizhou	5181	51.86	106998	695.83		
丽　水	Lishui	1477	47.22	21091	548.39		
合　肥	Hefei	13781	61.44	198088	949.70	5234	39.06
芜　湖	Wuhu	4857	43.76	52420	499.62	2487	35.66
蚌　埠	Bengbu	3274	37.89	38863	420.05	1271	33.52
淮　南	Huainan	3534	34.72	55254	305.66	2824	51.73
马鞍山	Maanshan	3422	60.89	30651	481.86	2341	41.65
淮　北	Huaibei	2387	30.23	24639	226.00	2116	55.98
铜　陵	Tongling	1004	25.10	18449	410.43		
安　庆	Anqing	2258	42.24	47056	636.24	979	57.59
黄　山	Huangshan	1059	40.90	18030	386.41		
滁　州	Chuzhou	1066	33.59	25000	469.57	733	38.76
阜　阳	Fuyang	2576	38.70	41306	202.25	850	35.49
宿　州	Suzhou	1950	43.14	35949	195.48	380	25.33
巢　湖	Chaohu	916	33.93	25239	284.74	276	23.00
六　安	Liuan	1340	24.95	36398	196.59	305	32.17
亳　州	Bozhou	1035	43.23	29402	184.32	580	128.89
池　州	Chizhou	903	35.64	16313	247.88	107	12.59
宣　城	Xuancheng	926	34.79	23221	270.77	40	44.44
福　州	Fuzhou	11292	56.32	317805	1696.50	1451	16.21
厦　门	Xiamen	9933	41.40	275143	1554.48	219	2.52
莆　田	Putian	2734	52.94	87170	409.29	67	13.40
三　明	Sanming	1508	68.86	20819	734.10	1922	137.98
泉　州	Quanhzou	4937	47.56	121245	1177.82	223	44.96
漳　州	Zhangzhou	2266	53.81	79854	1451.63	51	10.56
南　平	Nanping	1117	55.93	32718	664.06		
龙　岩	Longyan	1709	59.24	50142	1048.78		
宁　德	Ningde	1021	45.81	21309	492.58		
南　昌	Nanchang	12600	58.88	139414	626.58	4375	58.48
景德镇	Jingdezhen	2316	51.42	13595	296.90	905	50.99
萍　乡	Pingxiang	1353	37.40	41684	490.57	2900	152.63
九　江	Jiujiang	2534	41.25	62607	981.30	333	33.88
新　余	Xinyu	2016	55.23	31905	345.89	2546	73.46
鹰　潭	Yingtan	627	39.68	16702	751.33	1	10.00

城 市	City	生活用水量（万吨）Volume of Water For Residential Use (10000 tons)	人均生活用水（吨/人）Per Capita Consumption of Water for Residential Use (ton/person)	生活用电量（万千瓦时）Volume of Power For Residential Use (10000 kw/hour)	人均生活用电（千瓦时/人）Per Capita Consumption of Power for Residential Use (kwh/person)	家庭用煤气量（万立方米）Volume of Coal Gas For Residential Use (10000 m3)	人均家庭煤气用量（立方米/人）Per Capita Consumption of Coal Gas for Residential Use (m3/person)
赣州	Ganzhou	2435	40.21	35502	549.82	709	23.25
吉安	Jian	1159	39.02	16239	302.63	375	24.67
宜春	Yichun	1584	56.98	24919	239.10	466	37.10
抚州	Fuzhou	3593	74.92	22700	204.30	23	8.21
上饶	Shangrao	1338	50.53	6900	174.77	223	25.57
济南	Jinan	13492	47.93	262368	753.41	6873	36.00
青岛	Qingdao	12250	47.27	532873	1934.41	9080	41.98
淄博	Zibuo	5672	37.48	136104	488.23	9365	97.69
枣庄	Zaozhuang	2750	32.43	51535	234.69	2818	67.58
东营	Dongying	2418	38.19	28213	338.77	7520	152.69
烟台	Yantai	3408	23.63	98160	547.65	2192	32.68
潍坊	Weifang	4619	37.39	69893	385.62	5136	66.39
济宁	Jining	3816	34.69	54701	457.33	1474	24.40
泰安	Taian	2040	34.10	50382	316.37	1500	27.27
威海	Weihai	1579	26.96	55894	866.04	811	22.28
日照	Rizhao	1258	20.62	42881	349.11	1104	72.49
莱芜	Laiwu	2150	45.81	28029	221.78	1324	63.78
临沂	Linyi	3590	23.00	103491	518.86	2694	519.08
德州	Dezhou	1770	29.87	30226	476.45	1014	23.53
聊城	Liaocheng	2186	37.24	38038	362.20	1208	51.40
滨州	Binzhou	1904	27.20	28604	452.38	1846	55.10
菏泽	Heze	1940	19.02	36615	244.75	2575	286.25
郑州	Zhengzhou	12522	28.35	270389	948.70	15015	45.02
开封	Kaifeng	2097	24.68	53230	623.45	2571	58.56
洛阳	Luoyang	5819	43.23	63434	396.29	2201	51.07
平顶山	Pingdingshan	3758	44.74	44578	437.64	4383	52.18
安阳	Anyang	1998	28.54	63732	592.69	4085	70.09
鹤壁	Hebi	1732	42.45	14322	234.90	523	43.58
新乡	Xinxiang	2525	35.07	63960	630.77	2369	48.05
焦作	Jiaozuo	1953	25.92	36381	435.60	4081	76.94
濮阳	Puyang	1385	35.14	23909	356.11	3240	85.71
许昌	Xuchang	1089	25.35	30554	742.14	891	146.07
漯河	Luohe	1685	37.11	36457	261.96	1164	85.09
三门峡	Sanmenxi	769	28.91	15185	520.03	50	19.61
南阳	Nanyang	1765	21.87	64954	350.50	1162	50.65
商丘	Shangqiu	2065	34.30	49068	283.30	646	109.49
信阳	Xinyang	1376	30.83	46557	319.43	217	45.30
周口	Zhoukou	736	30.92	16745	317.56	66	20.18
驻马店	Zhumadian	1011	42.69	21491	324.93	395	36.57
武汉	Wuhan	39736	65.79	484456	940.75	20930	52.19
黄石	Huangshi	5195	73.27	39013	545.33	932	101.75
十堰	Shiyan	3589	75.72	38783	734.80	1235	41.17

城 市	City	生活用水量(万吨) Volume of Water For Residential Use (10000 tons)	人均生活用水(吨/人) Per Capita Consumption of Water for Residential Use (ton/person)	生活用电量(万千瓦时) Volume of Power For Residential Use (10000 kw/hour)	人均生活用电(千瓦时/人) Per Capita Consumption of Power for Residential Use (kwh/person)	家庭用煤气量(万立方米) Volume of Coal Gas For Residential Use (10000 m3)	人均家庭煤气用量(立方米/人) Per Capita Consumption of Coal Gas for Residential Use (m3/person)
宜 昌	Yichang	4170	55.39	58890	471.91	1754	30.83
襄 樊	Xiangfan	15138	120.05	80513	363.08	5008	119.95
鄂 州	Ezhou	2965	74.50	34062	317.62	900	96.77
荆 门	Jingmen	3188	63.72	23331	343.51	482	100.42
孝 感	Xiaogan	1786	64.11	22112	228.38	422	94.69
荆 州	Jingzhou	3160	37.71	51519	440.90	948	32.69
黄 冈	Huanggang	1967	70.50	17760	482.61	162	34.80
咸 宁	Xianning	1462	54.84	21512	359.85	91	26.84
随 州	Suizhou	1450	36.62	32724	505.94	419	63.80
长 沙	Changsha	26597	106.32	343932	1427.40	10618	64.47
株 洲	Zhuzhou	5524	74.47	59811	596.86	2794	49.59
湘 潭	Xiangtan	3507	49.19	60848	693.42	1137	40.39
衡 阳	Hengyang	4575	48.64	48939	469.35	7467	242.67
邵 阳	Shaoyang	2917	53.47	33050	491.08	1162	70.00
岳 阳	Yueyang	6920	77.15	83110	949.72	1684	96.23
常 德	Changde	2962	49.45	55013	391.38	1015	67.98
张家界	Zhangjiajie	1000	48.24	16945	339.72		
益 阳	Yiyang	2142	42.93	47953	361.28	664	110.67
郴 州	Chenzhou	2476	61.45	50602	759.56	100	44.44
永 州	Yongzhou	3442	69.16	45100	411.53		
怀 化	Huaihua	2176	72.53	22167	637.35		
娄 底	Loudi	3241	94.99	14769	329.15	1412	73.84
广 州	Guangzhou	73	0.06		1555.98	11110	99.99
韶 关	Shaoguan	3374	73.35	39275	426.48	482	40.17
深 圳	Shenzhen	48729	40.61	791322	3217.28	18897	57.44
珠 海	Zhuhai	8883	66.98	122631	1194.65		
汕 头	Shantou	13069	57.90	263072	522.56	95	31.99
佛 山	Foshan	16840	86.40	432375	1176.11	2458	47.41
江 门	Jiangmen	6475	57.97	89169	648.17	14	7.78
湛 江	Zhanjiang	4703	80.66	91041	599.70	577	64.11
茂 名	Maoming	2857	57.42	34354	262.89	7	87.50
肇 庆	Zhaoqing	3323	64.30	35499	667.40	10	2.46
惠 州	Huizhou	6852	50.22	116659	904.19		
梅 州	Meizhou	2143	56.65	32758	1040.27	68	50.00
汕 尾	Shanwei	1164	49.03	37031	706.02		
河 源	Heyuan	2493	92.44	26206	878.51		
阳 江	Yangjiang	2637	67.62	29263	438.00	118	46.04
清 远	Qingyuan	2654	51.53	37497	582.52	216	34.84
东 莞	Dongguan	40699	64.09	545838	3053.98	1078	96.68
中 山	Zhongshan	5990	139.30	234863	1588.41	677	29.82
潮 州	Chaozhou	2544	65.16	82306	2353.62	47563	1222.07
揭 阳	Jieyang	2261	29.74	24771	356.52		

城　市	City	生活用水量（万吨）Volume of Water For Residential Use (10000 tons)	人均生活用水（吨/人）Per Capita Consumption of Water for Residential Use (ton/person)	生活用电量（万千瓦时）Volume of Power For Residential Use (10000 kw/hour)	人均生活用电（千瓦时/人）Per Capita Consumption of Power for Residential Use (kwh/person)	家庭用煤气量（万立方米）Volume of Coal Gas For Residential Use (10000 m3)	人均家庭煤气用量（立方米/人）Per Capita Consumption of Coal Gas for Residential Use (m3/person)
云　浮	Yunfu	1021	39.57	11780	397.57		
南　宁	Nanning	15717	78.82	171173	640.76	1423	32.81
柳　州	Liuzhou	8986	71.32	84642	815.20	4431	79.54
桂　林	Guilin	4683	74.84	57640	760.52	346	20.76
梧　州	Wuzhou	2114	55.17	25220	503.80	7	46.67
北　海	Beihai	1966	60.87	34610	572.82	300	75.00
防城港	Fangchenggang	936	62.61	17013	328.06	2	18.18
钦　州	Qinzhou	2010	87.89	27351	202.92	7614	337.05
贵　港	Guigang	2322	62.66	39133	210.57	62	36.47
玉　林	Yulin	2281	47.53	35145	359.32	108	2.52
百　色	Baise	2025	116.05	19355	556.66		
贺　州	Hezhou	1418	83.41	23666	220.83		
河　池	Hechi	1687	77.07	11988	361.96	107	155.61
来　宾	Laibin	1525	72.62	24100	228.94		
崇　左	Chongzuo	707	55.45	8287	231.48		
海　口	Haikou	8000	80.72	49428	312.36	1557	28.58
三　亚	Sanya	2231	85.81	34714	623.12	322	20.38
重　庆	Chongqing	36705	42.41	670870	434.85	66456	91.06
成　都	Chengdu	41939	103.31	370213	710.77	58322	155.62
自　贡	Zigong	2354	37.85	22437	149.00	6376	80.44
攀枝花	Panzhihua	3046	53.61	25712	371.56	5282	133.55
泸　州	Luzhou	2373	37.14	39929	274.37	4511	82.32
德　阳	Deyang	2038	48.88	29952	454.51	3092	94.27
绵　阳	Mianyang	3471	45.64	53262	435.47	7141	96.96
广　元	Guangyuan	1487	51.06	24969	267.79	2426	124.16
遂　宁	Suining	1240	32.53	24700	163.75	3457	95.58
内　江	Neijiang	1383	41.43	32487	229.22	2588	84.00
乐　山	Leshan	2172	49.03	59423	516.68	3866	106.03
南　充	Nanchong	3250	46.48	47130	243.75	4730	73.45
眉　山	Meishan	1822	58.21	41735	488.13	2194	85.70
宜　宾	Yibin	2060	71.88	42794	534.72	3521	104.98
广　安	Guangan	1102	55.10	6385	50.63	1554	64.75
达　州	Dazhou	1937	57.36	23478	531.06	3115	99.25
雅　安	Yaan	384	16.07	14047	399.18	1698	122.60
巴　中	Bazhong	708	26.82	15292	106.75	2094	95.18
资　阳	Ziyang	1078	42.22	20282	186.67	1400	95.89
贵　阳	Guiyang	12367	60.92	277183	1266.89	9141	63.70
六盘水	Liupanshui	955	31.83	16688	315.17	1350	67.50
遵　义	Zunyi	2213	26.47	75541	885.59		
安　顺	Anshun	1011	27.28	18700	220.78	1	12.50
昆　明	Kunming	10956	42.14	350621	1401.14	16312	74.83

城　市	City	生活用水量（万吨）Volume of Water For Residential Use (10000 tons)	人均生活用水（吨/人）Per Capita Consumption of Water for Residential Use (ton/person)	生活用电量（万千瓦时）Volume of Power For Residential Use (10000 kw/hour)	人均生活用电（千瓦时/人）Per Capita Consumption of Power for Residential Use (kwh/person)	家庭用煤气量（万立方米）Volume of Coal Gas For Residential Use (10000 m3)	人均家庭煤气用量（立方米/人）Per Capita Consumption of Coal Gas for Residential Use (m3/person)
曲　靖	Qujing	1668	28.63	27000	388.66		
玉　溪	Yuxi	1210	46.54	15043	357.66		
保　山	Baoshan	1700	72.34	15845	177.93	107	78.21
昭　通	Shaotong	662	28.78	10503	128.57	18	4.50
丽　江	Lijiang	526	68.31	7821	510.18	2558	200.47
思　茅	Simao	572	35.44	6633	304.83		
临　沧	Lincang	300	35.29	8679	282.80		
拉　萨	Lhasa	860	27.07				
西　安	Xian	18513	51.76	335476	597.38	15473	54.30
铜　川	Tongchuan	608	16.00	12629	166.79	942	60.77
宝　鸡	Baoji	2922	39.02	32238	228.04	2760	47.69
咸　阳	Xanyang	4400	47.63	40624	452.89	1950	34.82
渭　南	Weinan	984	26.83	13643	140.94	1034	72.06
延　安	Yanan	708	23.52	16927	377.25	1131	81.96
汉　中	Hanzhong	873	29.10	21395	387.17		
榆　林	Yulin	410	13.31	15330	301.00	5738	294.26
安　康	Ankang	2018	73.38	25019	250.47		
商　洛	Shangluo	758	60.64	8886	161.89	125	113.64
兰　州	Lanzhou	9596	52.35	98964	470.20	7296	45.01
嘉峪关	Jiayuguan	430	20.39	18180	871.11	5210	281.62
金　昌	Jinchang	888	59.60				
白　银	Baiyin	3250	67.07	21561	434.17	1176	119.63
天　水	Tianshui	1790	34.42	41079	325.87	92	46.94
武　威	Wuwei	1090	34.04	11600	112.00		
张　掖	Zhangye	606	40.40	11655	224.70		
平　凉	Pingliang	328	16.40	8351	167.05	14	13.26
酒　泉	Jiuquan	714	23.18	1184	29.51	34	55.46
庆　阳	Qingyang	732	36.60	6824	191.85		
定　西	Dingxi	165	10.19	2100	44.94		
陇　南	Longnan	83	11.53	5488	99.49		
西　宁	Xining	4249	57.62	70782	620.19	4528	59.96
银　川	Yinchuan	4452	42.28	63234	691.69	28387	485.25
石嘴山	Shizuishan	870	58.43	13200	290.62	44359	1567.46
吴　忠	Wuzhong	700	43.21	9800	257.15	2590	431.67
固　原	Guyuan	257	14.12	6446	146.30	908	73.82
中　卫	Zhongwei	131	9.98	7516	191.54	11	7.97
乌鲁木齐	Urumqi	12255	43.92	126126	543.93	18700	84.18
克拉玛依	Kelamayi	1227	32.83	12000	304.96	197	113.22

3-3 城市教育与文化(市辖区,2009年)

Urban Education and Culture (Districts under City，2009)

城市	City	每万人在校大学生数(人) University and College Students Per 10000 Population (person)	每万人在校高中生数(人) High School Students Per 10000 Population (person)	每万人在校中等职业学生数(人) Specialized Secondary School Students Per 10000 Population (person)	中学生数(万人) Secondary School Students (10000 person)	小学生数(万人) Primary School Students (10000 person)	每百人图书馆藏书(册) Quantity of Books Collected Public Libraries Per Hundred Population (pieces)	每十万人体育场馆数(座) Quantity of Gymnasiums Per 100000 Population (unit)	每百万人影剧院数(座) Quantity of Theatres and Movie Houses Per Million Population (unit)
城市合计	**Total**	**512.83**	**440.36**	**287.69**	**2330.73**	**2792.91**	**115.72**	**6.49**	**4.83**
北京	Beijing	488.58	358.31	182.15	48.84	61.27	366.41	48.99	12.60
天津	Tianjin	505.63	396.85	194.96	36.08	39.01	144.04	93.06	4.36
石家庄	Shijiazhuang	1390.57	1044.87	759.63	14.09	15.72	131.89	0.82	2.47
唐山	Tangshan	296.87	386.36	221.50	13.86	16.38	36.84	0.59	2.93
秦皇岛	Qinhuangdao	1067.83	314.17	149.76	4.39	5.16	66.08	0.73	1.21
邯郸	Handan	401.94	770.96	466.99	13.67	11.71	34.33	0.61	1.36
邢台	Xingtai	745.35	1413.58	875.42	6.33	5.86	53.84	0.98	4.88
保定	Baoding	1505.90	704.22	479.12	5.42	6.53	68.42	0.19	1.88
张家口	Zhanjiakou	500.08	156.33	328.17	6.32	5.29	78.75	1.78	2.23
承德	Chengde	651.84	729.77	455.48	3.24	3.16	61.27	1.47	12.84
沧州	Cangzhou	610.55	1007.75	512.78	5.45	6.00	46.73	0.56	5.63
廊坊	Langfang	742.34	494.98	286.59	4.42	5.15	58.37	1.48	2.47
衡水	Hengshui	541.80	1796.30	1100.93	4.31	3.36	34.73	1.93	3.22
太原	Taiyuan	1133.82	240.03	501.24	18.28	20.58	123.16	0.95	4.56
大同	Datong	195.38	482.42	136.43	10.96	14.54	21.33	0.32	3.23
阳泉	Yangquan	103.84	470.64	256.34	4.50	4.78	63.26	0.87	2.91
长治	Changzhi	434.91	898.91	431.99	7.23	6.30	7.31	0.14	5.73
晋城	Jincheng	236.88	500.52	251.63	4.12	4.19	22.45	2.04	11.66
朔州	Shuozhou		387.78	101.59	6.17	8.17	16.70	0.94	4.68
晋中	Jinzhong	528.72	172.27	290.78	3.14	4.06	348.17	1.87	1.70
运城	Yuncheng	278.89	331.63	251.07	7.91	3.90	26.56	1.21	1.52
忻州	Xinzhou	162.69	328.24	255.41	3.12	4.88	29.89	0.57	3.78
临汾	Linfen	436.06	618.21	280.59	7.36	7.23	449.94	1.32	4.80
吕梁	Luliang	277.60	1062.48	653.62	3.46	3.80	39.71	1.09	3.64
呼和浩特	Huhehaote	1716.40	793.97	501.89	8.96	12.21	196.57	1.35	5.05
包头	Baotou	589.12	301.67	208.33	11.42	11.96	209.08	1.20	9.90
乌海	Wuhai	76.61	232.50	60.92	1.87	3.31	92.18	1.04	4.16
赤峰	Chifeng	114.40	646.87	260.87	9.47	8.25	34.42	0.58	1.65
通辽	Tongliao		341.69	138.78	5.90	5.30	39.32	0.26	6.55
鄂尔多斯	Erdos	83.48	417.46	401.58	1.77	2.86	134.73	6.72	7.90
呼伦贝尔	Hulunbeier	428.23	474.18	100.93	2.18	1.53	17.46	0.74	3.71
巴彦淖尔	Bayanzhuoer	133.88	226.03	153.21	3.64	3.61	48.51	0.37	3.73
乌兰察布	Wulanchabu	632.20	722.59	1712.22	1.20	2.40	93.84	0.33	16.46
沈阳	Shenyang	667.40	375.18	221.13	22.71	22.87	191.91	0.21	7.03
大连	Dalian	784.03	507.26	291.10	16.13	18.51	287.57	1.46	1.66
鞍山	Anshan	243.61	381.92	198.41	7.01	5.38	125.78	0.34	5.43
抚顺	Fushun	269.74	264.45	139.27	6.18	4.85	65.08	0.79	10.79
本溪	Benxi	158.69	388.24	228.51	4.26	3.81	83.53	0.42	5.23
丹东	Dandong	349.77	266.10	314.75	2.18	3.13	129.10	0.25	3.80
锦州	Jinzhou	855.49	445.74	252.06	4.71	4.66	93.81	0.96	5.35
营口	Yingkou	145.24	689.98	312.20	4.85	5.37	82.77	0.56	3.36

城市	City	每万人在校大学生数（人）University and College Students Per 10000 Population (person)	每万人在校高中生数（人）High School Students Per 10000 Population (person)	每万人在校中等职业学生数（人）Specialized Secondary School Students Per 10000 Population (person)	中学生数（万人）Secondary School Students (10000 person)	小学生数（万人）Primary School Students (10000 person)	每百人图书馆藏书（册）Quantity of Books Collected Public Libraries Per Hundred Population (pieces)	每十万人体育场馆数（座）Quantity of Gymnasiums Per 100000 Population (unit)	每百万人影剧院数（座）Quantity of Theatres and Movie Houses Per Million Population (unit)
阜新	Fuxin	466.70	181.89	237.22	4.04	3.49	39.95	0.64	2.58
辽阳	Liaoyang	260.22	422.17	163.12	4.28	3.82	109.35	1.65	1.38
盘锦	Panjin	102.80	287.73	143.06	2.63	3.79	51.63	0.49	1.65
铁岭	Tieling	196.38	515.71	265.32	2.53	2.26	69.81	1.12	2.24
朝阳	Chaoyang	70.25	408.43	222.22	3.60	3.76	74.25	0.33	3.34
葫芦岛	Huludao	71.97	165.73	116.41	4.40	5.81	41.74	0.30	1.01
长春	Changchun	992.00	402.81	225.70	16.92	17.49	77.89	1.10	4.14
吉林	Jinlin	475.85	433.97	256.02	8.84	8.60	80.56	0.86	1.62
四平	Siping	510.14	1148.71	682.36	1.98	2.89	75.80	0.33	3.28
辽源	Liaoyuan	164.76	344.88	184.08	2.18	1.93	190.42	1.05	6.28
通化	Tonghua	236.75	459.72	248.21	2.35	2.27	68.11	2.89	2.23
白山	Baishan	60.24	274.62	115.22	2.72	2.54	47.19	0.51	
松原	Songyuan	54.89	352.46	76.15	2.41	4.00	18.10	0.36	1.81
白城	Baicheng	128.93	229.63	79.58	2.95	2.79	35.37	1.18	7.86
哈尔滨	Harbin	967.18	392.64	219.95	23.88	19.35	128.88	1.73	9.06
齐齐哈尔	Qiqihaer	310.01	358.83	75.51	27.80	6.90	88.39	0.56	2.11
鸡西	Jixi	117.30	197.76	250.99	2.34	3.03	18.16	0.11	1.13
鹤岗	Hegang	43.86	250.27	35.54	3.84	2.62	25.93	0.44	1.47
双鸭山	Shuangyashan	43.12	320.03	107.97	2.85	2.40	37.27	0.80	1.99
大庆	Daqing	489.33	278.87	43.98	10.97	7.64	165.25	2.19	8.30
伊春	Yichun	30.63	182.76	113.98	3.54	2.78	62.69	0.25	7.40
佳木斯	Jiamusi	398.48	218.85	68.55	3.40	5.45	53.99	0.86	4.91
七台河	Qitaihe	43.82	196.29	23.26	2.48	2.66	25.49	0.36	3.62
牡丹江	Mudanjiang	577.86	346.25	130.13	4.11	3.89	48.18	0.63	2.50
黑河	Heihe	450.65	239.35	122.75	1.13	1.18	21.86	0.52	5.21
绥化	Suihua	104.56	32.86	2.50	3.40	4.15	16.79	1.00	1.11
上海	Shanghai	385.08	281.11	125.32	57.63	65.20	491.48	4.89	7.81
南京	Nanjing	1413.50	426.87	239.03	21.90	24.66	229.32	56.32	3.66
无锡	Wuxi	407.10	597.01	411.64	11.43	15.72	83.82	0.67	9.66
徐州	Xuzhou	674.88	705.98	498.06	9.03	10.13	44.52	0.59	1.07
常州	Changzhou	553.53	459.21	264.53	12.80	15.31	82.68	0.84	12.79
苏州	Suzhou	563.06	436.41	276.95	10.71	13.48	123.73	0.96	4.58
南通	Nantong	416.50	374.45	205.52	10.17	10.37	64.95	0.33	1.89
连云港	Lianyungang	329.15	785.08	517.32	5.68	5.91	83.21	1.69	3.38
淮安	Huaian	289.47	516.44	302.59	16.73	15.85	29.14	0.36	1.46
盐城	Yancheng	342.47	621.19	394.63	8.37	8.17	43.92	0.92	1.85
扬州	Yangzhou	623.23	546.53	304.55	6.90	7.15	125.75	1.15	0.82
镇江	Zhenjiang	837.48	448.61	290.07	4.69	4.90	120.93	0.97	12.57
泰州	Taizhou	533.92	390.18	195.78	4.07	4.21	60.07	0.97	3.66
宿迁	Suqian	126.34	648.66	427.34	11.00	11.10	16.05	0.31	0.63
杭州	Hangzhou	873.40	307.38	143.53	21.85	30.33	258.99	1.70	6.29
宁波	Ningbuo	609.02	370.12	173.06	13.95	19.53	215.03	2.57	11.27

3-3 续表 2 Continued 2

城　市	City	每万人在校大学生数（人）University and College Students Per 10000 Population (person)	每万人在校高中生数（人）High School Students Per 10000 Population (person)	每万人在校中等职业学生数（人）Specialized Secondary School Students Per 10000 Population (person)	中学生数（万人）Secondary School Students (10000 person)	小学生数（万人）Primary School Students (10000 person)	每百人图书馆藏书（册）Quantity of Books Collected Public Libraries Per Hundred Population (pieces)	每十万人体育场馆数（座）Quantity of Gymnasiums Per 100000 Population (unit)	每百万人影剧院数（座）Quantity of Theatres and Movie Houses Per Million Population (unit)
温　州	Wenzhou	512.81	471.85	207.55	9.87	14.62	123.85	0.83	6.91
嘉　兴	Jiaxing	468.38	457.10	181.33	5.73	5.72	158.72	1.08	8.42
湖　州	Huzhou	224.84	281.37	100.86	6.04	6.97	70.84	1.29	1.84
绍　兴	Shaoxing	815.07	440.83	245.72	4.02	5.23	133.44	2.00	7.70
金　华	Jinhua	580.97	591.70	388.88	5.24	6.24	170.77	1.51	4.31
衢　州	Quzhou	123.95	488.27	275.32	4.68	5.15	74.84	1.70	6.08
舟　山	Zhoushan	321.40	290.97	114.34	3.01	3.61	64.46	1.44	4.31
台　州	Taizhou	123.50	280.83	113.81	8.25	12.17	31.67	1.04	4.55
丽　水	Lishui	894.49	309.13	237.99	2.27	2.85	59.28	2.34	5.20
合　肥	Hefei	1688.04	991.28	747.34	13.71	15.21	127.05	1.68	3.36
芜　湖	Wuhu	1183.72	184.59	166.09	5.29	4.88	38.22	0.95	0.95
蚌　埠	Bengbu	547.21	188.34	287.15	4.94	5.46	5.94	0.65	7.57
淮　南	Huainan	330.40	194.02	230.52	10.66	11.26	16.26	0.17	0.55
马鞍山	Maanshan	627.73	243.45	273.53	4.02	3.78	77.03	1.10	3.14
淮　北	Huaibei	272.29	277.44	281.69	7.63	8.17	19.26	0.55	2.75
铜　陵	Tongling	549.08	218.71	201.38	2.78	2.70	90.55	0.89	4.45
安　庆	Anqing	380.72	333.59	432.68	5.89	4.77	40.56	0.14	5.41
黄　山	Huangshan	302.72	523.55	291.75	2.59	2.20	33.43	0.43	6.43
滁　州	Chuzhou	396.60	548.16	301.65	3.37	3.57	18.22	0.38	3.76
阜　阳	Fuyang	143.10	194.91	221.37	15.58	18.85	5.48	0.10	1.96
宿　州	Suzhou	147.54	104.25	18.03	9.56	11.66	1.79	0.38	1.63
巢　湖	Chaohu		207.69	145.32	5.40	5.44	18.50	0.11	1.13
六　安	Liuan	164.24	278.55	135.14	13.63	12.59	2.97	0.11	1.08
亳　州	Bozhou	55.23	177.97	88.11	10.02	14.83	7.52	0.31	0.63
池　州	Chizhou	291.22	243.91	221.39	4.62	4.36	13.22		6.08
宣　城	Xuancheng	47.74	217.99	163.11	5.13	4.82	8.75	0.35	2.33
福　州	Fuzhou	1170.94	731.93	512.97	11.19	15.44	208.08	2.88	10.68
厦　门	Xiamen	742.66	1046.31	223.12	12.02	17.79	168.81	6.78	7.34
莆　田	Putian	62.46	378.12	140.07	13.71	14.35	5.12	1.55	0.94
三　明	Sanming	404.94	481.06	639.53	2.00	2.18	193.58	1.06	10.58
泉　州	Quanhzou	795.44	781.60	458.32	8.65	8.02	78.30	0.87	14.57
漳　州	Zhangzhou	1031.89	556.26	290.86	3.94	4.63	78.35	0.91	5.45
南　平	Nanping	134.48	453.93	159.79	2.58	3.93	93.77	0.20	4.06
龙　岩	Longyan	280.99	551.85	550.37	2.57	3.52	59.61	1.46	6.27
宁　德	Ningde	173.53	200.97	177.60	2.70	2.26	23.12	0.23	4.62
南　昌	Nanchang	2179.28	193.83	937.45	13.51	17.83	162.34	0.18	3.15
景德镇	Jingdezhen	580.65	257.74	128.19	3.18	4.13	129.94	4.37	8.74
萍　乡	Pingxiang	110.54	476.24	305.25	4.72	5.67	64.85	0.24	4.71
九　江	Jiujiang	1047.84	708.13	459.36	3.92	4.54	154.39	1.41	1.57
新　余	Xinyu	129.10	189.69	580.23	4.43	6.61	46.51	3.04	1.08
鹰　潭	Yingtan	193.07	813.95	542.78	1.32	1.68	98.52	0.90	13.50
赣　州	Ganzhou	1193.36	181.32	676.83	3.11	5.13	46.46	1.55	1.55

城　　市	City	每万人在校大学生数（人）University and College Students Per 10000 Population (person)	每万人在校高中生数（人）High School Students Per 10000 Population (person)	每万人在校中等职业学生数（人）Specialized Secondary School Students Per 10000 Population (person)	中学生数（万人）Secondary School Students (10000 person)	小学生数（万人）Primary School Students (10000 person)	每百人图书馆藏书（册）Quantity of Books Collected Public Libraries Per Hundred Population (pieces)	每十万人体育场馆数（座）Quantity of Gymnasiums Per 100000 Population (unit)	每百万人影剧院数（座）Quantity of Theatres and Movie Houses Per Million Population (unit)
吉　安	Jian	347.47	97.89	131.03	2.56	3.79	46.78	0.19	3.73
宜　春	Yichun	291.92	347.10	233.06	4.95	9.19	13.82	0.19	2.88
抚　州	Fuzhou	358.71	159.10	40.35	4.93	11.40	12.42	0.72	4.50
上　饶	Shangrao	510.82	1156.81	537.66	1.27	3.15	40.27	0.76	5.07
济　南	Jinan	1792.68	586.91	397.56	16.61	21.87	255.80	2.41	2.58
青　岛	Qingdao	978.35	549.39	405.68	12.03	16.72	114.68	1.27	7.26
淄　博	Zibuo	363.76	430.77	227.94	19.46	15.43	64.21	0.83	0.72
枣　庄	Zaozhuang	67.32	391.54	183.79	13.56	16.67	35.57	0.64	0.91
东　营	Dongying	573.08	342.06	131.96	6.02	6.82	39.15	3.00	16.81
烟　台	Yantai	636.98	544.71	375.67	10.65	7.78	127.37	1.17	2.79
潍　坊	Weifang	533.61	152.60	265.46	8.71	11.30	34.48	0.88	4.97
济　宁	Jining	252.13	441.91	268.77	7.09	6.71	82.85	0.92	10.87
泰　安	Taian	584.57	455.64	224.26	7.25	11.21	463.86	0.50	1.26
威　海	Weihai	805.19	449.12	377.10	4.57	3.87	49.12	1.55	1.55
日　照	Rizhao	214.02	350.25	174.32	6.77	8.99	8.39	1.14	1.63
莱　芜	Laiwu	95.19	173.50	106.11	8.37	7.09	30.07	0.55	7.91
临　沂	Linyi	281.89	351.84	154.33	12.63	16.51	202.75	0.60	1.50
德　州	Dezhou	633.78	261.41	470.74	2.19	5.42	12.30	0.47	3.15
聊　城	Liaocheng	360.35	729.19	314.76	7.00	9.23	399.92	0.67	7.62
滨　州	Binzhou	760.90	590.13	386.76	3.20	4.49	57.57	1.27	4.74
菏　泽	Heze	196.15	485.33	378.77	9.39	12.76	112.57	0.40	16.04
郑　州	Zhengzhou	1745.45	1290.29	827.44	19.62	27.39	148.63	0.70	3.86
开　封	Kaifeng	834.75	845.61	386.99	5.07	6.47	63.25	1.17	3.51
洛　阳	Luoyang	504.72	1096.17	586.45	10.84	12.61	41.79	0.62	10.62
平顶山	Pingdingshan	568.71	657.57	310.42	5.15	7.82	42.31	0.29	1.96
安　阳	Anyang	376.76	467.05	225.80	6.18	9.86	64.45	0.46	5.58
鹤　壁	Hebi	143.51	631.39	404.33	4.26	6.05	51.66	0.16	1.64
新　乡	Xinxiang	1034.81	722.41	264.85	5.85	8.19	67.26	0.30	3.94
焦　作	Jiaozuo	725.13	604.14	272.11	4.53	6.61	39.63	0.12	4.79
濮　阳	Puyang	173.38	781.89	266.79	8.88	7.38	58.53	0.30	4.47
许　昌	Xuchang	785.94	1122.47	700.58	3.08	3.47	48.58	0.97	2.43
漯　河	Luohe	171.41	498.38	240.89	8.81	11.69	19.40	0.14	0.72
三门峡	Sanmenxi	489.79	1086.44	587.84	1.97	2.99	106.85	0.34	3.42
南　阳	Nanyang	342.62	651.51	429.45	9.99	17.10	42.09	0.27	1.08
商　丘	Shangqiu	386.31	472.74	184.65	13.46	20.81	16.63	0.12	1.15
信　阳	Xinyang	330.33	413.00	158.66	8.35	11.13	13.24	0.48	0.69
周　口	Zhoukou	589.17	1109.73	791.71	4.64	6.54	11.76		1.90
驻马店	Zhumadian	255.59	1018.75	668.88	5.60	7.75	18.90		3.02
武　汉	Wuhan	1429.78	620.34	506.26	25.41	28.06	156.40	1.63	11.46
黄　石	Huangshi	450.68	763.41	501.50	5.05	4.21	117.00	1.54	5.59
十　堰	Shiyan	615.37	443.77	817.73	4.89	4.73	110.27	0.57	3.79

城市	City	每万人在校大学生数（人） University and College Students Per 10000 Population (person)	每万人在校高中生数（人） High School Students Per 10000 Population (person)	每万人在校中等职业学生数（人） Specialized Secondary School Students Per 10000 Population (person)	中学生数（万人） Secondary School Students (10000 person)	小学生数（万人） Primary School Students (10000 person)	每百人图书馆藏书（册） Quantity of Books Collected Public Libraries Per Hundred Population (pieces)	每十万人体育场馆数（座） Quantity of Gymnasiums Per 100000 Population (unit)	每百万人影剧院数（座） Quantity of Theatres and Movie Houses Per Million Population (unit)
宜昌	Yichang	393.16	737.24	450.58	6.58	6.37	71.08	1.28	8.01
襄樊	Xiangfan	166.01	554.93	292.01	14.43	13.93	33.73	0.54	1.35
鄂州	Ezhou	87.02	218.96	156.98	7.25	7.46	33.38	0.09	23.31
荆门	Jingmen	270.48	457.89	171.28	4.21	3.68	43.73	1.18	5.89
孝感	Xiaogan	327.10	705.69	477.00	6.30	5.30	37.80	0.21	1.03
荆州	Jingzhou	1004.99	813.27	530.66	7.18	5.33	46.73	0.09	2.57
黄冈	Huanggang	1040.76	339.67	294.02	3.60	2.60	125.00	0.54	5.43
咸宁	Xianning	425.23	598.86	484.49	4.39	3.81	32.45	0.84	
随州	Suizhou	102.63	850.22	427.58	5.46	3.69	188.47		4.64
长沙	Changsha	1522.23	693.09	456.67	13.15	15.54	221.04	6.81	2.49
株洲	Zhuzhou	737.58	747.91	370.27	3.92	5.86	45.70	1.80	
湘潭	Xiangtan	1240.32	143.90	361.36	2.84	4.25	25.64	1.94	6.84
衡阳	Hengyang	858.23	204.73	595.45	3.43	8.05	61.00	1.05	1.92
邵阳	Shaoyang	358.86	224.95	293.14	2.48	5.90	68.35	0.59	2.97
岳阳	Yueyang	411.21	657.80	366.71	6.06	7.97	156.10	3.66	4.57
常德	Changde	246.43	465.76	252.30	7.51	6.43	36.50	1.28	2.13
张家界	Zhangjiajie	258.32	154.59	126.52	2.47	3.85	7.42		6.01
益阳	Yiyang	207.55	394.45	190.34	6.58	7.39	28.86	1.96	2.26
郴州	Chenzhou	302.07	644.64	394.10	4.39	6.65	36.93	2.25	1.50
永州	Yongzhou	221.29	368.04	163.28	5.62	7.74	20.99	0.36	1.82
怀化	Huaihua	853.54	280.94	764.89	1.70	4.10	41.69	1.44	8.63
娄底	Loudi	543.01	313.33	454.58	2.30	4.34	47.25	2.23	4.46
广州	Guangzhou		221.49	377.27	45.62	69.74	249.89		4.12
韶关	Shaoguan	315.67	794.05	419.49	6.26	6.41	26.50	0.76	3.26
深圳	Shenzhen	272.21	563.45	116.30	31.60	58.95	607.99	4.03	17.89
珠海	Zhuhai	989.42	293.70	222.52	9.39	12.56	68.68	0.78	6.82
汕头	Shantou	18.11	376.44	136.71	44.97	60.66	57.19	0.22	3.58
佛山	Foshan	100.78	303.43	263.41	32.31	43.42	73.44	2.94	13.06
江门	Jiangmen	157.50	245.16	325.17	10.06	12.82	73.42	0.22	3.63
湛江	Zhanjiang	428.37	321.17	529.70	14.88	16.11	46.04	0.20	1.98
茂名	Maoming	177.16	695.70	286.88	10.61	12.35	12.63	0.77	1.53
肇庆	Zhaoqing	906.69	1333.05	1029.50	4.46	5.21	60.73	1.69	20.68
惠州	Huizhou	93.30	319.25		14.73	19.01	40.90	0.78	3.88
梅州	Meizhou	612.32	1347.57	718.96	1.98	3.41	10.16	75.26	6.35
汕尾	Shanwei	73.63	254.99	81.35	3.83	4.34	11.44	0.95	20.97
河源	Heyuan	340.16	509.92	593.70	4.77	5.01	173.65	0.67	6.70
阳江	Yangjiang	93.17	253.48	88.40	5.40	4.70	63.76	0.15	1.50
清远	Qingyuan	131.07	275.53	218.33	5.21	5.88	45.98	0.62	3.11
东莞	Dongguan	190.19	628.81	260.38	24.95	51.12	335.14	3.52	35.25
中山	Zhongshan	233.99	297.66	194.59	14.77	23.68	62.69	1.42	12.17
潮州	Chaozhou	420.76	386.62	288.76	3.84	3.49	90.36	0.29	5.72

城市 City		每万人在校大学生数（人） University and College Students Per 10000 Population (person)	每万人在校高中生数（人） High School Students Per 10000 Population (person)	每万人在校中等职业学生数（人） Specialized Secondary School Students Per 10000 Population (person)	中学生数（万人） Secondary School Students (10000 person)	小学生数（万人） Primary School Students (10000 person)	每百人图书馆藏书（册） Quantity of Books Collected Public Libraries Per Hundred Population (pieces)	每十万人体育场馆数（座） Quantity of Gymnasiums Per 100000 Population (unit)	每百万人影剧院数（座） Quantity of Theatres and Movie Houses Per Million Population (unit)
揭阳	Jieyang	49.57	339.10	169.03	7.82	7.85	40.44	0.72	2.88
云浮	Yunfu		278.27	72.56	2.45	3.35	29.36	0.67	6.75
南宁	Nanning	964.20	200.82	588.92	16.09	24.08	147.00	0.52	2.99
柳州	Liuzhou	572.57	1038.91	738.49	7.46	8.89	75.41	1.35	2.89
桂林	Guilin	1316.41	225.85	633.33	4.20	5.40	298.85	1.06	11.87
梧州	Wuzhou	218.38	380.06	407.49	2.81	3.74	103.08	0.40	4.00
北海	Beihai	262.94	559.50	316.73	4.47	5.49	50.48	0.17	1.66
防城港	Fangchenggang		156.05	65.00	2.80	4.73	28.35		1.93
钦州	Qinzhou		113.60	5.25	4.15	13.19	36.28		
贵港	Guigang	15.09	218.39	70.15	13.11	17.59	8.13	0.05	1.61
玉林	Yulin	193.92	849.08	632.22	6.56	8.82	49.38	1.02	12.27
百色	Baise	509.66	454.90	17.95	1.51	2.36	47.74	1.15	
贺州	Hezhou	90.36	104.02	70.78	6.09	9.92	37.60	0.28	1.87
河池	Hechi	152.48	286.29	331.07	2.14	2.08	34.42	0.91	3.02
来宾	Laibin	56.38	367.10	122.05	7.12	8.50	13.01	0.38	
崇左	Chongzuo	184.53			0.87	2.12	34.64	0.56	
海口	Haikou	595.00	203.49	469.42	8.49	17.66	26.98	0.19	4.42
三亚	Sanya	0.01	194.90	130.14	4.41	6.84	32.31		3.59
重庆	Chongqing	338.33	415.56	213.81	86.55	85.93	54.42	1.28	1.49
成都	Chengdu	635.33	468.61	284.16	30.52	37.15	184.29	35.77	1.73
自贡	Zigong	224.27	106.58	186.27	6.12	7.81	15.87	0.73	1.33
攀枝花	Panzhihua	291.76	212.85	204.44	4.43	5.63	51.01	0.72	1.45
泸州	Luzhou	279.83	166.59	189.72	7.70	9.82	42.19	0.14	2.06
德阳	Deyang	423.29	214.22	657.30	3.92	3.76	21.24	0.30	4.55
绵阳	Mianyang	835.71	366.06	472.55	10.12	7.56	37.12	1.39	1.64
广元	Guangyuan	42.10	217.96	474.94	6.36	6.22	30.89	0.21	6.44
遂宁	Suining	63.88	682.37	247.04	11.18	9.43	14.78	0.07	1.99
内江	Neijiang	142.83	375.16	238.93	7.14	8.74	16.30	0.28	2.82
乐山	Leshan	117.13	469.07	281.19	6.14	5.52	16.35	0.61	0.87
南充	Nanchong	367.55	543.70	238.87	12.43	14.57	25.24	1.14	2.59
眉山	Meishan	55.36	416.80	217.37	4.81	4.11	2.81	0.12	2.34
宜宾	Yibin	266.13	281.83	300.64	5.85	5.77	59.98	1.00	2.50
广安	Guangan	33.06	283.16	64.49	9.00	10.00	7.06	0.16	0.79
达州	Dazhou	502.38	490.86	700.63	3.94	4.85	45.01	0.68	6.79
雅安	Yaan	1410.49	131.37	214.72	1.80	2.14	92.92	0.28	2.84
巴中	Bazhong		217.56	177.96	10.37	11.04	6.98	0.07	2.79
资阳	Ziyang		258.16	123.64	4.83	5.59	19.24	0.18	1.84
贵阳	Guiyang	1116.29	904.14	651.98	16.64	23.87	90.77		1.37
六盘水	Liupanshui	139.15	458.98	155.60	5.10	7.83	31.92	0.38	1.89
遵义	Zunyi	408.16	271.81	128.87	7.39	9.57	52.75	0.23	4.69
安顺	Anshun	123.08	167.23	47.08	5.91	8.67	16.53	10.27	1.18

城 市	City	每万人在校大学生数(人) University and College Students Per 10000 Population (person)	每万人在校高中生数(人) High School Students Per 10000 Population (person)	每万人在校中等职业学生数(人) Specialized Secondary School Students Per 10000 Population (person)	中学生数(万人) Secondary School Students (10000 person)	小学生数(万人) Primary School Students (10000 person)	每百人图书馆藏书(册) Quantity of Books Collected Public Libraries Per Hundred Population (pieces)	每十万人体育场馆数(座) Quantity of Gymnasiums Per 100000 Population (unit)	每百万人影剧院数(座) Quantity of Theatres and Movie Houses Per Million Population (unit)
昆 明	Kunming	41.08	413.84	238.08	4.40	26.54	50.15	1.00	13.19
曲 靖	Qujing	270.68	624.76	399.28	5.70	7.67	7.63	1.15	7.20
玉 溪	Yuxi	265.60	406.54	369.28	2.81	3.83	207.09	0.71	19.02
保 山	Baoshan	115.64	145.52	35.34	4.45	8.10	32.00	0.34	1.12
昭 通	Shaotong	68.00	292.51	131.19	5.47	10.04	26.44	0.24	
丽 江	Lijiang		327.92		1.27	1.40	40.72	0.65	13.05
思 茅	Simao	350.64	142.05	367.74	1.85	2.43		0.92	
临 沧	Lincang		203.23	421.96	1.71	2.59	68.75		3.26
拉 萨	Lhasa								
西 安	Xian	1099.28	736.67	528.65	35.15	38.64	10.01	34.15	1.78
铜 川	Tongchuan	51.48	278.17	105.92	3.59	4.78	48.86	0.92	5.28
宝 鸡	Baoji	183.25	270.23	324.11	9.78	9.26	52.34	0.14	2.12
咸 阳	Xanyang	1011.43	535.96	224.14	7.07	6.29	66.89	0.22	2.23
渭 南	Weinan	162.19	311.47	282.64	7.60	5.87	8.26	0.10	5.17
延 安	Yanan	554.74	479.18	164.59	4.69	4.35	59.06	0.22	6.69
汉 中	Hanzhong	338.96	215.02	36.99	3.19	3.44	35.83	0.90	10.86
榆 林	Yulin	274.38	468.84	158.18	4.06	5.26	27.49	1.37	1.96
安 康	Ankang	84.87	193.77	125.94	6.54	8.27	8.61	0.10	1.00
商 洛	Shangluo	131.55	191.80	81.07	3.74	4.39	44.82	0.18	3.64
兰 州	Lanzhou	1244.11	717.55	447.44	12.10	14.53	178.79	0.24	3.33
嘉峪关	Jiayuguan	133.64	328.37	181.12	0.88	1.61	54.14	15.81	52.71
金 昌	Jinchang		327.03	38.41	1.70	1.80	27.87	1.39	13.93
白 银	Baiyin		352.30	200.68	4.86	4.25	76.32	0.60	4.03
天 水	Tianshui	257.02	582.45	369.70	8.34	12.41	35.70	0.16	2.38
武 威	Wuwei	27.27	257.89	35.00	8.24	8.25	19.31	0.29	
张 掖	Zhangye	319.74	254.39	116.56	3.81	3.83	25.64	3.08	3.86
平 凉	Pingliang	122.02	475.86	267.01	2.30	4.85	18.80	0.20	4.00
酒 泉	Jiuquan	143.77	299.53	151.52	2.94	3.04	24.93	0.50	4.99
庆 阳	Qingyang	314.76	673.85	428.54	3.43	3.34	38.80	1.12	2.81
定 西	Dingxi	95.27	733.66	146.84	3.99	3.71	35.74	0.21	2.14
陇 南	Longnan		185.62	43.49	4.19	5.78	2.54	0.36	1.81
西 宁	Xining	383.62	193.54	198.03	5.80	6.27	26.11	0.61	1.75
银 川	Yinchuan	644.42	1056.99	567.56	8.16	8.76	203.02	1.53	4.38
石嘴山	Shizuishan	117.22	273.82	194.69	3.27	3.67	73.76	107.00	
吴 忠	Wuzhong	47.65	225.66	44.00	2.58	3.67	104.96	0.26	2.62
固 原	Guyuan	136.00	239.49	177.60	3.48	5.44	59.46	0.23	4.54
中 卫	Zhongwei		807.80	89.02	2.82	3.38	57.34	0.51	2.55
乌鲁木齐	Urumqi	561.77	271.93	399.40	16.07	18.67	84.66	0.17	1.29
克拉玛依	Kelamayi	100.97	227.17	27.80	2.50	2.57	71.16	6.61	5.08

3-4 城市医疗卫生(2009年)

Urban Health(2009)

城市	City	医院、卫生院数(个) Quantity of Hospital and Public Health Centres (unit)		医院、卫生院床位数(张) Quantity of Beds at Hospitals and Public Health Centres (unit)		医生数(执业医师+执业助理医师)(人) Quantity of Doctors (person)		每万人拥有医生(人) Number of Doctors per 10000 population (person)	
		全市 Total Area of City	市辖区 Districts under City	全市 Total Area of City	市辖区 Districts under City	全市 Total Area of City	市辖区 Districts under City	全市 Total Area of City	市辖区 Districts under City
城市合计	**Total**	**59701**	**21373**	**3905611**	**2162365**	**2122476**	**1161760**	**17.20**	**30.36**
北　京	Beijing	638	627	84896	83191	62348	60411	50.05	51.43
天　津	Tianjin	437	201	41921	38537	27261	24161	27.82	30.09
石家庄	Shijiazhuang	397	192	33883	22800	20119	14534	20.58	59.86
唐　山	Tangshan	293	180	27782	20273	13964	8156	19.03	26.57
秦皇岛	Qinhuangdao	146	54	10001	5185	5754	3146	20.03	38.07
邯　郸	Handan	359	131	26232	13930	12062	6507	12.79	44.15
邢　台	Xingtai	299	92	19700	8316	9654	4235	13.43	68.88
保　定	Baoding	430	123	28397	13706	14712	7784	12.73	73.26
张家口	Zhanjiakou	275	42	13343	5021	6420	2844	13.89	31.72
承　德	Chengde	247	31	11947	3933	7056	2189	18.97	40.16
沧　州	Cangzhou	255	121	18908	11688	10687	7116	14.89	133.53
廊　坊	Langfang	180	92	12064	7180	7387	4703	17.87	58.04
衡　水	Hengshui	204	74	11271	5127	6563	3489	15.04	112.19
太　原	Taiyuan	258	196	24740	21969	15319	14072	41.96	49.35
大　同	Datong	287	133	12687	8966	8699	6487	27.56	41.94
阳　泉	Yangquan	494	432	6241	4900	4151	3100	31.86	45.08
长　治	Changzhi	247	54	13702	5856	10586	6979	32.11	99.99
晋　城	Jincheng	229	73	7287	2761	3972	1375	18.34	40.09
朔　州	Shuozhou	128	60	5443	3042	3625	1862	23.03	29.05
晋　中	Jinzhong	252	41	11139	3070	7605	1802	23.77	30.60
运　城	Yuncheng	423	70	22254	5508	17713	3563	35.17	54.07
忻　州	Xinzhou	704	144	10321	3304	6222	2159	20.27	40.84
临　汾	Linfen	316	76	14185	4753	6155	2540	14.08	30.49
吕　梁	Luliang	645	115	9580	1399	12203	888	32.02	32.35
呼和浩特	Huhehaote	144	65	13495	11922	6211	5024	27.32	42.29
包　头	Baotou	118	50	10909	9385	6800	5779	30.97	40.85
乌　海	Wuhai	284	284	2726	2726	1261	1261	26.24	26.24
赤　峰	Chifeng	304	78	15432	6377	8072	2712	17.58	22.33
通　辽	Tongliao	197	46	7073	3526	7446	2574	23.35	33.74
鄂尔多斯	Erdos	156	14	9260	3232	4635	1544	31.01	61.00
呼伦贝尔	Hulunbeier	237	17	10463	1796	7103	778	26.14	28.90
巴彦淖尔	Bayanzhuoer	139	29	5432	2483	3936	1799	22.71	33.56
乌兰察布	Wulanchabu	212	12	4592	1893	7745	1652	26.73	54.40
沈　阳	Shenyang	301	206	36433	32343	20303	17548	28.33	34.26
大　连	Dalian	225	121	29839	21577	15894	12043	27.18	39.88
鞍　山	Anshan	147	56	15442	9712	6678	4276	18.97	29.04
抚　顺	Fushun	99	45	8518	6393	4577	3515	20.56	25.28
本　溪	Benxi	118	77	9065	6623	3788	3011	24.37	31.52
丹　东	Dandong	115	37	11432	5756	4522	2171	18.64	27.51
锦　州	Jinzhou	114	23	10500	7058	5309	2654	17.12	28.42
营　口	Yingkou	111	50	8702	5346	4859	3158	20.67	35.37

城　市	City	医院、卫生院数(个) Quantity of Hospital and Public Health Centres (unit)		医院、卫生院床位数(张) Quantity of Beds at Hospitals and Public Health Centres (unit)		医生数(执业医师+执业助理医师)(人) Quantity of Doctors (person)		每万人拥有医生(人) Number of Doctors per 10000 population (person)	
		全市 Total Area of City	市辖区 Districts under City	全市 Total Area of City	市辖区 Districts under City	全市 Total Area of City	市辖区 Districts under City	全市 Total Area of City	市辖区 Districts under City
阜　新	Fuxin	103	37	6796	4760	3390	2175	17.63	28.03
辽　阳	Liaoyang	611	391	9684	7528	3495	2478	19.05	34.09
盘　锦	Panjin	602	460	6428	5142	3512	2743	27.01	45.25
铁　岭	Tieling	116	17	7341	2162	3485	1710	11.39	38.26
朝　阳	Chaoyang	162	19	9298	2387	3602	1057	10.51	17.68
葫芦岛	Huludao	157	56	8532	3767	4636	2066	16.42	20.83
长　春	Changchun	309	158	33249	24630	16598	11806	21.94	32.58
吉　林	Jinlin	248	121	16951	10345	10706	6054	24.48	32.71
四　平	Siping	147	36	10698	4655	6399	2029	18.87	33.29
辽　源	Liaoyuan	185	124	4589	2835	2397	1327	19.37	27.77
通　化	Tonghua	133	25	9053	3235	3749	1096	16.53	24.39
白　山	Baishan	105	22	7000	3235	4470	2405	34.46	40.54
松　原	Songyuan	109	9	4576	2111	4285	1290	14.86	23.34
白　城	Baicheng	122	35	5943	2443	3229	1065	15.89	20.93
哈尔滨	Harbin	457	282	43765	40189	19008	14066	19.17	29.63
齐齐哈尔	Qiqihaer	791	387	17013	10059	21971	11761	38.44	82.83
鸡　西	Jixi	124	54	8060	5390	4050	2035	21.24	23.10
鹤　岗	Hegang	73	39	5812	4152	2946	1843	26.93	27.15
双鸭山	Shuangyashan	112	35	8207	2631	4811	1321	31.90	26.33
大　庆	Daqing	145	82	10623	8417	7107	5119	25.37	38.63
伊　春	Yichun	51	42	4882	4664	3142	3071	24.68	37.90
佳木斯	Jiamusi	251	86	9550	5051	4991	2709	19.79	33.24
七台河	Qitaihe	43	26	3088	2432	1404	1140	15.13	20.61
牡丹江	Mudanjiang	120	37	10473	6359	4081	2141	15.08	26.79
黑　河	Heihe	134	15	6875	683	5680	723	32.60	37.64
绥　化	Suihua	286	23	11434	791	9576	818	16.51	9.10
上　海	Shanghai	936	891	97980	94585	42384	41204	30.26	30.94
南　京	Nanjing	208	170	26026	23547	16593	15596	26.35	28.57
无　锡	Wuxi	141	54	20064	12007	11286	7122	24.24	29.91
徐　州	Xuzhou	268	79	25081	13603	11613	5361	12.13	28.79
常　州	Changzhou	99	50	14728	10968	7597	5536	21.11	24.42
苏　州	Suzhou	234	70	35408	14668	15982	7291	25.24	30.35
南　通	Nantong	333	81	24278	10289	12747	5261	16.71	24.87
连云港	Lianyungang	161	43	10795	4662	5745	2674	11.71	30.15
淮　安	Huaian	184	91	11812	7553	5620	3602	10.52	13.12
盐　城	Yancheng	260	56	17858	5420	9197	2946	11.32	18.12
扬　州	Yangzhou	193	55	14464	6503	7841	3173	17.09	26.01
镇　江	Zhenjiang	101	43	8381	4704	5079	2706	18.82	26.16
泰　州	Taizhou	173	32	13883	3301	7949	1992	15.77	24.27
宿　迁	Suqian	199	60	11874	3947	5084	1782	9.40	11.17
杭　州	Hangzhou	324	160	34832	28590	22753	17996	33.29	41.91
宁　波	Ningbuo	250	106	22843	13760	16160	9038	28.30	40.74

城市	City	医院、卫生院数(个) Quantity of Hospital and Public Health Centres (unit)		医院、卫生院床位数(张) Quantity of Beds at Hospitals and Public Health Centres (unit)		医生数(执业医师+执业助理医师)(人) Quantity of Doctors (person)		每万人拥有医生(人) Number of Doctors per 10000 population (person)	
		全市 Total Area of City	市辖区 Districts under City	全市 Total Area of City	市辖区 Districts under City	全市 Total Area of City	市辖区 Districts under City	全市 Total Area of City	市辖区 Districts under City
温州	Wenzhou	427	87	20380	10634	16156	6308	20.74	43.57
嘉兴	Jiaxing	119	25	12842	5053	7525	2701	22.16	32.50
湖州	Huzhou	129	41	9304	4698	5690	2735	21.95	25.19
绍兴	Shaoxing	244	14	14552	3771	9298	2048	21.24	31.56
金华	Jinhua	254	62	14148	4130	10188	2864	21.97	30.90
衢州	Quzhou	162	55	6618	3109	5968	2521	23.89	30.68
舟山	Zhoushan	82	55	3755	2959	2370	1834	24.49	26.33
台州	Taizhou	239	66	15160	4960	11237	3681	19.43	23.94
丽水	Lishui	290	27	6514	2495	4768	1527	18.52	39.70
合肥	Hefei	223	102	24793	18380	10759	8586	21.89	41.16
芜湖	Wuhu	127	62	8768	6223	4746	3226	20.63	30.75
蚌埠	Bengbu	134	56	11250	6446	4896	2851	13.58	30.81
淮南	Huainan	104	85	8825	7895	4067	3473	16.77	19.21
马鞍山	Maanshan	56	25	2894	2783	2508	1904	19.50	29.93
淮北	Huaibei	100	72	8624	6331	4342	3028	19.94	27.77
铜陵	Tongling	38	23	3581	3041	1816	1460	24.54	32.48
安庆	Anqing	252	32	13056	3913	6190	2016	10.05	27.26
黄山	Huangshan	128	42	4670	2271	2376	1095	15.99	23.47
滁州	Chuzhou	192	20	9661	2433	4915	1234	10.92	23.18
阜阳	Fuyang	219	52	15992	5396	6877	2532	6.87	12.40
宿州	Suzhou	128	37	9074	3042	5037	2036	7.93	11.07
巢湖	Chaohu	185	55	10504	3209	4992	1290	10.89	14.55
六安	Liuan	200	46	13480	4287	6772	2615	9.59	14.12
亳州	Bozhou	118	25	8152	2343	3152	796	5.28	4.99
池州	Chizhou	87	34	3873	1845	2055	867	12.85	13.17
宣城	Xuancheng	130	30	7480	2528	3732	1029	13.44	12.00
福州	Fuzhou	216	65	21746	14499	13413	9162	21.03	48.91
厦门	Xiamen	49	49	9509	9509	7008	7008	39.59	39.59
莆田	Putian	273	212	5177	4085	3049	2358	9.54	11.07
三明	Sanming	155	12	8657	1939	3105	575	11.46	20.28
泉州	Quanhzou	226	51	17591	5803	8083	2439	11.87	23.69
漳州	Zhangzhou	183	27	8930	2865	4602	1256	9.75	22.83
南平	Nanping	148	21	8829	2079	3973	898	12.81	18.23
龙岩	Longyan	152	28	9525	3727	4259	1768	14.52	36.98
宁德	Ningde	134	18	7403	1788	2824	730	8.41	16.87
南昌	Nanchang	186	76	16096	11929	7016	4861	14.11	21.85
景德镇	Jingdezhen	76	18	4860	2822	2235	1457	13.95	31.82
萍乡	Pingxiang	70	32	5754	4084	2581	1789	13.81	21.05
九江	Jiujiang	272	32	11159	3646	6794	2410	13.84	37.77
新余	Xinyu	48	30	3197	2516	1715	1396	13.76	15.13
鹰潭	Yingtan	61	16	2654	1139	1561	727	13.03	32.70
赣州	Ganzhou	375	21	16986	4352	8113	1951	9.04	30.22

城 市	City	医院、卫生院数(个) Quantity of Hospital and Public Health Centres (unit)		医院、卫生院床位数(张) Quantity of Beds at Hospitals and Public Health Centres (unit)		医生数(执业医师+执业助理医师)(人) Quantity of Doctors (person)		每万人拥有医生(人) Number of Doctors per 10000 population (person)	
		全市 Total Area of City	市辖区 Districts under City	全市 Total Area of City	市辖区 Districts under City	全市 Total Area of City	市辖区 Districts under City	全市 Total Area of City	市辖区 Districts under City
吉 安	Jian	271	24	10453	2305	5520	986	11.29	18.37
宜 春	Yichun	221	42	11968	3068	6593	1314	11.99	12.61
抚 州	Fuzhou	433	76	9192	2338	4027	1915	10.09	17.24
上 饶	Shangrao	291	32	13811	3817	6670	3760	9.16	95.24
济 南	Jinan	281	210	30920	23302	16467	12888	27.30	37.01
青 岛	Qingdao	252	105	30527	16180	16734	9751	21.93	35.40
淄 博	Zibuo	217	160	19290	14946	7765	6000	18.43	21.52
枣 庄	Zaozhuang	120	80	10776	6947	5598	3567	14.47	16.24
东 营	Dongying	107	64	9356	6086	4012	2603	21.73	31.26
烟 台	Yantai	279	92	25958	9743	14226	5369	21.82	29.95
潍 坊	Weifang	232	64	30242	8402	13943	3501	16.07	19.32
济 宁	Jining	271	51	25602	8221	12772	3578	15.36	29.91
泰 安	Taian	152	44	17109	6050	9447	3761	17.00	23.62
威 海	Weihai	96	22	16180	3990	7045	1831	27.85	28.37
日 照	Rizhao	72	30	7034	3736	2973	1615	10.40	13.15
莱 芜	Laiwu	37	37	4307	4307	2096	2096	16.58	16.58
临 沂	Linyi	273	69	31340	11224	9044	3435	8.68	17.22
德 州	Dezhou	184	19	13895	2833	7502	1451	13.18	22.87
聊 城	Liaocheng	196	48	16596	6665	6276	2248	10.62	21.41
滨 州	Binzhou	133	30	13061	4366	6280	1938	16.64	30.65
菏 泽	Heze	283	63	21805	5256	9717	2091	10.34	13.98
郑 州	Zhengzhou	270	126	40578	27762	18418	13248	25.18	46.48
开 封	Kaifeng	157	55	13983	6326	6216	2599	11.79	30.44
洛 阳	Luoyang	264	84	24328	13416	11883	5904	17.10	36.88
平 顶 山	Pingdingshan	197	64	17747	8024	7568	2606	14.22	25.58
安 阳	Anyang	172	55	16334	6404	6276	2687	10.95	24.99
鹤 壁	Hebi	55	31	5373	3001	2697	1445	16.88	23.70
新 乡	Xinxiang	240	59	20396	7378	7931	2643	13.28	26.07
焦 作	Jiaozuo	151	54	12396	5726	6742	2715	18.48	32.51
濮 阳	Puyang	132	39	10519	4639	5036	2512	12.46	37.41
许 昌	Xuchang	165	39	12349	3870	6963	1755	14.35	42.63
漯 河	Luohe	72	47	7070	4480	3246	1843	11.76	13.24
三 门 峡	Sanmenxi	125	18	8065	2444	3960	1033	17.25	35.38
南 阳	Nanyang	312	105	22800	8197	10893	3367	9.33	18.17
商 丘	Shangqiu	228	41	17827	4815	17610	4435	19.33	25.61
信 阳	Xinyang	265	59	13118	4595	6632	1875	7.70	12.86
周 口	Zhoukou	265	29	20219	2894	10669	1773	8.84	33.62
驻 马 店	Zhumadian	232	24	20884	4295	9323	1643	10.68	24.84
武 汉	Wuhan	227	128	42865	34947	23997	18540	28.72	36.00
黄 石	Huangshi	75	33	9345	5966	4090	2334	15.82	32.63
十 堰	Shiyan	153	29	12722	5593	6746	2041	19.10	38.67

城市	City	医院、卫生院数(个) Quantity of Hospital and Public Health Centres (unit)		医院、卫生院床位数(张) Quantity of Beds at Hospitals and Public Health Centres (unit)		医生数(执业医师+执业助理医师)(人) Quantity of Doctors (person)		每万人拥有医生(人) Number of Doctors per 10000 population (person)	
		全市 Total Area of City	市辖区 Districts under City	全市 Total Area of City	市辖区 Districts under City	全市 Total Area of City	市辖区 Districts under City	全市 Total Area of City	市辖区 Districts under City
宜昌	Yichang	153	45	13956	6689	8054	3987	20.07	31.95
襄樊	Xiangfan	191	68	16003	8349	8646	3867	14.68	17.44
鄂州	Ezhou	43	43	3579	3579	2565	2565	23.92	23.92
荆门	Jingmen	96	29	8680	3916	4384	1815	14.56	26.72
孝感	Xiaogan	149	25	10077	2821	5804	1567	10.98	16.18
荆州	Jingzhou	175	41	14455	6368	6314	2569	9.54	21.99
黄冈	Huanggang	204	18	13301	2156	9000	1120	12.17	30.43
咸宁	Xianning	82	15	6493	1831	3548	851	12.21	14.24
随州	Suizhou	96	42	5100	2091	4321	1327	16.76	20.52
长沙	Changsha	265	127	35909	24957	17153	11912	26.32	49.44
株洲	Zhuzhou	177	85	14193	9802	7229	4239	18.88	42.30
湘潭	Xiangtan	109	47	9167	5088	5253	2907	17.79	33.13
衡阳	Hengyang	298	272	18970	18185	9943	5192	13.44	49.79
邵阳	Shaoyang	265	26	16900	4410	12600	3288	16.49	48.86
岳阳	Yueyang	295	98	13510	9600	7809	4453	13.98	50.89
常德	Changde	277	71	15534	5313	13961	5426	22.64	38.60
张家界	Zhangjiajie	123	42	5146	2107	2430	1132	14.70	22.69
益阳	Yiyang	145	34	10107	3402	5107	1496	10.85	11.27
郴州	Chenzhou	328	29	16128	5796	7918	1576	16.71	23.66
永州	Yongzhou	259	58	13053	4687	6458	2162	11.01	19.73
怀化	Huaihua	351	92	15056	3906	9233	2395	18.14	68.86
娄底	Loudi	138	28	8795	2800	5643	1310	13.42	29.20
广州	Guangzhou	253	221	51690	48472	32926	30381	41.44	46.41
韶关	Shaoguan	174	51	10650	5393	5081	2212	15.61	24.02
深圳	Shenzhen	101	101	19872	19872	21388	21388	86.96	86.96
珠海	Zhuhai	48	48	5867	5867	4260	4260	41.50	41.50
汕头	Shantou	80	76	9661	9540	4435	4379	8.68	8.70
佛山	Foshan	97	97	19883	19883	11391	11391	30.98	30.98
江门	Jiangmen	126	46	11658	6408	6600	3404	16.86	24.74
湛江	Zhanjiang	167	55	16267	7810	7613	3151	9.98	20.76
茂名	Maoming	144	22	12571	3724	5359	1569	7.29	12.01
肇庆	Zhaoqing	141	25	8458	3489	4727	1555	11.43	29.23
惠州	Huizhou	124	55	10112	5861	5802	3730	17.89	28.91
梅州	Meizhou	171	6	8593	2272	4599	747	9.06	23.72
汕尾	Shanwei	79	17	5058	1314	2905	786	8.53	14.99
河源	Heyuan	123	10	5376	1359	3451	872	9.89	29.23
阳江	Yangjiang	79	27	5458	2346	7262	2365	26.34	35.40
清远	Qingyuan	161	30	8815	2687	4168	1522	10.20	23.64
东莞	Dongguan	65	65	17685	17685	12884	12884	72.09	72.09
中山	Zhongshan	42	42	8707	8707	4915	4915	33.24	33.24
潮州	Chaozhou	67	16	3233	1683	3149	1803	12.21	51.56

城 市 City	医院、卫生院数(个) Quantity of Hospital and Public Health Centres (unit)		医院、卫生院床位数(张) Quantity of Beds at Hospitals and Public Health Centres (unit)		医生数(执业医师+执业助理医师)(人) Quantity of Doctors (person)		每万人拥有医生(人) Number of Doctors per 10000 population (person)	
	全市 Total Area of City	市辖区 Districts under City	全市 Total Area of City	市辖区 Districts under City	全市 Total Area of City	市辖区 Districts under City	全市 Total Area of City	市辖区 Districts under City
揭 阳 Jieyang	136	17	6851	1632	4013	1132	6.18	16.29
云 浮 Yunfu	78	13	5260	1093	2550	525	9.25	17.72
南 宁 Nanning	202	101	23501	16119	12908	9282	18.50	34.75
柳 州 Liuzhou	170		14980		7192	4828	19.57	46.50
桂 林 Guilin	192	30	13486	5239	8008	3281	15.65	43.29
梧 州 Wuzhou	92	19	7389	3537	3892	1730	12.31	34.56
北 海 Beihai	48	24	4150	2029	2388	1455	14.91	24.08
防城港 Fangchenggang	37	19	1998	1325	826	512	9.50	9.87
钦 州 Qinzhou	83	54	7363	3163	2881	1164	7.76	8.64
贵 港 Guigang	103	40	7588	3375	3874	1737	7.60	9.35
玉 林 Yulin	156	32	12629	4454	6249	2301	9.56	23.53
百 色 Baise	208	17	10196	2724	4229	1027	10.61	29.54
贺 州 Hezhou	86	37	4647	2419	2272	1297	10.15	12.10
河 池 Hechi	186	22	9168	1769	4165	822	10.17	24.82
来 宾 Laibin	92	33	5380	2146	2172	972	8.53	9.23
崇 左 Chongzuo	98	12	4301	676	2468	540	10.20	15.08
海 口 Haikou	73	73	7120	7120	4994	4994	31.56	31.56
三 亚 Sanya	26	26	1922	1922	1303	1303	23.39	23.39
重 庆 Chongqing	1404	619	86960	55125	41943	24107	12.80	15.63
成 都 Chengdu	562	265	57109	38192	32456	22375	28.48	42.96
自 贡 Zigong	145	81	8253	6346	3832	2663	11.67	17.68
攀枝花 Panzhihua	67	34	6386	5267	3257	2651	29.19	38.31
泸 州 Luzhou	188	59	11025	5466	5141	2719	10.34	18.68
德 阳 Deyang	213	46	11973	3683	4432	1268	11.41	19.24
绵 阳 Mianyang	417	90	18707	7414	6527	2691	11.98	22.00
广 元 Guangyuan	303	86	10732	5492	4708	2125	15.05	22.79
遂 宁 Suining	140	52	8582	4879	4301	2963	11.11	19.64
内 江 Neijiang	154	62	10714	5066	4457	1993	10.47	14.06
乐 山 Leshan	286	100	11691	5770	5595	2628	15.84	22.85
南 充 Nanchong	543	136	17283	6165	7655	2987	10.16	15.45
眉 山 Meishan	176	45	8012	3057	3199	1156	9.19	13.52
宜 宾 Yibin	240	41	15625	5883	4697	1642	8.78	20.52
广 安 Guangan	211	54	8073	2407	6690	2048	14.23	16.24
达 州 Dazhou	362	22	13790	2963	11205	2369	17.04	53.59
雅 安 Yaan	187	35	6299	2480	2897	987	18.67	28.05
巴 中 Bazhong	311	132	8932	1625	3935	1244	9.81	8.68
资 阳 Ziyang	212	39	10745	3086	4872	1252	9.72	11.52
贵 阳 Guiyang	219	145	18037	14882	10113	8673	27.55	39.64
六盘水 Liupanshui	138	32	8201	3489	3165	1448	9.91	27.35
遵 义 Zunyi	284	36	15244	5523	6611	2525	8.80	29.60
安 顺 Anshun	122	39	5893	2917	1660	809	6.07	9.55

城市	City	医院、卫生院数(个) Quantity of Hospital and Public Health Centres (unit)		医院、卫生院床位数(张) Quantity of Beds at Hospitals and Public Health Centres (unit)		医生数(执业医师+执业助理医师)(人) Quantity of Doctors (person)		每万人拥有医生(人) Number of Doctors per 10000 population (person)	
		全市 Total Area of City	市辖区 Districts under City	全市 Total Area of City	市辖区 Districts under City	全市 Total Area of City	市辖区 Districts under City	全市 Total Area of City	市辖区 Districts under City
昆　明	Kunming	314	200	29944	20000	31547	20000	59.08	79.92
曲　靖	Qujing	172	30	15686	4417	4377	1607	7.10	23.13
玉　溪	Yuxi	178	46	9002	3449	3870	1462	18.05	34.76
保　山	Baoshan	419	35	5344	2504	2556	1151	10.21	12.93
昭　通	Shaotong	194	30	8667	2241	2491	754	4.44	9.23
丽　江	Lijiang	82	13	3229	817	948	287	7.87	18.72
思　茅	Simao	129	15	5418	1936	2863	826	11.47	37.96
临　沧	Lincang	106	14	4562	1212	2114	537	8.82	17.50
拉　萨	Lhasa	315		2946		1422		27.60	
西　安	Xian	415	298	34904	30922	14694	12841	18.80	22.87
铜　川	Tongchuan	95	84	4258	3952	1508	1391	17.68	18.37
宝　鸡	Baoji	263	90	14322	7131	5596	3051	14.77	21.58
咸　阳	Xanyang	319	83	16857	7351	8767	4472	16.98	49.86
渭　南	Weinan	279	43	13125	3003	5017	1288	9.01	13.31
延　安	Yanan	207	27	7343	2909	3084	1191	13.56	26.54
汉　中	Hanzhong	1050	33	12200	4385	5669	1407	14.86	25.46
榆　林	Yulin	300	80	11320	2815	4690	1292	13.06	25.37
安　康	Ankang	249	60	7250	3245	7183	3018	23.66	30.21
商　洛	Shangluo	177	39	5398	1923	2856	962	11.75	17.53
兰　州	Lanzhou	159	100	21873	19753	9440	8471	29.17	40.25
嘉峪关	Jiayuguan	8	8	1386	1386	730	730	34.98	34.98
金　昌	Jinchang	21	7	1781	1046	1279	635	26.89	29.49
白　银	Baiyin	92	29	5499	3054	2493	1426	13.88	28.72
天　水	Tianshui	169	68	9416	5076	5914	3344	16.44	26.53
武　威	Wuwei	192	120	6068	3720	4952	2914	24.89	28.14
张　掖	Zhangye	111	33	4773	2070	1839	1336	14.11	25.76
平　凉	Pingliang	127	22	6625	1565	2728	879	11.87	17.58
酒　泉	Jiuquan	108	34	4480	2032	2311	970	23.97	24.18
庆　阳	Qingyang	147	17	5438	2083	2494	736	9.56	20.69
定　西	Dingxi	158	27	6836	1336	2218	574	7.41	12.28
陇　南	Longnan	236	37	4669	1245	2831	776	10.14	14.07
西　宁	Xining	105	40	10134	8019	4023	3234	20.74	28.34
银　川	Yinchuan	101	57	8016	6718	3725	4329	23.95	47.35
石嘴山	Shizuishan	341	250	3475	2658	1853	1344	24.87	29.59
吴　忠	Wuzhong	303	140	3847	1771	1749	798	12.75	20.94
固　原	Guyuan	266	97	3390	946	1948	579	12.97	13.14
中　卫	Zhongwei	54	17	2035	1050	1334	627	11.44	15.98
乌鲁木齐	Urumqi	166	154	30617	30517	10232	10140	42.42	43.73
克拉玛依	Kelamayi	90	90	1730	1730	1019	1019	25.90	25.90

3-5 城市社会保障(2009年)

Urban Social Security(2009)

城市	City	基本养老保险参保人数(人) Quantity of People Applied for Basic Endowment Insurance (person)		基本医疗保险参保人数(人) Quantity of people Applied for Basic Medical Insurance (person)		失业保险参保人数(人) Quantity of People Applied for Unemployment Insurance (person)		城镇居民最低生活保障人数(人) Quantity of Urban Residents Granted with Subsistence Allowances (person)	
		全市 Total Area of City	市辖区 Districts under City	全市 Total Area of City	市辖区 Districts under City	全市 Total Area of City	市辖区 Districts under City	全市 Total Area of City	市辖区 Districts under City
城市合计	**Total**	**180297547**	**117992679**	**235439526**	**148976241**	**117415235**	**78664658**	**21307342**	**9727524**
北京	Beijing	8276903	8140430	9384100	9205129	6757117	6637499	147142	144055
天津	Tianjin	4015300	4015300	4440600	4440600	2392200	2392200	179441	179441
石家庄	Shijiazhuang	1414747	1010510	1222114	840491	886025	688339	61969	22393
唐山	Tangshan	1352620	1008674	1976000	1109000	742553	527732	53982	28795
秦皇岛	Qinhuangdao	487458	354334	872497	669230	290566	225956	61116	24313
邯郸	Handan	880884	559426	926800	397380	666437	461310	152219	62570
邢台	Xingtai	468437	211634	488286	223401	330395	149181	86058	25236
保定	Baoding	914661	273674	894147	426821	519875	199025	100076	13986
张家口	Zhanjiakou	634680	179128	537033	292751	379056	239862	141626	63399
承德	Chengde	375851	199228	703978	244600	249377	139896	84248	30555
沧州	Cangzhou	579039	228237	515807	221795	315106	137167	70491	16226
廊坊	Langfang	466488	171251	361551	187235	220838	80125	36752	12480
衡水	Hengshui	354043	136718	300879	112970	185106	87549	48199	14039
太原	Taiyuan	708692	685554	961134	903449	741136	691107	96497	61455
大同	Datong	372485	245881	1160000	645504	430000	326202	196382	143724
阳泉	Yangquan	209200	172315	531313	448700	194900	162580	43259	27922
长治	Changzhi	334129	10457	449600	26811	241753	7254	55149	14367
晋城	Jincheng	195405	103324	299304	178157	196663	109972	31888	10316
朔州	Shuozhou	118370	63322	320456	193070	120685	66802	61625	23269
晋中	Jinzhong	316359	73153	717748	165922	226679	64568	61357	11965
运城	Yuncheng	402300	12159	677873	90550	232862	12250	89634	10622
忻州	Xinzhou	150689	44746	291829	89082	186300	53753	109177	21262
临汾	Linfen	351320	115613	410000	35000	278200	25000	92142	16394
吕梁	Luliang	193000	16732	610000	70277	137700	18000	107248	15440
呼和浩特	Huhehaote	547848	473772	504392	421013	380286	285456	76559	51359
包头	Baotou	533660	473024	719407	665746	415068	374902	67514	46374
乌海	Wuhai	122829	122829	433258	433258	98112	98112	13111	13111
赤峰	Chifeng	262100	115376	471300	209700	269000	113274	95950	37888
通辽	Tongliao	201328	89826	316887	97232	186000	89213	94600	34000
鄂尔多斯	Erdos	180000	58967	256302	72337	136292	25754	27776	6647
呼伦贝尔	Hulunbeier	366266	59272	1108400	89611	364400	16122	211100	5220
巴彦淖尔	Bayanzhuoer	175300	83100	605000	299000	105000	42600	54000	14283
乌兰察布	Wulanchabu	197000	28845	246000	26280	132400	17286	110441	32408
沈阳	Shenyang	2795029	2634815	3074746	2944796	1234965	1161744	134448	105396
大连	Dalian	1627070	1348008	3958086	3327652	1065855	936395	89411	58348
鞍山	Anshan	869280	644820	1058232	891743	634085	486802	74190	58033
抚顺	Fushun	870131	759851	700212	622116	529242	487374	149561	127711
本溪	Benxi	784624	671108	558541	475671	391597	353229	90249	70326
丹东	Dandong	494048	296853	670650	456827	267752	157929	59388	34673
锦州	Jinzhou	608853	421672	741005	378102	380226	281013	79283	53094
营口	Yingkou	611644	425045	1009336	665518	219247	161303	80247	46328

城　市	City	基本养老保险参保人数(人) Quantity of People Applied for Basic Endowment Insurance (person)		基本医疗保险参保人数(人) Quantity of people Applied for Basic Medical Insurance (person)		失业保险参保人数(人) Quantity of People Applied for Unemployment Insurance (person)		城镇居民最低生活保障人数(人) Quantity of Urban Residents Granted with Subsistence Allowances (person)	
		全市 Total Area of City	市辖区 Districts under City	全市 Total Area of City	市辖区 Districts under City	全市 Total Area of City	市辖区 Districts under City	全市 Total Area of City	市辖区 Districts under City
阜　新	Fuxin	404035	317865	447605	377423	230086	186139	167088	160626
辽　阳	Liaoyang	503776	357959	754876	518265	207274	173044	51146	34922
盘　锦	Panjin	448417	338517	583267	474868	254127	233930	24311	14739
铁　岭	Tieling	439434	203971	442009	281743	282192	147356	71956	20438
朝　阳	Chaoyang	330929	128263	845961	367506	261935	109207	153876	58021
葫芦岛	Huludao	303054	63659	433508	55389	171249	35017	71541	22186
长　春	Changchun	1423193	1181961	3829613	2793018	692121	551611	199051	105902
吉　林	Jinlin	941048	681657	867645	589695	327953	233710	180455	84836
四　平	Siping	342897	154200	1134702	420604	194631	90905	127358	43020
辽　源	Liaoyuan	133549	96507	200190	142211	72056	47878	106435	67761
通　化	Tonghua	280755	128300	1018047	388160	154335	77785	117363	29445
白　山	Baishan	199705	91260	838337	436570	115069	48935	159301	81129
松　原	Songyuan	276599	154819	350774	183690	147711	80238	65397	17493
白　城	Baicheng	260522	104773	335287	90200	118233	48978	97296	34091
哈尔滨	Harbin	1183000	784087	1864000	1285744	1267700	1166661	224121	102544
齐齐哈尔	Qiqihaer	375924	250529	642720	364550	483308	351595	163658	85653
鸡　西	Jixi	172000	98903	459000	251623	195000	157741	139642	93846
鹤　岗	Hegang	151604	138765	546904	252603	100001	89337	90367	82087
双鸭山	Shuangyashan	75997	41610	563100	338600	119700	76886	83304	61243
大　庆	Daqing	310000	197000	725000	558000	210000	153000	63244	12844
伊　春	Yichun	262000	246817	543000	325800	121000	114622	136053	102217
佳木斯	Jiamusi	348000	184013	405082	234046	223808	132542	125608	69890
七台河	Qitaihe	154919	133044	158865	132843	84592	71568	78832	48254
牡丹江	Mudanjiang	266100	176328	939739	455233	177600	140311	138845	68796
黑　河	Heihe	78484	22850	199346	46831	66535	15220	109741	11510
绥　化	Suihua	247041	31141	933121	40365	305134	36043	140679	21145
上　海	Shanghai	8457100	8457100	9512000	9512000	5235300	5235300	362902	343475
南　京	Nanjing	1883237	1781906	2501760	2373706	1820016	1739522	77242	75286
无　锡	Wuxi	1983500	1341200	2192800	1367000	1433300	982500	29932	18626
徐　州	Xuzhou	832302	528241	842586	473705	703251	400550	53800	21479
常　州	Changzhou	995574	769847	1208444	956564	741025	569607	24288	20565
苏　州	Suzhou	2995027	933136	3461794	1190315	2343246	802911	29055	16873
南　通	Nantong	1017700	482300	1328300	626400	792200	368200	16839	7005
连云港	Lianyungang	379900	244200	543900	368400	295400	192200	22672	13619
淮　安	Huaian	499367	315626	595649	373408	452800	288500	44491	32718
盐　城	Yancheng	766810	263619	1067000	399400	577241	187491	60125	17691
扬　州	Yangzhou	714220	320815	885272	454539	539016	294189	21011	7934
镇　江	Zhenjiang	627281	334995	713722	420483	428904	263568	14871	11596
泰　州	Taizhou	633546	159905	925920	252504	409345	124544	23154	3205
宿　迁	Suqian	242104	103987	346677	131252	256705	104684	50269	12457
杭　州	Hangzhou	3422359	2798259	2983138	2551184	2156773	1897802	17510	13743
宁　波	Ningbuo	3442759	2247514	2518378	1760592	1732132	1229745	14619	9658

城市	City	基本养老保险参保人数(人) Quantity of People Applied for Basic Endowment Insurance (person)		基本医疗保险参保人数(人) Quantity of people Applied for Basic Medical Insurance (person)		失业保险参保人数(人) Quantity of People Applied for Unemployment Insurance (person)		城镇居民最低生活保障人数(人) Quantity of Urban Residents Granted with Subsistence Allowances (person)	
		全市 Total Area of City	市辖区 Districts under City	全市 Total Area of City	市辖区 Districts under City	全市 Total Area of City	市辖区 Districts under City	全市 Total Area of City	市辖区 Districts under City
温州	Wenzhou	1711695	720355	1058614	503968	694989	330059	13705	8805
嘉兴	Jiaxing	1358000	444300	1176400	380300	700700	190500	7579	2050
湖州	Huzhou	550332	253401	491521	226353	346100	169500	10378	4337
绍兴	Shaoxing	1248200	345900	1050500	312500	689108	194297	9619	3166
金华	Jinhua	815579	201685	625279	179646	518037	140850	4705	1903
衢州	Quzhou	379268	205103	325878	172958	163880	82217	4625	980
舟山	Zhoushan	280329	219226	218880	175916	149833	124646	2492	1829
台州	Taizhou	900749	339808	530546	219087	562033	233334	4401	1081
丽水	Lishui	308114	87436	247334	84004	150188	45644	4590	1063
合肥	Hefei	873353	790697	880860	776696	625079	581136	60207	41903
芜湖	Wuhu	349246	277786	418455	353648	245311	178074	56996	34805
蚌埠	Bengbu	285886	192591	389685	315259	203384	153373	54713	31579
淮南	Huainan	239259	184204	426104	397125	306223	277101	67127	57168
马鞍山	Maanshan	292344	263644	334804	297824	186561	171461	34649	26951
淮北	Huaibei	298372	275961	378458	350330	241827	225755	69097	56278
铜陵	Tongling	149407	134129	243057	221154	143295	135924	26967	23501
安庆	Anqing	427726	240168	373240	191227	243693	110511	77067	33586
黄山	Huangshan	116089	65058	151481	82998	106112	51144	26352	13840
滁州	Chuzhou	231345	73177	330657	105914	200978	61753	75741	16008
阜阳	Fuyang	205224	109978	333405	167176	271008	130472	111907	48989
宿州	Suzhou	143387	46572	247652	58423	220515	62000	48527	17159
巢湖	Chaohu	169858	65888	232586	89537	171113	54974	63330	24059
六安	Liuan	193157	89000	284622	127728	229400	96800	75190	24226
亳州	Bozhou	83167	30798	180138	66050	145000	41400	39417	12024
池州	Chizhou	78585	42155	120121	61405	72151	36703	20737	12736
宣城	Xuancheng	179003	34750	237467	45658	151438	26700	38233	11843
福州	Fuzhou	1232753	865864	889141	650371	800200	599600	22446	12727
厦门	Xiamen	1219600	1219600	1284000	1284000	1050700	1050700	22227	22227
莆田	Putian	262595	202568	223661	185984	152603	134858	13462	6887
三明	Sanming	422749	91980	375762	125969	228300	71544	18115	4009
泉州	Quanhzou	733000	285863	634600	245048	470700	211203	24766	6401
漳州	Zhangzhou	592600	153504	409740	143275	250199	102128	26279	5158
南平	Nanping	435162	138721	368020	120019	229018	82844	23281	4678
龙岩	Longyan	350300	114449	313680	131060	183219	85610	15211	2427
宁德	Ningde	269600	53396	221700	72736	116418	26514	20121	2777
南昌	Nanchang	784350	624148	650800	557956	566617	444846	110879	68257
景德镇	Jingdezhen	267685	205479	332782	235701	96466	57764	58407	33927
萍乡	Pingxiang	271299	192907	452460	217438	154555	127262	62585	43641
九江	Jiujiang	779000	320686	512000	223969	343029	164220	102277	18862
新余	Xinyu	232651	206322	525100	492409	124300	103400	36150	25696
鹰潭	Yingtan	132330	44265	289140	95391	81100	33634	27419	7108
赣州	Ganzhou	566294	92688	552904	165489	352995	67910	106316	15909

城 市	City	基本养老保险参保人数(人) Quantity of People Applied for Basic Endowment Insurance (person)		基本医疗保险参保人数(人) Quantity of people Applied for Basic Medical Insurance (person)		失业保险参保人数(人) Quantity of People Applied for Unemployment Insurance (person)		城镇居民最低生活保障人数(人) Quantity of Urban Residents Granted with Subsistence Allowances (person)	
		全市 Total Area of City	市辖区 Districts under City	全市 Total Area of City	市辖区 Districts under City	全市 Total Area of City	市辖区 Districts under City	全市 Total Area of City	市辖区 Districts under City
吉 安	Jian	479696	54681	561000	63200	230758	31154	97420	19805
宜 春	Yichun	528000	64528	654000	109597	257000	25284	118755	21158
抚 州	Fuzhou	374109	114897	1025531	219646	199020	35105	105089	30686
上 饶	Shangrao	598700	59327	614700	107800	300760	21275	123800	8872
济 南	Jinan	1365820	1095924	1331911	1159831	830215	714522	61096	49423
青 岛	Qingdao	2592929	1745345	2408855	1919535	1429153	961506	44807	38984
淄 博	Zibuo	821564	659506	1878678	1567945	605402	478994	35550	29302
枣 庄	Zaozhuang	402301	252632	1035094	734294	320810	257752	58373	46436
东 营	Dongying	199910	106804	512747	399401	115553	69668	10537	5384
烟 台	Yantai	1342300	634400	2073099	1116604	840319	423791	36586	16949
潍 坊	Weifang	1321228	397003	1170047	463540	672200	237946	31256	20481
济 宁	Jining	799074	265853	1822984	479989	590426	163056	44777	9596
泰 安	Taian	663093	353391	1550211	646064	481802	156620	29411	14171
威 海	Weihai	723108	327546	724548	313723	387520	176992	2334	971
日 照	Rizhao	272174	167064	620541	402043	147357	94170	14588	7950
莱 芜	Laiwu	214711	214711	340307	340307	152795	152795	8830	8830
临 沂	Linyi	914436	322539	1513498	591407	454329	160626	68209	22568
德 州	Dezhou	446700	104176	945197	326044	261185	98763	47165	11395
聊 城	Liaocheng	443145	163487	1255824	354314	275777	92857	43225	9016
滨 州	Binzhou	376644	116718	756221	279279	194287	74900	24661	3231
菏 泽	Heze	613474	217597	2157224	158105	282597	84950	51252	11640
郑 州	Zhengzhou	1411000	1082802	828632	560813	877433	652948	44878	20920
开 封	Kaifeng	323935	148050	133196	39823	221290	85998	77424	54061
洛 阳	Luoyang	779550	622838	1828994	632504	597791	38218	134054	65322
平 顶 山	Pingdingshan	524396	372051	607874	409446	465966	322779	90764	36022
安 阳	Anyang	587752	367115	570044	366861	399978	240804	93862	58052
鹤 壁	Hebi	113679	75029	216000	159840	152000	106389	60700	40353
新 乡	Xinxiang	612555	380937	583015	298290	449500	219407	100282	27686
焦 作	Jiaozuo	404898	240142	453518	284961	332396	195092	49362	17280
濮 阳	Puyang	243528	102258	467312	290677	312500	188930	55713	25886
许 昌	Xuchang	370659	174348	357778	153667	270038	101900	58192	13480
漯 河	Luohe	194822	154553	257279	191037	169828	143228	50189	35335
三 门 峡	Sanmenxi	250802	93118	290159	85164	227129	78135	44249	18341
南 阳	Nanyang	558936	281000	1425000	274400	620000	379000	133876	20433
商 丘	Shangqiu	248019	111689	416000	139247	354600	148400	108830	51877
信 阳	Xinyang	481230	103700	449589	103263	392600	81900	117800	33633
周 口	Zhoukou	332814	47501	424844	105522	380000	43800	128413	23798
驻 马 店	Zhumadian	246287	86192	419733	124193	358000	81200	137348	25538
武 汉	Wuhan	2102900	1883900	3091800	2859400	1180700	1082800	243210	170759
黄 石	Huangshi	480200	374169	436000	302262	286100	235974	69000	38359
十 堰	Shiyan	388706	210459	539781	300280	288599	173338	93020	28501

城　　市 City	基本养老保险参保人数(人) Quantity of People Applied for Basic Endowment Insurance (person)		基本医疗保险参保人数(人) Quantity of people Applied for Basic Medical Insurance (person)		失业保险参保人数(人) Quantity of People Applied for Unemployment Insurance (person)		城镇居民最低生活保障人数(人) Quantity of Urban Residents Granted with Subsistence Allowances (person)	
	全市 Total Area of City	市辖区 Districts under City	全市 Total Area of City	市辖区 Districts under City	全市 Total Area of City	市辖区 Districts under City	全市 Total Area of City	市辖区 Districts under City
宜　昌 Yichang	730806	388360	1207752	699377	403221	276366	106610	46915
襄　樊 Xiangfan	764432	431703	712812	500993	422220	292288	153809	85557
鄂　州 Ezhou	152700	152700	148500	148500	70000	70000	35600	35600
荆　门 Jingmen	345700	150194	324413	149398	163079	77191	100530	27254
孝　感 Xiaogan	306142	97351	368421	117328	214182	46263	103513	34410
荆　州 Jingzhou	796550	328568	531815	282748	318050	162770	147244	59261
黄　冈 Huanggang	479363	98667	428422	66757	235664	35042	131110	20640
咸　宁 Xianning	199155	71071	255031	80068	112764	41727	93129	22005
随　州 Suizhou	150357	89002	170560	77609	105679	78771	58301	30061
长　沙 Changsha	1225523	951804	1315038	1103324	628288	514677	110136	60276
株　洲 Zhuzhou	424602	266783	544387	388546	280000	100000	87628	31820
湘　潭 Xiangtan	333981	178932	461750	323987	281514	207035	69531	44366
衡　阳 Hengyang	524430	258011	1302509	290351	440113	319480	130045	70123
邵　阳 Shaoyang	625200	184930	492300	182150	237900	89716	129796	40719
岳　阳 Yueyang	710340	248001	1653000	526470	304723	153439	117586	51821
常　德 Changde	509095	245515	534878	205501	205564	75482	126791	51737
张家界 Zhangjiajie	92276	47399	127732	65328	88037	43082	39599	18253
益　阳 Yiyang	245961	113438	395261	170733	177785	74635	111076	45799
郴　州 Chenzhou	394231	164880	476653	227935	231894	100491	135361	27003
永　州 Yongzhou	352484	130757	421239	148070	190038	86844	117042	39371
怀　化 Huaihua	334309	100830	1116726	326090	192750	96146	107821	16210
娄　底 Loudi	272165	116532	295468	101139	271658	171655	97408	31236
广　州 Guangzhou	2893080		3826813		3121036		45400	
韶　关 Shaoguan	377837	214647	439354	294439	263810	165237	27430	18624
深　圳 Shenzhen	5840900	5840900	9113900	9113900	2189700	2189700	13601	13601
珠　海 Zhuhai	780724	780724	846791	846791	669637	669637	14096	14096
汕　头 Shantou	454781	291482	769915	552948	381157	235964	23456	22976
佛　山 Foshan	2462387	2462387	4005633	4005633	1408976	1408976	18644	18644
江　门 Jiangmen	612929	227141	728177	270261	494673	183959	73883	20072
湛　江 Zhanjiang	816791	464654	472976	304020	331538	188382	45088	11727
茂　名 Maoming	422477	179712	291772	100704	228497	178524	36633	17205
肇　庆 Zhaoqing	496337	428390	390721	345048	301535	139038	9011	3158
惠　州 Huizhou	1200259	914349	771208	581674	327711	252437	76681	20358
梅　州 Meizhou	299300	18562	258100	16200	212400	6520	18543	2912
汕　尾 Shanwei	250725	93427	436198	89536	118012	40057	24028	3271
河　源 Heyuan	368280	140833	222106	106191	228978	111685	31382	4211
阳　江 Yangjiang	282775	122501	185371	85566	180006	74326	14836	6986
清　远 Qingyuan	515577	181935	783332	220942	164432	61163	11515	1728
东　莞 Dongguan	3158100	3158100	5365700	5365700	2591500	2591500	37319	37319
中　山 Zhongshan	1288073	1288073	1255238	1255238	1134303	1134303	6722	6722
潮　州 Chaozhou	333977	143467	209806	98466	276410	120913	59779	9966

城 市	City	基本养老保险参保人数(人) Quantity of People Applied for Basic Endowment Insurance (person)		基本医疗保险参保人数(人) Quantity of people Applied for Basic Medical Insurance (person)		失业保险参保人数(人) Quantity of People Applied for Unemployment Insurance (person)		城镇居民最低生活保障人数(人) Quantity of Urban Residents Granted with Subsistence Allowances (person)	
		全市 Total Area of City	市辖区 Districts under City	全市 Total Area of City	市辖区 Districts under City	全市 Total Area of City	市辖区 Districts under City	全市 Total Area of City	市辖区 Districts under City
揭 阳	Jieyang	296830	79199	157498	41280	147332	62344	22303	3042
云 浮	Yunfu	141200	34000	347500	97900	125932	35000	5491	903
南 宁	Nanning	742793	600364	1519464	1212897	372514	289628	48830	22745
柳 州	Liuzhou	489670	419105	623434	502079	276210	207525	39258	15847
桂 林	Guilin	356739	242841	529670	320364	258533	147231	80146	9827
梧 州	Wuzhou	220300		528629	236887	109597	53265	25110	5114
北 海	Beihai	91760	54975	147716	95716	87063	51263	32076	12250
防 城 港	Fangchenggang	71209	49073	66184	47054	50389	33882	31525	23551
钦 州	Qinzhou	73000	17800	337000	54617	76000	16114	42600	17322
贵 港	Guigang	83730	49209	491601	228747	114035	50500	257322	101292
玉 林	Yulin	158844	26440	242314	37515	148300	17900	51949	7455
百 色	Baise	170332	21628	405593	42040	117684	39399	52664	5093
贺 州	Hezhou	50732	22200	84109	24939	49066	19615	42226	18663
河 池	Hechi	138256	13719	502464	70755	127801	13755	48008	2475
来 宾	Laibin	99043	38204	309433	134564	71363	33948	37217	15968
崇 左	Chongzuo	102379	18772	408010	59384	83591	11651	41125	3843
海 口	Haikou	260289	260289	313162	313162			19940	19940
三 亚	Sanya	143937	143937	138251	138251	133804	133804	18490	18490
重 庆	Chongqing	5202503	4177209	3624582	2934430	2159116	1680814	704054	383207
成 都	Chengdu	3046700	2238158	3263200	2478334	1586800	1339146	87864	42586
自 贡	Zigong	431657	310136	376293	283245	176606	144589	94943	59635
攀 枝 花	Panzhihua	262029	240147	392571	355186	187363	174183	29627	21695
泸 州	Luzhou	424656	268177	302817	196643	143127	90412	66168	31557
德 阳	Deyang	371400	185200	504144	294697	199000	120766	96789	36599
绵 阳	Mianyang	620452	261857	479635	222695	222700	26200	127199	32372
广 元	Guangyuan	241841	34029	280941	37268	128924	16004	119568	51024
遂 宁	Suining	219862	101229	197751	94381	103291	44457	91647	54026
内 江	Neijiang	491645	214486	331326	149886	130023	53822	90964	38110
乐 山	Leshan	393039	227127	501481	330617	180441	128813	87352	36436
南 充	Nanchong	600458	255170	432196	210546	193995	83856	219127	88010
眉 山	Meishan	353332	123974	202802	84820	94122	31886	61113	26488
宜 宾	Yibin	496024	286978	773079	253604	263017	139954	95647	30329
广 安	Guangan	206093	60836	211683	64059	114436	43348	91454	21464
达 州	Dazhou	228722	38411	211236	15495	158982	18245	153362	35883
雅 安	Yaan	119549	22857	177770	19872	77600	12408	41624	14535
巴 中	Bazhong	203127	74593	398000	52879	85800	27951	108789	52762
资 阳	Ziyang	293253	87823	299920	90399	118000	43850	75157	27329
贵 阳	Guiyang	611249	510028	975199	867159	382176	337317	83831	70705
六 盘 水	Liupanshui	57012	20088	248148	32679	85961	41048	78326	8640
遵 义	Zunyi	283500	80580	400300	52256	165056	28469	70864	9664
安 顺	Anshun	117000	22800	358000	26100	63628	12200	37281	20526

城 市	City	基本养老保险参保人数(人) Quantity of People Applied for Basic Endowment Insurance (person)		基本医疗保险参保人数(人) Quantity of people Applied for Basic Medical Insurance (person)		失业保险参保人数(人) Quantity of People Applied for Unemployment Insurance (person)		城镇居民最低生活保障人数(人) Quantity of Urban Residents Granted with Subsistence Allowances (person)	
		全市 Total Area of City	市辖区 Districts under City	全市 Total Area of City	市辖区 Districts under City	全市 Total Area of City	市辖区 Districts under City	全市 Total Area of City	市辖区 Districts under City
昆 明	Kunming	864300	328300	1979900	1148200	699500	492800	83657	51646
曲 靖	Qujing	202123	27125	384723	30384	218600	14587	88999	19173
玉 溪	Yuxi	210868	75025	215033	87003	116427	47070	37914	7072
保 山	Baoshan	75400	14060	287000	30500	66700	14800	42300	18509
昭 通	Shaotong	79291	35274	355826	124607	99219	26277	104732	26284
丽 江	Lijiang	41888	25000	65400	30731	30263	18040	40672	8836
思 茅	Simao	102186	27529	172473	18076	85588	22820	47876	7087
临 沧	Lincang	44840	11289	203784	26947	63621	15483	146500	26900
拉 萨	Lhasa	13118		28077		9374		10609	6961
西 安	Xian	1955160	1820331	2678200	1956000	1277806	1213579	152954	126428
铜 川	Tongchuan	111280	104878	173000	167768	137830	134051	110206	110206
宝 鸡	Baoji	456153	297906	522328	321739	320337	233266	83000	45116
咸 阳	Xanyang	622848	196873	498920	183254	402885	153701	93249	38719
渭 南	Weinan	294778	33411	435366	131220	285408	28162	96313	19894
延 安	Yanan	142831	83450	518954	189366	174866	91476	72146	16401
汉 中	Hanzhong	301215	161620	328154	132529	211800	93357	77600	25801
榆 林	Yulin	155338	57815	241047	79209	158118	50629	118277	21214
安 康	Ankang	104321	56035	176456	77237	88562	46072	50225	16665
商 洛	Shangluo	72559	28352	292900	42933	110600	33418	42000	14775
兰 州	Lanzhou	271853	250541	777204	717674	577161	527027	110604	94718
嘉峪关	Jiayuguan	47899	47899	71229	71229	42179	42179	5318	5318
金 昌	Jinchang	29033	17531	97682	69871	82603	70142	21508	13085
白 银	Baiyin	64098	43512	217825	161220	134552	95596	72539	51670
天 水	Tianshui	118950	16675	243175	47365	149927	21584	109030	73876
武 威	Wuwei	57021	25011	103200	37201	54821	22184	55896	34021
张 掖	Zhangye	59166	14365	120446	26463	64124	15825	53460	25726
平 凉	Pingliang	64502	33280	223742	43097	88807	46151	75351	27726
酒 泉	Jiuquan	55400	15675	12820	60016	6470	11150	17560	15209
庆 阳	Qingyang	43869	26129	111612	88771	77522	36181	59117	22825
定 西	Dingxi	56100	8700	115800	16700	87400	14000	58807	16309
陇 南	Longnan	47700	5532	109308	14780	53881	8772	54702	12210
西 宁	Xining	269278	235440	193238	149147	152560	139011	73900	42189
银 川	Yinchuan	292529	259540	770127	582776	252075	208313	53989	32485
石嘴山	Shizuishan	99925	81633	175857	153757	99123	985566	43427	31514
吴 忠	Wuzhong	90900	55900	252300	102500	62764	24800	72000	10537
固 原	Guyuan	31200		168300		34800		42825	20413
中 卫	Zhongwei	45580	28536	161797	71533	34397	19261	30800	15768
乌鲁木齐	Urumqi	567319	567319	780247	710450	562917	562917	15658	15041
克拉玛依	Kelamayi	148207	148207	177352	177352	135688	135688	2747	2747

3-6 城市道路与交通(市辖区,2009年)

Urban Roads and Public Transportation (Districts under City, 2009)

城 市	City	年末实有道路面积(万平方米) Area of Roads (year-end) (10000sq.m)	人均实有道路面积(平方米) Per Capita Area of Roads (sq.m)	年末实有公共汽电车辆(辆) Number of Public Vehicles of Bus and Trolley Bus (year-end) (unit)	每万人拥有公共汽电车(辆) Number of Public Vehicles of Bus and Trolley Bus Per 10000 Population (unit)	公共汽电车客运量(万人次) Number of Passengers Carried of Bus and Trolley Bus (10000 person-time)	平均每辆公共汽电车运载力(万人次) Number of Passengers Carried of Per Bus and Trolley Bus (10000 person-time)	年末实有出租车(辆) Number of Taxi (year-end) (unit)
城市合计	**Total**	**367130**	**9.63**	**339670**	**8.96**	**5913173**	**17.41**	**845341**
北 京	Beijing	9179	7.81	21716	18.49	516517	23.79	66646
天 津	Tianjin	8357	10.41	7897	9.84	116425	14.74	31940
石家庄	Shijiazhuang	3813	15.71	4139	17.05	46277	11.18	9201
唐 山	Tangshan	2726	8.88	1924	6.27	30033	15.61	4642
秦皇岛	Qinhuangdao	1424	17.23	1028	12.44	14039	13.66	4292
邯 郸	Handan	2411	16.36	2381	16.15	22905	9.62	6769
邢 台	Xingtai	1214	19.75	1836	29.86	10411	5.67	3772
保 定	Baoding	1416	13.33	2122	19.97	20510	9.67	5965
张家口	Zhanjiakou	1173	13.08	925	10.32	8052	8.70	5030
承 德	Chengde	505	9.26	613	11.25	11289	18.42	5791
沧 州	Cangzhou	883	16.57	1110	20.83	11238	10.12	6965
廊 坊	Langfang	789	9.74	471	5.81	4099	8.70	5327
衡 水	Hengshui	630	20.26	902	29.00	3930	4.36	1993
太 原	Taiyuan	2357	8.27	1878	6.59	33947	18.08	8292
大 同	Datong	1484	9.59	974	6.30	14886	15.28	4625
阳 泉	Yangquan	545	7.93	589	8.57	15439	26.21	1560
长 治	Changzhi	470	6.73	557	7.98	8314	14.93	1800
晋 城	Jincheng	379	11.05	278	8.10	4600	16.55	1453
朔 州	Shuozhou	487	7.60	195	3.04	4216	21.62	1728
晋 中	Jinzhong	592	10.05	502	8.53	3375	6.72	902
运 城	Yuncheng	267	4.05	398	6.04	295	0.74	1800
忻 州	Xinzhou	166	3.14	112	2.12	1170	10.45	713
临 汾	Linfen	475	5.70	333	4.00	3742	11.24	1862
吕 梁	Luliang	243	8.85	77	2.81	1170	15.20	450
呼和浩特	Huhehaote	1520	12.80	2018	16.99	42324	20.97	5267
包 头	Baotou	2075	14.67	1308	9.25	21916	16.76	5884
乌 海	Wuhai	528	10.99	380	7.91	3825	10.07	953
赤 峰	Chifeng	744	6.13	447	3.68	7588	16.98	3773
通 辽	Tongliao	658	8.62	210	2.75	1850	8.81	2749
鄂尔多斯	Erdos	1572	62.11	229	9.05	3925	17.14	1810
呼伦贝尔	Hulunbeier	288	10.70	200	7.43	2800	14.00	2114
巴彦淖尔	Bayanzhuoer	714	13.32	111	2.07	828	7.46	936
乌兰察布	Wulanchabu	379	12.48	117	3.85	990	8.46	2800
沈 阳	Shenyang	5261	10.27	5081	9.92	116000	22.83	17357
大 连	Dalian	4085	13.53	4711	15.60	96151	20.41	9773
鞍 山	Anshan	1207	8.20	1494	10.15	23180	15.52	5375
抚 顺	Fushun	774	5.57	1171	8.42	32135	27.44	4121
本 溪	Benxi	615	6.44	700	7.33	21032	30.05	2644
丹 东	Dandong	743	9.41	470	5.95	9634	20.50	1932
锦 州	Jinzhou	908	9.72	683	7.31	11287	16.53	4911
营 口	Yingkou	713	7.99	661	7.57	8871	13.12	4854

城　市	City	年末实有道路面积(万平方米) Area of Roads (year-end) (10000sq.m)	人均实有道路面积(平方米) Per Capita Area of Roads (sq.m)	年末实有公共汽电车辆(辆) Number of Public Vehicles of Bus and Trolley Bus (year-end) (unit)	每万人拥有公共汽电车(辆) Number of Public Vehicles of Bus and Trolley Bus Per 10000 Population (unit)	公共汽电车客运量(万人次) Number of Passengers Carried of Bus and Trolley Bus (10000 person-time)	平均每辆公共汽电车运载力(万人次) Number of Passengers Carried of Per Bus and Trolley Bus (10000 person-time)	年末实有出租车(辆) Number of Taxi (year-end) (unit)
阜　新	Fuxin	453	5.84	392	5.05	5289	13.49	2458
辽　阳	Liaoyang	674	9.27	421	5.79	4170	9.90	2560
盘　锦	Panjin	899	14.83	395	6.52	7880	19.95	3232
铁　岭	Tieling	806	18.04	360	8.06	3118	8.66	2123
朝　阳	Chaoyang	364	6.09	198	3.31	2698	13.63	1971
葫芦岛	Huludao	388	3.91	602	6.07	7352	12.21	4135
长　春	Changchun	4497	12.41	4419	12.20	65700	14.87	15401
吉　林	Jinlin	1290	6.97	941	5.08	21567	22.92	4997
四　平	Siping	314	5.15	303	4.97	3425	11.30	2722
辽　源	Liaoyuan	490	10.25	362	7.57	684	1.89	1840
通　化	Tonghua	245	5.45	277	6.17	6659	24.04	1287
白　山	Baishan	352	5.93	317	5.34	3070	9.68	1472
松　原	Songyuan	485	8.78	500	9.05	5937	11.87	2116
白　城	Baicheng	236	4.64	224	4.40	2300	10.27	1749
哈尔滨	Harbin	2931	6.17	5010	10.55	107492	21.46	13636
齐齐哈尔	Qiqihaer	855	6.02	1027	7.23		0.09	3159
鸡　西	Jixi	539	6.12	706	8.01	7341	10.40	3103
鹤　岗	Hegang	312	4.60	410	6.04	9820	23.95	1773
双鸭山	Shuangyashan	311	6.20	364	7.25	4900	13.46	1100
大　庆	Daqing	2602	19.63	2100	15.85	17977	8.56	5456
伊　春	Yichun	683	8.43	235	2.90	2560	10.89	2831
佳木斯	Jiamusi	374	4.59	523	6.42	11026	21.08	6316
七台河	Qitaihe	392	7.09	398	7.19	1221	3.07	1000
牡丹江	Mudanjiang	872	10.91	680	8.51	13320	19.59	2619
黑　河	Heihe	152	7.91	71	3.70		0.83	1043
绥　化	Suihua	2160	24.02	271	3.01	2842	10.49	2612
上　海	Shanghai	9281	6.97	16272	12.22	270600	16.63	49111
南　京	Nanjing	9314	17.06	6081	11.14	103847	17.08	10364
无　锡	Wuxi	5379	22.59	2984	12.53	33881	11.35	4040
徐　州	Xuzhou	1956	10.50	1969	10.57	28903	14.68	3625
常　州	Changzhou	2809	12.39	2500	11.03	35583	14.23	2142
苏　州	Suzhou	5746	23.92	2957	12.31	49634	16.79	3203
南　通	Nantong	1451	6.86	759	3.59	9544	12.57	1277
连云港	Lianyungang	1586	17.88	562	6.34	12000	21.35	1611
淮　安	Huaian	1651	6.01	831	3.03	11500	13.84	913
盐　城	Yancheng	1255	7.72	391	2.41	3507	8.97	1010
扬　州	Yangzhou	1460	11.97	1012	8.30	13000	12.85	1838
镇　江	Zhenjiang	1715	16.58	990	9.57	9301	9.39	1254
泰　州	Taizhou	1314	16.01	251	3.06	2282	9.09	739
宿　迁	Suqian	1212	7.60	395	2.48	2950	7.47	780
杭　州	Hangzhou	4485	10.44	8072	18.80	142907	17.70	9305
宁　波	Ningbuo	2291	10.33	3245	14.63	46274	14.26	3551

城 市	City	年末实有道路面积(万平方米) Area of Roads (year-end) (10000sq.m)	人均实有道路面积(平方米) Per Capita Area of Roads (sq.m)	年末实有公共汽电车辆(辆) Number of Public Vehicles of Bus and Trolley Bus (year-end) (unit)	每万人拥有公共汽电车(辆) Number of Public Vehicles of Bus and Trolley Bus Per 10000 Population (unit)	公共汽电车客运量(万人次) Number of Passengers Carried of Bus and Trolley Bus (10000 person-time)	平均每辆公共汽电车运载力(万人次) Number of Passengers Carried of Per Bus and Trolley Bus (10000 person-time)	年末实有出租车(辆) Number of Taxi (year-end) (unit)
温 州	Wenzhou	1745	12.05	1929	13.32	26148	13.56	3329
嘉 兴	Jiaxing	903	10.86	921	11.08	7144	7.76	873
湖 州	Huzhou	1800	16.58	653	6.02	6100	9.34	815
绍 兴	Shaoxing	1135	17.49	835	12.87	10468	12.54	895
金 华	Jinhua	1357	14.64	777	8.38	7671	9.87	796
衢 州	Quzhou	735	8.94	589	7.17	6445	10.94	401
舟 山	Zhoushan	485	6.96	647	9.29	4966	7.68	1098
台 州	Taizhou	2278	14.81	496	3.23	4773	9.62	1389
丽 水	Lishui	398	10.35	165	4.29	2442	14.80	409
合 肥	Hefei	3945	18.91	2661	12.76	60458	22.72	7995
芜 湖	Wuhu	2084	19.86	1395	13.30	23654	16.96	3024
蚌 埠	Bengbu	1132	12.24	701	7.58	17482	24.94	2291
淮 南	Huainan	1041	5.76	967	5.35	15416	15.94	3275
马 鞍 山	Maanshan	871	13.69	476	7.48	11000	23.11	2298
淮 北	Huaibei	844	7.74	1003	9.20	6947	6.93	1626
铜 陵	Tongling	476	10.59	271	6.03	3857	14.23	1584
安 庆	Anqing	885	11.97	319	4.31	4900	15.36	1782
黄 山	Huangshan	451	9.67	313	6.71	1984	6.34	467
滁 州	Chuzhou	647	12.15	267	5.02	2300	8.61	1257
阜 阳	Fuyang	1062	5.20	612	3.00	9036	14.76	3305
宿 州	Suzhou	783	4.26	457	2.49	5610	12.28	2278
巢 湖	Chaohu	549	6.19	238	2.69	3570	15.00	1259
六 安	Liuan	373	2.01	297	1.60	15199	51.18	1849
亳 州	Bozhou	1022	6.41	260	1.63	1600	6.15	1000
池 州	Chizhou	546	8.30	148	2.25	2345	15.84	600
宣 城	Xuancheng	529	6.17	142	1.66	1941	13.67	733
福 州	Fuzhou	2111	11.27	2654	14.17	49335	18.59	3745
厦 门	Xiamen	2977	16.82	3120	17.63	63000	20.19	4263
莆 田	Putian	779	3.66	658	3.09	7545	11.47	622
三 明	Sanming	330	11.64	293	10.33	5915	20.19	339
泉 州	Quanhzou	1120	10.88	793	7.70	11551	14.57	1970
漳 州	Zhangzhou	756	13.74	235	4.27	2665	11.34	982
南 平	Nanping	236	4.79	221	4.49	5071	22.95	241
龙 岩	Longyan	375	7.84	365	7.63	6853	18.78	381
宁 德	Ningde	275	6.36	204	4.72	3054	14.97	394
南 昌	Nanchang	1596	7.17	2606	11.71	52600	20.18	3703
景 德 镇	Jingdezhen	668	14.59	438	9.57	8660	19.77	595
萍 乡	Pingxiang	372	4.38	304	3.58	6269	20.62	600
九 江	Jiujiang	944	14.80	369	5.78	7422	20.11	1487
新 余	Xinyu	740	8.02	386	4.18	5528	14.32	531
鹰 潭	Yingtan	204	9.18	182	8.19	1758	9.66	271
赣 州	Ganzhou	583	9.03	483	7.48	5967	12.35	592

3-6 续表 3 Continued 3

城市	City	年末实有道路面积（万平方米）Area of Roads (year-end) (10000sq.m)	人均实有道路面积（平方米）Per Capita Area of Roads (sq.m)	年末实有公共汽电车辆（辆）Number of Public Vehicles of Bus and Trolley Bus (year-end) (unit)	每万人拥有公共汽电车（辆）Number of Public Vehicles of Bus and Trolley Bus Per 10000 Population (unit)	公共汽电车客运量（万人次）Number of Passengers Carried of Bus and Trolley Bus (10000 person-time)	平均每辆公共汽电车运载力（万人次）Number of Passengers Carried of Per Bus and Trolley Bus (10000 person-time)	年末实有出租车（辆）Number of Taxi (year-end) (unit)
吉安	Jian	365	6.80	242	4.51	4323	17.86	376
宜春	Yichun	380	3.65	232	2.23	4954	21.35	404
抚州	Fuzhou	884	7.96	249	2.24	3002	12.06	329
上饶	Shangrao	432	10.94	230	5.83	3645	15.85	511
济南	Jinan	6461	18.55	4371	12.55	80392	18.39	8986
青岛	Qingdao	5763	20.92	4288	15.57	81768	19.07	9316
淄博	Zibuo	2433	8.73	2165	7.77	14780	6.83	6079
枣庄	Zaozhuang	1538	7.00	761	3.47	4754	6.25	774
东营	Dongying	1819	21.84	644	7.73	5320	8.26	3244
烟台	Yantai	2744	15.31	1658	9.25	30687	18.51	2143
潍坊	Weifang	2526	13.94	991	5.47	12289	12.40	2158
济宁	Jining	1757	14.69	1004	8.39	12095	12.05	1260
泰安	Taian	987	6.20	654	4.11	7300	11.16	1292
威海	Weihai	1778	27.55	884	13.70	12982	14.69	1526
日照	Rizhao	1495	12.17	413	3.36	5606	13.57	1066
莱芜	Laiwu	1364	10.79	341	2.70	2491	7.30	1600
临沂	Linyi	3251	16.30	1993	9.99	21198	10.64	2750
德州	Dezhou	1101	17.35	745	11.74	4876	6.54	2405
聊城	Liaocheng	1700	16.19	496	4.72	5100	10.28	1416
滨州	Binzhou	1048	16.57	345	5.46	2051	5.94	714
菏泽	Heze	2820	18.85	289	1.93	2021	6.99	1317
郑州	Zhengzhou	3052	10.71	4427	15.53	78282	17.68	10718
开封	Kaifeng	876	10.26	604	7.07	4517	7.48	2214
洛阳	Luoyang	1487	9.29	1172	7.32	19738	16.84	4260
平顶山	Pingdingshan	842	8.27	683	6.71	8302	12.16	2050
安阳	Anyang	862	8.02	656	6.10	7150	10.90	1359
鹤壁	Hebi	577	9.46	340	5.58	2938	8.64	721
新乡	Xinxiang	977	9.64	909	8.96	10353	11.39	1530
焦作	Jiaozuo	1026	12.28	663	7.94	7982	12.04	1398
濮阳	Puyang	405	6.03	366	5.45	3557	9.72	1745
许昌	Xuchang	533	12.95	477	11.59	4198	8.80	1388
漯河	Luohe	716	5.14	833	5.99	9155	10.99	1100
三门峡	Sanmenxi	188	6.44	243	8.32	4165	17.14	540
南阳	Nanyang	1033	5.57	440	2.37	6270	14.25	1405
商丘	Shangqiu	719	4.15	811	4.68	6900	8.51	2842
信阳	Xinyang	765	5.25	240	1.65	2530	10.54	1903
周口	Zhoukou	579	10.98	196	3.72	1800	9.18	928
驻马店	Zhumadian	835	12.62	242	3.66	3000	12.40	1548
武汉	Wuhan	6802	13.21	7241	14.06	165610	22.87	12137
黄石	Huangshi	1158	16.19	828	11.57	12443	15.03	822
十堰	Shiyan	733	13.89	709	13.43	14238	20.08	677

城市	City	年末实有道路面积(万平方米) Area of Roads (year-end) (10000sq.m)	人均实有道路面积(平方米) Per Capita Area of Roads (sq.m)	年末实有公共汽电车辆(辆) Number of Public Vehicles of Bus and Trolley Bus (year-end) (unit)	每万人拥有公共汽电车(辆) Number of Public Vehicles of Bus and Trolley Bus Per 10000 Population (unit)	公共汽电车客运量(万人次) Number of Passengers Carried of Bus and Trolley Bus (10000 person-time)	平均每辆公共汽电车运载力(万人次) Number of Passengers Carried of Per Bus and Trolley Bus (10000 person-time)	年末实有出租车(辆) Number of Taxi (year-end) (unit)
宜昌	Yichang	1301	10.43	957	7.67	15580	16.28	1704
襄樊	Xiangfan	1306	5.89	1283	5.79	15836	12.34	1700
鄂州	Ezhou	701	6.54	524	4.89	4760	9.08	400
荆门	Jingmen	613	9.03	365	5.37	7470	20.47	500
孝感	Xiaogan	540	5.58	406	4.19	4327	10.66	687
荆州	Jingzhou	755	6.46	733	6.27	12034	16.42	1588
黄冈	Huanggang	693	18.83	368	10.00	2440	6.63	593
咸宁	Xianning	383	6.41	148	2.48	2350	15.88	456
随州	Suizhou	287	4.44	486	7.51	2481	5.10	550
长沙	Changsha	3489	14.48	3553	14.75	124460	35.03	6280
株洲	Zhuzhou	1119	11.17	965	9.63	17274	17.90	1955
湘潭	Xiangtan	1103	12.57	949	10.81	9994	10.53	1600
衡阳	Hengyang	1340	12.85	939	9.01	18000	19.17	1398
邵阳	Shaoyang	746	11.08	337	5.01	5050	14.99	629
岳阳	Yueyang	968	11.06	922	10.54	16000	17.35	1651
常德	Changde	816	5.81	515	3.66	10975	21.31	1126
张家界	Zhangjiajie	291	5.83	214	4.29	2750	12.85	765
益阳	Yiyang	615	4.63	380	2.86	7729	20.34	860
郴州	Chenzhou	431	6.47	747	11.21	13547	18.14	1678
永州	Yongzhou	570	5.20	469	4.28	5609	11.96	540
怀化	Huaihua	276	7.94	427	12.28	7384	17.29	800
娄底	Loudi	497	11.08	241	5.37	3413	14.16	1021
广州	Guangzhou	125	0.19	8788	13.42	243965	27.76	19345
韶关	Shaoguan	586	6.36	402	4.37	7526	18.72	745
深圳	Shenzhen	8864	36.04	25339	103.02	213603	8.43	13411
珠海	Zhuhai	3338	32.52	1293	12.60	27424	21.21	1852
汕头	Shantou	2479	4.92	774	1.54	9289	12.00	1143
佛山	Foshan	2295	6.24	3297	8.97	26373	8.00	2622
江门	Jiangmen	1865	13.56	653	4.75			484
湛江	Zhanjiang	1558	10.26	689	4.54	7538	10.94	1234
茂名	Maoming	435	3.33	188	1.44	1276	6.79	285
肇庆	Zhaoqing	788	14.81	302	5.68	4924	16.30	883
惠州	Huizhou	1492	11.56	1062	8.23	19233	18.11	1229
梅州	Meizhou	640	20.32	220	6.99	4200	19.09	534
汕尾	Shanwei	232	4.42					
河源	Heyuan	288	9.65	108	3.62	1450	13.43	626
阳江	Yangjiang	298	4.46	111	1.66	1449	13.05	493
清远	Qingyuan	604	9.38	490	7.61	4716	9.62	391
东莞	Dongguan			1407	7.87	22536	16.02	6811
中山	Zhongshan	1286	8.70	1107	7.49	12617	11.40	1284
潮州	Chaozhou	391	11.18	226	6.46	2997	13.26	785

城 市	City	年末实有道路面积(万平方米) Area of Roads (year-end) (10000sq.m)	人均实有道路面积(平方米) Per Capita Area of Roads (sq.m)	年末实有公共汽电车辆(辆) Number of Public Vehicles of Bus and Trolley Bus (year-end) (unit)	每万人拥有公共汽电车(辆) Number of Public Vehicles of Bus and Trolley Bus Per 10000 Population (unit)	公共汽电车客运量(万人次) Number of Passengers Carried of Bus and Trolley Bus (10000 person-time)	平均每辆公共汽电车运载力(万人次) Number of Passengers Carried of Per Bus and Trolley Bus (10000 person-time)	年末实有出租车(辆) Number of Taxi (year-end) (unit)
揭 阳	Jieyang	351	5.05	126	1.81	712	5.65	715
云 浮	Yunfu	62	2.09	65	2.19	1215	18.69	196
南 宁	Nanning	1735	6.49	2678	10.02	59637	22.27	4940
柳 州	Liuzhou	1410	13.58					1982
桂 林	Guilin	634	8.37	802	10.58	23944	29.86	1930
梧 州	Wuzhou	279	5.57	301	6.01	4793	15.92	743
北 海	Beihai	685	11.34	185	3.06	1674	9.05	555
防城港	Fangchenggang	386	7.44	122	2.35	964	7.90	98
钦 州	Qinzhou	667	4.95	234	1.74	2215	9.47	200
贵 港	Guigang	581	3.13	201	1.08	2960	14.73	366
玉 林	Yulin	688	7.03	199	2.03	4217	21.19	599
百 色	Baise	308	8.86	106	3.05	3500	33.02	535
贺 州	Hezhou	297	2.77	158	1.47	1610	10.19	460
河 池	Hechi	156	4.71	137	4.14	4346	31.72	266
来 宾	Laibin	201	1.91	187	1.78	1468	7.85	365
崇 左	Chongzuo	185	5.17	36	1.01	272	7.56	152
海 口	Haikou	1215	7.68	1031	6.52	251850	244.28	1591
三 亚	Sanya	349	6.26	410	7.36	8674	21.16	1082
重 庆	Chongqing	8953	5.80	6411	4.16	138700	21.63	15516
成 都	Chengdu	6289	12.07	7552	14.50	119861	15.87	13979
自 贡	Zigong	630	4.18	788	5.23	17513	22.22	1347
攀枝花	Panzhihua	561	8.11	660	9.54	11140	16.88	1475
泸 州	Luzhou	740	5.08	719	4.94	15581	21.67	1503
德 阳	Deyang	500	7.59	270	4.10	7484	27.72	550
绵 阳	Mianyang	974	7.96	981	8.02	20196	20.59	1077
广 元	Guangyuan	350	3.75	196	2.10			560
遂 宁	Suining	597	3.96	207	1.37	3741	18.07	434
内 江	Neijiang	301	2.12	564	3.98	9973	17.68	700
乐 山	Leshan	659	5.73	229	1.99	1519	6.63	933
南 充	Nanchong	875	4.53	540	2.79	11525	21.34	965
眉 山	Meishan	434	5.08	243	2.84	1750	7.20	418
宜 宾	Yibin	233	2.91	437	5.46	18500	42.33	1052
广 安	Guangan	271	2.15	40	0.32	1296	32.40	359
达 州	Dazhou	154	3.48	134	3.03	5636	42.06	978
雅 安	Yaan	202	5.74	48	1.36	1125	23.44	637
巴 中	Bazhong	269	1.88	93	0.65	2270	24.41	324
资 阳	Ziyang	270	2.49	149	1.37	1890	12.68	269
贵 阳	Guiyang	1163	5.32	2531	11.57	59082	23.34	3605
六盘水	Liupanshui	320	6.04	367	6.93	4573	12.46	1229
遵 义	Zunyi	385	4.51	509	5.97	15587	30.62	1137
安 顺	Anshun	243	2.87	259	3.06	5067	19.56	463

城市	City	年末实有道路面积(万平方米) Area of Roads (year-end) (10000sq.m)	人均实有道路面积(平方米) Per Capita Area of Roads (sq.m)	年末实有公共汽电车辆(辆) Number of Public Vehicles of Bus and Trolley Bus (year-end) (unit)	每万人拥有公共汽电车(辆) Number of Public Vehicles of Bus and Trolley Bus Per 10000 Population (unit)	公共汽电车客运量(万人次) Number of Passengers Carried of Bus and Trolley Bus (10000 person-time)	平均每辆公共汽电车运载力(万人次) Number of Passengers Carried of Per Bus and Trolley Bus (10000 person-time)	年末实有出租车(辆) Number of Taxi (year-end) (unit)
昆明	Kunming	2127	8.50	3214	12.84	73562	22.89	6230
曲靖	Qujing	670	9.64	517	7.44	7936	15.35	1589
玉溪	Yuxi	326	7.75	128	3.04	2600	20.31	317
保山	Baoshan	236	2.65	199	2.23	1356	6.81	450
昭通	Shaotong	205	2.51	106	1.30	4300	40.57	581
丽江	Lijiang	120	7.84	152	9.92	3190	20.99	776
思茅	Simao	95	4.37	101	4.64	1612	15.96	249
临沧	Lincang	119	3.88	54	1.76	60	1.11	300
拉萨	Lhasa	292	13.47	133	6.14	2050	15.41	1160
西安	Xian	5057	9.00	7039	12.53	161782	22.98	11879
铜川	Tongchuan	409	5.40	216	2.85	2800	12.96	913
宝鸡	Baoji	1139	8.06	753	5.33	19090	25.35	1771
咸阳	Xanyang	1075	11.98	456	5.08	8522	18.69	1305
渭南	Weinan	666	6.88	210	2.17	31	0.15	795
延安	Yanan	172	3.83	174	3.88	4000	22.99	700
汉中	Hanzhong	267	4.83	170	3.08	2400	14.12	607
榆林	Yulin	437	8.58	196	3.85	5760	29.39	710
安康	Ankang	463	4.64	81	0.81	1493	18.43	411
商洛	Shangluo	173	3.15	70	1.28	942	13.46	320
兰州	Lanzhou	1822	8.66	2118	10.06	58854	27.79	7551
嘉峪关	Jiayuguan	314	15.05	92	4.41	1077	11.71	612
金昌	Jinchang	322	14.96	110	5.11	1440	13.09	529
白银	Baiyin	538	10.83	240	4.83	5780	24.08	3166
天水	Tianshui	592	4.70	295	2.34	40.18	0.14	1400
武威	Wuwei	376	3.63	172	1.66	2403	13.97	2902
张掖	Zhangye	262	5.05	177	3.41	672	3.80	1266
平凉	Pingliang	398	7.96	136	2.72	1704	12.53	957
酒泉	Jiuquan	421	10.49	262	6.53	5144	19.63	810
庆阳	Qingyang	285	8.01	309	8.69	2680	8.67	1200
定西	Dingxi	148	3.17	53	1.13	659	12.43	440
陇南	Longnan	64	1.16	22	0.40	584	26.55	270
西宁	Xining	554	4.85	1712	15.00	55170	32.23	5116
银川	Yinchuan	1594	17.44	1321	14.45	17378	13.16	5006
石嘴山	Shizuishan	14	0.31	602	13.25	908	1.51	2698
吴忠	Wuzhong	363	9.53	315	8.27	1500	4.76	1046
固原	Guyuan	359	8.15	122	2.77	2117	17.35	3259
中卫	Zhongwei	348	8.86	347	8.84	60	0.17	1120
乌鲁木齐	Urumqi	1922	8.29	3862	16.66	71318	18.47	7942
克拉玛依	Kelamayi	740	18.81	480	12.20	4720	9.83	1525

3-7 城市绿化(市辖区,2009年)

Urban Green Areas(Districts under City，(2009)

城　市	City	公园绿地面积(公顷) Public Green Areas (hectare)	绿地面积(公顷) Green Areas (hectare)	建成区绿化覆盖面积(公顷) Green Space In the Established District (hectare)	人均公园绿地面积 Per Capita Green Areas (sq.m)	建成区绿化覆盖率 Percentage of Green Space In the Established District (%)
城市合计	**Total**	**351963**	**1672843**	**1201039**	**9.24**	**40.98**
北　京	Beijing	18070	61695	64373	15.38	47.68
天　津	Tianjin	5219	17369	20066	6.50	30.31
石家庄	Shijiazhuang	2904	8227	8348	11.96	41.53
唐　山	Tangshan	2718	8736	10080	8.85	45.00
秦皇岛	Qinhuangdao	1289	4129	4080	15.60	45.84
邯　郸	Handan	1916	6094	4860	13.00	45.00
邢　台	Xingtai	773	3771	2779	12.57	39.70
保　定	Baoding	1063	4465	5234	10.00	39.95
张家口	Zhanjiakou	722	2709	2923	8.05	35.65
承　德	Chengde	1238	3228	3555	22.71	41.34
沧　州	Cangzhou	385	1413	1727	7.22	39.25
廊　坊	Langfang	650	4197	2728	8.02	46.24
衡　水	Hengshui	374	972	1366	12.03	31.05
太　原	Taiyuan	2442	7703	8519	8.56	34.77
大　同	Datong	658	3931	3931	4.25	36.40
阳　泉	Yangquan	504	1810	1999	7.33	39.20
长　治	Changzhi	439	2021	2166	6.29	48.13
晋　城	Jincheng	163	1467	1500	4.75	36.59
朔　州	Shuozhou	273	1527	1355	4.26	42.34
晋　中	Jinzhong	484	1338	1527	8.22	39.15
运　城	Yuncheng	320	925	1215	4.86	22.09
忻　州	Xinzhou	105	232	326	1.99	15.52
临　汾	Linfen	500	1195	1174	6.00	31.73
吕　梁	Luliang	295	554	634	10.75	35.22
呼和浩特	Huhehaote	2146	2644	5459	18.07	35.45
包　头	Baotou	2006	7043	7098	14.18	39.00
乌　海	Wuhai	472	957	1238	9.82	16.08
赤　峰	Chifeng	574	2548	2548	4.73	32.25
通　辽	Tongliao	469	1823	30.5	6.14	0.46
鄂尔多斯	Erdos	890	6183	3958	35.16	36.31
呼伦贝尔	Hulunbeier	549	885	900	20.39	32.14
巴彦淖尔	Bayanzhuoer	225	950	1140	4.20	30.00
乌兰察布	Wulanchabu	780	970	899	25.68	25.69
沈　阳	Shenyang	6046	25994	16523	11.80	41.83
大　连	Dalian	3148	12191	11545	10.42	44.75
鞍　山	Anshan	1417	5597	5697	9.62	36.99
抚　顺	Fushun	1103	4468	5009	7.93	39.75
本　溪	Benxi	799	4772	5007	8.36	46.79
丹　东	Dandong	430	2109	2109	5.45	39.79
锦　州	Jinzhou	874	2597	2739	9.36	38.58
营　口	Yingkou	939	3426	3764	10.52	38.80

城 市	City	公园绿地面积(公顷) Public Green Areas (hectare)	绿地面积(公顷) Green Areas (hectare)	建成区绿化覆盖面积(公顷) Green Space In the Established District (hectare)	人均园林绿地面积 Per Capita Green Areas (sq.m)	建成区绿化覆盖率 Percentage of Green Space In the Established District (%)
阜 新	Fuxin	673	2306	2578	8.67	38.48
辽 阳	Liaoyang	647	2922	3194	8.90	34.34
盘 锦	Panjin	482	2042	2298	7.95	38.95
铁 岭	Tieling	431	1718	1718	9.64	39.05
朝 阳	Chaoyang	460	2482	1093	7.69	21.86
葫 芦 岛	Huludao	561	2723	2793	5.66	38.79
长 春	Changchun	3706	11569	13191	10.23	36.14
吉 林	Jinlin	1519	6501	7570	8.21	45.60
四 平	Siping	412	1461	1427	6.76	31.02
辽 源	Liaoyuan	261	1285	1314	5.46	30.56
通 化	Tonghua	428	1482	1482	9.53	31.53
白 山	Baishan	380	978	1188	6.40	29.70
松 原	Songyuan	492	1520	1672	8.90	39.81
白 城	Baicheng	209	1114	1199	4.11	31.55
哈 尔 滨	Harbin	3909	12174	13504	8.23	39.14
齐齐哈尔	Qiqihaer	969	4880	4084	6.82	35.51
鸡 西	Jixi	675	2460	3328	7.66	42.13
鹤 岗	Hegang	839	2179	1687	12.36	39.23
双 鸭 山	Shuangyashan	734	2337	2513	14.63	38.66
大 庆	Daqing	1765	20053	7770	13.32	37.54
伊 春	Yichun	1462	4289	4187	18.04	26.01
佳 木 斯	Jiamusi	666	2475	2578	8.17	40.28
七 台 河	Qitaihe	448	2174	2421	8.10	31.70
牡 丹 江	Mudanjiang	560	5062	2911	7.01	44.78
黑 河	Heihe	139	425	479	7.24	25.21
绥 化	Suihua	142	654	1015	1.58	36.25
上 海	Shanghai	15406	116929	38051	11.57	42.95
南 京	Nanjing	6699	77236	26384	12.27	44.12
无 锡	Wuxi	3229	16557	9348	13.56	43.08
徐 州	Xuzhou	1907	10422	8309	10.24	40.33
常 州	Changzhou	1561	6773	5640	6.89	42.09
苏 州	Suzhou	3556	13005	13636	14.80	42.09
南 通	Nantong	918	3808	3794	4.34	40.36
连 云 港	Lianyungang	822	3613	4067	9.27	40.67
淮 安	Huaian	1174	4599	4345	4.28	39.50
盐 城	Yancheng	790	3485	3326	4.86	39.13
扬 州	Yangzhou	1441	3419	3420	11.81	43.29
镇 江	Zhenjiang	1360	6399	4386	13.15	42.17
泰 州	Taizhou	558	2225	2476	6.80	40.59
宿 迁	Suqian	520	6819	2560	3.26	40.63
杭 州	Hangzhou	4676	15686	15686	10.89	39.91
宁 波	Ningbuo	1692	8629	9492	7.63	37.82

3-7 续表 2 Continued 2

城 市	City	公园绿地面积（公顷）Public Green Areas (hectare)	绿地面积（公顷）Green Areas (hectare)	建成区绿化覆盖面积(公顷) Green Space In the Established District (hectare)	人均园林绿地面积 Per Capita Green Areas (sq.m)	建成区绿化覆盖率 Percentage of Green Space In the Established District (%)
温 州	Wenzhou	862	3418	3695	5.95	21.74
嘉 兴	Jiaxing	794	3906	3469	9.55	42.52
湖 州	Huzhou	967	3355	3377	8.91	44.43
绍 兴	Shaoxing	1075	3462	4031	16.56	43.14
金 华	Jinhua	692	2613	2803	7.46	39.71
衢 州	Quzhou	381	2003	2287	4.64	42.35
舟 山	Zhoushan	668	1807	2075	9.59	40.66
台 州	Taizhou	1063	5123	4982	6.91	42.95
丽 水	Lishui	324	1126	1269	8.42	40.94
合 肥	Hefei	3563	10537	10763	17.08	38.44
芜 湖	Wuhu	1019	4979	4958	9.71	38.14
蚌 埠	Bengbu	686	3119	3484	7.41	33.83
淮 南	Huainan	1206	3843	4372	6.67	45.07
马鞍山	Maanshan	746	4859	3214	11.73	42.29
淮 北	Huaibei	1045	3725	2710	9.59	43.02
铜 陵	Tongling	454	4645	2483	10.10	52.83
安 庆	Anqing	571	2687	2818	7.72	39.14
黄 山	Huangshan	395	12372	2092	8.47	49.81
滁 州	Chuzhou	263	2524	1715	4.94	34.30
阜 阳	Fuyang	516	2959	2327	2.53	32.77
宿 州	Suzhou	374	1330	1827	2.03	36.54
巢 湖	Chaohu	235	1540	1325	2.65	34.87
六 安	Liuan	516	2400	2260	2.79	40.36
亳 州	Bozhou	256	915	1308	1.60	22.95
池 州	Chizhou	377	1142	1256	5.73	38.06
宣 城	Xuancheng	190	2681	1333	2.22	34.18
福 州	Fuzhou	2149	7621	7182	11.47	39.25
厦 门	Xiamen	2616	14304	8367	14.78	39.47
莆 田	Putian	475	2280	2005	2.23	37.83
三 明	Sanming	243	940	1054	8.57	40.54
泉 州	Quanhzou	825	3229	3498	8.01	36.44
漳 州	Zhangzhou	408	1944	2015	7.42	41.98
南 平	Nanping	228	781	907	4.63	34.88
龙 岩	Longyan	294	1356	1440	6.15	38.92
宁 德	Ningde	301	618	677	6.96	39.82
南 昌	Nanchang	1816	7430	7863	8.16	42.27
景德镇	Jingdezhen	679	3627	3854	14.83	52.79
萍 乡	Pingxiang	334	1512	1721	3.93	40.98
九 江	Jiujiang	775	4005	4210	12.15	47.30
新 余	Xinyu	547	2369	2402	5.93	47.10
鹰 潭	Yingtan	170	950	1073	7.65	39.74
赣 州	Ganzhou	562	2787	2253	8.70	38.19

城　市	City	公园绿地面积(公顷) Public Green Areas (hectare)	绿地面积(公顷) Green Areas (hectare)	建成区绿化覆盖面积(公顷) Green Space In the Established District (hectare)	人均园林绿地面积 Per Capita Green Areas (sq.m)	建成区绿化覆盖率 Percentage of Green Space In the Established District (%)
吉　安	Jian	337	1437	1337	6.28	41.78
宜　春	Yichun	401	1458	1468	3.85	41.94
抚　州	Fuzhou	745	2085	2229	6.71	46.44
上　饶	Shangrao	348	1488	1352	8.81	43.61
济　南	Jinan	3710	10967	12255	10.65	36.47
青　岛	Qingdao	4003	16003	11836	14.53	43.36
淄　博	Zibuo	2271	14726	9142	8.15	41.74
枣　庄	Zaozhuang	986	3694	4016	4.49	37.53
东　营	Dongying	1098	5527	4033	13.18	39.16
烟　台	Yantai	2555	9034	9667	14.25	41.14
潍　坊	Weifang	1336	7711	5386	7.37	39.60
济　宁	Jining	753	4448	3784	6.30	42.52
泰　安	Taian	1079	3904	4400	6.78	42.31
威　海	Weihai	1413	5547	5998	21.89	46.50
日　照	Rizhao	1231	3011	3217	10.02	42.33
莱　芜	Laiwu	892	2952	2565	7.06	45.00
临　沂	Linyi	3145	8435	7294	15.77	47.99
德　州	Dezhou	1140	1777	1894	17.97	46.20
聊　城	Liaocheng	1074	2428	2905	10.23	44.69
滨　州	Binzhou	1093	2678	3128	17.29	38.15
菏　泽	Heze	721	2893	2555	4.82	40.56
郑　州	Zhengzhou	2772	10299	11628	9.73	34.50
开　封	Kaifeng	437	2807	3163	5.12	33.65
洛　阳	Luoyang	1571	4924	5743	9.81	34.60
平 顶 山	Pingdingshan	759	2149	2362	7.45	37.49
安　阳	Anyang	596	2417	2786	5.54	37.15
鹤　壁	Hebi	461	1657	1898	7.56	38.73
新　乡	Xinxiang	680	3659	3933	6.71	40.97
焦　作	Jiaozuo	708	2763	3164	8.48	35.16
濮　阳	Puyang	535	1492	1632	7.97	45.33
许　昌	Xuchang	505	2802	3048	12.27	41.19
漯　河	Luohe	815	1870	2288	5.86	44.00
三 门 峡	Sanmenxi	482	1197	1281	16.51	44.17
南　阳	Nanyang	1256	2400	2817	6.78	32.38
商　丘	Shangqiu	495	1953	2242	2.86	38.00
信　阳	Xinyang	626	3599	2593	4.30	41.82
周　口	Zhoukou	256	1873	1669	4.85	37.93
驻 马 店	Zhumadian	359	1730	1953	5.43	39.86
武　汉	Wuhan	5584	15266	17794	10.84	37.46
黄　石	Huangshi	850	2379	2546	11.88	41.06
十　堰	Shiyan	487	12394	4818	9.23	69.83

城　市	City	公园绿地面积(公顷) Public Green Areas (hectare)	绿地面积(公顷) Green Areas (hectare)	建成区绿化覆盖面积(公顷) Green Space In the Established District (hectare)	人均园林绿地面积 Per Capita Green Areas (sq.m)	建成区绿化覆盖率 Percentage of Green Space In the Established District (%)
宜　昌	Yichang	816	3044	3499	6.54	40.69
襄　樊	Xiangfan	812	4962	5806	3.66	60.48
鄂　州	Ezhou	466	1330	1796	4.35	38.21
荆　门	Jingmen	385	1994	2217	5.67	44.34
孝　感	Xiaogan	263	1504	1430	2.72	43.33
荆　州	Jingzhou	415	1845	2295	3.55	36.43
黄　冈	Huanggang	295	1006	1100	8.02	40.74
咸　宁	Xianning	300	1251	1002	5.02	23.86
随　州	Suizhou	311	11780	1370	4.81	32.62
长　沙	Changsha	2348	8134	9304	9.74	37.37
株　洲	Zhuzhou	810	3460	3633	8.08	34.60
湘　潭	Xiangtan	801	3486	2886	9.13	39.53
衡　阳	Hengyang	871	3554	3859	8.35	38.98
邵　阳	Shaoyang	485	1400	1548	7.21	29.77
岳　阳	Yueyang	554	3911	3401	6.33	35.80
常　德	Changde	876	2856	3188	6.23	43.08
张家界	Zhangjiajie	165	1293	947	3.31	43.05
益　阳	Yiyang	366	1758	2025	2.76	38.21
郴　州	Chenzhou	332	1628	1798	4.98	36.69
永　州	Yongzhou	272	1548	1612	2.48	29.31
怀　化	Huaihua	326	1694	1480	9.37	28.46
娄　底	Loudi	331	2113	1782	7.38	43.46
广　州	Guangzhou	9006	124420	35420	13.76	
韶　关	Shaoguan	608	3098	3335	6.60	42.76
深　圳	Shenzhen	14527	96374	36609	59.06	45.03
珠　海	Zhuhai	1365	5217	5322	13.30	45.10
汕　头	Shantou	2687	6797	6966	5.34	40.50
佛　山	Foshan	1777	8390	5523	4.83	36.58
江　门	Jiangmen	865	4603	4882	6.29	40.54
湛　江	Zhanjiang	830	11124	3602	5.47	45.75
茂　名	Maoming	465	2824	3076	3.56	44.58
肇　庆	Zhaoqing	1092	4891	2830	20.53	38.24
惠　州	Huizhou	1290	5398	6083	10.00	37.78
梅　州	Meizhou	467	1639	1777	14.83	42.31
汕　尾	Shanwei	262	563	582	5.00	41.57
河　源	Heyuan	19048	21606	1130	638.55	40.36
阳　江	Yangjiang	428.5	1137	1164	6.41	27.58
清　远	Qingyuan	801	2017	2254	12.44	40.25
东　莞	Dongguan	9061	28003	29558	50.70	338.62
中　山	Zhongshan	349	1409	1556	2.36	38.90
潮　州	Chaozhou	402	1572	1755	11.50	41.79

城 市	City	公园绿地面积(公顷) Public Green Areas (hectare)	绿地面积(公顷) Green Areas (hectare)	建成区绿化覆盖面积(公顷) Green Space In the Established District (hectare)	人均园林绿地面积 Per Capita Green Areas (sq.m)	建成区绿化覆盖率 Percentage of Green Space In the Established District (%)
揭 阳	Jieyang	957	2753	1853	13.77	34.96
云 浮	Yunfu	33	842	731	1.11	40.61
南 宁	Nanning	2103	34929	7530	7.87	39.63
柳 州	Liuzhou	1736	5851	4999	16.72	38.16
桂 林	Guilin	553	2282	2473	7.30	40.54
梧 州	Wuzhou	281	1949	1158	5.61	32.17
北 海	Beihai	203	2020	1724	3.36	30.25
防城港	Fangchenggang	100	426	471	1.93	15.70
钦 州	Qinzhou	180	1036	1504	1.34	23.87
贵 港	Guigang	487	1353	1440	2.62	26.67
玉 林	Yulin	529	1823	1710	5.41	32.26
百 色	Baise	159	1246	1121	4.57	33.97
贺 州	Hezhou	91	647	647	0.85	22.31
河 池	Hechi	84	470	527	2.54	29.28
来 宾	Laibin	100	360	859	0.95	33.04
崇 左	Chongzuo	94	581	596	2.63	33.11
海 口	Haikou	1063	3613	4002	6.72	43.98
三 亚	Sanya	346	1245	1277	6.21	45.28
重 庆	Chongqing	10294	92451	30143	6.67	42.57
成 都	Chengdu	5347	16123	17048	10.27	38.83
自 贡	Zigong	457	2046	2380	3.03	35.00
攀枝花	Panzhihua	523	2020	2186	7.56	40.04
泸 州	Luzhou	587	2923	2746	4.03	38.20
德 阳	Deyang	389	1894	1894	5.90	37.14
绵 阳	Mianyang	678	3545	3157	5.54	38.04
广 元	Guangyuan	283	1315	1285	3.04	37.79
遂 宁	Suining	354	1690	1775	2.35	36.22
内 江	Neijiang	259	1030	1111	1.83	28.49
乐 山	Leshan	376	1882	2032	3.27	39.08
南 充	Nanchong	626	3000	2710	3.24	38.17
眉 山	Meishan	391	1353	1342	4.57	31.95
宜 宾	Yibin	556	1747	1911	6.95	36.06
广 安	Guangan	429	1016	994	3.40	36.81
达 州	Dazhou	387	1097	1133	8.75	45.32
雅 安	Yaan	195	449	459	5.54	22.95
巴 中	Bazhong	247	472	471	1.72	27.71
资 阳	Ziyang	168	1084	1073	1.55	33.53
贵 阳	Guiyang	2378	5748	5926	10.87	38.48
六盘水	Liupanshui	77	213	950	1.45	9.13
遵 义	Zunyi	497	2378	1909	5.83	42.42
安 顺	Anshun	62	2182	444	0.73	13.88

城　　市	City	公园绿地面积（公顷）Public Green Areas (hectare)	绿地面积（公顷）Green Areas (hectare)	建成区绿化覆盖面积(公顷) Green Space In the Established District (hectare)	人均园林绿地面积 Per Capita Green Areas (sq.m)	建成区绿化覆盖率 Percentage of Green Space In the Established District (%)
昆　明	Kunming	2133	8864	9881	8.52	35.93
曲　靖	Qujing	982	3262	1930	14.14	37.12
玉　溪	Yuxi	204	993	948	4.85	41.22
保　山	Baoshan	167	697	512	1.88	25.60
昭　通	Shaotong	86	285	704	1.05	30.61
丽　江	Lijiang	312	581	580	20.35	23.20
思　茅	Simao	310	992	7	14.25	0.30
临　沧	Lincang	27	392	338	0.88	24.14
拉　萨	Lhasa	164	2058	1906	7.57	
西　安	Xian	2700	12059	11442	4.81	40.43
铜　川	Tongchuan	379	1572	1513	5.01	37.83
宝　鸡	Baoji	1067	3316	3502	7.55	29.68
咸　阳	Xanyang	792	2107	2237	8.83	29.05
渭　南	Weinan	385	1356	1432	3.98	36.72
延　安	Yanan	337	897	935	7.51	35.96
汉　中	Hanzhong	650	1167	1361	11.76	43.90
榆　林	Yulin	200	2112	1294	3.93	24.88
安　康	Ankang	339	877	1600	3.39	55.17
商　洛	Shangluo	129	521	521	2.35	21.71
兰　州	Lanzhou	1691	4374	4848	8.03	26.35
嘉峪关	Jiayuguan	328	1510	1594	15.72	36.23
金　昌	Jinchang	252	654	1160	11.70	31.35
白　银	Baiyin	283	1069	1207	5.70	22.35
天　水	Tianshui	384	1291	1487	3.05	35.40
武　威	Wuwei	163	834	846	1.57	31.33
张　掖	Zhangye	302	739	901	5.82	32.18
平　凉	Pingliang	167	1008	1085	3.34	22.14
酒　泉	Jiuquan	276	1153	1262	6.88	34.11
庆　阳	Qingyang	16	260	274	0.45	16.12
定　西	Dingxi	164	657	587	3.51	25.52
陇　南	Longnan	19	23	22	0.34	2.75
西　宁	Xining	707	1360	1665	6.19	38.72
银　川	Yinchuan	1545	5181	4967	16.90	43.19
石嘴山	Shizuishan	988	6100	3992	21.75	35.02
吴　忠	Wuzhong	313	951	890	8.21	31.79
固　原	Guyuan	82	904	818	1.86	25.56
中　卫	Zhongwei	212	979	826	5.40	30.59
乌鲁木齐	Urumqi	1930	15380	11618	8.32	34.27
克拉玛依	Kelamayi	315	2201	2428	8.01	42.60

价格指数

Price Indices

第 4 篇

4-1 各种价格总指数(1951～2009年)
Price Indices (1951～2009)

(上年价格=100) (Preceding year=100)

年 份 Year	居民消费价格指数 Consumer Price Index	城市居民消费价格指数 Urban Areas	农村居民消费价格指数 Rural Areas	商品零售价格指数 Retail Price Index	城市商品零售价格指数 Urban Areas	农村商品零售价格指数 Rural Areas	农业生产资料价格指数 Price Indices of Agricultural Production	工业品出厂价格指数 Ex-Factory Price Indices of Industrial Products	原材料、燃料、动力购进价格指数 Purchasing Price Indices of Raw Material, Fuel and Power	固定资产投资价格指数 Investment in Fixed Assets Price Index
1951		112.5		112.2						
1952		102.7		99.6						
1953		105.1		103.4						
1954		101.4		102.3						
1955		100.3		101.0						
1956		99.9		100.0						
1957		102.6		101.5						
1958		98.9		100.2						
1959		100.3		100.9						
1960		102.5		103.1						
1961		116.1		116.2						
1962		103.8		103.8						
1963		94.1		94.1						
1964		96.3		96.3						
1965		98.8		97.3						
1966		98.8		99.7						
1967		99.4		99.3						
1968		100.1		100.1						
1969		101.0		98.9						
1970		100.0		99.8						
1971		99.9		99.3						
1972		100.2		99.8						
1973		100.1		100.6						
1974		100.7		100.5						
1975		100.4		100.2						
1976		100.3		100.3						
1977		102.7		102.0						
1978		100.7		100.7	102.5	100.1	99.9			
1979		101.9		102.0	101.9	102.0	100.4			
1980		107.5		106.0	108.1	104.4	101.0			
1981		102.5		102.4	102.7	102.1	101.7			
1982		102.0		101.9	102.1	101.7	101.9			
1983		102.0		101.5	101.9	101.2	103.0			
1984		102.7		102.8	102.5	103.0	108.9			
1985	109.3	111.9	107.6	108.8	112.2	107.0	104.8	108.7		
1986	106.5	107.0	106.1	106.0	107.0	105.0	101.1	103.8	109.5	
1987	107.3	108.8	106.2	107.3	109.1	106.3	107.0	107.9	111.0	
1988	118.8	120.7	117.5	118.5	121.3	117.1	116.2	115.0	120.2	
1989	118.0	116.3	119.3	117.8	116.0	118.8	118.9	118.6	126.4	
1990	103.1	101.3	104.5	102.1	100.2	103.2	105.5	104.1	105.6	
1991	103.4	105.1	102.3	102.9	104.5	102.0	102.9	106.2	109.1	109.5
1992	106.4	108.6	104.7	105.4	107.7	103.9	103.7	106.8	111.0	115.3
1993	114.7	116.1	113.7	113.2	114.2	112.6	114.1	124.0	135.1	126.6
1994	124.1	125.0	123.4	121.7	120.9	122.9	121.6	119.5	118.2	110.4
1995	117.1	116.8	117.5	114.8	113.5	116.4	127.4	114.9	115.3	105.9
1996	108.3	108.8	107.9	106.1	105.8	106.4	108.4	102.9	103.9	104.0
1997	102.8	103.1	102.5	100.8	100.8	100.7	99.5	99.7	101.3	101.7
1998	99.2	99.4	99.0	97.4	97.4	97.6	94.5	95.9	95.8	99.8
1999	98.6	98.7	98.5	97.0	97.0	97.1	95.8	97.6	96.7	99.6
2000	100.4	100.8	99.9	98.5	98.5	98.5	99.1	102.8	105.1	101.1
2001	100.7	100.7	100.8	99.2	98.9	99.6	99.1	98.7	99.8	100.4
2002	99.2	99.0	99.6	98.7	98.5	99.1	100.5	97.8	97.7	100.2
2003	101.2	100.9	101.6	99.9	99.6	100.5	101.4	102.3	104.8	102.2
2004	103.9	103.3	104.8	102.8	102.1	104.2	110.6	106.1	111.4	105.6
2005	101.8	101.6	102.2	100.8	100.5	101.4	108.3	104.9	108.3	101.6
2006	101.5	101.5	101.5	101.0	100.9	101.4	101.5	103.0	106.0	101.5
2007	104.8	104.5	105.4	103.8	103.3	104.9	107.7	103.1	104.4	103.9
2008	105.9	105.6	106.5	105.9	105.5	106.7	120.3	106.9	110.5	108.9
2009	99.3	99.1	99.7	98.8	98.7	99	97.5	94.6	92.1	97.6

注：本表1985年前城市居民消费价格指数为职工生活费用价格总指数。

a. Urban areas consumer price indices remain with price indices of cost of living of workers and employees before 1985.

4-2 各种价格定基指数(1978～2009年)

Fixed-base Price Indices(1978～2009)

年 份 Year	居民消费价格指数 Consumer Price Index (1985=100)	城市居民消费价格指数 Urban Areas (1978=100)	农村居民消费价格指数 Rural Areas (1985=100)	商品零售价格指数 Retail Price Index (1978=100)	城市商品零售价格指数 Urban Areas (1978=100)	农村商品零售价格指数 Rural Areas (1978=100)	农业生产资料价格指数 Price Indices of Agricultural Production (1978=100)	工业品出厂价格指数 Ex-Factory Price Indices of Industrial Products (1985=100)	原材料、燃料、动力购进价格指数 Purchasing Price Indices of Raw Material, Fuel and Power (1990=100)	固定资产投资价格指数 Investment in Fixed Assets Price Index (1991=100)
1978		100.0		100.0	100.0	100.0	100.0			
1979		101.9		102.0	101.9	102.0	100.4			
1980		109.5		108.1	110.2	106.5	101.4			
1981		112.2		110.7	113.2	108.7	103.1			
1982		114.4		112.8	115.6	110.5	105.1			
1983		116.7		114.5	117.8	111.8	108.3			
1984		119.9		117.7	120.7	115.2	117.9			
1985	100.0	134.2	100.0	128.1	135.4	123.3	123.6	100.0		
1986	106.5	143.6	106.1	135.8	144.9	129.5	125.0	103.8		
1987	114.3	156.2	112.7	145.7	158.1	137.7	133.8	112.0		
1988	135.8	188.5	132.4	172.7	191.8	161.2	155.5	128.8		
1989	160.2	219.2	157.9	203.4	222.5	191.5	184.9	152.8		
1990	165.2	222.0	165.1	207.7	222.9	197.6	195.1	159.0	100.0	
1991	170.8	233.3	168.9	213.7	232.9	201.6	200.8	168.9	109.1	100.0
1992	181.7	253.4	176.8	225.2	250.8	209.5	208.2	180.4	121.1	115.3
1993	208.4	294.2	201.0	254.9	286.4	235.9	237.6	223.7	163.6	145.9
1994	258.6	367.8	248.0	310.2	346.3	289.9	288.9	267.3	193.4	161.1
1995	302.8	429.6	291.4	356.1	393.1	337.4	368.1	307.1	222.9	170.6
1996	327.9	467.4	314.4	377.8	415.9	359.0	399.0	316.0	231.6	177.4
1997	337.1	481.9	322.3	380.8	419.2	361.5	397.0	315.0	234.6	180.4
1998	334.4	479.0	319.1	370.9	408.3	352.8	375.2	302.1	224.7	180.0
1999	329.7	472.8	314.3	359.8	396.1	342.6	359.4	294.8	217.3	179.3
2000	331.0	476.6	314.0	354.4	390.2	337.5	356.2	303.1	228.4	181.3
2001	333.3	479.9	316.5	351.6	385.9	336.2	353.0	299.2	227.9	182.0
2002	330.6	475.1	315.2	347.0	380.1	333.2	354.8	292.6	222.7	182.4
2003	334.6	479.4	320.2	346.7	378.6	334.9	359.8	299.3	233.4	186.4
2004	347.7	495.2	335.6	356.4	386.6	349.0	397.9	317.6	260.0	196.8
2005	354.0	503.1	343.0	359.3	388.5	353.9	430.9	333.2	281.6	199.9
2006	359.3	510.6	348.1	362.9	392.0	358.9	437.4	343.2	298.5	202.9
2007	376.5	533.6	366.9	376.7	401.9	376.5	471.1	353.8	311.6	210.8
2008	398.7	563.5	390.7	398.9	424.0	401.7	566.7	378.2	344.3	229.6
2009	395.9	558.4	389.5	394.1	418.5	497.7	552.5	357.8	317.2	224.1

4-3-1 全国工业品出厂价格分类指数(1985～2009年)

Ex-Factory Price Indices of Industrial Products(1985～2009)

年份 Year	全部工业品 Total Industry	轻工业 Light Industry Products	重工业 Heavy Industry	一、生产资料 Means of Production	01采掘 Mining & Quarrying Industry	02原料 Raw Materials Industry
1985	108.7	104.2	106.8			
1986	103.8	102.3	104.8	104.8	100.6	107.5
1987	107.9	108.0	107.5	107.8	114.1	106.9
1988	115.0	115.1	112.0	113.7	109.3	113.5
1989	118.6	118.8	118.5	118.9	114.2	116.4
1990	104.1	103.8	104.3	104.4	107.9	105.9
1991	106.2	102.3	108.2	108.0	112.8	111.8
1992	106.8	103.2	110.6	109.3	112.6	110.2
1993	124.0	109.7	136.9	133.7	146.5	140.4
1994	119.5	122.5	116.9	116.7	133.1	117.9
1995	114.9	119.1	111.3	113.6	119.7	113.6
1996	102.9	101.9	103.9	103.5	108.9	101.7
1997	99.7	98.6	100.4	99.7	105.5	100.0
1998	95.9	96.1	95.8	95.4	98.4	93.4
1999	97.6	96.1	98.7	98.3	104.5	98.2
2000	102.8	98.8	105.4	105.1	124.9	108.4
2001	98.7	98.4	98.9	98.8	100.1	99.7
2002	97.8	97.6	97.9	97.7	101.9	98.0
2003	102.3	99.3	105.4	103.6	113.3	106.7
2004	106.1	102.2	109.8	107.8	118.8	110.2
2005	104.9	100.7	109.1	106.8	125.8	109.8
2006	103.0	100.6	105.2	103.9	114.1	106.6
2007	103.1	102.2	104.0	103.2	103.8	105.6
2008	106.9	103.7	109.6	107.7	123.2	108.9
2009	94.6	97.9	91.8	93.3	84.2	91.9

年份 Year	03加工 Manufacturing Industry	二、生活资料 Consumer Goods	01食品 Food	02衣着 Clothing	03一般日用品 Articles for Daily Use	04耐用消费品 Durable Consumer Goods
1985						
1986	103.6	102.2	102.5	102.0	103.5	100.1
1987	107.2	108.1	109.3	107.9	111.9	100.5
1988	114.7	117.2	116.2	120.5	120.4	106.0
1989	121.8	118.2	114.1	121.4	121.5	131.8
1990	102.5	103.6	101.3	107.3	103.0	99.3
1991	103.8	103.2	103.6	105.4	103.3	96.5
1992	107.4	103.2	106.4	100.8	102.8	101.7
1993	122.7	109.6	113.9	106.2	108.9	108.8
1994	111.1	123.8	123.4	136.4	112.3	108.4
1995	112.0	116.9	123.2	115.6	115.1	105.2
1996	104.1	102.1	104.7	100.5	102.9	97.7
1997	98.1	99.6	100.8	101.1	98.3	94.9
1998	96.8	96.9	98.9	96.2	96.7	94.0
1999	97.1	96.4	97.4	96.1	96.0	95.6
2000	98.6	97.8	96.0	100.6	98.0	96.4
2001	98.1	98.5	100.5	99.0	98.3	95.3
2002	96.9	97.9	99.7	98.8	97.9	94.7
2003	100.2	98.9	100.9	99.8	99.5	95.6
2004	104.8	101.2	105.2	100.9	101.9	96.2
2005	102.2	99.8	100.9	100.8	101.9	98.8
2006	101.1	100.2	100.5	101.3	100.8	98.0
2007	102.0	102.8	107.0	101.2	101.5	99.0
2008	105.2	104.1	108.3	102.2	103.6	99.5
2009	95.1	98.8	98.6	100.1	99.2	97.7

4-3-2 全国按部门分工业品出厂价格指数(1985~2009年)

Ex-Factory Price Indices of Industrial Products by Branch(1985~2009)

年 份 Year	01 冶金工业 Metallurgical Industry	02 电力工业 Power Industry	03 煤炭及炼焦工业 Coal Industry	04 石油工业 Petroleum Industry	05 化学工业 Chemical Industry	06 机械工业 Machine Building Industry	07 建筑材料工业 Building Materials Industry	08 森林工业 Timber Industry
1985	114.3	103.4	117.6	107.2	102.9	111.8	115.4	114.9
1986	107.4	102.4	96.8	104.6	102.9	102.8	113.7	107.1
1987	107.0	103.1	102.8	104.0	112.2	104.9	105.6	144.9
1988	115.4	101.7	110.6	106.8	120.4	111.8	113.4	119.6
1989	121.0	105.9	112.2	108.4	119.4	121.2	123.6	115.7
1990	110.3	107.4	106.2	107.1	101.6	102.8	99.6	94.6
1991	114.2	116.9	113.1	118.8	102.4	102.8	106.1	100.4
1992	114.2	108.8	116.1	115.3	102.7	106.6	111.1	105.9
1993	157.7	135.9	139.7	171.3	108.3	119.7	142.8	131.8
1994	106.8	139.5	122.2	148.7	115.4	109.5	107.6	106.9
1995	105.5	109.5	111.3	121.2	126.2	106.3	106.4	99.5
1996	97.7	113.1	113.7	104.6	103.4	101.6	104.3	98.2
1997	97.3	114.0	108.0	107.4	95.5	98.1	99.6	99.3
1998	93.1	105.5	96.6	93.0	92.9	97.0	96.6	95.4
1999	95.8	100.9	94.8	109.6	96.5	97.0	97.7	100.1
2000	103.3	102.4	98.1	144.3	101.0	97.4	99.6	99.2
2001	98.6	102.3	106.5	99.1	97.1	96.8	99.0	99.6
2002	97.6	100.8	111.6	95.2	97.6	96.2	97.8	98.6
2003	106.8	100.9	107.0	115.6	102.3	97.0	99.6	99.3
2004	116.9	102.4	115.9	114.2	107.7	99.4	103.5	102.1
2005	106.8	104.2	118.2	122.4	106.8	99.3	100.7	101.9
2006	103.3	102.8	105.8	120.3	100.7	100.4	101.9	102.0
2007	108.4	102.2	105.4	103.4	103.2	100.3	101.7	103.0
2008	111.9	101.8	131.4	118.5	107.4	101.0	107.4	103.8
2009	85.8	102.3	98.5	83.1	92.1	97.4	100.8	99.3

年 份 Year	09 食品工业 Food Industry	10 纺织工业 Textile Industry	11 缝纫工业 Tailoring Industry	12 皮革工业 Leather Industry	13 造纸工业 Paper Industry	14 文教艺术用品工业 Cultural, Educational & Handicrafts Articles	15 其它工业 Other Industry
1985	105.5	104.3	105.1	112.1	113.7	103.2	
1986	102.5	102.6	100.0	101.7	105.7	99.6	109.1
1987	109.4	108.3	109.6	102.9	112.1	119.9	110.0
1988	116.3	122.3	116.2	114.4	120.7	112.1	122.3
1989	114.3	122.4	118.9	118.3	123.0	111.0	118.8
1990	101.0	107.2	109.1	106.3	102.3	107.3	104.7
1991	103.3	104.1	109.0	109.0	102.9	105.8	102.1
1992	106.2	99.3	100.8	112.8	102.7	102.3	109.6
1993	113.5	103.8	117.9	111.8	108.9	110.6	119.1
1994	123.4	136.8	116.1	121.9	106.6	109.1	119.1
1995	123.4	117.3	116.5	121.7	144.5	111.4	124.8
1996	104.2	96.0	108.2	111.3	116.1	101.5	108.5
1997	99.6	98.0	103.9	98.3	94.5	100.0	108.8
1998	98.6	94.1	97.7	98.3	94.1	94.4	102.8
1999	96.7	96.0	98.0	96.8	95.9	93.6	99.9
2000	95.8	104.7	99.4	100.2	99.9	99.2	102.1
2001	100.5	98.7	99.2	100.8	99.7	97.9	104.5
2002	99.6	94.7	98.7	99.3	97.9	97.4	101.7
2003	101.1	102.2	99.9	99.8	98.7	98.6	101.9
2004	106.5	104.7	101.1	101.0	101.3	99.8	103.9
2005	100.9	100.3	100.5	102.5	101.4	100.3	103.4
2006	100.4	102.2	101.2	101.1	100.7	99.7	102.4
2007	107.5	100.7	100.8	102.6	101.0	99.7	103.0
2008	109.6	101.3	102.1	102.7	105.8	101.4	106.1
2009	98.4	97.8	100.1	98.8	94.4	99.7	98.9

4-3-3 全国按行业分工业品出厂价格指数(1985～2009年)
Ex-Factory Price Indices of Industrial Products by Sector(1985～2009)

年 份 Year	01煤炭开采和洗选业 Mining and Washing of Coal	02石油和天然气开采业 Extraction of Petroleum and Natural Gas	03黑色金属矿采选业 Mining and Processing of Ferrous Metal Ores	04有色金属矿采选业 Mining and Processing of Non-Ferrous Metal Ores	05非金属矿采选业 Mining and Processing of Nonmetal Ores
1985	114.2	133.3	123.2	114.3	105.6
1986	96.9	104.9	99.3	115.8	112.3
1987	100.8	102.2	99.8	146.4	104.1
1988	106.6	104.3	102.9	102.9	106.4
1989	110.9	112.5	112.2	118.2	121.0
1990	105.6	115.2	118.1	111.4	123.0
1991	113.3	121.9	129.0	103.3	102.1
1992	113.9	110.4	111.1	101.5	107.1
1993	140.2	183.9	128.6	108.1	124.0
1994	121.9	173.4	114.2	111.6	111.3
1995	111.5	136.5	103.2	146.0	110.3
1996	113.9	110.2	100.6	91.8	111.1
1997	107.2	106.1	100.4	96.0	102.1
1998	95.9	100.5	98.4	90.2	102.3
1999	94.3	118.1	101.1	94.9	97.0
2000	97.6	160.0	93.5	104.8	97.4
2001	106.9	95.4	101.6	99.5	99.1
2002	113.0	94.6	100.9	100.8	100.5
2003	103.8	119.1	110.4	107.2	100.2
2004	116.8	119.6	145.3	117.6	105.8
2005	123.2	129.9	112.3	119.6	109.4
2006	105.0	122.0	96.8	123.4	102.5
2007	103.8	102.0	110.3	112.6	103.1
2008	128.7	122.1	131.4	104.8	111.0
2009	101.9	66.0	74.3	88.9	97.8

年 份 Year	06其他采矿业 Mining of Other Ores	07农副食品加工业 Processing of Food from Agricultural Products	08食品制造业 Manufacture of Foods	09饮料制造业 Manufacture of Beverages	10烟草制品业 Manufacture of Tobacco
1985			113.9	115.0	125.1
1986			104.3	94.5	97.3
1987			107.3	129.3	105.4
1988			110.6	108.6	107.5
1989			118.3	116.6	102.4
1990			100.2	102.1	100.6
1991			102.8	100.8	102.1
1992			107.6	100.4	105.0
1993			115.1	110.6	110.6
1994			131.6	117.7	103.1
1995			128.9	118.5	109.2
1996			103.1	100.0	108.0
1997			98.7	102.3	101.0
1998			98.2	98.9	101.1
1999			95.1	98.3	104.4
2000			93.6	98.7	101.9
2001			100.4	99.3	102.1
2002			98.6	99.2	103.5
2003		103.1	99.7	99.2	100.6
2004		113.9	102.9	100.6	101.1
2005		101.1	101.5	100.6	100.9
2006	100.2	100.1	101.1	100.5	100.5
2007	100.0	113.3	102.6	101.2	100.4
2008	100.5	114.4	108.0	103.7	100.5
2009	101.4	96.0	101.1	100.6	100.5

注：其他采矿业的基础数据收集不到。
Be short of essential data of mining of other ores.

年 份 Year	11纺织业 Manufacture of Textile	12纺织服装、鞋、帽制造业 Manufacture of Textile Wearing Apparel, Footwear, and Caps	13皮革、毛皮、羽毛(绒)及其制品业 Manufacture of Leather, Fur, Feather and Related Products	14木材加工及木、竹、藤、棕、草制品业 Processing of Timber, Manufacture of Wood, Bamboo, Rattan, Palm, and Straw Products	15家具制造业 Manufacture of Furniture
1985	93.7	92.3	111.5	119.4	102.0
1986	102.6	100.0	101.7	99.1	120.2
1987	107.2	106.6	104.0	130.2	113.9
1988	121.0	112.6	112.4	128.3	109.5
1989	122.2	118.9	118.3	114.9	118.2
1990	107.9	102.8	106.3	95.1	106.1
1991	104.6	106.9	109.0	120.7	99.4
1992	100.3	104.9	109.7	104.6	103.3
1993	103.9	117.9	111.8	142.0	123.6
1994	139.9	116.1	121.9	95.4	115.7
1995	114.7	116.5	121.7	98.4	108.1
1996	98.1	108.2	111.3	94.5	106.2
1997	99.8	103.9	101.2	95.4	100.1
1998	95.8	97.7	98.3	89.6	100.1
1999	95.3	97.9	96.8	99.1	95.2
2000	103.2	99.4	100.2	98.6	99.1
2001	98.7	99.2	100.8	98.7	99.8
2002	94.7	98.7	99.4	96.8	98.9
2003	101.8	99.8	99.7	99.1	99.6
2004	104.3	100.7	100.9	102.2	101.8
2005	100.5	99.8	102.5	101.8	102.7
2006	102.1	100.9	101.2	102.3	100.3
2007	100.8	100.7	102.4	103.6	101.5
2008	101.5	102.1	102.3	104.1	103.3
2009	98.3	99.9	98.5	98.8	100.2

年 份 Year	16造纸及纸制品业 Manufacture of Paper and Paper Products	17印刷业和记录媒介的复制 Printing, Reproduction of Recording Media	18文教体育用品制造业 Manufacture of Articles For Culture, Education and Sport Activity	19石油加工、炼焦及核燃料加工业 Processing of Petroleum, Coking, Processing of Nuclear Fuel	20化学原料及化学制品制造业 Manufacture of Raw Chemical Materials and Chemical Products
1985	104.8		99.4	121.2	105.2
1986	105.7		92.6	197.4	110.7
1987	110.7		116.1	102.3	111.5
1988	120.6		107.8	103.4	121.8
1989	123.0		111.0	105.9	120.3
1990	104.6		107.3	102.1	104.1
1991	101.6		103.7	116.9	101.2
1992	103.6		105.3	121.4	104.3
1993	108.9		110.3	163.9	110.9
1994	106.6		109.0	134.4	116.4
1995	144.5		120.9	112.4	129.7
1996	116.1		103.3	101.3	104.8
1997	94.5		102.4	108.2	95.7
1998	94.1		97.6	88.7	92.2
1999	95.5		92.8	104.6	97.3
2000	99.9		98.6	134.6	102.9
2001	99.7		98.5	102.2	97.6
2002	97.9		95.7	95.8	98.9
2003	98.7	97.6	100.2	114.7	103.4
2004	101.3	98.1	102.2	112.2	110.2
2005	101.4	99.6	102.0	118.4	108.5
2006	100.7	99.8	101.4	118.0	100.4
2007	101.0	100.5	101.5	105.0	103.8
2008	105.8	102.6	101.9	120.3	111.2
2009	94.4	99.9	100.3	91.2	88.1

年 份 Year	21医药制造业 Manufacture of Medicines	22化学纤维制造业 Manufacture of Chemical Fibers	23橡胶制品业 Manufacture of Rubber	24塑料制品业 Manufacture of Plastics	25非金属矿物制品业 Manufacture of Non-metallic Mineral Products
1985	90.1	83.2	96.3	92.5	120.5
1986	109.4	111.8	98.5	101.6	113.7
1987	113.5	101.0	103.5	110.5	104.0
1988	116.9	109.3	111.0	130.7	113.6
1989	117.5	125.7	124.4	110.5	124.1
1990	97.4	99.9	108.8	92.0	97.9
1991	96.0	99.7	106.3	106.2	103.5
1992	101.0	96.0	101.5	101.6	112.2
1993	103.5	103.4	102.1	105.1	143.8
1994	116.5	115.5	112.7	111.6	107..2
1995	122.1	135.1	122.5	131.0	106.3
1996	99.0	81.4	105.1	98.9	104.0
1997	93.2	88.1	98.9	96.2	99.3
1998	96.1	84.8	94.1	93.8	96.1
1999	95.9	99.4	94.4	96.5	97.8
2000	93.7	115.3	97.1	102.0	99.8
2001	97.9	91.2	97.9	98.9	99.2
2002	98.3	93.3	97.7	96.1	97.8
2003	98.8	104.5	100.0	99.8	99.6
2004	97.8	108.1	101.0	106.5	103.3
2005	101.6	104.7	104.5	105.5	100.6
2006	98.6	101.2	104.7	101.0	101.5
2007	102.1	103.3	103.3	102.0	101.3
2008	103.8	99.4	104.9	102.7	107.9
2009	100.2	90.5	99.6	96.1	99.9

年 份 Year	26黑色金属冶炼及压延加工业 Smelting and Pressing of Ferrous Metals	27有色金属冶炼及压延加工业 Smelting and Pressing of Non-ferrous Metals	28金属制品业 Manufacture of Metal Products	29通用设备制造业 Manufacture of General Purpose Machinery	30专用设备制造业 Manufacture of Special Purpose Machinery
1985	124.8	105.2	103.5		104.6
1986	100.3	110.7	114.3		108.6
1987	105.8	112.6	108.0		103.7
1988	112.7	117.8	114.1		108.9
1989	119.5	127.8	121.6		117.2
1990	111.3	105.6	102.6		105.4
1991	117.8	102.5	106.1		102.5
1992	117.5	113.1	108.4		108.3
1993	173.8	118.5	134.8		123.8
1994	104.6	112.2	109.1		111.7
1995	95.1	129.9	102.4		106.3
1996	100.1	91.2	100.1		102.5
1997	97.4	95.1	100.0		99.0
1998	94.8	89.2	96.5		98.2
1999	93.9	99.7	94.6		97.6
2000	101.2	111.6	98.7		98.4
2001	100.3	93.6	98.2		98.8
2002	98.5	95.4	97.4		98.5
2003	110.1	105.1	100.4	99.8	99.6
2004	118.9	118.9	107.4	103.1	101.8
2005	104.7	111.7	104.0	101.8	101.8
2006	96.0	122.5	101.0	100.2	101.2
2007	107.9	113.9	102.6	101.3	101.5
2008	119.7	96.8	106.7	104.8	103.3
2009	83.9	83.4	96.8	98.7	100.0

年份 Year	31交通运输设备制造业 Manufacture of Transport Equipment	32电气机械及器材制造业 Manufacture of Electrical Machinery and Equipment	33通信设备、计算机及其他电子设备制造业 Manufacture of Communication Equipment, Computers and Other Electronic Equipment	34仪器仪表及文化、办公用机械制造业 Manufacture of Measuring Instruments and Machinery for Cultural Activity and Office Work
1985	109.3	98.4	86.1	93.9
1986	88.4	108.0	96.0	106.1
1987	108.8	103.8	99.4	123.3
1988	105.9	122.9	104.5	115.9
1989	114.6	139.2	109.2	126.3
1990	102.5	99.2	98.5	103.8
1991	109.7	94.1	96.9	100.1
1992	108.7	103.8	100.1	101.3
1993	121.0	111.3	103.5	108.9
1994	106.4	108.8	108.9	105.3
1995	104.8	108.3	108.7	109.4
1996	103.2	103.3	95.9	100.6
1997	99.1	99.2	92.4	98.6
1998	98.8	98.8	90.4	100.1
1999	99.4	95.9	95.3	100.1
2000	98.7	97.2	95.2	99.0
2001	97.4	97.3	94.2	98.7
2002	96.8	96.5	93.1	97.9
2003	97.9	97.9	93.7	97.3
2004	98.2	103.7	95.1	98.5
2005	98.9	103.2	95.3	98.7
2006	99.5	107.4	96.6	99.2
2007	100.1	103.7	97.5	98.9
2008	101.5	101.1	98.3	100.3
2009	99.9	95.0	95.7	99.1

年份 Year	35工艺品及其他制造业 Manufacture of Artwork and Other Manufacturing	36废弃资源和废旧材料回收加工业 Recycling and Disposal of Waste	37电力、热力的生产和供应业 Production and Distribution of Electric Power and Heat Power	38燃气生产和供应业 Production and Distribution of Gas	39水的生产和供应业 Production and Distribution of Water
1985	102.3		107.4	126.8	110.2
1986	98.9		100.4	128.8	107.7
1987	102.7		108.3	106.1	102.7
1988	108.2		101.6	118.0	114.3
1989	117.6		105.9	124.2	104.0
1990	97.7		107.4	111.1	112.8
1991	102.3		116.9	111.3	116.2
1992	99.4		107.4	107.1	117.7
1993	110.8		136.0	136.7	132.4
1994	109.2		139.5	124.2	124.3
1995	106.3		109.5	110.5	118.1
1996	100.6		113.1	112.3	125.1
1997	97.9		114.0	113.6	131.8
1998	91.7		105.5	101.5	106.5
1999	94.3		100.9	98.0	115.8
2000	100.0		102.4	100.9	108.5
2001	96.5		102.3	104.6	107.6
2002	101.2		100.8	104.4	106.2
2003	102.1	111.5	100.9	103.3	105.3
2004	105.7	116.9	102.4	102.5	104.1
2005	103.9	105.3	104.2	105.2	104.0
2006	102.5	103.4	102.8	106.8	106.4
2007	104.3	104.4	102.2	104.8	104.8
2008	105.5	108.9	101.9	105.9	102.9
2009	100.5	85.0	102.4	100.5	103.2

4-3-4 全国主要产品工业品出厂价格指数(1993～2009年)

Main Ex-Factory Price Indices of Industrial Products(1993～2009)

(上年价格=100) (Preceding year=100)

年份 Year	原煤(无烟煤) Coal	原油 Crude Oil	木材(普通锯材) Wood	水泥〔普通硅酸盐水泥(回转窑)〕 Cement	钢材(普通大型钢材) Rolled Steel	生铁 Pig Iron	汽油 Gasoline	重油 Heavy Oil
1993	136.8	184.9	136.9	151.3	252.2	210.3	165.4	157.2
1994	123.1	168.6	99.2	106.9	114.8	108.4	125.9	128.1
1995	113.7	129.9	106.6	100.2	83.9	93.6	113.1	112.8
1996	112.9	110.3	97.2	104.3	91.8	97.1	100.1	106.2
1997	108.6	104.9	99.2	94.4	95.2	96.3	104.8	112.3
1998	100.8	96.5	118.2	99.5	96.5	99.6	99.5	97.7
1999	91.3	120.3	98.5	99.2	94.2	93.3	103.0	108.9
2000	97.3	174.8	99.3	98.2	92.4	98.8	130.5	136.3
2001	102.7	89.9	99.3	99.8	97.4	99.5	89.6	92.9
2002	119.2	94.1	100.1	99.5	95.1	101.2	96.3	96.2
2003	103.9	119.8	101.0	100.1	113.0	122.9	117.1	120.7
2004	118.5	120.3	101.6	104.6	119.3	131.7	111.0	102.5
2005	129.9	131.1	104.5	99.9	101.5	103.7	121.2	120.0
2006	104.6	122.3	103.2	103.6	94.8	94.5	120.8	128.7
2007	103.6	101.9	105.2	102.7	106.2	112.9	101.4	99.6
2008	128.6	122.6	111.5	110.4	124.1	131.4	118.8	113.6
2009	102.4	65.1	101.7	98.7	80.0	79.4	102.6	87.7

4-3-5 各地区工业品出厂价格总指数(1987～2009年)

Ex-factory Price Indices of Industrial Products by Region (1987~2009)

(上年价格=100) (Preceding year=100)

地 区	Region	1987	1988	1989	1990	1991	1992	1993	1994	1995	1996	1997
全 国	**National**	**107.9**	**115.0**	**118.6**	**104.1**	**106.2**	**106.8**	**124.0**	**119.5**	**114.9**	**102.9**	**99.7**
北 京	Beijing				107.9	105.8	107.8	128.3	111.8	116.7	103.2	100.6
天 津	Tianjin						105.2	126.3	120.4	110.2	102.8	98.3
河 北	Hebei						108.6	129.1	119.1	111.4	101.1	98.8
山 西	Shanxi				106.4	106.8	114.2	132.5	120.1	113.5	106.4	102.2
内蒙古	Inner Mongolia	107.9	110.7	121.5	105.2	108.7	109.8	133.2	112.1	109.1	101.7	101.5
辽 宁	Liaoning		122.4	121.2	103.8	119.2	111.8	138.4	119.9	109.9	102.1	100.1
吉 林	Jilin		112.9	121.5	104.5	106.4	111.4	127.9	115.7	115.0	103.8	101.4
黑龙江	Heilongjiang						111.6	141.3	127.7	116.0	104.6	102.3
上 海	Shanghai						111.4	128.1	118.1	111.5	98.6	98.9
江 苏	Jiangsu					103.2	103.6	118.5	121.4	114.1	100.7	97.9
浙 江	Zhejiang				100.4	101.8	104.8	117.3	117.5	112.3	99.5	99.2
安 徽	Anhui						108.7	125.3	120.9	117.1	101.6	99.4
福 建	Fujian						102.7	117.1	116.9	115.7	101.8	100.3
江 西	Jiangxi							115.3	124.7	114.8	104.1	101.7
山 东	Shandong			123.8	104.7	103.0	109.5	123.0	124.2	117.0	104.2	101.1
河 南	Henan			119.7	105.5	104.3	106.2	118.1	124.1	115.0	104.1	100.6
湖 北	Hubei			116.7	109.0	108.1	111.0	126.3	126.2	113.1	102.7	98.6
湖 南	Hunan			118.1	100.6	104.7	111.1	128.9	117.6	121.4	105.7	99.2
广 东	Guangdong							124.1	126.0	112.3	101.8	100.1
广 西	Guangxi	106.4			101.5	103.3	112.5	121.1	118.8	117.2	102.6	97.7
海 南	Hainan											
重 庆	Chongqing				103.4	105.1	117.2	118.4	113.4	112.4	104.1	98.0
四 川	Sichuan			117.9	103.5	105.9	106.1	127.4	114.7	112.2	102.2	101.2
贵 州	Guizhou						101.6	118.1	113.3	113.1	104.9	101.2
云 南	Yunnan					106.3	105.3	125.0	116.7	110.2	101.4	100.7
西 藏	Tibet											
陕 西	Shaanxi						107.9	119.8	119.9	112.6	104.2	103.7
甘 肃	Gansu			122.0	110.7	104.2	112.1	125.3	121.2	114.9	104.4	104.9
青 海	Qinghai			112.7	109.5	108.7	102.6	124.4	124.9	114.6	106.7	104.3
宁 夏	Ningxia											100.3
新 疆	Xinjiang						107.5	126.2	118.4	117.2	104.9	104.9

4-3-5 续表 Continued

(上年价格=100) (Preceding year=100)

地区	Region	1998	1999	2000	2001	2002	2003	2004	2005	2006	2007	2008	2009
全国	**National**	**95.9**	**97.6**	**102.8**	**98.7**	**97.8**	**102.3**	**106.1**	**104.9**	**103.0**	**103.1**	**106.9**	**94.6**
北京	Beijing	95.1	97.8	102.5	99.4	96.6	101.5	103.0	101.3	99.1	99.7	103.3	94.4
天津	Tianjin	94.7	96.4	102.8	95.9	95.9	102.5	104.1	100.1	100.6	101.5	104.1	92.5
河北	Hebei	94.4	95.9	105.3	99.9	99.4	107.1	111.6	104.4	100.8	106.9	116.7	89.1
山西	Shanxi	97.5	95.3	100.9	100.3	103.6	112.2	116.1	110.2	101.0	107.4	122.4	92.0
内蒙古	Inner Mongolia	98.0	100.4	102.8	100.1	99.3	103.2	105.1	105.1	103.0	105.7	112.5	96.2
辽宁	Liaoning	95.8	102.0	108.8	98.6	97.8	103.6	107.1	105.1	104.1	104.4	110.9	94.0
吉林	Jilin	96.9	100.1	105.1	100.3	98.6	102.5	105.0	104.3	101.7	102.7	104.9	96.1
黑龙江	Heilongjiang	97.7	107.4	122.9	95.9	97.8	111.9	113.1	116.7	109.9	105.3	114.0	87.4
上海	Shanghai	93.9	97.6	102.5	96.7	96.4	101.4	103.6	101.7	100.6	101.2	102.2	93.8
江苏	Jiangsu	94.5	96.1	101.1	99.1	97.6	102.3	106.5	102.6	101.5	102.6	104.6	95.2
浙江	Zhejiang	96.0	96.8	101.1	98.3	96.9	100.6	105.0	102.3	103.8	102.4	104.3	94.9
安徽	Anhui	96.4	92.9	98.9	98.6	99.8	103.5	108.2	103.3	103.1	103.6	108.4	92.8
福建	Fujian	95.7	96.6	100.5	98.1	97.2	100.7	102.6	100.2	99.2	100.8	102.7	95.5
江西	Jiangxi	98.4	96.1	101.0	98.1	98.5	104.0	109.7	108.8	109.7	106.2	106.4	93.0
山东	Shandong	96.0	97.2	105.9	99.1	98.8	103.5	106.4	103.7	102.3	103.3	108.6	94.1
河南	Henan	95.3	95.4	104.0	100.5	98.6	105.0	110.2	106.1	104.3	105.2	112.1	94.9
湖北	Hubei	96.2	97.8	101.7	99.0	98.2	103.5	105.7	104.5	102.9	103.9	106.1	95.6
湖南	Hunan	95.9	98.5	102.9	99.8	99.2	102.6	108.0	106.0	104.3	106.1	109.3	94.3
广东	Guangdong	94.8	97.7	103.4	98.5	96.5	99.3	101.7	101.5	101.4	101.3	103.1	95.8
广西	Guangxi	95.4	95.6	105.5	106.3	95.6	102.8	109.7	104.9	109.6	104.5	109.0	93.5
海南	Hainan					98.7	99.5	100.0	99.5	100.8	102.7	104.5	90.6
重庆	Chongqing	94.6	97.7	98.6	98.1	97.6	100.6	103.3	103.0	102.2	103.5	105.8	95.5
四川	Sichuan	97.3	97.0	98.1	100.4	97.7	100.5	105.4	104.0	101.9	103.9	109.3	96.5
贵州	Guizhou	98.2	99.7	100.4	102.2	98.9	103.4	108.0	107.2	104.3	105.0	112.4	95.1
云南	Yunnan	97.2	98.2	101.2	99.9	98.2	101.4	108.8	104.5	104.6	105.7	105.8	91.5
西藏	Tibet									106.0	101.1	105.6	98.2
陕西	Shaanxi	96.6	97.9	101.5	100.4	100.7	105.7	107.3	110.4	109.6	102.9	108.4	96.1
甘肃	Gansu	95.2	98.1	107.2	98.5	97.9	110.0	114.3	109.6	109.8	105.5	104.9	91.0
青海	Qinghai	100.7	102.8	108.1	93.7	97.6	105.5	111.2	110.2	109.5	104.2	107.6	91.3
宁夏	Ningxia	97.7	98.4	103.6	100.3	99.7	103.9	110.0	106.2	106.2	103.7	112.9	93.9
新疆	Xinjiang	95.8	100.2	129.4	96.3	97.3	115.1	116.4	116.6	114.4	106.3	116.4	85.5

4-3-6 各地区工业品出厂价格分类指数(2009年)

Ex-factory Price Indices of Industrial Products by Region (2009)

(上年价格=100) (Preceding year=100)

地 区 Region	全部工业品 Total Industry Products	轻工业 Light Industry	1.以农产品为原料 Processing of Agricultural Products	2.以非农产品为原料 Processing of Nonagricultural Products	重工业 Heavy Industry	1.采 掘 Mining & Quarrying Industry	2.原 料 Raw Materials Industry	3.加 工 Manufacturing Industry	生产资料 Means of Production
全 国 National	**94.6**	**97.9**	**98.3**	**97.6**	**91.8**	**83.2**	**91.9**	**93.6**	**93.3**
北 京 Beijing	94.4	96.2	98.9	95.3	93.6	96.3	97.2	91.5	93.3
天 津 Tianjin	92.5	97.7	98.3	97.5	90.0	69.1	90.4	93.1	90.6
河 北 Hebei	89.1	97.4	96.5	98.4	85.5	74.9	86.7	86.7	87.8
山 西 Shanxi	92.0	98.9	96.8	100.3	91.3	99.2	91.1	86.7	91.7
内蒙古 Inner Mongolia	96.2	100.9	100.8	101.0	94.6	98.5	93.9	91.3	95.3
辽 宁 Liaoning	94.0	98.8	98.5	99.2	92.2	85.8	91.9	93.8	93.2
吉 林 Jilin	96.1	98.8	98.7	99.0	95.4	79.6	96.6	97.6	93.9
黑龙江 Heilongjiang	87.4	97.2	95.7	101.1	84.8	69.5	96.2	96.1	85.6
上 海 Shanghai	93.8	94.8	101.1	93.1	92.9	82.5	91.8	93.5	92.1
江 苏 Jiangsu	95.2	96.5	97.4	96.0	93.7	85.7	93.8	93.9	94.2
浙 江 Zhejiang	94.9	96.5	97.9	95.1	92.6	94.6	93.5	92.1	93.4
安 徽 Anhui	92.8	97.0	97.9	96.2	90.5	95.4	90.3	89.5	91.4
福 建 Fujian	95.5	96.9	98.8	95.1	92.7	90.6	95.3	91.1	93.3
江 西 Jiangxi	93.0	99.5	99.9	99.0	89.6	92.0	90.8	88.0	91.3
山 东 Shandong	94.1	97.5	97.1	97.9	90.9	79.4	89.7	94.8	93.0
河 南 Henan	94.9	98.4	99.4	97.2	92.2	92.3	91.6	92.7	93.3
湖 北 Hubei	95.6	97.2	97.4	96.8	94.7	81.3	94.1	96.4	94.7
湖 南 Hunan	94.3	97.7	98.2	96.9	92.4	89.8	92.1	93.1	93.1
广 东 Guangdong	95.8	97.3	98.2	97.1	93.2	69.0	94.6	94.2	94.6
广 西 Guangxi	93.5	99.4	100.0	97.8	90.5	92.0	93.1	88.6	91.4
海 南 Hainan	90.6	93.1	92.0	94.9	88.8	61.3	90.6	97.3	88.2
重 庆 Chongqing	95.5	98.4	99.1	98.1	93.4	99.2	91.3	93.7	94.2
四 川 Sichuan	96.5	98.8	98.3	99.5	94.8	96.6	93.5	95.3	95.7
贵 州 Guizhou	95.1	99.7	101.1	97.4	93.3	97.0	97.0	86.4	93.8
云 南 Yunnan	91.5	99.7	99.2	101.2	87.6	87.3	87.6	87.7	88.9
西 藏 Tibet	98.2	101.0	102.8	98.2	92.8	89.9	101.0	105.6	94.4
陕 西 Shaanxi	96.1	100.2	97.9	103.0	95.0	90.0	97.8	98.0	95.4
甘 肃 Gansu	91.0	101.6	101.6	101.6	89.3	83.7	89.2	93.3	90.1
青 海 Qinghai	91.3	102.4	100.0	103.6	90.2	88.0	89.6	93.0	90.9
宁 夏 Ningxia	93.9	97.5	93.8	101.8	93.0	100.3	92.6	91.5	93.5
新 疆 Xinjiang	85.5	97.5	96.6	99.9	83.3	72.9	93.4	86.5	84.5

(上年价格=100) (Preceding year=100)

地 区 Region	(01)采掘 Mining & Quarrying Industry	(02)原料 Raw Materials Industry	(03)加工 Manufact-uring Industry	生活资料 Consumer Goods	(01)食品 Food	(02)衣着 Clothing	(03)一般日用品 Articles for Daily Use	(04)耐用消费品 Durable Consumer Goods
全 国 National	**84.2**	**91.9**	**95.1**	**98.8**	**98.6**	**100.1**	**99.2**	**97.7**
北 京 Beijing	96.0	97.3	91.5	99.1	99.2	99.7	100.1	98.6
天 津 Tianjin	70.2	92.2	92.7	99.6	98.3	102.8	99.0	100.0
河 北 Hebei	78.0	87.0	90.4	96.8	96.0	100.1	96.3	99.4
山 西 Shanxi	100.6	87.4	89.1	97.8	97.0	101.8	99.5	99.1
内蒙古 Inner Mongolia	98.4	94.5	93.8	100.6	101.7	100.0	103.8	92.0
辽 宁 Liaoning	87.6	91.6	95.0	98.9	97.6	101.8	97.9	101.0
吉 林 Jilin	80.3	95.9	96.7	99.2	98.9	100.9	99.5	99.3
黑龙江 Heilongjiang	70.2	96.2	96.7	96.5	95.7	96.6	99.1	101.7
上 海 Shanghai	82.5	92.0	92.2	100.6	102.0	100.3	101.9	98.5
江 苏 Jiangsu	84.8	93.7	94.5	99.5	97.9	100.5	100.0	99.8
浙 江 Zhejiang	94.6	92.6	93.7	98.6	99.6	99.2	97.3	98.9
安 徽 Anhui	95.0	90.6	91.1	97.8	98.9	99.4	98.6	95.7
福 建 Fujian	90.6	94.5	93.0	99.4	98.2	100.4	99.8	98.2
江 西 Jiangxi	92.8	91.2	91.2	100.7	101.5	100.7	100.3	97.8
山 东 Shandong	80.0	90.1	96.1	97.4	96.6	99.9	98.5	96.6
河 南 Henan	92.6	91.7	94.4	101.1	101.1	101.8	100.4	101.8
湖 北 Hubei	81.3	93.4	96.3	98.9	99.2	100.2	98.4	96.8
湖 南 Hunan	90.0	91.8	94.2	99.6	99.7	101.2	97.7	101.9
广 东 Guangdong	69.0	94.4	95.5	98.2	97.4	99.0	99.6	97.0
广 西 Guangxi	92.0	92.9	90.5	101.7	102.5	95.1	98.6	98.3
海 南 Hainan	61.3	88.1	94.9	99.7	100.5	102.2	96.4	99.3
重 庆 Chongqing	97.5	91.5	94.7	99.0	98.8	101.4	101.5	98.6
四 川 Sichuan	96.3	93.4	96.6	98.8	98.5	103.3	101.0	96.8
贵 州 Guizhou	96.9	97.1	89.3	100.6	101.5	106.1	99.0	91.7
云 南 Yunnan	87.5	87.7	91.1	99.5	99.5	101.0	99.1	97.7
西 藏 Tibet	89.9	101.1	97.1	102.9	102.9	105.8	103.1	100.8
陕 西 Shaanxi	90.5	97.7	98.2	100.5	99.1	104.7	102.7	104.5
甘 肃 Gansu	84.1	89.2	95.1	101.8	102.0	108.7	100.7	99.3
青 海 Qinghai	89.0	89.4	94.6	101.2	98.4	104.0	102.9	116.4
宁 夏 Ningxia	93.9	93.4	93.6	98.5	99.3	96.3	97.9	100.3
新 疆 Xinjiang	73.1	93.4	91.5	98.5	98.0	102.4	98.1	108.0

4-3-7 各地区按部门分工业品出厂价格指数（2009年）

Ex-factory Price Indices of Industrial Products by Branch and Region (2009)

(上年价格=100) (Preceding year=100)

地 区 Region	01 冶金工业 Metallurgical Industry	02 电力工业 Power Industry	03 煤炭及炼焦工业 Coal Industry	04 石油工业 Petroleum Industry	05 化学工业 Chemical Industry	06 机械工业 Machine Building Industry	07 建筑材料工业 Building Materials Industry	08 森林工业 Timber Industry
全 国 National	**85.8**	**102.3**	**98.5**	**83.1**	**92.1**	**97.4**	**100.8**	**99.3**
北 京 Beijing	82.4	103.8	98.1	92.3	90.8	93.7	98.8	102.1
天 津 Tianjin	83.2	105.6	87.6	81.1	94.4	96.8	98.6	101.7
河 北 Hebei	78.4	103.3	91.0	83.5	92.9	97.3	104.2	96.7
山 西 Shanxi	78.3	106.7	95.0	105.7	94.2	99.1	106.2	100.9
内蒙古 Inner Mongolia	85.0	103.5	104.6	90.3	95.7	96.0	105.4	100.1
辽 宁 Liaoning	84.9	102.4	109.0	87.0	94.3	99.9	100.3	99.6
吉 林 Jilin	82.5	102.3	103.7	80.4	90.2	99.7	104.4	98.8
黑龙江 Heilongjiang	83.2	103.4	100.1	74.8	90.9	98.6	104.5	100.7
上 海 Shanghai	83.9	103.5	93.9	95.9	90.8	94.2	97.5	100.4
江 苏 Jiangsu	89.4	103.7	86.5	89.5	93.5	95.8	98.2	95.9
浙 江 Zhejiang	85.9	101.5	99.3	88.8	89.9	95.6	97.2	99.3
安 徽 Anhui	81.7	101.9	98.3	83.3	94.1	95.8	93.1	99.7
福 建 Fujian	83.2	103.4	101.3	88.5	91.7	94.4	99.6	98.3
江 西 Jiangxi	82.9	103.4	93.2	101.0	100.4	95.9	98.2	100.3
山 东 Shandong	86.2	104.5	89.2	78.4	91.2	97.9	99.9	98.0
河 南 Henan	82.9	103.7	99.8	75.1	91.0	99.8	99.5	97.2
湖 北 Hubei	86.8	103.8	100.6	86.3	92.8	97.8	99.3	100.1
湖 南 Hunan	82.3	102.9	93.1	92.3	97.1	98.8	97.8	100.9
广 东 Guangdong	89.3	102.3	108.9	81.5	95.5	96.5	98.4	100.6
广 西 Guangxi	78.3	102.5	95.1	84.4	92.2	100.1	97.7	98.3
海 南 Hainan	74.1	104.0	113.0	87.4	91.7	98.5	93.7	97.7
重 庆 Chongqing	83.5	102.1	97.0	98.9	90.7	97.6	99.9	104.3
四 川 Sichuan	85.7	100.4	98.6	98.9	94.6	99.9	103.2	101.3
贵 州 Guizhou	81.8	104.5	101.0	100.3	89.2	96.2	99.8	98.1
云 南 Yunnan	81.3	101.0	93.1	97.8	90.6	96.2	104.9	96.8
西 藏 Tibet	89.8	102.7	104.8		106.2	99.5	96.9	95.8
陕 西 Shaanxi	92.3	102.7	111.2	85.8	99.1	99.5	107.3	101.0
甘 肃 Gansu	81.7	100.2	108.5	90.5	91.5	102.9	111.8	106.2
青 海 Qinghai	84.7	99.5	109.5	82.4	96.5	106.4	109.1	100.0
宁 夏 Ningxia	82.9	101.5	93.6	97.4	90.7	97.2	114.9	100.3
新 疆 Xinjiang	78.6	102.4	107.6	80.3	89.5	99.9	105.1	103.8

4-3-7 续表 Continued

(上年价格=100) (Preceding year=100)

地 区 Region	09 食品工业 Food Industry	10 纺织工业 Textile Industry	11 缝纫工业 Tailoring Industry	12 皮革工业 Leather Industry	13 造纸工业 Paper Industry	14 文教艺术用品工业 Cultural, Educational & Handicrafts Articles	15 其它工业 Other Industry
全 国 National	**98.4**	**97.8**	**100.1**	**98.8**	**94.4**	**99.7**	**98.9**
北 京 Beijing	98.6	96.1	99.6	101.6	95.1	99.2	101.3
天 津 Tianjin	97.5	96.4	102.4	102.3	94.2	97.8	98.9
河 北 Hebei	95.9	97.0	100.0	98.4	93.0	99.7	99.3
山 西 Shanxi	96.2	97.6	101.9	99.6	95.4	98.3	99.2
内蒙古 Inner Mongolia	101.8	97.0	100.0	99.3	99.5	101.0	105.0
辽 宁 Liaoning	97.3	97.7	101.2	104.7	98.0	98.5	98.6
吉 林 Jilin	99.0	99.4	100.6	105.9	94.5	96.8	101.8
黑龙江 Heilongjiang	94.9	91.6	97.0	96.2	97.7	100.9	104.4
上 海 Shanghai	101.3	101.5	100.3	99.2	105.7	99.4	102.9
江 苏 Jiangsu	97.3	96.0	100.5	99.4	94.7	103.6	98.3
浙 江 Zhejiang	99.3	97.0	99.3	98.2	93.3	98.5	97.9
安 徽 Anhui	98.7	96.9	99.0	99.9	95.3	95.6	92.9
福 建 Fujian	98.4	97.4	100.7	100.1	92.9	99.7	99.4
江 西 Jiangxi	100.8	96.2	101.2	97.7	95.6	98.8	105.0
山 东 Shandong	96.6	97.7	99.3	99.0	94.9	99.9	100.2
河 南 Henan	100.9	96.2	103.9	99.7	94.4	99.9	94.4
湖 北 Hubei	99.3	96.3	100.2	99.8	94.5	103.1	106.4
湖 南 Hunan	99.3	95.4	103.2	89.6	93.6	98.4	93.4
广 东 Guangdong	96.9	99.7	98.3	100.8	96.2	100.1	102.7
广 西 Guangxi	101.3	103.7	100.8	88.1	91.4	102.1	101.5
海 南 Hainan	99.7	84.2	102.2	79.4	79.4	105.2	100.2
重 庆 Chongqing	97.9	99.0	102.2	100.5	97.2	99.5	99.4
四 川 Sichuan	98.3	97.9	103.1	97.4	94.7	102.1	100.9
贵 州 Guizhou	100.9	85.7	100.7	100.0	101.2	98.9	98.5
云 南 Yunnan	99.2	97.9	100.4	103.8	94.8	98.2	99.5
西 藏 Tibet	100.2		111.3	100.0	94.8	102.1	100.3
陕 西 Shaanxi	97.7	97.7	104.3	99.6	96.1	104.1	100.0
甘 肃 Gansu	102.0	93.7	110.4	98.1	98.5	103.0	99.7
青 海 Qinghai	98.3	100.3	104.4	114.4	101.2	103.8	91.6
宁 夏 Ningxia	99.3	86.8	96.2	93.4	86.9	97.2	92.1
新 疆 Xinjiang	98.0	95.5	102.5	99.4	92.3	100.1	101.2

4-3-8 各地区按行业分工业品出厂价格指数（2009年）

Ex-factory Price Indices of Industrial Products by Sector and Region (2009)

(上年价格=100) (Preceding year=100)

地 区 Region	1煤炭开采和洗选业 Mining and Washing of Coal	2石油和天然气开采业 Extraction of Petroleum and Natural Gas	3黑色金属矿采选业 Mining and Processing of Ferrous Metal Ores	4有色金属矿采选业 Mining and Processing of Non-Ferrous Metal Ores	5非金属矿采选业 Mining and Processing of Nonmetal Ores
全 国 National	**101.9**	**66.0**	**74.3**	**88.9**	**97.8**
北 京 Beijing	98.1		57.4		139.9
天 津 Tianjin	84.6	68.6			94.3
河 北 Hebei	96.1	68.3	69.7	77.0	95.3
山 西 Shanxi	101.3	100.7	85.3	101.2	100.4
内蒙古 Inner Mongolia	106.0	68.8	82.1	79.6	102.8
辽 宁 Liaoning	113.7	84.4	71.0	81.4	96.6
吉 林 Jilin	103.9	65.5	65.2	93.1	105.5
黑龙江 Heilongjiang	102.7	65.6	78.4	77.3	97.6
上 海 Shanghai		82.5			
江 苏 Jiangsu	86.6	67.2	78.3	87.3	97.1
浙 江 Zhejiang	99.6		58.1	75.7	102.3
安 徽 Anhui	98.7		73.0	78.6	90.4
福 建 Fujian	102.9		73.9	88.2	102.1
江 西 Jiangxi	99.1		103.8	77.6	97.8
山 东 Shandong	90.7	61.9	78.4	92.7	93.3
河 南 Henan	101.8	65.8	84.1	79.1	105.5
湖 北 Hubei	107.8	67.6	82.9	90.4	101.7
湖 南 Hunan	94.4		85.8	79.2	98.5
广 东 Guangdong		62.8	76.5	87.7	93.3
广 西 Guangxi	94.7		90.0	89.3	101.2
海 南 Hainan		55.8	55.1	82.5	105.5
重 庆 Chongqing	98.3	100.0	94.9	81.1	93.4
四 川 Sichuan	100.6	99.9	73.9	74.7	101.0
贵 州 Guizhou	100.0		64.9	86.8	90.4
云 南 Yunnan	99.7	100.0	88.1	75.4	99.2
西 藏 Tibet	118.0		89.7	87.0	91.5
陕 西 Shaanxi	113.9	82.7	82.9	96.7	94.1
甘 肃 Gansu	109.1	66.3	87.4	85.9	99.5
青 海 Qinghai	115.0	76.8	77.3	94.2	104.9
宁 夏 Ningxia	93.9				105.8
新 疆 Xinjiang	110.1	70.4	62.7	88.2	103.9

4-3-8 续表 1 Continued 1

(上年价格=100) (Preceding year=100)

地 区 Region	6其他采矿业 Mining of Other Ores	7农副食品加工业 Processing of Food from Agricultural Products	8食品制造业 Manufacture of Foods	9饮料制造业 Manufacture of Beverages	10烟草制品业 Manufacture of Tobacco
全 国 National	**101.4**	**96.0**	**101.1**	**100.6**	**100.5**
北 京 Beijing		93.6	102.3	102.2	97.8
天 津 Tianjin		92.4	101.9	98.2	101.2
河 北 Hebei		92.2	100.8	100.3	99.2
山 西 Shanxi		91.4	97.2	100.6	97.7
内蒙古 Inner Mongolia		101.0	102.7	101.6	98.4
辽 宁 Liaoning	117.0	96.0	102.8	98.9	102.3
吉 林 Jilin		98.3	101.8	98.5	99.8
黑龙江 Heilongjiang		90.1	101.8	102.3	97.5
上 海 Shanghai		87.3	104.3	101.2	105.2
江 苏 Jiangsu		94.2	104.3	99.8	102.3
浙 江 Zhejiang		97.1	100.5	99.0	102.6
安 徽 Anhui		97.9	92.1	101.1	103.4
福 建 Fujian		96.7	100.0	101.1	98.6
江 西 Jiangxi		100.5	104.0	100.4	99.4
山 东 Shandong		95.2	100.4	100.6	100.1
河 南 Henan		100.0	102.6	99.5	102.1
湖 北 Hubei		95.0	103.4	104.0	100.0
湖 南 Hunan		96.5	102.5	101.8	100.1
广 东 Guangdong		93.6	100.0	101.7	96.5
广 西 Guangxi		101.1	101.7	99.4	102.1
海 南 Hainan		98.8	98.3	102.7	98.4
重 庆 Chongqing		95.7	101.4	100.0	99.2
四 川 Sichuan		94.8	101.1	102.6	99.2
贵 州 Guizhou		95.0	101.2	103.5	101.0
云 南 Yunnan		98.4	100.5	93.7	99.7
西 藏 Tibet		94.0	100.4	101.8	
陕 西 Shaanxi		93.9	101.5	98.2	98.6
甘 肃 Gansu		103.2	95.0	100.1	104.7
青 海 Qinghai		95.0	102.0	100.3	
宁 夏 Ningxia		96.9	99.5	103.0	98.2
新 疆 Xinjiang		91.1	113.1	103.5	102.7

4-3-8 续表 2 Continued 2

(上年价格=100) (Preceding year=100)

地 区 Region	11纺织业 Manufacture of Textile	12纺织服装、鞋、帽制造业 Manufacture of Textile Wearing Apparel,	13皮革、毛皮、羽毛(绒)及其制品业 Manufacture of Leather, Fur, Feather and Related Products	14木材加工及木、竹、藤、棕、草制品业 Processing of Timber, Manufacture of Wood,	15家具制造业 Manufacture of Furniture
全 国 National	**98.3**	**99.9**	**98.5**	**98.8**	**100.2**
北 京 Beijing	97.3	100.5	101.6	100.2	102.4
天 津 Tianjin	97.2	103.4	101.8	100.9	101.9
河 北 Hebei	97.1	100.1	98.3	95.8	98.6
山 西 Shanxi	97.6	102.0	99.6	117.5	100.1
内蒙古 Inner Mongolia	97.7	104.7	98.8	99.1	106.1
辽 宁 Liaoning	98.1	101.6	104.7	97.5	101.8
吉 林 Jilin	99.7	100.6	108.0	98.5	100.2
黑龙江 Heilongjiang	91.6	88.8	104.7	100.5	101.5
上 海 Shanghai	100.4	100.7	99.0	103.5	98.4
江 苏 Jiangsu	96.5	100.5	98.5	95.3	101.6
浙 江 Zhejiang	97.5	99.6	97.9	98.8	100.2
安 徽 Anhui	96.8	99.7	88.7	99.6	99.8
福 建 Fujian	98.6	100.3	100.1	98.0	99.3
江 西 Jiangxi	96.8	103.9	97.6	100.2	100.8
山 东 Shandong	98.0	98.9	99.0	97.3	99.6
河 南 Henan	96.9	100.9	99.5	94.8	102.8
湖 北 Hubei	96.6	99.7	99.8	98.8	103.2
湖 南 Hunan	95.9	102.9	89.5	100.7	102.1
广 东 Guangdong	99.3	98.2	100.9	100.8	100.8
广 西 Guangxi	103.2	102.5	86.5	98.0	109.5
海 南 Hainan	94.7	100.3	79.4	96.8	99.3
重 庆 Chongqing	98.8	101.1	98.7	104.5	102.9
四 川 Sichuan	97.9	103.9	98.0	101.0	102.2
贵 州 Guizhou	87.9	100.6	100.0	98.1	98.6
云 南 Yunnan	98.0	100.3	103.1	96.8	102.4
西 藏 Tibet		111.3	100.0	95.6	100.8
陕 西 Shaanxi	97.7	106.4	99.6	101.7	100.8
甘 肃 Gansu	94.1	110.9	98.1	106.5	105.9
青 海 Qinghai	102.3	103.7	98.3		118.6
宁 夏 Ningxia	91.4	103.3	93.4	101.3	100.2
新 疆 Xinjiang	95.9	99.0	99.4	103.7	108.0

4-3-8 续表 3 Continued 3

(上年价格=100) (Preceding year=100)

地 区 Region		16造纸及纸制品业 Manufacture of Paper and Paper Products	17印刷业和记录媒介的复制 Printing, Reproduction of Recording Media	18文教体育用品制造业 Manufacture of Articles For Culture, Education and	19石油加工、炼焦及核燃料加工业 Processing of Petroleum, Coking, Processing of Nuclear Fuel	20化学原料及化学制品制造业 Manufacture of Raw Chemical Materials and Chemical Products
全 国	**National**	**94.4**	**99.9**	**100.3**	**91.2**	**88.1**
北 京	Beijing	95.1	98.6	102.0	91.4	82.5
天 津	Tianjin	94.2	101.4	103.2	97.4	91.7
河 北	Hebei	93.0	99.9	98.6	90.1	90.4
山 西	Shanxi	95.4	99.5	96.9	83.2	94.1
内蒙古	Inner Mongolia	99.5	101.0		94.4	94.2
辽 宁	Liaoning	98.0	98.3	98.6	87.2	91.6
吉 林	Jilin	94.5	96.8	100.7	99.3	85.2
黑龙江	Heilongjiang	97.7	100.7	101.8	96.5	85.7
上 海	Shanghai	105.7	99.8	99.5	95.1	87.0
江 苏	Jiangsu	94.7	100.2	100.7	91.4	91.4
浙 江	Zhejiang	93.3	98.3	98.9	88.8	86.6
安 徽	Anhui	95.3	93.8	99.2	83.2	90.9
福 建	Fujian	92.9	100.5	99.5	88.4	89.0
江 西	Jiangxi	95.6	97.8	99.3	96.5	101.7
山 东	Shandong	94.9	100.3	99.9	87.1	87.5
河 南	Henan	94.4	100.1	94.4	88.6	87.3
湖 北	Hubei	94.5	103.2	94.8	92.1	93.7
湖 南	Hunan	93.6	98.4	97.1	91.7	97.6
广 东	Guangdong	96.2	100.3	101.1	88.7	94.4
广 西	Guangxi	91.4	102.1	102.0	84.9	90.0
海 南	Hainan	79.4	105.0	102.8	88.2	88.3
重 庆	Chongqing	97.2	99.5	100.0	87.5	84.7
四 川	Sichuan	94.7	102.2	101.0	89.6	92.3
贵 州	Guizhou	101.2	98.9	100.0	92.3	83.3
云 南	Yunnan	94.8	98.2	100.6	85.8	87.5
西 藏	Tibet	94.8	102.1			104.5
陕 西	Shaanxi	96.1	104.1	100.0	92.3	95.0
甘 肃	Gansu	98.5	103.0	100.3	96.6	89.8
青 海	Qinghai	101.2	103.8		96.2	96.0
宁 夏	Ningxia	86.9	97.1		96.4	88.5
新 疆	Xinjiang	92.3	100.1		95.8	88.8

4-3-8 续表 4 Continued 4

(上年价格=100) (Preceding year=100)

地 区 Region	21医药制造业 Manufacture of Medicines	22化学纤维制造业 Manufacture of Chemical Fibers	23橡胶制品业 Manufacture of Rubber	24塑料制品业 Manufacture of Plastics	25非金属矿物制品业 Manufacture of Non-metallic Mineral Products
全 国 National	**100.2**	**90.5**	**99.6**	**96.1**	**99.9**
北 京 Beijing	100.4	89.3	98.4	94.5	98.4
天 津 Tianjin	101.2	92.9	98.3	96.0	97.8
河 北 Hebei	94.8	91.4	98.6	97.1	103.7
山 西 Shanxi	97.6	75.8	93.0	95.7	104.0
内蒙古 Inner Mongolia	99.5	99.4	100.4	102.2	105.7
辽 宁 Liaoning	100.7	93.7	101.1	97.1	99.8
吉 林 Jilin	98.7	78.7	99.9	93.2	104.1
黑龙江 Heilongjiang	100.0	96.4	97.0	101.6	105.6
上 海 Shanghai	100.8	88.2	102.1	96.2	97.9
江 苏 Jiangsu	101.5	92.7	101.2	95.8	97.9
浙 江 Zhejiang	98.2	86.8	97.1	92.6	96.9
安 徽 Anhui	100.6	92.9	102.8	96.1	92.9
福 建 Fujian	96.5	84.5	100.1	93.7	99.5
江 西 Jiangxi	101.8	91.7	98.8	97.4	98.7
山 东 Shandong	99.3	94.7	97.8	95.0	100.2
河 南 Henan	102.3	89.1	98.5	90.7	97.2
湖 北 Hubei	97.5	73.5	100.6	93.6	99.7
湖 南 Hunan	99.3	73.4	100.6	98.7	95.7
广 东 Guangdong	98.9	87.6	97.9	95.5	98.5
广 西 Guangxi	101.7	103.7	102.1	94.6	97.9
海 南 Hainan	99.3	89.9	77.1	97.3	93.7
重 庆 Chongqing	101.8	80.6	97.0	95.4	100.1
四 川 Sichuan	102.7	86.2	103.3	95.7	102.8
贵 州 Guizhou	104.0	95.5	100.2	96.3	99.1
云 南 Yunnan	102.4	106.6	99.7	92.0	104.0
西 藏 Tibet	106.7				96.9
陕 西 Shaanxi	103.5	104.1	100.7	100.4	107.0
甘 肃 Gansu	100.2	108.7	99.7	91.2	107.8
青 海 Qinghai	99.6			100.7	104.5
宁 夏 Ningxia	98.2	94.1	97.7	90.2	109.3
新 疆 Xinjiang	101.0	86.8	102.2	91.8	104.9

(上年价格=100) (Preceding year=100)

地　区 Region	26黑色金属冶炼及压延加工业 Smelting and Pressing of Ferrous Metals	27有色金属冶炼及压延加工业 Smelting and Pressing of Non-ferrous Metals	28金属制品业 Manufacture of Metal Products	29通用设备制造业 Manufacture of General Purpose Machinery	30专用设备制造业 Manufacture of Special Purpose Machinery
全　国 National	**83.9**	**83.4**	**96.8**	**98.7**	**100.0**
北　京 Beijing	77.6	79.0	94.6	99.6	93.4
天　津 Tianjin	80.4	88.0	92.0	100.1	100.5
河　北 Hebei	77.9	83.6	93.7	99.0	100.1
山　西 Shanxi	78.3	74.3	96.2	100.2	99.2
内蒙古 Inner Mongolia	85.5	86.1	100.3	97.1	99.8
辽　宁 Liaoning	83.9	86.2	97.5	99.1	99.2
吉　林 Jilin	82.8	78.6	99.8	101.7	99.8
黑龙江 Heilongjiang	80.1	84.7	95.2	97.5	100.5
上　海 Shanghai	79.6	83.2	95.1	98.6	101.9
江　苏 Jiangsu	88.2	86.5	95.2	97.9	100.3
浙　江 Zhejiang	80.8	80.3	95.1	96.9	99.0
安　徽 Anhui	77.6	85.9	94.0	97.7	101.4
福　建 Fujian	78.2	85.9	95.1	96.0	99.8
江　西 Jiangxi	82.2	82.4	87.5	96.7	100.4
山　东 Shandong	84.1	83.7	96.8	99.3	101.9
河　南 Henan	82.3	83.2	96.7	97.9	102.0
湖　北 Hubei	85.5	86.7	95.5	102.4	98.1
湖　南 Hunan	79.0	85.6	90.2	98.9	100.3
广　东 Guangdong	80.1	87.6	95.8	98.8	99.3
广　西 Guangxi	74.7	81.5	94.2	101.4	100.2
海　南 Hainan	78.8	74.5	89.4	98.0	101.9
重　庆 Chongqing	81.5	82.1	97.3	99.2	102.0
四　川 Sichuan	85.9	86.2	92.9	102.1	98.8
贵　州 Guizhou	81.2	81.3	91.8	99.4	102.4
云　南 Yunnan	79.5	82.6	98.2	99.5	101.5
西　藏 Tibet					
陕　西 Shaanxi	91.0	90.0	101.7	98.8	102.4
甘　肃 Gansu	87.4	78.0	92.5	102.7	115.2
青　海 Qinghai	85.6	81.6	102.3	109.7	116.0
宁　夏 Ningxia	81.6	82.9	94.2	98.8	93.9
新　疆 Xinjiang	78.9	84.0	88.0	99.4	104.8

(上年价格=100) (Preceding year=100)

地　区 Region	31交通运输设备制造业 Manufacture of Transport Equipment	32电气机械及器材制造业 Manufacture of Electrical Machinery and Equipment	33通信设备、计算机及其他电子设备制造业 Manufacture of Communication Equipment, Computers and	34仪器仪表及文化、办公用机械制造业 Manufacture of Measuring Instruments and Machinery for
全　国 National	**99.9**	**95.0**	**95.7**	**99.1**
北　京 Beijing	98.3	95.4	90.3	97.9
天　津 Tianjin	101.4	95.3	93.2	96.6
河　北 Hebei	100.5	90.6	97.7	98.6
山　西 Shanxi	99.0	97.0	93.7	98.2
内蒙古 Inner Mongolia	100.2	97.1	89.7	100.0
辽　宁 Liaoning	102.2	95.5	99.3	100.2
吉　林 Jilin	99.6	97.9	100.1	109.5
黑龙江 Heilongjiang	100.5	92.5	99.1	100.0
上　海 Shanghai	98.6	96.6	88.4	98.0
江　苏 Jiangsu	100.0	94.7	93.5	104.4
浙　江 Zhejiang	98.0	93.0	92.9	96.3
安　徽 Anhui	97.6	92.9	91.6	98.6
福　建 Fujian	100.9	98.2	89.0	99.9
江　西 Jiangxi	99.0	92.5	98.1	98.9
山　东 Shandong	100.4	95.8	91.3	99.1
河　南 Henan	104.8	95.8	90.0	99.6
湖　北 Hubei	98.9	89.1	92.2	96.9
湖　南 Hunan	101.3	94.8	93.5	96.6
广　东 Guangdong	99.9	94.9	96.0	99.1
广　西 Guangxi	100.9	93.3	100.8	99.3
海　南 Hainan	94.1	105.7	95.1	
重　庆 Chongqing	98.2	88.9	99.0	101.6
四　川 Sichuan	102.7	95.8	97.2	95.1
贵　州 Guizhou	99.8	94.3	85.4	96.9
云　南 Yunnan	93.3	94.0	92.7	100.0
西　藏 Tibet	99.5			
陕　西 Shaanxi	99.5	96.7	100.0	102.7
甘　肃 Gansu	100.4	97.2	94.8	104.7
青　海 Qinghai	102.9	82.4		100.0
宁　夏 Ningxia	101.1	97.6	91.7	98.2
新　疆 Xinjiang	103.1	98.4	101.4	

(上年价格=100) (Preceding year=100)

地　区 Region	35工艺品及其他制造业 Manufacture of Artwork and Other Manufacturing	36废弃资源和废旧材料回收加工业 Recycling and Disposal of Waste	37电力、热力的生产和供应业 Production and Distribution of Electric Power and Heat Power	38燃气生产和供应业 Production and Distribution of Gas	39水的生产和供应业 Production and Distribution of Water
全　国 National	**100.5**	**85.0**	**102.4**	**100.5**	**103.2**
北　京 Beijing	103.5	97.1	103.8	100.7	100.0
天　津 Tianjin	99.1	97.9	105.6	103.3	105.4
河　北 Hebei	100.0	63.2	103.3	99.5	104.0
山　西 Shanxi	107.1		106.7	101.0	103.4
内蒙古 Inner Mongolia	100.6		103.5	102.5	102.5
辽　宁 Liaoning	96.6	101.2	102.4	111.5	101.1
吉　林 Jilin	99.0		102.3	99.2	100.6
黑龙江 Heilongjiang	103.9		103.4	97.2	104.4
上　海 Shanghai	99.8	75.0	103.7	110.1	120.9
江　苏 Jiangsu	99.0	112.4	104.1	88.6	105.1
浙　江 Zhejiang	97.8	82.0	101.6	91.2	101.7
安　徽 Anhui	100.5	87.1	102.0	90.7	101.9
福　建 Fujian	99.4	101.1	103.4	92.1	100.0
江　西 Jiangxi	107.8	100.0	103.4	102.5	103.8
山　东 Shandong	100.2	99.7	104.6	100.7	100.6
河　南 Henan	99.1		103.7	113.6	101.3
湖　北 Hubei	103.9	101.6	104.0	93.7	104.3
湖　南 Hunan	98.0	86.7	102.9	89.7	108.7
广　东 Guangdong	104.3	81.3	102.3	90.3	101.3
广　西 Guangxi	100.8		102.5	81.4	114.4
海　南 Hainan	100.2		104.0	98.4	100.2
重　庆 Chongqing	96.5		102.1	100.9	100.3
四　川 Sichuan	105.9		100.4	101.2	100.9
贵　州 Guizhou		87.5	104.5	116.0	103.3
云　南 Yunnan	105.9	72.6	101.0	132.0	106.6
西　藏 Tibet	101.8		102.7		100.0
陕　西 Shaanxi	98.8	100.0	102.7	98.7	100.9
甘　肃 Gansu	112.5	84.5	100.2	100.1	109.5
青　海 Qinghai	107.6		99.5	107.0	100.2
宁　夏 Ningxia			101.5	100.3	99.9
新　疆 Xinjiang	107.8		102.4	94.2	100.5

4-4-1 全国原材料、燃料、动力购进价格分类指数(1986~2009年)

Indices of Purchasing Prices of Raw Materials, Fuels and Power (1986~2009)

(上年价格=100) (Preceding year=100)

年份 Year	总指数 General Index	燃料、动力类 Fuel and Power	黑色金属材料类 Ferrous Metals	有色金属材料类 Nonferrous Metals	化工原料类 Raw Chemical Materials	木材及纸浆类 Timber and Paper Pulp	建材类 Building Materials	其它工业原料类 Other Materials	农副产品类 Agricultural Products	纺织原料类 Textile Materials
1986	109.5	109.1	110.6	107.6	105.1	110.9	126.7		107.5	
1987	111.0	109.2	110.4	108.4	115.7	138.2	111.6		107.3	107.8
1988	120.2	112.9	118.3	130.7	133.4	143.1	114.2		122.6	115.7
1989	126.4	124.7	130.3	127.6	124.4	111.4	122.7		128.9	128.5
1990	105.6	110.7	103.9	97.2	95.6	99.4	115.2		107.8	107.4
1991	109.1	112.9	112.5	101.2	99.8	105.6	101.2		106.8	108.9
1992	111.0	116.4	114.5	112.4	102.6	102.0	118.8		103.4	100.5
1993	135.1	136.7	174.1	115.8	114.3	128.6	140.9		112.2	107.1
1994	118.2	118.0	103.8	110.7	111.7	115.1	114.3		148.3	139.6
1995	115.3	108.7	98.2	128.3	127.2	115.8	102.6		143.1	123.6
1996	103.9	110.2	99.3	92.4	98.0	101.9	102.5		114.7	94.5
1997	101.3	109.3	97.4	96.2	97.1	100.9	99.7		102.0	94.7
1998	95.8	99.1	95.1	88.3	93.6	96.7	98.6	93.5	94.5	94.3
1999	96.7	100.9	94.7	98.9	97.6	100.4	98.8	97.5	89.8	96.8
2000	105.1	115.4	100.9	110.3	105.6	99.8	101.5	103.9	99.9	102.4
2001	99.8	100.2	100.5	95.6	98.4	100.4	98.6	98.8	101.2	99.7
2002	97.7	100.1	98.2	96.5	97.5	98.7	98.2	97.5	95.7	97.1
2003	104.8	107.4	107.9	105.3	102.9	100.3	99.7	100.2	106.7	101.4
2004	111.4	109.7	120.4	120.1	108.9	102.8	105.1	105.6	114.2	104.7
2005	108.3	115.0	107.5	114.0	108.3	103.5	103.1	102.5	101.7	102.4
2006	106.0	111.9	98.3	130.8	102.1	102.6	101.9	102.1	104.3	102.9
2007	104.4	104.3	105.4	111.6	103.6	102.7	103.0	102.7	106.1	101.4
2008	110.5	120.6	118.4	98.6	105.2	105.2	109.5	103.4	107.5	103.1
2009	92.1	89.2	86.3	81.1	91.3	95.8	101.1	98.0	97.0	98.8

4-4-2 各地区原材料、燃料、动力购进价格总指数(1986～2009年)

Indices of Purchasing Prices of Raw Materials, Fuels and Power by region (1986～2009)

(上年价格=100) (Preceding year=100)

地区 Region	1986	1987	1988	1989	1990	1991	1992	1993	1994	1995	1996
全国 National	**109.5**	**111.0**	**120.2**	**126.4**	**105.6**	**109.1**	**111.0**	**135.1**	**118.2**	**115.3**	**103.9**
北京 Beijing					114.8	111.7	114.2	142.7	123.8	119.8	104.2
天津 Tianjin							108.4	139.1	121.7	112.8	101.9
河北 Hebei							111.4	134.9	119.9	110.9	106.3
山西 Shanxi					107.4	108.0	111.9	135.9	115.1	113.1	104.8
内蒙古 Inner Mongolia		114.9	118.2	124.4	108.3	111.2	112.1	132.6	116.8	112.8	100.8
辽宁 Liaoning			133.9	133.3	117.6	108.1	121.2	149.9	118.2	114.2	104.8
吉林 Jilin			115.7	131.5	102.8	114.1	127.1	173.9	113.9	113.8	102.4
黑龙江 Heilongjiang							112.9	139.6	117.6	112.7	104.2
上海 Shanghai							113.1	129.2	121.4	114.8	101.6
江苏 Jiangsu						107.0	110.3	125.8	120.1	117.6	104.3
浙江 Zhejiang					104.7	102.7	106.3	126.4	124.8	119.2	101.5
安徽 Anhui							113.9	128.8	122.3	117.9	109.9
福建 Fujian							109.3	129.6	115.2	119.6	104.3
江西 Jiangxi								129.4	123.4	114.7	105.8
山东 Shandong				136.7	105.4	107.0	111.0	134.7	120.1	113.2	105.7
河南 Henan				130.0	105.5	104.4	110.0	133.0	122.0	114.1	105.3
湖北 Hubei				126.1	108.4	113.1	110.2	135.5	116.6	118.2	108.4
湖南 Hunan				122.5	103.3	110.4	116.2	139.7	119.6	117.6	105.9
广东 Guangdong								134.3	121.1	118.7	104.6
广西 Guangxi	121.0	112.0			102.2	107.8	105.2	141.7	117.8	112.9	103.4
海南 Hainan											
重庆 Chongqing					103.7	109.2	123.8	124.5	124.6	111.6	106.3
四川 Sichuan				129.4	106.4	108.6	112.5	137.2	119.1	113.5	106.1
贵州 Guizhou							113.5	144.6	115.0	114.9	108.1
云南 Yunnan						108.2	115.2	138.1	110.3	113.2	110.3
西藏 Tibet											
陕西 Shaanxi							111.5	138.4	115.6	114.3	109.1
甘肃 Gansu				129.8	114.1	112.4	122.2	139.4	118.3	113.7	107.4
青海 Qinghai				123.8	113.9	112.8	105.3	138.9	112.3	110.2	108.3
宁夏 Ningxia											
新疆 Xinjiang							121.1	136.4	110.9	116.8	107.0

4-4-2 续表 Continued

(上年价格=100) (Preceding year=100)

地区	Region	1997	1998	1999	2000	2001	2002	2003	2004	2005	2006	2007	2008	2009
全国	**National**	**101.3**	**95.8**	**96.7**	**105.1**	**99.8**	**97.7**	**104.8**	**111.4**	**108.3**	**106.0**	**104.4**	**110.5**	**92.1**
北京	Beijing	103.4	98.1	95.8	100.0	100.5	97.1	104.7	114.2	111.4	105.5	105.0	115.8	88.6
天津	Tianjin	99.0	95.9	96.3	104.5	98.8	95.9	108.7	115.4	104.9	104.7	105.7	112.9	90.2
河北	Hebei	102.0	96.2	95.4	103.3	101.0	97.3	109.4	118.4	107.0	105.0	107.8	115.9	93.5
山西	Shanxi	102.0	97.3	97.0	102.0	101.8	102.6	107.8	114.5	108.2	102.6	105.3	118.3	96.6
内蒙古	Inner Mongolia	100.9	98.1	96.8	106.5	101.3	99.9	102.9	109.2	109.9	105.9	104.8	111.7	99.1
辽宁	Liaoning	103.1	99.3	99.1	103.9	99.9	98.3	105.1	112.1	108.1	104.2	104.8	111.5	93.3
吉林	Jilin	103.9	96.6	100.5	106.8	101.8	97.8	104.8	110.5	107.0	103.8	105.2	111.3	95.3
黑龙江	Heilongjiang	104.4	98.6	98.2	108.6	99.5	99.3	107.6	115.2	111.8	105.6	105.0	114.1	93.4
上海	Shanghai	97.8	94.1	97.1	107.1	98.7	97.7	106.4	116.4	106.8	104.8	104.1	110.3	89.8
江苏	Jiangsu	98.0	91.5	94.4	107.1	99.5	98.6	106.5	116.3	107.6	106.4	105.0	115.0	91.9
浙江	Zhejiang	96.5	92.6	96.2	107.2	99.6	97.5	105.8	113.4	105.4	105.6	105.3	110.6	92.6
安徽	Anhui	101.7	96.0	94.5	102.6	101.2	98.2	106.7	115.0	107.1	103.9	105.1	112.4	95.3
福建	Fujian	98.6	92.5	97.9	112.4	96.7	97.6	106.3	113.3	108.1	103.9	104.3	110.2	93.2
江西	Jiangxi	100.4	95.4	96.9	101.2	99.3	98.6	106.5	114.5	110.0	108.6	107.9	114.2	90.7
山东	Shandong	100.6	93.4	93.4	104.7	100.0	98.7	105.7	113.4	105.9	104.3	104.8	113.1	95.5
河南	Henan	100.7	94.8	94.3	105.1	101.9	97.6	107.8	115.7	108.3	105.3	106.4	111.9	97.1
湖北	Hubei	101.5	95.2	95.6	105.6	100.2	97.7	108.2	113.1	107.0	104.9	104.5	110.9	93.4
湖南	Hunan	100.1	94.8	96.2	106.7	101.1	99.3	106.7	114.4	109.4	106.5	106.1	112.0	92.6
广东	Guangdong	97.3	91.4	97.8	110.9	99.1	96.3	104.1	110.7	105.0	103.6	103.3	107.9	93.8
广西	Guangxi	99.3	95.3	93.6	100.9	103.7	95.6	101.2	116.3	108.2	111.4	106.1	110.6	95.1
海南	Hainan						101.5	102.2	105.9	104.2	101.5	105.0	111.6	85.3
重庆	Chongqing	100.1	95.1	96.9	105.6	99.5	99.2	104.9	110.3	108.2	104.8	106.2	112.2	95.0
四川	Sichuan	101.6	95.3	96.8	101.7	98.5	97.6	101.7	112.0	109.3	104.3	105.7	112.4	95.3
贵州	Guizhou	101.9	95.7	97.0	102.9	100.2	97.6	106.0	109.6	107.4	107.3	107.5	112.5	93.5
云南	Yunnan	102.9	100.7	98.8	101.5	99.4	99.1	102.7	113.0	106.5	107.6	108.2	111.6	95.0
西藏	Tibet													
陕西	Shaanxi	106.8	97.1	95.5	100.0	100.5	98.8	104.8	110.4	107.5	106.7	106.3	111.2	98.4
甘肃	Gansu	102.2	96.4	98.3	111.8	101.4	98.4	105.6	112.5	109.9	108.8	104.3	110.2	90.5
青海	Qinghai	110.7	101.3	99.1	98.9	99.1	102.8	101.8	108.5	105.3	102.8	104.4	110.4	99.8
宁夏	Ningxia	103.5	101.1	97.0	105.8	102.5	97.8	106.8	117.3	109.7	108.5	107.1	121.8	94.7
新疆	Xinjiang	104.5	95.6	98.2	115.2	98.9	94.9	114.8	118.2	110.7	111.1	103.8	117.8	90.6

4-4-3 各地区原材料、燃料、动力购进价格分类指数(2009年)

Indices of Purchasing Prices of Raw Materials,Fuels and Power by Category and Region (2009)

(上年价格=100) (Preceding year=100)

地 区	Region	总指数 General Index	燃料、动力类 Fuel and Power	黑色金属材料类 Ferrous Metals	有色金属材料类 Nonferrous Metals	化工原料类 Raw Chemical Materials	木材及纸浆类 Timber and Paper Pulp	建材类 Building Materials	其它工业原料类 Other Materials	农副产品类 Agricultural Products	纺织原料类 Textile Materials
全 国	**National**	**92.1**	**89.2**	**86.3**	**81.1**	**91.3**	**95.8**	**101.1**	**98.0**	**97.0**	**98.8**
北 京	Beijing	88.6	85.1	79.8	82.5	77.6	81.1	82.3	97.0	99.4	95.3
天 津	Tianjin	90.2	93.1	82.2	89.7	72.0	80.9	83.5	96.3	98.8	92.3
河 北	Hebei	93.5	97.2	82.5	84.1	79.0	86.5	91.7	97.0	101.8	95.3
山 西	Shanxi	96.6	101.8	82.6	88.2	75.2	81.2	86.2	98.1	107.5	96.5
内蒙古	Inner Mongolia	99.1	106.5	90.4	92.8	89.7	71.4	98.3	102.5	102.9	99.4
辽 宁	Liaoning	93.3	97.1	85.5	87.2	82.8	84.3	90.6	99.0	98.5	97.5
吉 林	Jilin	95.3	95.5	91.3	94.8	85.4	88.6	90.8	93.0	102.2	98.1
黑龙江	Heilongjiang	93.4	94.7	85.7	85.9	82.4	80.3	86.6	100.1	103.1	97.5
上 海	Shanghai	89.8	76.0	86.7	87.8	85.6	86.3	87.5	96.3	98.6	96.7
江 苏	Jiangsu	91.9	88.0	88.7	89.8	87.3	85.9	89.0	97.3	99.4	99.0
浙 江	Zhejiang	92.6	91.7	84.7	84.5	84.9	83.4	88.2	96.4	94.8	96.6
安 徽	Anhui	95.3	98.5	86.9	88.2	84.9	84.3	90.5	99.3	100.2	94.2
福 建	Fujian	93.2	90.6	83.3	83.1	83.6	88.8	83.9	91.8	97.8	99.4
江 西	Jiangxi	90.7	96.3	85.5	84.8	86.5	74.9	85.3	97.9	103.1	95.6
山 东	Shandong	95.5	91.2	85.2	87.2	83.0	87.3	93.2	95.6	98.5	98.0
河 南	Henan	97.1	102.5	86.4	86.7	86.1	83.8	90.9	98.7	96.6	99.6
湖 北	Hubei	93.4	93.4	92.1	92.7	91.2	83.3	86.9	91.7	95.5	97.6
湖 南	Hunan	92.6	89.3	86.5	86.4	86.6	83.9	91.2	99.7	101.5	98.1
广 东	Guangdong	93.8	93.1	91.0	88.8	94.6	85.4	90.0	94.9	92.6	94.7
广 西	Guangxi	95.1	100.8	82.8	83.2	82.3	81.2	85.8	84.3	96.1	100.2
海 南	Hainan	85.3	77.9	84.9	84.9	85.0	90.5	85.9	97.4	113.8	96.4
重 庆	Chongqing	95.0	100.5	86.3	85.4	89.6	84.7	89.6	101.1	98.9	97.3
四 川	Sichuan	95.3	99.2	88.2	89.7	86.1	85.9	89.0	101.0	102.4	97.3
贵 州	Guizhou	93.5	101.2	86.9	88.2	79.1	85.6	86.0	98.5	94.2	93.3
云 南	Yunnan	95.0	98.9	89.6	90.2	88.9	78.7	94.0	94.8	100.3	100.7
西 藏	Tibet										
陕 西	Shaanxi	98.4	100.4	93.2	95.1	88.5	90.3	97.7	98.2	102.9	100.7
甘 肃	Gansu	90.5	91.3	89.4	89.7	89.4	78.5	76.4	95.2	100.5	98.5
青 海	Qinghai	99.8	101.3	92.0	88.0	99.5	81.2	102.0	101.2	105.9	101.6
宁 夏	Ningxia	94.7	103.5	81.1	81.7	77.5	81.2	93.3	93.5	103.6	92.4
新 疆	Xinjiang	90.6	82.0	82.6	85.3	77.3	78.5	100.0	98.9	105.8	97.7

4-5-1 全国固定资产投资价格分类指数(1991～2009年)
Price Indices of Investment in Fixed Assets(1991～2009)

(上年价格=100) (Preceding year=100)

年 份 Year	总指数 Investment in Fixed Assets	建筑安装工程 Construction and Installation	人工费 Labour Cost	材料费 Material Expenses	机械使用费 Machine	设备工、器具 Purchase of Equipment, Tools and Instruments	其他费用 Others
1991	109.5	109.7	112.2	110.9		106.1	116.8
1992	115.3	116.8	116.5	117.2		109.4	120.9
1993	126.6	131.3	137.8	134.7		119.7	123.4
1994	110.4	110.4	123.3	107.9		109.5	112.1
1995	105.9	104.7	121.5	100.6		106.3	112.4
1996	104.0	105.1	116.2	101.6	115.3	101.6	104.3
1997	101.7	102.9	113.6	100.8	105.9	98.1	102.9
1998	99.8	100.5	104.8	98.9	100.4	97.5	100.4
1999	99.6	100.3	103.0	98.9	101.2	97.5	99.9
2000	101.1	102.4	107.0	102.1	100.8	97.4	101.0
2001	100.4	101.4	104.2	100.5	101.9	97.0	101.0
2002	100.2	101.0	104.1	100.2	101.0	97.0	101.2
2003	102.2	104.2	103.8	105.0	100.9	97.0	101.6
2004	105.6	108.2	104.6	110.7	101.6	99.4	103.5
2005	101.6	101.8	105.6	100.9	101.9	99.4	103.2
2006	101.5	101.3	106.7	99.8	102.6	100.7	103.3
2007	103.9	105.1	108.9	104.5	103.3	100.2	104.2
2008	108.9	112.9	113.8	114.1	106.5	100.6	105.4
2009	97.6	96.3	106.6	92.8	102.0	97.6	102.4

4-5-2 各地区固定资产投资价格总指数(1991 ~ 2009年)

Price Indices of Investment in Fixed Assets by Region(1991 ~ 2009)

(上年价格=100) (Preceding year=100)

地区	Region	1991	1992	1993	1994	1995	1996	1997	1998	1999	2000	2001
全国	**National**	**109.5**	**115.3**	**126.6**	**110.4**	**105.9**	**104.0**	**101.7**	**99.8**	**99.6**	**101.1**	**100.4**
北京	Beijing	107.3	112.2	126.6	116.2	113.9	108.2	102.7	100.8	99.9	101.0	100.6
天津	Tianjin		119.4	122.9	111.9	107.6	102.5	100.8	98.9	99.2	99.9	99.7
河北	Hebei	106.8	129.3	124.8	110.0	106.9	103.9	101.5	97.8	99.4	101.1	99.9
山西	Shanxi	107.8	116.8	124.8	108.3	106.8	104.9	101.5	98.8	99.7	101.8	101.7
内蒙古	Inner Mongolia	107.1	109.3	124.5	106.7	103.9	105.3	99.7	101.7	101.9	101.9	100.8
辽宁	Liaoning	108.2	121.0	136.4	117.4	104.9	102.2	102.3	99.8	100.0	101.1	100.4
吉林	Jilin	111.9	116.4	128.8	107.3	109.6	102.9	104.4	100.8	102.2	102.0	101.1
黑龙江	Heilongjiang	107.6	113.5	127.9	109.0	106.5	103.4	102.7	100.8	99.7	101.5	100.1
上海	Shanghai	107.3	113.0	131.4	108.8	103.1	106.9	100.5	98.4	98.1	100.0	100.7
江苏	Jiangsu	104.5	112.1	138.8	114.6	107.4	103.2	99.2	98.4	98.3	101.1	100.8
浙江	Zhejiang			138.8	112.4	107.2	101.3	99.5	97.6	98.2	100.3	100.4
安徽	Anhui	114.8	119.8	123.0	120.1	106.5	103.4	101.3	100.0	99.3	101.6	99.5
福建	Fujian	108.6	114.9	134.1	107.3	104.8	104.7	101.1	98.0	98.5	100.2	99.5
江西	Jiangxi	110.4	110.1	129.8	114.6	107.2	105.8	101.4	102.1	98.6	101.4	98.9
山东	Shandong	112.4	119.4	122.1	115.8	106.6	103.1	100.4	99.2	99.6	102.4	101.4
河南	Henan	109.4	119.8	126.7	106.0	105.9	103.9	102.9	98.7	98.0	102.9	100.4
湖北	Hubei	108.3	117.0	127.4	107.9	105.0	104.0	102.1	100.5	99.5	101.7	100.1
湖南	Hunan	108.1	116.4	129.5	113.5	109.5	104.9	101.8	102.7	100.5	102.3	101.3
广东	Guangdong											100.2
广西	Guangxi	101.7	117.9	131.2	112.3	103.4	103.6	100.3	99.9	96.1	101.4	102.0
海南	Hainan										101.8	100.3
重庆	Chongqing							101.7	98.7	100.5	102.5	100.8
四川	Sichuan	108.1	113.9	133.2	107.3	101.2	104.8	102.2	97.5	100.5	100.9	101.5
贵州	Guizhou	110.6	120.2	126.9	113.1	107.6	105.4	101.4	100.0	99.4	102.2	100.4
云南	Yunnan	112.1	117.6	135.4	113.6	104.0	104.3	105.4	101.8	100.7	101.6	101.0
西藏	Tibet											
陕西	Shaanxi	112.9	119.1	129.5	111.7	107.9	107.8	105.3	101.8	101.2	103.6	103.6
甘肃	Gansu	116.5	117.4	126.2	112.6	109.4	104.9	102.7	100.3	101.0	103.3	102.0
青海	Qinghai		115.1	125.9	108.4	105.3	103.5	103.0	98.5	100.1	101.6	100.3
宁夏	Ningxia	110.4	117.3	123.0	112.6	109.3	107.4	102.2	102.1	99.7	104.5	101.5
新疆	Xinjiang	114.8	117.0	126.5	112.3	106.2	105.6	103.2	102.0	99.0	103.6	102.5

4-5-2 续表 Continued

(上年价格=100) (Preceding year=100)

地 区	Region	2002	2003	2004	2005	2006	2007	2008	2009
全 国	**National**	**100.2**	**102.2**	**105.6**	**101.6**	**101.5**	**103.9**	**108.9**	**97.6**
北 京	Beijing	100.4	102.2	104.3	100.7	100.4	102.8	107.8	97.1
天 津	Tianjin	99.5	102.6	107.3	101.2	100.7	102.6	109.2	97.6
河 北	Hebei	99.5	102.3	107.0	101.9	101.7	103.8	109.6	96.5
山 西	Shanxi	100.5	102.9	105.2	103.0	101.5	104.1	113.3	98.1
内蒙古	Inner Mongolia	101.0	102.6	105.0	103.7	103.3	103.8	108.1	98.5
辽 宁	Liaoning	100.7	102.5	104.8	102.8	102.1	104.3	109.1	97.0
吉 林	Jilin	101.2	101.1	104.1	102.0	102.2	103.9	107.3	99.4
黑龙江	Heilongjiang	100.2	102.3	105.0	102.2	102.1	104.5	109.0	97.6
上 海	Shanghai	100.3	102.4	106.7	100.8	100.1	103.5	107.9	97.0
江 苏	Jiangsu	101.7	104.3	109.4	100.9	101.2	104.9	110.0	97.7
浙 江	Zhejiang	100.5	103.5	105.9	100.3	101.5	104.4	109.3	96.7
安 徽	Anhui	101.1	103.5	106.1	101.0	101.9	105.4	109.4	96.0
福 建	Fujian	99.7	101.4	103.4	100.7	102.0	105.9	105.9	98.0
江 西	Jiangxi	100.0	105.1	107.4	100.5	103.2	105.4	110.4	96.1
山 东	Shandong	101.1	102.9	107.4	102.9	101.8	104.0	107.7	96.9
河 南	Henan	98.7	103.8	110.1	101.4	101.6	104.6	109.0	96.4
湖 北	Hubei	99.8	103.3	106.0	102.2	101.8	104.1	109.4	98.8
湖 南	Hunan	100.3	102.8	105.5	103.6	103.1	105.8	109.9	99.7
广 东	Guangdong	99.7	102.2	106.4	101.6	100.7	102.4	108.6	96.7
广 西	Guangxi	100.3	101.8	104.6	101.4	101.2	102.3	107.9	97.9
海 南	Hainan	98.2	103.2	105.6	101.2	101.0	106.1	113.3	97.7
重 庆	Chongqing	100.7	102.9	105.1	102.3	101.7	105.5	110.2	97.8
四 川	Sichuan	100.5	102.2	106.8	103.9	102.9	104.7	112.5	98.3
贵 州	Guizhou	100.2	102.3	104.9	101.4	101.1	103.5	108.9	100.5
云 南	Yunnan	100.0	102.2	108.0	104.6	101.8	104.2	107.4	98.1
西 藏	Tibet								
陕 西	Shaanxi	102.0	101.7	104.5	103.7	102.6	104.0	109.5	99.3
甘 肃	Gansu	100.2	101.7	105.5	102.2	104.1	102.8	106.7	101.5
青 海	Qinghai	103.2	102.0	102.8	102.1	102.4	104.2	110.5	100.9
宁 夏	Ningxia	100.7	102.3	104.9	102.1	101.3	103.2	109.0	100.2
新 疆	Xinjiang	100.2	103.4	104.5	102.8	102.2	104.4	111.2	98.0

4-5-3 各地区固定资产投资价格分类指数(2007～2009年)

Price Indices of Investment in Fixed Assets by Region and Category (2007～2009)

(上年价格=100) (Preceding year=100)

地 区	Region	2008 投 资 Investment in Fixed Assets	2008 建筑安装工 程 Construction and Installation	2008 设 备 工、器具 Purchase of Equipment, Tools and Instruments	2008 其他费用 Others	2009 投 资 Investment in Fixed Assets	2009 建筑安装工 程 Construction and Installation	2009 设 备 工、器具 Purchase of Equipment, Tools and Instruments	2009 其他费用 Others
全 国	**National**	**108.9**	**112.9**	**100.0**	**105.7**	**97.6**	**96.3**	**97.6**	**102.4**
北 京	Beijing	107.8	111.8	98.0	104.8	97.1	94.3	96.8	100.9
天 津	Tianjin	109.2	114.0	99.6	104.2	97.6	96.4	98.5	100.2
河 北	Hebei	109.6	113.9	101.6	105.8	96.5	94.7	97.4	102.3
山 西	Shanxi	113.3	120.0	102.6	101.5	98.1	97.9	97.6	100.5
内蒙古	Inner Mongolia	108.1	110.6	101.0	106.2	98.5	98.1	98.0	102.4
辽 宁	Liaoning	109.1	113.3	101.0	105.2	97.0	95.4	98.6	101.0
吉 林	Jilin	107.3	110.7	100.4	105.1	99.4	99.6	98.1	101.7
黑龙江	Heilongjiang	109.0	111.9	100.6	110.9	97.6	94.8	97.8	112.0
上 海	Shanghai	107.9	112.1	99.5	105.4	97.0	94.8	96.1	102.2
江 苏	Jiangsu	110.0	115.9	100.6	106.6	97.7	97.0	96.2	103.4
浙 江	Zhejiang	109.3	113.7	101.2	106.6	96.7	94.6	96.2	102.5
安 徽	Anhui	109.4	113.7	101.2	103.8	96.0	94.4	97.1	101.1
福 建	Fujian	105.9	108.5	100.0	104.9	98.0	97.4	96.4	101.0
江 西	Jiangxi	110.4	114.0	100.7	109.3	96.1	93.8	97.4	104.7
山 东	Shandong	107.7	110.7	102.5	104.4	96.9	95.4	98.0	102.0
河 南	Henan	109.0	112.1	102.5	103.3	96.4	94.6	98.8	102.5
湖 北	Hubei	109.4	112.2	102.7	108.2	98.8	96.8	99.0	106.8
湖 南	Hunan	109.9	112.3	104.7	105.1	99.7	99.6	98.8	101.2
广 东	Guangdong	108.6	112.2	100.1	105.7	96.7	95.3	97.4	101.6
广 西	Guangxi	107.9	110.7	101.7	103.7	97.9	96.8	97.6	100.8
海 南	Hainan	113.3	118.7	100.6	107.2	97.7	97.2		100.0
重 庆	Chongqing	110.2	113.7	100.6	106.6	97.8	97.0	97.7	100.2
四 川	Sichuan	112.5	118.8	101.8	104.4	98.3	97.1	98.8	101.4
贵 州	Guizhou	108.9	114.3	100.6	101.1	100.5	102.0	97.5	99.3
云 南	Yunnan	107.4	110.1	101.0	102.2	98.1	97.6	97.1	100.9
西 藏	Tibet								
陕 西	Shaanxi	109.5	113.3	101.1	101.8	99.3	99.1	98.7	101.0
甘 肃	Gansu	106.7	111.8	103.5	103.0	101.5	100.6	101.0	103.4
青 海	Qinghai	110.5	113.3	101.5	104.1	100.9	101.1	99.4	102.1
宁 夏	Ningxia	109.0	110.6	101.9	106.4	100.2	100.7	97.4	101.1
新 疆	Xinjiang	111.2	114.0	105.0	105.1	98.0	98.1	95.0	103.5

4-6-1 全国房地产价格分类指数(1998 ~ 2009年)

(上年价格=100)

项　目	Item	1998	1999
土地交易价格指数	**Transactions Price Indices of Land**	**102.0**	**100.0**
一、居住用地	Land for Residential Building Use	100.6	99.9
二、工业用地	Land for Industry	101.2	100.0
三、商业营业用地	Land for Business	104.0	100.0
四、其他用地	Land for Others	103.6	100.2
房屋租赁价格指数	**Renting Price Indices of Houses**	**102.4**	**98.5**
一、住宅	Residential Buildings	109.4	102.4
1.经济适用房	Economically Affordable Housing		
2.廉租房	Low-rented Buildings		
3.商品住宅	Commercial Housing		
普通住宅	General Residential Buildings		
高档住宅	Luxury Residential Buildings		
二、非住宅	Non-Residential Buildings		
1.办公楼	Office Buildings	97.9	95.2
2.商业营业用房	Houses for Business	100.1	99.0
3.其他用房	Others		
物业管理价格指数	**Price Indices of Real Estate Management**		
一、住宅	Residential Buildings		
二、非住宅	Non-Residential Buildings		

Price Indices for Real Estate(1998 ~ 2009)

(Preceding year=100)

2000	2001	2002	2003	2004	2005	2006	2007	2008	2009
100.2	**101.7**	**106.9**	**108.3**	**110.1**	**109.1**	**105.8**	**112.3**	**109.4**	**105.4**
101.0	102.2	107.7	112.4	111.6	110.3	106.0	113.7	111.3	106.4
98.6	100.8	100.4	101.3	104.3	103.6	104.7	105.9	103.7	102.2
100.4	101.2	107.0	104.9	110.4	107.9	106.4	113.0	111.1	106.0
99.8	101.7	106.9	104.4	105.5	106.7	103.5	103.8	105.5	106.2
102.4	**102.8**	**100.8**	**101.9**	**101.4**	**101.9**	**101.4**	**102.6**	**101.4**	**99.4**
114.2	108.1	102.0	107.5	102.2	100.5	101.4	102.6	102.2	99.2
					101.2	100.1	100.3	100.1	100.1
					100.0	100.2	100.4	100.0	91.0
								102.6	99.7
					100.6	102.3	103.6	102.0	100.3
					100.1	100.2	101.2	107.0	95.8
								100.6	99.6
96.2	100.6	99.5	99.9	100.2	102.9	100.9	102.9	99.9	100.4
99.0	100.2	100.2	99.6	102.0	101.7	101.8	102.7	100.6	99.0
					104.5	101.9	100.9	102.5	101.2
					100.0	**100.3**	**100.5**	**100.5**	**100.4**
					100.1	100.2	100.3	100.5	100.4
								100.6	100.4

4-6-2 70个大中城市房地产价格指数(1998～2009年)

Price Indices of Real Estate in 70 Large-scale and Medium-scale Cities(1998～2009)

(上年价格=100) (Preceding year=100)

地区	Region	土地交易价格指数 Transactions Price Indices of Land											
		1998	1999	2000	2001	2002	2003	2004	2005	2006	2007	2008	2009
全国	**Total**	**102.0**	**100.0**	**100.2**	**101.7**	**106.9**	**108.3**	**110.1**	**109.1**	**105.8**	**112.3**	**109.4**	**105.4**
北京	Beijing	101.1	100.2	100.0	100.0	100.0	100.6	102.5	103.8	105.2	109.4	111.6	104.0
天津	Tianjin	102.0	101.3	100.5	76.2	102.2	103.0	116.3	103.9	103.9	122.1	111.1	107.0
石家庄	Shijiazhuang	115.0	103.9	107.7	97.3	99.7	99.4	100.3	100.2	100.3	101.6	100.6	100.0
太原	Taiyuan	100.0	100.0	100.0	113.2	126.7	121.9	100.7	102.8	102.6	102.2	102.1	102.0
呼和浩特	Hohhot	104.1	104.3	102.5	102.8	103.4	102.4	104.1	114.7	112.8	108.7	107.0	100.9
沈阳	Shenyang	100.0	99.0	101.8	101.7	83.1	116.1	116.2	111.4	107.3	106.6	105.3	101.5
大连	Dalian	100.0	100.0	100.0	99.9	100.0	103.5	112.9	124.7	103.8	105.9	104.2	101.7
长春	Changchun	100.0	100.0	100.2	115.5	113.7	103.7	104.6	103.9	112.1	100.7	100.0	100.0
哈尔滨	Harbin	100.0	101.0	101.1	100.0	100.0	101.6	100.0	107.8	106.7	108.2	104.6	98.4
上海	Shanghai	95.5	93.3	91.9	97.2	106.3	115.1	120.3	106.9	101.2	107.9	107.9	102.2
南京	Nanjing	104.4	103.5	101.9	102.6	103.9	104.7	103.0	102.8	103.0	103.9	103.6	102.6
杭州	Hangzhou	99.7	100.0	103.2	105.4	125.0	138.1	139.4	124.8	107.1	155.2	127.8	129.7
宁波	Ningbo	99.2	100.0	100.4	100.8	109.2	113.2	108.3	115.9	109.2	138.3	149.5	104.4
合肥	Hefei	102.2	100.7	100.3	100.4	103.7	107.0	105.4	110.6	101.4	104.1	104.9	100.6
福州	Fuzhou	100.2	100.6	100.0	107.3	106.0	107.7	108.8	118.6	107.9	117.1	107.7	110.4
厦门	Xiamen	100.0	100.0	100.0	101.1	101.7	102.3	110.2	108.5	108.3	111.3	104.2	108.8
南昌	Nanchang	103.6	102.0	103.0	108.0	125.2	110.1	118.8	104.2	105.1	103.9	109.4	107.2
济南	Jinan	103.3	101.8	102.3	101.9	102.1	103.5	104.4	105.9	104.9	105.0	102.7	101.9
青岛	Qingdao	101.0	100.0	100.4	102.2	104.3	101.8	101.8	103.4	103.2	101.8	102.1	102.4
郑州	Zhengzhou	101.2	103.9	102.1	101.1	101.4	101.0	103.9	110.9	104.0	105.3	100.3	102.0
武汉	Wuhan	100.8	99.9	100.1	99.8	100.7	103.7	102.9	102.6	101.5	100.9	101.3	100.0
长沙	Changsha	103.2	102.4	102.7	103.8	101.4	100.9	102.1	105.4	118.6	122.1	109.0	102.6
广州	Guangzhou	100.0	99.7	99.9	100.0	100.0	100.0	100.0	100.0	100.0	100.0	100.0	100.0
深圳	Shenzhen	100.0	99.8	101.5	99.7	100.0	102.0	103.9	118.1	100.3	100.1	100.0	100.0
南宁	Nanning	105.5	99.7	66.7	101.6	106.0	101.4	100.0	103.6	102.6	121.5	110.6	100.1
海口	Haikou	90.7	90.6	97.1	101.4	100.5	100.4	102.7	110.0	115.1	118.5	120.9	108.8
重庆	Chongqing	100.0	101.1	100.0	100.9	101.7	115.5	105.3	102.9	100.6	109.7	109.5	101.7
成都	Chengdu	107.7	103.8	101.9	104.6	106.4	109.1	116.3	107.8	106.2	110.2	104.8	98.1
贵阳	Guiyang	99.8	99.4	100.3	100.4	100.6	100.3	100.6	101.5	101.6	109.9	108.3	108.1
昆明	Kunming	104.5	100.1	100.0	100.0	100.0	100.0	100.0	103.7	100.6	101.3	102.6	101.4
西安	Xi'an	100.1	100.3	100.0	100.0	100.5	100.7	102.8	105.9	104.5	106.8	109.0	101.2
兰州	Lanzhou	100.0	100.0	100.0	100.0	100.0	100.0	100.0	100.0	100.0	100.0	100.0	100.0
西宁	Xining	99.4	94.4	100.4	99.7	102.7	106.2	106.1	102.9	102.5	103.2	103.2	104.0
银川	Yinchuan	125.7	108.0	103.6	103.2	102.9	103.4	105.8	103.4	103.1	105.7	106.0	106.1
乌鲁木齐	Urumqi	103.8	101.3	99.4	102.6	102.3	101.0	102.1	101.4	100.2	102.6	106.5	112.1

4-6-2 续表 1 Continued 1

(上年价格=100) (Preceding year=100)

地 区	Region	土地交易价格指数 Transactions Price Indices of Land											
		1998	1999	2000	2001	2002	2003	2004	2005	2006	2007	2008	2009
唐 山	Tangshan									105.8	107.8	107.1	106.6
秦皇岛	Qinhuangdao									98.8	111.1	113.7	105.1
包 头	Baotou									104.2	106.0	105.2	100.1
丹 东	Dandong									104.9	104.5	101.0	100.0
锦 州	Jinzhou									101.5	104.5	102.5	100.4
吉 林	Jilin									131.0	131.0	100.0	100.0
牡丹江	Mudanjiang									99.6	117.0	115.5	109.1
无 锡	Wuxi									105.6	117.3	106.1	95.9
扬 州	Yangzhou									104.2	102.9	105.0	103.4
徐 州	Xuzhou									104.8	105.7	101.9	102.7
温 州	Wenzhou									105.6	145.3	122.0	112.3
金 华	Jinhua									107.2	108.6	109.0	104.8
蚌 埠	Bengbu									105.9	106.8	104.0	100.3
安 庆	Anqing									105.6	106.0	104.5	104.1
泉 州	Quanzhou									110.8	117.1	105.4	97.6
九 江	Jiujiang									104.8	106.1	105.0	102.5
赣 州	Ganzhou									104.9	105.3	106.3	103.1
烟 台	Yantai									105.1	104.6	102.6	102.6
济 宁	Jining									103.2	103.9	105.5	102.6
洛 阳	Luoyang									109.2	109.6	109.1	101.3
平顶山	Pindingshan									108.4	110.8	104.6	103.1
宜 昌	Yichang									106.6	104.3	114.7	101.4
襄 樊	Xiangfan									108.6	110.6	114.5	122.1
岳 阳	Yueyang									105.7	109.7	112.8	105.6
常 德	Changde									117.7	122.6	112.5	102.7
惠 州	Huizhou									100.0	100.0	100.0	99.8
湛 江	zhanjiang									100.0	100.0	100.0	100.0
韶 关	Shaoguan									112.8	113.3	104.4	100.1
桂 林	Guilin									106.1	112.2	110.2	101.3
北 海	Beihai									106.9	139.5	115.8	101.1
三 亚	Sanya									102.8	100.8	111.9	111.5
泸 州	Luzhou									115.8	115.8	109.3	106.3
南 充	Nanchong									108.4	126.9	111.7	100.5
遵 义	Zunyi									102.4	104.7	103.7	101.1
大 理	Dali									102.8	102.7	100.0	101.7

4-6-2 续表 2-1 Continued 2-1

(上年价格=100) (Preceding year=100)

地　区	Region	房屋租赁价格指数 Renting Price Indices of Houses											
		1998	1999	2000	2001	2002	2003	2004	2005	2006	2007	2008	2009
全　国	**Total**	**102.4**	**98.5**	**102.4**	**102.8**	**100.8**	**101.9**	**101.4**	**101.9**	**101.4**	**102.6**	**101.4**	**99.4**
北　京	Beijing	99.8	98.5	166.6	125.5	107.6	108.5	103.4	102.4	102.9	102.7	101.8	98.9
天　津	Tianjin	102.4	99.0	100.1	110.1	106.0	100.7	101.2	101.3	100.2	100.3	100.4	102.4
石家庄	Shijiazhuang	100.9	108.6	102.2	104.8	100.4	99.3	100.1	100.6	100.5	100.6	102.9	107.5
太　原	Taiyuan	104.0	99.5	105.6	115.5	106.1	102.3	99.6	107.5	105.4	105.6	104.2	101.6
呼和浩特	Hohhot	100.0	99.0	97.1	102.0	102.7	98.5	101.5	104.7	105.6	105.4	104.2	102.4
沈　阳	Shenyang	105.2	102.6	102.3	100.1	99.5	101.4	99.0	101.5	102.3	101.8	100.9	100.0
大　连	Dalian	101.7	96.8	105.4	101.9	98.1	100.0	98.2	99.0	99.7	99.8	101.2	103.0
长　春	Changchun	106.7	106.2	106.4	111.2	104.6	104.0	100.9	100.5	100.3	100.0	102.6	100.0
哈尔滨	Harbin	99.3	99.9	101.0	100.2	100.0	98.6	100.6	103.6	102.7	100.2	102.2	103.7
上　海	Shanghai	92.2	89.9	95.8	104.9	99.0	102.2	105.5	103.6	104.0	105.1	104.6	100.6
南　京	Nanjing	99.1	101.3	101.1	104.7	100.6	104.4	105.0	100.0	100.4	101.8	102.0	100.8
杭　州	Hangzhou	97.2	95.5	103.3	103.1	103.0	106.7	107.6	102.4	101.1	102.7	102.5	101.8
宁　波	Ningbo	95.4	96.6	92.5	99.0	102.8	106.0	104.3	104.1	103.4	103.8	106.7	101.1
合　肥	Hefei	109.2	104.3	99.1	98.6	102.0	102.3	100.7	100.3	101.7	100.6	100.5	101.2
福　州	Fuzhou	107.6	102.8	99.5	101.7	98.6	98.7	99.6	101.4	101.7	102.6	101.7	101.0
厦　门	Xiamen	102.6	98.6	96.2	94.0	98.0	100.3	102.3	104.2	102.5	103.8	102.6	102.3
南　昌	Nanchang	99.5	111.2	113.2	102.7	104.2	103.3	101.4	102.5	101.3	101.3	100.8	100.6
济　南	Jinan	100.8	100.8	101.6	101.8	103.2	100.0	103.4	101.0	101.2	101.2	100.8	100.8
青　岛	Qingdao	94.0	104.3	95.8	107.0	94.4	99.4	98.6	103.3	110.1	108.3	106.5	103.5
郑　州	Zhengzhou	106.1	98.7	103.7	107.2	103.0	99.1	99.7	100.1	100.5	100.9	101.4	100.5
武　汉	Wuhan	98.7	95.8	97.3	98.2	98.6	98.5	100.7	100.2	100.3	100.3	100.1	100.0
长　沙	Changsha	103.3	94.8	99.1	102.5	101.6	101.0	103.1	101.7	102.8	102.5	100.6	100.5
广　州	Guangzhou	99.6	94.9	98.0	99.6	102.0	99.9	101.6	103.0	102.2	102.8	100.1	96.0
深　圳	Shenzhen	94.7	91.3	95.7	99.6	100.2	100.0	100.0	101.0	102.5	104.8	102.2	100.0
南　宁	Nanning	106.7	97.8	102.1	102.5	99.5	102.3	100.6	101.6	103.6	99.6	103.4	101.8
海　口	Haikou	92.6	89.8	92.7	99.3	94.6	92.6	96.1	101.9	100.7	100.6	101.4	102.3
重　庆	Chongqing	106.9	106.4	95.1	95.4	97.5	100.3	105.9	103.6	102.8	104.2	104.2	100.5
成　都	Chengdu	99.8	100.0	99.3	96.6	100.9	100.3	102.4	100.4	101.1	100.9	103.8	102.1
贵　阳	Guiyang	106.0	99.0	104.1	97.1	98.0	101.6	99.9	102.5	101.7	101.1	101.5	101.5
昆　明	Kunming	103.0	111.1	97.8	101.9	98.4	100.4	104.2	101.4	100.1	100.4	100.0	103.8
西　安	Xi'an	102.5	100.6	101.2	100.3	100.6	98.9	103.2	100.7	101.2	106.4	106.9	100.3
兰　州	Lanzhou	99.7	98.3	100.0	101.0	100.3	97.8	97.8	100.0	99.7	100.3	101.5	102.7
西　宁	Xining	117.9	100.5	114.3	112.2	107.3	103.1	100.4	99.8	101.1	104.2	102.4	101.9
银　川	Yinchuan	110.0	117.7	118.0	105.1	106.4	99.8	106.1	104.3	101.7	101.3	101.3	101.3
乌鲁木齐	Urumqi	98.9	97.9	99.2	98.8	100.1	99.9	104.2	100.4	100.3	100.8	101.1	105.0

(上年价格=100) (Preceding year=100)

地 区	Region	房屋租赁价格指数 Renting Price Indices of Houses											
		1998	1999	2000	2001	2002	2003	2004	2005	2006	2007	2008	2009
唐 山	Tangshan									101.3	102.3	103.1	99.8
秦皇岛	Qinhuangdao									102.3	101.0	101.3	105.0
包 头	Baotou									101.6	103.2	101.7	101.2
丹 东	Dandong									101.4	100.5	100.2	100.1
锦 州	Jinzhou									100.5	101.6	100.8	99.9
吉 林	Jilin									100.2	100.3	100.0	100.2
牡丹江	Mudanjiang									100.9	102.5	100.0	100.0
无 锡	Wuxi									99.5	105.5	103.5	100.7
扬 州	Yangzhou									100.8	101.4	101.9	100.6
徐 州	Xuzhou									104.4	101.3	102.1	101.3
温 州	Wenzhou									101.2	109.9	102.6	100.5
金 华	Jinhua									100.2	100.1	100.0	101.3
蚌 埠	Bengbu									100.1	100.5	116.1	100.2
安 庆	Anqing									104.9	102.8	100.6	101.2
泉 州	Quanzhou									101.5	106.3	104.6	102.3
九 江	Jiujiang									101.6	102.2	102.9	104.0
赣 州	Ganzhou									101.3	100.9	101.6	100.3
烟 台	Yantai									100.2	101.4	100.3	103.8
济 宁	Jining									101.5	101.9	105.1	104.2
洛 阳	Luoyang									100.2	100.1	102.0	100.6
平顶山	Pindingshan									101.7	104.5	100.9	100.7
宜 昌	Yichang									100.3	101.8	104.6	114.4
襄 樊	Xiangfan									100.4	100.0	100.0	100.0
岳 阳	Yueyang									101.0	104.4	100.4	100.3
常 德	Changde									100.8	100.3	100.2	100.1
惠 州	Huizhou									99.2	102.3	99.3	100.3
湛 江	zhanjiang									100.0	103.4	112.1	100.2
韶 关	Shaoguan									101.1	103.5	101.1	100.1
桂 林	Guilin									101.9	102.6	101.1	101.2
北 海	Beihai									99.1	102.2	104.4	117.8
三 亚	Sanya									103.2	103.9	100.7	100.5
泸 州	Luzhou									98.5	100.8	102.1	101.1
南 充	Nanchong									101.6	103.1	110.1	107.8
遵 义	Zunyi									101.2	101.8	101.4	100.1
大 理	Dali									100.0	100.4	101.3	99.1

4-6-2 续表 3-1 Continued 3-1

(上年价格=100) (Preceding year=100)

地 区	Region	物业管理价格指数 Price Indices of Real Estate Management											
		1998	1999	2000	2001	2002	2003	2004	2005	2006	2007	2008	2009
全 国	**Total**								**100.0**	**100.3**	**100.5**	**100.5**	**100.4**
北 京	Beijing								100.5	100.8	100.1	100.2	100.0
天 津	Tianjin								100.2	100.0	100.0	100.0	100.0
石家庄	Shijiazhuang								100.2	100.0	100.0	100.0	100.0
太 原	Taiyuan								100.0	101.6	102.6	101.1	100.4
呼和浩特	Hohhot								100.0	100.0	100.0	100.0	100.0
沈 阳	Shenyang								100.5	100.5	100.2	99.7	100.0
大 连	Dalian								98.4	100.9	100.3	100.5	100.5
长 春	Changchun								100.0	100.0	99.5	108.2	103.9
哈尔滨	Harbin								100.0	100.0	100.0	100.0	103.5
上 海	Shanghai								100.5	100.0	100.0	100.0	100.0
南 京	Nanjing								101.0	100.3	101.4	100.3	99.6
杭 州	Hangzhou								100.4	100.1	100.4	101.9	100.9
宁 波	Ningbo								100.5	102.3	102.3	100.2	100.1
合 肥	Hefei								102.5	100.0	100.0	101.1	100.1
福 州	Fuzhou								100.3	100.0	100.1	100.0	100.2
厦 门	Xiamen								100.4	100.1	100.0	101.5	100.5
南 昌	Nanchang								100.3	100.4	101.8	100.2	100.6
济 南	Jinan								100.0	100.1	100.1	100.1	100.0
青 岛	Qingdao								100.2	99.8	100.4	100.3	100.4
郑 州	Zhengzhou								100.2	100.1	100.6	100.0	100.0
武 汉	Wuhan								98.9	100.0	100.1	100.0	100.1
长 沙	Changsha								99.9	100.0	100.1	100.3	100.0
广 州	Guangzhou								102.1	100.5	100.5	101.0	100.7
深 圳	Shenzhen								99.2	100.0	100.2	100.7	100.4
南 宁	Nanning								100.2	100.1	100.0	101.1	100.2
海 口	Haikou								100.0	100.0	100.0	100.0	100.0
重 庆	Chongqing								100.1	100.7	99.7	100.3	103.2
成 都	Chengdu								101.2	100.4	100.2	100.2	100.1
贵 阳	Guiyang								99.5	103.1	100.2	100.3	100.1
昆 明	Kunming								100.0	100.0	100.0	100.0	100.0
西 安	Xi'an								100.4	100.2	100.7	102.6	100.2
兰 州	Lanzhou								101.4	100.2	102.0	100.1	101.4
西 宁	Xining								100.0	100.0	100.8	101.9	100.7
银 川	Yinchuan								100.0	100.0	99.8	103.0	101.7
乌鲁木齐	Urumqi								99.8	100.1	100.1	101.0	101.0

4-6-2 续表 3-2 Continued 3-2

(上年价格=100) (Preceding year=100)

地区	Region	物业管理价格指数 Price Indices of Real Estate Management											
		1998	1999	2000	2001	2002	2003	2004	2005	2006	2007	2008	2009
唐山	Tangshan									100.0	100.0	100.0	100.2
秦皇岛	Qinhuangdao									100.1	100.3	100.6	100.7
包头	Baotou									113.3	100.3	100.0	100.1
丹东	Dandong									100.0	100.0	100.0	100.1
锦州	Jinzhou									100.0	103.2	100.0	112.1
吉林	Jilin									100.0	100.0	100.0	100.0
牡丹江	Mudanjiang									100.0	96.9	100.0	100.0
无锡	Wuxi									99.9	100.0	100.0	100.1
扬州	Yangzhou									100.0	100.0	100.0	100.0
徐州	Xuzhou									105.8	101.3	101.3	100.0
温州	Wenzhou									99.2	99.9	101.9	100.3
金华	Jinhua									100.6	100.0	100.0	100.0
蚌埠	Bengbu									100.0	100.0	100.0	100.0
安庆	Anqing									103.5	100.0	100.8	100.3
泉州	Quanzhou									99.9	100.2	100.2	100.9
九江	Jiujiang									100.0	100.1	100.6	100.5
赣州	Ganzhou									101.7	103.3	101.6	100.6
烟台	Yantai									100.0	100.2	100.1	100.0
济宁	Jining									100.0	100.1	100.9	100.6
洛阳	Luoyang									100.1	100.0	100.1	100.1
平顶山	Pingdingshan									100.5	102.0	102.0	101.1
宜昌	Yichang									100.5	103.3	103.8	101.3
襄樊	Xiangfan									110.3	103.0	101.8	100.0
岳阳	Yueyang									100.0	99.9	102.4	100.0
常德	Changde									100.7	100.1	101.1	100.4
惠州	Huizhou									100.2	103.8	100.6	100.9
湛江	zhanjiang									100.0	100.2	100.6	100.5
韶关	Shaoguan									100.0	100.0	100.1	105.6
桂林	Guilin									100.2	100.6	100.9	101.4
北海	Beihai									100.0	108.8	100.0	100.1
三亚	Sanya									100.0	100.0	100.2	100.1
泸州	Luzhou									104.2	100.2	100.5	100.1
南充	Nanchong									100.0	100.2	100.0	100.0
遵义	Zunyi									100.2	99.8	101.8	103.1
大理	Dali									100.1	100.0	100.0	100.9

4-6-3 全国70个大中城市土地交易价格指数(2009年)

Transactions Price Indices of Land in 70 Major Cities(2009)

(上年价格=100) (Preceding year=100)

地区	Region	土地交易价格指数 Transactions Price Indices of Land	一、居住用地 Land for Residential Building Use	二、工业用地 Land for Industry Use	三、商业营业用地 Land for Business Tour and Entertainment	四、其他用地 Land for Other
全国	**Total**	**105.4**	**106.4**	**102.2**	**106.0**	**106.2**
北京	Beijing	104.0	104.5	99.4	103.8	107.9
天津	Tianjin	107.0	107.6	102.6	106.6	
石家庄	Shijiazhuang	100.0	100.0	100.0	100.3	
太原	Taiyuan	102.0	101.7	101.9	102.8	
呼和浩特	Hohhot	100.9	100.8	98.3	101.6	100.0
沈阳	Shenyang	101.5	101.5	100.8	101.4	
大连	Dalian	101.7	101.9	94.0	100.6	
长春	Changchun	100.0	100.0	100.0	100.0	
哈尔滨	Harbin	98.4	64.3	92.7	184.4	100.4
上海	Shanghai	102.2	102.9	101.7	102.3	
南京	Nanjing	102.6	103.3	101.0	100.5	
杭州	Hangzhou	129.7	153.8	102.6	114.7	117.8
宁波	Ningbo	104.4	101.1	107.6	104.2	108.8
合肥	Hefei	100.6	101.5	100.2	100.3	
福州	Fuzhou	110.4	112.4	95.7	95.4	105.0
厦门	Xiamen	108.8	115.1	98.4	105.3	100.0
南昌	Nanchang	107.2	110.6	98.1	98.9	100.0
济南	Jinan	101.9	101.9	101.7	103.0	101.4
青岛	Qingdao	102.4	103.0	101.9	104.0	101.4
郑州	Zhengzhou	102.0	102.4			100.0
武汉	Wuhan	100.0	100.3	98.9	100.9	100.9
长沙	Changsha	102.6	103.0	102.4	100.1	102.4
广州	Guangzhou	100.0	100.0	100.0	100.0	100.0
深圳	Shenzhen	100.0	100.0	100.0	100.0	100.0
南宁	Nanning	100.1	100.1	100.0	100.0	100.0
海口	Haikou	108.8	110.9	109.3	107.8	106.3
重庆	Chongqing	101.7	101.7	101.3	102.6	99.9
成都	Chengdu	98.1	98.3	97.5	97.7	100.0
贵阳	Guiyang	108.1	110.4	104.8	107.1	104.5
昆明	Kunming	101.4	103.6	100.3	98.0	97.4
西安	Xi'an	101.2	101.5	100.6	100.9	101.4
兰州	Lanzhou	100.0	100.0	100.0	100.0	100.0
西宁	Xining	104.0	104.6	101.0	100.7	
银川	Yinchuan	106.1	107.1	100.8	103.6	
乌鲁木齐	Urumqi	112.1	113.8	106.6	110.8	

(上年价格=100) (Preceding year=100)

地 区 Region	土地交易价格指数 Transactions Price Indices of Land	一、居住用地 Land for Residential Building Use	二、工业用地 Land for Industry Use	三、商业营业用地 Land for Business Tour and Entertainment	四、其他用地 Land for Other
唐 山 Tangshan	106.6	104.4	100.0	122.1	
秦皇岛 Qinhuangdao	105.1	103.3	108.6	100.8	
包 头 Baotou	100.1	99.5	101.1	102.7	
丹 东 Dandong	100.0	100.0	100.0	100.0	100.0
锦 州 Jinzhou	100.4	100.8	100.0	99.9	100.0
吉 林 Jilin	100.0	100.0	100.0	100.0	100.0
牡丹江 Mudanjiang	109.1	109.6	104.0		
无 锡 Wuxi	95.9	94.8	99.5	93.6	98.7
扬 州 Yangzhou	103.4	103.9	101.2	103.3	
徐 州 Xuzhou	102.7	105.0	99.9	100.6	100.2
温 州 Wenzhou	112.3	124.4	103.3	112.7	105.6
金 华 Jinhua	104.8	116.0	83.7	100.9	131.8
蚌 埠 Bengbu	100.3	100.3	100.4	101.3	
安 庆 Anqing	104.1	105.9	103.7	103.8	101.7
泉 州 Quanzhou	97.6	95.8	98.6	100.9	106.8
九 江 Jiujiang	102.5	102.9	101.3	103.2	100.1
赣 州 Ganzhou	103.1	103.0	100.7	104.2	100.4
烟 台 Yantai	102.6	102.9	102.7	101.7	101.9
济 宁 Jining	102.6	102.5	106.9	100.0	
洛 阳 Luoyang	101.3	102.1	99.9	100.2	101.2
平顶山 Pindingshan	103.1	104.7	102.2	104.8	
宜 昌 Yichang	101.4	101.6	101.8	99.6	
襄 樊 Xiangfan	122.1	115.5	130.0	99.5	106.0
岳 阳 Yueyang	105.6	107.1	99.5	107.1	102.5
常 德 Changde	102.7	103.9	105.1	98.7	100.4
惠 州 Huizhou	99.8	100.0	99.5	100.1	100.0
湛 江 zhanjiang	100.0	100.0	100.0	100.0	100.0
韶 关 Shaoguan	100.1	100.0	100.1	100.2	
桂 林 Guilin	101.3	103.2	99.0	103.2	
北 海 Beihai	101.1	101.2	100.0	101.4	
三 亚 Sanya	111.5	113.8	114.2	108.6	118.1
泸 州 Luzhou	106.3	109.9	100.0	105.0	101.3
南 充 Nanchong	100.5	103.4	97.8	94.3	
遵 义 Zunyi	101.1	101.1		100.7	100.0
大 理 Dali	101.7	102.3	102.3	100.0	100.0

4-6-4 全国70个大中城市房屋租赁价格指数(2009年)

Renting Price Indices of Houses in 70 Major Cities (2009)

(上年价格=100) (Preceding year=100)

地　区	Region	房屋租赁价格指数 Renting Price Indices of Houses	一、住宅 Residential Buildings	(一)经济适用房 Economically Affordable Housing	(二)廉租房 Low-rented Buildings	(三)商品住宅 Commercial Housing
全　国	**Total**	**99.4**	**99.2**	**100.1**	**91.0**	**99.7**
北　京	Beijing	98.9	98.8	101.6		98.6
天　津	Tianjin	102.4	102.2	100.0	100.0	102.8
石家庄	Shijiazhuang	107.5	105.7	115.7	100.0	105.2
太　原	Taiyuan	101.6	101.8	100.0		101.9
呼和浩特	Hohhot	102.4	107.7			107.7
沈　阳	Shenyang	100.0	99.9		100.0	99.9
大　连	Dalian	103.0	105.8		100.0	105.8
长　春	Changchun	100.0	100.0	100.0	100.0	100.0
哈尔滨	Harbin	103.7	107.8			107.8
上　海	Shanghai	100.6	100.3	100.0	100.0	100.3
南　京	Nanjing	100.8	100.8	100.0	100.0	100.9
杭　州	Hangzhou	101.8	101.9		87.5	102.5
宁　波	Ningbo	101.1	103.2		100.0	103.2
合　肥	Hefei	101.2	102.0			102.0
福　州	Fuzhou	101.0	100.6			100.6
厦　门	Xiamen	102.3	99.6	100.0	100.0	99.5
南　昌	Nanchang	100.6	100.1		100.0	100.1
济　南	Jinan	100.8	101.7	100.0	100.0	101.7
青　岛	Qingdao	103.5	101.2	100.0	100.0	101.4
郑　州	Zhengzhou	100.5	102.2		100.0	102.2
武　汉	Wuhan	100.0	100.0	100.0	100.0	100.0
长　沙	Changsha	100.5	101.5			101.5
广　州	Guangzhou	96.0	97.9	100.0	100.0	97.9
深　圳	Shenzhen	100.0	97.6	99.3	100.0	97.6
南　宁	Nanning	101.8	103.8	100.0		104.1
海　口	Haikou	102.3	100.9	100.0	103.2	100.7
重　庆	Chongqing	100.5	100.4	100.1	100.0	100.4
成　都	Chengdu	102.1	102.4	100.0	100.0	102.4
贵　阳	Guiyang	101.5	100.7	100.0	100.0	100.8
昆　明	Kunming	103.8	113.3			113.3
西　安	Xi'an	100.3	102.1	100.0	100.0	102.1
兰　州	Lanzhou	102.7	104.6			104.6
西　宁	Xining	101.9	100.7			100.7
银　川	Yinchuan	101.3	101.5	100.0	100.0	101.7
乌鲁木齐	Urumqi	105.0	105.1	100.0	100.0	105.4

(上年价格=100)　(Preceding year=100)

地　区　Region	房屋租赁价格指数 Renting Price Indices of Houses	一、住宅 Residential Buildings	(一)经济适用房 Economically Affordable Housing	(二)廉租房 Low-rented Buildings	(三)商品住宅 Commercial Housing
唐　山　Tangshan	99.8	99.5			99.5
秦皇岛　Qinhuangdao	105.0	105.9		100.0	105.9
包　头　Baotou	101.2	101.7	100.0	100.0	102.0
丹　东　Dandong	100.1	100.1		100.0	100.2
锦　州　Jinzhou	99.9	99.7			99.7
吉　林　Jilin	100.2	100.3	100.0	100.0	100.3
牡丹江　Mudanjiang	100.0	100.0		100.0	100.0
无　锡　Wuxi	100.7	101.2	101.5	100.0	101.2
扬　州　Yangzhou	100.6	100.8	100.8	102.7	100.7
徐　州　Xuzhou	101.3	101.7	101.7	100.0	101.7
温　州　Wenzhou	100.5	99.7			99.7
金　华　Jinhua	101.3	101.7		100.0	101.7
蚌　埠　Bengbu	100.2	100.0		100.0	100.0
安　庆　Anqing	101.2	100.6		100.0	100.6
泉　州　Quanzhou	102.3	101.4	100.1		101.6
九　江　Jiujiang	104.0	104.2		100.0	105.9
赣　州　Ganzhou	100.3	100.0	100.0	100.0	100.0
烟　台　Yantai	103.8	110.4		175.0	99.9
济　宁　Jining	104.2	105.0		100.0	105.9
洛　阳　Luoyang	100.6	100.1	100.0	100.0	100.1
平顶山　Pindingshan	100.7	102.1	100.1		103.4
宜　昌　Yichang	114.4	102.5	100.0		102.5
襄　樊　Xiangfan	100.0	100.0	100.0		100.0
岳　阳　Yueyang	100.3	100.1		100.0	100.1
常　德　Changde	100.1	100.0		100.0	100.0
惠　州　Huizhou	100.3	101.1			101.1
湛　江　Zhanjiang	100.2	100.6		100.0	100.6
韶　关　Shaoguan	100.1	100.1		100.0	100.1
桂　林　Guilin	101.2	100.0		100.0	100.0
北　海　Beihai	117.8	100.0			100.0
三　亚　Sanya	100.5	101.0	102.2	101.9	100.9
泸　州　Luzhou	101.1	102.4		100.0	103.4
南　充　Nanchong	107.8	111.6	100.0	100.0	112.2
遵　义　Zunyi	100.1	100.0			100.0
大　理　Dali	99.1	94.8		100.0	92.4

4-6-4 续表 2-1 Continued 2-1

(上年价格=100) (Preceding year=100)

地 区	Region	1. 普通住宅 General Residential Buildings	2. 高档住宅 Luxury Residential Buildings	二、非住宅 Non-Residential Buildings	(一)办公楼 Office Buildings	(二)商业营业用房 Houses for Business	(三)其他 Others
全 国	**Total**	**100.3**	**95.8**	**99.6**	**100.4**	**99.0**	**101.2**
北 京	Beijing	99.9	93.2	99.3	100.3	97.1	101.4
天 津	Tianjin	101.4	107.0	102.6	103.0	103.0	102.2
石 家 庄	Shijiazhuang	105.5	103.2	108.0	99.5	114.2	101.8
太 原	Taiyuan	102.0	101.9	100.8	100.0	101.0	
呼和浩特	Hohhot	107.9	102.2	100.0		100.1	100.0
沈 阳	Shenyang	99.9	100.0	100.0	99.9	100.0	100.0
大 连	Dalian	106.3	100.8	101.1	99.8	101.3	100.2
长 春	Changchun	100.0	100.0	100.0	100.0	100.0	100.0
哈 尔 滨	Harbin	108.0	105.4	100.8	101.2	101.1	99.2
上 海	Shanghai	100.3	100.2	100.8	101.0	100.7	100.0
南 京	Nanjing	101.3	99.9	100.8	101.1	100.4	100.0
杭 州	Hangzhou	102.5	102.8	101.8	103.8	100.7	100.0
宁 波	Ningbo	103.2	99.7	100.3	102.6	99.6	100.2
合 肥	Hefei	102.0		101.0	100.4	101.1	
福 州	Fuzhou	100.5	102.1	101.2	100.2	101.5	100.7
厦 门	Xiamen	100.2	98.2	103.8	102.9	105.5	102.1
南 昌	Nanchang	100.1	100.7	100.9	101.0	101.1	100.0
济 南	Jinan	101.7		100.2	100.5	100.0	100.0
青 岛	Qingdao	101.5	100.0	107.1	112.2	96.6	100.1
郑 州	Zhengzhou	102.2		100.4	100.1	100.5	100.7
武 汉	Wuhan	100.0	100.0	100.1	100.2	100.0	100.0
长 沙	Changsha	101.6	101.4	99.7	100.0	99.7	97.7
广 州	Guangzhou	97.7	100.2	95.5	98.0	99.4	89.1
深 圳	Shenzhen	95.6	102.2	100.4	99.7	100.4	101.7
南 宁	Nanning	104.4	103.8	98.4	101.2	96.3	101.5
海 口	Haikou	100.4	103.8	102.9	99.6	105.1	100.0
重 庆	Chongqing	100.3	100.8	100.6	98.7	101.1	104.5
成 都	Chengdu	102.3	103.6	101.7	105.6	100.1	100.6
贵 阳	Guiyang	100.8		102.1	103.5	101.3	100.0
昆 明	Kunming	114.4	100.9	100.0	100.0	100.0	100.0
西 安	Xi'an	102.2	101.8	98.9	99.7	98.5	100.0
兰 州	Lanzhou	104.6		102.1	101.2	102.7	101.7
西 宁	Xining	100.7		102.5	101.9	102.9	
银 川	Yinchuan	101.7		101.0	102.0	100.8	100.0
乌鲁木齐	Urumqi	105.5	100.0	104.9	100.4	99.9	125.6

4-6-4 续表 2-2 Continued 2-2

(上年价格=100) (Preceding year=100)

地 区 Region	1.普通住宅 General Residential Buildings	2.高档住宅 Luxury Residential Buildings	二、非住宅 Non-Residential Buildings	(一)办公楼 Office Buildings	(二)商业营业用房 Houses for Business	(三)其他 Others
唐 山 Tangshan	99.5	100.1	100.0	100.0	100.1	100.0
秦皇岛 Qinhuangdao	105.5	118.6	104.4	108.4	104.4	100.0
包 头 Baotou	102.0		101.0	107.1	100.0	100.0
丹 东 Dandong	100.2	100.0	100.0	100.0	100.0	100.0
锦 州 Jinzhou	99.7	99.5	100.0	100.0	100.0	
吉 林 Jilin	100.3		100.0		100.0	100.0
牡丹江 Mudanjiang	100.0		100.0	100.0	100.0	100.0
无 锡 Wuxi	101.8	99.6	99.8	99.7	100.0	
扬 州 Yangzhou	100.8	100.6	100.4	100.3	100.4	
徐 州 Xuzhou	100.3	127.4	100.8	100.3	100.8	104.1
温 州 Wenzhou	99.7	102.0	102.2	105.9	100.0	96.5
金 华 Jinhua	101.7		100.8	101.7	100.0	100.0
蚌 埠 Bengbu	100.0		100.5	101.9	99.7	109.6
安 庆 Anqing	100.6		101.5	100.3	101.7	101.2
泉 州 Quanzhou	101.3	105.3	102.6	104.7	102.5	99.5
九 江 Jiujiang	106.2	104.7	103.8	104.1	103.3	105.0
赣 州 Ganzhou	100.0		100.6	101.3	100.4	100.0
烟 台 Yantai	99.9		100.0	100.0	100.1	100.0
济 宁 Jining	106.6	103.2	103.5		103.5	
洛 阳 Luoyang	100.1		100.7	113.7	100.4	100.0
平顶山 Pingdingshan	103.4		100.5	100.0	99.3	102.9
宜 昌 Yichang	102.5		117.6	100.0	119.1	126.1
襄 樊 Xiangfan	100.0	100.0				
岳 阳 Yueyang	100.1	100.1	100.5	100.4	100.6	100.0
常 德 Changde	100.0		100.1		100.1	
惠 州 Huizhou	101.2	99.4	100.0		100.0	
湛 江 Zhanjiang	100.6	100.0	100.0	100.0	100.0	100.0
韶 关 Shaoguan	100.1	100.3	100.0	100.0	100.0	
桂 林 Guilin	100.0	100.0	102.0	100.1	102.9	100.0
北 海 Beihai	100.0	100.0	122.0		122.0	
三 亚 Sanya	100.3	103.3	100.1	100.5	100.0	100.0
泸 州 Luzhou	103.6	100.0	100.2	100.9	99.8	100.0
南 充 Nanchong	113.8	100.6	101.9		102.7	100.0
遵 义 Zunyi	100.0		100.3	100.0	100.1	103.2
大 理 Dali	92.4		100.0	100.0	100.0	

4-6-5 全国70个大中城市物业管理价格指数(2009年)

Price Indices of Real Estate Management in 70 Major Cities (2009)

(上年价格=100) (Preceding year =100)

地区	Region	物业管理价格指数 Price Indices of Real Estate Management	一、住宅 Residential Buildings	(一)经济适用房 Economically Affordable Housing	(二)商品住宅 Commercial Housing	1. 普通住宅 General Residential Buildings
全　国	**Total**	**100.4**	**100.4**	**100.4**	**100.4**	**100.4**
北　京	Beijing	100.0	99.9	100.0	99.9	99.9
天　津	Tianjin	100.0	100.0	100.0	100.0	100.0
石家庄	Shijiazhuang	100.0	100.0	100.0	100.0	100.0
太　原	Taiyuan	100.4	100.5	100.0	100.5	100.5
呼和浩特	Hohhot	100.0	100.0		100.0	100.0
沈　阳	Shenyang	100.0	100.0	100.0	100.0	100.0
大　连	Dalian	100.5	100.3	100.0	100.3	100.4
长　春	Changchun	103.9	104.6	100.0	104.7	106.0
哈尔滨	Harbin	103.5	100.0	100.0	100.0	100.0
上　海	Shanghai	100.0	100.0		100.0	100.0
南　京	Nanjing	99.6	99.3	100.0	99.2	100.2
杭　州	Hangzhou	100.9	101.4	100.0	101.6	102.0
宁　波	Ningbo	100.1	100.0	100.0	100.0	100.0
合　肥	Hefei	100.1	100.1		100.1	100.1
福　州	Fuzhou	100.2	100.0	100.0	100.0	100.0
厦　门	Xiamen	100.5	100.6	100.0	100.6	100.3
南　昌	Nanchang	100.6	100.2	100.6	100.0	100.0
济　南	Jinan	100.0	100.0	100.0	100.0	100.0
青　岛	Qingdao	100.4	100.1	100.0	100.1	100.2
郑　州	Zhengzhou	100.0	100.0	100.0	100.0	100.1
武　汉	Wuhan	100.1	100.2	102.8	100.0	100.0
长　沙	Changsha	100.0	100.0	100.0	100.0	100.0
广　州	Guangzhou	100.7	100.6		100.6	100.8
深　圳	Shenzhen	100.4	100.3	100.9	100.2	100.2
南　宁	Nanning	100.2	100.0	100.0	100.0	100.0
海　口	Haikou	100.0	100.0	100.0	100.0	100.0
重　庆	Chongqing	103.2	101.3	102.1	101.2	100.6
成　都	Chengdu	100.1	100.1	100.0	100.1	100.1
贵　阳	Guiyang	100.1	100.1	100.0	100.1	100.1
昆　明	Kunming	100.0	100.0	100.0	100.0	100.0
西　安	Xi'an	100.2	100.0	99.6	100.1	100.0
兰　州	Lanzhou	101.4	102.7	100.0	103.6	103.6
西　宁	Xining	100.7	101.0	100.0	101.2	101.4
银　川	Yinchuan	101.7	101.8	121.7	100.5	100.5
乌鲁木齐	Urumqi	101.0	100.9	100.7	100.9	101.0

4-6-5 续表 1 Continued 1

(上年价格=100) (Preceding year =100)

地 区	Region	物业管理价格指数 Price Indices of Real Estate Management	一、住宅 Residential Buildings	(一)经济适用房 Economically Affordable Housing	(二)商品住宅 Commercial Housing	1.普通住宅 General Residential Buildings
唐 山	Tangshan	100.2	100.0	100.0	100.0	100.0
秦皇岛	Qinhuangdao	100.7	100.8	100.0	100.8	100.9
包 头	Baotou	100.1	100.1	100.0	100.1	100.1
丹 东	Dandong	100.1	100.1	100.0	100.1	100.1
锦 州	Jinzhou	112.1	115.3		115.3	117.8
吉 林	Jilin	100.0	100.0	100.0	100.0	100.0
牡丹江	Mudanjiang	100.0	100.0		100.0	100.0
无 锡	Wuxi	100.1	100.1	100.0	100.1	100.1
扬 州	Yangzhou	100.0	100.0	100.0	100.0	100.0
徐 州	Xuzhou	100.0	100.0	100.0	100.0	100.0
温 州	Wenzhou	100.3	100.1	100.0	100.2	100.2
金 华	Jinhua	100.0	100.0		100.0	100.0
蚌 埠	Bengbu	100.0	100.0	100.0	100.0	100.0
安 庆	Anqing	100.3	100.4	100.0	100.4	100.0
泉 州	Quanzhou	100.9	100.9	100.0	101.1	101.2
九 江	Jiujiang	100.5	100.7	100.0	101.0	101.5
赣 州	Ganzhou	100.6	101.0	98.6	101.2	101.4
烟 台	Yantai	100.0	100.0	100.0	100.0	100.0
济 宁	Jining	100.6	100.8		100.8	100.0
洛 阳	Luoyang	100.1	100.1	100.4	100.0	100.0
平顶山	Pindingshan	101.1	101.0	100.0	101.5	99.7
宜 昌	Yichang	101.3	101.6	104.2	101.4	101.7
襄 樊	Xiangfan	100.0	100.0	100.0	100.0	100.0
岳 阳	Yueyang	100.0	99.9		99.9	100.3
常 德	Changde	100.4	100.5	100.0	100.6	100.8
惠 州	Huizhou	100.9	101.2		101.2	101.2
湛 江	zhanjiang	100.5	101.0	100.0	101.0	101.0
韶 关	Shaoguan	105.6	106.8		106.8	106.4
桂 林	Guilin	101.4	104.9		104.9	108.1
北 海	Beihai	100.1	100.1	100.0	100.1	100.2
三 亚	Sanya	100.1	100.0	100.0	100.0	100.0
泸 州	Luzhou	100.1	100.1		100.1	100.2
南 充	Nanchong	100.0	100.0	100.0	100.0	100.0
遵 义	Zunyi	103.1	103.9		103.9	103.8
大 理	Dali	100.9	101.0	100.0	101.0	101.4

(上年价格=100) (Preceding year =100)

地区 Region	2.高档住宅 Luxury Residential Buildings	二、非住宅 Non-Residential Buildings	(一)办公楼 Office Buildings	(二)商业娱乐用房 Houses for Business and Entertainment	(三)其他 Others
全国 Total	**100.2**	**100.4**	**100.1**	**100.7**	**100.4**
北京 Beijing	100.2	100.2	100.3	100.2	100.1
天津 Tianjin	100.0	100.0	100.0	100.0	100.0
石家庄 Shijiazhuang	100.0	100.0	100.0	100.0	
太原 Taiyuan	100.0	100.0	100.0	100.2	100.0
呼和浩特 Hohhot	100.0	100.0	100.0	100.0	
沈阳 Shenyang	100.0	100.0	100.0	100.0	100.0
大连 Dalian	100.0	101.7	100.6	102.3	100.0
长春 Changchun	100.0	100.0	100.0	100.0	
哈尔滨 Harbin	100.0	117.1	140.9	100.0	100.0
上海 Shanghai	100.0	100.0	100.0	100.0	
南京 Nanjing	96.3	100.0	100.0	100.0	100.0
杭州 Hangzhou	100.0	100.0	100.0	100.0	
宁波 Ningbo	100.0	100.2	100.1	100.4	100.0
合肥 Hefei	100.0	100.0	100.0	100.0	100.0
福州 Fuzhou	100.0	101.6	102.5	100.0	100.0
厦门 Xiamen	101.1	100.4	99.8	101.2	100.0
南昌 Nanchang	100.0	101.7	100.0	103.0	100.0
济南 Jinan	100.0	100.1	100.0	100.3	100.0
青岛 Qingdao	100.0	101.0	101.6	100.3	100.0
郑州 Zhengzhou	100.0	100.0	100.0	100.0	100.0
武汉 Wuhan	100.0	100.0	100.0	100.0	100.0
长沙 Changsha	100.0	100.0	100.0	100.0	100.0
广州 Guangzhou	100.0	101.0	100.0	100.3	103.1
深圳 Shenzhen	100.5	100.6	100.0	99.8	102.5
南宁 Nanning	100.0	100.6	100.4	100.7	100.0
海口 Haikou	100.0	100.0	100.0	100.0	100.0
重庆 Chongqing	101.8	104.0	99.6	108.8	100.0
成都 Chengdu	100.0	100.1	100.1	100.0	100.0
贵阳 Guiyang	100.0	100.0	100.0	100.0	100.0
昆明 Kunming	100.1	100.0	100.0	100.0	
西安 Xi'an	100.1	100.4	100.1	100.7	100.0
兰州 Lanzhou		100.0	100.0	100.1	100.9
西宁 Xining	100.0	100.0	100.0	100.0	
银川 Yinchuan	100.0	101.0	101.3	100.8	
乌鲁木齐 Urumqi	100.0	101.0	100.9	102.0	100.0

4-6-5 续表 2-2 Continued 2-2

(上年价格=100) (Preceding year =100)

地 区	Region	2.高档住宅 Luxury Residential Buildings	二、非住宅 Non-Residential Buildings	(一)办公楼 Office Buildings	(二)商业娱乐用房 Houses for Business and Entertainment	(三)其他 Others
唐 山	Tangshan	100.0	102.6	110.0	100.0	100.0
秦皇岛	Qinhuangdao	100.0	100.0	100.0	100.0	
包 头	Baotou	100.0	100.0	100.0	100.0	100.0
丹 东	Dandong	100.0	100.0	100.0	100.0	100.0
锦 州	Jinzhou	104.8	100.0	100.0	100.0	
吉 林	Jilin	100.0	100.0	100.0	100.0	
牡丹江	Mudanjiang	100.0	100.0	100.0	100.0	100.0
无 锡	Wuxi	100.0	99.9	100.0	99.7	100.0
扬 州	Yangzhou	100.0	100.0	100.0	100.0	
徐 州	Xuzhou	100.0	100.0	100.0	100.0	100.0
温 州	Wenzhou	100.0	100.8	102.1	100.0	99.7
金 华	Jinhua	100.0	100.0		100.0	
蚌 埠	Bengbu	100.0	100.0	100.0	100.0	
安 庆	Anqing	103.1	100.0	100.0	100.0	100.0
泉 州	Quanzhou	100.0	100.6	101.4	100.5	100.0
九 江	Jiujiang	100.0	100.0	100.1	100.0	100.0
赣 州	Ganzhou	100.0	99.9	100.0	99.8	
烟 台	Yantai	100.0	100.0	100.0	100.0	100.0
济 宁	Jining	101.5	100.0		100.0	
洛 阳	Luoyang	100.0	100.0	100.0	100.0	100.0
平顶山	Pindingshan	107.8	100.8	101.4	100.0	100.0
宜 昌	Yichang	100.0	100.2	100.0	100.9	100.0
襄 樊	Xiangfan					
岳 阳	Yueyang	97.9	100.4	100.0	100.8	
常 德	Changde	100.0	100.0	100.0	100.0	
惠 州	Huizhou		100.0	100.0		
湛 江	zhanjiang		100.0		100.0	
韶 关	Shaoguan	110.9	100.0	100.0	100.0	100.0
桂 林	Guilin	100.8	100.0	100.0	100.0	100.0
北 海	Beihai	100.0				
三 亚	Sanya	100.1	100.1	100.2	100.0	100.0
泸 州	Luzhou	100.0	100.0	100.0	100.0	100.0
南 充	Nanchong		100.0		100.0	
遵 义	Zunyi	105.0	100.0	100.0	100.0	
大 理	Dali	100.0	100.6	100.0	100.0	114.3

4-7-1 全国居民消费价格分类指数(2001 ~ 2009年)

(上年价格=100)

项 目	Item	2001	2002
总指数	**Consumer Price Index**	**100.7**	**99.2**
一、食品	**Food**	**100.0**	**99.4**
1.粮食	Grain	99.3	98.3
2.淀粉	Starches	99.5	100.4
3.干豆类及豆制品	Bean and Its Products	99.0	98.0
4.油脂	Oil or Fat	91.7	98.7
5.肉禽及其制品	Meal, Poultry and Their Products	101.6	99.5
6.蛋	Eggs	106.0	102.6
7.水产品	Aquatic Products	97.1	96.7
8.菜	Vegetables	100.9	98.2
#鲜菜	Fresh Vegetables	101.4	98.1
9.调味品	Flavoring	102.2	101.2
10.糖	Carbohydrate	104.6	97.3
11.茶及饮料	Tea and Beverages	99.1	99.0
茶	Tea	101.0	100.9
饮料	Beverages	98.3	98.2
12.干鲜瓜果	Dried and Fresh Melons and Fruits	99.9	103.1
#鲜果	Fresh Fruits	100.3	103.6
13.糕点饼干面包	Cake, Biscuit and Bread	98.9	98.8
14.液体乳及乳制品	Milk and Its Products	99.1	99.0
15.在外用膳食品	Outward Dinner	100.2	99.9
16.其它食品	Other Foods	98.9	99.0
二、 烟酒及用品	**Tobacco, Liquor and Articles**	**99.7**	**99.9**
1.烟草	Tobacco	99.6	99.9
2.酒	Liquor	99.9	100.1
3.吸烟、饮酒用品	Articles for Smoking and Drinking	99.7	99.6
三、衣着	**Clothing**	**98.1**	**97.6**
1.服装	Garments	97.6	97.4
2.衣着材料	Clothing Material	98.8	98.9
3.鞋袜帽	Footgear and Hats	99.0	98.0
4.衣着加工服务	Clothing Manufacturing Services	100.3	99.9
四、家庭设备用品及维修服务	**Household Facilities, Articles and Maintenance Services**	**97.7**	**97.5**
1.耐用消费品	Durable Consumer Goods	96.1	95.9
家具	Furniture	98.0	97.7
家庭设备	Household Facilities	95.1	95.0
2.室内装饰品	Interior Decorations	98.3	98.8
3.床上用品	Bed Articles	99.3	98.7

Consumer Price Indices by Category (2001 ~ 2009)

(Preceding year=100)

2003	2004	2005	2006	2007	2008	2009
101.2	**103.9**	**101.8**	**101.5**	**104.8**	**105.9**	**99.3**
103.4	**109.9**	**102.9**	**102.3**	**112.3**	**114.3**	**100.7**
102.3	126.4	101.4	102.7	106.3	107.0	105.6
100.6	106.8	105.5	101.8	106.2	111.2	103.4
106.5	120.5	102.4	100.8	108.0	134.4	98.3
112.6	118.2	94.3	98.6	126.7	125.4	81.7
103.3	117.6	102.5	97.1	131.7	121.7	91.3
98.6	120.2	104.6	96.0	121.8	104.3	101.6
100.3	112.7	105.9	101.2	105.1	114.2	102.5
117.7	95.1	109.1	108.2	107.9	111.0	113.6
120.5	93.9	110.4	108.2	107.3	110.7	115.4
100.1	101.5	101.4	102.3	104.1	105.5	103.4
97.5	102.2	104.0	111.2	101.6	104.0	102.5
99.2	100.0	100.1	101.0	101.5	103.7	101.8
99.7	101.1	100.8	101.2	103.3	102.2	101.4
98.9	99.5	99.8	100.9	100.7	104.4	102.0
103.0	104.0	102.2	117.9	102.2	110.8	107.1
101.8	102.2	101.6	121.5	100.1	109.0	109.1
99.3	101.6	100.9	101.3	103.6	109.2	102.9
99.2	100.5	100.9	100.9	102.7	117.0	101.5
100.1	104.1	102.4	101.6	107.3	111.8	102.7
99.1	101.2	101.3	101.2	104.2	108.4	101.7
99.8	**101.2**	**100.4**	**100.6**	**101.7**	**102.9**	**101.5**
99.8	100.9	100.4	100.2	100.8	100.4	100.4
100.1	102.2	100.6	101.2	103.5	107.5	103.4
99.3	99.3	99.6	100.7	100.1	100.9	101.2
97.8	**98.5**	**98.3**	**99.4**	**99.4**	**98.5**	**98.0**
97.6	98.3	98.1	99.0	99.4	98.3	97.8
99.2	100.2	100.0	100.5	101.6	102.4	100.9
97.7	98.3	98.3	100.2	99.0	98.2	97.8
100.1	100.7	101.1	101.5	102.3	104.1	103.5
97.4	**98.6**	**99.9**	**101.2**	**101.9**	**102.8**	**100.2**
95.8	97.1	98.8	100.8	101.6	101.2	98.1
97.9	98.9	99.2	100.2	101.9	102.3	99.7
94.6	96.1	98.5	101.2	101.4	100.7	97.3
98.8	99.2	99.5	100.0	100.3	100.2	99.7
98.4	99.3	99.4	99.6	99.4	99.7	98.8

(上年价格=100)

项 目	Item	2001
4.家庭日用杂品	Daily Use Household Articles	98.6
5.家庭服务及加工维修服务	Household Service and Manufacturing Upkeep	101.5
五、医疗保健和个人用品	**Health Care and Personal Articles**	**100.0**
1.医疗保健	Health Care	100.3
医疗器具及用品	Medical Instrument and Articles	98.3
中药材及中成药	Traditional Chinese Medicine	101.4
西药	Western Medicine	94.8
保健器具及用品	Health Care Appliances and Articles	97.3
医疗保健服务	Health Care Services	110.5
2.个人用品及服务	Personal Articles and Services	99.5
化妆美容用品	Cosmetics	99.8
清洁化妆用品	Cleem make-up Surrlies	97.9
个人饰品	Personal Decorations	97.8
个人服务	Personal Services	101.7
六、交通和通信	**Transportation and Communication**	**99.0**
1.交通	Transportation	101.0
交通工具	Transportation Facility	96.4
车用燃料及零配件	Fuels and Parts	99.0
车辆使用及维修费	Using and Upkeep Fare	100.4
市内公共交通费	Incity Traffic Fare	105.8
城市间交通费	Intercity Traffic Fare	104.0
2.通信	Communication	96.8
通信工具	Communication Facility	80.5
通信服务	Communication Service	101.1
七、娱乐、教育、文化用品及服务	**Recreation, Education and Culture Articles**	**106.6**
1.文娱用耐用消费品及服务	Durable Consumer Goods for Cultural and Recreational Use and Services	91.2
2.教育	Education	113.6
教材及参考书	Teaching Materials and Reference Books	106.1
学杂托幼费	Tuition and Child Care	114.1
3.文化娱乐	Cultural and Recreational	101.7
文化娱乐用品	Cultural and Recreational Articles	99.4
书报杂志	Newspapers and Magazines	101.9
文娱费	Expenditure of Culture and Recreation	104.4
4.旅游	Touring	100.3
八、居住	**Residence**	**101.2**
1.建房及装修材料	Building and Building Decoration Materials	98.8
2.租房	Rent	108.6
3.自有住房	Private Housing	100.0
4.水电燃料	Water, Electricity and Fuels	102.5

4-7-1 Continued

(Preceding year=100)

2002	2003	2004	2005	2006	2007	2008	2009
98.0	98.3	99.8	100.4	101.1	101.7	104.9	102.5
101.2	101.1	101.9	104.4	105.8	107.2	109.0	105.2
98.8	**100.9**	**99.7**	**99.9**	**101.1**	**102.1**	**102.9**	**101.2**
98.5	101.2	99.1	99.5	100.2	102.1	102.2	101.4
97.2	101.0	102.3	97.4	97.2	98.2	99.7	101.6
96.6	105.0	98.9	96.5	99.9	107.9	106.8	102.6
94.5	94.5	94.9	97.7	98.4	99.1	101.1	101.0
97.1	98.2	98.6	100.0	100.3	101.1	102.1	101.1
108.2	108.9	105.2	105.2	103.0	102.2	100.5	101.0
99.5	100.2	101.2	100.8	103.2	102.1	104.4	100.8
99.7	99.5	98.8	99.4	99.7	100.1	100.6	100.8
97.3	97.1	98.4	99.4	99.9	100.3	101.7	102.1
99.3	102.9	104.5	101.6	110.8	104.5	109.7	96.3
101.2	100.8	101.8	101.9	102.5	103.1	105.0	103.8
98.1	**97.8**	**98.5**	**99.0**	**99.9**	**99.1**	**99.1**	**97.6**
99.1	99.5	100.4	101.5	103.2	100.8	102.2	98.6
95.0	95.9	96.5	97.3	97.8	97.7	98.4	98.0
98.5	108.3	107.7	100.3	112.8	103.5	113.5	92.8
100.0	98.9	101.0	102.0	102.4	102.4	100.8	101.1
101.9	100.6	101.0	102.2	104.8	101.3	100.5	100.6
101.8	101.4	102.5	103.3	105.6	103.0	104.3	100.5
97.2	96.1	96.8	96.6	96.4	97.1	95.6	96.3
83.5	82.1	84.3	84.1	82.2	81.8	80.7	81.7
100.3	99.4	99.8	99.6	100.0	100.6	98.8	99.5
100.6	**101.3**	**101.3**	**102.2**	**99.5**	**99.0**	**99.3**	**99.3**
90.5	92.7	93.3	93.8	94.2	93.1	92.3	90.6
103.7	104.3	103.4	105.1	100.0	99.6	100.5	101.6
99.0	101.7	102.8	100.9	100.3	99.1	100.6	102.9
104.0	104.5	103.4	105.4	100.0	99.6	100.5	101.4
101.2	101.3	101.1	101.2	101.0	101.0	101.3	102.5
98.9	98.7	99.4	99.8	99.6	99.5	99.9	99.8
101.0	100.4	100.6	100.8	100.7	100.7	102.1	107.6
104.2	104.6	103.2	102.9	102.6	102.7	102.1	102.1
95.9	95.4	100.6	99.6	103.1	102.3	101.1	97.5
99.9	**102.1**	**104.9**	**105.4**	**104.6**	**104.5**	**105.5**	**96.4**
98.4	99.5	104.3	102.6	103.9	105.1	107.1	100.2
104.4	103.5	103.0	101.9	102.7	104.2	103.5	101.6
95.4	99.1	100.9	105.6	103.7	107.0	102.8	85.3
102.9	105.7	107.5	108.6	105.9	103.0	106.4	97.9

4-7-2 全国居民消费价格分类指数(2009年)

Consumer Price Indices by Category (2009)

(上年价格=100) (Preceding year=100)

项 目	Item	全 国 National Indices	城 市 Urban Indices	农 村 Rural Indices	36个大中城市 36 Major Cities Indices
居民消费价格总指数	**Consumer Price Index**	**99.3**	**99.1**	**99.7**	**99.2**
一、食品	**Food**	**100.7**	**101.0**	**100.1**	**101.3**
1.粮食	Grain	105.6	105.7	105.5	105.6
2.淀粉	Starches	103.4	103.7	102.9	103.9
3.干豆类及豆制品	Bean and Its Products	98.3	98.6	97.8	99.6
4.油脂	Oil or Fat	81.7	82.1	81.2	81.4
5.肉禽及其制品	Meal, Poultry and Their Products	91.3	91.5	90.8	92.6
(1)食用畜肉及副产品	Meal and Their Products	86.4	86.6	86.0	88.3
(2)禽	Poultry	99.3	99.3	99.4	98.5
(3)加工肉禽	Meal and Poultry Products	100.4	100.6	99.7	100.7
6.蛋	Eggs	101.6	101.3	102.0	101.1
7.水产品	Aquatic Products	102.5	102.7	101.7	102.8
(1)鱼	Fish	100.6	100.6	100.5	101.3
(2)其它水产品	Others	105.5	105.6	104.8	104.5
8.菜	Vegetables	113.6	113.4	114.0	112.7
9.调味品	Flavoring	103.4	103.7	103.0	104.5
10.糖	Carbohydrate	102.5	102.6	102.1	102.9
11.茶及饮料	Tea and Beverages	101.8	102.0	101.4	102.5
(1)茶 叶	Tea	101.4	101.6	101.0	102.4
(2)饮 料	Beverages	102.0	102.1	101.6	102.5
12.干鲜瓜果	Dried and Fresh Melons and Fruits	107.1	107.0	107.5	105.9
13.糕点饼干面包	Cake, Biscuit and Bread	102.9	102.7	103.3	102.8
14.液体乳及乳制品	Milk and Its Products	101.5	101.4	102.3	101.4
15.在外用膳食品	Outward Dinner	102.7	102.4	103.5	102.4
16.其它食品	Other Foods	101.7	101.6	101.8	101.0
二、烟酒及用品	**Tobacco, Liquor and Articles**	**101.5**	**101.7**	**101.3**	**101.9**
1.烟草	Tobacco	100.4	100.4	100.3	100.5
2.酒	Liquor	103.4	103.8	102.9	104.0
3.吸烟饮酒用品	Articles for Smoking and Drinking	101.2	101.3	100.6	102.0
三、衣着	**Clothing**	**98.0**	**97.8**	**98.4**	**98.2**
1.服装	Garments	97.8	97.7	98.1	98.6
(1)男式服装	Men's Clothing	97.9	97.9	97.9	98.7
(2)女式服装	Women's Clothing	97.7	97.7	97.6	98.8
(3)儿童服装	Children's Clothing	98.4	97.4	99.6	96.0
2.衣着材料	Clothing Material	100.9	101.1	100.7	101.3
3.鞋袜帽	Footgear and Hats	97.8	97.5	98.6	96.6
(1)鞋	Shoes	97.5	97.2	98.3	96.2
(2)袜子	Socks	99.8	99.7	99.8	99.4
(3)帽子	Hats	99.7	99.5	100.1	100.0
4.衣着加工服务	Clothing Manufacturing Services	103.5	104.1	102.5	105.4

4-7-2 续表 Continued

(上年价格=100) (Preceding year=100)

项 目	Item	全 国 National Indices	城 市 Urban Indices	农 村 Rural Indices	36个大中城市 36 Major Cities Indices
四、家庭设备用品及维修服务	**Household Facilities, Articles and Maintenance Services**	**100.2**	**100.3**	**100.0**	**100.5**
1.耐用消费品	Durable Consumer Goods	98.1	98.2	98.1	98.1
(1)家具	Furniture	99.7	99.9	99.1	100.0
(2)家庭设备	Household Facilities	97.3	97.2	97.5	97.0
2.室内装饰品	Interior Decorations	99.7	99.7	99.9	99.4
3.床上用品	Bed Articles	98.8	98.6	99.1	98.3
4.家庭日用杂品	Daily Use Household Articles	102.5	102.7	102.1	103.6
5.家庭服务及加工维修服务	Household Service and Manufacturing Upkeep	105.2	105.5	104.4	105.5
五、医疗保健和个人用品	**Health Care and Personal Articles**	**101.2**	**101.1**	**101.5**	**101.0**
1.医疗保健	Health Care	101.4	101.3	101.5	101.4
(1)医疗器具及用品	Medical Instrument and Articles	101.6	101.9	101.2	103.7
(2)中药材及中成药	Traditional Chinese Medicine	102.6	103.0	101.6	103.4
(3)西药	Western Medicine	101.0	100.8	101.6	100.7
(4)保健器具及用品	Health Care Appliances and Articles	101.1	101.0	101.3	100.9
(5)医疗保健服务	Health Care Services	101.0	100.9	101.2	101.1
2.个人用品及服务	Personal Articles and Services	100.8	100.5	101.5	100.1
(1)化妆美容用品	Cosmetics	100.8	100.8	100.8	100.9
(2)清洁化妆用品	Sanitation Articles	102.1	102.2	101.9	102.4
(3)个人饰品	Personal Decorations	96.3	95.8	97.5	95.0
(4)个人服务	Personal Services	103.8	103.4	104.8	103.4
六、交通和通信	**Transportation and Communication**	**97.6**	**97.3**	**98.2**	**97.0**
1.交通	Transportation	98.6	98.3	99.3	98.2
(1)交通工具	Transportation Facility	98.0	97.2	99.6	96.7
(2)车用燃料及零配件	Fuels and Parts	92.8	92.9	92.7	93.4
(3)车辆使用及维修	Using and Upkeep Fare	101.1	101.3	100.8	101.3
(4)市区公共交通费	Incity Traffic Fare	100.6	100.4	101.7	100.4
(5)城市间交通费	Intercity Traffic Fare	100.5	100.2	101.1	99.1
2.通信	Communication	96.3	96.2	96.5	95.6
(1)通信工具	Communication Facility	81.7	79.1	87.2	74.3
(2)通信服务	Communication Service	99.5	99.5	99.4	99.7
七、娱乐教育文化用品及服务	**Recreation, Education and Culture Articles**	**99.3**	**98.8**	**100.6**	**98.0**
1.文娱用耐用消费品及服务	Durable Consumer Goods for Cultural and Recreational Use and Services	90.6	89.3	93.7	86.2
2.教育	Education	101.6	101.1	102.4	101.3
(1)教材及参考书	Teaching Materials and Reference Books	102.9	103.2	102.5	103.3
(2)学杂托幼费	Tuition and Child Care	101.4	100.9	102.4	101.0
3.文化娱乐	Cultural and Recreational Articles	102.5	102.7	102.1	102.9
(1)文化娱乐用品	Cultural Articles	99.8	99.6	100.6	99.1
(2)书报杂志	Newspapers and Magazines	107.6	108.7	104.6	112.2
(3)文娱费	Expenditure of Culture and Recreation	102.1	102.2	101.9	101.5
4.旅游	Touring and Outgoing	97.5	97.3	98.9	94.5
八、居住	**Residence**	**96.4**	**95.4**	**98.5**	**95.6**
1.建房及装修材料	Building and Building Decoration Materials	100.2	100.8	99.6	101.3
2.租房	Rent	101.6	101.6	101.4	101.8
3.自有住房	Private Housing	85.3	83.5	93.0	82.5
4.水、电、燃料	Water, Electricity and Fuels	97.9	97.7	98.5	99.6

4-7-3 各地区居民消费价格总指数(1981 ~ 2009年)

(上年价格=100)

地 区	Region	1981	1982	1983	1984	1985	1986	1987	1988	1989	1990	1991
全国平均	**National**	**102.5**	**102.0**	**102.0**	**102.7**	**109.3**	**106.5**	**107.3**	**118.8**	**118.0**	**103.1**	**103.4**
北 京	Beijing	101.3	101.8	100.5	102.2	117.6	106.8	108.6	120.4	117.2	105.4	111.9
天 津	Tianjin	101.3	100.5	100.5	101.8	113.1	106.8	106.8	116.9	114.7	103.0	110.2
河 北	Hebei	103.2	100.9	102.0	103.1	108.1	105.7	107.8	118.0	118.7	100.6	103.4
山 西	Shanxi		102.3	101.5	103.0	108.5	105.6	107.4	120.9	119.5	102.2	104.8
内蒙古	Inner Mongolia	101.9	101.7	101.2	104.9	109.3	105.2	107.8	116.3	115.3	102.3	104.6
辽 宁	Liaoning	102.0	101.4	101.7	103.6		-	108.8	119.3	118.2	103.3	105.6
吉 林	Jilin	101.6	104.2	104.5	103.6		-	107.6	120.3	117.2	104.9	106.8
黑龙江	Heilongjiang	102.1	103.0	102.5	104.4	111.8	106.2	109.4	118.0	114.6	105.7	107.4
上 海	Shanghai	101.4	100.3	100.2	102.2	115.2	106.3	108.1	120.1	115.9	106.3	110.5
江 苏	Jiangsu	101.0	100.9	100.5	104.1	109.5	107.1	109.2	121.9	117.1	103.2	104.9
浙 江	Zhejiang	101.7	101.9	102.8	103.7	114.8	106.2	108.8	121.5	118.2	102.1	103.5
安 徽	Anhui	103.2	100.1	102.2	102.1	107.1	106.2	109.1	120.9	117.2	102.7	106.1
福 建	Fujian	103.8	103.1	102.0	102.8	111.3	106.5	109.4	126.5	118.9	99.3	103.5
江 西	Jiangxi	103.8	103.1	101.9	102.6	109.0	106.6	106.6	121.8	118.5	102.1	102.8
山 东	Shandong	101.8	100.9	102.4	101.6	108.7	104.8	108.3	118.7	117.3	103.4	104.9
河 南	Henan	102.4	101.8	102.9	102.2		105.3	106.3	119.4	118.7	100.7	102.3
湖 北	Hubei	102.1	100.9	101.7	102.9	108.4	105.5	107.5	119.0	116.3	104.2	104.9
湖 南	Hunan	101.8	101.6	102.7	103.4	110.9	105.3	109.8	125.6	118.2	100.4	104.4
广 东	Guangdong	106.3	102.6	102.8	101.9	114.8	104.9	111.1	129.4	122.1	97.5	101.2
广 西	Guangxi	102.7	104.1	103.0	104.6	113.0	106.2	108.2	120.8	121.1	101.1	102.8
海 南	Hainan								128.1	128.4	102.1	103.9
重 庆	Chongqing											
四 川	Sichuan	102.7	102.2	101.2	102.2	107.3	104.7	107.6	119.9	119.8	103.8	103.0
贵 州	Guizhou	103.1	103.6	101.6	102.8	107.7	105.4	107.1	119.8	118.3	101.8	104.4
云 南	Yunnan	100.8	101.7	100.6	101.9	108.2	106.1	107.0	119.8	118.6	102.8	103.1
西 藏	Tibet											
陕 西	Shaanxi	103.6	100.4	102.2	103.4	107.4	106.1	108.2	118.8	118.5	102.4	106.6
甘 肃	Gansu	102.7	102.2	100.6	103.3	109.2	106.6	107.6	119.1	117.9	103.2	104.9
青 海	Qinghai	101.3	101.8	100.7	103.4	110.7	106.2	107.2	118.0	117.5	105.1	107.6
宁 夏	Ningxia	102.1	102.8	101.6	103.3	108.6	105.8	107.3	117.1	117.2	107.1	106.3
新 疆	Xinjiang	102.4	100.1	102.2	102.4		107.3	107.2	114.7	116.0	105.0	108.6

Consumer Price Indices by Region(1981 ~ 2009)

(Preceding year=100)

1992	1993	1994	1995	1996	1997	1998	1999	2000	2001	2002	2003	2004	2005	2006	2007	2008	2009
106.4	**114.7**	**124.1**	**117.1**	**108.3**	**102.8**	**99.2**	**98.6**	**100.4**	**100.7**	**99.2**	**101.2**	**103.9**	**101.8**	**101.5**	**104.8**	**105.9**	**99.3**
109.9	119.0	124.9	117.3	111.6	105.3	102.4	100.6	103.5	103.1	98.2	100.2	101.0	101.5	100.9	102.4	105.1	98.5
111.4	117.6	124.0	115.3	109.0	103.1	99.5	98.9	99.6	101.2	99.6	101.0	102.3	101.5	101.5	104.2	105.4	99.0
106.1	113.8	122.6	115.2	107.1	103.5	98.4	98.1	99.7	100.5	99.0	102.2	104.3	101.8	101.7	104.7	106.2	99.3
107.3	115.1	125.2	116.9	107.9	103.1	98.6	99.6	103.9	99.8	98.4	101.8	104.1	102.3	102.0	104.6	107.2	99.6
107.4	114.1	122.9	117.5	107.6	104.5	99.3	99.8	101.3	100.6	100.2	102.2	102.9	102.4	101.5	104.6	105.7	99.7
106.7	115.2	124.3	116.1	107.9	103.1	99.3	98.6	99.9	100.0	98.9	101.7	103.5	101.4	101.2	105.1	104.6	100.0
108.0	112.6	120.6	115.2	107.2	103.7	99.2	98.0	98.6	101.3	99.5	101.2	104.1	101.5	101.4	104.8	105.1	100.1
109.2	114.8	121.9	116.1	107.1	104.4	100.4	96.8	98.3	100.8	99.3	100.9	103.8	101.2	101.9	105.4	105.6	100.2
110.0	120.2	123.9	118.7	109.2	102.8	100.0	101.5	102.5	100.0	100.5	100.1	102.2	101.0	101.2	103.2	105.8	99.6
106.6	118.2	123.2	115.8	109.3	101.7	99.4	98.7	100.1	100.8	99.2	101.0	104.1	102.1	101.6	104.3	105.4	99.6
107.5	119.8	124.8	116.6	107.9	102.8	99.7	98.8	101.0	99.8	99.1	101.9	103.9	101.3	101.1	104.2	105.0	98.5
108.2	114.7	126.9	114.8	109.9	101.3	100.0	97.8	100.7	100.5	99.0	101.7	104.5	101.4	101.2	105.3	106.2	99.1
105.9	115.4	125.3	115.2	105.9	101.7	99.7	99.1	102.1	98.7	99.5	100.8	104.0	102.2	100.8	105.2	104.6	98.2
105.7	114.6	126.9	116.9	108.4	102.0	101.0	98.6	100.3	99.5	100.1	100.8	103.5	101.7	101.2	104.8	106.0	99.3
106.8	112.7	123.4	117.6	109.6	102.8	99.4	99.3	100.2	101.8	99.3	101.1	103.6	101.7	101.0	104.4	105.3	100.0
105.4	110.4	125.2	116.5	110.5	103.5	97.5	96.9	99.2	100.7	100.1	101.6	105.4	102.1	101.3	105.4	107.0	99.4
109.6	118.4	125.3	120.0	109.4	103.2	98.4	97.8	99.0	100.3	99.6	102.2	104.9	102.9	101.6	104.8	106.3	99.6
110.7	116.8	125.3	119.0	107.7	102.8	100.2	100.5	101.4	99.1	99.5	102.4	105.1	102.3	101.4	105.6	106.0	99.6
107.3	121.6	121.7	114.0	107.0	101.9	98.2	98.2	101.4	99.3	98.6	100.6	103.0	102.3	101.8	103.7	105.6	97.7
105.9	122.0	126.0	118.4	106.5	100.8	97.0	97.7	99.7	100.6	99.1	101.1	104.4	102.4	101.3	106.1	107.8	97.9
108.7	123.3	126.7	113.5	104.3	100.8	97.3	98.3	101.1	98.5	99.5	100.1	104.4	101.5	101.5	105.0	106.9	99.3
					103.1	96.4	99.3	96.7	101.7	99.6	100.6	103.7	100.8	102.4	104.7	105.6	98.4
107.4	116.8	124.6	118.5	109.3	105.1	99.6	98.5	100.1	102.1	99.7	101.7	104.9	101.7	102.3	105.9	105.1	100.8
107.8	116.0	122.8	121.4	109.1	103.4	100.1	99.2	99.5	101.8	99.0	101.2	104.0	101.0	101.7	106.4	107.6	98.7
108.9	121.3	119.2	121.3	108.7	104.3	101.7	99.7	97.9	99.1	99.8	101.2	106.0	101.4	101.9	105.9	105.7	100.4
							100.0	99.9	100.1	100.4	100.9	102.7	101.5	102.0	103.4	105.7	101.4
110.3	113.1	126.7	119.0	109.7	104.8	98.4	97.8	99.5	101.0	98.9	101.7	103.1	101.2	101.5	105.1	106.4	100.5
107.2	115.4	123.7	119.8	110.2	102.9	99.0	97.6	99.5	104.0	100.0	101.1	102.3	101.7	101.3	105.5	108.2	101.3
108.0	113.2	121.8	118.0	110.8	104.8	100.7	99.5	99.5	102.6	102.3	102.0	103.2	100.8	101.6	106.6	110.1	102.6
108.3	114.3	123.1	117.1	106.8	103.8	100.0	98.7	99.6	101.6	99.4	101.7	103.7	101.5	101.9	105.4	108.5	100.7
108.6	113.0	126.7	119.7	110.5	103.7	100.2	97.4	99.4	104.0	99.4	100.4	102.7	100.7	101.3	105.5	108.1	100.7

4-7-4 各地区居民消费价格指数(2009年)

Consumer Price Indices by Category and Region (2009)

(上年价格=100)　　(Preceding year=100)

地　区	Region	居民消费价格指数 Consumer Price Index	一、食品 Food	1．粮食 Grain	2.淀粉 Starches	3．干豆类及豆制品 Bean and Its Products	4．油脂 Oil or Fat	5．肉禽及其制品 Meal, Poultry and Their Products	(1)食用畜肉及副产品 Meal and Their Products
全国平均	**National**	**99.3**	**100.7**	**105.6**	**103.4**	**98.3**	**81.7**	**91.3**	**86.4**
北　京	Beijing	98.5	102.4	105.6	104.8	104.7	83.9	95.2	92.8
天　津	Tianjin	99.0	101.2	107.5	104.2	102.2	84.7	93.3	89.1
河　北	Hebei	99.3	101.0	105.9	100.7	96.2	86.3	89.8	85.7
山　西	Shanxi	99.6	101.8	106.8	103.1	99.9	83.2	88.3	83.6
内蒙古	Inner Mongolia	99.7	101.3	106.5	98.1	100.9	84.8	92.9	90.3
辽　宁	Liaoning	100.0	102.8	109.5	102.6	95.3	78.3	93.0	90.8
吉　林	Jilin	100.1	101.0	111.0	102.6	89.7	80.1	91.0	87.8
黑龙江	Heilongjiang	100.2	101.2	110.7	100.8	91.0	74.0	92.4	88.8
上　海	Shanghai	99.6	102.1	103.7	106.0	100.2	80.3	95.5	90.3
江　苏	Jiangsu	99.6	100.9	104.4	104.8	97.7	75.7	91.2	84.7
浙　江	Zhejiang	98.5	100.7	105.5	103.0	98.1	78.1	89.5	83.6
安　徽	Anhui	99.1	100.8	107.3	101.2	97.4	82.0	88.6	83.5
福　建	Fujian	98.2	99.0	103.0	103.0	99.1	80.4	90.0	84.9
江　西	Jiangxi	99.3	100.1	103.6	108.0	101.4	78.8	90.7	85.3
山　东	Shandong	100.0	101.3	104.4	105.9	95.6	86.2	91.2	86.4
河　南	Henan	99.4	101.3	107.1	102.2	95.5	84.0	89.6	84.1
湖　北	Hubei	99.6	100.5	103.6	101.3	99.3	80.4	92.6	87.2
湖　南	Hunan	99.6	100.3	104.3	102.2	102.5	84.4	89.4	84.1
广　东	Guangdong	97.7	98.5	104.3	101.7	99.9	83.2	92.1	87.4
广　西	Guangxi	97.9	98.5	106.2	95.9	97.4	80.0	91.2	85.3
海　南	Hainan	99.3	99.9	103.5	99.3	99.8	91.1	94.4	90.3
重　庆	Chongqing	98.4	100.0	106.2	108.2	97.7	80.9	86.7	80.5
四　川	Sichuan	100.8	102.0	104.9	101.8	100.9	83.8	92.0	86.4
贵　州	Guizhou	98.7	98.5	103.0	120.1	102.1	78.4	91.0	84.9
云　南	Yunnan	100.4	101.6	104.1	103.3	102.9	80.5	90.4	85.0
西　藏	Tibet	101.4	103.9	100.4	98.3	105.8	95.9	99.6	100.2
陕　西	Shaanxi	100.5	102.3	104.6	104.8	101.6	82.1	90.3	84.9
甘　肃	Gansu	101.3	103.5	105.2	104.6	99.9	85.1	93.2	90.0
青　海	Qinghai	102.6	103.0	106.6	110.7	100.3	83.5	92.8	90.2
宁　夏	Ningxia	100.7	101.6	107.1	101.7	96.9	78.0	92.8	91.2
新　疆	Xinjiang	100.7	102.1	102.9	104.2	96.5	77.0	100.8	101.0

(上年价格=100) (Preceding year=100)

地 区 Region	(2)禽 Poultry	(3)加工肉禽 Meat and Poultry Products	6．蛋 Eggs	7．水产品 Aquatic Products	(1)鱼 Fish	(2)其它水产品 Other Aquatic Products	8．菜 Vegetables	9．调味品 Flavoring
全国平均 National	**99.3**	**100.4**	**101.6**	**102.5**	**100.6**	**105.5**	**113.6**	**103.4**
北 京 Beijing	96.4	99.9	102.3	104.5	99.2	109.0	110.2	106.5
天 津 Tianjin	102.4	102.2	101.9	96.8	97.2	96.3	114.5	108.7
河 北 Hebei	96.6	102.1	104.1	100.4	97.5	104.2	115.9	103.8
山 西 Shanxi	98.4	97.9	101.7	98.5	97.4	101.5	114.1	105.2
内蒙古 Inner Mongolia	99.2	101.2	101.9	98.0	95.5	106.1	112.4	101.5
辽 宁 Liaoning	99.4	98.9	103.9	103.7	99.9	107.9	120.3	103.0
吉 林 Jilin	96.2	101.0	101.0	99.3	94.9	108.4	114.4	111.0
黑龙江 Heilongjiang	98.1	100.4	101.8	96.7	94.8	102.2	114.5	102.5
上 海 Shanghai	99.7	102.9	103.0	105.4	107.6	103.6	116.5	104.0
江 苏 Jiangsu	101.3	101.6	100.8	102.2	100.7	104.6	117.1	103.2
浙 江 Zhejiang	98.2	102.0	101.6	106.2	104.3	107.9	109.1	103.4
安 徽 Anhui	97.9	100.7	101.3	102.3	100.4	107.5	115.5	103.5
福 建 Fujian	101.1	101.2	102.0	103.1	99.8	105.8	104.7	103.9
江 西 Jiangxi	102.8	104.3	102.6	105.2	105.1	104.6	109.4	104.3
山 东 Shandong	98.3	99.2	100.8	102.3	100.5	104.8	116.7	102.4
河 南 Henan	96.0	100.8	101.5	99.5	97.6	105.9	119.0	104.5
湖 北 Hubei	99.0	101.9	99.5	103.5	101.2	110.5	113.6	102.8
湖 南 Hunan	99.1	100.5	101.0	102.6	100.2	110.4	116.2	103.4
广 东 Guangdong	99.4	97.7	99.5	101.0	100.1	102.5	99.9	102.3
广 西 Guangxi	98.7	99.0	101.0	97.8	94.4	106.6	103.0	101.8
海 南 Hainan	101.9	100.8	101.6	103.4	103.0	104.3	104.9	104.1
重 庆 Chongqing	92.8	104.4	98.8	102.3	100.8	108.1	115.0	104.1
四 川 Sichuan	103.2	98.8	104.0	103.9	102.7	108.8	128.0	102.0
贵 州 Guizhou	97.8	100.3	98.0	95.3	94.8	95.7	114.7	103.7
云 南 Yunnan	98.8	102.7	100.7	99.5	98.0	104.7	119.4	100.7
西 藏 Tibet	97.2	101.0	100.0	101.2	100.8	102.4	115.6	102.3
陕 西 Shaanxi	100.2	101.0	103.6	102.2	100.8	105.9	122.6	101.6
甘 肃 Gansu	102.8	97.0	103.3	103.1	101.0	106.1	120.3	104.0
青 海 Qinghai	98.0	103.6	104.1	103.5	100.8	108.2	116.8	102.3
宁 夏 Ningxia	94.4	99.6	103.7	99.5	98.6	101.7	115.7	103.9
新 疆 Xinjiang	97.9	104.1	101.7	100.2	98.8	103.4	108.7	103.8

(上年价格=100) (Preceding year=100)

地 区 Region		10．糖 Carbohydrate	11.茶及饮料 Tea and Beverages	(1)茶叶 Tea	(2)饮料 Beverages	12.干鲜瓜果 Dried and Fresh Melons and Fruits	13.糕点饼干面包 Cake, Biscuit and Bread	14．液体乳及乳制品 Milk and Its Products	15．在外用膳食品 Outward Dinner
全国平均	**National**	**102.5**	**101.8**	**101.4**	**102.0**	**107.1**	**102.9**	**101.5**	**102.7**
北 京	Beijing	103.8	102.7	101.7	103.4	106.4	103.8	103.5	103.3
天 津	Tianjin	105.3	101.9	101.2	102.2	101.1	101.6	100.7	103.3
河 北	Hebei	101.8	101.7	99.8	102.5	103.8	101.6	101.4	103.7
山 西	Shanxi	103.0	102.3	100.5	102.7	107.6	103.1	101.6	104.4
内蒙古	Inner Mongolia	100.2	101.7	102.0	101.6	107.4	101.7	100.6	102.1
辽 宁	Liaoning	102.5	102.2	103.7	101.6	111.1	102.2	100.1	100.7
吉 林	Jilin	102.3	106.1	113.7	104.2	102.4	103.3	100.1	99.2
黑龙江	Heilongjiang	102.1	101.5	103.7	100.8	109.8	101.9	101.4	102.4
上 海	Shanghai	101.3	103.0	103.7	102.9	100.3	102.8	100.5	101.8
江 苏	Jiangsu	103.2	101.8	100.8	102.1	106.9	102.4	100.9	102.7
浙 江	Zhejiang	102.8	102.3	101.6	102.4	107.0	103.1	101.1	102.5
安 徽	Anhui	102.3	102.3	102.2	102.4	109.0	103.3	103.5	104.4
福 建	Fujian	102.0	100.7	101.0	100.4	109.3	103.4	100.1	101.6
江 西	Jiangxi	104.2	101.3	99.4	101.9	108.8	104.3	102.8	105.1
山 东	Shandong	102.2	100.7	99.6	101.4	106.8	102.4	101.0	102.1
河 南	Henan	103.9	101.9	100.9	102.1	106.9	105.0	103.2	104.4
湖 北	Hubei	100.6	103.5	105.2	102.9	105.7	104.7	103.2	102.2
湖 南	Hunan	102.4	99.9	99.6	100.1	111.4	105.0	103.4	103.0
广 东	Guangdong	101.7	101.1	100.4	101.5	104.0	101.6	100.5	101.8
广 西	Guangxi	104.0	100.0	101.6	99.4	107.2	101.2	104.4	104.3
海 南	Hainan	104.9	103.5	104.0	103.3	106.7	100.5	101.7	101.6
重 庆	Chongqing	103.5	100.7	100.4	101.0	113.2	101.6	101.0	103.9
四 川	Sichuan	102.7	102.4	102.6	102.2	112.7	103.1	101.0	102.7
贵 州	Guizhou	101.0	100.8	98.7	101.3	112.7	101.2	103.4	101.5
云 南	Yunnan	101.0	101.0	98.7	102.6	111.1	104.1	102.7	102.3
西 藏	Tibet	103.1	101.1	102.4	100.0	114.1	100.6	107.8	103.5
陕 西	Shaanxi	102.8	101.8	101.1	102.0	110.7	102.2	99.2	102.4
甘 肃	Gansu	100.8	104.5	105.7	103.8	109.9	103.7	101.4	104.4
青 海	Qinghai	105.2	101.1	102.4	100.6	112.8	100.1	100.0	105.1
宁 夏	Ningxia	103.0	98.4	97.0	98.8	108.1	100.0	101.0	103.3
新 疆	Xinjiang	103.7	101.7	102.1	101.5	102.8	102.3	102.0	105.8

4－7－4 续表 3 Continued 3

(上年价格=100) (Preceding year=100)

地 区 Region		1 6.其它食品 Other Foods	二、烟酒及用品 Tobacco, Liquor and Articles	1．烟草 Tobacco	2．酒 Liquor	3．吸烟、饮酒用品 Articles for Smoking and Drinking	三、衣着 Clothing	1．服装 Garments	(1)男式服装 Men's Clothing
全国平均	**National**	**101.7**	**101.5**	**100.4**	**103.4**	**101.2**	**98.0**	**97.8**	**97.9**
北 京	Beijing	100.4	102.2	100.0	105.0	103.0	98.4	97.7	97.8
天 津	Tianjin	101.4	104.7	105.0	106.8	99.2	97.3	98.0	95.9
河 北	Hebei	100.9	101.9	99.9	104.0	102.7	96.4	95.7	95.8
山 西	Shanxi	103.0	101.9	100.8	104.0	102.3	96.9	96.3	97.5
内蒙古	Inner Mongolia	101.5	100.8	100.0	101.9	99.6	99.7	99.6	99.9
辽 宁	Liaoning	102.2	101.1	99.8	103.3	99.0	93.8	93.3	93.5
吉 林	Jilin	101.6	101.1	99.6	102.5	102.5	99.2	100.0	101.2
黑龙江	Heilongjiang	103.5	101.0	100.9	101.8	99.2	96.8	95.7	94.4
上 海	Shanghai	99.3	100.8	100.4	100.8	104.5	99.3	99.4	99.4
江 苏	Jiangsu	100.4	101.7	100.2	103.8	107.6	99.0	99.7	99.6
浙 江	Zhejiang	100.1	100.5	99.6	102.8	101.4	98.2	98.7	98.8
安 徽	Anhui	104.2	101.2	100.1	103.0	99.8	97.1	96.6	95.7
福 建	Fujian	104.8	102.1	100.3	104.6	101.8	96.3	96.4	97.0
江 西	Jiangxi	103.1	100.4	99.3	102.5	101.4	99.0	98.5	98.0
山 东	Shandong	102.3	102.4	100.4	104.2	100.0	97.2	96.7	97.3
河 南	Henan	103.0	101.7	100.3	103.9	101.5	99.7	99.2	99.3
湖 北	Hubei	102.0	101.4	100.1	103.7	101.0	99.1	99.1	99.1
湖 南	Hunan	100.4	100.2	99.9	101.2	98.5	100.0	99.3	99.0
广 东	Guangdong	101.7	102.7	102.5	103.8	100.8	97.3	97.4	96.7
广 西	Guangxi	102.4	100.8	99.1	103.2	97.5	97.8	98.6	99.9
海 南	Hainan	103.2	100.9	99.4	103.6	99.9	98.6	98.0	95.9
重 庆	Chongqing	98.9	101.6	100.0	105.3	100.6	94.7	98.7	100.0
四 川	Sichuan	105.0	101.8	100.7	104.0	101.0	98.1	98.3	98.8
贵 州	Guizhou	95.4	100.9	100.1	102.3	99.7	95.6	96.7	98.0
云 南	Yunnan	103.1	100.1	99.7	101.9	97.8	98.1	98.0	96.3
西 藏	Tibet	100.5	101.9	103.1	100.9	99.3	101.6	101.8	101.3
陕 西	Shaanxi	101.4	101.5	101.2	102.8	100.1	99.3	96.8	97.4
甘 肃	Gansu	103.3	102.6	100.9	105.4	100.3	99.8	98.1	97.4
青 海	Qinghai	103.3	101.4	100.3	101.7	107.7	107.0	107.6	109.1
宁 夏	Ningxia	105.2	102.1	100.4	105.5	103.3	99.2	99.6	97.7
新 疆	Xinjiang	101.2	101.5	99.2	103.8	102.3	98.6	97.6	97.2

(上年价格=100) (Preceding year=100)

地 区 Region		(2)女式服装 Women's Clothing	(3)儿童服装 Children's Clothing	2．衣着材料 Clothing Material	3．鞋袜帽 Footgear and Hats	(1)鞋 Shoes	(2)袜子 Socks	(3)帽子 Hats	4．衣着加工服务 Clothing Manufacturing Services
全国平均	**National**	**97.7**	**98.4**	**100.9**	**97.8**	**97.5**	**99.8**	**99.7**	**103.5**
北 京	Beijing	97.6	97.8	100.3	100.1	100.0	101.1	102.7	102.2
天 津	Tianjin	99.6	95.7	102.5	94.9	94.5	100.0	100.7	100.0
河 北	Hebei	94.9	98.8	101.0	97.5	97.3	98.0	100.8	105.7
山 西	Shanxi	96.3	93.5	99.9	97.8	98.0	97.7	94.8	103.3
内蒙古	Inner Mongolia	99.3	100.4	99.6	99.5	99.3	100.4	100.4	104.1
辽 宁	Liaoning	93.4	91.4	99.0	94.2	93.3	99.8	99.3	104.2
吉 林	Jilin	99.3	99.9	101.4	97.0	96.5	99.3	99.9	101.3
黑龙江	Heilongjiang	95.6	101.0	100.0	99.4	99.5	99.0	100.8	104.7
上 海	Shanghai	99.8	96.2	102.9	98.3	97.6	101.7	105.0	103.3
江 苏	Jiangsu	99.5	101.2	102.9	96.8	96.1	101.0	100.7	101.9
浙 江	Zhejiang	98.6	99.3	99.6	96.3	95.6	101.0	100.5	101.0
安 徽	Anhui	97.2	97.2	100.7	97.6	97.1	102.0	101.9	102.1
福 建	Fujian	95.4	98.7	100.5	95.5	95.0	98.2	98.6	103.5
江 西	Jiangxi	99.0	97.9	100.5	100.1	100.6	98.7	91.4	101.9
山 东	Shandong	96.2	97.0	100.4	97.4	97.1	99.1	100.6	107.3
河 南	Henan	98.9	99.8	101.4	100.6	100.6	100.7	99.8	105.9
湖 北	Hubei	99.2	98.7	100.0	98.5	98.2	100.3	100.1	106.5
湖 南	Hunan	99.5	99.7	100.7	101.6	101.7	100.6	100.1	104.0
广 东	Guangdong	98.3	95.7	100.5	96.1	95.7	98.0	98.7	100.2
广 西	Guangxi	98.8	94.9	102.5	94.7	93.5	101.1	100.5	103.8
海 南	Hainan	99.9	97.7	100.2	100.2	100.1	100.4	101.5	105.7
重 庆	Chongqing	98.3	94.3	100.3	82.2	80.9	101.7	94.9	100.0
四 川	Sichuan	97.9	98.5	100.2	97.1	96.7	99.9	98.5	102.9
贵 州	Guizhou	94.9	100.6	101.9	92.5	90.9	100.4	99.4	102.0
云 南	Yunnan	97.9	101.2	100.5	97.6	97.2	99.6	99.6	107.0
西 藏	Tibet	101.4	102.9	105.3	97.3	98.0	95.6	100.0	108.1
陕 西	Shaanxi	95.5	99.7	103.4	104.6	105.3	98.7	102.9	105.3
甘 肃	Gansu	98.4	98.7	101.4	103.8	104.2	102.1	96.1	105.1
青 海	Qinghai	103.8	113.1	101.1	107.2	108.0	105.6	98.4	104.7
宁 夏	Ningxia	101.0	100.4	103.4	98.0	97.5	101.6	100.0	102.5
新 疆	Xinjiang	97.2	99.6	100.7	100.5	100.5	100.0	100.8	109.1

(上年价格=100) (Preceding year=100)

地 区 Region	四、家庭设备用品及维修服务 Household Facilities, Articles and Maintenance Services	1.耐用消费品 Durable Consumer Goods	(1)家具 Furniture	(2)家庭设备 Household Facilities	2.室内装饰品 Interior Decorations	3.床上用品 Bed Articles	4.家庭日用杂品 Daily Use Household Articles	5.家庭服务及加工维修服务 Household Service and Manufacturing Upkeep
全国平均 National	**100.2**	**98.1**	**99.7**	**97.3**	**99.7**	**98.8**	**102.5**	**105.2**
北 京 Beijing	100.3	97.1	99.7	94.5	101.6	98.2	103.3	110.3
天 津 Tianjin	99.7	99.0	99.5	98.4	97.8	94.3	101.4	106.9
河 北 Hebei	99.8	97.4	99.4	96.5	99.9	99.6	102.7	108.7
山 西 Shanxi	99.5	97.7	100.9	95.5	98.2	97.5	100.8	111.1
内蒙古 Inner Mongolia	99.3	98.3	100.0	97.4	99.6	97.9	100.5	103.2
辽 宁 Liaoning	100.7	98.9	99.2	98.8	100.6	97.0	103.1	104.3
吉 林 Jilin	102.1	99.0	100.1	98.3	102.6	99.2	106.2	105.0
黑龙江 Heilongjiang	99.3	97.5	99.4	96.4	100.2	95.6	101.2	105.1
上 海 Shanghai	101.5	100.0	99.9	100.1	99.0	99.9	103.3	106.1
江 苏 Jiangsu	101.3	98.6	100.3	97.9	99.9	98.3	104.6	106.6
浙 江 Zhejiang	99.8	98.0	100.4	97.0	100.4	98.9	103.3	102.9
安 徽 Anhui	99.0	96.5	99.2	95.6	99.8	98.3	100.7	111.6
福 建 Fujian	100.3	97.9	101.3	96.9	99.3	101.1	102.0	106.8
江 西 Jiangxi	101.1	99.0	101.6	98.0	102.7	101.4	102.4	105.9
山 东 Shandong	100.1	99.1	99.2	99.1	99.4	98.6	102.0	103.0
河 南 Henan	100.4	98.5	100.0	97.6	99.9	100.2	101.9	108.2
湖 北 Hubei	100.2	96.9	101.6	94.4	100.5	99.6	103.8	107.2
湖 南 Hunan	100.5	98.4	98.5	98.4	99.6	100.2	102.6	105.5
广 东 Guangdong	99.3	97.4	98.3	96.9	100.0	97.0	102.0	101.6
广 西 Guangxi	98.6	95.6	96.4	95.2	97.5	99.4	102.6	102.6
海 南 Hainan	101.9	100.1	100.0	100.2	98.2	102.0	100.9	116.4
重 庆 Chongqing	97.2	94.4	96.8	93.4	96.2	96.5	102.4	100.5
四 川 Sichuan	100.8	98.9	100.2	97.8	99.9	98.0	101.6	108.3
贵 州 Guizhou	99.6	98.4	100.2	98.0	97.6	97.7	100.9	103.0
云 南 Yunnan	100.3	98.2	99.4	97.3	99.4	100.5	101.2	107.9
西 藏 Tibet	99.3	95.9	102.0	89.8	102.5	100.3	102.2	103.2
陕 西 Shaanxi	99.6	97.5	98.7	96.7	97.6	100.8	102.5	102.3
甘 肃 Gansu	101.4	100.6	102.7	99.0	100.7	101.5	101.5	105.5
青 海 Qinghai	101.5	98.8	99.3	98.5	96.5	104.1	104.4	111.8
宁 夏 Ningxia	100.9	99.2	99.3	99.1	100.6	98.2	103.9	104.3
新 疆 Xinjiang	101.9	100.4	101.7	99.6	100.0	100.1	101.5	113.5

4－7－4 续表 6 Continued 6

(上年价格=100) (Preceding year=100)

地 区 Region	五、医疗保健和个人用品 Health Care and Personal Articles	1.医疗保健 Health Care	(1)医疗器具及用品 Medical Instrument and Articles	(2)中药材及中成药 Traditional Chinese Medicine	(3)西药 Western Medicine	(4)保健器具及用品 Health Care Appliances and Articles	(5)医疗保健服务 Health Care Services	2.个人用品及服务 Personal Articles and Services
全国平均 National	**101.2**	**101.4**	**101.6**	**102.6**	**101.0**	**101.1**	**101.0**	**100.8**
北 京 Beijing	99.9	100.4	100.1	100.5	99.7	103.3	100.0	98.6
天 津 Tianjin	102.6	104.2	100.6	114.7	102.6	100.1	100.0	98.0
河 北 Hebei	101.5	101.6	101.5	101.7	102.1	101.6	101.1	101.2
山 西 Shanxi	101.1	101.5	106.0	104.2	102.0	99.8	100.1	99.9
内蒙古 Inner Mongolia	101.0	100.7	100.9	102.6	100.2	100.0	100.0	101.6
辽 宁 Liaoning	101.8	101.6	100.5	103.5	101.4	99.4	101.7	102.1
吉 林 Jilin	101.2	101.2	102.1	103.1	100.8	99.9	100.7	101.3
黑龙江 Heilongjiang	102.4	102.6	102.8	105.8	101.0	102.7	101.5	101.6
上 海 Shanghai	99.4	101.0	110.6	101.5	100.3	99.8	102.5	97.7
江 苏 Jiangsu	100.7	100.8	101.0	102.1	100.2	100.6	100.8	100.4
浙 江 Zhejiang	102.4	103.4	101.0	104.0	104.8	102.9	100.3	99.8
安 徽 Anhui	101.2	101.2	101.9	103.7	100.2	101.2	100.4	101.4
福 建 Fujian	101.3	100.5	101.6	100.7	100.2	100.7	100.5	102.9
江 西 Jiangxi	101.1	101.0	98.4	103.5	99.8	99.4	100.9	101.3
山 东 Shandong	101.3	101.6	98.6	101.8	100.8	100.6	102.9	100.8
河 南 Henan	101.9	101.7	102.4	103.5	100.5	101.5	101.4	102.5
湖 北 Hubei	101.4	101.4	103.2	101.7	101.7	101.0	100.5	101.4
湖 南 Hunan	100.2	100.1	101.5	100.6	99.6	100.0	100.1	100.3
广 东 Guangdong	100.9	100.7	100.4	100.7	100.8	101.0	100.3	101.4
广 西 Guangxi	100.5	99.9	101.6	98.6	100.2	107.0	99.6	101.7
海 南 Hainan	104.3	105.7	101.5	103.5	100.2	103.7	108.8	100.2
重 庆 Chongqing	99.4	99.8	101.0	98.0	100.9	99.1	100.3	97.9
四 川 Sichuan	101.1	101.4	99.3	103.0	100.8	100.6	100.8	100.7
贵 州 Guizhou	100.9	100.1	100.5	102.4	100.1	99.8	99.6	102.0
云 南 Yunnan	101.5	102.5	100.5	106.2	101.5	101.9	99.9	98.4
西 藏 Tibet	101.4	100.4	100.6	97.5	99.5	97.6	105.6	102.4
陕 西 Shaanxi	101.6	102.0	104.6	104.4	101.3	99.9	100.4	100.5
甘 肃 Gansu	101.4	101.4	100.6	101.8	100.2	100.5	102.8	101.3
青 海 Qinghai	102.5	101.7	102.0	103.2	101.8	102.1	101.0	103.8
宁 夏 Ningxia	101.7	101.9	104.8	101.4	99.9	101.6	104.5	101.2
新 疆 Xinjiang	101.9	102.2	100.3	104.1	102.7	103.6	100.4	101.5

(上年价格=100) (Preceding year=100)

地 区 Region		(1)化妆美容用品 Cosmetics	清洁化妆用品 Clean Make-up Supplies	(3)个人饰品 Personal Decorations	(4)个人服务 Personal Services	六、交通和通信 Transportation and Communication	1．交通 Transportation	(1)交通工具 Transportation Facility	(2)车用燃料及零配件 Fuels and Parts
全国平均	**National**	**100.8**	**102.1**	**96.3**	**103.8**	**97.6**	**98.6**	**98.0**	**92.8**
北 京	Beijing	103.1	102.9	91.4	101.5	95.9	96.8	94.4	96.1
天 津	Tianjin	100.5	101.1	91.3	100.0	96.3	97.3	94.3	93.1
河 北	Hebei	101.4	101.9	95.5	104.8	97.0	97.8	96.8	93.1
山 西	Shanxi	100.9	102.6	92.4	103.5	97.8	99.3	98.8	88.3
内蒙古	Inner Mongolia	100.2	100.9	97.6	107.7	97.2	98.9	97.8	97.2
辽 宁	Liaoning	101.2	102.2	93.3	107.5	97.5	99.3	99.0	90.7
吉 林	Jilin	100.4	102.4	94.3	104.2	97.6	100.4	98.3	91.7
黑龙江	Heilongjiang	101.1	102.0	95.6	108.2	99.0	99.9	99.8	92.8
上 海	Shanghai	100.4	99.9	93.7	103.4	97.5	99.7	99.7	99.6
江 苏	Jiangsu	99.4	104.7	93.5	103.9	96.7	96.8	96.7	90.3
浙 江	Zhejiang	100.5	102.7	94.2	101.3	96.0	97.0	96.9	90.8
安 徽	Anhui	102.2	101.8	94.3	105.3	97.9	99.5	99.3	94.4
福 建	Fujian	101.0	103.5	100.6	104.9	96.9	99.2	100.2	92.8
江 西	Jiangxi	102.2	103.1	96.3	104.1	97.3	99.7	98.6	96.0
山 东	Shandong	100.4	101.0	99.8	101.9	98.1	99.5	100.8	90.0
河 南	Henan	100.3	102.3	99.1	106.4	97.8	98.8	98.9	94.2
湖 北	Hubei	100.6	103.1	97.0	104.9	98.4	99.2	99.7	91.4
湖 南	Hunan	100.6	100.6	97.4	101.7	98.2	99.6	99.5	92.4
广 东	Guangdong	100.5	101.2	101.9	102.2	97.4	97.2	96.5	91.1
广 西	Guangxi	101.6	102.5	96.3	105.0	97.9	98.5	98.4	98.9
海 南	Hainan	101.0	101.4	95.9	102.3	98.1	98.8	99.6	94.7
重 庆	Chongqing	101.3	101.2	87.2	99.7	98.2	100.7	98.4	88.2
四 川	Sichuan	100.1	103.1	98.1	101.6	99.3	101.2	99.7	98.7
贵 州	Guizhou	100.5	100.7	98.2	108.1	98.2	99.8	99.6	91.0
云 南	Yunnan	100.5	100.3	95.9	97.0	97.4	98.6	97.7	90.8
西 藏	Tibet	102.3	100.7	99.8	107.9	97.0	100.2	95.8	103.2
陕 西	Shaanxi	100.3	101.2	96.1	104.4	99.4	101.3	100.6	95.6
甘 肃	Gansu	99.9	103.8	99.4	101.7	97.5	100.0	98.9	94.0
青 海	Qinghai	100.2	106.6	99.7	106.9	99.3	102.7	101.9	91.7
宁 夏	Ningxia	101.6	103.6	95.9	102.0	98.4	100.8	99.7	95.5
新 疆	Xinjiang	104.8	102.0	97.1	103.2	99.0	99.6	99.1	93.7

(上年价格=100)　　(Preceding year=100)

地　区 Region		(3)车辆使用及维修 Using and Upkeep Fare	(4)市区公共交通费 Incity Traffic Fare	(5)城市间交通费 Intercity Traffic Fare	2．通信 Communication	(1)通信工具 Communication Facility	(2)通信服务 Communication Service	七、娱乐教育文化用品及服务 Recreation, Education and Culture Articles
全国平均	**National**	**101.1**	**100.6**	**100.5**	**96.3**	**81.7**	**99.5**	**99.3**
北　京	Beijing	100.6	100.2	93.2	94.2	72.7	100.0	97.6
天　津	Tianjin	102.4	100.0	98.5	95.1	66.7	100.0	96.1
河　北	Hebei	100.8	100.7	102.2	96.1	81.3	99.3	97.8
山　西	Shanxi	101.7	101.7	101.6	96.5	79.0	99.9	99.2
内蒙古	Inner Mongolia	99.6	100.1	101.0	95.2	81.6	100.0	98.7
辽　宁	Liaoning	102.0	100.3	100.7	95.8	77.7	98.7	98.4
吉　林	Jilin	101.3	102.2	100.7	95.0	77.0	99.7	99.3
黑龙江	Heilongjiang	100.8	101.6	101.6	97.5	86.4	99.6	99.4
上　海	Shanghai	101.1	100.6	93.7	94.4	64.6	100.7	98.0
江　苏	Jiangsu	100.8	100.6	99.4	96.5	82.7	99.9	99.9
浙　江	Zhejiang	100.8	99.6	98.8	94.2	81.0	97.3	98.4
安　徽	Anhui	101.6	100.6	100.0	96.5	80.6	100.0	100.3
福　建	Fujian	101.9	97.7	102.4	95.1	79.4	97.8	98.3
江　西	Jiangxi	103.0	100.4	100.5	95.4	80.3	98.2	100.3
山　东	Shandong	100.0	100.4	102.1	96.4	87.0	99.7	100.8
河　南	Henan	102.2	100.4	99.8	96.9	82.1	99.6	101.2
湖　北	Hubei	100.4	103.3	97.6	97.5	85.7	100.3	98.9
湖　南	Hunan	100.8	100.1	101.1	96.9	85.0	100.0	101.1
广　东	Guangdong	100.8	100.1	100.6	97.6	83.9	99.9	98.0
广　西	Guangxi	100.5	96.7	98.3	97.3	86.5	100.0	99.8
海　南	Hainan	100.0	100.6	101.1	97.3	83.6	100.0	99.6
重　庆	Chongqing	105.0	100.3	109.0	96.5	78.1	100.0	98.5
四　川	Sichuan	103.2	102.8	101.3	96.4	84.0	99.3	101.2
贵　州	Guizhou	103.3	100.4	103.0	96.7	91.3	97.8	100.2
云　南	Yunnan	101.8	100.6	103.4	96.2	84.6	99.2	98.8
西　藏	Tibet	101.7	102.2	97.4	91.5	79.2	97.1	99.1
陕　西	Shaanxi	103.2	100.8	102.6	97.5	83.8	100.0	98.8
甘　肃	Gansu	100.4	101.8	100.5	94.2	77.4	99.6	100.3
青　海	Qinghai	103.7	100.7	105.5	95.4	82.5	98.8	100.4
宁　夏	Ningxia	105.0	102.3	101.8	95.5	83.0	99.2	100.0
新　疆	Xinjiang	101.4	100.2	101.1	98.4	89.3	100.4	99.9

(上年价格=100) (Preceding year=100)

地区 Region		1.文娱用耐用消费品及服务 Durable Consumer Goods for Cultural and Recreational Use and Services	2. 教育 Education	(1)教材及参考书 Teaching Materials and Reference Books	(2)学杂托幼费 Tuition and Child Care	3. 文化娱乐 Cultural and Recreational	(1)文化娱乐用品 Cultural Kecreat-ionl Articles	(2)书报杂志 Newspapers and Magazines
全国平均	**National**	**90.6**	**101.6**	**102.9**	**101.4**	**102.5**	**99.8**	**107.6**
北京	Beijing	85.7	101.3	102.3	101.1	103.2	100.0	114.5
天津	Tianjin	83.2	101.2	100.8	101.3	102.0	99.5	122.5
河北	Hebei	88.5	101.4	107.9	100.7	101.7	99.6	105.5
山西	Shanxi	89.6	101.8	105.6	101.6	101.7	100.1	107.8
内蒙古	Inner Mongolia	91.1	100.7	101.2	100.6	101.4	100.0	104.8
辽宁	Liaoning	88.2	100.7	102.3	100.6	103.3	99.9	109.4
吉林	Jilin	88.2	101.7	101.1	101.9	103.4	101.0	103.7
黑龙江	Heilongjiang	88.3	101.6	104.7	101.4	102.5	100.8	106.2
上海	Shanghai	82.8	102.1	106.3	101.7	104.2	97.0	124.7
江苏	Jiangsu	87.3	102.3	104.2	102.3	103.1	99.2	112.7
浙江	Zhejiang	91.1	100.9	103.4	100.8	101.1	99.9	103.8
安徽	Anhui	89.8	102.7	107.6	101.8	101.5	100.0	102.3
福建	Fujian	90.6	100.3	102.5	100.1	103.0	100.2	109.4
江西	Jiangxi	91.6	101.6	101.6	101.6	102.7	100.2	105.9
山东	Shandong	96.0	102.9	101.8	103.1	101.4	100.8	103.1
河南	Henan	94.0	102.2	106.1	101.8	103.0	100.2	108.1
湖北	Hubei	91.0	100.3	98.9	100.5	104.0	99.4	114.6
湖南	Hunan	93.1	102.5	99.9	102.7	104.0	102.6	103.2
广东	Guangdong	92.3	100.6	101.8	100.3	101.4	98.7	105.3
广西	Guangxi	89.9	100.6	101.0	100.6	104.6	99.6	109.4
海南	Hainan	96.4	100.5	101.6	100.3	99.5	100.1	109.5
重庆	Chongqing	88.8	102.8	100.9	102.9	102.3	98.6	106.5
四川	Sichuan	93.9	101.4	100.7	101.5	102.4	100.6	105.4
贵州	Guizhou	94.0	100.5	99.8	100.6	102.8	98.2	102.2
云南	Yunnan	91.8	102.4	107.1	101.0	102.5	101.3	105.2
西藏	Tibet	94.4	100.6	99.3	101.3	102.7	102.4	105.1
陕西	Shaanxi	88.5	99.1	104.2	98.4	103.1	100.6	106.9
甘肃	Gansu	94.7	101.7	98.7	102.2	102.0	100.3	107.3
青海	Qinghai	89.2	103.5	108.1	101.5	103.9	103.0	109.2
宁夏	Ningxia	86.4	105.6	103.6	105.9	103.0	99.3	108.3
新疆	Xinjiang	93.8	101.8	102.9	101.7	101.3	99.7	103.8

4－7－4 续表 10 Continued 10

(上年价格=100) (Preceding year=100)

地 区 Region		(3)文娱费 Expenditure of Culture and Recreation	4.旅游 Touring	八、居住 Residence	1．建房及装修材料 Building and Building Decoration Materials	2．租房 Rent	3．自有住房 Private Housing	4.水、电、燃料 Eletricity and Fuel
全国平均	**National**	**102.1**	**97.5**	**96.4**	**100.2**	**101.6**	**85.3**	**97.9**
北 京	Beijing	101.8	93.5	89.8	99.6	102.2	73.4	100.4
天 津	Tianjin	96.6	88.2	94.9	106.5	100.0	85.2	104.0
河 北	Hebei	101.2	95.1	98.4	101.9	103.8	87.1	101.8
山 西	Shanxi	100.3	96.7	97.4	101.4	101.8	87.9	103.1
内蒙古	Inner Mongolia	101.0	98.9	98.0	101.9	101.9	87.5	100.9
辽 宁	Liaoning	103.4	91.9	99.0	100.8	103.7	87.8	100.6
吉 林	Jilin	105.6	97.9	99.0	102.4	99.5	92.0	100.5
黑龙江	Heilongjiang	101.9	99.5	101.0	103.1	110.9	91.7	101.3
上 海	Shanghai	102.1	93.9	96.6	100.8	98.1	81.3	106.4
江 苏	Jiangsu	103.0	99.5	97.5	98.4	100.3	86.3	97.4
浙 江	Zhejiang	100.9	93.1	92.7	98.8	101.2	79.1	93.4
安 徽	Anhui	102.4	101.0	94.0	99.6	109.9	77.9	97.0
福 建	Fujian	100.6	97.8	94.8	98.1	104.2	89.0	93.5
江 西	Jiangxi	101.8	101.9	96.5	100.0	104.6	89.4	95.1
山 东	Shandong	100.8	97.5	98.8	99.3	100.7	95.4	98.9
河 南	Henan	102.4	102.7	93.9	99.4	108.3	80.1	100.7
湖 北	Hubei	101.7	97.3	97.7	99.7	100.0	88.1	99.2
湖 南	Hunan	105.9	99.8	96.9	100.7	102.7	94.1	94.7
广 东	Guangdong	101.1	95.7	93.5	98.3	100.7	86.8	92.2
广 西	Guangxi	105.7	105.6	92.0	99.8	102.6	73.3	93.3
海 南	Hainan	93.2	102.5	94.0	97.5	101.0	91.2	92.6
重 庆	Chongqing	102.8	88.3	95.9	100.9	99.9	81.4	100.0
四 川	Sichuan	101.9	108.5	99.7	101.1	104.2	91.2	101.5
贵 州	Guizhou	106.0	105.6	98.4	100.9	104.6	85.6	99.8
云 南	Yunnan	101.5	94.9	101.9	101.9	101.3	93.6	104.9
西 藏	Tibet	100.0	99.4	100.0	103.3	102.2	92.9	99.7
陕 西	Shaanxi	102.6	101.4	99.2	103.7	101.5	85.9	100.8
甘 肃	Gansu	100.4	102.0	101.0	103.7	108.3	84.9	105.6
青 海	Qinghai	101.3	97.3	104.4	101.5	112.5	95.4	107.3
宁 夏	Ningxia	103.6	99.0	101.7	103.5	102.1	96.3	103.1
新 疆	Xinjiang	101.2	98.6	99.9	103.6	101.4	95.0	98.6

4-7-5 各地区城市居民消费价格指数（2009年）

Urban Consumer Price Indices by Category and Region (2009)

(上年价格=100) (Preceding year=100)

地 区	Region	居民消费价格指数 Consumer Price Index	一、食品 Food	1.粮食 Grain	2.淀粉 Starches	3．干豆类及豆制品 Bean and Its Products	4．油脂 Oil or Fat	5．肉禽及其制品 Meal, Poultry and Their Products	(1)食用畜肉及副产品 Meal and Their Products
全国平均	**National**	**99.1**	**101.0**	**105.7**	**103.7**	**98.6**	**82.1**	**91.5**	**86.6**
北 京	Beijing	98.5	102.4	105.6	104.8	104.7	83.9	95.2	92.8
天 津	Tianjin	99.0	101.2	107.5	104.2	102.2	84.7	93.3	89.1
河 北	Hebei	98.8	101.5	107.1	107.1	96.7	89.8	89.6	85.9
山 西	Shanxi	99.0	102.3	105.9	104.5	99.1	85.4	87.9	83.6
内蒙古	Inner Mongolia	99.7	101.8	108.0	101.4	100.2	86.2	92.4	89.4
辽 宁	Liaoning	100.0	103.1	109.7	102.6	94.8	77.8	93.3	91.4
吉 林	Jilin	99.9	100.7	109.3	102.8	88.4	80.0	91.1	88.0
黑龙江	Heilongjiang	99.8	101.3	108.6	99.7	92.4	74.1	91.8	88.2
上 海	Shanghai	99.6	102.1	103.7	106.0	100.2	80.3	95.5	90.3
江 苏	Jiangsu	99.6	101.1	105.1	106.4	98.6	76.7	92.1	85.7
浙 江	Zhejiang	98.7	102.1	105.7	105.4	100.2	77.4	92.3	85.5
安 徽	Anhui	98.9	101.3	108.3	100.7	94.9	81.8	89.1	83.5
福 建	Fujian	98.3	99.5	103.7	104.5	99.8	80.1	90.1	84.7
江 西	Jiangxi	99.4	100.6	103.9	106.1	102.3	77.9	89.9	85.2
山 东	Shandong	99.9	101.7	103.5	105.5	96.8	87.7	91.0	85.7
河 南	Henan	98.8	101.9	107.5	102.7	96.1	85.7	90.3	83.8
湖 北	Hubei	99.3	100.4	103.5	103.8	100.8	80.9	91.0	84.6
湖 南	Hunan	99.7	100.7	104.3	101.9	101.8	81.9	91.2	85.6
广 东	Guangdong	97.6	98.6	105.0	101.5	100.3	85.1	92.2	87.4
广 西	Guangxi	97.9	98.8	106.1	95.6	97.9	81.2	91.5	85.4
海 南	Hainan	99.5	100.2	103.5	97.7	100.4	92.9	94.8	91.4
重 庆	Chongqing	98.4	100.0	106.2	108.2	97.7	80.9	86.7	80.5
四 川	Sichuan	100.7	103.1	105.3	99.7	99.8	82.8	91.9	86.0
贵 州	Guizhou	98.6	98.9	103.1	123.1	103.7	80.1	89.0	84.4
云 南	Yunnan	100.5	101.2	104.4	103.1	100.6	75.4	90.2	85.1
西 藏	Tibet	101.5	103.7	99.3	98.4	107.0	94.5	98.1	99.5
陕 西	Shaanxi	100.0	102.3	103.6	101.0	101.9	79.4	88.5	84.4
甘 肃	Gansu	100.9	103.5	105.0	104.0	100.7	84.3	92.3	89.0
青 海	Qinghai	103.2	104.1	108.9	115.5	100.6	84.4	93.6	90.3
宁 夏	Ningxia	100.3	101.6	107.3	102.8	96.8	79.4	93.4	91.7
新 疆	Xinjiang	100.2	101.6	102.5	104.9	97.2	76.8	99.6	99.2

4-7-5 续表 1 Continued 1

(上年价格=100) (Preceding year=100)

地 区 Region		(2)禽 Poultry	(3)加工肉禽 Meat and Poultry Products	6. 蛋 Eggs	7. 水产品 Aquatic Products	(1)鱼 Fish	(2)其它水产品 Other Aquatic Products	8. 菜 Vegetables	9. 调味品 Flavoring
全国平均	**National**	**99.3**	**100.6**	**101.3**	**102.7**	**100.6**	**105.6**	**113.4**	**103.7**
北 京	Beijing	96.4	99.9	102.3	104.5	99.2	109.0	110.2	106.5
天 津	Tianjin	102.4	102.2	101.9	96.8	97.2	96.3	114.5	108.7
河 北	Hebei	97.5	101.5	101.9	100.9	97.9	104.0	115.8	104.2
山 西	Shanxi	98.5	98.2	101.4	98.7	97.5	101.6	114.7	104.6
内蒙古	Inner Mongolia	99.3	100.6	101.8	98.9	95.8	107.8	112.7	101.4
辽 宁	Liaoning	99.4	98.5	104.2	104.2	100.1	108.1	120.1	102.2
吉 林	Jilin	97.8	99.9	101.3	100.5	94.7	110.3	116.1	110.3
黑龙江	Heilongjiang	99.8	101.6	102.1	96.7	94.5	102.3	116.6	101.7
上 海	Shanghai	99.7	102.9	103.0	105.4	107.6	103.6	116.5	104.0
江 苏	Jiangsu	100.4	101.9	100.4	102.6	101.0	104.9	114.2	104.1
浙 江	Zhejiang	98.7	102.6	101.8	106.5	104.6	107.8	107.1	103.5
安 徽	Anhui	98.0	101.0	101.1	102.0	100.3	106.9	117.0	105.3
福 建	Fujian	101.5	102.1	101.6	103.5	99.7	106.4	103.8	104.4
江 西	Jiangxi	100.9	103.3	101.3	105.6	105.5	105.2	110.3	104.6
山 东	Shandong	98.6	99.4	100.4	103.3	101.7	105.1	116.5	102.4
河 南	Henan	96.3	100.6	100.8	99.1	96.5	106.1	118.4	106.0
湖 北	Hubei	100.8	101.6	99.7	104.2	101.3	111.3	114.6	102.4
湖 南	Hunan	99.7	101.2	101.4	105.1	102.4	111.8	116.5	102.5
广 东	Guangdong	99.5	98.1	99.5	100.9	99.8	102.6	98.6	101.9
广 西	Guangxi	99.1	98.8	100.7	98.7	95.1	107.5	102.9	101.9
海 南	Hainan	101.5	100.5	102.3	102.0	101.5	103.9	105.9	104.7
重 庆	Chongqing	92.8	104.4	98.8	102.3	100.8	108.1	115.0	104.1
四 川	Sichuan	103.3	100.4	103.1	103.0	101.2	109.7	131.6	102.3
贵 州	Guizhou	97.6	103.3	99.6	94.7	94.3	94.7	117.0	104.0
云 南	Yunnan	97.2	104.1	100.6	97.6	95.4	104.4	118.6	100.5
西 藏	Tibet	94.7	98.9	97.9	101.3	100.8	102.8	117.9	103.8
陕 西	Shaanxi	98.6	101.4	104.6	102.9	101.3	106.5	124.2	102.7
甘 肃	Gansu	103.2	98.3	103.5	102.7	101.3	106.7	120.7	104.6
青 海	Qinghai	99.7	104.1	103.6	103.6	100.7	108.6	116.8	100.7
宁 夏	Ningxia	94.3	99.7	102.8	100.2	99.4	102.1	114.8	103.4
新 疆	Xinjiang	99.3	103.8	100.7	100.3	98.1	104.9	105.6	103.5

4-7-5 续表 2 Continued 2

(上年价格=100) (Preceding year=100)

地 区	Region	10. 糖 Carbohydrate	11.茶及饮料 Tea and Beverages	(1)茶叶 Tea	(2)饮料 Beverages	12.干鲜瓜果 Dried and Fresh Melons and Fruits	13.糕点饼干面包 Cake, Biscuit and Bread	14. 液体乳及乳制品 Milk and Its Products	15. 在外用膳食品 Outward Dinner
全国平均	**National**	**102.6**	**102.0**	**101.6**	**102.1**	**107.0**	**102.7**	**101.4**	**102.4**
北 京	Beijing	103.8	102.7	101.7	103.4	106.4	103.8	103.5	103.3
天 津	Tianjin	105.3	101.9	101.2	102.2	101.1	101.6	100.7	103.3
河 北	Hebei	102.7	101.4	98.6	102.7	103.8	100.6	100.9	103.5
山 西	Shanxi	102.8	102.6	100.0	102.9	109.0	102.9	101.8	103.9
内蒙古	Inner Mongolia	101.5	101.6	100.5	101.9	111.1	101.8	100.7	101.8
辽 宁	Liaoning	102.7	102.4	104.4	101.4	112.2	101.6	100.0	100.6
吉 林	Jilin	103.6	108.6	123.7	105.5	102.2	102.5	100.0	98.2
黑龙江	Heilongjiang	101.9	101.9	105.4	101.0	110.7	101.9	100.5	102.3
上 海	Shanghai	101.3	103.0	103.7	102.9	100.3	102.8	100.5	101.8
江 苏	Jiangsu	104.4	102.0	101.0	102.4	107.4	102.1	101.0	102.7
浙 江	Zhejiang	102.5	103.2	103.1	103.2	107.1	103.5	100.9	102.6
安 徽	Anhui	102.8	102.5	102.3	102.5	110.4	102.6	102.7	104.8
福 建	Fujian	102.1	100.7	101.6	100.1	110.4	103.1	99.8	102.0
江 西	Jiangxi	104.4	101.3	99.1	102.0	108.9	105.3	102.8	105.4
山 东	Shandong	102.6	100.8	99.5	101.7	107.1	102.8	100.4	101.9
河 南	Henan	103.6	101.8	100.8	102.0	105.1	104.9	102.7	104.5
湖 北	Hubei	102.8	103.6	104.4	103.4	104.9	105.6	103.8	100.6
湖 南	Hunan	100.1	100.1	100.1	100.1	104.5	102.0	104.0	101.7
广 东	Guangdong	101.3	100.9	100.3	101.4	104.1	101.7	100.3	101.4
广 西	Guangxi	103.8	100.0	101.2	99.6	107.1	101.7	105.3	104.5
海 南	Hainan	102.7	103.9	105.6	103.5	108.0	100.6	99.5	101.6
重 庆	Chongqing	103.5	100.7	100.4	101.0	113.2	101.6	101.0	103.9
四 川	Sichuan	102.6	103.0	103.7	102.6	111.3	103.6	100.5	103.0
贵 州	Guizhou	101.2	100.8	98.9	101.2	112.6	101.0	103.7	99.9
云 南	Yunnan	101.4	100.5	98.1	102.0	111.6	104.9	103.6	101.2
西 藏	Tibet	103.8	101.2	102.9	99.9	115.1	101.8	105.9	103.3
陕 西	Shaanxi	104.1	101.8	101.5	102.0	113.0	102.2	99.0	102.5
甘 肃	Gansu	102.0	105.2	108.7	103.8	109.4	104.3	100.9	104.6
青 海	Qinghai	103.7	100.8	103.9	99.9	115.4	99.7	99.7	105.8
宁 夏	Ningxia	102.5	97.8	95.0	98.4	107.4	99.6	100.9	103.3
新 疆	Xinjiang	105.3	102.4	102.9	102.2	102.3	102.7	100.9	106.4

(上年价格=100) (Preceding year=100)

地　区 Region		1 6.其它食品 Other Foods	二、烟酒及用品 Tobacco, Liquor and Articles	1．烟草 Tobacco	2．酒 Liquor	3．吸烟、饮酒用品 Articles for Smoking and Drinking	三、衣着 Clothing	1．服装 Garments	(1)男式服装 Men's Clothing
全国平均	**National**	**101.6**	**101.7**	**100.4**	**103.8**	**101.3**	**97.8**	**97.7**	**97.9**
北　京	Beijing	100.4	102.2	100.0	105.0	103.0	98.4	97.7	97.8
天　津	Tianjin	101.4	104.7	105.0	106.8	99.2	97.3	98.0	95.9
河　北	Hebei	100.2	102.6	99.7	105.4	102.8	95.9	95.1	95.5
山　西	Shanxi	103.1	102.6	101.5	105.4	99.1	95.9	95.3	96.7
内蒙古	Inner Mongolia	100.6	101.3	100.4	103.0	99.2	99.6	99.5	99.6
辽　宁	Liaoning	101.6	101.0	99.8	103.2	99.1	93.4	92.9	93.2
吉　林	Jilin	101.0	101.5	100.2	102.7	103.5	99.0	100.2	102.0
黑龙江	Heilongjiang	104.1	100.9	100.9	101.9	99.2	96.1	94.5	93.2
上　海	Shanghai	99.3	100.8	100.4	100.8	104.5	99.3	99.4	99.4
江　苏	Jiangsu	101.1	101.8	100.3	103.8	107.5	100.1	100.9	100.9
浙　江	Zhejiang	100.7	100.9	99.8	103.7	101.6	98.9	99.6	99.0
安　徽	Anhui	102.5	101.4	100.2	103.0	99.8	95.9	95.8	95.2
福　建	Fujian	104.6	102.3	100.5	104.5	103.3	96.6	96.9	97.3
江　西	Jiangxi	103.3	100.5	99.1	103.9	100.9	99.1	98.6	97.7
山　东	Shandong	102.6	102.5	100.0	104.6	100.0	97.6	97.1	97.6
河　南	Henan	103.1	101.9	100.1	104.1	101.5	99.3	98.7	99.0
湖　北	Hubei	101.5	101.8	100.3	104.4	101.3	99.8	100.3	99.8
湖　南	Hunan	100.2	100.9	100.3	102.3	100.6	99.9	99.0	98.8
广　东	Guangdong	102.0	102.0	101.4	103.4	101.2	97.1	97.5	96.8
广　西	Guangxi	101.0	100.5	99.4	102.5	97.6	98.7	99.9	101.2
海　南	Hainan	98.4	100.9	99.5	103.6	99.9	98.5	98.0	96.2
重　庆	Chongqing	98.9	101.6	100.0	105.3	100.6	94.7	98.7	100.0
四　川	Sichuan	103.4	101.9	101.1	104.2	100.4	96.8	97.2	98.3
贵　州	Guizhou	99.0	101.2	100.1	104.5	100.2	95.0	96.0	98.3
云　南	Yunnan	104.7	100.3	99.7	103.0	100.4	98.5	98.9	97.5
西　藏	Tibet	100.0	102.9	104.9	101.1	99.5	101.6	101.3	101.2
陕　西	Shaanxi	100.6	101.5	101.6	102.4	100.1	99.3	96.3	97.4
甘　肃	Gansu	104.1	102.9	100.0	106.9	100.1	99.0	96.8	96.3
青　海	Qinghai	104.3	101.5	100.4	101.4	107.5	109.9	110.5	112.8
宁　夏	Ningxia	105.4	101.4	100.1	103.1	103.6	98.1	98.6	96.9
新　疆	Xinjiang	101.0	102.2	99.6	104.9	103.0	97.5	96.2	95.5

(上年价格=100)　　(Preceding year=100)

地　　区 Region		(2)女式服装 Women's Clothing	(3)儿童服装 Children's Clothing	2．衣着材料 Clothing Material	3．鞋袜帽 Footgear and Hats	(1)鞋 Shoes	(2)袜子 Socks	(3)帽子 Hats	4．衣着加工服务 Clothing Manufacturing Services
全国平均	**National**	**97.7**	**97.4**	**101.1**	**97.5**	**97.2**	**99.7**	**99.5**	**104.1**
北　　京	Beijing	97.6	97.8	100.3	100.1	100.0	101.1	102.7	102.2
天　　津	Tianjin	99.6	95.7	102.5	94.9	94.5	100.0	100.7	100.0
河　　北	Hebei	94.5	97.1	100.7	97.0	96.8	96.9	102.0	106.0
山　　西	Shanxi	95.3	90.8	100.2	96.8	97.1	96.4	92.3	101.7
内 蒙 古	Inner Mongolia	99.3	100.8	99.9	99.6	99.5	99.5	100.1	104.0
辽　　宁	Liaoning	93.3	88.7	100.4	93.7	92.8	99.6	100.1	104.1
吉　　林	Jilin	99.1	99.9	102.7	96.0	95.5	99.0	99.6	102.6
黑 龙 江	Heilongjiang	94.7	102.9	99.7	99.6	99.7	98.0	100.8	105.1
上　　海	Shanghai	99.8	96.2	102.9	98.3	97.6	101.7	105.0	103.3
江　　苏	Jiangsu	100.6	103.9	103.2	97.5	96.9	101.3	100.7	101.9
浙　　江	Zhejiang	99.6	102.9	102.1	95.9	95.3	101.1	99.9	102.0
安　　徽	Anhui	97.0	92.2	100.1	95.6	94.9	102.9	99.6	102.9
福　　建	Fujian	95.8	101.2	100.4	95.3	95.1	96.7	98.4	103.4
江　　西	Jiangxi	99.3	97.7	100.0	100.7	101.4	98.5	82.7	101.5
山　　东	Shandong	96.8	96.3	100.1	97.9	97.5	100.5	101.5	107.4
河　　南	Henan	98.4	99.2	102.0	100.6	100.5	101.4	98.9	107.4
湖　　北	Hubei	100.6	101.4	99.2	97.9	97.6	100.8	98.3	110.4
湖　　南	Hunan	99.2	98.6	100.5	101.9	102.1	99.8	100.2	104.6
广　　东	Guangdong	98.4	95.1	100.3	95.4	95.0	98.1	98.5	99.8
广　　西	Guangxi	99.6	96.9	105.1	94.5	93.2	101.6	100.9	103.2
海　　南	Hainan	100.4	95.0	100.0	99.6	99.5	100.0	100.0	105.3
重　　庆	Chongqing	98.3	94.3	100.3	82.2	80.9	101.7	94.9	100.0
四　　川	Sichuan	97.4	90.2	98.4	95.3	94.9	99.9	99.8	103.4
贵　　州	Guizhou	94.3	98.1	100.3	92.3	91.0	100.0	100.0	101.0
云　　南	Yunnan	98.8	102.3	100.7	96.5	95.9	100.5	97.3	116.3
西　　藏	Tibet	101.0	102.0	107.2	96.5	97.3	94.6	100.0	110.0
陕　　西	Shaanxi	95.2	97.9	102.3	106.4	107.0	98.6	107.6	105.8
甘　　肃	Gansu	97.6	95.1	101.3	104.7	105.1	98.8	91.5	105.9
青　　海	Qinghai	105.3	118.8	100.0	109.1	110.1	108.9	92.5	105.7
宁　　夏	Ningxia	99.9	98.9	105.3	96.5	95.9	103.1	96.4	101.5
新　　疆	Xinjiang	96.1	98.6	100.8	100.0	100.0	99.9	101.4	108.0

(上年价格=100) (Preceding year=100)

地 区	Region	四、家庭设备用品及维修服务 Household Facilities, Articles and Meintenance Services	1.耐用消费品 Durable Consumer Goods	(1)家具 Furniture	(2)家庭设备 Household Facilities	2.室内装饰品 Interior Decorations	3.床上用品 Bed Articles	4.家庭日用杂品 Daily Use Household Articles	5.家庭服务及加工维修服务费 Household Service and Manufacturing Upkeep
全国平均	**National**	**100.3**	**98.2**	**99.9**	**97.2**	**99.7**	**98.6**	**102.7**	**105.5**
北 京	Beijing	100.3	97.1	99.7	94.5	101.6	98.2	103.3	110.3
天 津	Tianjin	99.7	99.0	99.5	98.4	97.8	94.3	101.4	106.9
河 北	Hebei	99.4	97.4	100.4	96.4	99.8	100.1	101.9	105.4
山 西	Shanxi	99.7	97.9	102.0	95.2	98.2	96.8	100.5	113.6
内蒙古	Inner Mongolia	99.3	98.3	100.1	97.2	99.8	97.9	100.4	104.0
辽 宁	Liaoning	100.7	98.9	99.2	98.7	100.5	96.7	103.3	104.0
吉 林	Jilin	103.0	99.1	100.4	98.5	103.5	98.5	108.1	107.3
黑龙江	Heilongjiang	98.8	96.4	98.6	95.2	100.1	94.8	100.7	104.9
上 海	Shanghai	101.5	100.0	99.9	100.1	99.0	99.9	103.3	106.1
江 苏	Jiangsu	101.9	98.8	100.7	98.0	100.1	98.5	105.9	107.6
浙 江	Zhejiang	100.6	98.8	100.4	98.2	101.0	98.8	103.8	103.5
安 徽	Anhui	99.0	96.2	99.1	95.3	99.3	97.6	100.8	113.9
福 建	Fujian	100.8	98.5	102.0	97.5	100.3	101.4	102.6	107.2
江 西	Jiangxi	101.0	99.2	102.8	98.0	100.3	102.4	101.6	105.5
山 东	Shandong	100.3	99.3	99.7	99.1	99.6	99.8	102.1	103.4
河 南	Henan	100.2	98.5	100.8	97.2	100.3	100.2	101.5	108.3
湖 北	Hubei	100.0	95.8	103.1	92.0	99.9	100.5	104.9	110.4
湖 南	Hunan	100.9	98.4	99.5	98.1	99.4	100.0	103.6	107.5
广 东	Guangdong	99.4	97.6	98.6	96.9	100.0	96.4	102.2	101.5
广 西	Guangxi	98.5	95.9	96.5	95.5	97.3	98.9	102.5	101.9
海 南	Hainan	102.4	100.4	100.9	99.9	97.7	102.2	101.0	116.0
重 庆	Chongqing	97.2	94.4	96.8	93.4	96.2	96.5	102.4	100.5
四 川	Sichuan	100.9	98.4	100.0	97.4	99.1	96.5	101.6	110.0
贵 州	Guizhou	100.1	98.8	98.8	98.8	100.5	98.7	100.9	102.5
云 南	Yunnan	100.1	98.6	100.0	97.6	101.2	101.8	99.6	106.1
西 藏	Tibet	99.5	95.3	103.0	88.1	103.6	100.6	103.4	103.5
陕 西	Shaanxi	99.1	96.8	97.8	96.3	96.9	102.9	102.2	102.1
甘 肃	Gansu	101.5	100.8	103.4	98.9	101.1	100.8	101.7	105.2
青 海	Qinghai	100.6	98.6	98.3	98.8	95.9	105.6	101.9	110.5
宁 夏	Ningxia	100.7	98.7	97.6	99.2	99.8	96.0	104.9	103.8
新 疆	Xinjiang	101.7	100.4	102.1	99.3	99.8	100.0	101.3	111.6

(上年价格=100)　(Preceding year=100)

地　区 Region		五、医疗保健和个人用品 Health Care and Personal Articles	1.医疗保健 Health Care	(1)医疗器具及用品 Medical Instrument and Articles	(2)中药材及中成药 Traditional Chinese Medicine	(3)西药 Western Medicine	(4)保健器具及用品 Health Care Appliances and Articles	(5)医疗保健服务 Health Care Services	2．个人用品及服务 Personal Articles and Services
全国平均	**National**	**101.1**	**101.3**	**101.9**	**103.0**	**100.8**	**101.0**	**100.9**	**100.5**
北　京	Beijing	99.9	100.4	100.1	100.5	99.7	103.3	100.0	98.6
天　津	Tianjin	102.6	104.2	100.6	114.7	102.6	100.1	100.0	98.0
河　北	Hebei	101.1	101.3	101.1	101.8	102.0	101.8	100.1	100.4
山　西	Shanxi	101.2	101.5	106.3	104.0	101.9	100.0	100.1	100.3
内蒙古	Inner Mongolia	100.7	100.7	103.2	103.0	100.0	100.0	100.0	100.8
辽　宁	Liaoning	101.9	101.6	100.6	103.8	101.2	99.4	101.7	102.5
吉　林	Jilin	101.3	101.0	101.2	102.4	100.8	100.0	100.7	101.8
黑龙江	Heilongjiang	102.8	103.0	103.3	107.5	101.0	103.5	100.2	102.1
上　海	Shanghai	99.4	101.0	110.6	101.5	100.3	99.8	102.5	97.7
江　苏	Jiangsu	100.6	100.9	100.9	102.5	100.1	100.7	101.0	99.9
浙　江	Zhejiang	101.7	102.4	103.2	102.8	103.2	102.5	100.3	100.1
安　徽	Anhui	101.4	101.1	102.4	103.6	100.1	101.4	100.3	102.2
福　建	Fujian	101.7	100.6	102.2	100.3	100.5	100.8	100.9	103.7
江　西	Jiangxi	101.0	101.1	96.1	104.4	99.9	99.3	100.7	101.0
山　东	Shandong	101.1	101.3	98.6	100.9	100.2	100.6	103.7	100.6
河　南	Henan	101.9	101.6	102.6	104.2	100.5	101.5	100.4	102.7
湖　北	Hubei	101.6	101.6	99.7	102.6	101.7	100.9	100.5	101.5
湖　南	Hunan	99.9	100.1	100.5	101.3	99.4	99.9	100.2	99.5
广　东	Guangdong	101.1	101.1	100.7	101.6	101.2	101.3	100.3	101.0
广　西	Guangxi	100.2	99.7	101.7	97.9	100.4	106.0	99.5	101.5
海　南	Hainan	104.9	106.3	103.3	103.7	100.1	103.8	110.4	100.0
重　庆	Chongqing	99.4	99.8	101.0	98.0	100.9	99.1	100.3	97.9
四　川	Sichuan	100.7	101.4	103.1	103.3	100.5	100.8	100.5	98.9
贵　州	Guizhou	100.6	100.4	100.2	101.6	100.7	99.6	99.8	100.9
云　南	Yunnan	101.5	102.9	99.9	108.5	100.5	101.9	99.8	97.3
西　藏	Tibet	102.4	100.0	100.0	94.5	99.1	96.2	107.6	104.6
陕　西	Shaanxi	101.4	102.3	101.7	104.8	101.5	100.8	100.4	99.3
甘　肃	Gansu	101.3	101.5	101.9	104.4	100.0	100.7	100.0	100.8
青　海	Qinghai	103.4	102.0	101.8	105.6	101.5	102.3	100.9	105.2
宁　夏	Ningxia	101.7	102.3	104.9	101.1	100.1	102.9	106.1	100.3
新　疆	Xinjiang	101.9	102.2	99.1	105.3	102.4	104.8	100.0	101.3

4－7－5 续表 7 Continued 7

(上年价格=100) (Preceding year=100)

地　区	Region	(1)化妆美容用品 Cosmetics	清洁化妆用品 Clean make-up Supplies	(3)个人饰品 Personal Decorations	(4)个人服务 Personal Services	六、交通和通信 Transportation and Communication	1．交通 Transportation	(1)交通工具 Transportation Facility	(2)车用燃料及零配件 Fuels and Parts
全国平均	**National**	**100.8**	**102.2**	**95.8**	**103.4**	**97.3**	**98.3**	**97.2**	**92.9**
北　京	Beijing	103.1	102.9	91.4	101.5	95.9	96.8	94.4	96.1
天　津	Tianjin	100.5	101.1	91.3	100.0	96.3	97.3	94.3	93.1
河　北	Hebei	101.5	102.2	95.9	101.4	96.6	97.5	96.0	92.9
山　西	Shanxi	100.9	103.0	91.8	103.4	97.4	98.9	97.3	87.5
内蒙古	Inner Mongolia	100.3	100.8	97.3	104.2	97.1	99.2	98.6	97.6
辽　宁	Liaoning	101.3	102.2	93.2	108.0	97.3	99.5	99.7	90.6
吉　林	Jilin	100.6	103.4	94.9	104.4	97.1	99.7	97.5	90.0
黑龙江	Heilongjiang	101.3	102.2	96.7	108.8	98.7	99.4	98.9	93.4
上　海	Shanghai	100.4	99.9	93.7	103.4	97.5	99.7	99.7	99.6
江　苏	Jiangsu	99.3	105.2	94.6	101.2	96.3	96.3	95.5	90.2
浙　江	Zhejiang	100.8	101.6	96.2	100.9	95.8	96.5	95.7	90.8
安　徽	Anhui	102.2	101.8	94.2	107.7	98.0	99.2	98.8	94.8
福　建	Fujian	101.3	104.0	101.5	106.0	96.6	99.1	100.3	93.1
江　西	Jiangxi	102.3	102.3	95.0	105.3	97.1	99.1	99.1	96.5
山　东	Shandong	100.2	101.0	99.9	101.4	97.7	99.0	99.8	88.9
河　南	Henan	100.5	102.5	97.3	107.4	97.8	99.1	99.5	96.4
湖　北	Hubei	100.2	104.4	96.7	104.6	98.3	99.9	98.9	92.2
湖　南	Hunan	99.9	100.4	95.8	100.7	98.0	99.6	98.3	90.7
广　东	Guangdong	100.2	101.5	101.4	101.3	97.3	96.9	95.8	91.1
广　西	Guangxi	101.7	102.9	96.7	102.1	97.8	98.3	98.2	98.7
海　南	Hainan	101.1	101.1	94.9	100.0	98.4	98.4	101.0	94.6
重　庆	Chongqing	101.3	101.2	87.2	99.7	98.2	100.7	98.4	88.2
四　川	Sichuan	100.0	101.6	92.5	100.6	98.4	100.8	100.1	97.8
贵　州	Guizhou	100.2	100.7	98.4	104.2	98.3	100.5	99.7	87.5
云　南	Yunnan	101.2	102.7	93.4	92.8	97.6	98.5	98.0	90.1
西　藏	Tibet	103.6	101.3	102.7	111.8	96.2	99.3	94.3	104.0
陕　西	Shaanxi	100.2	100.7	94.5	102.6	98.9	100.9	100.2	94.1
甘　肃	Gansu	99.9	102.9	99.2	101.2	96.5	99.8	96.6	89.3
青　海	Qinghai	100.3	107.8	104.3	107.0	99.1	103.7	103.1	91.5
宁　夏	Ningxia	100.8	102.9	94.8	100.3	99.4	102.1	100.0	101.3
新　疆	Xinjiang	108.1	101.3	95.6	102.3	98.6	99.4	98.3	91.2

4－7－5 续表 8 Continued 8

(上年价格=100) (Preceding year=100)

地区	Region	(3)车辆使用及维修 Using and Upkeep Fare	(4)市区公共交通费 Incity Traffic Fare	(5)城市间交通费 Intercity Traffic Fare	2．通信 Communication	(1)通信工具 Communication Facility	(2)通信服务 Communication Service	七、娱乐教育文化用品及服务 Recreation, Education and Culture Articles
全国平均	**National**	**101.3**	**100.4**	**100.2**	**96.2**	**79.1**	**99.5**	**98.8**
北京	Beijing	100.6	100.2	93.2	94.2	72.7	100.0	97.6
天津	Tianjin	102.4	100.0	98.5	95.1	66.7	100.0	96.1
河北	Hebei	100.7	100.0	102.8	95.5	77.8	99.2	97.0
山西	Shanxi	102.8	102.0	100.1	96.2	77.1	99.8	98.5
内蒙古	Inner Mongolia	99.2	100.0	100.1	95.4	81.5	99.9	97.9
辽宁	Liaoning	102.7	100.1	100.4	95.3	74.7	98.4	98.0
吉林	Jilin	101.4	100.9	100.8	94.5	72.2	99.9	99.9
黑龙江	Heilongjiang	100.9	100.4	100.5	97.5	76.9	99.9	99.3
上海	Shanghai	101.1	100.6	93.7	94.4	64.6	100.7	98.0
江苏	Jiangsu	101.2	100.2	98.9	96.3	81.0	99.9	98.9
浙江	Zhejiang	101.0	100.1	98.3	94.4	80.6	96.9	98.0
安徽	Anhui	102.8	100.4	99.1	96.9	79.9	100.0	99.9
福建	Fujian	102.4	97.0	101.9	94.9	78.5	97.5	98.0
江西	Jiangxi	102.4	100.4	98.3	95.9	77.5	98.9	100.2
山东	Shandong	100.1	100.0	102.0	96.0	83.9	99.8	99.7
河南	Henan	102.2	99.9	99.1	97.0	80.6	99.6	101.0
湖北	Hubei	100.4	103.4	98.8	97.0	80.3	100.3	98.0
湖南	Hunan	101.5	99.8	102.4	96.9	82.9	100.0	100.3
广东	Guangdong	101.1	100.0	100.9	97.8	83.1	99.9	97.8
广西	Guangxi	100.1	96.3	98.5	97.3	86.4	99.9	99.8
海南	Hainan	100.0	100.0	98.9	98.5	88.7	100.0	99.8
重庆	Chongqing	105.0	100.3	109.0	96.5	78.1	100.0	98.5
四川	Sichuan	103.1	102.8	99.1	95.8	79.2	99.2	101.1
贵州	Guizhou	102.4	102.1	105.6	96.5	89.4	97.6	100.5
云南	Yunnan	101.9	100.0	103.4	96.7	81.6	99.9	97.9
西藏	Tibet	101.0	102.0	95.9	91.0	75.9	97.3	99.2
陕西	Shaanxi	103.7	100.0	102.6	97.4	82.6	100.0	97.6
甘肃	Gansu	100.6	102.1	100.5	93.1	72.5	99.8	100.7
青海	Qinghai	99.3	100.2	106.9	95.0	81.0	98.5	100.3
宁夏	Ningxia	107.5	103.5	101.2	96.4	82.2	100.0	98.9
新疆	Xinjiang	100.9	100.3	100.9	97.9	86.3	100.0	99.5

4-7-5 续表 9 Continued 9

(上年价格=100) (Preceding year=100)

地　区 Region		1.文娱用耐用消费品及服务 Durable Consumer Goods for Cultural and Recreational Use and Services	2．教育 Education	(1)教材及参考书 Teaching Materials and Reference Books	(2)学杂托幼费 Tuition and Child Care	3．文化娱乐 Cultural and Recreational	(1)文化娱乐用品 Cultural Recreationt Articles	(2)书报杂志 Newspapers and Magazines
全国平均	**National**	**89.3**	**101.1**	**103.2**	**100.9**	**102.7**	**99.6**	**108.7**
北　京	Beijing	85.7	101.3	102.3	101.1	103.2	100.0	114.5
天　津	Tianjin	83.2	101.2	100.8	101.3	102.0	99.5	122.5
河　北	Hebei	87.9	101.2	109.2	100.4	101.6	99.4	105.6
山　西	Shanxi	88.6	101.0	104.3	100.9	101.9	100.3	107.6
内蒙古	Inner Mongolia	88.6	100.2	100.1	100.2	101.8	99.9	107.0
辽　宁	Liaoning	86.7	100.8	102.5	100.6	103.4	99.5	109.8
吉　林	Jilin	89.9	101.3	100.6	101.5	103.6	101.8	104.2
黑龙江	Heilongjiang	85.2	102.0	104.6	101.9	102.7	101.2	107.4
上　海	Shanghai	82.8	102.1	106.3	101.7	104.2	97.0	124.7
江　苏	Jiangsu	86.6	101.0	105.9	100.9	103.4	99.1	112.4
浙　江	Zhejiang	89.9	100.9	103.8	100.7	101.3	99.3	103.8
安　徽	Anhui	89.6	102.2	107.8	101.1	102.3	100.4	103.3
福　建	Fujian	91.2	99.7	103.0	99.4	102.7	100.4	108.6
江　西	Jiangxi	90.8	101.4	100.5	101.5	103.0	100.1	106.8
山　东	Shandong	94.8	102.1	102.3	102.0	101.3	100.6	103.1
河　南	Henan	93.7	101.7	105.8	101.3	103.6	100.0	109.9
湖　北	Hubei	86.1	99.6	97.4	99.9	104.1	99.1	119.1
湖　南	Hunan	91.8	101.3	100.5	101.3	104.0	101.2	103.5
广　东	Guangdong	91.6	100.5	102.1	100.2	101.3	98.4	105.5
广　西	Guangxi	90.2	99.9	100.6	99.8	105.2	99.9	109.6
海　南	Hainan	97.7	100.3	102.4	100.0	99.3	99.8	112.9
重　庆	Chongqing	88.8	102.8	100.9	102.9	102.3	98.6	106.5
四　川	Sichuan	90.6	101.0	100.2	101.1	102.3	99.9	105.7
贵　州	Guizhou	93.8	100.6	99.3	100.8	103.2	98.7	102.4
云　南	Yunnan	91.3	102.4	109.1	100.7	102.6	100.9	109.1
西　藏	Tibet	95.1	99.8	98.6	100.5	103.1	105.8	103.0
陕　西	Shaanxi	87.6	97.3	104.2	96.2	102.9	100.5	108.3
甘　肃	Gansu	92.5	103.7	97.9	104.6	101.9	98.7	108.8
青　海	Qinghai	87.6	105.4	110.3	103.6	101.7	101.9	110.1
宁　夏	Ningxia	84.9	104.8	103.9	104.9	101.7	99.5	108.4
新　疆	Xinjiang	92.5	102.2	103.3	102.0	101.0	99.4	102.9

(上年价格=100) (Preceding year=100)

地　区 Region		(3)文娱费 Expenditure of Culture and Recreation	4.旅游 Touring	八、居住 Residence	1．建房及装修材料 Building and Building Decoration Materials	2．租房 Rent	3．自有住房 Private Housing	4.水、电、燃料 Eletricity and Fuel
全国平均	**National**	**102.2**	**97.3**	**95.4**	**100.8**	**101.6**	**83.5**	**97.7**
北　京	Beijing	101.8	93.5	89.8	99.6	102.2	73.4	100.4
天　津	Tianjin	96.6	88.2	94.9	106.5	100.0	85.2	104.0
河　北	Hebei	100.8	95.0	96.0	101.1	103.8	83.2	101.7
山　西	Shanxi	100.6	96.6	94.4	99.6	103.1	86.2	101.6
内蒙古	Inner Mongolia	101.2	97.6	97.2	102.4	101.3	83.9	101.3
辽　宁	Liaoning	103.5	90.8	98.5	100.5	104.0	86.6	100.3
吉　林	Jilin	104.6	98.1	98.3	101.8	99.1	93.7	99.2
黑龙江	Heilongjiang	102.0	99.4	99.0	101.5	111.0	87.2	99.4
上　海	Shanghai	102.1	93.9	96.6	100.8	98.1	81.3	106.4
江　苏	Jiangsu	103.5	99.6	97.8	99.9	100.4	84.1	97.3
浙　江	Zhejiang	101.5	92.6	92.0	99.3	102.1	77.2	95.1
安　徽	Anhui	103.1	101.4	92.0	99.1	109.0	74.5	96.9
福　建	Fujian	100.5	97.6	94.6	98.4	104.6	81.9	94.1
江　西	Jiangxi	102.3	101.8	96.0	100.5	103.3	90.2	94.7
山　东	Shandong	100.9	96.4	98.8	100.0	101.5	93.5	99.0
河　南	Henan	102.7	102.8	88.4	100.7	109.7	78.0	99.2
湖　北	Hubei	100.4	96.5	95.7	102.9	100.0	85.1	96.2
湖　南	Hunan	106.2	99.7	96.6	102.6	100.8	93.3	94.7
广　东	Guangdong	100.8	95.3	93.6	100.2	100.8	86.2	92.4
广　西	Guangxi	106.6	106.7	91.6	99.9	103.6	73.1	92.8
海　南	Hainan	92.2	103.3	93.0	96.2	100.4	90.7	92.8
重　庆	Chongqing	102.8	88.3	95.9	100.9	99.9	81.4	100.0
四　川	Sichuan	102.2	109.2	97.8	100.1	104.7	87.8	100.4
贵　州	Guizhou	106.1	105.7	97.0	100.5	105.6	84.3	99.7
云　南	Yunnan	100.8	92.4	104.7	104.4	102.9	98.5	107.0
西　藏	Tibet	99.9	100.0	100.6	103.9	102.7	93.7	100.3
陕　西	Shaanxi	102.1	100.6	96.9	102.9	101.6	83.9	99.2
甘　肃	Gansu	100.6	101.4	99.6	105.0	110.1	84.3	102.1
青　海	Qinghai	98.6	96.6	102.7	101.6	116.0	95.2	104.1
宁　夏	Ningxia	100.9	98.5	99.7	102.6	101.0	94.4	101.1
新　疆	Xinjiang	101.2	96.4	98.3	101.6	100.4	93.1	97.8

4-7-6 各地区农村居民消费价格指数（2009年）

Rural Consumer Price Indices by Category and Region (2009)

（上年价格=100） (Preceding year=100)

地　区 Region	居民消费价格指数 Consumer Price Index	一、食品 Food	1．粮食 Grain	2.淀粉 Starches	3．干豆类及豆制品 Bean and Its Products	4．油脂 Oil or Fat	5．肉禽及其制品 Meal, Poultry and Their Products	(1)食用畜肉及副产品 Meal and Their ts Produc
全国平均 National	**99.7**	**100.1**	**105.5**	**102.9**	**97.8**	**81.2**	**90.8**	**86.0**
北　京 Beijing								
天　津 Tianjin								
河　北 Hebei	100.3	100.1	104.1	90.6	94.8	81.9	90.2	85.6
山　西 Shanxi	100.9	100.7	108.6	101.6	101.3	79.8	89.2	83.6
内蒙古 Inner Mongolia	99.8	100.6	105.0	95.6	101.5	82.7	93.5	91.3
辽　宁 Liaoning	100.3	101.9	108.9	101.7	96.8	79.7	92.6	89.2
吉　林 Jilin	100.7	101.6	113.0	102.4	91.9	80.0	91.1	87.6
黑龙江 Heilongjiang	101.2	100.8	115.1	101.8	86.0	73.9	94.0	91.0
上　海 Shanghai								
江　苏 Jiangsu	99.5	100.7	104.0	102.7	96.2	74.1	89.4	82.9
浙　江 Zhejiang	98.2	99.5	105.3	100.5	97.0	78.5	87.9	82.7
安　徽 Anhui	99.4	99.8	105.1	103.0	101.8	82.5	87.6	83.5
福　建 Fujian	97.9	98.0	101.4	99.3	97.7	81.2	90.0	85.4
江　西 Jiangxi	99.2	99.0	102.9	109.8	99.6	80.1	92.1	85.2
山　东 Shandong	100.1	100.5	105.8	106.5	93.5	85.0	91.5	87.3
河　南 Henan	100.4	100.3	105.5	99.7	94.1	81.9	88.6	84.6
湖　北 Hubei	100.0	100.6	103.8	98.6	97.4	79.9	94.6	90.9
湖　南 Hunan	99.6	99.4	104.6	103.1	104.7	87.3	87.0	82.6
广　东 Guangdong	97.8	98.3	102.5	102.2	98.8	78.5	91.6	87.7
广　西 Guangxi	97.5	97.1	106.5	98.7	95.6	75.9	90.0	84.7
海　南 Hainan	99.0	99.2	103.9	104.6	99.0	88.7	93.9	88.9
重　庆 Chongqing								
四　川 Sichuan	101.0	100.5	104.3	103.6	103.0	84.8	92.2	86.9
贵　州 Guizhou	99.0	97.6	102.8	102.9	98.7	75.5	95.8	87.8
云　南 Yunnan	100.2	102.1	103.9	103.4	105.4	84.7	90.6	84.9
西　藏 Tibet	101.3	104.3	102.5	98.2	101.9	99.6	101.7	100.9
陕　西 Shaanxi	101.8	102.2	106.2	109.9	100.8	85.4	95.8	87.7
甘　肃 Gansu	102.2	103.5	105.7	104.6	101.8	88.1	95.7	93.7
青　海 Qinghai	101.7	100.8	104.2	103.7	99.8	82.8	91.6	90.2
宁　夏 Ningxia	101.5	101.3	106.9	100.0	97.2	76.0	91.9	90.5
新　疆 Xinjiang	102.0	103.1	103.6	103.5	94.8	78.1	102.9	104.3

4－7－6 续表 1 Continued 1

(上年价格=100) (Preceding year=100)

地 区 Region	(2)禽 Poultry	(3)加工肉禽 Meat and Poultry Products	6. 蛋 Eggs	7. 水产品 Aquatic Products	(1)鱼 Fish	(2)其它水产品 Other Aquatic Products	8. 菜 Vegetables	9. 调味品 Flavoring
全国平均 National	**99.4**	**99.7**	**102.0**	**101.7**	**100.5**	**104.8**	**114.0**	**103.0**
北 京 Beijing								
天 津 Tianjin								
河 北 Hebei	95.3	102.9	107.4	98.3	96.5	106.8	116.7	103.3
山 西 Shanxi	98.5	97.4	102.1	97.7	96.9	101.2	112.7	105.9
内蒙古 Inner Mongolia	99.1	102.4	102.0	96.2	94.9	101.6	112.1	101.6
辽 宁 Liaoning	99.7	100.4	103.0	100.0	99.1	103.0	121.6	104.7
吉 林 Jilin	94.3	104.5	100.5	96.7	95.3	101.8	111.6	111.8
黑龙江 Heilongjiang	95.9	98.3	100.9	96.8	95.6	101.8	107.3	104.3
上 海 Shanghai								
江 苏 Jiangsu	102.7	100.7	101.4	101.0	100.3	103.6	123.4	101.9
浙 江 Zhejiang	97.9	101.4	101.4	105.4	103.3	108.6	110.8	103.4
安 徽 Anhui	97.3	99.9	101.5	102.7	100.6	108.9	112.2	101.4
福 建 Fujian	100.4	99.4	103.1	101.7	100.2	103.6	107.9	103.0
江 西 Jiangxi	105.7	105.6	105.4	104.4	105.0	99.6	109.0	103.8
山 东 Shandong	98.0	98.7	101.1	99.9	98.4	103.6	117.1	102.3
河 南 Henan	95.2	101.2	102.2	99.7	99.5	103.2	120.6	103.0
湖 北 Hubei	97.8	102.4	99.1	102.7	101.2	109.2	111.9	103.2
湖 南 Hunan	97.4	99.4	100.1	97.5	97.0	102.9	115.1	104.7
广 东 Guangdong	99.0	96.2	99.6	101.2	101.0	101.6	104.3	103.5
广 西 Guangxi	97.0	100.1	102.2	92.0	90.9	97.1	103.1	101.3
海 南 Hainan	102.9	101.3	100.1	105.2	105.1	104.8	101.8	103.0
重 庆 Chongqing								
四 川 Sichuan	103.0	97.5	106.0	105.4	105.1	106.5	119.0	101.9
贵 州 Guizhou	98.1	98.7	95.2	97.2	95.1	105.6	98.7	103.3
云 南 Yunnan	101.2	100.8	100.9	103.2	102.6	105.8	120.1	100.9
西 藏 Tibet	102.1	104.6	103.6	101.0	101.0	101.1	111.4	98.7
陕 西 Shaanxi	103.4	100.6	101.6	99.4	99.0	101.5	118.7	100.0
甘 肃 Gansu	102.1	94.9	105.8	100.9	100.8	101.5	120.6	103.4
青 海 Qinghai	95.7	101.8	105.6	102.6	97.9	109.5	117.1	103.8
宁 夏 Ningxia	95.0	99.1	105.2	96.3	95.7	99.4	118.4	104.7
新 疆 Xinjiang	95.8	104.6	104.1	100.0	99.5	101.1	114.7	104.0

4－7－6 续表 2 Continued 2

(上年价格=100) (Preceding year=100)

地 区 Region		10. 糖 Carbohydrate	11.茶及饮料 Tea and Beverages	(1)茶叶 Tea	(2)饮料 Beverages	12.干鲜瓜果 Dried and Fresh Melons and Fruits	13.糕点饼干面包 Cake, Biscuit and Bread	14. 液体乳及乳制品 Milk and Its Products	15. 在外用膳食品 Outward Dinner
全国平均	**National**	**102.1**	**101.4**	**101.0**	**101.6**	**107.5**	**103.3**	**102.3**	**103.5**
北 京	Beijing								
天 津	Tianjin								
河 北	Hebei	100.2	102.9	105.6	101.8	103.3	104.4	103.9	104.3
山 西	Shanxi	103.2	101.4	101.2	101.4	102.5	103.9	100.9	106.0
内蒙古	Inner Mongolia	98.9	101.9	103.1	100.9	103.2	101.4	100.5	102.7
辽 宁	Liaoning	101.7	101.3	98.4	102.6	105.3	105.1	101.6	101.6
吉 林	Jilin	100.3	98.8	97.9	99.1	103.3	105.0	100.5	105.0
黑龙江	Heilongjiang	102.9	100.4	100.9	100.2	106.9	101.5	104.9	102.5
上 海	Shanghai								
江 苏	Jiangsu	101.1	101.1	100.4	101.4	105.2	103.2	100.9	102.7
浙 江	Zhejiang	102.9	101.5	100.2	101.6	106.9	102.4	101.2	102.5
安 徽	Anhui	101.8	102.0	101.9	102.2	105.8	104.6	104.9	103.4
福 建	Fujian	102.4	100.9	99.5	102.0	105.5	103.9	101.0	100.5
江 西	Jiangxi	103.9	101.5	100.6	101.7	108.6	101.7	103.0	104.3
山 东	Shandong	101.7	100.4	99.7	100.9	105.9	101.6	102.7	102.5
河 南	Henan	104.1	102.3	101.4	102.4	113.7	105.1	105.4	104.3
湖 北	Hubei	98.7	103.5	105.9	102.2	106.9	102.8	100.6	104.5
湖 南	Hunan	103.9	99.7	99.2	100.1	123.9	109.6	100.4	104.9
广 东	Guangdong	102.4	101.6	100.9	102.0	103.6	101.1	101.5	104.2
广 西	Guangxi	104.8	100.0	103.0	98.9	107.0	98.8	98.1	103.2
海 南	Hainan	108.0	102.9	101.5	103.3	100.6	100.5	104.2	102.1
重 庆	Chongqing								
四 川	Sichuan	102.7	101.4	101.1	101.7	115.8	102.2	102.9	102.3
贵 州	Guizhou	100.6	100.0	98.3	101.1	114.5	100.6	101.6	106.5
云 南	Yunnan	100.6	101.7	99.5	103.3	110.3	102.7	100.7	104.9
西 藏	Tibet	101.5	100.9	101.6	100.3	111.9	98.5	110.8	103.8
陕 西	Shaanxi	100.6	101.4	100.0	102.3	97.5	102.1	100.9	102.0
甘 肃	Gansu	99.1	102.3	101.3	103.2	110.9	101.5	103.0	103.5
青 海	Qinghai	107.1	101.7	101.2	102.1	106.4	101.2	100.6	103.2
宁 夏	Ningxia	104.2	100.1	99.8	100.3	108.8	101.8	101.4	103.4
新 疆	Xinjiang	101.1	100.6	101.3	100.0	104.0	101.5	104.7	103.9

(上年价格=100)　　(Preceding year=100)

地　区　Region	16.其它食品 Other Foods	二、烟酒及用品 Tobacco, Liquor and Articles	1．烟草 Tobacco	2．酒 Liquor	3．吸烟、饮酒用品 Articles for Smoking and Drinking	三、衣着 Clothing	1．服装 Garments	(1)男式服装 Men's Clothing
全国平均　National	**101.8**	**101.3**	**100.3**	**102.9**	**100.6**	**98.4**	**98.1**	**97.9**
北　京　Beijing								
天　津　Tianjin								
河　北　Hebei	101.4	101.0	100.0	101.9	102.4	98.1	97.5	96.6
山　西　Shanxi	102.5	101.0	100.0	101.9	109.8	99.6	99.2	100.2
内蒙古　Inner Mongolia	102.9	100.3	99.7	101.0	100.3	99.8	99.8	100.4
辽　宁　Liaoning	105.1	101.3	100.0	103.3	99.0	95.6	95.0	95.4
吉　林　Jilin	102.9	100.5	98.6	102.2	100.3	100.5	100.9	100.8
黑龙江　Heilongjiang	101.6	101.1	100.7	101.6	100.0	99.7	99.9	99.9
上　海　Shanghai								
江　苏　Jiangsu	97.9	101.5	100.1	103.8	107.4	95.9	96.0	96.1
浙　江　Zhejiang	99.5	100.2	99.4	102.3	101.1	97.8	97.9	98.5
安　徽　Anhui	106.3	101.0	99.8	103.1	100.1	99.3	98.3	96.8
福　建　Fujian	104.9	101.9	100.2	104.6	100.2	95.7	95.3	97.1
江　西　Jiangxi	101.8	100.3	99.7	101.1	103.5	98.6	98.4	99.1
山　东　Shandong	102.0	102.3	100.7	103.8	100.1	96.1	95.1	95.9
河　南　Henan	102.7	101.7	100.4	103.8	101.6	100.4	100.1	100.2
湖　北　Hubei	102.3	100.9	99.8	102.9	100.3	98.0	97.1	98.0
湖　南　Hunan	100.7	99.5	99.5	100.0	95.6	100.5	100.4	99.9
广　东　Guangdong	101.3	104.3	104.7	104.5	99.6	97.9	97.3	96.3
广　西　Guangxi	105.2	101.4	98.5	104.9	96.8	93.9	93.1	93.2
海　南　Hainan	108.0	101.2	99.3	104.0	100.6	99.3	98.1	94.8
重　庆　Chongqing								
四　川　Sichuan	106.0	101.7	100.4	103.9	103.6	100.0	100.2	99.9
贵　州　Guizhou	93.6	100.7	99.8	101.2	99.5	97.6	99.2	96.9
云　南　Yunnan	101.6	100.0	99.7	101.3	95.7	97.5	96.4	94.2
西　藏　Tibet	101.9	100.0	99.8	100.6	99.0	101.5	102.8	101.6
陕　西　Shaanxi	102.8	101.5	100.9	103.5	100.6	99.2	98.0	97.0
甘　肃　Gansu	102.3	102.0	101.8	102.3	101.5	101.4	101.1	101.0
青　海　Qinghai	101.8	101.4	100.2	102.1	108.5	101.0	100.0	100.3
宁　夏　Ningxia	105.2	103.3	100.8	110.4	100.5	101.5	101.8	99.6
新　疆　Xinjiang	101.7	100.1	98.2	101.8	100.5	101.5	101.3	102.0

4－7－6 续表 4 Continued 4

(上年价格=100) (Preceding year=100)

地 区 Region		(2)女式服装 Women's Clothing	(3)儿童服装 Children's Clothing	2．衣着材料 Clothing Material	3．鞋袜帽 Footgear and Hats	(1)鞋 Shoes	(2)袜子 Socks	(3)帽子 Hats	4．衣着加工服务 Clothing Manufacturing Services
全国平均	**National**	**97.6**	**99.6**	**100.7**	**98.6**	**98.3**	**99.8**	**100.1**	**102.5**
北 京	Beijing								
天 津	Tianjin								
河 北	Hebei	96.7	100.5	101.3	98.9	98.7	99.6	99.5	103.3
山 西	Shanxi	99.3	97.6	99.4	100.4	100.4	100.6	99.6	107.5
内蒙古	Inner Mongolia	99.2	100.1	99.5	99.4	99.0	101.0	100.6	104.3
辽 宁	Liaoning	94.0	96.8	97.2	96.2	95.5	100.3	96.1	104.8
吉 林	Jilin	101.1	100.2	100.7	99.7	99.6	100.2	100.7	100.5
黑龙江	Heilongjiang	100.0	99.8	100.6	99.0	98.6	100.2	100.7	100.1
上 海	Shanghai								
江 苏	Jiangsu	96.3	93.9	102.0	95.0	94.0	100.4	100.8	101.4
浙 江	Zhejiang	97.4	97.8	99.0	96.8	95.9	101.0	100.7	100.5
安 徽	Anhui	97.3	104.9	101.1	101.5	101.6	99.6	104.8	100.6
福 建	Fujian	93.9	94.3	100.6	96.6	95.5	100.5	99.0	104.3
江 西	Jiangxi	97.9	98.1	101.0	98.2	98.1	99.2	98.1	102.8
山 东	Shandong	93.4	97.6	100.8	96.1	96.0	95.8	98.3	105.8
河 南	Henan	100.1	100.1	100.8	100.7	100.9	99.8	100.5	104.0
湖 北	Hubei	96.5	96.5	101.1	99.5	99.4	99.8	100.7	101.8
湖 南	Hunan	100.3	100.9	100.9	100.7	100.4	102.3	100.0	100.9
广 东	Guangdong	97.9	97.4	100.8	98.7	98.7	98.0	99.2	100.6
广 西	Guangxi	95.4	86.8	95.3	95.6	95.1	98.2	99.7	105.7
海 南	Hainan	98.7	101.5	100.8	102.4	102.8	100.9	102.1	106.1
重 庆	Chongqing								
四 川	Sichuan	98.9	102.4	101.1	99.4	99.4	99.9	98.3	102.3
贵 州	Guizhou	97.7	102.6	102.2	93.6	91.3	101.2	98.8	103.8
云 南	Yunnan	96.3	100.0	100.5	98.6	98.4	98.8	100.9	102.1
西 藏	Tibet	102.3	104.7	100.5	98.8	99.2	97.9	100.0	102.3
陕 西	Shaanxi	96.6	100.9	105.9	99.9	100.1	98.9	100.6	103.1
甘 肃	Gansu	100.6	102.0	101.4	102.1	101.9	103.2	100.1	101.0
青 海	Qinghai	99.2	100.9	101.4	103.7	104.3	100.3	106.2	102.4
宁 夏	Ningxia	103.4	101.6	100.7	100.8	100.8	99.1	103.9	107.3
新 疆	Xinjiang	100.9	101.1	100.6	101.5	101.9	100.2	99.7	111.0

4－7－6 续表 5　Continued 5

(上年价格=100)　　(Preceding year=100)

地　区 Region		四、家庭设备用品及维修服务 Household Facilities, Articles and Maintenance Services	1.耐用消费品 Durable Consumer Goods	(1)家具 Furniture	(2)家庭设备 Household Facilities	2.室内装饰品 Interior Decorations	3.床上用品 Bed Articles	4.家庭日用杂品 Daily Use Household Articles	5.家庭服务及加工维修服务 Household Service and Manufacturing Upkeep
全国平均	**National**	**100.0**	**98.1**	**99.1**	**97.5**	**99.9**	**99.1**	**102.1**	**104.4**
北　京	Beijing								
天　津	Tianjin								
河　北	Hebei	101.0	97.2	97.7	96.9	100.4	97.9	104.5	119.3
山　西	Shanxi	99.2	97.0	97.6	96.6	98.4	99.0	101.4	103.9
内蒙古	Inner Mongolia	99.3	98.2	99.8	97.6	99.4	98.0	100.7	102.4
辽　宁	Liaoning	100.6	98.9	99.1	98.9	101.4	98.3	102.6	106.5
吉　林	Jilin	100.1	98.6	99.6	97.7	100.1	101.6	101.6	100.2
黑龙江	Heilongjiang	100.5	99.4	100.4	98.7	101.3	99.9	102.0	107.2
上　海	Shanghai								
江　苏	Jiangsu	99.5	97.9	98.9	97.6	99.5	98.3	101.7	101.5
浙　江	Zhejiang	99.2	97.2	100.4	96.1	100.0	98.9	102.9	102.3
安　徽	Anhui	99.1	97.3	99.1	96.5	100.8	100.1	100.1	106.6
福　建	Fujian	99.1	96.9	100.3	95.4	97.2	100.7	100.5	105.9
江　西	Jiangxi	101.5	98.5	99.7	97.8	107.8	99.2	104.2	106.9
山　东	Shandong	99.6	98.8	98.3	99.2	98.8	96.5	101.7	102.2
河　南	Henan	100.8	98.6	98.9	98.4	99.3	100.0	102.5	108.2
湖　北	Hubei	100.5	98.7	99.5	98.2	101.2	98.3	102.8	102.3
湖　南	Hunan	99.7	98.3	96.6	99.4	100.0	100.7	100.7	101.4
广　东	Guangdong	99.1	96.8	96.9	96.6	100.1	99.1	101.0	101.8
广　西	Guangxi	99.0	94.7	95.2	94.1	98.2	101.9	102.8	105.9
海　南	Hainan	100.6	99.5	98.6	101.2	100.4	101.8	100.4	115.6
重　庆	Chongqing								
四　川	Sichuan	100.7	99.6	100.4	98.6	101.3	99.5	101.6	103.7
贵　州	Guizhou	98.6	98.0	103.2	97.3	96.4	94.4	101.3	104.0
云　南	Yunnan	100.6	97.8	98.7	96.9	98.7	98.9	102.8	110.0
西　藏	Tibet	98.8	97.4	99.9	94.3	99.4	99.5	99.9	101.9
陕　西	Shaanxi	100.9	99.6	100.4	98.5	99.8	99.1	103.1	103.3
甘　肃	Gansu	101.5	100.3	101.5	99.3	99.9	102.3	101.7	105.7
青　海	Qinghai	103.1	99.5	101.7	97.6	98.2	102.1	109.9	112.5
宁　夏	Ningxia	101.3	100.4	101.4	98.6	102.0	101.7	102.5	105.5
新　疆	Xinjiang	102.2	100.4	101.0	100.1	100.2	100.0	102.2	118.1

4－7－6 续表 6 Continued 6

(上年价格=100) (Preceding year=100)

地 区	Region	五、医疗保健和个人用品 Health Care and Personal Articles	1.医疗保健 Health Care	(1)医疗器具及用品 Medical Instrument and Articles	(2)中药材及中成药 Traditional Chinese Medicine	(3)西药 Western Medicine	(4)保健器具及用品 Health Care Appliances and Articles	(5)医疗保健服务 Health Care Services	2．个人用品及服务 Personal Articles and Services
全国平均	**National**	**101.5**	**101.5**	**101.2**	**101.6**	**101.6**	**101.3**	**101.2**	**101.5**
北 京	Beijing								
天 津	Tianjin								
河 北	Hebei	102.5	102.3	105.0	101.5	102.6	98.1	102.4	103.1
山 西	Shanxi	100.7	101.7	104.7	104.7	102.3	98.8	99.9	98.8
内蒙古	Inner Mongolia	101.5	100.8	100.3	102.0	100.5	100.0	100.0	102.8
辽 宁	Liaoning	101.3	101.7	100.4	102.1	102.1	100.2	101.4	100.4
吉 林	Jilin	101.1	102.2	103.3	105.1	101.0	99.2	101.1	98.5
黑龙江	Heilongjiang	101.3	101.6	102.7	99.7	101.2	99.7	103.2	99.9
上 海	Shanghai								
江 苏	Jiangsu	100.9	100.5	100.9	100.9	100.3	99.8	100.5	101.8
浙 江	Zhejiang	103.0	104.1	100.3	104.6	105.8	103.0	100.4	99.4
安 徽	Anhui	100.9	101.3	100.3	103.9	100.5	100.4	100.7	100.0
福 建	Fujian	100.6	100.3	100.5	101.5	99.8	100.4	100.0	101.2
江 西	Jiangxi	101.2	100.9	102.1	101.9	99.6	100.5	101.2	101.8
山 东	Shandong	101.8	102.0	98.7	103.5	101.8	100.7	101.8	101.2
河 南	Henan	102.0	101.9	102.2	101.8	100.6	101.5	102.4	102.3
湖 北	Hubei	101.2	101.1	105.3	100.3	101.6	101.4	100.6	101.4
湖 南	Hunan	100.7	100.1	102.9	99.8	100.1	100.6	100.1	101.7
广 东	Guangdong	100.1	99.0	99.1	97.5	98.9	99.9	100.3	102.6
广 西	Guangxi	101.5	100.9	101.3	102.5	99.5	114.7	100.0	102.9
海 南	Hainan	102.2	102.8	100.3	101.9	100.5	102.8	103.8	100.8
重 庆	Chongqing								
四 川	Sichuan	101.7	101.3	98.6	102.5	101.4	100.1	101.0	102.4
贵 州	Guizhou	101.5	99.6	101.4	103.0	98.5	100.0	99.4	105.5
云 南	Yunnan	101.3	101.8	101.1	100.7	103.4	101.9	100.1	100.1
西 藏	Tibet	99.4	101.2	102.1	101.7	100.3	101.3	101.4	97.6
陕 西	Shaanxi	102.0	101.5	105.1	103.4	101.0	98.4	100.3	103.3
甘 肃	Gansu	101.6	101.2	98.9	94.8	100.7	100.2	105.5	102.5
青 海	Qinghai	100.9	101.2	98.0	98.1	102.1	101.3	100.8	99.7
宁 夏	Ningxia	101.7	101.1	103.8	102.2	99.3	97.7	102.2	103.6
新 疆	Xinjiang	102.0	102.2	101.6	101.8	103.2	99.9	101.4	101.8

(上年价格=100) (Preceding year=100)

地 区	Region	(1)化妆美容用品 Cosmetics	清洁化妆用品 Clean make-up Supplies	(3)个人饰品 Personal Decorations	(4)个人服务 Personal Services	六、交通和通信 Transportation and Communication	1．交通 Transportation	(1)交通工具 Transportation Facility	(2)车用燃料及零配件 Fuels and Parts
全国平均	**National**	**100.8**	**101.9**	**97.5**	**104.8**	**98.2**	**99.3**	**99.6**	**92.7**
北 京	Beijing								
天 津	Tianjin								
河 北	Hebei	100.9	101.2	94.9	112.3	97.7	98.2	97.8	93.5
山 西	Shanxi	100.6	100.6	93.3	104.2	98.8	99.8	100.2	89.2
内 蒙 古	Inner Mongolia	100.2	100.9	98.1	112.2	97.3	98.5	97.2	96.9
辽 宁	Liaoning	100.3	102.3	93.6	105.6	98.4	98.7	98.1	91.0
吉 林	Jilin	99.8	99.7	92.4	102.8	99.2	102.4	101.1	95.0
黑 龙 江	Heilongjiang	99.4	101.2	91.7	106.6	99.6	100.9	100.9	91.8
上 海	Shanghai								
江 苏	Jiangsu	100.5	102.8	91.0	107.7	97.7	98.2	99.5	90.5
浙 江	Zhejiang	100.0	103.6	92.5	101.6	96.3	97.5	98.4	90.7
安 徽	Anhui	102.5	101.7	94.6	100.8	97.8	99.9	99.9	93.5
福 建	Fujian	100.1	102.7	100.1	101.8	97.6	99.4	100.3	92.5
江 西	Jiangxi	102.0	104.7	99.2	101.9	97.7	100.4	98.1	95.5
山 东	Shandong	101.0	100.9	99.6	102.6	98.9	100.2	102.1	91.2
河 南	Henan	99.9	101.7	100.9	104.7	97.6	98.6	98.5	90.1
湖 北	Hubei	100.9	101.4	97.7	105.1	98.5	98.5	100.3	91.0
湖 南	Hunan	101.8	100.9	100.1	103.1	98.7	99.5	100.1	94.2
广 东	Guangdong	101.5	100.0	104.2	104.5	97.9	98.6	100.2	91.5
广 西	Guangxi	101.2	101.3	94.2	115.9	98.4	99.4	99.1	99.7
海 南	Hainan	101.0	102.7	96.7	104.6	97.6	99.7	98.3	95.5
重 庆	Chongqing								
四 川	Sichuan	100.4	104.4	101.4	102.4	100.7	101.5	99.3	99.3
贵 州	Guizhou	100.1	102.9	97.9	119.0	98.0	98.4	99.2	97.7
云 南	Yunnan	99.2	97.6	99.4	104.1	97.1	98.7	97.3	91.7
西 藏	Tibet	99.1	99.8	93.2	97.6	98.7	101.8	100.0	102.0
陕 西	Shaanxi	101.4	102.8	99.3	106.4	100.6	101.7	100.8	97.3
甘 肃	Gansu	100.2	107.3	99.9	102.5	99.9	100.3	101.0	96.5
青 海	Qinghai	99.9	103.2	91.9	105.7	99.7	100.8	101.4	91.8
宁 夏	Ningxia	103.9	106.0	98.5	105.8	96.6	98.6	99.4	92.0
新 疆	Xinjiang	99.9	104.2	99.9	104.2	99.8	99.7	99.6	95.9

(上年价格=100) (Preceding year=100)

地 区	Region	(3)车辆使用及维修 Using and Upkeep Fare	(4)市区公共交通费 Incity Traffic Fare	(5)城市间交通费 Intercity Traffic Fare	2．通信 Commun-ication	(1)通信工具 Communicat-ion Facility	(2)通信服务 Communicat-ion Service	七、娱乐教育文化用品及服务 Recreation, Education and Culture Articles
全国平均	**National**	**100.8**	**101.7**	**101.1**	**96.5**	**87.2**	**99.4**	**100.6**
北 京	Beijing							
天 津	Tianjin							
河 北	Hebei	101.2	104.2	101.4	97.2	87.5	99.5	99.5
山 西	Shanxi	100.8	100.5	104.2	97.4	83.7	100.3	100.8
内蒙古	Inner Mongolia	100.5	100.3	101.6	94.8	81.9	100.2	99.9
辽 宁	Liaoning	99.5	103.2	101.2	97.9	88.5	99.8	99.8
吉 林	Jilin	101.4	106.8	100.2	96.1	87.6	99.0	98.1
黑龙江	Heilongjiang	100.2	112.2	101.9	97.5	94.1	98.9	99.9
上 海	Shanghai							
江 苏	Jiangsu	99.7	102.4	100.6	97.0	86.5	99.9	102.2
浙 江	Zhejiang	100.6	99.3	99.0	93.9	81.0	97.9	98.7
安 徽	Anhui	100.2	101.3	101.5	95.6	82.0	100.0	101.0
福 建	Fujian	101.2	99.0	102.6	95.6	81.4	98.6	99.0
江 西	Jiangxi	103.2	100.3	103.1	93.9	87.1	95.5	100.7
山 东	Shandong	100.0	102.8	102.4	97.0	91.3	99.5	102.3
河 南	Henan	102.2	103.2	100.5	96.4	84.6	99.8	101.4
湖 北	Hubei	100.4	103.0	96.2	98.4	92.0	100.3	99.9
湖 南	Hunan	100.0	101.2	99.6	96.9	89.7	100.0	102.8
广 东	Guangdong	99.9	100.7	99.2	97.0	85.7	100.0	99.3
广 西	Guangxi	103.1	99.3	97.7	97.0	86.8	100.3	99.9
海 南	Hainan	100.0	102.9	106.0	93.9	77.2	99.9	99.3
重 庆	Chongqing							
四 川	Sichuan	103.4	102.8	102.7	98.1	93.9	99.5	101.2
贵 州	Guizhou	106.0	91.3	99.2	97.3	94.1	98.5	99.8
云 南	Yunnan	101.6	101.6	103.4	95.2	88.2	97.8	100.2
西 藏	Tibet	103.0	102.4	101.3	92.8	85.2	96.7	98.9
陕 西	Shaanxi	102.1	104.1	102.5	97.9	88.1	100.1	101.8
甘 肃	Gansu	100.1	100.5	100.5	98.8	98.4	98.9	99.3
青 海	Qinghai	106.3	102.9	101.7	96.4	85.4	100.0	100.7
宁 夏	Ningxia	102.0	98.3	103.9	93.7	84.4	97.4	102.5
新 疆	Xinjiang	102.0	100.1	101.7	99.8	95.1	101.4	101.0

4－7－6 续表 9 Continued 9

(上年价格=100) (Preceding year=100)

地 区 Region		1.文娱用耐用消费品及服务 Durable Consumer Goods for Cultural and Recreational Use and Services	2. 教 育 Education	(1)教材及参考书 Teaching Materials and Reference Books	(2)学杂托幼费 Tuition and Child Care	3. 文化娱乐 Cultural and Recreational	(1)文化娱乐用品 Cultural Recreational Articles	(2)书报杂志 Newspapers and Magazines
全国平均	**National**	**93.7**	**102.4**	**102.5**	**102.4**	**102.1**	**100.6**	**104.6**
北 京	Beijing							
天 津	Tianjin							
河 北	Hebei	90.2	101.5	105.7	101.2	101.7	99.9	105.0
山 西	Shanxi	92.2	103.2	108.9	103.0	101.3	99.3	108.4
内蒙古	Inner Mongolia	94.6	101.4	102.5	101.2	100.7	100.2	101.8
辽 宁	Liaoning	94.0	100.6	100.9	100.5	102.8	101.1	107.6
吉 林	Jilin	85.9	103.8	103.9	103.8	103.5	100.0	101.3
黑龙江	Heilongjiang	97.3	100.3	105.1	100.2	101.2	100.1	103.2
上 海	Shanghai							
江 苏	Jiangsu	89.4	104.7	102.1	104.8	102.4	99.5	114.0
浙 江	Zhejiang	92.3	101.0	103.2	100.9	100.9	100.4	103.8
安 徽	Anhui	90.2	103.6	107.2	103.0	100.3	99.5	100.8
福 建	Fujian	89.5	101.2	101.1	101.1	103.8	99.9	112.4
江 西	Jiangxi	93.6	101.8	103.8	101.6	101.9	100.4	104.4
山 东	Shandong	97.8	103.5	101.3	103.9	101.6	101.2	103.2
河 南	Henan	94.5	103.1	106.6	102.7	101.9	100.5	105.0
湖 北	Hubei	95.0	101.1	100.0	101.3	103.5	100.0	105.5
湖 南	Hunan	95.0	104.4	99.3	104.8	104.5	107.0	102.8
广 东	Guangdong	94.8	101.0	101.6	100.6	102.3	99.8	104.2
广 西	Guangxi	88.3	103.7	103.1	103.8	102.0	97.9	108.4
海 南	Hainan	91.5	101.0	99.2	101.1	100.6	100.3	101.8
重 庆	Chongqing							
四 川	Sichuan	97.6	101.9	101.4	101.9	102.6	101.9	104.9
贵 州	Guizhou	94.8	100.4	101.1	100.4	101.1	96.4	102.9
云 南	Yunnan	92.5	102.5	105.1	101.7	102.2	101.9	101.8
西 藏	Tibet	92.6	102.8	101.1	103.6	101.7	94.9	109.1
陕 西	Shaanxi	91.0	102.5	104.1	102.4	104.1	101.2	104.6
甘 肃	Gansu	98.9	97.4	99.8	96.9	102.3	103.6	102.8
青 海	Qinghai	92.5	100.1	104.3	97.7	109.7	105.2	107.8
宁 夏	Ningxia	89.1	107.0	103.0	107.5	106.4	98.8	108.0
新 疆	Xinjiang	98.0	100.9	102.0	100.8	102.1	100.6	105.7

(上年价格=100)　　(Preceding year=100)

地　区 Region		(3)文娱费 Expenditure of Culture and Recreation	4.旅游 Touring	八、居住 Residence	1．建房及装修材料 Building and Building Decoration Materials	2．租房 Rent	3．自有住房 Private Housing	4.水、电、燃料 Eletricity and Fuel
全国平均	**National**	**101.9**	**98.9**	**98.5**	**99.6**	**101.4**	**93.0**	**98.5**
北　京	Beijing							
天　津	Tianjin							
河　北	Hebei	102.6	96.2	102.4	102.2	102.4	102.8	102.2
山　西	Shanxi	99.4	97.1	104.4	103.0	100.5	105.4	106.1
内蒙古	Inner Mongolia	100.4	101.4	99.3	101.5	103.9	93.2	100.3
辽　宁	Liaoning	102.1	100.5	100.7	101.3	100.4	94.0	101.4
吉　林	Jilin	109.6	97.2	101.3	103.4	104.4	82.3	104.0
黑龙江	Heilongjiang	100.4	102.3	105.5	104.3	108.9	101.6	110.6
上　海	Shanghai							
江　苏	Jiangsu	101.2	100.1	96.7	96.6	99.1	92.9	97.6
浙　江	Zhejiang	100.2	93.0	93.3	98.6	99.6	81.6	91.7
安　徽	Anhui	101.0	99.1	97.4	100.0	110.8	87.0	97.4
福　建	Fujian	101.0	98.3	95.1	97.6	102.4	98.9	91.6
江　西	Jiangxi	99.8	102.9	97.5	99.5	108.6	86.9	96.3
山　东	Shandong	100.3	102.0	99.0	99.1	98.1	99.2	99.0
河　南	Henan	101.6	102.1	100.5	99.1	104.6	100.9	102.2
湖　北	Hubei	105.5	100.4	100.1	98.0	100.1	98.2	103.1
湖　南	Hunan	100.0	100.2	97.4	99.4	105.8	96.2	94.6
广　东	Guangdong	103.3	98.4	93.3	95.5	100.3	90.2	91.2
广　西	Guangxi	101.5	98.4	93.3	99.7	96.9	73.1	95.6
海　南	Hainan	100.0	98.0	96.1	98.4	103.4	95.5	91.7
重　庆	Chongqing							
四　川	Sichuan	100.6	102.6	101.7	101.4	102.0	98.6	103.2
贵　州	Guizhou	103.6	100.1	100.6	100.9	101.0	100.1	100.0
云　南	Yunnan	103.1	103.0	98.4	100.1	99.8	86.5	100.9
西　藏	Tibet	100.4	97.7	98.5	101.8	100.6	90.2	98.4
陕　西	Shaanxi	108.5	105.6	103.7	104.4	101.2	98.3	104.3
甘　肃	Gansu	99.4	103.8	103.6	102.2	101.4	86.6	112.1
青　海	Qinghai	110.0	100.2	106.9	101.7	110.7	96.6	115.4
宁　夏	Ningxia	121.3	101.6	105.3	104.2	111.1	102.3	106.6
新　疆	Xinjiang	101.2	104.2	103.1	107.5	104.0	99.7	101.3

4-7-7 36个大中城市居民消费价格指数（2009年）

Consumer Price Indices in 36 Major Cities (2009)

（上年价格=100）　　(Preceding year=100)

地区	Region	居民消费价格指数 Consumer Price Index	一、食品 Food	1．粮食 Grain	2.淀粉 Starches	3．干豆类及豆制品 Bean and Its Products	4．油脂 Oil or Fat	5．肉禽及其制品 Meal, Poultry and Their Products	(1)食用畜肉及副产品 Meal and Their Products
平均指数	**Average**	**99.2**	**101.3**	**105.6**	**103.9**	**99.6**	**81.4**	**92.6**	**88.3**
北京	Beijing	98.5	102.4	105.6	104.8	104.7	83.9	95.2	92.8
天津	Tianjin	99.0	101.2	107.5	104.2	102.2	84.7	93.3	89.1
石家庄	Shijiazhuang	100.3	100.0	102.5	110.0	91.0	84.1	92.9	89.2
太原	Taiyuan	99.9	102.6	106.6	105.6	100.2	85.4	88.7	83.0
呼和浩特	Hohhot	100.1	102.2	108.7	105.5	96.2	91.5	92.0	88.1
沈阳	Shenyang	99.9	103.4	110.8	102.0	90.3	78.0	94.5	93.7
大连	Dalian	100.2	103.5	110.4	107.3	99.8	78.0	92.3	88.7
长春	Changchun	99.8	101.6	110.6	100.8	89.5	77.3	92.1	90.1
哈尔滨	Harbin	100.2	101.4	103.5	100.0	96.6	77.8	94.1	91.3
上海	Shanghai	99.6	102.1	103.7	106.0	100.2	80.3	95.5	90.3
南京	Nanjing	100.1	102.1	104.5	105.8	97.6	76.1	92.6	87.0
杭州	Hangzhou	98.6	101.7	105.1	108.4	102.2	77.8	92.5	85.2
宁波	Ningbo	99.4	102.3	105.2	100.0	98.4	76.8	94.3	89.1
合肥	Hefei	99.1	103.0	107.4	109.0	93.2	81.4	88.2	83.3
福州	Fuzhou	98.7	99.7	106.6	104.3	99.3	79.7	89.4	81.7
厦门	Xiamen	97.3	97.9	104.0	100.7	101.7	78.9	87.5	80.2
南昌	Nanchang	99.7	100.5	105.1	108.0	99.7	74.9	92.4	88.4
济南	Jinan	100.3	102.7	102.6	101.9	100.8	87.8	91.3	85.3
青岛	Qingdao	100.5	101.6	104.6	110.9	95.1	87.1	91.1	86.9
郑州	Zhengzhou	99.8	102.8	107.5	104.9	97.4	86.9	90.4	85.4
武汉	Wuhan	99.4	100.5	101.6	103.0	104.0	81.7	90.5	84.5
长沙	Changsha	99.4	100.2	103.6	102.9	104.1	79.1	91.3	86.0
广州	Guangzhou	97.5	99.3	106.7	103.4	105.8	88.0	93.2	89.0
深圳	Shenzhen	98.7	98.5	105.5	98.6	98.8	77.1	93.4	90.9
南宁	Nanning	98.2	98.6	108.3	87.7	97.5	84.3	91.9	86.9
海口	Haikou	99.9	100.4	103.5	97.7	100.8	91.3	95.5	91.9
重庆	Chongqing	98.4	100.0	106.2	108.2	97.7	80.9	86.7	80.5
成都	Chengdu	100.3	103.1	104.7	96.4	97.1	83.3	91.2	85.5
贵阳	Guiyang	97.7	98.3	106.3	109.0	97.4	75.0	86.4	82.5
昆明	Kunming	100.8	101.4	104.1	99.9	99.8	70.3	90.4	85.7
拉萨	Lhasa	101.7	103.8	98.4	99.0	104.9	94.7	96.8	98.6
西安	Xi'an	99.7	102.3	102.9	103.4	101.9	76.5	90.2	84.7
兰州	Lanzhou	99.6	103.6	105.1	104.4	101.2	85.1	93.3	90.1
西宁	Xining	102.2	104.9	109.4	118.8	100.1	84.9	93.8	90.4
银川	Yinchuan	99.7	101.5	106.9	101.7	96.5	80.3	93.5	91.5
乌鲁木齐	Urumqi	100.4	102.8	100.8	106.1	94.9	79.0	100.0	99.8

(上年价格=100)　　　　(Preceding year=100)

地　区	Region	(2)禽 Poultry	(3)加工肉禽 Meat and Poultry Products	6．蛋 Eggs	7．水产品 Aquatic Products	(1)鱼 Fish	(2)其它水产品 Other Aquatic Products	8．菜 Vegetables	9．调味品 Flavoring
平均指数	**Average**	**98.5**	**100.7**	**101.1**	**102.8**	**101.3**	**104.5**	**112.7**	**104.5**
北　京	Beijing	96.4	99.9	102.3	104.5	99.2	109.0	110.2	106.5
天　津	Tianjin	102.4	102.2	101.9	96.8	97.2	96.3	114.5	108.7
石家庄	Shijiazhuang	96.9	101.8	98.3	94.0	99.1	88.1	112.3	107.7
太　原	Taiyuan	98.7	98.6	101.3	97.5	95.1	101.7	114.9	105.6
呼和浩特	Hohhot	101.0	103.2	106.2	93.6	91.4	102.2	117.4	104.9
沈　阳	Shenyang	97.0	96.5	103.8	104.7	99.6	110.1	118.3	101.1
大　连	Dalian	101.5	98.2	106.6	103.4	102.0	104.4	122.8	103.1
长　春	Changchun	96.6	100.4	99.5	98.0	92.3	107.0	119.9	109.4
哈尔滨	Harbin	100.9	100.2	101.8	94.4	90.4	100.4	114.9	98.1
上　海	Shanghai	99.7	102.9	103.0	105.4	107.6	103.6	116.5	104.0
南　京	Nanjing	100.6	98.7	95.0	102.6	101.9	103.5	117.4	105.8
杭　州	Hangzhou	99.4	101.4	104.2	105.2	99.7	109.3	105.2	100.7
宁　波	Ningbo	98.4	102.3	98.7	107.2	108.5	106.2	106.9	109.3
合　肥	Hefei	95.3	101.6	99.9	106.4	104.9	108.5	117.0	110.7
福　州	Fuzhou	103.3	100.5	101.3	102.8	98.5	105.0	103.6	104.7
厦　门	Xiamen	103.5	101.1	100.2	100.8	99.1	101.8	100.4	104.0
南　昌	Nanchang	101.6	102.0	99.8	104.4	105.5	101.6	108.5	102.7
济　南	Jinan	91.9	103.1	100.0	99.3	97.6	100.6	125.7	107.7
青　岛	Qingdao	97.7	97.9	101.1	106.0	103.4	107.4	110.8	100.1
郑　州	Zhengzhou	96.5	101.8	101.6	98.4	96.9	101.5	123.2	108.8
武　汉	Wuhan	101.7	100.6	99.5	106.3	101.9	116.5	113.6	102.9
长　沙	Changsha	96.6	101.9	102.3	105.4	100.2	112.6	114.3	102.5
广　州	Guangzhou	99.9	96.6	97.0	100.5	98.9	102.5	97.5	101.2
深　圳	Shenzhen	98.1	101.0	100.4	98.4	98.1	98.7	97.4	103.6
南　宁	Nanning	98.1	98.2	101.4	96.2	94.3	101.4	102.8	99.5
海　口	Haikou	101.3	100.3	102.2	102.0	101.2	104.8	105.8	104.7
重　庆	Chongqing	92.8	104.4	98.8	102.3	100.8	108.1	115.0	104.1
成　都	Chengdu	100.9	101.3	101.7	101.6	102.8	100.0	137.2	102.2
贵　阳	Guiyang	97.3	105.5	100.7	99.5	98.0	103.1	114.3	107.5
昆　明	Kunming	95.3	104.9	101.8	97.5	96.6	99.8	121.2	98.8
拉　萨	Lhasa	94.3	96.8	97.8	101.8	101.1	103.3	119.1	105.4
西　安	Xi'an	97.1	101.5	104.7	104.5	102.7	107.6	121.1	102.9
兰　州	Lanzhou	104.4	97.6	102.5	107.0	106.1	109.1	119.6	103.9
西　宁	Xining	99.5	104.7	104.4	103.9	100.0	110.8	118.9	100.9
银　川	Yinchuan	95.8	101.9	103.0	98.8	97.2	101.5	112.2	103.0
乌鲁木齐	Urumqi	97.3	104.0	99.8	99.8	99.0	104.1	106.3	104.9

4－7－7 续表 2 Continued 2

(上年价格=100) (Preceding year=100)

地 区	Region	10．糖 Carbohy-drate	11.茶及饮料 Tea and Beverages	(1)茶叶 Tea	(2)饮料 Beverages	12.干鲜瓜果 Dried and Fresh Melons and Fruits	13.糕点饼干面包 Cake, Biscuit and Bread	14．液体乳及乳制品 Milk and Its Products	15．在外用膳食品 Outward Dinner
平均指数	**Average**	**102.9**	**102.5**	**102.4**	**102.5**	**105.9**	**102.8**	**101.4**	**102.4**
北 京	Beijing	103.8	102.7	101.7	103.4	106.4	103.8	103.5	103.3
天 津	Tianjin	105.3	101.9	101.2	102.2	101.1	101.6	100.7	103.3
石家庄	Shijiazhuang	107.1	105.6	100.0	107.9	96.5	99.8	106.6	102.6
太 原	Taiyuan	103.1	104.2	100.1	105.8	110.6	105.6	101.8	102.6
呼和浩特	Hohhot	97.2	99.3	100.3	99.0	103.7	103.9	105.1	101.0
沈 阳	Shenyang	104.0	102.7	104.6	101.8	117.9	101.4	99.5	98.1
大 连	Dalian	103.2	101.3	100.4	101.8	111.6	99.1	97.2	103.1
长 春	Changchun	108.1	111.9	128.6	104.7	102.6	102.7	101.4	100.3
哈尔滨	Harbin	98.5	103.4	106.9	102.7	109.5	103.4	100.3	101.0
上 海	Shanghai	101.3	103.0	103.7	102.9	100.3	102.8	100.5	101.8
南 京	Nanjing	105.3	99.6	96.7	101.4	108.8	99.3	99.2	104.4
杭 州	Hangzhou	100.8	105.1	104.0	105.5	110.7	100.9	99.5	102.9
宁 波	Ningbo	105.4	102.1	100.0	102.7	103.9	108.6	104.3	100.9
合 肥	Hefei	106.1	102.5	102.5	102.5	112.8	102.0	103.8	111.5
福 州	Fuzhou	99.4	103.3	106.5	100.1	106.5	101.5	100.2	102.4
厦 门	Xiamen	102.2	100.2	100.3	100.2	103.9	103.8	98.4	103.7
南 昌	Nanchang	102.9	100.9	100.0	101.4	104.4	107.9	104.1	108.4
济 南	Jinan	104.5	101.2	100.0	102.1	108.8	104.2	101.2	102.6
青 岛	Qingdao	101.1	96.7	90.5	101.4	107.0	104.5	101.8	101.0
郑 州	Zhengzhou	102.4	100.0	99.1	100.3	108.2	103.4	101.3	103.0
武 汉	Wuhan	104.1	104.5	106.4	103.7	103.3	106.6	105.4	100.4
长 沙	Changsha	100.7	99.4	98.0	100.2	104.0	100.7	108.7	101.0
广 州	Guangzhou	100.7	100.2	100.0	100.0	101.1	102.5	101.9	102.5
深 圳	Shenzhen	105.3	102.8	99.2	103.3	104.1	103.0	101.6	99.6
南 宁	Nanning	103.9	101.2	100.0	101.5	106.7	102.2	99.6	102.6
海 口	Haikou	102.9	103.9	105.6	103.3	107.7	100.5	100.0	101.0
重 庆	Chongqing	103.5	100.7	100.4	101.0	113.2	101.6	101.0	103.9
成 都	Chengdu	101.7	102.1	102.6	101.8	111.7	103.1	100.8	102.5
贵 阳	Guiyang	103.2	99.9	96.3	101.6	109.8	101.7	107.6	99.5
昆 明	Kunming	98.8	101.7	101.7	101.7	117.8	105.1	103.5	99.0
拉 萨	Lhasa	102.1	101.9	104.6	100.0	118.9	100.9	108.3	104.0
西 安	Xi'an	105.4	100.3	101.0	100.0	112.6	101.7	97.1	102.8
兰 州	Lanzhou	100.9	105.5	103.4	105.9	111.0	103.4	100.6	103.9
西 宁	Xining	102.9	100.0	103.1	99.1	118.5	98.4	99.2	106.2
银 川	Yinchuan	101.9	97.3	94.0	99.0	108.7	98.0	99.3	103.2
乌鲁木齐	Urumqi	110.8	103.4	105.7	102.7	103.6	103.7	102.9	111.0

(上年价格=100) (Preceding year=100)

地区 Region		16.其它食品 Other Foods	二、烟酒及用品 Tobacco, Liquor and Articles	1．烟草 Tobacco	2．酒 Liquor	3．吸烟、饮酒用品 Articles for Smoking and Drinking	三、衣着 Clothing	1．服装 Garments	(1)男式服装 Men's Clothing
平均指数	**Average**	**101.0**	**101.9**	**100.5**	**104.0**	**102.0**	**98.2**	**98.6**	**98.7**
北京	Beijing	100.4	102.2	100.0	105.0	103.0	98.4	97.7	97.8
天津	Tianjin	101.4	104.7	105.0	106.8	99.2	97.3	98.0	95.9
石家庄	Shijiazhuang	102.6	101.0	99.8	102.4	100.0	100.1	98.3	97.4
太原	Taiyuan	103.7	104.4	102.7	109.0	99.3	95.8	94.6	100.3
呼和浩特	Hohhot	100.9	101.1	100.9	103.5	96.5	99.3	100.6	102.5
沈阳	Shenyang	98.7	101.1	98.2	105.6	101.2	91.5	92.7	95.0
大连	Dalian	102.2	100.5	100.2	101.3	98.6	100.8	97.1	97.4
长春	Changchun	102.6	101.4	100.1	102.4	106.1	103.2	105.8	109.7
哈尔滨	Harbin	106.9	101.4	101.0	101.9	100.0	96.9	95.1	91.0
上海	Shanghai	99.3	100.8	100.4	100.8	104.5	99.3	99.4	99.4
南京	Nanjing	104.6	102.6	100.4	106.2	107.8	100.5	104.6	103.1
杭州	Hangzhou	99.4	100.7	100.1	102.4	100.2	100.6	102.6	102.1
宁波	Ningbo	100.1	99.3	97.7	103.5	99.3	99.4	99.4	96.8
合肥	Hefei	109.0	101.2	100.0	103.1	100.1	98.9	98.4	96.6
福州	Fuzhou	104.1	102.2	100.2	104.7	100.7	102.7	103.0	110.4
厦门	Xiamen	103.0	103.1	100.0	107.0	109.1	94.3	94.9	92.3
南昌	Nanchang	100.4	101.8	99.9	105.6	100.0	101.5	99.9	97.5
济南	Jinan	105.0	101.6	99.9	103.1	100.2	94.8	93.4	94.5
青岛	Qingdao	99.7	101.3	99.5	102.8	99.2	101.4	99.6	99.8
郑州	Zhengzhou	107.8	101.2	99.2	103.3	105.2	100.1	100.0	100.0
武汉	Wuhan	102.2	102.3	101.0	104.8	101.7	100.0	100.8	99.5
长沙	Changsha	101.1	100.8	101.1	100.4	100.6	101.6	99.9	99.6
广州	Guangzhou	102.8	102.8	101.2	105.3	99.5	94.6	96.6	97.2
深圳	Shenzhen	99.6	102.9	100.8	105.0	104.0	98.6	98.2	96.4
南宁	Nanning	103.5	103.0	100.0	106.5	101.2	103.9	108.6	109.9
海口	Haikou	98.4	101.4	99.6	104.3	99.5	98.5	97.9	96.4
重庆	Chongqing	98.9	101.6	100.0	105.3	100.6	94.7	98.7	100.0
成都	Chengdu	102.9	103.0	102.4	104.5	100.7	94.4	95.9	97.7
贵阳	Guiyang	98.6	101.9	100.0	107.6	100.0	93.1	94.7	100.4
昆明	Kunming	102.8	100.0	99.5	103.0	99.5	99.7	100.6	98.7
拉萨	Lhasa	100.0	104.3	107.4	101.7	99.6	101.7	102.0	103.7
西安	Xi'an	100.8	101.6	101.1	102.5	100.0	101.3	98.1	99.0
兰州	Lanzhou	104.9	102.9	99.9	107.0	100.3	98.6	95.8	95.7
西宁	Xining	103.3	101.9	100.6	101.3	108.2	109.3	110.7	111.1
银川	Yinchuan	106.0	101.0	100.2	102.4	106.0	97.2	98.9	96.2
乌鲁木齐	Urumqi	101.6	101.9	98.8	105.3	105.4	95.0	92.2	90.8

4－7－7 续表 4　Continued 4

(上年价格=100)　　(Preceding year=100)

地　区　Region		(2)女式服装 Women's Clothing	(3)儿童服装 Children's Clothing	2．衣着材料 Clothing Material	3．鞋袜帽 Footgear and Hats	(1)鞋 Shoes	(2)袜子 Socks	(3)帽子 Hats	4．衣着加工服务 Clothing Manufacturing Services
平均指数	**Average**	**98.8**	**96.0**	**101.3**	**96.6**	**96.2**	**99.4**	**100.0**	**105.4**
北　京	Beijing	97.6	97.8	100.3	100.1	100.0	101.1	102.7	102.2
天　津	Tianjin	99.6	95.7	102.5	94.9	94.5	100.0	100.7	100.0
石家庄	Shijiazhuang	98.6	99.8	102.5	103.0	104.1	96.0	97.8	114.8
太　原	Taiyuan	92.2	86.6	104.3	98.4	99.6	96.6	81.7	100.5
呼和浩特	Hohhot	99.4	99.6	102.8	95.8	95.5	97.8	99.8	100.0
沈　阳	Shenyang	91.9	85.9	100.1	88.0	86.6	99.7	101.0	100.0
大　连	Dalian	99.2	74.5	95.6	107.5	107.8	101.1	94.7	104.5
长　春	Changchun	103.4	103.0	100.5	98.4	98.6	98.5	100.0	100.0
哈尔滨	Harbin	94.9	110.8	103.9	100.9	101.1	92.3	99.1	108.5
上　海	Shanghai	99.8	96.2	102.9	98.3	97.6	101.7	105.0	103.3
南　京	Nanjing	107.6	91.9	103.0	88.8	86.8	97.4	105.0	106.8
杭　州	Hangzhou	101.7	111.0	101.0	93.3	92.7	100.6	100.7	100.2
宁　波	Ningbo	99.8	110.0	101.3	99.3	99.6	95.3	99.3	100.0
合　肥	Hefei	101.0	91.6	100.0	99.8	99.5	104.1	97.4	105.7
福　州	Fuzhou	96.2	108.8	100.3	101.7	103.6	88.2	96.3	108.1
厦　门	Xiamen	95.9	98.5	101.5	91.7	91.5	93.5	99.7	109.8
南　昌	Nanchang	102.0	96.6	96.3	107.0	109.0	100.3	66.4	98.8
济　南	Jinan	93.4	87.5	99.3	94.3	93.4	100.0	105.2	119.3
青　岛	Qingdao	100.1	93.9	101.2	105.6	105.5	104.1	111.8	109.0
郑　州	Zhengzhou	100.0	100.0	102.2	100.0	100.0	100.0	101.6	104.9
武　汉	Wuhan	100.9	106.0	100.0	97.3	96.8	101.1	98.8	102.7
长　沙	Changsha	100.1	100.5	100.3	105.7	106.6	100.6	100.0	109.5
广　州	Guangzhou	98.0	87.8	100.5	89.7	88.6	95.6	96.4	100.3
深　圳	Shenzhen	101.2	94.0	99.0	100.0	100.1	99.6	99.3	98.9
南　宁	Nanning	108.7	103.6	102.0	90.5	89.3	100.0	99.4	100.3
海　口	Haikou	100.1	95.0	100.0	99.6	99.5	100.0	100.0	105.3
重　庆	Chongqing	98.3	94.3	100.3	82.2	80.9	101.7	94.9	100.0
成　都	Chengdu	96.9	80.8	95.3	89.1	88.1	100.3	98.7	102.7
贵　阳	Guiyang	91.5	89.4	101.0	88.7	86.4	99.7	100.2	105.0
昆　明	Kunming	100.5	105.7	101.2	95.3	94.5	99.3	100.6	124.5
拉　萨	Lhasa	101.8	100.2	109.7	94.1	93.1	93.8	100.0	113.7
西　安	Xi'an	96.9	103.5	103.5	109.9	110.4	95.3	111.1	101.2
兰　州	Lanzhou	96.5	94.2	100.6	106.2	106.7	100.0	100.0	105.6
西　宁	Xining	105.1	127.4	100.0	105.2	105.8	111.7	83.9	103.0
银　川	Yinchuan	101.0	99.1	107.8	92.4	91.6	100.3	94.9	100.8
乌鲁木齐	Urumqi	93.3	91.2	100.0	98.7	98.5	100.0	100.0	114.9

4－7－7 续表 5　Continued 5

(上年价格=100)　　(Preceding year=100)

地　区	Region	四、家庭设备用品及维修服务 Household Facilities, Articles and Maintenemce Services	1.耐用消费品 Durable Consumer Goods	(1)家具 Furniture	(2)家庭设备 Household Facilities	2.室内装饰品 Interior Decorations	3.床上用品 Bed Articles	4.家庭日用杂品 Daily Use Household Articles	5.家庭服务及加工维修服务 Household Service and Manufacturing Upkeep
平均指数	**Average**	**100.5**	**98.1**	**100.0**	**97.0**	**99.4**	**98.3**	**103.6**	**105.5**
北　京	Beijing	100.3	97.1	99.7	94.5	101.6	98.2	103.3	110.3
天　津	Tianjin	99.7	99.0	99.5	98.4	97.8	94.3	101.4	106.9
石家庄	Shijiazhuang	100.2	99.8	106.1	96.8	97.2	98.0	101.9	101.0
太　原	Taiyuan	99.2	97.5	107.3	93.4	88.1	92.5	99.2	118.0
呼和浩特	Hohhot	100.0	98.2	98.1	98.4	99.9	99.2	100.8	109.6
沈　阳	Shenyang	102.1	98.5	97.5	99.2	105.0	97.8	105.2	108.5
大　连	Dalian	100.6	99.5	100.6	99.1	96.8	95.7	103.7	105.9
长　春	Changchun	106.2	99.7	100.0	99.6	104.8	100.9	115.7	100.0
哈尔滨	Harbin	101.5	95.1	96.8	94.4	102.0	98.9	105.5	107.1
上　海	Shanghai	101.5	100.0	99.9	100.1	99.0	99.9	103.3	106.1
南　京	Nanjing	106.6	98.7	99.6	98.2	99.9	104.5	109.9	123.2
杭　州	Hangzhou	100.9	100.2	101.2	99.8	102.6	100.4	102.5	100.9
宁　波	Ningbo	100.0	99.6	100.7	99.1	99.3	93.7	104.3	101.7
合　肥	Hefei	100.9	96.7	102.2	95.3	100.0	100.6	101.4	126.5
福　州	Fuzhou	100.9	99.2	101.5	98.4	96.8	104.6	102.4	101.1
厦　门	Xiamen	100.1	96.0	105.7	92.7	100.4	102.5	104.4	107.9
南　昌	Nanchang	101.8	101.4	114.6	97.8	101.8	103.6	99.7	108.6
济　南	Jinan	101.1	99.5	99.3	99.6	97.7	98.2	102.8	110.4
青　岛	Qingdao	100.1	98.7	97.9	99.1	98.8	97.8	102.7	101.0
郑　州	Zhengzhou	100.0	99.9	100.0	99.8	100.0	100.0	99.6	101.8
武　汉	Wuhan	99.9	93.3	105.6	88.0	100.8	101.5	106.1	118.8
长　沙	Changsha	102.6	100.1	100.3	100.0	100.0	100.5	105.2	104.1
广　州	Guangzhou	97.5	97.3	97.7	97.1	98.8	97.9	102.6	93.4
深　圳	Shenzhen	99.2	97.6	99.5	96.3	101.0	95.6	103.1	101.7
南　宁	Nanning	98.6	98.0	99.4	97.2	94.2	96.5	102.0	100.1
海　口	Haikou	102.5	100.3	100.9	100.0	97.7	101.7	101.1	116.9
重　庆	Chongqing	97.2	94.4	96.8	93.4	96.2	96.5	102.4	100.5
成　都	Chengdu	100.0	98.0	101.0	96.6	99.0	85.5	99.0	113.8
贵　阳	Guiyang	99.5	99.1	99.1	99.2	101.9	96.9	99.2	105.3
昆　明	Kunming	99.9	98.8	100.0	98.0	101.9	102.4	96.9	107.4
拉　萨	Lhasa	99.4	94.6	104.1	87.5	105.4	101.0	104.1	104.9
西　安	Xi'an	99.4	96.2	95.9	96.5	95.3	97.8	104.6	103.6
兰　州	Lanzhou	101.0	99.9	102.5	98.6	100.0	99.3	103.4	99.7
西　宁	Xining	100.0	98.3	98.8	98.3	94.5	103.7	102.2	108.9
银　川	Yinchuan	100.7	98.1	96.6	98.8	99.2	94.1	105.2	102.3
乌鲁木齐	Urumqi	102.8	100.7	104.1	98.5	100.0	101.0	102.8	119.4

4－7－7 续表 6 Continued 6

(上年价格=100) (Preceding year=100)

地 区 Region		五、医疗保健和个人用品 Health Care and Personal Articles	1.医疗保健 Health Care	(1)医疗器具及用品 Medical Instrument and Articles	(2)中药材及中成药 Traditional Chinese Medicine	(3)西药 Western Medicine	(4)保健器具及用品 Health Care Appliances and Articles	(5)医疗保健服务 Health Care Services	2．个人用品及服务 Personal Articles and Services
平均指数	**Average**	**101.0**	**101.4**	**103.7**	**103.4**	**100.7**	**100.9**	**101.1**	**100.1**
北 京	Beijing	99.9	100.4	100.1	100.5	99.7	103.3	100.0	98.6
天 津	Tianjin	102.6	104.2	100.6	114.7	102.6	100.1	100.0	98.0
石家庄	Shijiazhuang	101.1	101.9	100.6	103.0	102.1	99.8	100.0	99.2
太 原	Taiyuan	101.0	101.5	108.6	105.2	101.3	99.8	100.0	99.6
呼和浩特	Hohhot	101.2	101.9	103.4	105.8	101.3	99.9	100.0	99.4
沈 阳	Shenyang	102.4	101.7	98.5	104.7	100.3	99.0	102.2	104.2
大 连	Dalian	102.1	102.2	100.0	105.3	101.9	100.4	102.7	102.1
长 春	Changchun	101.0	100.2	100.0	102.2	99.4	99.7	100.0	102.7
哈尔滨	Harbin	103.8	103.4	105.4	108.3	101.4	103.2	100.0	104.8
上 海	Shanghai	99.4	101.0	110.6	101.5	100.3	99.8	102.5	97.7
南 京	Nanjing	100.5	99.9	97.1	101.6	100.0	99.2	100.0	102.1
杭 州	Hangzhou	100.6	100.7	105.4	100.5	100.4	100.6	101.5	100.3
宁 波	Ningbo	101.8	103.1	103.6	100.4	104.7	104.4	100.8	98.9
合 肥	Hefei	102.6	100.8	100.2	104.4	97.5	102.6	100.8	105.7
福 州	Fuzhou	102.6	101.3	99.5	105.7	100.1	97.9	100.0	105.1
厦 门	Xiamen	102.1	102.0	108.6	99.2	101.3	103.1	104.1	102.3
南 昌	Nanchang	102.0	103.5	93.4	109.3	100.4	100.0	100.0	99.1
济 南	Jinan	103.8	105.2	95.9	101.1	99.1	102.6	115.3	100.5
青 岛	Qingdao	100.2	100.3	95.2	100.9	100.1	100.9	100.0	100.1
郑 州	Zhengzhou	101.2	100.6	100.1	103.8	99.5	100.6	99.6	102.4
武 汉	Wuhan	102.3	102.2	98.9	102.7	102.9	101.3	100.6	102.6
长 沙	Changsha	99.4	99.2	100.5	100.4	97.5	98.4	100.0	99.9
广 州	Guangzhou	100.2	99.3	103.7	98.3	99.9	98.1	100.0	101.2
深 圳	Shenzhen	102.8	102.9	104.1	104.7	101.5	107.0	100.0	102.7
南 宁	Nanning	101.7	101.5	100.8	101.9	101.5	106.3	100.0	102.1
海 口	Haikou	105.4	107.3	103.3	103.9	100.1	103.8	112.2	99.9
重 庆	Chongqing	99.4	99.8	101.0	98.0	100.9	99.1	100.3	97.9
成 都	Chengdu	100.3	101.1	101.1	101.2	101.4	100.4	100.4	98.1
贵 阳	Guiyang	101.0	100.6	100.0	101.2	101.4	99.4	99.7	101.4
昆 明	Kunming	101.1	102.7	100.2	107.7	100.2	101.9	99.7	96.0
拉 萨	Lhasa	102.0	98.3	100.0	92.9	98.8	94.9	102.9	106.1
西 安	Xi'an	100.5	101.3	100.8	102.8	102.0	100.3	100.0	98.5
兰 州	Lanzhou	100.8	100.2	99.5	102.0	99.1	101.3	100.0	101.6
西 宁	Xining	103.2	101.9	101.6	105.8	101.9	102.5	100.4	106.1
银 川	Yinchuan	100.2	100.3	105.5	100.5	99.5	102.0	100.4	100.0
乌鲁木齐	Urumqi	103.3	103.6	100.0	105.9	103.0	108.6	100.0	102.7

(上年价格=100) (Preceding year=100)

地 区	Region	(1)化妆美容用品 Cosmetics	清洁化妆用品 Clean make-up Supplies	(3)个人饰品 Personal Decorations	(4)个人服务 Personal Services	六、交通和通信 Transportation and Communication	1．交通 Transportation	(1)交通工具 Transportation Facility	(2)车用燃料及零配件 Fuels and Parts
平均指数	**Average**	**100.9**	**102.4**	**95.0**	**103.4**	**97.0**	**98.2**	**96.7**	**93.4**
北 京	Beijing	103.1	102.9	91.4	101.5	95.9	96.8	94.4	96.1
天 津	Tianjin	100.5	101.1	91.3	100.0	96.3	97.3	94.3	93.1
石家庄	Shijiazhuang	98.5	102.0	97.0	99.5	98.5	100.3	99.1	98.4
太 原	Taiyuan	102.9	104.1	89.3	103.5	97.1	98.0	98.8	90.0
呼和浩特	Hohhot	100.2	103.7	93.2	100.0	98.6	97.9	96.3	96.7
沈 阳	Shenyang	102.9	103.6	94.9	108.9	95.0	97.7	97.9	88.1
大 连	Dalian	100.6	102.2	93.7	106.3	96.9	98.0	95.3	89.6
长 春	Changchun	100.0	105.2	92.8	106.0	97.0	98.8	96.6	89.6
哈尔滨	Harbin	102.1	103.1	99.1	115.0	97.5	99.1	99.0	91.9
上 海	Shanghai	100.4	99.9	93.7	103.4	97.5	99.7	99.7	99.6
南 京	Nanjing	98.5	110.1	94.9	107.1	96.9	98.3	98.4	90.3
杭 州	Hangzhou	98.7	101.5	101.5	100.2	95.2	95.5	94.6	90.5
宁 波	Ningbo	100.2	101.4	93.3	100.8	95.4	96.8	95.6	90.4
合 肥	Hefei	103.8	102.7	96.9	112.6	97.1	98.0	97.5	94.0
福 州	Fuzhou	103.9	102.8	104.0	108.0	95.4	98.8	100.7	92.5
厦 门	Xiamen	99.5	106.2	101.9	102.1	95.0	99.5	101.6	93.9
南 昌	Nanchang	104.8	102.0	91.5	100.3	97.9	99.7	98.5	97.1
济 南	Jinan	99.5	100.7	98.0	102.7	96.1	97.8	98.3	88.9
青 岛	Qingdao	97.6	103.0	98.7	100.3	97.5	97.0	96.9	85.3
郑 州	Zhengzhou	100.1	101.4	91.3	112.2	98.6	100.6	101.2	106.4
武 汉	Wuhan	99.8	107.2	98.8	103.5	98.2	99.3	98.4	91.7
长 沙	Changsha	100.4	101.4	96.9	100.1	98.9	99.0	98.2	90.4
广 州	Guangzhou	100.1	101.2	103.2	101.0	96.2	95.4	86.8	91.4
深 圳	Shenzhen	100.5	103.3	106.3	100.0	98.2	98.7	98.7	91.3
南 宁	Nanning	100.7	105.6	96.6	104.9	98.1	98.4	98.9	99.8
海 口	Haikou	101.1	100.6	95.4	100.0	98.4	98.1	101.1	94.4
重 庆	Chongqing	101.3	101.2	87.2	99.7	98.2	100.7	98.4	88.2
成 都	Chengdu	100.1	101.2	92.6	96.7	98.0	99.8	100.3	97.9
贵 阳	Guiyang	99.9	101.3	100.2	103.5	96.7	101.2	103.8	88.4
昆 明	Kunming	101.1	105.5	91.7	88.8	97.5	97.9	98.0	89.0
拉 萨	Lhasa	105.0	102.6	101.8	116.7	98.1	100.9	93.7	105.3
西 安	Xi'an	100.5	99.2	91.4	102.7	97.3	98.3	97.8	88.4
兰 州	Lanzhou	100.5	103.8	101.4	101.9	97.0	99.5	97.7	97.8
西 宁	Xining	99.7	108.0	104.4	108.1	97.2	100.1	99.1	89.6
银 川	Yinchuan	99.8	102.8	94.7	100.3	99.0	101.7	99.4	98.0
乌鲁木齐	Urumqi	111.6	101.3	91.8	104.2	98.0	99.4	98.2	92.8

4－7－7 续表 8 Continued 8

(上年价格=100) (Preceding year=100)

地 区 Region		(3)车辆使用及维修 Using and Upkeep Fare	(4)市区公共交通费 Incity Traffic Fare	(5)城市间交通费 Intercity Traffic Fare	2．通信 Communication	(1)通信工具 Communication Facility	(2)通信服务 Communication Service	七、娱乐教育文化用品及服务 Recreation, Education and Culture Articles
平均指数	**Average**	**101.3**	**100.4**	**99.1**	**95.6**	**74.3**	**99.7**	**98.0**
北 京	Beijing	100.6	100.2	93.2	94.2	72.7	100.0	97.6
天 津	Tianjin	102.4	100.0	98.5	95.1	66.7	100.0	96.1
石家庄	Shijiazhuang	101.5	100.0	103.0	97.1	85.8	100.0	99.0
太 原	Taiyuan	107.0	100.0	95.9	96.3	75.1	100.0	99.6
呼和浩特	Hohhot	99.4	100.0	97.7	99.2	95.5	100.0	96.5
沈 阳	Shenyang	102.8	100.0	99.9	92.5	74.0	95.3	98.5
大 连	Dalian	103.9	100.0	99.3	95.8	73.6	100.0	97.5
长 春	Changchun	100.3	100.0	101.4	95.2	76.2	99.5	98.8
哈尔滨	Harbin	100.0	100.0	99.1	96.4	74.0	100.0	100.0
上 海	Shanghai	101.1	100.6	93.7	94.4	64.6	100.7	98.0
南 京	Nanjing	101.1	100.8	99.9	94.6	68.3	100.0	96.5
杭 州	Hangzhou	98.0	98.5	97.8	94.6	77.7	97.6	96.9
宁 波	Ningbo	100.7	103.0	95.0	93.8	79.5	96.7	98.2
合 肥	Hefei	100.3	100.0	96.2	96.1	72.5	100.0	98.5
福 州	Fuzhou	102.6	100.0	97.6	93.8	73.9	98.3	98.0
厦 门	Xiamen	98.9	100.0	102.8	91.5	72.1	94.8	98.6
南 昌	Nanchang	107.2	100.0	97.5	96.8	77.3	100.0	99.9
济 南	Jinan	100.0	100.0	99.7	94.0	69.3	100.0	99.7
青 岛	Qingdao	100.1	100.3	98.3	98.2	93.4	99.5	100.8
郑 州	Zhengzhou	99.5	100.0	97.5	97.8	78.4	100.0	100.6
武 汉	Wuhan	100.0	102.4	98.0	97.2	79.4	100.0	97.4
长 沙	Changsha	100.9	102.6	102.1	98.6	89.3	99.9	99.3
广 州	Guangzhou	103.0	100.0	98.6	97.1	73.8	100.0	97.1
深 圳	Shenzhen	100.1	100.4	102.0	97.4	85.7	100.0	98.2
南 宁	Nanning	101.6	95.2	96.3	97.6	87.6	100.0	99.9
海 口	Haikou	100.0	100.0	98.1	98.7	88.2	100.0	100.4
重 庆	Chongqing	105.0	100.3	109.0	96.5	78.1	100.0	98.5
成 都	Chengdu	102.2	100.0	98.5	96.0	78.6	99.8	99.9
贵 阳	Guiyang	108.7	100.0	101.9	91.6	90.2	91.9	101.2
昆 明	Kunming	100.4	100.0	102.7	97.2	80.7	100.0	96.4
拉 萨	Lhasa	101.1	102.7	99.4	94.1	79.0	97.4	99.9
西 安	Xi'an	103.8	100.0	100.2	96.2	73.6	100.0	97.8
兰 州	Lanzhou	100.0	100.0	100.9	94.4	70.2	100.0	102.5
西 宁	Xining	97.7	100.4	101.0	94.6	71.8	98.1	100.1
银 川	Yinchuan	104.8	104.0	100.3	96.0	80.6	99.9	96.8
乌鲁木齐	Urumqi	103.9	100.0	99.7	96.8	82.8	100.0	97.1

4－7－7 续表 9　Continued 9

(上年价格=100)　　　　(Preceding year=100)

地　区 Region		1.文娱用耐用消费品及服务 Durable Consumer Goods for Cultural and Recreational Use and Services	2. 教育 Education	(1)教材及参考书 Teaching Materials and Reference Books	(2)学杂托幼费 Tuition and Child Care	3. 文化娱乐 Cultural and Recreational	(1)文化娱乐用品 Cultural Recreational Articles	(2)书报杂志 Newspapers and Magazines
平均指数	**Average**	**86.2**	**101.3**	**103.3**	**101.0**	**102.9**	**99.1**	**112.2**
北　京	Beijing	85.7	101.3	102.3	101.1	103.2	100.0	114.5
天　津	Tianjin	83.2	101.2	100.8	101.3	102.0	99.5	122.5
石家庄	Shijiazhuang	89.4	100.9	106.1	100.3	101.7	98.1	107.0
太　原	Taiyuan	89.8	100.9	104.0	100.5	103.7	102.5	112.2
呼和浩特	Hohhot	80.2	100.0	99.6	100.0	102.8	100.0	112.8
沈　阳	Shenyang	90.0	100.4	104.3	100.0	105.1	98.8	110.8
大　连	Dalian	81.7	100.4	105.3	100.0	106.5	102.6	116.9
长　春	Changchun	95.4	98.2	99.4	97.9	103.7	104.3	107.7
哈尔滨	Harbin	74.4	104.7	107.8	104.3	102.5	99.2	109.9
上　海	Shanghai	82.8	102.1	106.3	101.7	104.2	97.0	124.7
南　京	Nanjing	80.8	100.2	100.2	100.2	102.5	99.2	110.1
杭　州	Hangzhou	93.0	100.3	103.3	100.0	101.4	98.2	102.0
宁　波	Ningbo	84.9	101.5	103.0	101.2	100.8	100.3	102.7
合　肥	Hefei	84.2	100.6	104.5	100.1	105.5	101.2	107.4
福　州	Fuzhou	87.9	98.9	102.9	98.3	103.2	99.6	115.5
厦　门	Xiamen	92.2	102.4	103.7	102.2	102.6	102.4	102.0
南　昌	Nanchang	92.2	100.8	100.3	100.8	102.6	100.5	106.5
济　南	Jinan	91.9	102.0	103.6	101.8	101.4	100.1	104.3
青　岛	Qingdao	93.1	108.0	110.2	107.6	104.3	103.0	106.3
郑　州	Zhengzhou	97.7	101.2	103.3	101.0	102.2	100.1	104.9
武　汉	Wuhan	80.0	99.2	94.4	99.6	105.0	98.4	121.7
长　沙	Changsha	91.5	100.1	97.3	100.2	102.5	101.1	103.4
广　州	Guangzhou	85.8	100.2	104.9	99.9	101.1	98.1	106.3
深　圳	Shenzhen	88.8	100.0	101.0	99.9	101.9	97.6	108.7
南　宁	Nanning	90.8	100.2	101.0	100.1	105.3	100.3	110.0
海　口	Haikou	97.5	100.5	104.3	100.0	100.9	99.8	112.9
重　庆	Chongqing	88.8	102.8	100.9	102.9	102.3	98.6	106.5
成　都	Chengdu	88.6	100.2	100.0	100.2	102.2	100.5	102.6
贵　阳	Guiyang	92.6	100.4	101.1	100.4	105.5	97.3	106.2
昆　明	Kunming	92.5	101.5	110.9	99.2	102.3	101.6	107.8
拉　萨	Lhasa	96.3	99.4	97.9	100.0	104.9	109.0	104.3
西　安	Xi'an	88.6	98.4	104.7	97.8	103.0	101.0	110.2
兰　州	Lanzhou	88.8	105.5	96.1	106.5	100.6	97.6	109.8
西　宁	Xining	85.1	105.3	112.9	102.6	102.5	101.9	110.1
银　川	Yinchuan	81.3	103.6	106.5	103.2	101.5	98.7	110.9
乌鲁木齐	Urumqi	84.5	101.1	111.7	100.0	102.2	99.2	109.0

(上年价格=100) (Preceding year=100)

地区 Region		(3)文娱费 Expenditure of Culture and Recreation	4.旅游 Touring	八、居住 Residence	1．建房及装修材料 Building and Building Decoration Materials	2．租房 Rent	3．自有住房 Private Housing	4.水、电、燃料 Eletricity and Fuel
平均指数	**Average**	**101.5**	**94.5**	**95.6**	**101.3**	**101.8**	**82.5**	**99.6**
北京	Beijing	101.8	93.5	89.8	99.6	102.2	73.4	100.4
天津	Tianjin	96.6	88.2	94.9	106.5	100.0	85.2	104.0
石家庄	Shijiazhuang	101.1	101.4	104.3	104.3	106.6	88.1	105.6
太原	Taiyuan	101.3	97.8	98.0	98.8	100.0	91.3	100.9
呼和浩特	Hohhot	95.2	91.7	99.4	99.2	100.0	100.3	99.0
沈阳	Shenyang	106.2	88.4	99.0	97.4	100.0	91.1	102.3
大连	Dalian	103.7	94.4	94.1	101.9	105.8	83.5	107.9
长春	Changchun	100.0	99.5	92.6	100.6	100.0	87.2	99.6
哈尔滨	Harbin	100.3	94.0	98.1	100.6	108.5	87.7	98.1
上海	Shanghai	102.1	93.9	96.6	100.8	98.1	81.3	106.4
南京	Nanjing	102.5	95.4	98.9	101.7	102.4	82.8	96.9
杭州	Hangzhou	102.7	88.6	91.8	99.1	101.3	75.7	97.0
宁波	Ningbo	100.5	97.1	95.9	97.6	103.3	85.2	99.5
合肥	Hefei	106.8	103.0	87.2	97.6	108.6	69.2	94.7
福州	Fuzhou	98.7	101.9	93.4	100.4	112.3	74.1	93.9
厦门	Xiamen	103.0	90.4	94.6	101.4	99.9	81.8	95.1
南昌	Nanchang	101.2	101.3	96.3	103.1	100.7	93.2	93.6
济南	Jinan	100.6	98.2	100.9	102.6	100.4	99.1	100.9
青岛	Qingdao	103.3	86.9	100.0	100.3	102.9	99.3	99.7
郑州	Zhengzhou	102.4	100.8	92.3	101.3	113.9	82.9	102.3
武汉	Wuhan	100.0	96.9	96.3	104.8	100.0	85.1	96.2
长沙	Changsha	103.0	100.9	94.8	102.0	100.0	95.6	92.9
广州	Guangzhou	100.4	95.1	95.3	104.8	101.1	86.3	94.3
深圳	Shenzhen	100.1	98.0	97.1	97.3	102.0	86.8	97.1
南宁	Nanning	104.8	107.8	90.5	102.0	100.0	62.2	92.1
海口	Haikou	92.2	103.3	94.4	96.6	100.3	91.6	94.5
重庆	Chongqing	102.8	88.3	95.9	100.9	99.9	81.4	100.0
成都	Chengdu	103.5	111.8	98.5	99.3	103.8	91.8	100.1
贵阳	Guiyang	107.8	107.3	92.2	100.0	116.7	82.0	98.7
昆明	Kunming	99.4	88.2	107.4	106.2	103.8	100.7	110.3
拉萨	Lhasa	100.3	101.1	100.4	103.8	102.2	94.9	99.5
西安	Xi'an	101.6	95.3	95.0	100.7	101.7	80.8	99.0
兰州	Lanzhou	100.0	100.7	89.4	105.9	123.8	78.6	100.0
西宁	Xining	101.1	94.9	97.0	100.3	114.9	87.0	106.2
银川	Yinchuan	100.7	98.0	99.6	101.9	101.2	90.9	101.0
乌鲁木齐	Urumqi	100.7	92.8	98.8	101.1	100.0	95.6	98.2

4-8-1 全国商品零售价格分类指数(1978～2009年)

Retail Price Indices by Category(1978～2009)

(上年价格=100) (Preceding year=100)

年 份 Year	总指数* Retail Price Index	食品类 Food	粮食 Grain	油脂 Oil or Fat	肉禽及其制品 Meat, Poultry and Their Products	蛋 Eggs	水产品 Aquatic Products	菜 Vegetables	调味品 Flavoring	食糖 Sugar	糖果 Candy
1978	100.7	101.5	101.3					105.0			
1979	102.0	105.5	103.7					107.8			
1980	106.0	110.5	103.5					110.9			
1981	102.4	103.7	103.9					110.6			
1982	101.9	102.8	100.2					101.8			
1983	101.5	102.4	99.9					112.7			
1984	102.8	102.6	99.8	102.6	105.0		111.1	107.5			
1985	108.8	114.4	110.9	112.3	122.0		134.3	134.5			
1986	106.0	107.4	109.3	111.0	110.1		111.7	103.3			
1987	107.3	110.1	106.2	107.7	116.5		117.0	117.7			
1988	118.5	123.0	114.1	117.1	136.8		131.1	131.7			
1989	117.8	116.2	121.3	121.5	114.3		116.3	102.1			
1990	102.1	100.3	95.2	101.6	97.9		99.3	99.6			
1991	102.9	103.3	108.6	109.9	97.7		101.5	106.1			
1992	105.4	107.7	124.3	105.9	104.8		105.4	109.6			
1993	113.2	114.3	127.7	116.2	114.0		116.3	115.7			
1994	121.7	135.2	148.7	161.4	137.2		120.7	138.2	118.3	138.5	127.1
1995	114.8	124.7	134.4	116.3	124.2		114.2	129.3	117.3	130.5	122.5
1996	106.1	107.7	107.5	92.1	106.4		105.6	118.4	114.3	95.8	109.5
1997	100.8	99.8	92.1	101.6	101.3		101.2	99.5	102.9	98.0	102.9
1998	97.4	96.8	96.9	100.7	92.6		94.2	100.3	99.3	92.8	99.7
1999	97.0	95.8	96.4	94.4	91.1		93.6	100.4	99.9	84.8	98.1
2000	98.5	97.5	90.1	86.2	96.1		102.7	105.3	101.2	108.6	99.2
2001	99.2	100.6	101.5	89.3	102.9		96.3	103.3	100.8	115.8	100.6
2002	98.7	99.9	98.6	100.1	100.4	96.2	100.8	99.6	101.2	88.8	102.5
2003	99.9	103.4	102.2	112.5	103.0	98.5	100.3	116.3	100.3	91.1	103.1
2004	102.8	109.9	126.5	116.8	117.1	119.8	112.5	95.2	101.8	104.1	101.1
2005	100.8	103.1	101.4	94.7	103.0	104.7	105.8	108.1	101.4	106.9	102.6
2006	101.0	102.6	102.5	98.7	97.3	96.3	101.6	108.1	102.2	130.7	103.4
2007	103.8	112.3	106.4	126.3	131.0	121.8	105.3	107.9	103.9	98.8	102.3
2008	105.9	114.4	107.0	125.0	121.7	104.3	114.5	110.4	105.6	98.2	106.3
2009	98.8	100.9	105.7	81.8	91.7	101.6	102.3	113.2	103.5	100.8	103.7

*自2003年起，商品零售价格指数开始编制定基价格指数。

Making of retail price fixed-base index from 2003.

4-8-1 续表 1 Continued 1

(上年价格=100) (Preceding year=100)

年 份 Year	干鲜瓜果 Dried and Fresh Melons and Fruits	糕点 Cake	液体乳及乳制品 Milk and Its Products	在外用膳食品 Outward Dinner Food	主食 Staple Food	炒菜 Fried Dishes	地方小吃 Local Snack	其它食品 Other Foods	饮料、烟酒 Beverages, Tobacco and Liquor	茶及饮料 Tea and Beverages
1978								102.7	100.1	
1979								103.5	100.7	
1980								106.4	100.5	
1981								102.5	103.3	
1982								101.2	116.4	
1983								105.2	98.7	
1984								104.0	99.9	
1985								115.0	100.7	
1986								106.7	101.2	
1987								109.7	103.2	
1988								120.2	113.0	
1989								121.9	110.7	
1990								102.5	100.9	
1991								103.9	100.8	
1992								103.6	104.6	
1993								109.5	105.8	
1994		127.0	133.3	128.2	133.8	124.8	130.8	126.5	111.3	113.8
1995		124.8	126.3	123.5	128.7	120.5	126.3	123.2	107.8	111.3
1996		110.2	110.3	108.6	110.7	107.1	110.5	108.8	105.1	106.2
1997		103.9	104.8	104.7	104.5	104.7	105.2	103.0	101.2	102.1
1998		100.7	100.0	101.1	101.1	100.7	102.5	99.2	98.8	99.1
1999	99.4	100.7	99.1	99.6	100.3	98.9	100.9	97.8	97.3	98.4
2000	95.7	99.5	100.0	99.8	99.0	99.7	101.3	100.9	98.0	98.5
2001	100.1	99.2	99.9	100.4	99.9	100.4	101.1	101.8	99.5	98.9
2002	100.8	99.3	99.4	100	100.1	99.7	101.1	101.2	99.9	99.5
2003	102.2	99.8	99.7	100	100.7	99.7	100.3	99.2	99.9	99.3
2004	104.1	101.5	100.4	103.8	106.8	102.3	104.9	100.8	101.0	99.8
2005	101.7	100.8	100.9	102.8	102.2	103.2	102	101.2	100.5	100.2
2006	117.0	101.1	101.0	101.9	101.4	102.1	101.7	101.3	100.7	101.0
2007	102.5	104.6	102.9	107.1	108.2	105.9	110.2	104.3	101.8	101.4
2008	111.3	109.2	117.4	111.6	111.6	110.5	116.0	108.3	103.4	103.8
2009	106.7	102.3	101.4	102.7	102.4	102.6	103.7	101.6	101.7	101.9

(上年价格=100) (Preceding year=100)

年 份 Year	烟草 Tobacco	酒 Liquor	服装、鞋帽 Garments, Shoes and Hats	服装 Garments	鞋袜帽 Footgear and Hats	纺织品 Textiles	棉布 Cotton Cloth	混纺布 Blend Cloth	化纤布 Chemical Fiber Cloth	毛织品 Wool
1978			100.2							
1979			99.5				100.0		97.7	99.7
1980			100.0				100.0		99.3	99.8
1981			99.6				100.0		98.6	99.1
1982			97.9				100.0		92.3	98.9
1983			98.8				119.6		80.6	107.7
1984			100.0				100.0		97.2	100.4
1985			100.9				99.1		100.4	100.5
1986			103.2				102.0		100.2	102.2
1987			103.5				103.0		99.9	105.6
1988			112.7				121.7		102.6	120.0
1989			118.1				132.1		108.9	121.8
1990			107.1				111.2		106.0	107.0
1991			104.1				105.4		103.1	104.7
1992			102.8				101.2		101.0	102.9
1993			106.2				103.1		102.1	106.2
1994	110.8	110.8	119.6	117.9	119.0	114.7	130.9	115.4	111.3	107.8
1995	106.8	106.8	116.8	113.4	117.8	115.4	134.4	116.2	112.2	108.7
1996	104.8	104.8	108.5	107.3	109.4	106.4	109.3	105.1	104.9	107.9
1997	100.9	100.9	103.5	103.0	103.7	101.9	102.8	101.7	101.2	102.3
1998	98.7	98.7	99.3	98.5	99.8	99.1	100.2	99.4	97.0	99.5
1999	97.0	97.0	97.3	96.3	98.3	98.0	98.5	97.7	97.5	98.0
2000	97.8	97.8	99.2	98.7	99.8	98.6	98.9	98.5	99.0	98.4
2001	99.7	99.7	98.9	98.3	99.6	99.1	99.7	99.1	99.6	97.4
2002	100.0	100.0	97.9	97.5	98.0	99.4	99.3	100.3	99.2	98.7
2003	99.8	100.3	97.5	97.5	97.4	99.3	99.9	99.6	100.2	98.5
2004	100.7	102.2	98.2	98.2	98.0	100.0	103.2	101.4	101.2	98.6
2005	100.3	100.9	97.9	97.9	98.1	99.8	101.0	101.2	101.2	100.3
2006	100.2	101.3	99.8	99.4	100.8	100.0	100.9	101.8	100.6	
2007	100.9	103.4	99.4	99.6	98.9	100.2	102.4	102.0	101.4	
2008	100.5	107.5	98.4	98.5	98.1	100.5	102.6	102.1	101.6	
2009	100.4	103.3	97.9	98.0	97.6	99.6	101.2	100.8	101.1	

4-8-1 续表 3 Continued 3

(上年价格=100) (Preceding year=100)

年 份 Year	丝织品 Silk	家用电器及音像器材 Household Appliances, Music and Video Equipment	文化办公用品 Cultural and Office Appliances	日用品 Articles for Daily Use	日用百货 General Merchandise for Daily Use	日用杂品 Grocery for Daily Use	体育娱乐用品 Sports and Recreation Articles	交通、通信用品 Transportation and Communication Appliances	家具 Furniture	化妆品 Cosmetics
1978				100.1			100.6			
1979	99.7	100.0	102.3	100.5	99.8	102.2	101.8		100.4	
1980	100.0	93.6	100.8	101.6	100.1	103.0	95.5		101.1	
1981	100.0	97.2	100.4	101.3	100.1	103.2	98.0		107.6	
1982	100.0	96.1	100.2	100.6	100.4	102.2	97.2		107.6	
1983	100.1	95.1	100.3	99.3	100.2	101.8	98.1		101.1	
1984	99.6	99.7	100.3	100.2	100.8	104.6	99.8		101.7	
1985	101.1	100.8	103.9	102.7	103.8	109.5	101.5		103.9	
1986	106.6	99.6	105.1	106.1	105.9	109.8	101.0		103.6	
1987	109.7	100.2	107.9	106.1	106.0	110.4	102.5		105.7	
1988	112.3	115.3	114.8	112.2	121.7	112.8	114.1		109.2	
1989	119.2	114.0	119.2	115.3	124.1	118.0	114.3		111.6	
1990	106.5	93.1	111.4	101.9	107.7	108.3	97.5		102.3	
1991	102.9	93.2	105.0	101.5	103.8	103.7	96.2		100.4	
1992	101.5	93.0	102.7	101.4	101.4	103.6	95.7		100.6	
1993	104.6	99.5	107.3	107.9	107.8	112.2	101.6		107.3	
1994	114.2	106.7	109.4	113.9	114.0	118.0	109.8		111.0	116.4
1995	109.7	100.7	108.6	109.7	110.6	112.5	108.9		106.6	109.9
1996	104.2	98.7	106.2	105.3	105.7	107.1	106.7		103.7	105.0
1997	101.6	95.6	100.9	102.3	102.2	102.7	101.7		102.3	102.3
1998	99.8	93.9	98.4	99.0	99.5	99.8	99.0		97.9	100.5
1999	98.4	94.0	99.5	97.9	97.8	98.6	99.5		97.6	99.6
2000	98.8	93.6	98.9	98.1	97.9	99.4	98.9		97.8	98.9
2001	99.6	93.9	98.4	98.3	98.4	99.6	98.6		97.6	98.8
2002	99.3	94.2	98.6	98.7	98.8	99.0	99.3		98.4	98.4
2003	99.2	94.2	95.8	98.5	98.0	99.7	98.1	91.1	97.8	98.9
2004	98.8	94.7	96.9	99.6	99.7	100.3	98.2	91.8	98.8	98.9
2005	98.6	96.3	96.7	100.2	100.0	100.7	98.4	91.7	99.1	99.3
2006		97.3	97.6	100.8	100.5	101.2	98.5	92.3	100.1	99.8
2007		97.4	97.0	101.1	100.7	101.5	97.4	92.7	101.6	100.2
2008		96.9	96.8	103.7	103.2	101.8	97.7	93.2	102.6	100.7
2009		94.2	96.2	102.0	101.5	101.9	97.8	93.7	99.7	100.8

4-8-1 续表 4 Continued 4

(上年价格=100) (Preceding year=100)

年 份 Year	金银珠宝 Gold, Silver and Jewelry	中西药品及医疗保健用品 Traditional Chinese and Western Medicines and Health Care Articles	医疗器具及用品 Medical Apparatus and Article	中药材及中成药 Traditional Chinese Medicinal Materials and Medicines	西药 Western Medicines	书报杂志及电子出版物 Books, Newspapers, Magazines and Electronic Publications	燃料 Fuels	建筑材料及五金电料 Building Materials and Hardware	建筑装潢材料 Building Decoration Materials	五金电料 Hardware
1978		100.5					100.1			
1979		101.7	99.7	105.7	99.7		100.2			
1980		100.9	99.8	102.9	99.8		100.7			
1981		100.2	98.1	102.9	98.1		100.6			
1982		101.3	100.4	102.9	100.4		100.8			
1983		103.9	101.8	107.2	101.8		101.0			
1984		104.9	102.1	109.0	102.1	100.0	102.2			
1985		103.8	102.5	105.8	102.5	132.5	104.0			
1986		102.0	101.9	102.0	101.9	113.9	103.9			
1987		104.6	106.1	102.5	106.1	101.4	103.6			
1988		124.8	117.6	134.8	117.6	115.2	116.1		121.4	
1989		121.2	121.9	120.1	121.9	192.7	127.4		118.7	
1990		102.4	106.8	96.6	106.8	107.6	108.2		97.0	
1991		103.4	101.1	106.3	101.1	100.8	115.6		100.8	
1992		109.1	102.1	118.4	102.1	103.3	114.6		106.5	
1993		109.2	106.2	113.1	106.2	107.1	135.0		128.8	
1994	110.1	111.8	113.4	109.3	113.4	133.5	115.1		112.9	
1995	99.4	111.5	114.9	111.6	111.0	115.2	107.2		105.7	
1996	99.4	108.8	106.8	112.8	106.2	136.9	105.0		101.2	
1997	97.8	104.4	103.5	108.4	101.6	112.8	107.3		99.0	
1998	90.9	102.8	101.0	108.1	99.1	105.1	96.1		97.1	
1999	94.5	101.0	100.1	105.6	97.9	104.9	100.4		98.3	
2000	97.6	100.2	99.6	104.6	97.3	105.4	117.7		98.4	
2001	90.7	98.5	98.8	102.3	95.8	108.1	102.4		100.1	
2002	100.9	96.5	99.0	97.5	95.4	100.8	102.0		100.1	
2003	108.6	98.4	100.6	104.4	94.3	100.3	109.3	99.7	99.7	99.7
2004	111.6	96.7	101.9	98.4	94.5	101.0	112.4	103.7	104.2	102.0
2005	104.4	97.6	98.4	96.5	97.8	100.3	115.4	102.1	102.3	101.5
2006	119.7	99.1	98.3	100.0	98.4	100.2	112.4	103.0	102.8	103.6
2007	107.9	102.0	98.5	108.0	99.0	99.7	104.2	105.1	105.6	103.4
2008	116.8	103.1	99.6	106.9	101.3	101.5	116.0	107.9	109.5	102.9
2009	95.6	101.5	101.5	102.4	101.1	105.0	92.7	98.4	97.9	100.2

4-8-2 全国商品零售价格分类指数（2009年）
Retail Price Indices by Category (2009)

（上年价格=100） (Preceding year=100)

项目	Item	全国 National Indices	城市 Urban Indices	36个大中城市 36 Major Cities	农村 Rural Indices
商品零售价格总指数	**Retail Price Index**	**98.8**	**98.7**	**98.6**	**99.0**
一、食品	**Food**	**100.9**	**101.1**	**101.4**	**100.2**
1.粮食	Grain	105.7	105.9	105.4	105.4
2.淀粉	Starches	102.9	103.5	103.9	101.9
3.干豆类及豆制品	Bean and Its Products	98.2	98.7	99.3	97.4
4.油脂	Oil or Fat	81.8	82.0	81.3	81.4
5.肉禽及其制品	Meat, Poultry and Their Products	91.7	91.9	92.8	91.2
6.蛋	Eggs	101.6	101.3	101.1	102.0
7.水产品	Aquatic Products	102.3	102.8	102.4	101.0
8.菜	Vegetables	113.2	113.0	112.6	113.8
9.调味品	Flavoring	103.5	103.7	104.1	103.1
10.糖	Carbohydrate	102.5	102.8	103.1	102.1
11.干鲜瓜果	Dried and Fresh Melons and Fruits	106.7	106.9	106.5	106.3
12.糕点饼干面包	Cake	102.9	102.7	102.9	103.2
13.液体乳及乳制品	Milk and Its Products	101.4	101.3	101.5	101.8
14.在外用膳食品	Outward Dinner Food	102.7	102.5	102.4	103.5
15.其它食品	Other Foods	101.6	101.5	101.1	101.8
二、饮料、烟酒	**Beverages, Tobacco and Liquor**	**101.7**	**101.8**	**101.9**	**101.3**
1.茶及饮料	Tea and Beverages	101.9	102.1	102.2	101.4
2.烟草	Tobacco	100.4	100.4	100.6	100.3
3.酒	Liquor	103.3	103.7	103.8	102.7
三、服装、鞋帽	**Garments, Shoes and Hats**	**97.9**	**97.8**	**98.2**	**98.1**
1.服装	Garments	98.0	98.0	98.5	98.0
2.鞋袜帽	Footgear and Hats	97.6	97.2	97.3	98.4
3.其它	Others	98.8	99.2	100.3	98.3
四、纺织品	**Textiles**	**99.6**	**99.4**	**99.1**	**99.8**
1.衣着材料	Clothing Material	100.8	101.0	101.2	100.6
2.床上用品	Bed Articles	98.8	98.6	98.5	99.2
五、家用电器及音像器材	**Household Appliances, Music and Video Equipment**	**94.2**	**93.7**	**92.3**	**95.7**
1.家庭设备	Household Facilities	97.3	97.2	97.0	97.6
2.文娱用耐用消费品	Durable Consumer Goods for Cultural and Recreational Use	89.4	87.8	85.0	92.9
3.音像器材	Music and Video Equipment	97.0	96.8	95.3	98.2
六、文化办公用品	**Cultural and Office Appliances**	**96.2**	**95.3**	**94.3**	**98.6**
七、日用品	**Articles for Daily Use**	**102.0**	**102.0**	**102.3**	**101.9**
1.日用百货	General Merchandise for Daily Use	101.5	101.4	101.7	101.6
2.日用杂品	Grocery for Daily Use	101.9	102.1	102.6	101.5
3.洗涤用品	Wash	104.0	104.2	104.4	103.7
4.其它日用品	Other Articles for Daily Use	100.4	100.5	100.7	100.2
八、体育娱乐用品	**Sports and Recreation Articles**	**97.8**	**96.8**	**94.9**	**100.0**
1.体育用品	Sports Articles	101.0	101.0	101.8	101.0
2.娱乐用品	Recreation Articles	95.4	94.0	91.1	99.0
九、交通、通信用品	**Transportation and Communication Appliances**	**93.7**	**93.1**	**92.4**	**95.5**
1.交通运输机械	Transportation Appliances	97.9	97.5	97.0	99.4
2.通讯器材	Communication Appliances	85.4	83.3	79.2	89.9
十、家具	**Furniture**	**99.7**	**99.9**	**100.0**	**99.0**
十一、化妆品	**Cosmetics**	**100.8**	**100.7**	**100.8**	**101.0**
十二、金银珠宝	**Gold, Silver and Jewelry**	**95.6**	**95.3**	**94.2**	**96.7**
十三、中西药品及医疗保健用品	**Traditional Chinese and Western Medicines and Health Care Articles**	**101.5**	**101.5**	**101.5**	**101.5**
1.医疗器具及用品	Medical Apparatus and Article	101.5	101.9	102.3	**100.8**
2.中药材及中成药	Traditional Chinese Medicinal Materials and Medicines	102.4	102.8	103.3	101.7
3.西药	Western Medicines	101.1	100.9	100.7	101.6
4.保健器具及用品	Health Care Appliances and Articles	101.1	101.1	101.0	100.8
十四、书报杂志及电子出版物	**Books, Newspapers, Magazines and Electronic Publications**	**105.0**	**105.7**	**105.5**	**103.5**
1.教材及参考书	Teaching Materials and Reference Books	102.9	102.9	102.9	**102.9**
2.书报杂志	Newspapers and Magazines	109.5	111.0	112.0	105.9
3.电子音像制品	Electronic Publications	98.7	98.4	97.6	99.3
十五、燃料	**Fuels**	**92.7**	**92.8**	**94.3**	**92.5**
1.煤炭及制品	Coal and its product	106.8	108.2	107.6	**105.4**
2.石油及制品	Petroleum and its product	89.1	90.2	93.0	86.0
十六、建筑材料及五金电料	**Building Materials and Hardware**	**98.4**	**98.6**	**98.9**	**98.2**
1.建筑装璜材料	Building Decoration Materials	97.9	98.1	98.4	**97.5**
2.五金电料	Hardware	100.2	100.1	100.6	100.6

4-8-3 各地区商品零售价格总指数(1981～2009年)

(上年价格=100)

地 区	Region	1981	1982	1983	1984	1985	1986	1987	1988	1989	1990	1991	1992
全 国	**National**	**102.4**	**101.9**	**101.5**	**102.8**	**108.8**	**106.0**	**107.3**	**118.5**	**117.8**	**102.1**	**102.9**	**105.4**
北 京	Beijing	101.4	102.0	100.6	102.1	118.6	106.7	108.7	121.9	118.5	104.1	108.5	108.3
天 津	Tianjin	101.5	100.5	100.5	101.8	113.9	107.2	106.9	117.7	115.1	102.7	108.0	109.4
河 北	Hebei	102.1	101.5	101.4	103.4	107.8	105.2	108.3	118.1	118.4	99.9	102.8	105.2
山 西	Shanxi	102.3	102.2	101.2	103.0	107.6	105.3	107.5	121.0	119.1	102.1	103.9	106.3
内蒙古	Inner Mongolia	101.8	101.7	101.0	104.4	108.5	105.0	108.1	116.3	115.9	102.9	104.5	106.8
辽 宁	Liaoning	101.6	101.2	101.5	103.9	110.0	106.0	109.0	119.3	118.4	102.7	104.1	106.0
吉 林	Jilin	101.7	103.0	102.6	104.2	109.7	105.4	107.5	119.9	116.9	103.9	105.1	107.1
黑龙江	Heilongjiang	102.1	102.8	102.2	104.4	111.7	105.9	109.6	117.8	114.0	104.9	106.5	108.5
上 海	Shanghai	101.5	100.3	100.1	102.2	116.4	106.7	108.8	121.3	116.7	104.8	109.5	109.7
江 苏	Jiangsu	101.6	101.1	100.8	103.5	109.2	106.5	109.3	121.7	118.0	102.3	104.4	104.8
浙 江	Zhejiang	101.5	100.9	102.0	103.4	114.0	106.0	109.5	122.1	117.8	101.6	103.0	106.6
安 徽	Anhui	101.7	101.0	101.1	102.0	106.4	105.2	109.7	121.8	117.1	101.9	105.7	106.6
福 建	Fujian	103.4	103.6	101.5	101.9	110.6	105.9	109.4	126.5	118.8	98.9	103.6	105.0
江 西	Jiangxi	104.6	102.9	101.4	102.5	108.3	105.8	106.9	121.8	118.6	101.3	102.4	105.6
山 东	Shandong	101.8	100.9	100.5	102.6	107.1	104.2	108.0	118.3	117.1	101.8	104.7	105.9
河 南	Henan	101.6	101.5	102.3	102.1	104.9	105.0	108.1	120.2	118.3	99.7	101.7	104.4
湖 北	Hubei	101.4	100.7	101.4	103.0	107.5	104.2	107.6	119.5	117.0	102.9	104.3	107.0
湖 南	Hunan	100.9	101.7	102.4	103.1	111.1	104.8	110.6	125.9	118.1	99.4	104.1	109.5
广 东	Guangdong	109.3	102.3	100.7	101.2	113.6	104.8	111.7	130.2	121.0	95.6	100.6	105.8
广 西	Guangxi	101.7	103.1	102.8	104.2	111.2	105.1	108.0	121.0	121.3	100.1	102.5	104.6
海 南	Hainan								127.8	126.8	100.6	103.1	108.7
重 庆	Chongqing												
四 川	Sichuan	101.8	102.3	100.7	102.3	106.8	103.9	107.5	120.0	118.3	103.1	102.3	106.4
贵 州	Guizhou	102.3	102.0	100.7	102.5	107.7	105.3	107.3	120.2	117.4	101.4	103.3	107.4
云 南	Yunnan	101.2	101.9	101.0	102.7	108.0	105.0	106.6	199.6	119.3	102.1	103.7	107.7
西 藏	Tibet												
陕 西	Shaanxi	103.0	101.0	101.5	103.9	106.5	105.2	108.6	119.0	118.8	101.6	105.8	109.5
甘 肃	Gansu	102.0	101.4	100.2	103.0	108.5	106.0	107.4	118.6	116.4	103.4	104.6	105.8
青 海	Qinghai	101.4	101.8	100.7	103.8	110.7	106.1	107.3	118.3	117.7	104.5	106.3	106.4
宁 夏	Ningxia	102.0	102.5	101.1	103.2	107.8	104.9	108.0	117.5	117.8	104.2	105.7	107.4
新 疆	Xinjiang	101.6	100.2	101.5	103.1	108.1	106.7	107.1	114.6	116.7	104.1	108.0	108.1

Retail Price Indices by Region(1981～2009)

(Preceding year=100)

1993	1994	1995	1996	1997	1998	1999	2000	2001	2002	2003	2004	2005年	2006	2007	2008	2009
113.2	**121.7**	**114.8**	**106.1**	**100.8**	**97.4**	**97.0**	**98.5**	**99.2**	**98.7**	**99.9**	**102.8**	**100.8**	**101.0**	**103.8**	**105.9**	**98.8**
116.9	117.9	112.6	107.3	103.8	98.3	98.8	98.9	98.8	98.4	98.2	99.2	99.7	100.2	100.8	104.4	97.8
114.3	115.6	110.6	105.1	100.7	96.6	97.5	98.6	98.6	97.4	97.4	100.8	99.9	100.4	103.2	105.1	98.9
110.5	121.4	115.8	106.2	102.1	97.7	97.8	99.1	99.8	99.2	100.2	103.2	101.1	101.5	104.1	106.7	99.0
113.1	121.6	115.6	106.2	101.3	97.0	96.8	97.1	99.0	98.6	100.3	103.1	100.3	101.2	104.2	107.2	99.1
112.5	119.3	116.8	105.8	102.3	98.1	97.7	98.8	100.0	99.4	99.6	102.7	101.5	101.4	103.6	104.7	99.5
113.5	120.6	114.0	105.4	101.0	97.6	96.1	98.4	99.4	97.4	98.9	101.9	100.1	101.3	104.4	105.3	99.8
111.3	119.9	114.2	105.1	101.8	97.9	96.7	98.0	100.9	99.0	100.5	103.5	101.1	101.5	103.3	106.2	99.3
114.6	120.7	114.3	105.1	102.2	98.4	96.1	97.8	100.4	98.5	99.7	102.8	100.4	101.5	105.6	105.8	98.9
117.5	117.5	113.0	105.0	98.8	95.1	97.3	96.4	98.6	98.7	99.0	100.9	99.4	100.2	102.4	105.3	99.4
115.4	123.6	114.3	106.8	99.3	98.2	96.9	98.6	98.9	98.4	99.8	102.2	100.3	100.8	102.9	104.9	98.9
116.7	121.7	113.5	105.8	100.3	98.4	97.7	99.0	98.1	98.7	99.6	102.7	100.9	100.8	103.8	106.3	98.8
112.9	123.3	112.7	107.1	99.4	98.1	96.6	98.0	99.6	99.2	101.3	102.7	100.6	100.8	104.5	106.3	99.0
113.4	123.0	114.4	104.5	99.8	98.5	96.5	98.9	98.0	98.3	99.1	102.7	100.6	100.5	104.3	105.7	97.9
111.1	125.1	115.9	106.6	99.6	98.8	96.8	98.5	98.4	100.2	100.1	103.0	100.9	101.2	104.0	106.1	99.1
110.7	120.3	114.2	107.0	100.8	97.1	97.1	98.6	100.0	98.8	100.2	102.8	100.6	100.6	103.6	104.9	99.4
108.4	120.6	114.9	107.9	100.5	96.6	96.2	98.5	99.8	99.2	101.3	105.7	101.7	100.9	104.4	107.5	99.4
115.0	124.9	116.6	106.5	101.5	97.1	95.9	97.8	97.4	98.8	101.2	104.1	102.1	101.1	104.2	106.3	98.6
115.1	125.3	115.5	105.2	100.3	97.9	97.6	99.3	98.8	99.2	100.6	103.9	102.3	101.3	104.3	105.6	98.5
118.2	118.9	111.6	104.4	99.8	97.0	96.7	99.9	98.7	98.5	100.0	102.9	101.8	101.5	103.4	106.0	96.8
118.9	124.4	116.4	104.5	99.6	96.3	97.2	98.6	97.8	98.1	100.2	103.9	101.1	100.3	104.8	107.6	98.0
123.9	121.8	111.3	102.3	99.4	96.5	96.6	99.9	97.7	98.4	100.4	103.4	100.9	101.3	103.8	106.7	98.5
				101.6	94.5	96.5	95.5	99.0	98.9	99.5	101.4	98.7	101.6	103.7	105.0	97.3
113.9	123.9	117.0	107.7	102.9	97.7	97.3	97.7	100.8	99.4	100.1	103.7	100.6	101.7	105.3	105.3	100.1
114.8	119.5	117.2	106.9	101.5	98.9	97.9	97.3	98.4	99.3	100.0	103.2	101.3	100.9	104.2	107.2	97.6
118.9	116.0	118.1	106.6	102.3	99.2	98.3	97.6	98.4	98.1	99.9	104.7	100.1	100.8	104.4	106.1	100.1
						98.8	99.2	99.6	99.5	99.4	100.7	100.8	100.2	101.7	103.9	99.5
111.8	125.9	117.0	108.1	101.6	96.2	97.5	98.3	99.1	98.6	100.5	102.5	100.1	101.8	105.0	106.9	99.9
113.0	122.5	116.5	106.6	101.6	98.1	97.2	99.1	99.6	98.9	100.2	102.1	99.9	101.2	104.4	107.9	101.8
112.5	123.2	116.3	107.8	103.0	99.6	98.5	99.0	99.9	99.3	100.8	102.6	100.7	102.0	106.0	110.6	101.6
112.8	120.1	115.3	106.7	102.2	97.5	97.9	97.6	100.0	98.6	99.5	102.8	100.4	101.3	104.1	108.5	99.5
112.6	125.7	116.7	108.8	101.8	99.7	96.2	98.3	102.5	97.9	99.2	100.7	99.4	101.8	105.1	108.5	100.4

4-8-4 各地区商品零售价格分类指数（2009年）

Retail Price Indices by Category and Region (2009)

(上年价格=100) (Preceding year=100)

地区	Region	总指数 Retail Price Index	一、食品 Food	1.粮食 Grain	2.淀粉 Starches	3.干豆类及豆制品 Dried Bean and Their Products	4.油脂 Oil or Fat	5.肉禽及其制品 Meat, Poultry and Their Products	6.蛋 Eggs
全国平均	**National**	**98.8**	**100.9**	**105.7**	**102.9**	**98.2**	**81.8**	**91.7**	**101.6**
北京	Beijing	97.8	102.3	105.6	104.8	104.7	83.9	95.2	102.3
天津	Tianjin	98.9	101.3	107.6	104.2	102.2	84.9	93.1	102.0
河北	Hebei	99.0	100.9	105.9	99.6	95.9	85.3	90.8	104.7
山西	Shanxi	99.1	101.5	106.8	102.7	99.8	82.6	88.5	101.8
内蒙古	Inner Mongolia	99.5	101.4	106.7	100.0	99.9	85.4	93.0	102.2
辽宁	Liaoning	99.8	103.3	109.9	103.7	95.0	78.0	92.5	104.0
吉林	Jilin	99.3	101.1	110.7	102.8	89.6	79.3	91.7	101.1
黑龙江	Heilongjiang	98.9	100.5	109.8	100.2	91.9	74.0	91.4	101.6
上海	Shanghai	99.4	102.0	103.7	106.0	100.2	80.3	95.6	103.0
江苏	Jiangsu	98.9	101.6	105.0	104.8	97.9	75.5	92.8	100.6
浙江	Zhejiang	98.8	100.9	105.7	103.3	98.7	78.1	90.5	101.9
安徽	Anhui	99.0	101.1	106.8	103.0	97.4	83.4	89.3	101.1
福建	Fujian	97.9	99.2	103.2	102.1	98.4	80.0	91.0	101.8
江西	Jiangxi	99.1	100.5	104.0	107.2	102.0	78.6	92.4	102.2
山东	Shandong	99.4	101.6	104.8	106.2	96.4	86.9	91.5	100.7
河南	Henan	99.4	101.2	107.9	101.7	94.7	82.4	90.0	101.3
湖北	Hubei	98.6	100.2	103.4	99.6	99.6	80.3	90.9	99.2
湖南	Hunan	98.5	100.1	104.5	102.3	103.2	83.2	89.8	101.4
广东	Guangdong	96.8	98.6	104.2	101.4	101.4	83.5	92.5	98.8
广西	Guangxi	98.0	99.5	106.0	97.1	96.9	80.6	92.0	101.0
海南	Hainan	98.5	100.2	103.7	99.7	99.9	91.1	94.8	102.3
重庆	Chongqing	97.3	100.1	106.2	108.2	97.7	80.9	86.7	98.8
四川	Sichuan	100.1	101.8	104.3	102.5	100.9	84.4	91.9	104.7
贵州	Guizhou	97.6	98.3	103.7	110.3	100.3	77.0	89.9	98.2
云南	Yunnan	100.1	101.5	103.9	104.9	103.2	82.0	90.5	100.5
西藏	Tibet	99.5	104.0	100.4	98.5	105.3	95.3	100.3	99.5
陕西	Shaanxi	99.9	101.4	104.4	105.2	101.6	79.6	90.1	103.7
甘肃	Gansu	101.8	103.3	104.8	101.4	100.9	86.6	93.2	103.0
青海	Qinghai	101.6	104.0	106.9	111.5	100.6	83.2	94.0	104.0
宁夏	Ningxia	99.5	101.6	107.3	102.0	97.7	78.0	93.0	101.9
新疆	Xinjiang	100.4	101.7	102.8	103.9	95.3	76.1	100.7	101.8

4-8-4 续表 1 Continued 1

(上年价格=100) (Preceding year=100)

地　区 Region		7.水产品 Aquatic Products	8.菜 Vegetables	9.调味品 Flavoring	10.糖 Carbohydrate	11.干鲜瓜果 Dried and Fresh Melons and Fruits	12.糕点饼干面包 Cake	13.液体乳及乳制品 Milk and Its Products	14.在外用膳食品 Outward Dinner Food
全国平均	**National**	**102.3**	**113.2**	**103.5**	**102.5**	**106.7**	**102.9**	**101.4**	**102.7**
北　京	Beijing	104.6	110.2	106.5	103.8	106.4	103.8	103.5	103.3
天　津	Tianjin	97.1	114.5	108.7	105.3	101.2	101.5	100.8	103.3
河　北	Hebei	100.5	116.1	104.4	101.8	103.4	103.1	101.4	103.7
山　西	Shanxi	98.3	113.5	105.3	102.5	107.2	103.2	101.6	104.4
内蒙古	Inner Mongolia	97.2	113.3	101.8	100.7	107.3	101.7	101.2	102.2
辽　宁	Liaoning	104.4	120.5	102.5	102.7	111.5	101.6	99.4	100.8
吉　林	Jilin	97.2	114.5	110.3	103.9	102.5	103.4	100.5	100.5
黑龙江	Heilongjiang	95.6	114.1	102.0	100.9	108.6	101.3	101.9	101.8
上　海	Shanghai	105.2	116.5	104.0	101.3	100.3	102.8	100.4	101.8
江　苏	Jiangsu	102.2	116.7	103.3	103.0	107.3	102.3	100.9	102.8
浙　江	Zhejiang	105.7	108.4	103.1	102.6	106.0	103.0	101.0	102.6
安　徽	Anhui	102.5	114.8	102.7	102.8	108.9	103.9	103.1	104.8
福　建	Fujian	102.2	105.1	104.0	102.3	107.0	103.1	100.0	101.3
江　西	Jiangxi	105.6	109.9	103.7	103.7	107.6	104.2	103.1	104.9
山　东	Shandong	101.7	117.3	102.6	102.9	106.7	102.1	100.4	102.6
河　南	Henan	99.1	117.8	104.7	103.2	107.3	104.7	103.1	104.0
湖　北	Hubei	103.6	113.3	103.0	99.8	105.4	104.8	103.1	102.1
湖　南	Hunan	101.3	115.4	103.8	102.4	112.5	105.4	104.3	103.3
广　东	Guangdong	100.6	99.6	102.4	101.9	103.5	101.9	100.9	102.3
广　西	Guangxi	100.3	105.5	101.6	107.0	107.8	101.0	104.5	104.0
海　南	Hainan	103.3	103.6	104.0	105.1	106.1	100.5	100.8	101.3
重　庆	Chongqing	102.3	115.0	104.1	103.5	113.2	101.6	101.0	103.9
四　川	Sichuan	103.4	129.4	102.2	102.9	114.2	103.0	101.4	102.5
贵　州	Guizhou	96.2	113.4	102.6	101.2	111.8	100.9	104.8	101.5
云　南	Yunnan	99.5	120.8	100.2	101.4	112.7	103.8	102.3	101.9
西　藏	Tibet	101.1	114.2	103.4	102.8	113.9	100.3	106.4	103.9
陕　西	Shaanxi	101.9	120.0	101.9	102.6	108.7	102.0	99.2	102.6
甘　肃	Gansu	104.0	120.5	104.7	101.2	109.2	104.0	102.3	104.3
青　海	Qinghai	103.2	117.4	102.4	104.1	114.1	100.3	103.6	105.0
宁　夏	Ningxia	99.0	115.1	104.4	102.8	108.6	99.5	101.7	103.2
新　疆	Xinjiang	99.2	107.8	105.0	105.2	103.2	102.6	102.3	107.2

(上年价格=100) (Preceding year=100)

地 区	Region	15.其它食品 Other Foods	二、饮料、烟酒 Beverages, Tobacco and Liquor	1.茶及饮料 Tea and Beverages	2.烟 草 Tobacco	3.酒 Liquor	三、服装、鞋帽 Garments, Shoes and Hats	1.服 装 Garments	2.鞋袜帽 Footgear and Hats
全国平均	**National**	**101.6**	**101.7**	**101.9**	**100.4**	**103.3**	**97.9**	**98.0**	**97.6**
北 京	Beijing	100.4	102.3	102.7	100.0	105.0	98.4	97.7	100.1
天 津	Tianjin	101.4	104.7	101.8	105.0	106.8	97.2	98.0	94.9
河 北	Hebei	101.2	101.6	102.2	100.0	103.1	97.4	97.2	98.0
山 西	Shanxi	103.1	101.7	102.5	101.0	103.4	97.1	96.6	98.1
内蒙古	Inner Mongolia	101.3	100.8	101.1	100.0	101.5	99.4	99.7	98.7
辽 宁	Liaoning	101.9	101.6	102.1	99.8	103.4	92.9	93.2	92.0
吉 林	Jilin	102.0	102.0	104.6	99.6	102.9	100.2	101.4	97.9
黑龙江	Heilongjiang	104.2	101.7	102.5	100.8	102.0	97.3	96.0	100.2
上 海	Shanghai	99.3	101.2	103.0	100.4	100.8	99.2	99.4	98.3
江 苏	Jiangsu	100.7	101.4	101.5	100.4	103.6	99.3	99.8	96.7
浙 江	Zhejiang	100.4	101.3	102.2	99.7	103.3	98.2	98.9	96.0
安 徽	Anhui	103.7	101.4	102.2	100.0	102.7	97.7	97.3	98.4
福 建	Fujian	105.0	102.0	101.1	100.2	104.5	97.1	97.6	95.8
江 西	Jiangxi	102.6	101.1	101.2	99.4	103.2	98.9	98.5	99.8
山 东	Shandong	102.1	102.0	101.2	100.3	103.9	96.3	95.9	97.0
河 南	Henan	103.6	101.9	102.2	100.3	103.3	99.7	99.4	100.6
湖 北	Hubei	102.2	101.9	103.3	100.2	103.6	98.9	99.2	98.1
湖 南	Hunan	100.6	100.2	99.9	99.5	101.3	100.3	99.8	101.8
广 东	Guangdong	101.4	101.9	101.0	101.7	103.4	97.0	97.0	96.4
广 西	Guangxi	103.3	100.7	99.5	99.3	103.1	97.0	98.8	93.0
海 南	Hainan	101.7	102.0	103.6	99.6	104.1	98.6	98.0	100.3
重 庆	Chongqing	98.9	101.6	100.7	100.0	105.3	94.7	98.7	82.2
四 川	Sichuan	104.6	102.2	102.4	100.8	104.3	98.0	98.3	96.9
贵 州	Guizhou	96.3	100.6	101.2	99.9	102.3	96.1	97.1	94.1
云 南	Yunnan	102.2	100.9	101.0	100.3	101.7	98.6	98.8	97.7
西 藏	Tibet	101.2	102.0	101.2	103.0	101.3	100.0	101.5	97.2
陕 西	Shaanxi	102.4	101.6	101.9	100.8	102.3	100.1	97.7	104.8
甘 肃	Gansu	103.4	103.3	104.8	100.6	104.9	99.8	98.2	103.7
青 海	Qinghai	104.2	100.7	100.4	100.3	101.3	105.1	105.6	103.4
宁 夏	Ningxia	104.3	100.9	97.5	100.4	104.7	98.7	99.4	97.1
新 疆	Xinjiang	101.4	101.5	101.7	98.9	104.1	98.0	96.7	100.3

4-8-4 续表 3 Continued 3

(上年价格=100) (Preceding year=100)

地　区 Region		3.其 它 Others	四、纺织品 Textiles	1.衣着材料 Clothing Material	2.床上用品 Bed Articles	五、家用电器及音像器材 Household Appliances, Music and Video Equipment	1.家庭设备 Household Facilities	2.文娱用耐用消费品 Durable Consumer Goods for Cultural and Recreational Use	3.音像器材 Music and Video Equipment
全国平均	**National**	**98.8**	**99.6**	**100.8**	**98.8**	**94.2**	**97.3**	**89.4**	**97.0**
北　京	Beijing	93.3	98.5	100.3	98.2	90.5	94.5	82.3	96.5
天　津	Tianjin	101.3	96.5	102.5	94.3	90.7	98.2	78.8	99.8
河　北	Hebei	99.3	99.9	101.7	98.7	92.5	96.4	87.5	95.1
山　西	Shanxi	101.6	98.8	100.2	97.8	91.1	95.1	85.7	95.5
内蒙古	Inner Mongolia	99.0	98.8	99.8	97.9	94.0	97.5	88.4	98.3
辽　宁	Liaoning	95.6	98.7	100.6	97.0	93.7	98.3	86.9	96.8
吉　林	Jilin	98.1	100.5	101.0	100.0	94.5	98.9	87.8	96.8
黑龙江	Heilongjiang	96.3	98.5	100.6	96.1	91.0	96.1	83.8	96.1
上　海	Shanghai	102.8	100.5	102.9	99.9	90.8	100.1	81.5	85.7
江　苏	Jiangsu	100.6	99.6	102.3	98.5	94.8	97.4	88.5	95.3
浙　江	Zhejiang	100.3	100.0	101.2	99.2	95.7	97.7	89.9	99.4
安　徽	Anhui	100.7	99.7	100.9	98.9	92.7	95.9	87.5	98.4
福　建	Fujian	95.1	101.2	100.0	101.7	94.7	96.6	91.2	99.2
江　西	Jiangxi	99.3	101.6	100.0	103.0	95.8	97.9	92.8	98.2
山　东	Shandong	97.3	99.5	100.4	98.7	97.5	99.3	94.7	99.8
河　南	Henan	99.8	100.5	100.9	100.0	95.7	98.0	92.6	97.4
湖　北	Hubei	99.1	99.8	100.1	99.7	92.3	94.5	88.5	97.2
湖　南	Hunan	98.8	100.5	100.6	100.4	96.8	98.9	94.3	99.6
广　东	Guangdong	100.8	98.2	99.8	97.7	94.9	96.7	91.9	98.1
广　西	Guangxi	93.3	100.7	103.4	99.2	92.7	95.4	88.4	98.0
海　南	Hainan	98.1	101.3	100.1	101.9	99.3	100.4	97.7	99.5
重　庆	Chongqing	93.7	96.9	100.3	96.5	91.0	93.4	85.1	100.0
四　川	Sichuan	102.4	98.8	100.6	97.9	96.6	97.5	95.1	96.8
贵　州	Guizhou	98.1	98.4	100.9	97.4	95.7	98.2	92.6	98.3
云　南	Yunnan	103.4	100.5	101.5	100.0	94.4	98.0	90.0	99.6
西　藏	Tibet	98.9	102.8	106.1	100.1	91.9	89.6	94.5	91.4
陕　西	Shaanxi	98.5	100.3	102.9	98.9	93.7	97.1	87.3	95.6
甘　肃	Gansu	99.0	101.2	102.0	100.5	97.8	98.7	96.0	99.4
青　海	Qinghai	100.7	102.2	100.5	103.5	95.3	98.9	89.7	102.0
宁　夏	Ningxia	95.4	98.8	107.1	95.8	93.2	98.1	85.4	98.0
新　疆	Xinjiang	99.5	100.8	100.7	100.8	96.5	99.1	92.9	99.5

(上年价格=100) (Preceding year=100)

地 区 Region	六、文化办公用品 Cultural and Office Appliances	七、日用品 Articles for Daily Use	1.日用百货 General Merchandise for Daily Use	2.日用杂品 Grocery for Daily Use	3.洗涤用品 Wash	4.其它日用品 Other Articles for Daily Use	八、体育娱乐用品 Sports and Recreation Articles	1.体育用品 Sports Articles
全国平均 National	**96.2**	**102.0**	**101.5**	**101.9**	**104.0**	**100.4**	**97.8**	**101.0**
北 京 Beijing	93.0	103.5	100.6	104.5	109.6	103.9	91.3	104.8
天 津 Tianjin	91.5	100.9	104.3	99.4	102.0	96.5	96.0	104.9
河 北 Hebei	95.1	101.6	100.6	101.3	104.0	100.7	98.0	99.3
山 西 Shanxi	96.3	101.4	101.0	101.2	103.7	97.9	98.1	102.6
内 蒙 古 Inner Mongolia	97.0	100.3	100.8	99.8	100.8	99.4	99.7	99.7
辽 宁 Liaoning	96.0	102.2	102.6	102.6	103.2	100.2	97.4	102.1
吉 林 Jilin	96.3	102.4	101.6	105.2	103.2	100.6	97.2	99.0
黑 龙 江 Heilongjiang	95.1	103.0	102.2	104.8	104.1	100.5	98.2	101.7
上 海 Shanghai	93.9	102.4	102.7	102.8	104.4	101.2	92.1	102.4
江 苏 Jiangsu	92.8	103.2	101.6	103.7	106.5	101.0	90.2	98.8
浙 江 Zhejiang	97.4	101.8	100.4	101.7	105.0	100.1	99.4	101.5
安 徽 Anhui	96.6	101.9	101.6	101.9	103.5	100.7	99.2	101.1
福 建 Fujian	95.3	102.3	102.7	102.6	102.8	100.7	98.4	102.0
江 西 Jiangxi	97.7	102.1	101.1	101.6	104.6	100.9	98.9	101.1
山 东 Shandong	99.2	101.6	102.3	101.0	103.1	99.8	100.4	101.5
河 南 Henan	98.1	101.6	101.2	101.5	102.7	100.4	99.4	100.6
湖 北 Hubei	95.4	101.8	101.0	101.7	104.6	100.2	97.8	99.7
湖 南 Hunan	97.5	101.9	100.6	103.2	103.4	100.4	101.4	103.7
广 东 Guangdong	95.3	100.9	101.1	100.8	102.2	99.7	97.6	100.9
广 西 Guangxi	96.5	101.3	100.8	100.5	103.2	99.6	97.6	99.2
海 南 Hainan	96.4	101.7	104.3	98.5	99.7	102.5	100.0	100.6
重 庆 Chongqing	96.3	100.5	98.6	104.0	105.9	96.3	99.1	99.9
四 川 Sichuan	97.9	101.5	100.7	101.7	102.4	100.1	98.3	98.1
贵 州 Guizhou	99.3	100.8	101.9	100.9	100.1	99.7	97.3	97.9
云 南 Yunnan	98.6	102.2	99.9	100.8	105.0	100.7	98.7	101.2
西 藏 Tibet	97.6	98.2	95.2	99.4	100.1	98.5	92.8	95.4
陕 西 Shaanxi	98.3	104.0	101.3	102.1	110.2	101.3	96.8	100.7
甘 肃 Gansu	97.9	102.9	103.8	100.7	103.8	102.1	100.8	100.8
青 海 Qinghai	94.6	104.9	107.3	100.4	103.9	108.6	99.1	98.8
宁 夏 Ningxia	94.8	102.6	101.9	104.7	103.5	102.1	96.0	100.7
新 疆 Xinjiang	98.0	101.4	101.8	100.2	102.2	100.7	99.2	100.2

4-8-4 续表 5 Continued 5

(上年价格=100) (Preceding year=100)

地 区 Region	2、娱乐用品 Recreation Articles	九、交通、通信用品 Transportation and Communication Appliances	1.交通运输机械 Transportation Appliances	2.通讯器材 Communication Appliances	十、家具 Furniture	十一、化妆品 Cosmetics	十二、金银珠宝 Gold, Silver and Jewelry	十三、中西药品及医疗保健用品 Traditional Chinese and Western Medicines and Health Care Articles
全国平均 National	**95.4**	**93.7**	**97.9**	**85.4**	**99.7**	**100.8**	**95.6**	**101.5**
北 京 Beijing	84.7	89.8	93.5	73.3	99.7	101.3	93.9	100.6
天 津 Tianjin	92.8	89.0	96.3	67.0	99.5	100.6	86.2	106.5
河 北 Hebei	96.8	93.6	97.8	86.5	99.0	102.2	91.0	102.0
山 西 Shanxi	94.6	93.8	97.8	85.6	100.8	100.9	92.4	102.7
内蒙古 Inner Mongolia	99.6	93.4	102.0	84.9	99.3	101.3	91.6	101.1
辽 宁 Liaoning	94.4	93.4	98.7	84.9	98.6	101.0	93.2	102.1
吉 林 Jilin	96.1	91.7	98.2	81.8	100.2	101.3	95.3	101.5
黑龙江 Heilongjiang	95.4	90.6	100.1	83.8	98.6	100.9	91.4	102.7
上 海 Shanghai	87.2	91.1	98.7	64.6	99.9	100.5	98.6	100.6
江 苏 Jiangsu	88.0	94.1	97.0	81.0	100.1	101.0	95.6	100.8
浙 江 Zhejiang	98.3	95.4	97.4	85.5	100.2	100.6	96.2	103.7
安 徽 Anhui	97.8	94.8	98.2	86.9	99.6	101.7	92.1	101.2
福 建 Fujian	96.0	94.2	100.4	83.2	101.2	100.9	98.2	100.8
江 西 Jiangxi	97.4	93.2	97.7	87.2	104.9	102.7	94.3	101.0
山 东 Shandong	99.4	96.5	100.2	90.1	99.2	100.2	99.5	100.7
河 南 Henan	97.7	93.2	98.9	84.6	99.8	100.6	93.8	101.2
湖 北 Hubei	96.1	92.6	98.1	87.0	101.8	101.2	92.7	101.4
湖 南 Hunan	99.2	94.1	98.0	89.1	99.4	100.4	94.8	100.0
广 东 Guangdong	94.0	92.7	96.7	88.1	98.4	100.4	102.4	100.6
广 西 Guangxi	96.0	96.1	99.3	89.3	97.1	101.5	98.5	101.0
海 南 Hainan	99.5	94.2	99.6	85.4	100.4	100.6	100.2	101.6
重 庆 Chongqing	98.6	91.5	98.2	84.8	96.8	100.6	91.0	99.7
四 川 Sichuan	98.3	96.3	100.0	89.2	100.3	99.6	93.6	101.4
贵 州 Guizhou	96.8	98.2	100.2	94.7	100.9	98.6	89.7	101.0
云 南 Yunnan	96.9	95.1	98.5	89.8	99.6	98.7	94.2	102.5
西 藏 Tibet	89.7	87.6	96.8	80.2	102.4	98.5	98.6	98.6
陕 西 Shaanxi	93.9	95.1	98.2	87.4	98.2	101.7	95.7	102.6
甘 肃 Gansu	100.7	100.9	108.9	89.9	102.3	100.7	93.9	100.9
青 海 Qinghai	99.2	97.5	101.9	85.8	99.9	98.8	92.1	102.3
宁 夏 Ningxia	92.1	95.2	100.7	86.1	98.2	101.7	92.9	100.9
新 疆 Xinjiang	98.2	95.5	98.3	92.1	102.2	103.8	97.4	103.6

(上年价格=100) (Preceding year=100)

地 区 Region		1.医疗器具及用品 Medical Apparatus and Article	2.中药材及中成药 Tradtional Chinese Medicinal Materials and Medicines	3.西 药 Western Medicines	4.保健器具及用品 Health Care Appliances and Articles	十四、书报杂志及电子出版物 Books, Newspapers, Magazines and Electronic Publications	1.教材及参考书 Teaching Materials and Reference Books	2.书报杂志 Newspapers and Magazines
全国平均	**National**	**101.5**	**102.4**	**101.1**	**101.1**	**105.0**	**102.9**	**109.5**
北 京	Beijing	100.1	100.5	99.7	103.3	106.8	102.4	114.5
天 津	Tianjin	100.6	114.7	102.6	100.1	108.0	100.8	122.5
河 北	Hebei	103.1	101.9	102.3	100.4	104.9	106.5	105.8
山 西	Shanxi	104.4	105.3	102.0	99.9	105.2	104.9	107.9
内 蒙 古	Inner Mongolia	102.2	102.8	100.0	100.0	101.7	100.2	104.9
辽 宁	Liaoning	99.9	103.8	101.6	99.4	105.8	102.4	112.9
吉 林	Jilin	103.1	103.5	100.7	100.0	102.2	100.9	105.0
黑 龙 江	Heilongjiang	102.8	105.9	100.6	102.1	103.3	102.0	107.3
上 海	Shanghai	110.6	101.5	100.3	99.8	111.4	106.3	124.7
江 苏	Jiangsu	101.3	102.4	100.4	100.5	114.2	104.5	117.4
浙 江	Zhejiang	102.6	103.4	104.4	102.8	103.0	103.5	104.2
安 徽	Anhui	101.2	103.4	99.9	100.9	104.3	107.4	102.9
福 建	Fujian	102.5	101.6	100.4	99.8	105.8	101.8	111.7
江 西	Jiangxi	96.7	103.7	99.9	99.6	103.4	101.7	107.0
山 东	Shandong	98.9	101.4	100.6	100.7	101.9	102.1	103.0
河 南	Henan	102.5	102.3	100.4	101.3	106.7	106.9	108.4
湖 北	Hubei	102.9	100.9	101.7	101.0	106.1	98.6	115.6
湖 南	Hunan	100.9	100.9	99.2	100.2	101.3	99.2	103.6
广 东	Guangdong	102.0	100.7	100.4	100.8	102.6	102.7	105.6
广 西	Guangxi	102.9	99.4	100.5	106.8	104.5	102.0	110.2
海 南	Hainan	102.8	103.1	100.2	102.9	104.2	101.1	109.5
重 庆	Chongqing	101.0	98.0	100.9	99.1	103.4	100.9	106.5
四 川	Sichuan	100.5	103.1	100.8	100.3	102.3	101.2	105.6
贵 州	Guizhou	100.5	102.6	100.2	99.9	102.2	101.5	104.5
云 南	Yunnan	101.1	104.2	101.5	102.4	105.4	108.1	105.5
西 藏	Tibet	100.3	97.5	99.0	98.5	98.9	99.4	104.0
陕 西	Shaanxi	103.9	104.5	101.6	100.0	104.3	103.8	107.5
甘 肃	Gansu	101.9	100.7	100.9	100.8	100.9	99.1	106.2
青 海	Qinghai	101.5	103.7	101.5	101.6	107.2	109.3	108.7
宁 夏	Ningxia	105.1	101.4	99.8	101.5	106.5	104.2	109.9
新 疆	Xinjiang	100.8	104.8	102.5	105.9	103.7	104.9	106.1

(上年价格=100) (Preceding year=100)

地 区 Region	3.电子音像制品 Electronic Publications	十五、燃料 Fuels	1.煤炭及制品 Coal and its product	2.石油及制品 Petroleum and its product	十六、建筑材料及五金电料 Building Materials and Hardware	1.建筑装璜材料 Building Decoration Materials	2.五金电料 Hardware
全国平均 National	**98.7**	**92.7**	**106.8**	**89.1**	**98.4**	**97.9**	**100.2**
北 京 Beijing	100.3	97.4	109.0	96.8	99.0	98.2	102.1
天 津 Tianjin	99.3	96.1	102.3	95.0	105.5	106.4	100.9
河 北 Hebei	99.1	96.7	110.4	89.8	100.5	99.9	103.0
山 西 Shanxi	99.1	97.5	120.3	86.9	99.5	99.0	101.5
内蒙古 Inner Mongolia	99.0	100.5	109.0	94.9	100.2	99.1	103.6
辽 宁 Liaoning	96.3	98.6	110.1	95.2	100.2	99.7	101.2
吉 林 Jilin	99.6	94.3	111.1	89.7	100.4	100.3	100.7
黑龙江 Heilongjiang	99.2	101.1	113.7	90.7	99.9	100.8	97.9
上 海 Shanghai	97.2	102.1	104.9	101.9	97.9	98.1	97.5
江 苏 Jiangsu	98.7	87.6	107.7	86.0	97.3	97.0	98.2
浙 江 Zhejiang	99.0	88.3	101.0	86.2	97.8	97.1	99.9
安 徽 Anhui	98.8	92.9	106.0	88.3	97.0	96.3	99.4
福 建 Fujian	98.7	87.4	104.4	85.9	94.8	93.9	98.6
江 西 Jiangxi	98.0	93.8	102.2	90.6	97.1	96.9	98.5
山 东 Shandong	100.1	94.6	107.7	87.7	98.4	97.6	100.6
河 南 Henan	99.3	98.7	111.2	92.1	96.9	96.0	99.8
湖 北 Hubei	99.2	90.7	107.3	86.9	98.2	97.9	99.0
湖 南 Hunan	100.0	87.2	90.5	86.1	98.9	97.8	104.5
广 东 Guangdong	97.1	85.2	96.7	84.2	98.5	97.7	100.9
广 西 Guangxi	97.8	91.6	96.9	90.5	97.8	96.6	101.9
海 南 Hainan	99.7	89.9	90.3	89.7	93.6	93.1	95.5
重 庆 Chongqing	100.0	95.3	109.1	94.7	99.7	98.1	102.3
四 川 Sichuan	99.1	100.7	104.8	98.1	99.3	98.9	101.8
贵 州 Guizhou	98.8	93.7	100.3	90.3	96.6	95.3	103.9
云 南 Yunnan	98.9	100.7	106.7	99.0	99.4	99.2	100.3
西 藏 Tibet	91.9	99.6	97.9	100.4	101.4	102.4	98.1
陕 西 Shaanxi	99.2	96.0	112.0	91.5	102.1	102.3	101.5
甘 肃 Gansu	96.4	101.4	125.4	89.4	103.3	103.1	104.1
青 海 Qinghai	97.4	98.3	119.3	89.7	99.9	99.1	102.4
宁 夏 Ningxia	99.6	99.3	103.6	96.9	99.7	97.5	104.1
新 疆 Xinjiang	97.2	97.0	108.6	91.6	101.8	101.8	101.9

4-8-5 各地区城市商品零售价格分类指数(2009年)

Urban Retail Price Indices by Category and Region (2009)

(上年价格=100) (Preceding year=100)

地区 Region	总指数 Retail Price Index	一、食品 Food	1.粮食 Grain	2.淀粉 Starches	3.干豆类及豆制品 Dried Bean and Their Products	4.油脂 Oil or Fat	5.肉禽及其制品 Meat, Poultry and Their Products	6.蛋 Eggs
全国平均 National	**98.7**	**101.1**	**105.9**	**103.5**	**98.7**	**82.0**	**91.9**	**101.3**
北京 Beijing	97.8	102.3	105.6	104.8	104.7	83.9	95.2	102.3
天津 Tianjin	98.9	101.3	107.6	104.2	102.2	84.9	93.1	102.0
河北 Hebei	98.9	101.8	107.8	108.3	97.5	90.2	90.4	101.9
山西 Shanxi	99.0	102.2	106.1	104.6	99.4	85.5	87.9	101.1
内蒙古 Inner Mongolia	99.4	101.7	107.8	101.8	99.3	87.2	92.2	102.2
辽宁 Liaoning	99.7	103.4	110.5	104.1	94.6	77.5	92.3	104.2
吉林 Jilin	99.0	101.0	109.3	102.1	88.9	79.0	91.3	101.1
黑龙江 Heilongjiang	98.6	100.8	108.3	99.6	93.1	73.9	91.9	101.9
上海 Shanghai	99.4	102.0	103.7	106.0	100.2	80.3	95.6	103.0
江苏 Jiangsu	99.1	101.7	105.3	106.3	98.6	76.6	93.8	100.3
浙江 Zhejiang	98.9	101.9	105.7	105.5	100.2	78.0	92.0	102.0
安徽 Anhui	99.0	101.8	108.2	100.9	94.3	82.4	89.6	101.0
福建 Fujian	98.0	99.3	104.4	103.6	99.1	80.2	90.3	101.4
江西 Jiangxi	99.1	100.5	104.3	105.8	102.5	78.0	91.9	101.3
山东 Shandong	99.3	101.7	103.9	106.5	98.0	87.6	90.8	100.1
河南 Henan	99.6	101.7	108.4	103.3	95.3	84.1	90.2	101.0
湖北 Hubei	98.4	100.4	103.0	102.9	101.9	81.4	91.1	99.6
湖南 Hunan	98.2	100.0	103.8	102.4	102.9	81.1	91.7	102.0
广东 Guangdong	96.7	98.7	105.2	101.9	102.3	84.8	92.8	98.9
广西 Guangxi	98.1	99.9	106.3	96.6	97.3	81.5	92.5	100.9
海南 Hainan	99.0	100.5	103.1	97.7	100.3	93.3	95.2	102.8
重庆 Chongqing	97.3	100.1	106.2	108.2	97.7	80.9	86.7	98.8
四川 Sichuan	99.8	103.1	104.9	98.9	98.9	83.4	91.9	102.9
贵州 Guizhou	97.6	99.0	103.5	119.6	102.5	81.1	86.7	99.4
云南 Yunnan	99.9	100.5	104.2	110.3	100.1	74.5	90.0	101.3
西藏 Tibet	99.5	103.6	99.0	98.7	106.8	93.7	98.8	97.9
陕西 Shaanxi	99.9	101.5	103.3	101.4	101.9	78.1	89.3	104.7
甘肃 Gansu	101.5	103.5	105.2	104.1	101.3	84.8	92.3	102.7
青海 Qinghai	101.8	105.0	108.1	117.4	100.7	84.2	95.2	103.5
宁夏 Ningxia	99.4	101.7	107.2	102.9	98.1	79.0	93.3	100.3
新疆 Xinjiang	99.9	101.6	102.0	105.1	95.8	75.6	99.9	100.6

4-8-5 续表 1 Continued 1

(上年价格=100) (Preceding year=100)

地 区 Region		7.水产品 Aquatic Products	8.菜 Vegetables	9.调味品 Flavoring	10.糖 Carbohydrate	11.干鲜瓜果 Dried and Fresh Melons and Fruits	12.糕点饼干面包 Cake	13.液体乳及乳制品 Milk and Its Products	14.在外用膳食品 Outward Dinner Food
全国平均	**National**	**102.8**	**113.0**	**103.7**	**102.8**	**106.9**	**102.7**	**101.3**	**102.5**
北 京	Beijing	104.6	110.2	106.5	103.8	106.4	103.8	103.5	103.3
天 津	Tianjin	97.1	114.5	108.7	105.3	101.2	101.5	100.8	103.3
河 北	Hebei	102.5	116.2	104.8	102.4	104.7	100.6	100.5	103.8
山 西	Shanxi	98.4	114.9	104.8	102.5	109.0	102.9	101.8	103.7
内蒙古	Inner Mongolia	97.3	113.7	101.8	100.8	109.1	101.7	101.3	101.8
辽 宁	Liaoning	104.9	120.5	102.0	102.9	112.6	101.1	99.2	100.7
吉 林	Jilin	98.1	116.1	109.4	105.6	103.6	102.7	100.7	99.6
黑龙江	Heilongjiang	95.5	116.7	101.4	99.4	109.7	101.5	101.3	101.9
上 海	Shanghai	105.2	116.5	104.0	101.3	100.3	102.8	100.4	101.8
江 苏	Jiangsu	102.5	114.0	104.1	104.2	107.6	102.0	101.0	102.8
浙 江	Zhejiang	106.0	107.1	102.8	101.9	107.1	103.4	100.9	102.7
安 徽	Anhui	102.7	117.0	104.8	103.0	110.8	102.5	103.3	105.4
福 建	Fujian	102.7	103.7	104.6	102.1	108.0	102.9	99.6	101.6
江 西	Jiangxi	106.2	110.3	104.3	103.7	107.3	104.9	102.7	105.1
山 东	Shandong	102.5	117.4	102.7	102.6	107.0	102.5	100.1	102.5
河 南	Henan	99.2	117.5	106.6	103.9	106.6	104.6	102.3	104.2
湖 北	Hubei	104.6	113.7	102.4	102.9	104.7	106.1	104.1	100.6
湖 南	Hunan	104.1	116.0	102.3	99.2	105.5	102.0	106.0	101.3
广 东	Guangdong	100.6	98.6	102.1	102.1	103.9	102.2	100.9	101.5
广 西	Guangxi	101.2	105.6	101.5	107.5	107.6	101.5	105.1	104.1
海 南	Hainan	102.2	105.9	104.8	102.7	107.7	100.6	99.4	100.9
重 庆	Chongqing	102.3	115.0	104.1	103.5	113.2	101.6	101.0	103.9
四 川	Sichuan	103.3	133.2	102.1	102.3	112.8	103.3	100.9	102.9
贵 州	Guizhou	95.7	116.7	104.4	101.4	111.4	101.0	105.0	99.5
云 南	Yunnan	97.5	117.7	99.7	101.0	113.6	105.0	103.3	100.7
西 藏	Tibet	101.0	116.0	105.7	103.2	114.7	101.5	103.6	104.3
陕 西	Shaanxi	102.5	120.8	102.7	104.4	113.0	101.8	98.5	102.8
甘 肃	Gansu	105.0	122.4	105.2	102.1	109.9	104.7	101.0	104.3
青 海	Qinghai	103.8	117.4	100.9	102.4	117.0	99.6	104.1	105.9
宁 夏	Ningxia	99.2	115.1	103.8	102.6	107.8	99.4	101.8	103.4
新 疆	Xinjiang	99.1	105.8	104.3	107.5	102.8	103.0	102.1	108.1

(上年价格=100) (Preceding year=100)

地　区 Region		15.其它食品 Other Foods	二、饮料、烟酒 Beverages, Tobacco and Liquor	1.茶及饮料 Tea and Beverages	2.烟 草 Tobacco	3.酒 Liquor	三、服装、鞋帽 Garments, Shoes and Hats	1.服 装 Garments	2.鞋袜帽 Footgear and Hats
全国平均	**National**	**101.5**	**101.8**	**102.1**	**100.4**	**103.7**	**97.8**	**98.0**	**97.2**
北　京	Beijing	100.4	102.3	102.7	100.0	105.0	98.4	97.7	100.1
天　津	Tianjin	101.4	104.7	101.8	105.0	106.8	97.2	98.0	94.9
河　北	Hebei	100.3	101.9	101.9	99.6	105.1	95.9	95.7	96.2
山　西	Shanxi	103.7	102.4	102.7	101.7	104.4	96.0	95.5	97.0
内蒙古	Inner Mongolia	100.8	100.9	100.7	100.1	101.9	99.3	99.6	98.5
辽　宁	Liaoning	101.0	101.7	102.2	99.7	103.6	92.4	92.8	91.1
吉　林	Jilin	101.7	102.5	106.3	100.2	102.8	100.2	101.5	97.2
黑龙江	Heilongjiang	104.9	101.8	102.8	100.9	102.1	96.9	95.3	100.8
上　海	Shanghai	99.3	101.2	103.0	100.4	100.8	99.2	99.4	98.3
江　苏	Jiangsu	101.6	101.6	102.0	100.4	103.8	100.6	101.2	97.5
浙　江	Zhejiang	100.6	101.7	102.5	99.8	104.0	98.3	99.1	95.7
安　徽	Anhui	104.0	101.6	102.3	100.1	102.8	96.4	96.2	96.7
福　建	Fujian	104.8	102.1	101.1	100.2	104.8	98.0	98.5	96.1
江　西	Jiangxi	102.9	101.4	101.3	99.3	104.1	99.0	98.6	100.4
山　东	Shandong	102.7	102.3	101.3	100.1	104.5	96.9	96.5	97.6
河　南	Henan	103.9	101.6	101.8	100.0	103.1	99.4	98.9	100.4
湖　北	Hubei	101.6	102.3	103.6	100.6	104.4	99.6	100.5	97.1
湖　南	Hunan	100.6	101.0	99.8	100.7	102.0	100.3	99.4	103.0
广　东	Guangdong	102.1	101.8	101.1	101.1	104.2	96.6	96.7	95.5
广　西	Guangxi	102.4	100.6	99.3	99.6	102.6	97.7	99.8	92.9
海　南	Hainan	98.4	101.9	103.7	99.6	103.8	98.4	98.0	99.6
重　庆	Chongqing	98.9	101.6	100.7	100.0	105.3	94.7	98.7	82.2
四　川	Sichuan	103.6	102.7	103.0	101.4	104.3	95.9	96.6	93.2
贵　州	Guizhou	99.1	101.3	101.4	100.1	104.5	94.8	95.9	91.5
云　南	Yunnan	103.0	100.8	101.4	99.8	102.9	98.9	99.7	96.0
西　藏	Tibet	100.0	102.8	101.3	104.6	102.0	99.7	101.0	96.7
陕　西	Shaanxi	101.8	101.6	102.0	100.8	101.8	100.5	97.5	106.8
甘　肃	Gansu	103.6	103.8	105.6	100.0	105.9	98.8	96.7	104.4
青　海	Qinghai	105.3	100.6	100.1	100.4	101.3	110.5	111.8	105.9
宁　夏	Ningxia	103.3	99.9	97.1	100.1	103.2	97.6	98.4	95.9
新　疆	Xinjiang	101.4	102.0	102.1	99.3	104.9	96.7	95.0	99.7

(上年价格=100) (Preceding year=100)

地　区 Region		3.其 它 Others	四、纺织品 Textiles	1.衣着材料 Clothing Material	2.床上用品 Bed Articles	五、家用电器及音像器材 Household Appliances, Music and Video Equipment	1.家庭设备 Household Facilities	2.文娱用耐用消费品 Durable Consumer Goods for Cultural and Recreational Use	3.音像器材 Music and Video Equipment
全国平均	**National**	**99.2**	**99.4**	**101.0**	**98.6**	**93.7**	**97.2**	**87.8**	**96.8**
北　京	Beijing	93.3	98.5	100.3	98.2	90.5	94.5	82.3	96.5
天　津	Tianjin	101.3	96.5	102.5	94.3	90.7	98.2	78.8	99.8
河　北	Hebei	103.0	100.2	100.8	99.9	92.2	96.1	87.0	94.6
山　西	Shanxi	102.5	98.6	100.7	97.5	90.4	95.1	83.9	95.3
内蒙古	Inner Mongolia	99.4	99.0	100.0	98.2	92.9	97.1	85.9	98.3
辽　宁	Liaoning	95.7	98.8	101.7	96.6	93.2	98.2	85.4	96.1
吉　林	Jilin	99.1	100.1	101.3	99.2	95.1	99.1	88.4	99.1
黑龙江	Heilongjiang	96.3	98.1	100.5	95.5	89.7	95.5	81.4	95.7
上　海	Shanghai	102.8	100.5	102.9	99.9	90.8	100.1	81.5	85.7
江　苏	Jiangsu	101.6	99.4	103.2	98.5	94.7	97.3	88.2	95.1
浙　江	Zhejiang	97.7	100.1	102.4	98.8	95.9	98.1	88.9	100.0
安　徽	Anhui	98.5	98.9	100.3	98.1	91.3	95.1	85.0	96.6
福　建	Fujian	99.3	101.5	100.2	101.9	95.6	97.3	92.4	99.0
江　西	Jiangxi	98.9	102.2	99.8	104.6	95.8	98.0	92.4	98.1
山　东	Shandong	99.0	99.9	100.3	99.6	97.2	99.3	93.5	99.8
河　南	Henan	100.2	101.0	102.0	100.2	95.9	97.7	93.5	96.4
湖　北	Hubei	99.2	100.3	98.9	100.8	88.7	91.5	84.5	94.6
湖　南	Hunan	98.4	100.2	100.5	100.0	97.3	98.7	94.3	100.0
广　东	Guangdong	101.5	97.5	99.4	96.8	94.7	97.0	90.8	97.8
广　西	Guangxi	93.4	100.7	105.6	98.3	92.7	95.6	88.3	97.9
海　南	Hainan	98.4	101.4	100.0	102.2	100.1	100.1	100.1	100.0
重　庆	Chongqing	93.7	96.9	100.3	96.5	91.0	93.4	85.1	100.0
四　川	Sichuan	103.1	94.3	97.7	93.2	95.3	97.0	91.2	96.2
贵　州	Guizhou	99.3	97.3	100.5	96.0	97.1	98.8	93.4	99.9
云　南	Yunnan	106.5	101.4	100.2	102.0	93.8	98.0	89.0	99.7
西　藏	Tibet	101.7	103.8	107.8	100.5	91.5	88.0	95.5	91.4
陕　西	Shaanxi	98.2	99.8	101.7	99.1	92.9	96.6	84.0	95.4
甘　肃	Gansu	96.5	100.8	102.0	100.0	97.4	98.8	94.6	99.3
青　海	Qinghai	105.8	102.7	100.0	104.6	95.4	99.4	88.2	107.5
宁　夏	Ningxia	95.7	98.1	108.7	94.8	93.0	97.9	84.2	98.6
新　疆	Xinjiang	98.9	100.9	100.6	101.0	95.3	98.8	90.3	99.3

(上年价格=100) (Preceding year=100)

地 区 Region		六、文化办公用品 Cultural and Office Appliances	七、日用品 Articles for Daily Use	1.日用百货 General Merchandise for Daily Use	2.日用杂品 Grocery for Daily Use	3.洗涤用品 Wash	4.其它日用品 Other Articles for Daily Use	八、体育娱乐用品 Sports and Recreation Articles	1.体育用品 Sports Articles
全国平均	**National**	**95.3**	**102.0**	**101.4**	**102.1**	**104.2**	**100.5**	**96.8**	**101.0**
北 京	Beijing	93.0	103.5	100.6	104.5	109.6	103.9	91.3	104.8
天 津	Tianjin	91.5	100.9	104.3	99.4	102.0	96.5	96.0	104.9
河 北	Hebei	93.4	101.5	100.4	101.7	103.8	100.2	97.5	100.1
山 西	Shanxi	95.8	101.4	101.0	101.2	103.8	97.0	98.2	104.4
内 蒙 古	Inner Mongolia	96.2	100.0	100.6	99.3	100.4	99.2	99.4	99.7
辽 宁	Liaoning	95.2	102.3	103.0	102.9	103.1	100.3	96.8	102.7
吉 林	Jilin	96.4	102.8	101.9	106.7	103.7	100.5	96.6	98.8
黑 龙 江	Heilongjiang	94.1	103.2	101.9	106.0	103.7	101.2	97.1	101.0
上 海	Shanghai	93.9	102.4	102.7	102.8	104.4	101.2	92.1	102.4
江 苏	Jiangsu	92.4	103.9	101.8	103.9	107.4	102.0	86.9	97.2
浙 江	Zhejiang	96.6	101.2	99.4	101.1	104.7	100.1	99.4	101.3
安 徽	Anhui	96.4	102.1	102.4	102.3	103.2	100.4	98.9	101.7
福 建	Fujian	95.2	102.1	102.1	102.8	103.0	100.7	97.3	101.0
江 西	Jiangxi	97.3	102.3	101.5	102.2	103.9	101.2	98.7	100.5
山 东	Shandong	97.9	101.3	101.7	101.1	102.6	99.8	99.4	100.5
河 南	Henan	97.6	101.1	101.0	100.8	101.8	100.3	99.2	100.8
湖 北	Hubei	93.6	101.9	100.4	101.8	105.6	100.2	95.8	99.7
湖 南	Hunan	95.4	101.6	100.6	103.5	102.0	100.5	99.1	100.0
广 东	Guangdong	94.5	101.0	101.2	101.0	102.5	99.7	96.8	101.1
广 西	Guangxi	96.6	101.1	100.6	100.1	103.2	99.7	97.8	98.9
海 南	Hainan	96.8	101.5	105.2	97.9	99.5	100.2	99.8	100.0
重 庆	Chongqing	96.3	100.5	98.6	104.0	105.9	96.3	99.1	99.9
四 川	Sichuan	96.8	101.5	101.3	102.0	102.2	99.6	97.1	97.0
贵 州	Guizhou	99.3	100.9	102.0	99.9	101.0	100.0	97.5	101.1
云 南	Yunnan	97.8	101.9	98.4	100.8	104.6	101.3	98.3	101.6
西 藏	Tibet	99.8	99.5	95.1	99.9	101.1	102.5	93.0	96.1
陕 西	Shaanxi	98.0	105.1	100.1	102.5	114.2	102.1	95.8	101.2
甘 肃	Gansu	96.4	102.6	103.3	99.8	104.1	103.1	100.8	100.8
青 海	Qinghai	93.2	104.5	109.4	96.6	103.7	108.6	98.9	98.4
宁 夏	Ningxia	94.5	102.3	100.7	105.5	103.7	101.6	96.1	100.9
新 疆	Xinjiang	96.9	101.2	101.9	100.7	101.2	100.7	98.9	100.2

4-8-5 续表 5 Continued 5

(上年价格=100) (Preceding year=100)

地　　区 Region	2、娱乐用品 Recreation Articles	九、交通、通信用品 Transportation and Communication Appliances	1.交通运输机械 Transportation Appliances	2.通讯器材 Communication Appliances	十、家具 Furniture	十一、化妆品 Cosmetics	十二、金银珠宝 Gold, Silver and Jewelry	十三、中西药品及医疗保健用品 Traditional Chinese and Western Medicines and Health Care Articles
全国平均 National	**94.0**	**93.1**	**97.5**	**83.3**	**99.9**	**100.7**	**95.3**	**101.5**
北　京 Beijing	84.7	89.8	93.5	73.3	99.7	101.3	93.9	100.6
天　津 Tianjin	92.8	89.0	96.3	67.0	99.5	100.6	86.2	106.5
河　北 Hebei	95.5	92.5	96.8	84.8	101.0	100.7	93.9	101.7
山　西 Shanxi	92.9	93.1	96.7	85.4	102.9	101.1	90.9	102.5
内蒙古 Inner Mongolia	99.2	92.6	103.4	82.1	99.1	101.2	90.5	101.1
辽　宁 Liaoning	93.3	92.8	98.5	83.8	98.6	101.0	92.7	102.2
吉　林 Jilin	95.4	90.3	97.3	78.7	100.2	101.4	94.0	101.2
黑龙江 Heilongjiang	94.4	88.8	100.4	80.3	98.6	101.1	92.3	103.6
上　海 Shanghai	87.2	91.1	98.7	64.6	99.9	100.5	98.6	100.6
江　苏 Jiangsu	85.2	93.5	96.5	79.1	100.8	100.9	95.8	100.7
浙　江 Zhejiang	98.3	95.2	97.0	85.1	99.9	100.6	95.8	102.9
安　徽 Anhui	97.0	94.7	97.8	86.4	99.8	101.9	90.8	100.8
福　建 Fujian	94.8	94.1	100.3	82.3	101.6	101.2	98.9	100.9
江　西 Jiangxi	97.4	93.1	97.5	86.7	106.1	102.6	93.6	101.2
山　东 Shandong	98.4	96.2	99.9	88.0	99.3	99.8	99.3	100.3
河　南 Henan	97.5	94.2	98.7	83.0	100.9	100.8	92.0	101.3
湖　北 Hubei	92.7	90.8	97.8	82.9	103.1	101.6	91.0	102.0
湖　南 Hunan	98.2	93.4	97.3	88.0	100.4	100.0	95.4	99.9
广　东 Guangdong	92.3	92.0	95.7	87.7	98.4	100.0	102.1	101.4
广　西 Guangxi	96.5	96.0	99.3	89.1	97.4	101.5	98.7	100.7
海　南 Hainan	99.7	96.1	100.0	90.2	100.8	100.4	101.0	101.8
重　庆 Chongqing	98.6	91.5	98.2	84.8	96.8	100.6	91.0	99.7
四　川 Sichuan	97.2	95.9	100.4	84.3	100.2	99.5	89.9	101.6
贵　州 Guizhou	96.3	97.7	100.8	94.3	99.3	99.4	87.6	101.2
云　南 Yunnan	96.9	95.0	98.8	88.1	99.9	97.9	91.7	102.8
西　藏 Tibet	89.6	85.4	95.6	77.0	103.5	99.6	100.2	97.8
陕　西 Shaanxi	92.2	95.6	97.8	85.3	97.0	101.7	93.9	102.7
甘　肃 Gansu	100.9	102.3	112.2	79.0	102.8	100.8	93.0	101.5
青　海 Qinghai	99.0	98.9	102.1	84.7	98.6	98.7	94.8	103.0
宁　夏 Ningxia	92.5	95.7	101.0	86.3	97.3	101.4	93.3	101.0
新　疆 Xinjiang	97.6	94.2	97.7	89.6	102.7	104.8	95.2	104.1

(上年价格=100) (Preceding year=100)

地 区 Region		1.医疗器具及用品 Medical Apparatus and Article	2.中药材及中成药 Tradtional Chinese Medicinal Materials and Medicines	3.西 药 Western Medicines	4.保健器具及用品 Health Care Appliances and Articles	十四、书报杂志及电子出版物 Books, Newspapers, Magazines and Electronic Publications	1.教材及参考书 Teaching Materials and Reference Books	2.书报杂志 Newspapers and Magazines
全国平均	**National**	**101.9**	**102.8**	**100.9**	**101.1**	**105.7**	**102.9**	**111.0**
北 京	Beijing	100.1	100.5	99.7	103.3	106.8	102.4	114.5
天 津	Tianjin	100.6	114.7	102.6	100.1	108.0	100.8	122.5
河 北	Hebei	101.1	101.4	102.0	101.3	105.5	107.0	106.4
山 西	Shanxi	107.8	104.4	102.1	100.1	104.6	104.1	107.5
内蒙古	Inner Mongolia	103.1	103.1	99.9	99.9	102.0	99.8	106.5
辽 宁	Liaoning	100.1	104.2	101.6	99.3	106.2	102.9	113.5
吉 林	Jilin	103.0	102.3	100.6	100.3	102.3	100.4	105.6
黑龙江	Heilongjiang	104.0	108.0	100.5	103.1	105.0	105.2	109.1
上 海	Shanghai	110.6	101.5	100.3	99.8	111.4	106.3	124.7
江 苏	Jiangsu	101.3	103.0	100.1	100.7	116.0	105.9	119.1
浙 江	Zhejiang	103.6	102.6	103.2	102.7	103.0	103.8	104.2
安 徽	Anhui	102.0	102.7	99.4	101.1	104.9	106.6	104.5
福 建	Fujian	103.1	101.5	100.6	99.6	105.8	102.8	110.9
江 西	Jiangxi	95.7	104.4	100.0	99.5	103.3	101.1	107.7
山 东	Shandong	98.5	100.8	100.1	100.7	102.1	102.9	102.8
河 南	Henan	102.6	103.4	100.2	100.5	106.5	105.5	109.5
湖 北	Hubei	99.6	102.7	101.8	100.9	109.0	96.9	120.4
湖 南	Hunan	100.5	101.6	98.6	100.1	101.4	99.5	104.0
广 东	Guangdong	103.4	101.8	101.1	101.2	102.6	102.6	106.3
广 西	Guangxi	103.1	98.8	100.6	105.4	104.7	101.9	110.4
海 南	Hainan	103.3	103.5	100.2	103.2	106.6	102.6	113.0
重 庆	Chongqing	101.0	98.0	100.9	99.1	103.4	100.9	106.5
四 川	Sichuan	102.5	102.9	101.0	100.6	102.1	100.1	105.5
贵 州	Guizhou	100.4	101.9	101.1	99.7	102.0	101.0	104.8
云 南	Yunnan	100.0	106.7	100.4	102.4	107.0	109.4	108.7
西 藏	Tibet	100.0	95.6	99.2	97.2	98.0	98.6	102.6
陕 西	Shaanxi	101.0	104.7	101.8	100.5	104.7	103.5	108.7
甘 肃	Gansu	101.1	103.8	100.0	100.9	100.8	98.2	108.5
青 海	Qinghai	102.0	105.4	101.3	101.6	108.3	111.6	108.5
宁 夏	Ningxia	105.7	101.2	100.0	102.8	107.3	104.7	110.1
新 疆	Xinjiang	99.7	106.1	102.6	107.0	104.6	106.7	106.7

4-8-5 续表 7 Continued 7

(上年价格=100) (Preceding year=100)

地区	Region	3.电子音像制品 Electronic Publications	十五、燃料 Fuels	1.煤炭及制品 Coal and its product	2.石油及制品 Petroleum and its product	十六、建筑材料及五金电料 Building Materials and Hardware	1.建筑装璜材料 Building Decoration Materials	2.五金电料 Hardware
全国平均	**National**	**98.4**	**92.8**	**108.2**	**90.2**	**98.6**	**98.1**	**100.1**
北京	Beijing	100.3	97.4	109.0	96.8	99.0	98.2	102.1
天津	Tianjin	99.3	96.1	102.3	95.0	105.5	106.4	100.9
河北	Hebei	100.1	97.2	121.2	92.6	99.8	99.2	102.1
山西	Shanxi	98.5	96.0	118.6	87.1	98.4	97.6	101.1
内蒙古	Inner Mongolia	98.4	100.7	112.4	94.0	100.3	98.6	105.3
辽宁	Liaoning	95.7	98.8	108.5	96.2	99.8	99.3	101.1
吉林	Jilin	99.6	93.6	108.6	90.1	100.0	99.8	100.3
黑龙江	Heilongjiang	98.3	100.1	110.4	92.1	99.1	99.9	97.2
上海	Shanghai	97.2	102.1	104.9	101.9	97.9	98.1	97.5
江苏	Jiangsu	98.2	89.0	107.4	87.5	97.6	97.3	98.4
浙江	Zhejiang	98.7	88.6	99.0	87.1	98.0	97.4	99.5
安徽	Anhui	99.7	92.0	103.0	89.4	96.9	95.8	100.0
福建	Fujian	98.8	87.0	101.2	86.1	95.8	94.6	100.8
江西	Jiangxi	97.7	94.3	103.8	91.4	97.1	96.9	97.8
山东	Shandong	100.1	95.6	113.2	88.7	98.5	97.6	100.4
河南	Henan	99.1	100.0	114.2	94.7	96.5	95.3	99.9
湖北	Hubei	99.7	89.4	106.0	87.1	99.4	99.7	98.8
湖南	Hunan	99.7	88.0	98.7	85.5	100.8	100.2	102.9
广东	Guangdong	96.4	85.3	93.2	84.9	99.1	98.4	101.0
广西	Guangxi	97.8	92.2	100.1	90.7	98.0	96.6	102.9
海南	Hainan	100.0	91.3	86.5	91.4	91.8	91.4	93.2
重庆	Chongqing	100.0	95.3	109.1	94.7	99.7	98.1	102.3
四川	Sichuan	98.6	98.4	100.3	97.5	98.0	97.6	100.2
贵州	Guizhou	98.7	91.6	102.6	88.4	96.0	95.6	97.5
云南	Yunnan	98.5	102.4	103.4	102.3	101.9	102.2	100.1
西藏	Tibet	91.8	100.2	99.7	100.4	102.3	103.2	99.3
陕西	Shaanxi	98.6	95.5	114.4	91.8	101.6	102.0	100.2
甘肃	Gansu	92.5	96.4	120.7	88.8	103.8	103.7	103.9
青海	Qinghai	95.8	95.6	117.9	89.2	99.1	97.8	102.1
宁夏	Ningxia	100.0	101.1	113.4	98.5	100.2	97.4	104.7
新疆	Xinjiang	96.2	93.6	101.0	91.4	100.2	100.2	99.9

4-8-6 各地区农村商品零售价格分类指数(2009年)

Rural Retail Price Indices by Category and RegionUrban (2009)

(上年价格=100) (Preceding year=100)

地　区 Region	总指数 Retail Price Index	一、食品 Food	1.粮食 Grain	2.淀粉 Starches	3.干豆类及豆制品 Dried Bean and Their Products	4.油脂 Oil or Fat	5.肉禽及其制品 Meat, Poultry and Their Products	6.蛋 Eggs
全国平均 National	**99.0**	**100.2**	**105.4**	**101.9**	**97.4**	**81.4**	**91.2**	**102.0**
北　京 Beijing								
天　津 Tianjin								
河　北 Hebei	99.1	100.1	104.9	94.4	94.1	82.5	91.2	106.3
山　西 Shanxi	99.3	100.2	108.0	101.2	100.8	78.9	89.4	102.8
内蒙古 Inner Mongolia	99.6	100.7	104.9	96.1	101.0	81.7	94.4	102.1
辽　宁 Liaoning	100.3	102.9	108.1	102.0	96.5	79.6	93.6	103.0
吉　林 Jilin	100.3	101.7	113.3	104.8	91.2	80.2	92.9	101.0
黑龙江 Heilongjiang	100.7	101.2	114.5	101.5	86.4	73.7	91.1	100.9
上　海 Shanghai								
江　苏 Jiangsu	98.5	101.2	104.7	102.5	96.9	74.0	90.7	101.5
浙　江 Zhejiang	98.6	99.1	105.7	99.5	96.8	78.4	88.1	101.5
安　徽 Anhui	99.1	100.3	105.3	104.3	100.3	84.5	89.1	101.3
福　建 Fujian	97.7	98.8	101.2	99.8	97.4	79.7	92.2	102.6
江　西 Jiangxi	99.0	100.3	102.9	111.4	100.0	80.2	93.7	105.6
山　东 Shandong	99.4	101.2	106.0	105.8	93.6	86.1	92.5	101.4
河　南 Henan	99.2	100.6	107.4	100.1	93.9	80.6	89.7	101.7
湖　北 Hubei	98.9	99.9	103.9	98.0	97.1	79.3	90.7	98.8
湖　南 Hunan	98.8	100.3	105.0	102.2	103.4	85.3	88.0	100.7
广　东 Guangdong	97.0	98.3	102.1	100.6	99.5	80.4	92.0	98.3
广　西 Guangxi	96.9	97.2	104.3	99.4	95.2	76.3	89.7	100.7
海　南 Hainan	97.2	99.5	104.4	104.7	99.7	88.5	93.4	101.1
重　庆 Chongqing								
四　川 Sichuan	100.4	100.6	103.8	105.7	103.0	85.1	91.8	106.8
贵　州 Guizhou	97.7	97.2	103.8	102.2	97.6	75.0	94.4	94.5
云　南 Yunnan	100.4	102.6	103.7	101.9	106.1	86.1	91.1	100.0
西　藏 Tibet	99.6	104.7	102.6	98.2	101.6	98.8	102.0	104.5
陕　西 Shaanxi	100.1	101.2	106.1	108.4	100.9	82.2	92.1	101.7
甘　肃 Gansu	102.3	103.1	104.3	98.7	100.5	88.9	95.5	103.7
青　海 Qinghai	101.3	101.4	104.3	103.9	100.2	81.2	91.2	105.5
宁　夏 Ningxia	100.0	101.2	107.2	100.0	96.3	76.3	92.3	105.0
新　疆 Xinjiang	101.6	102.1	104.2	103.2	94.7	77.2	102.4	104.1

(上年价格=100) (Preceding year=100)

地 区	Region	7.水产品 Aquatic Products	8.菜 Vegetables	9.调味品 Flavoring	10.糖 Carbohydrate	11.干鲜瓜果 Dried and Fresh Melons and Fruits	12.糕点饼干面包 Cake	13.液体乳及乳制品 Milk and Its Products	14.在外用膳食品 Outward Dinner Food
全国平均	**National**	**101.0**	**113.8**	**103.1**	**102.1**	**106.3**	**103.2**	**101.8**	**103.5**
北 京	Beijing								
天 津	Tianjin								
河 北	Hebei	98.0	116.0	104.3	101.3	101.8	105.6	103.4	103.7
山 西	Shanxi	98.0	110.2	105.8	102.5	102.0	103.8	101.0	106.2
内蒙古	Inner Mongolia	97.1	112.4	101.8	100.5	103.5	101.7	100.9	103.2
辽 宁	Liaoning	100.6	120.7	104.1	101.8	104.6	104.4	101.0	101.6
吉 林	Jilin	94.6	109.6	112.4	100.3	98.9	105.8	99.7	106.1
黑龙江	Heilongjiang	95.6	109.9	103.5	102.7	108.5	100.5	104.7	102.1
上 海	Shanghai								
江 苏	Jiangsu	101.3	123.3	101.9	100.1	106.3	103.2	100.8	102.8
浙 江	Zhejiang	104.3	111.0	103.4	103.6	104.0	102.5	101.2	102.4
安 徽	Anhui	102.2	112.0	101.2	102.6	105.8	105.0	102.5	103.8
福 建	Fujian	101.3	108.4	103.1	102.6	104.8	103.8	101.0	100.3
江 西	Jiangxi	103.8	108.1	102.5	103.9	108.7	101.3	104.6	104.3
山 东	Shandong	99.6	117.1	102.4	103.2	105.8	101.4	101.8	102.8
河 南	Henan	98.9	118.0	103.2	102.8	108.5	104.9	105.5	103.6
湖 北	Hubei	102.5	112.7	103.4	98.2	106.6	103.0	100.7	104.6
湖 南	Hunan	98.1	114.5	104.7	104.2	124.6	109.6	100.5	105.4
广 东	Guangdong	100.7	102.0	103.1	101.6	102.6	101.0	101.1	104.5
广 西	Guangxi	94.1	104.9	102.2	104.6	108.2	97.8	97.8	103.4
海 南	Hainan	105.8	98.2	102.7	107.4	103.1	100.2	104.6	102.7
重 庆	Chongqing								
四 川	Sichuan	103.7	123.6	102.3	103.4	116.0	102.7	102.4	102.2
贵 州	Guizhou	98.5	99.9	102.0	100.7	112.7	100.0	101.1	105.9
云 南	Yunnan	103.3	124.2	100.5	101.8	111.9	102.4	100.1	103.9
西 藏	Tibet	101.3	111.5	99.1	101.7	112.2	98.1	109.3	103.4
陕 西	Shaanxi	99.6	118.3	100.6	100.3	97.4	102.2	101.0	102.0
甘 肃	Gansu	101.7	117.2	104.2	100.1	107.6	102.6	105.3	104.1
青 海	Qinghai	100.1	116.9	103.8	106.9	106.3	102.3	101.5	102.9
宁 夏	Ningxia	97.0	116.0	106.3	104.6	109.8	100.6	101.2	102.7
新 疆	Xinjiang	99.5	112.8	106.1	100.9	104.2	101.3	103.4	103.5

4-8-6 续表 2 Continued 2

(上年价格=100) (Preceding year=100)

地 区	Region	15.其它食品 Other Foods	二、饮料、烟酒 Beverages, Tobacco and Liquor	1.茶及饮料 Tea and Beverages	2.烟 草 Tobacco	3.酒 Liquor	三、服装、鞋帽 Garments, Shoes and Hats	1.服 装 Garments	2.鞋袜帽 Footgear and Hats
全国平均	**National**	**101.8**	**101.3**	**101.4**	**100.3**	**102.7**	**98.1**	**98.0**	**98.4**
北 京	Beijing								
天 津	Tianjin								
河 北	Hebei	101.8	101.3	102.6	100.3	101.9	98.8	98.6	99.5
山 西	Shanxi	102.2	100.5	101.2	100.0	101.9	99.3	99.0	100.0
内 蒙 古	Inner Mongolia	102.9	100.5	101.7	99.8	100.9	99.6	99.8	99.3
辽 宁	Liaoning	104.7	101.2	101.1	100.0	102.6	95.8	95.8	95.7
吉 林	Jilin	103.0	100.3	99.8	97.0	103.4	100.5	101.4	99.7
黑 龙 江	Heilongjiang	101.3	100.9	100.6	100.3	101.6	99.4	99.8	98.7
上 海	Shanghai								
江 苏	Jiangsu	98.4	101.2	100.6	100.6	103.2	95.9	96.0	94.9
浙 江	Zhejiang	100.0	100.7	101.7	99.4	102.3	97.7	98.0	96.4
安 徽	Anhui	103.3	101.1	102.1	99.9	102.6	99.3	98.8	100.3
福 建	Fujian	105.3	101.8	101.0	100.2	104.1	95.6	95.8	95.5
江 西	Jiangxi	101.7	100.4	101.0	99.8	100.9	98.6	98.3	98.7
山 东	Shandong	100.9	101.8	101.0	100.5	103.1	95.0	94.4	96.1
河 南	Henan	103.4	102.1	102.7	100.5	103.5	100.1	99.9	100.7
湖 北	Hubei	102.8	101.5	103.2	99.8	102.6	97.9	97.2	99.5
湖 南	Hunan	100.6	99.6	100.0	98.9	100.8	100.4	100.3	100.6
广 东	Guangdong	99.8	102.2	100.9	103.1	102.2	98.0	97.7	98.3
广 西	Guangxi	109.5	101.1	100.2	98.6	104.3	93.3	93.2	93.9
海 南	Hainan	108.4	102.1	103.0	99.3	104.8	98.9	97.8	102.8
重 庆	Chongqing								
四 川	Sichuan	105.0	101.9	101.4	100.4	104.3	99.9	100.0	99.3
贵 州	Guizhou	92.3	99.9	99.7	99.6	100.4	97.9	99.2	96.3
云 南	Yunnan	101.7	100.9	100.6	100.7	101.2	98.3	97.8	99.0
西 藏	Tibet	103.1	100.0	100.8	99.7	99.9	100.6	102.6	98.6
陕 西	Shaanxi	103.2	101.7	101.6	100.8	103.1	98.8	98.2	100.0
甘 肃	Gansu	102.9	102.3	101.9	101.9	102.8	101.7	101.4	102.4
青 海	Qinghai	101.1	100.8	101.5	100.1	101.2	99.8	98.3	103.3
宁 夏	Ningxia	105.5	103.2	99.9	101.1	108.5	101.3	101.9	100.8
新 疆	Xinjiang	101.8	100.2	100.9	97.9	102.1	101.1	100.9	101.7

4-8-6 续表 3 Continued 3

(上年价格=100) (Preceding year=100)

地 区 Region	3.其 它 Others	四、纺织品 Textiles	1.衣着材料 Clothing Material	2.床上用品 Bed Articles	五、家用电器及音像器材 Household Appliances, Music and Video Equipment	1.家庭设备 Household Facilities	2.文娱用耐用消费品 Durable Consumer Goods for Cultural and Recreational Use	3.音像器材 Music and Video Equipment
全国平均 National	**98.3**	**99.8**	**100.6**	**99.2**	**95.7**	**97.6**	**92.9**	**98.2**
北 京 Beijing								
天 津 Tianjin								
河 北 Hebei	97.3	99.7	102.1	97.9	92.8	96.7	88.1	96.0
山 西 Shanxi	99.9	99.1	99.6	98.5	92.4	95.1	88.9	97.3
内 蒙 古 Inner Mongolia	98.0	98.5	99.5	97.3	96.2	98.5	93.2	100.0
辽 宁 Liaoning	95.5	97.9	96.8	99.2	96.9	99.2	94.0	100.0
吉 林 Jilin	96.8	100.9	100.6	101.2	92.2	97.8	85.3	91.3
黑 龙 江 Heilongjiang	100.0	100.3	100.6	99.9	98.2	98.8	97.3	98.2
上 海 Shanghai								
江 苏 Jiangsu	97.9	100.1	101.5	98.7	95.2	97.6	89.0	97.5
浙 江 Zhejiang	102.0	99.8	99.4	100.3	95.3	97.0	91.6	98.2
安 徽 Anhui	102.0	100.7	101.4	100.0	94.5	97.0	90.4	99.8
福 建 Fujian	92.3	100.7	99.8	101.1	93.0	95.2	88.9	99.5
江 西 Jiangxi	100.0	99.9	101.0	99.0	95.7	97.4	94.0	100.0
山 东 Shandong	94.6	99.0	100.5	97.2	98.2	99.4	96.5	99.8
河 南 Henan	99.6	100.1	100.4	99.8	95.6	98.3	91.3	100.0
湖 北 Hubei	98.9	99.4	101.0	98.5	97.5	98.5	95.4	99.3
湖 南 Hunan	99.9	101.2	100.9	101.5	96.0	99.4	94.3	98.0
广 东 Guangdong	99.8	99.5	100.4	99.1	95.2	95.8	94.1	99.0
广 西 Guangxi	92.5	100.8	96.3	103.5	92.3	94.4	88.9	99.3
海 南 Hainan	96.7	100.9	100.6	100.9	97.5	101.3	92.3	95.7
重 庆 Chongqing								
四 川 Sichuan	102.0	100.4	101.3	99.9	98.2	98.3	98.2	97.8
贵 州 Guizhou	92.9	99.5	101.4	98.6	93.6	97.2	91.6	92.0
云 南 Yunnan	99.9	100.0	102.2	98.7	95.6	98.1	92.1	99.4
西 藏 Tibet	90.9	99.5	100.2	99.0	92.9	94.3	91.9	91.2
陕 西 Shaanxi	98.8	101.3	104.0	98.4	95.3	98.3	91.8	98.3
甘 肃 Gansu	100.8	101.8	101.9	101.7	98.5	98.7	98.1	99.7
青 海 Qinghai	100.0	101.2	101.3	101.1	95.2	97.4	92.5	100.0
宁 夏 Ningxia	93.2	102.3	101.8	102.2	94.1	98.9	89.7	91.7
新 疆 Xinjiang	100.3	100.5	101.0	100.0	99.3	100.0	98.5	100.0

(上年价格=100) (Preceding year=100)

地区	Region	六、文化办公用品 Cultural and Office Appliances	七、日用品 Articles for Daily Use	1.日用百货 General Merchandise for Daily Use	2.日用杂品 Grocery for Daily Use	3.洗涤用品 Wash	4.其它日用品 Other Articles for Daily Use	八、体育娱乐用品 Sports and Recreation Articles	1.体育用品 Sports Articles
全国平均	**National**	**98.6**	**101.9**	**101.6**	**101.5**	**103.7**	**100.2**	**100.0**	**101.0**
北京	Beijing								
天津	Tianjin								
河北	Hebei	96.9	101.8	100.9	100.9	104.0	101.2	98.4	98.7
山西	Shanxi	97.4	101.4	101.1	101.1	103.5	99.1	98.1	98.6
内蒙古	Inner Mongolia	99.2	100.9	101.1	100.8	101.8	100.0	100.1	99.6
辽宁	Liaoning	99.7	101.5	100.5	101.4	103.4	99.7	100.2	100.2
吉林	Jilin	95.5	101.0	100.9	100.3	101.5	100.8	99.9	99.8
黑龙江	Heilongjiang	99.1	103.2	104.0	100.5	105.7	100.5	99.9	99.9
上海	Shanghai								
江苏	Jiangsu	94.3	101.8	101.1	102.6	104.5	99.1	97.9	100.5
浙江	Zhejiang	99.5	102.9	102.0	102.8	105.7	100.1	99.4	101.8
安徽	Anhui	96.9	101.6	100.6	101.4	103.9	101.0	99.8	100.4
福建	Fujian	95.7	102.6	103.8	102.4	102.6	100.7	101.0	103.9
江西	Jiangxi	99.4	102.0	100.1	100.1	107.2	99.8	99.8	103.6
山东	Shandong	101.0	102.3	103.3	100.7	103.9	99.9	102.4	103.0
河南	Henan	99.4	102.1	101.4	102.3	103.7	100.6	99.7	100.5
湖北	Hubei	98.5	101.8	101.5	101.5	103.5	100.3	99.8	99.7
湖南	Hunan	105.1	102.2	100.5	102.7	106.5	100.2	107.4	113.0
广东	Guangdong	98.0	100.6	101.0	100.5	101.3	99.7	99.7	100.4
广西	Guangxi	95.4	102.0	102.1	102.5	102.9	99.4	96.7	101.0
海南	Hainan	94.7	102.4	100.4	100.4	100.2	107.6	100.8	102.6
重庆	Chongqing								
四川	Sichuan	99.1	101.4	100.3	101.6	102.6	100.5	99.5	99.9
贵州	Guizhou	99.5	100.7	101.7	102.0	99.1	99.2	96.7	95.6
云南	Yunnan	99.9	102.4	101.2	100.8	105.7	100.1	99.1	100.9
西藏	Tibet	92.2	95.6	95.5	98.2	98.2	89.3	92.1	93.4
陕西	Shaanxi	98.9	102.1	103.0	101.4	103.4	99.8	99.4	99.8
甘肃	Gansu	100.8	103.3	104.8	103.0	103.4	101.3	100.7	100.9
青海	Qinghai	101.1	106.0	101.0	111.6	104.6	108.6	99.8	99.7
宁夏	Ningxia	96.0	103.6	104.6	101.6	103.2	103.5	96.3	100.3
新疆	Xinjiang	100.8	101.9	101.6	99.0	107.2	100.7	100.0	100.0

4-8-6 续表 5 Continued 5

(上年价格=100) (Preceding year=100)

地　区 Region		2、娱乐用品 Recreation Articles	九、交通、通信用品 Transport-ation and Communic-ation Appliances	1.交通运输机械 Transport-ation Appliances	2.通讯器材 Communi-cation Appliances	十、家具 Furniture	十一、化妆品 Cosmetics	十二、金银珠宝 Gold, Silver and Jewelry	十三、中西药品及医疗保健用品 Traditional Chinese and Western Medicines and Health Care Articles
全国平均	**National**	**99.0**	**95.5**	**99.4**	**89.9**	**99.0**	**101.0**	**96.7**	**101.5**
北　京	Beijing								
天　津	Tianjin								
河　北	Hebei	98.0	95.0	99.1	88.5	96.9	103.7	87.5	102.3
山　西	Shanxi	97.8	95.2	99.9	85.9	97.2	100.5	95.4	103.0
内蒙古	Inner Mongolia	100.5	95.1	98.7	91.5	99.8	101.5	94.2	101.0
辽　宁	Liaoning	100.1	96.2	99.5	90.5	98.8	101.0	95.8	101.4
吉　林	Jilin	100.0	97.4	101.9	91.8	99.9	100.4	98.6	102.9
黑龙江	Heilongjiang	100.0	97.7	99.4	96.7	100.4	99.5	85.4	100.5
上　海	Shanghai								
江　苏	Jiangsu	96.6	96.1	98.8	86.1	98.9	101.3	95.1	101.0
浙　江	Zhejiang	98.2	96.0	98.4	86.2	100.5	100.5	97.1	105.0
安　徽	Anhui	99.3	94.9	98.8	87.6	99.4	101.5	94.0	101.8
福　建	Fujian	98.8	94.6	100.4	85.3	100.6	100.2	97.2	100.7
江　西	Jiangxi	97.4	93.8	98.3	89.2	99.6	103.0	97.2	100.3
山　东	Shandong	101.5	97.5	100.7	93.7	99.0	100.9	100.4	101.6
河　南	Henan	98.1	91.4	99.3	85.9	99.0	100.2	98.1	101.1
湖　北	Hubei	99.9	95.6	98.9	92.9	99.8	100.6	94.9	100.7
湖　南	Hunan	101.8	96.0	100.2	91.5	97.5	101.5	93.5	100.1
广　东	Guangdong	99.0	94.7	99.6	89.1	98.4	101.6	103.6	98.6
广　西	Guangxi	92.4	96.4	99.5	90.7	95.5	101.5	96.9	102.5
海　南	Hainan	98.2	90.5	99.0	75.4	99.2	100.8	97.5	101.7
重　庆	Chongqing								
四　川	Sichuan	99.5	96.9	99.3	93.8	100.5	99.8	98.7	101.1
贵　州	Guizhou	99.4	99.0	99.7	96.3	103.1	96.9	95.7	100.8
云　南	Yunnan	97.1	95.4	97.8	92.5	99.1	100.3	97.0	102.0
西　藏	Tibet	90.1	92.7	99.8	87.6	99.5	96.2	94.1	100.0
陕　西	Shaanxi	98.9	94.0	99.3	89.0	100.1	101.9	99.7	102.3
甘　肃	Gansu	100.5	98.8	99.9	98.1	101.7	100.6	95.4	100.0
青　海	Qinghai	99.8	94.0	101.3	86.9	102.1	99.1	90.0	100.7
宁　夏	Ningxia	91.2	93.0	99.8	85.1	101.4	103.1	92.5	100.6
新　疆	Xinjiang	100.0	98.1	99.6	96.5	100.8	100.1	104.1	102.2

4-8-6 续表 6 Continued 6

(上年价格=100) (Preceding year=100)

地 区 Region		1.医疗器具及用品 Medical Apparatus and Article	2.中药材及中成药 Tradtional Chinese Medicinal Materials and Medicines	3.西 药 Western Medicines	4.保健器具及用品 Health Care Appliances and Articles	十四、书报杂志及电子出版物 Books, Newspapers, Magazines and Electronic Publications	1.教材及参考书 Teaching Materials and Reference Books	2.书报杂志 Newspapers and Magazines
全国平均	**National**	**100.8**	**101.7**	**101.6**	**100.8**	**103.5**	**102.9**	**105.9**
北 京	Beijing							
天 津	Tianjin							
河 北	Hebei	104.2	102.3	102.6	98.7	104.3	106.1	105.3
山 西	Shanxi	100.3	106.3	101.9	99.0	106.3	106.6	108.6
内蒙古	Inner Mongolia	100.4	102.1	100.4	100.1	100.9	101.0	101.4
辽 宁	Liaoning	99.3	101.5	101.8	100.1	103.1	100.2	109.0
吉 林	Jilin	103.8	106.8	100.7	98.6	101.8	103.4	101.9
黑龙江	Heilongjiang	102.4	99.8	100.9	99.7	99.8	96.9	103.5
上 海	Shanghai							
江 苏	Jiangsu	101.3	100.9	101.3	99.9	109.7	102.4	112.7
浙 江	Zhejiang	100.1	104.4	106.3	103.0	103.1	103.1	104.2
安 徽	Anhui	100.3	104.2	100.4	100.6	103.6	108.2	101.4
福 建	Fujian	101.9	101.9	100.0	100.3	105.9	99.9	113.2
江 西	Jiangxi	102.0	101.1	99.5	100.4	103.5	103.6	104.5
山 东	Shandong	99.8	102.6	101.5	100.8	101.5	100.7	103.3
河 南	Henan	102.4	101.3	100.7	102.2	107.0	108.9	106.5
湖 北	Hubei	105.4	98.7	101.6	101.2	101.9	100.2	105.7
湖 南	Hunan	101.4	99.7	100.2	100.7	100.7	98.7	102.6
广 东	Guangdong	98.8	98.0	98.7	100.0	102.4	103.0	103.7
广 西	Guangxi	100.8	102.6	100.3	116.8	103.5	102.3	108.7
海 南	Hainan	100.1	102.9	100.6	102.8	100.2	99.3	101.9
重 庆	Chongqing							
四 川	Sichuan	98.0	103.2	100.6	99.7	102.5	101.9	105.9
贵 州	Guizhou	100.7	103.6	99.0	100.1	102.3	102.2	103.7
云 南	Yunnan	102.0	100.5	102.9	102.3	103.3	106.2	101.8
西 藏	Tibet	100.9	100.6	98.5	101.6	101.1	101.6	107.1
陕 西	Shaanxi	106.4	104.3	101.2	99.3	103.6	104.2	105.0
甘 肃	Gansu	102.6	96.5	102.3	100.6	101.1	100.5	103.1
青 海	Qinghai	100.2	99.1	101.8	101.2	105.3	105.1	109.2
宁 夏	Ningxia	105.2	102.4	99.5	97.9	104.6	103.1	109.1
新 疆	Xinjiang	102.8	102.0	102.3	100.8	101.2	100.1	103.6

4-8-6 续表 7 Continued 7

(上年价格=100) (Preceding year=100)

地 区 Region	3.电子音像制品 Electronic Publications	十五、燃料 Fuels	1.煤炭及制品 Coal and its product	2.石油及制品 Petroleum and its product	十六、建筑材料及五金电料 Building Materials and Hardware	1.建筑装璜材料 Building Decoration Materials	2.五金电料 Hardware
全国平均 National	**99.3**	**92.5**	**105.4**	**86.0**	**98.2**	**97.5**	**100.6**
北 京 Beijing							
天 津 Tianjin							
河 北 Hebei	98.1	96.2	107.4	86.0	100.9	100.3	103.7
山 西 Shanxi	99.9	100.6	122.9	86.4	101.3	101.1	102.0
内蒙古 Inner Mongolia	99.9	99.8	102.6	97.4	100.1	99.8	100.7
辽 宁 Liaoning	99.4	97.5	114.2	88.7	101.7	101.6	101.8
吉 林 Jilin	99.6	97.8	116.9	88.9	101.3	101.2	101.5
黑龙江 Heilongjiang	100.0	103.8	120.8	87.4	103.7	104.9	100.5
上 海 Shanghai							
江 苏 Jiangsu	100.2	84.3	108.4	82.3	96.5	96.0	97.6
浙 江 Zhejiang	99.3	87.7	104.5	84.5	97.5	96.3	100.9
安 徽 Anhui	98.1	94.0	107.3	86.8	97.1	96.7	98.7
福 建 Fujian	98.3	88.2	107.0	85.1	93.4	92.9	95.6
江 西 Jiangxi	99.5	92.4	99.9	87.1	97.3	96.8	100.0
山 东 Shandong	100.1	92.6	101.6	85.3	98.4	97.5	100.8
河 南 Henan	99.9	96.4	108.3	85.7	97.2	96.7	99.7
湖 北 Hubei	98.5	92.7	108.3	86.6	96.7	95.9	99.3
湖 南 Hunan	101.4	86.3	86.5	87.4	97.0	95.7	107.2
广 东 Guangdong	99.0	84.9	99.6	82.0	97.0	96.2	100.7
广 西 Guangxi	97.6	88.0	77.6	88.7	96.5	96.4	96.3
海 南 Hainan	99.1	87.1	101.8	86.7	96.1	95.1	101.7
重 庆 Chongqing							
四 川 Sichuan	99.9	103.5	107.6	99.3	100.5	100.0	102.8
贵 州 Guizhou	99.3	96.1	99.2	93.4	96.5	94.9	110.6
云 南 Yunnan	99.7	98.2	107.0	90.9	97.6	96.7	100.4
西 藏 Tibet	91.9	98.8	95.3	100.4	99.7	100.9	95.7
陕 西 Shaanxi	100.0	96.6	109.9	91.0	102.7	102.7	102.8
甘 肃 Gansu	99.5	111.6	130.2	91.2	102.5	101.8	104.4
青 海 Qinghai	99.0	105.5	121.0	91.6	101.5	101.2	103.2
宁 夏 Ningxia	98.6	95.9	98.8	90.0	98.7	97.6	102.1
新 疆 Xinjiang	99.8	103.7	115.6	91.8	105.1	105.1	105.5

4-8-7 36个大中城市商品零售价格分类指数(2009年)

Retail Price Indices by Category in 36 Major Cities (2009)

(上年价格=100) (Preceding year=100)

地 区 Region	总指数 Retail Price Index	一、食 品 Food	1.粮 食 Grain	2.淀粉 Starches	3.干豆类及豆制品 Dried Bean and Their Products	4.油 脂 Oil or Fat	5.肉禽及其制品 Meat, Poultry and Their Products	6.蛋 Eggs
平均指数 Average	**98.6**	**101.4**	**105.4**	**103.9**	**99.3**	**81.3**	**92.8**	**101.1**
北 京 Beijing	97.8	102.3	105.6	104.8	104.7	83.9	95.2	102.3
天 津 Tianjin	98.9	101.3	107.6	104.2	102.2	84.9	93.1	102.0
石家庄 Shijiazhuang	100.1	99.8	102.0	110.0	90.3	84.1	93.4	98.4
太 原 Taiyuan	99.1	102.8	106.6	105.6	100.2	85.4	88.7	101.3
呼和浩特 Hohhot	99.9	102.0	108.7	105.5	96.2	91.5	92.0	106.2
沈 阳 Shenyang	97.9	103.3	110.8	102.0	90.3	78.0	94.7	103.8
大 连 Dalian	99.4	103.9	110.3	107.3	99.9	78.3	92.1	106.6
长 春 Changchun	99.6	101.0	110.7	100.8	89.5	77.4	91.4	99.5
哈尔滨 Harbin	98.5	101.4	104.1	100.0	96.8	78.0	94.7	101.8
上 海 Shanghai	99.4	102.0	103.7	106.0	100.2	80.3	95.6	103.0
南 京 Nanjing	98.7	102.4	104.4	105.8	97.6	76.1	93.9	95.1
杭 州 Hangzhou	98.6	101.6	105.1	108.4	102.0	77.9	91.6	104.2
宁 波 Ningbo	98.8	102.3	104.9	100.0	98.4	76.8	93.9	98.8
合 肥 Hefei	99.8	103.4	107.3	109.0	92.2	82.2	89.5	100.0
福 州 Fuzhou	99.1	100.5	106.6	104.3	99.3	79.9	92.2	101.3
厦 门 Xiamen	97.8	98.6	104.0	100.7	101.7	78.9	87.5	100.2
南 昌 Nanchang	99.4	100.4	104.8	108.0	99.5	75.8	92.4	99.9
济 南 Jinan	98.7	102.5	102.6	101.9	100.8	87.8	91.3	100.0
青 岛 Qingdao	98.6	101.3	104.6	110.9	94.7	86.7	91.4	100.9
郑 州 Zhengzhou	100.3	102.7	107.5	104.9	97.4	86.4	91.2	101.6
武 汉 Wuhan	98.4	100.4	101.6	103.0	104.0	81.7	90.4	99.5
长 沙 Changsha	97.7	100.9	103.7	102.9	104.8	79.1	91.5	102.3
广 州 Guangzhou	96.8	99.2	106.7	103.4	105.8	89.3	93.2	97.0
深 圳 Shenzhen	97.5	98.5	103.1	98.6	98.6	77.1	95.0	99.8
南 宁 Nanning	98.5	98.8	108.3	87.7	97.5	84.3	92.1	101.4
海 口 Haikou	99.2	100.6	103.1	97.7	100.3	95.3	95.2	102.8
重 庆 Chongqing	97.3	100.1	106.2	108.2	97.7	80.9	86.7	98.8
成 都 Chengdu	99.0	103.0	104.6	96.4	97.1	83.3	90.3	101.7
贵 阳 Guiyang	98.2	100.1	106.3	109.0	97.3	75.1	90.8	100.8
昆 明 Kunming	100.0	100.5	104.3	99.9	99.8	70.6	89.9	101.9
拉 萨 Lhasa	100.1	104.8	98.4	99.0	104.9	94.7	96.8	97.8
西 安 Xi'an	99.5	102.7	102.8	103.4	100.8	76.6	91.2	104.7
兰 州 Lanzhou	100.5	103.9	105.6	104.4	101.2	86.9	93.5	102.4
西 宁 Xining	102.3	105.5	108.3	118.8	100.7	84.3	95.5	104.1
银 川 Yinchuan	98.5	102.1	106.6	101.7	96.5	80.1	93.7	100.8
乌鲁木齐 Urumqi	100.1	102.4	101.0	106.1	94.9	78.1	99.9	99.8

4-8-7 续表 1 Continued 1

(上年价格=100) (Preceding year=100)

地　区	Region	7.水产品 Aquatic Products	8.菜 Vegetables	9.调味品 Flavoring	10.糖 Carbohydrate	11.干鲜瓜果 Dried and Fresh Melons and Fruits	12.糕点饼干面包 Cake	13.液体乳及乳制品 Milk and Its Products	14.在外用膳食品 Outward Dinner Food
平均指数	**Average**	**102.4**	**112.6**	**104.1**	**103.1**	**106.5**	**102.9**	**101.5**	**102.4**
北　京	Beijing	104.6	110.2	106.5	103.8	106.4	103.8	103.5	103.3
天　津	Tianjin	97.1	114.5	108.7	105.3	101.2	101.5	100.8	103.3
石家庄	Shijiazhuang	94.4	112.4	107.7	105.0	96.4	99.8	106.8	102.6
太　原	Taiyuan	97.5	114.9	105.6	103.1	110.6	105.6	101.8	102.6
呼和浩特	Hohhot	93.6	117.4	104.9	97.2	103.7	103.9	105.1	101.0
沈　阳	Shenyang	104.7	118.3	101.1	104.0	117.9	101.4	99.4	98.1
大　连	Dalian	105.6	122.8	103.1	104.4	111.6	99.1	95.3	103.3
长　春	Changchun	97.7	119.5	109.5	108.2	102.5	102.7	101.1	100.3
哈尔滨	Harbin	94.4	114.7	98.2	98.1	109.7	103.1	100.1	100.9
上　海	Shanghai	105.2	116.5	104.0	101.3	100.3	102.8	100.4	101.8
南　京	Nanjing	102.4	117.3	105.8	105.1	108.8	99.4	99.4	104.3
杭　州	Hangzhou	104.7	105.0	100.4	100.3	111.1	100.9	99.5	103.1
宁　波	Ningbo	107.2	106.9	109.2	106.0	103.5	108.6	104.3	100.5
合　肥	Hefei	106.1	116.8	108.3	105.6	112.7	102.0	103.7	110.6
福　州	Fuzhou	104.1	103.6	104.7	99.2	106.5	101.5	100.2	102.8
厦　门	Xiamen	100.8	100.4	104.2	102.2	103.9	103.8	98.7	103.7
南　昌	Nanchang	104.5	108.3	102.8	104.0	104.3	105.9	104.0	108.3
济　南	Jinan	99.4	125.7	107.7	104.5	108.8	104.2	101.2	102.6
青　岛	Qingdao	105.2	109.4	100.4	101.8	106.6	104.1	101.8	101.0
郑　州	Zhengzhou	98.1	121.5	108.8	102.4	108.2	103.4	101.3	102.6
武　汉	Wuhan	105.5	113.6	102.9	104.1	103.3	106.6	105.6	100.6
长　沙	Changsha	102.8	114.4	102.5	100.6	105.2	100.5	107.2	100.7
广　州	Guangzhou	100.1	97.4	100.8	100.7	101.1	102.5	101.9	102.5
深　圳	Shenzhen	99.1	97.6	103.5	105.0	104.1	103.0	101.5	99.6
南　宁	Nanning	96.5	102.8	99.5	103.9	106.7	102.2	99.6	102.6
海　口	Haikou	102.7	105.9	103.9	102.7	107.9	100.6	99.2	100.8
重　庆	Chongqing	102.3	115.0	104.1	103.5	113.2	101.6	101.0	103.9
成　都	Chengdu	102.2	137.6	102.1	101.7	111.7	103.1	100.8	102.6
贵　阳	Guiyang	98.5	114.0	107.5	102.3	110.0	101.6	107.2	99.5
昆　明	Kunming	97.4	118.7	98.7	98.5	118.0	105.1	103.5	99.0
拉　萨	Lhasa	102.0	119.1	105.4	102.1	115.3	100.9	108.3	104.0
西　安	Xi'an	104.6	120.6	102.7	105.1	112.0	101.6	97.5	102.8
兰　州	Lanzhou	107.1	120.8	103.9	100.9	112.8	103.4	100.9	103.9
西　宁	Xining	104.0	118.5	101.1	102.1	118.8	98.4	104.4	106.2
银　川	Yinchuan	98.6	110.9	103.8	102.6	108.9	99.3	101.8	103.2
乌鲁木齐	Urumqi	99.9	106.0	104.8	110.8	103.4	103.9	102.9	110.8

(上年价格=100) (Preceding year=100)

地区 Region		15.其它食品 Other Foods	二、饮料、烟酒 Beverages, Tobacco and Liquor	1.茶及饮料 Tea and Beverages	2.烟草 Tobacco	3.酒 Liquor	三、服装、鞋帽 Garments, Shoes and Hats	1.服装 Garments	2.鞋袜帽 Footgear and Hats
平均指数	**Average**	**101.1**	**101.9**	**102.2**	**100.6**	**103.8**	**98.2**	**98.5**	**97.3**
北京	Beijing	100.4	102.3	102.7	100.0	105.0	98.4	97.7	100.1
天津	Tianjin	101.4	104.7	101.8	105.0	106.8	97.2	98.0	94.9
石家庄	Shijiazhuang	102.6	102.3	104.9	99.8	102.6	99.3	98.0	102.9
太原	Taiyuan	103.7	103.9	103.6	102.7	109.0	95.7	94.6	98.4
呼和浩特	Hohhot	100.9	101.5	99.3	100.9	103.5	99.4	100.6	95.8
沈阳	Shenyang	98.7	101.6	102.6	98.2	105.6	91.6	92.7	87.5
大连	Dalian	102.2	101.0	101.3	100.2	101.8	99.9	97.7	107.5
长春	Changchun	102.6	102.1	108.8	100.1	102.4	103.7	105.8	98.7
哈尔滨	Harbin	106.9	101.8	103.1	101.0	101.8	96.9	95.1	100.7
上海	Shanghai	99.3	101.2	103.0	100.4	100.8	99.2	99.4	98.3
南京	Nanjing	104.6	101.9	99.7	100.7	106.2	102.4	104.6	89.2
杭州	Hangzhou	99.4	101.7	104.9	100.1	102.6	100.1	102.8	93.6
宁波	Ningbo	100.1	100.3	101.9	97.7	104.0	99.5	99.6	99.3
合肥	Hefei	109.0	101.4	102.5	100.0	103.2	98.9	98.4	100.3
福州	Fuzhou	104.1	102.7	103.3	100.2	104.7	103.2	103.5	102.0
厦门	Xiamen	103.0	101.9	100.2	100.0	107.0	94.2	95.0	91.0
南昌	Nanchang	100.4	102.5	100.8	99.9	105.5	101.3	99.5	107.2
济南	Jinan	105.0	101.4	101.2	99.9	103.1	93.8	93.4	94.3
青岛	Qingdao	99.7	101.2	100.2	99.7	103.0	101.5	99.1	105.5
郑州	Zhengzhou	107.8	100.7	100.0	99.2	103.1	100.0	100.0	100.0
武汉	Wuhan	102.2	102.7	104.3	100.9	104.7	100.0	100.8	97.5
长沙	Changsha	101.1	100.5	99.7	101.1	100.1	101.3	100.0	105.4
广州	Guangzhou	102.8	101.7	100.2	101.2	104.6	95.1	96.9	89.6
深圳	Shenzhen	99.6	102.4	102.7	101.1	105.0	99.1	98.5	100.0
南宁	Nanning	103.5	102.7	101.2	100.0	106.5	103.0	108.6	90.5
海口	Haikou	98.4	102.0	103.8	99.6	103.8	98.7	98.4	99.6
重庆	Chongqing	98.9	101.6	100.7	100.0	105.3	94.7	98.7	82.2
成都	Chengdu	102.9	103.1	101.8	102.4	104.6	94.2	95.6	89.0
贵阳	Guiyang	98.6	102.3	103.1	100.0	107.3	93.1	94.6	87.4
昆明	Kunming	102.8	100.6	101.6	99.4	102.3	99.5	100.8	95.9
拉萨	Lhasa	100.0	104.2	102.2	107.4	101.7	99.6	101.9	94.5
西安	Xi'an	100.8	101.1	101.2	100.4	102.2	101.3	98.4	109.5
兰州	Lanzhou	104.9	103.7	105.3	99.9	107.2	99.0	95.9	106.2
西宁	Xining	103.3	100.6	99.8	100.5	101.5	110.8	112.7	104.3
银川	Yinchuan	106.0	99.5	96.4	100.1	103.0	96.7	98.9	92.4
乌鲁木齐	Urumqi	101.6	101.8	103.3	98.8	105.3	94.2	92.2	98.7

(上年价格=100) (Preceding year=100)

地　区 Region		3.其它 Others	四、纺织品 Textiles	1.衣着材料 Clothing Material	2.床上用品 Bed Articles	五、家用电器及音像器材 Household Appliances, Music and Video Equipment	1.家庭设备 Household Facilities	2.文娱用耐用消费品 Durable Consumer Goods for Cultural and Recreational Use	3.音像器材 Music and Video Equipment
平均指数	**Average**	**100.3**	**99.1**	**101.2**	**98.5**	**92.3**	**97.0**	**85.0**	**95.3**
北　京	Beijing	93.3	98.5	100.3	98.2	90.5	94.5	82.3	96.5
天　津	Tianjin	101.3	96.5	102.5	94.3	90.7	98.2	78.8	99.8
石家庄	Shijiazhuang	100.2	99.7	102.3	98.6	93.1	97.0	87.8	91.7
太　原	Taiyuan	107.7	97.6	104.3	92.5	89.2	93.4	82.0	93.1
呼和浩特	Hohhot	98.3	100.2	102.9	99.2	88.8	98.1	78.0	96.3
沈　阳	Shenyang	95.3	98.5	100.1	97.8	93.8	99.2	84.9	100.0
大　连	Dalian	89.1	95.7	95.6	95.7	90.3	99.1	81.5	96.7
长　春	Changchun	100.0	100.8	100.5	100.9	96.5	99.2	92.5	100.5
哈尔滨	Harbin	97.5	100.8	103.7	99.0	86.2	94.8	75.0	92.1
上　海	Shanghai	102.8	100.5	102.9	99.9	90.8	100.1	81.5	85.7
南　京	Nanjing	108.9	104.6	104.5	104.6	92.4	98.3	83.0	87.5
杭　州	Hangzhou	94.5	100.7	101.9	99.9	96.4	99.2	89.1	100.4
宁　波	Ningbo	99.2	96.1	101.3	93.8	96.2	98.7	88.9	100.1
合　肥	Hefei	100.0	100.3	100.0	100.3	91.9	95.2	84.4	100.0
福　州	Fuzhou	107.8	103.5	100.3	104.6	95.7	98.4	91.9	
厦　门	Xiamen	98.6	102.4	101.5	102.5	92.2	92.7	89.6	101.8
南　昌	Nanchang	100.0	100.6	96.2	104.4	96.9	97.9	94.3	99.3
济　南	Jinan	100.8	98.4	99.3	98.2	97.7	99.6	93.2	100.1
青　岛	Qingdao	103.3	98.2	101.2	97.7	94.4	99.0	87.7	98.3
郑　州	Zhengzhou	100.0	100.5	102.2	100.0	98.4	99.8	96.8	94.2
武　汉	Wuhan	100.0	101.1	100.0	101.6	84.9	88.1	80.4	91.9
长　沙	Changsha	101.1	100.5	100.3	100.6	98.7	99.9	95.9	100.4
广　州	Guangzhou	106.0	98.4	100.6	97.8	95.3	97.0	91.6	99.5
深　圳	Shenzhen	102.0	96.8	99.0	95.6	93.2	96.3	82.9	95.9
南　宁	Nanning	55.0	98.2	102.0	96.5	93.2	97.2	87.1	95.6
海　口	Haikou	98.4	100.8	100.0	101.3	100.0	99.9	100.1	100.0
重　庆	Chongqing	93.7	96.9	100.3	96.5	91.0	93.4	85.1	100.0
成　都	Chengdu	103.5	88.0	95.3	85.6	94.3	96.3	88.4	94.6
贵　阳	Guiyang	96.5	96.6	101.0	95.2	96.7	99.4	92.3	100.0
昆　明	Kunming	104.1	102.0	101.2	102.4	93.5	98.0	88.5	99.8
拉　萨	Lhasa	102.1	105.6	109.7	101.0	91.6	87.5	96.7	69.0
西　安	Xi'an	96.4	97.2	103.5	96.9	90.4	96.6	84.5	99.3
兰　州	Lanzhou	86.3	99.8	100.6	99.3	96.8	98.6	94.4	99.4
西　宁	Xining	105.4	102.8	100.0	104.7	95.3	99.2	87.3	107.5
银　川	Yinchuan	94.4	96.7	110.4	94.3	91.5	97.3	82.3	100.0
乌鲁木齐	Urumqi	95.6	100.7	100.0	101.0	94.0	98.5	87.2	97.8

4-8-7 续表 4 Continued 4

(上年价格=100) (Preceding year=100)

地 区	Region	六、文化办公用品 Cultural and Office Appliances	七、日用品 Articles for Daily Use	1.日用百货 General Merchandise for Daily Use	2.日用杂品 Grocery for Daily Use	3.洗涤用品 Wash	4.其它日用品 Other Articles for Daily Use	八、体育娱乐用品 Sports and Recreation Articles	1.体育用品 Sports Articles
平均指数	**Average**	**94.3**	**102.3**	**101.7**	**102.6**	**104.4**	**100.7**	**94.9**	**101.8**
北 京	Beijing	93.0	103.5	100.6	104.5	109.6	103.9	91.3	104.8
天 津	Tianjin	91.5	100.9	104.3	99.4	102.0	96.5	96.0	104.9
石家庄	Shijiazhuang	97.8	102.1	102.1	101.5	105.7	100.4	98.3	100.5
太 原	Taiyuan	96.7	99.2	100.8	101.0	101.6	92.6	98.7	111.3
呼和浩特	Hohhot	94.5	99.8	100.7	99.2	100.0	98.3	95.6	100.0
沈 阳	Shenyang	95.6	105.2	105.0	106.0	106.6	103.5	93.8	96.5
大 连	Dalian	86.8	102.9	102.5	106.9	103.0	100.6	99.4	111.6
长 春	Changchun	99.1	105.1	102.8	114.6	104.5	101.6	98.2	100.3
哈尔滨	Harbin	91.5	103.7	102.8	108.1	103.5	100.7	94.7	101.6
上 海	Shanghai	93.9	102.4	102.7	102.8	104.4	101.2	92.1	102.4
南 京	Nanjing	89.5	106.2	102.5	101.5	112.0	105.3	76.3	94.9
杭 州	Hangzhou	98.8	99.3	96.6	99.2	104.8	99.4	102.4	100.6
宁 波	Ningbo	94.2	101.7	100.6	102.5	104.1	100.3	97.8	103.3
合 肥	Hefei	93.6	103.6	104.6	104.0	102.9	102.0	97.3	101.6
福 州	Fuzhou	94.2	101.9	102.2	101.7	102.4	100.4	94.6	98.8
厦 门	Xiamen	96.7	102.8	103.5	106.1	103.8	99.9	93.5	102.8
南 昌	Nanchang	97.9	102.7	102.1	102.7	103.3	102.6	97.9	100.0
济 南	Jinan	94.8	101.0	101.6	102.5	102.5	98.1	98.4	98.6
青 岛	Qingdao	99.1	102.4	100.9	101.7	102.9	103.2	97.4	107.1
郑 州	Zhengzhou	99.3	100.6	102.4	100.2	98.5	101.0	99.9	99.8
武 汉	Wuhan	91.6	102.2	100.6	102.0	105.7	101.0	93.2	100.1
长 沙	Changsha	93.1	101.8	100.9	104.3	101.7	101.0	99.1	100.2
广 州	Guangzhou	92.0	100.1	101.2	99.9	101.8	97.8	93.7	101.6
深 圳	Shenzhen	96.7	101.0	100.6	102.0	101.4	101.0	92.9	98.9
南 宁	Nanning	98.4	100.0	98.1	99.8	102.5	99.1	99.2	99.5
海 口	Haikou	97.3	101.6	105.3	97.9	99.4	100.3	99.8	100.0
重 庆	Chongqing	96.3	100.5	98.6	104.0	105.9	96.3	99.1	99.9
成 都	Chengdu	96.5	100.7	100.4	101.1	101.2	99.6	96.4	94.6
贵 阳	Guiyang	101.1	99.9	102.9	99.8	98.2	99.7	97.7	103.3
昆 明	Kunming	97.6	102.2	98.1	101.2	104.6	101.8	97.5	100.9
拉 萨	Lhasa	103.1	99.4	94.4	100.0	100.9	103.2	92.8	95.6
西 安	Xi'an	98.5	105.6	99.8	101.6	117.7	100.8	91.8	102.5
兰 州	Lanzhou	82.7	102.7	102.5	101.8	102.1	104.1	100.9	101.6
西 宁	Xining	91.2	104.3	110.0	96.3	103.7	107.4	98.8	97.6
银 川	Yinchuan	93.5	103.5	102.1	107.3	103.6	101.4	95.9	100.9
乌鲁木齐	Urumqi	96.0	100.8	101.9	100.0	100.4	101.0	98.4	100.2

4-8-7 续表 5 Continued 5

(上年价格=100) (Preceding year=100)

地 区 Region	2.娱乐用品 Recreation Articles	九、交通、通信用品 Transportation and Communication Appliances	1.交通运输机械 Transportation Appliances	2.通讯器材 Communication Appliances	十、家具 Furniture	十一、化妆品 Cosmetics	十二、金银珠宝 Gold, Silver and Jewelry	十三、中西药品及医疗保健用品 Traditional Chinese and Western Medicines and Health Care Articles
平均指数 Average	**91.1**	**92.4**	**97.0**	**79.2**	**100.0**	**100.8**	**94.2**	**101.5**
北 京 Beijing	84.7	89.8	93.5	73.3	99.7	101.3	93.9	100.6
天 津 Tianjin	92.8	89.0	96.3	67.0	99.5	100.6	86.2	106.5
石家庄 Shijiazhuang	96.8	94.9	101.8	88.2	106.1	98.4	97.0	101.7
太 原 Taiyuan	88.0	90.1	95.9	83.3	107.3	102.0	95.0	103.2
呼和浩特 Hohhot	91.1	108.0	113.1	94.9	98.1	100.2	80.2	102.6
沈 阳 Shenyang	92.9	92.2	98.6	75.7	97.5	102.8	93.9	101.5
大 连 Dalian	90.9	94.5	96.5	78.4	100.6	100.3	89.9	102.4
长 春 Changchun	97.1	96.6	97.7	81.5	100.0	101.6	94.6	100.2
哈尔滨 Harbin	90.2	92.2	100.8	83.0	97.3	102.6	93.1	104.4
上 海 Shanghai	87.2	91.1	98.7	64.6	99.9	100.5	98.6	100.6
南 京 Nanjing	67.4	92.2	98.8	69.0	100.2	101.9	100.6	100.5
杭 州 Hangzhou	103.1	93.2	95.1	81.3	100.5	99.3	93.5	100.8
宁 波 Ningbo	95.0	92.8	93.9	84.6	101.0	99.5	91.5	103.4
合 肥 Hefei	93.9	94.3	97.4	80.7	102.2	103.7	91.7	100.1
福 州 Fuzhou	92.2	94.2	100.6	81.6	101.5	103.6	99.7	101.9
厦 门 Xiamen	89.4	97.2	100.4	76.2	105.7	100.0	99.2	101.2
南 昌 Nanchang	96.3	92.2	96.6	85.4	114.5	105.6	90.2	102.7
济 南 Jinan	98.2	93.9	98.8	80.8	99.3	99.8	97.6	100.1
青 岛 Qingdao	94.1	96.5	97.3	93.8	97.8	97.6	103.1	100.3
郑 州 Zhengzhou	100.0	95.9	100.6	83.1	100.0	100.2	91.2	101.0
武 汉 Wuhan	87.3	90.1	97.8	82.8	105.5	102.5	89.6	102.6
长 沙 Changsha	98.2	96.4	96.9	89.5	100.5	100.5	93.7	98.1
广 州 Guangzhou	89.4	88.8	91.2	83.0	97.6	99.8	104.9	99.6
深 圳 Shenzhen	91.1	93.1	99.9	81.7	99.5	99.2	98.5	103.5
南 宁 Nanning	98.9	96.8	99.8	90.7	99.4	100.3	104.4	102.0
海 口 Haikou	99.7	96.0	99.9	90.3	100.8	100.4	101.3	101.9
重 庆 Chongqing	98.6	91.5	98.2	84.8	96.8	100.6	91.0	99.7
成 都 Chengdu	96.9	96.4	100.5	81.0	101.0	99.8	89.3	101.2
贵 阳 Guiyang	93.9	100.6	101.4	94.3	99.7	98.7	85.9	101.4
昆 明 Kunming	96.7	95.0	98.9	87.6	100.0	97.3	92.3	102.4
拉 萨 Lhasa	90.2	89.1	97.0	79.9	104.7	101.1	101.9	97.1
西 安 Xi'an	87.4	94.3	97.9	77.7	95.9	101.8	85.1	101.8
兰 州 Lanzhou	100.3	81.6	97.1	68.7	102.5	101.8	89.2	100.3
西 宁 Xining	99.3	98.2	102.0	78.5	98.8	98.3	89.9	103.5
银 川 Yinchuan	91.7	95.5	100.9	86.3	96.2	100.7	91.4	101.3
乌鲁木齐 Urumqi	96.7	93.1	97.8	87.1	104.2	106.8	93.6	104.9

4-8-7 续表 6 Continued 6

(上年价格=100) (Preceding year=100)

地　区 Region		1.医疗器具及用品 Medical Apparatus and Article	2.中药材及中成药 Traditional Chinese Medicinal Materials and Medicines	3.西药 Western Medicines	4.保健器具及用品 Health Care Appliances and Articles	十四、书报杂志及电子出版物 Books, Newspapers, Magazines and Electronic Publications	1.教材及参考书 Teaching Materials and Reference Books	2.书报杂志 Newspapers and Magazines
平均指数	**Average**	**102.3**	**103.3**	**100.7**	**101.0**	**105.5**	**102.9**	**112.0**
北　京	Beijing	100.1	100.5	99.7	103.3	106.8	102.4	114.5
天　津	Tianjin	100.6	114.7	102.6	100.1	108.0	100.8	122.5
石家庄	Shijiazhuang	100.6	102.6	101.8	99.6	106.3	106.1	108.4
太　原	Taiyuan	108.6	105.2	101.3	99.9	105.7	104.0	112.2
呼和浩特	Hohhot	103.4	105.8	101.3	99.9	103.6	99.6	112.8
沈　阳	Shenyang	98.5	105.0	100.3	99.0	105.8	104.3	110.4
大　连	Dalian	100.0	105.3	101.9	100.4	109.3	105.2	121.9
长　春	Changchun	100.0	102.2	99.4	99.8	103.0	98.9	108.5
哈尔滨	Harbin	105.4	108.9	101.4	103.6	106.6	107.1	109.9
上　海	Shanghai	110.6	101.5	100.3	99.8	111.4	106.3	124.7
南　京	Nanjing	97.1	101.6	100.4	99.4	108.9	99.9	110.5
杭　州	Hangzhou	105.4	100.5	100.4	100.6	101.3	103.3	102.0
宁　波	Ningbo	103.6	100.4	104.7	104.0	101.9	102.3	102.4
合　肥	Hefei	100.2	103.3	97.5	102.6	105.2	104.5	107.9
福　州	Fuzhou	99.5	105.7	100.1	97.8	109.2	102.5	115.5
厦　门	Xiamen	108.6	99.2	101.3	103.1	102.0	103.7	102.0
南　昌	Nanchang	93.4	108.6	100.4	100.0	102.8	100.3	106.5
济　南	Jinan	95.9	101.1	99.1	102.4	102.4	103.6	104.3
青　岛	Qingdao	95.2	100.8	100.1	100.9	107.0	111.6	106.0
郑　州	Zhengzhou	100.1	103.8	99.5	100.6	104.9	104.5	105.8
武　汉	Wuhan	98.9	102.7	102.8	101.3	110.2	93.7	123.8
长　沙	Changsha	100.5	100.6	97.7	98.5	100.3	98.1	103.3
广　州	Guangzhou	103.7	98.4	99.9	98.2	100.1	104.9	106.2
深　圳	Shenzhen	104.1	104.7	101.5	106.7	102.2	101.0	108.8
南　宁	Nanning	100.8	101.9	101.5	106.3	104.2	101.0	110.0
海　口	Haikou	103.3	103.6	100.2	103.2	106.8	103.2	112.9
重　庆	Chongqing	101.0	98.0	100.9	99.1	103.4	100.9	106.5
成　都	Chengdu	101.1	101.2	101.4	100.4	100.9	100.0	102.6
贵　阳	Guiyang	100.0	101.7	101.4	99.1	104.5	101.9	106.9
昆　明	Kunming	100.2	105.6	100.2	102.6	107.6	110.6	107.8
拉　萨	Lhasa	100.0	94.3	98.8	96.3	97.5	96.9	103.4
西　安	Xi'an	100.8	102.8	102.0	100.3	105.8	104.8	110.2
兰　州	Lanzhou	99.5	102.0	99.1	101.3	97.6	96.1	109.8
西　宁	Xining	101.6	105.5	101.9	102.6	109.3	113.0	108.5
银　川	Yinchuan	105.5	102.0	99.5	101.5	109.6	107.2	111.1
乌鲁木齐	Urumqi	100.0	107.8	103.0	108.6	106.9	111.7	109.0

(上年价格=100) (Preceding year=100)

地　区 Region		3.电子音像制品 Electronic Publications	十五、燃料 Fuels	1.煤炭及制品 Coal and Its Product	2.石油及制品 Petroleum and Its Product	十六、建筑材料及五金电料 Building Materials and Hardware	1.建筑装璜材料 Building Decoration Materials	2.五金电料 Hardware
平均指数	**Average**	**97.6**	**94.3**	**107.6**	**93.0**	**98.9**	**98.4**	**100.6**
北　京	Beijing	100.3	97.4	109.0	96.8	99.0	98.2	102.1
天　津	Tianjin	99.3	96.1	102.3	95.0	105.5	106.4	100.9
石家庄	Shijiazhuang	101.7	108.7	121.5	100.8	102.4	101.7	105.3
太　原	Taiyuan	99.2	101.9	129.2	90.5	96.4	96.2	97.1
呼和浩特	Hohhot	100.0	98.9	107.4	95.8	97.6	93.5	107.3
沈　阳	Shenyang	94.5	90.7	136.8	88.8	96.6	95.6	99.3
大　连	Dalian	94.4	98.7	95.8	98.9	100.0	96.5	104.9
长　春	Changchun	100.0	92.3	107.8	88.5	99.7	99.6	100.0
哈尔滨	Harbin	99.4	94.9	111.3	89.4	96.1	95.4	99.7
上　海	Shanghai	97.2	102.1	104.9	101.9	97.9	98.1	97.5
南　京	Nanjing	96.8	87.0	110.6	85.3	100.0	100.3	98.9
杭　州	Hangzhou	96.7	89.7	97.7	88.5	96.8	96.7	97.4
宁　波	Ningbo	99.9	92.0	93.5	91.8	97.4	96.2	99.8
合　肥	Hefei	100.0	90.7	99.0	89.5	95.0	93.6	100.8
福　州	Fuzhou	100.0	90.5	100.0	89.7	96.4	95.4	100.0
厦　门	Xiamen	100.0	90.8		90.8	102.2	101.1	103.6
南　昌	Nanchang	100.0	93.2	103.6	92.2	97.0	97.4	95.7
济　南	Jinan	100.2	99.0	122.8	92.0	98.5	98.0	99.9
青　岛	Qingdao	99.9	90.3	116.3	88.2	97.5	99.4	94.3
郑　州	Zhengzhou	99.2	105.1	123.5	101.4	96.3	94.9	100.0
武　汉	Wuhan	100.0	91.2	104.7	89.0	100.6	101.0	99.6
长　沙	Changsha	99.2	84.5	95.5	83.2	100.7	99.8	103.1
广　州	Guangzhou	92.9	89.0	87.0	89.4	101.8	101.8	102.0
深　圳	Shenzhen	98.7	91.0	123.1	90.6	95.9	94.2	101.2
南　宁	Nanning	100.0	92.4	87.8	92.6	99.0	98.0	102.6
海　口	Haikou	100.0	91.8	86.5	92.0	91.6	91.3	92.9
重　庆	Chongqing	100.0	95.3	109.1	94.7	99.7	98.1	102.3
成　都	Chengdu	98.7	97.2	89.1	97.6	96.6	96.3	99.4
贵　阳	Guiyang	96.8	92.2	102.6	90.8	97.4	97.6	96.1
昆　明	Kunming	99.5	103.8	96.5	103.8	103.3	104.1	99.0
拉　萨	Lhasa	90.1	99.4	99.9	99.3	101.6	103.2	98.7
西　安	Xi'an	100.0	94.3	118.0	91.5	99.9	100.1	99.6
兰　州	Lanzhou	85.5	103.7	123.1	92.8	105.4	106.4	103.4
西　宁	Xining	93.6	95.8	119.3	89.1	98.9	97.5	102.1
银　川	Yinchuan	100.0	97.8	106.7	97.1	98.1	98.3	98.0
乌鲁木齐	Urumqi	94.3	92.9	100.0	92.4	98.5	98.3	99.0

4-9-1 各地区农业生产资料价格分类指数(2009年)

Price Indices of Means of Agricultural Production by Category (2009)

(上年价格=100) (Preceding year=100)

地 区 Region	农业生产资料价格指数 General Index	一、农用手工工具 Hand Tool for Farming	二、饲 料 Forage	三、产品畜 Production Livestock	四、半机械化农具 Half-mechanized Farm Tools	五、机械化农具 Mechanized Farm Tools	六、化学肥料 Chemical Fertilizer	七、农药及农药械 Pesticide and Its Appliances
全国平均 National	**97.5**	**103.1**	**102.4**	**82.7**	**101.5**	**100.9**	**93.7**	**100.1**
河 北 Hebei	100.6	104.9	100.5	89.1	100.8	102.2	101.2	100.7
山 西 Shanxi	101.6	101.5	102.4	86.9	99.4	100.4	99.1	103.5
内蒙古 Inner Mongolia	99.7	100.9	102.4	89.7	100.8	101.7	95.4	98.9
辽 宁 Liaoning	96.7	102.5	104.7	71.3	100.4	101.4	94.1	103.1
吉 林 Jilin	96.4	106.7	101.5	86.9	104.9	104.0	87.7	95.6
黑龙江 Heilongjiang	94.2	100.4	102.2	83.6	102.4	100.8	92.8	100.1
江 苏 Jiangsu	97.6	99.9	102.6	84.1	100.7	101.7	92.5	101.2
浙 江 Zhejiang	95.9	104.5	97.8	79.1	100.4	98.8	93.2	98.4
安 徽 Anhui	95.8	102.8	108.3	90.8	100.7	100.5	81.0	100.4
福 建 Fujian	93.3	104.2	97.9	82.6	99.9	100.6	88.2	96.9
江 西 Jiangxi	97.6	100.3	98.6	79.9	104.7	99.7	95.5	99.0
山 东 Shandong	96.3	100.9	101.6	87.0	101.5	101.4	91.2	99.7
河 南 Henan	98.1	105.9	108.1	80.9	100.1	100.9	92.6	100.0
湖 北 Hubei	95.3	101.0	96.1	79.8	101.0	99.1	89.2	101.2
湖 南 Hunan	95.0	99.8	104.7	75.0	104.7	101.8	92.2	101.5
广 东 Guangdong	98.2	101.0	102.6	84.4	100.1	101.1	97.3	96.7
广 西 Guangxi	94.2	107.8	102.5	82.6	96.9	100.8	87.2	98.7
海 南 Hainan	94.0	102.3	103.4	73.3	96.0	97.9	89.2	100.0
四 川 Sichuan	101.2	105.5	101.3	90.1	100.5	101.1	101.7	101.1
贵 州 Guizhou	96.2	107.9	100.6	75.9	106.1	98.8	91.5	100.8
云 南 Yunnan	99.3	104.3	106.3	78.9	107.0	104.6	100.2	100.4
西 藏 Tibet	99.1	97.9	99.8	98.8	100.5	99.7	100.9	101.1
陕 西 Shanxi	95.8	105.0	103.8	81.2	100.5	97.1	92.3	102.4
甘 肃 Gansu	99.0	106.6	111.0	91.7	101.7	100.5	95.3	101.7
青 海 Qinghai	97.8	104.6	101.1	76.1	103.9	106.4	91.9	105.6
宁 夏 Ningxia	96.3	104.7	102.7	79.5	99.7	103.6	87.7	101.5
新 疆 Xinjiang	99.5	100.5	110.4	108.4	100.7	102.3	93.2	105.4

(上年价格=100) (Preceding year=100)

地 区 Region	1.化学农药 Chemical Pesticide	2.农药器械 Pesticides Appliances	八、农用机油 Oil for Farm Machinery	九、其他农业生产资料 Others Means of Agricultural Production	1.农用种子 Seed	2.其 他 Others	十、农 业 生产服务 Services for Agriculture
全国平均 National	**100.0**	**101.5**	**94.4**	**102.5**	**106.5**	**95.9**	**107.9**
河 北 Hebei	100.2	103.3	90.2	100.0	103.3	94.2	111.2
山 西 Shanxi	103.6	102.8	91.3	102.6	105.9	95.3	119.7
内蒙古 Inner Mongolia	98.6	99.6	97.3	101.1	106.8	93.8	105.6
辽 宁 Liaoning	103.3	101.6	87.3	101.9	102.2	101.2	112.6
吉 林 Jilin	94.4	104.2	98.5	110.2	113.6	101.2	113.4
黑龙江 Heilongjiang	99.7	102.5	85.8	90.7	84.9	95.8	106.6
江 苏 Jiangsu	101.2	101.3	96.9	100.0	101.5	97.5	104.1
浙 江 Zhejiang	98.4	99.1	92.0	99.8	102.9	94.2	102.1
安 徽 Anhui	100.0	104.2	93.7	105.8	119.3	89.4	102.0
福 建 Fujian	96.8	97.4	90.9	101.3	108.4	89.4	103.6
江 西 Jiangxi	98.7	100.4	95.9	100.5	105.7	93.2	110.6
山 东 Shandong	99.6	100.3	93.5	102.2	106.8	96.8	108.8
河 南 Henan	98.1	108.8	89.4	104.5	110.6	90.5	105.5
湖 北 Hubei	101.3	100.3	96.9	111.5	116.5	97.6	107.1
湖 南 Hunan	101.6	98.2	93.8	102.4	105.9	95.2	112.3
广 东 Guangdong	96.0	101.4	96.0	101.5	102.7	99.8	108.9
广 西 Guangxi	97.9	104.1	95.1	103.9	109.3	96.4	102.6
海 南 Hainan	99.8	100.9	97.5	104.6	106.2	100.7	99.3
四 川 Sichuan	101.6	98.1	102.3	103.8	106.9	99.1	112.3
贵 州 Guizhou	103.3	96.7	95.4	100.6	113.0	93.9	101.5
云 南 Yunnan	99.8	102.8	96.4	103.5	105.4	100.4	104.9
西 藏 Tibet	102.1	98.1	98.9	96.9	98.5	95.0	100.0
陕 西 Shanxi	102.8	98.9	95.9	105.9	116.3	93.7	103.0
甘 肃 Gansu	100.9	106.2	97.4	99.7	98.1	100.8	103.4
青 海 Qinghai	106.7	100.0	98.0	99.6	100.9	97.9	108.8
宁 夏 Ningxia	101.8	98.2	95.2	99.4	102.3	93.4	115.5
新 疆 Xinjiang	106.5	101.5	101.1	96.1	100.1	92.9	102.0

4-9-2 各地区农业生产资料价格总指数(1994～2009年)

Price Indices of Means of Agricultural Production by Region(1994～2009)

(上年价格=100) (Preceding year=100)

地区	Region	1994	1995	1996	1997	1998	1999	2000
全国平均	**National**	**121.6**	**127.4**	**108.4**	**99.5**	**94.5**	**95.8**	**99.1**
河北	Hebei	117.0	120.9	108.0	104.3	98.7	97.5	101.5
山西	Shanxi	122.4	129.3	111.5	104.3	95.8	94.1	102.5
内蒙古	Inner Mongolia	122.6	128.5	109.9	104.0	98.7	96.3	106.1
辽宁	Liaoning	121.5	128.7	109.0	99.2	95.6	94.4	97.5
吉林	Jilin	120.2	130.2	111.5	99.8	97.2	97.6	98.9
黑龙江	Heilongjiang	125.9	123.1	110.3	100.6	96.0	96.5	98.6
江苏	Jiangsu	121.5	126.9	106.6	101.2	92.5	95.5	98.9
浙江	Zhejiang	126.5	129.8	106.7	99.7	92.4	95.8	100.4
安徽	Anhui	122.8	128.0	107.2	98.9	94.8	95.3	98.2
福建	Fujian	117.8	120.2	106.2	99.5	94.6	96.1	97.4
江西	Jiangxi	116.7	128.7	107.0	100.4	95.5	93.8	95.9
山东	Shandong	124.1	133.3	105.5	96.6	96.2	95.1	98.7
河南	Henan	124.4	125.8	107.9	99.3	94.2	95.7	99.6
湖北	Hubei	122.4	129.0	108.6	96.0	91.9	93.9	97.6
湖南	Hunan	118.6	129.3	107.3	97.9	89.5	95.3	99.3
广东	Guangdong	115.8	120.3	104.7	98.2	94.9	95.5	98.1
广西	Guangxi	118.1	130.1	103.8	100.3	92.1	96.4	99.9
海南	Hainan	138.2	115.7	106.8	100.3	98.4	97.1	98.0
四川	Sichuan	117.4	130.8	114.0	100.9	92.9	95.2	96.2
贵州	Guizhou	114.9	135.7	108.1	101.3	95.0	94.9	100.6
云南	Yunnan	114.6	125.5	113.3	102.4	96.5	98.7	98.9
西藏	Tibet							96.0
陕西	Shaanxi	128.6	126.3	110.3	102.4	95.2	93.9	102.2
甘肃	Gansu	123.2	129.6	110.7	101.4	96.3	95.8	103.9
青海	Qinghai	125.0	123.9	112.6	105.0	100.3	95.6	100.7
宁夏	Ningxia	123.3	130.4	109.0	98.2	96.1	93.4	96.0
新疆	Xinjiang	126.8	126.6	115.5	106.5	100.8	97.0	97.9

4-9-2 续表 Continued

(上年价格=100) (Preceding year=100)

地 区	Region	2001	2002	2003	2004	2005	2006	2007	2008	2009
全国平均	**National**	**99.1**	**100.5**	**101.4**	**110.6**	**108.3**	**101.5**	**107.7**	**120.3**	**97.5**
河 北	Hebei	100.2	100.4	99.8	106.7	106.8	101.6	106.9	118.6	100.6
山 西	Shanxi	101.9	100.9	98.4	107.3	113.3	103.6	106.2	118.7	101.6
内蒙古	Inner Mongolia	101.4	102.6	101.2	109.5	108.3	101.1	103.0	114.9	99.7
辽 宁	Liaoning	100.5	101.7	98.4	113.3	110.0	100.5	114.2	128.1	96.7
吉 林	Jilin	101.1	100.4	101.0	106.3	109.2	97.2	106.0	127.3	96.4
黑龙江	Heilongjiang	98.9	99.7	101.8	112.0	108.6	101.9	109.4	122.7	94.2
江 苏	Jiangsu	96.8	99.3	101.9	112.3	106.9	101.7	106.9	117.3	97.6
浙 江	Zhejiang	99.7	99.5	102.9	113.2	105.8	99.6	107.3	118.9	95.9
安 徽	Anhui	97.9	99.9	100.2	112.0	108.3	100.0	106.8	123.9	95.8
福 建	Fujian	98.7	99.9	101.8	112.5	108.1	100.9	110.3	123.6	93.3
江 西	Jiangxi	99.6	99.8	102.5	110.7	107.9	101.1	106.6	119.9	97.6
山 东	Shandong	101.8	100.3	102.4	110.2	106.2	103.0	107.1	119.3	96.3
河 南	Henan	99.1	100.9	101.9	111.4	107.9	101.2	106.1	120.9	98.1
湖 北	Hubei	99.3	101.0	100.8	111.3	115.1	101.4	108.0	127.2	95.3
湖 南	Hunan	98.4	98.9	102.6	112.1	111.2	100.7	113.0	126.5	95.0
广 东	Guangdong	97.1	98.4	99.6	109.4	105.8	102.6	105.8	114.5	98.2
广 西	Guangxi	97.7	98.2	102.4	115.3	110.5	101.0	114.4	124.0	94.2
海 南	Hainan	99.5	101.7	104.8	111.3	108.9	100.7	107.1	114.8	94.0
四 川	Sichuan	97.8	104.1	100.8	110.9	107.2	103.3	109.0	116.6	101.2
贵 州	Guizhou	99.4	100.6	104.1	109.0	110.2	105.4	105.1	113.4	96.2
云 南	Yunnan	96.6	100.4	101.9	106.3	105.9	102.8	107.0	116.6	99.3
西 藏	Tibet	98.9		102.8	101.3	100.6	100.4	101.0	103.2	99.1
陕 西	Shaanxi	101.9	100.8	102.3	111.6	107.2	100.7	108.3	122.0	95.8
甘 肃	Gansu	98.6	100.4	101.8	107.4	109.0	104.4	107.1	114.7	99.0
青 海	Qinghai	99.6	98.0	101.1	109.2	106.5	102.1	108.1	124.2	97.8
宁 夏	Ningxia	102.0	103.5	99.4	113.5	109.3	100.8	112.2	126.2	96.3
新 疆	Xinjiang	103.0	99.6	101.1	107.3	105.3	102.5	106.2	112.3	99.5

附录

Appendix

附录1　主要统计指标解释

第1篇　收入与消费

家庭人口数：指居住在一起，经济上合在一起共同生活的家庭成员。凡计算为家庭人口的成员其全部收支都应包括在调查表中。

有收入者人数：指就业者及当月财产性收入、转移性收入、零星劳动收入等在100元以上的非就业者。

就业人口数：包括：

①国有经济单位职工。

②城镇集体经济单位职工。

③其他各种经济类型单位职工。

④个体经营者：指个体雇主与自营者。包括：

雇主：指在工商行政管理部门领取个体营业执照并雇用一人以上（但不包括家属劳动者）进行生产、经营或服务性工作的人员。

自营者：指在工商行政管理部门领取个体营业执照（除家属劳动者外未雇佣任何工作人员）自己进行生产、经营或服务性工作的人员。

⑤个体被雇人员：指受雇于个体经营者的人员。

⑥离退休再就业人员：指离退休人员接受原单位或其他单位聘用并单独领取离退休金以外报酬的人。

包括离退休后领取个体执照、从事个体劳动的人以及在所调查的月份内从事社会劳动时间超过半个月，所取得的报酬在当地足以维持本人生活的离退休人员。

⑦其他就业人口：指以上6部分以外的就业人口，包括没有固定性职业，在所调查的月份内从事社会劳动时间超过半个月，所取得的报酬在当地足以维持本人生活的人员。如从企业领取原料在自己家里 进行生产加工、家庭拆洗缝补、家庭托儿、保姆以及其他未领执照的个体劳动者。

初中、高中、大专院校的学生在假期参加劳动，虽然领取一定的劳动报酬，但不计算为就业人口。

离退休人数：按规定退出工作岗位，并领取离退休金的人员。不包括离退休再就业人员。

其他有收入者人数：指除就业人员和离退休人员以外的家庭成员，当月财产性收入、转移性收入、零星劳动收入等在100元以上的未就业者。

无收入者人数：指当月收人不足100元的非就业者。

期末家庭人口数：指月末或年末登记时点的家庭人口。

家庭总收入：指调查户中生活在一起的所有家庭成员在调查期得到的工薪收入、经营净收入、财产性收入、转移性收入的总和，不包括出售财物和借贷收入。收入的统计标准以实际发生的数额为准，无论收入是补发还是预发，只要是调查期得到的都应如实计算，不作分摊。

可支配收入：指调查户可用于最终消费支出和其它非义务性支出以及储蓄的总和，即居民家庭可以用来自由支配的收入。它是家庭总收入扣除交纳的所得税、个人交纳的社会保障费以及调查户的记账补贴后的收入。计算公式为：

可支配收入= 家庭总收入-交纳所得税-个人交纳的社会保障支出-记账补贴

工薪收入：指就业人员通过各种途径得到的全部劳动报酬，包括所从事的主要职业的工资以及从事第二职业、其他兼职和零星劳动得到的其它劳动收入。

工资及补贴收入：指劳动者从工作单位得到的全部劳动报酬。既包括单位支付的计时计件劳动报酬，也包括根据国家的有关政策、法令规定，为了不使职工工资受某些特殊因素影响而支付的工资性津贴、补贴，以及根据国家法律、法规和政策规定，因病、工伤、产假、计划生育假、婚丧假、事假、探亲假、定期休假、停工学习、执行国家或社会义务等原因按计时工资标准或计时工资标准的一定比例支付的工资。工资收入按应发数计算，只要是在调查期内实际得到的工资收入都应记账，无论该工资是补发还是预发（不包括一次性买断工龄收入，买断工龄收入记人转移性收入）。工资收入中不包括单位出资交纳的各种社会保障费，如养老金、住房公积金、医疗基金和失业基金等。工资收入应包括各种扣款，如工作单位代扣的应由个人承担的养老金、住房公积金、医疗保险等；单位在工资中代扣的房租、水电费、托儿费、医疗费、借款等也应包括在工资收入中，同时把所扣除的各项费用分别记入各项支出中。工资收入不论就业者所在单位的经济类型，个体被雇人员的劳动报酬、退休再就业人员的劳动收入都作为工资收入统计。因企业停工发给职工的生活费用也统计在内。

职工从单位得到的各种福利收入，如生活困难补助费、福利费（如洗理费）、上下班交通费（通勤津贴）、自行车补助费、独生子女费、冬季取暖费、防暑降温费、对接触有毒物质、矽尘作业、放射线作业和潜水、沉箱作业、高温作业等工种所享受的保健食品费、文娱费、出差伙食补助和交通补贴、误餐补助、调动工作的旅费和安家费、计划生育奖、创造发明奖、自然科学奖、合理化建议、技术改进奖等。实行医疗制度改革的单位直接支付给个人或单位报销的医疗费、现金发放的劳保用品等也都包括在内。

不包括发给的实物和票证。

其它劳动收入：指家庭成员从事第二职业、兼职、零星劳动所得的劳动报酬。如稿费、翻译费、讲课费、课题费、咨询费、信息费、调查费、商品推销费、购进旧家电维修后出售所得的净收入等。

经营净收入：指家庭成员从事生产经营活动所获得的净收入。是全部生产经营收入中扣除生产成本和税金后所得的收入。如当期收入小于生产费用的开支，其差额记入“其他借贷支出 ”中。

财产性收入：指家庭拥有的动产（如银行存款、有价证券）、不动产（如房屋、车辆、土地、收藏品等）所获得的收入。包括出让财产使用权所获得的利息、租金、专利收入；财产营运所获得的红利收入、财产增值收益等。

利息收入：指资产所有者按预先约定的利率获得的高于存款本金以外的那部分收入。包括各类定期和活期存款利息、债券利息、储蓄性奖券和存款的“中奖”收入。利息与红利的差异：利息一般是预先约定的，与企业的经营状况无关，而红利的多少与企业的经营效益直接有关，一般不预先约定。利息收入是应得收入，包括银行代扣的利息所得税。

股息与红利收入：指购买公司股票所获得的各种收益。包括股票发行公司按入股数量定期分配的股息、年终分红，股票买、卖所获得的营运净收益。如果结算时发生亏损，则亏损额记入“其他借贷支出”中。

保险收益：家庭参加储蓄性保险，扣除交纳的保险本金后，所获得的保险净收益。不包括保险责任人对保险人给予的保险理赔收入。

其它投资收入：指家庭从事股票投资、保险以外的投资行为所获得的投资收益。如出售艺术品、邮票等收藏品超过原购买价的那部分收入；如投资各种经营活动（自己不参与经营）所获得的利润；财产转让溢价部分收入。

出租房屋收入：指出租房屋所得的租金净收入。租金收入中应扣除交纳的各税费、出租房屋的维修费用等各种成本支出。

知识产权收入：指出让家庭或家庭成员拥有的专利、版权等知识产权所获得的净收入。

其它财产性收入：指家庭所得的除上述以外的各种财产性收入。

转移性收入：指国家、单位、社会团体对居民家庭的各种转移支付和居民家庭间的收入转移。包括政府对个人收入转移的离退休金、失业救济金、赔偿等；单位对个人收入转移的辞退金、保险索赔、住房公积金、家庭间的赠送和赡养等。

养老金或离退休金：指根据国家有关规定，离开生产或工作岗位，正式办理了离休、退休手续并享受离退休待遇的人员，领取的离退休金。包括退休人员的退休金、离休人员的离休金、生活补贴、保姆津贴，因工致伤离退休人员的护理费，离退休人员异地安家补助费、取暖补贴、医疗费、旅游补贴、书报费、困难补助以及在原工作单位所得的各种其它收入。

社会救济收入：指国家对各类特殊家庭、人员提供的特别津贴。包括国家对享受城镇居民最低生活保障待遇的家庭，发放的最低生活保障金；国家和社会对特殊困难家庭给予的困难补助、受灾救济款、国家对伤残军人的抚恤金等。只计算得到的现金收入，不包括赠送的实物。

辞退金：职工被解除劳动合同时，单位或雇主支付的补偿费，包括一次性工龄买断收入。

赔偿收入：指国家、单位、个人支付给受到财产损失、人身伤害家庭的各种赔偿，不包括保险赔偿收入。

保险收入：指参加保险的住户从保险公司得到的保险理赔款。如人身意外事故赔偿、财产损失赔偿。不包括人寿保险返回的年金。

失业保险金：按照国家《失业保险条例》规定，失业保险经办机构对符合条件的失业人员，进行失业登记，并定期发放的失业救济金。

赡养收入：指亲友因赡养和抚养义务给家庭成员的现金。包括家庭人员到外地工作，带回、寄回给家庭的收入。

捐赠收入：指家庭得到的亲友赠送收入，包括遗产收入。与赡养收入的区别，赠送是对本家庭成员无赡养义务的亲友给家庭成员的现金。

亲友搭伙费：指未计入家庭人口的成员，包括亲友和保姆等在调查家庭用饭所交的伙食费。

提取住房公积金：指参加住房公积金制度的职工，通过一定的手续提取的住房公积金。包括个人交纳的公积金和单位交纳的公积金。也包括单位给未达到住房面积标准的职工和离退休人员发放的住房补贴。发放的住房补贴是指已提取现金或已用于购房，如果仅是名义上划入个人住房公积金账户的，不作统计。

记账补贴：指调查户因承担记账工作从统计部门、工作单位和其它途径所得到的现金。不包括实物部分。

其他转移性收入：指家庭从除上述各项收入以外得到的其他转移性收入。如单位发放的抚恤金、军人的转业费、复员费、各种有奖彩票的中奖收入等。

出售财物收入：指调查户出售家庭财物所得到的收入。由于出售财物是家庭财产从实物形态转为货币形态，家庭财产总量不变，因此不计入可支配收入中。

出售住房收入：指调查户出售所拥有的全部或部分产权的住房，得到的购买该住房时所支付的房款。本指标只反映出售住房的全部值，高于购房原价的增值部分（扣除各种交易费用）统计在“其它投资收入”指标中。

出售其他物品收入：指家庭出售各种废旧物品收入。

借贷收入：指家庭资产不发生增减的周转性收入。包括提取银行存款、提取储金会款、借入款、收回借出款、兑售有价证券、收回的投资本金、贷款等。

提取（存入）储蓄存款：指从金融机构提取已存入的活期或定期存款。按实际发生数填列，即按本月内调查户实际提取的存款总金额填列，不包括利息和奖金。

借入款：指调查户向亲友或工作单位借入的现金。不包括临时周转借款（即当月归还的）以及因公从工作单位借入的现金，如旅差费等。

收回借出款：指调查户收回非当月借出的现金。

收回储蓄性保险本金：指收回到期的调查户支付的本金。

兑售有价证券：指出售股票、兑换债券的收入。出售股票收入仅计等于或低于原来购买股票时支付的金额，如果出售所得高于原购买金额，超出部分统计在财产性收入的“股息与红利收入”。兑售债券收入仅指购买时支付的金额，所得利息计入“利息收入”。

收回投资本金：指居民家庭从事除股票、债券以外的投资活动，结束投资行为时，收回的投资本金。如返还的集资款原值、出售艺术品、收藏品等回收的原值。

住房贷款：指居民家庭为购买住房向金融机构、住房公积金中心取得的银行贷款和住房公积金贷款。

汽车贷款：指居民家庭为购买消费用家用汽车从金融机构取得的银行贷款。

教育贷款： 指为家庭成员就学向银行、学校申请的贷款。

其他贷款：指除住房、汽车、教育以外，以消费为目的向金融机构申请的贷款，如耐用品贷款、旅游贷款等。

其他借贷收入：指除以上几项外的各种借贷收入。

家庭总支出：指家庭除借贷支出以外的全部实际支出。包括消费性支出、购房建房支出、转移性支出、财产性支出、社会保障支出。支出统计是以实际购得的商品或服务的总价值填报，不论其付款方式是一次付清、分期付款，还是赊购，只要商品或服务已被消费就要按其总价值计量。如果采用分期付款或赊购形式，则要在借贷收入类相应的项目填入实付款与总的应付款的差额。

消费支出：指调查户用于本家庭日常生活的全部支出，包括食品、衣着、家庭设备用品及服务、医疗保健、交通和通讯、娱乐教育文化服务、居住、杂项商品和服务八大类等。不包括用于赠送的商品或服务。消费支出按商品（服务）的用途分类，详细解释见消费支出表。

服务性消费支出：指调查户用于本家庭支付社会提供的各种文化和生活方面的非商品性服务费用。不包括为别人付款的服务。服务消费与商品消费不同，其特点在于其劳动过程和消费过程在时间与空间上的统一。

服务性消费支出=食品加工服务费用+在外饮食业×50%+衣着加工服务费+ 家庭服务+医疗费+交通工具服务支出+交通费+通信服务+文化娱乐服务费+教育费用+房租+自有房租折算+住房装潢支出×40%+居住服务费+杂项服务费

这一指标是派生的，由计算机根据各类消费支出的性质自动生成。

购房与建房支出：指包括居民家庭购买住房、建房时的全部支出。

购房：指购买商品房、房改房、二手房的房价支出。如采用按揭购房，按房屋全价计算，贷款部分计入“住房贷款”。不包括购买时交纳的各种税费（统计在财产性支出的住房指标中）。

建房：指自建房的全部支出，包括土地购置费、单位集资建房自付部分。不包括用于住房维修的建筑材料支出、人工费。

转移性支出：指居民家庭对国家、单位、住户、个人的转移支付。包括交纳的税款、捐赠和赡养支出等。

交纳的税赋：指调查对象向税务机关交纳的各种税款。如个人所得税、利息税等。

捐赠支出：指家庭赠送、捐款给别的家庭或个人、单位的支出，包括个人对公共设施建设的各类捐款。不包括实物，购买商品赠送亲友的支出记入消费支出。捐赠支出应按实际发生的金额计算，不论是从报告期收入中开支的，还是从银行存款、手存现金以及其他非经常性收入中开支的，均应包括在内。捐赠支出不论用途、对象、途径，只要是现金的无偿转让，均作为捐赠支出，如送给客人的路费、替亲友交纳的学费、为亲友支付的医疗费、寺庙的捐款均应作为捐赠支出统计。

购买彩票：指居民购买经政府批准公开发行的彩票支出。例如，福利彩票、体育彩票等。

赡养支出：指调查户因赡养和抚养义务而付给亲友的现金。不包括实物。赡养支出应按实际发生的金额计算，不论是从报告期收入中开支的，还是从银行存款、手存现金以及其他非经常性收入中开支的，均应包括在内。

在外就学子女费用：指供养在外地就学，不算作家庭人口的子女的学费、生活费。

各种非储蓄性保险支出：指不能收回本金的保险支出。如人身意外保险、疾病保险、财产保险、责任保险等。

车辆保险支出：指各类机动车保险支出。

其他转移性支出：指除交纳的税收、捐赠和赡养支出以外的转移性支出。如赔偿他人的支出；各种罚款，如交通罚款、违反计划生育罚款；兵役费；政府部门向居民提供服务收取的服务费，如迁户口的办理费、办理身份证费等。

财产性支出：指家庭购买或维护财产所支付的利息等有关费用。

非生产性贷款利息支出：指非生产性贷款、借款的利息支出。如果归还贷款时，本金与利息一起支付的，要进行分摊。

社会保障支出：指调查户成员参加国家法律、法规规定的社会保障项目中由个人交纳的保障支出。不包括职工所在单位交纳的那部分社会保障金。

个人交纳的养老基金：根据国家统一规定，按一定的工资比例个人交纳的养老保险金，以及私营企业主、个体经营户、其他人员全部由个人承担的养老保险金。

个人交纳的住房公积金：指参加住房公积金制度的个人由单位从工资中代扣的住房公积金。

个人交纳的医疗基金：指职工参加医疗保险个人交纳的医疗基金。

个人交纳的失业基金：指职工参加失业保险个人交纳的失业基金。

其他社会保障支出：指以上几项以外的个人支付的其他各种社会保障支出。

借贷支出：包括所有权没有变化的周转性支付，如存入储蓄款、借出款；资金归还，如归还借款、归还各类贷款等。

存入储蓄款：指存入各类金融机构的存款。

借出款：指调查户借给亲友的现金。不包括临时周转借款（即当月归还的）。按各月实际发生数填列。借出款与借入款应分别计算，不可相互冲抵。

归还借款：指调查户归还过去从各种途径借入的现金。不包括归还旅差费等因公借款。

储蓄性保险支出：指调查户参加储蓄性保险的支出。储蓄性保险是到期能归还保险本金，并能获得增值的险种。包括财产两全保险，人身两全保险、养老保险等能收回本金的储蓄性保险。

购买有价证券支出：指购买由政府、公司发行的各类股票、债券支出。债券一般有事先约定的利率和兑付期限。股票是对公司出资额的一种凭证。购买股票既包括上市公司的股票，也包括非上市股份公司的股票。股票收益主要有分红、送股、转让溢价。包括职工参与企业集资所交纳的集资款。

其他投资支出：指除购买各类有价证券、参加储蓄性保险投资行为以外的各类投资支出。如为转卖增值而购买的字画、邮票、古董、工艺美术品等；购买店面用于出租、购买汽车承包给他人营运的购车支出；民间高利息的借贷支出也作为其他投资支出。由于换户而造成的现金收支不平衡，如期初手存现金、家庭总收入、借贷收入之和小于家庭总支出、借贷支出、期末手存现金之和，则将差额填入“其他借贷收入”；反之，如后者之和小于前者之和，则可将差额填入“其他借贷支出”。由于漏记账而发生的不平衡，不可作“其他借贷收入（支出）”记账。

归还住房贷款：指归还因购置住房向金融机构或住房公积金中心申请的贷款本金，不包括贷款利息。

归还汽车贷款：指除归还汽车贷款的本金，不包括贷款利息。

归还教育贷款：指归还教育贷款的本金，不包括贷款利息。

归还其他贷款：指除归还上述贷款以外，而从银行贷款的本金，不包括贷款利息。

其他借贷支出：指除以上几项以外的各种借贷支出。如各种押金、计划生育保证金、住房保证金等。

期末手存现金：见期初手存现金。

消费支出：指调查户用于满足家庭日常生活消费需要的全部支出，包括食品、衣着、家庭设备用品及服务、医疗保健、交通和通讯、娱乐教育文化服务、居住、杂项商品和服务等八大类。消费支出构成是按照商品或服务的用途进行分类，如果消费支出的目的与用途不一致时，必须按照用途归入相应类内。

食品：指居民为摄取身体所需要的营养和满足某种嗜好而进食的各种消费品，包括在商店、集市、工作单位食堂和饮食业购买的主食、副食、烟草、酒、饮料以及干鲜瓜果、糖果、糕点、奶制品等。

粮食：指居民用作主食的各种成品粮及其加工品，包括大米、面粉、粗杂粮以及各种粗、细粮制品，不包括薯类、豆类及糕点食品。

大米：包括粳米、籼米、杂交米、糯米等。

面粉：指小麦面粉。

其他粮食及制品：包括大米面粉之外的其他各种粗杂粮，如玉米、小米、大麦等，以及各种粮食类的加工制品，包括生制品和熟制品，如面包、馒头、面条、方便面、饺子皮、米粉等。

淀粉及薯类：各种薯类、淀粉以及淀粉制品。包括马铃薯、红薯及各种淀粉和制品。

干豆类及豆制品：包括大豆、杂豆等各种豆类及豆制品。

油脂类：指各种食用油脂，包括植物油和动物油。

食用植物油：以植物果实为原料榨取的油料。包括花生油、菜籽油、芝麻油、豆油、茶油、葵花籽油等。也包括以几种植物果实为原料混合加工提取的食用调和油、色拉油等。

食用动物油：指各种生、熟的动物油，包括猪油、黄油等，如果购买生猪油加工食用，其数量按八折计算。

肉禽蛋水产品类：包括肉、禽、蛋和水产品。

肉类：指各种家畜、野畜肉食品，包括活的、鲜的、冻的以及各种加工制品。

猪肉：指鲜、冻猪肉，包括内脏、头、爪、皮、骨头、猪血。不包括各种猪肉加工品。

牛肉：指鲜、冻牛肉，包括内脏、头、爪。不包括各种牛肉加工品。

羊肉：指鲜、冻羊肉，包括内脏、头、爪。不包括各种羊肉加工品。

其他肉及制品：指猪、牛、羊肉以外的兔、驴、马、狗、蛇肉以及各种野畜肉等，以及各种肉的加工制品，包括熟肉品、酱肉、腊肉、咸肉、火腿、香肠、火腿肠、西式火腿、红肠、各种灌肠、烤羊肉串、肉松、肉干、肉元、鲜肉贡丸、油炸猪肉皮以及各种肉罐头等。

禽类：指用于食用的各种家禽和野禽。

鸡：指食用的活鸡、白条鸡、分割的鸡腿、鸡翅、速冻的鸡脯肉，包括鸡头、鸡爪、鸡架、各种内脏，不包括加工品。

鸭：指食用的活鸭、白条鸭、分割的鸭腿、鸭翅，包括鸭头、鸭爪、各种内脏。不包括加工品。

其他禽类及制品：指鸡、鸭以外的各种禽类。如鹅、鹌鹑、野鸡、野鸭、火鸡、鸽子等，以及家禽和野禽的腌、腊、酱、烧、熏、烤制品以及各种禽制罐头等，也包括内脏加工品。

蛋类：包括各种禽蛋和禽蛋制品。

鲜蛋：指鲜鸡蛋、鲜鸭蛋以及各种鲜禽蛋，如鹅蛋、鹌鹑蛋等，不包括蛋制品。

蛋制品：各种禽蛋的加工制品，包括咸蛋、松花蛋（也称皮蛋、彩蛋）、冰蛋、糟蛋、茶叶蛋等。

水产品类：包括鱼、虾、蟹、贝、藻等各类海水和淡水产品。

鱼：包括各类海水鱼和淡水鱼。主要有黄花鱼、带鱼、草鱼、鲤鱼、鲢鱼、鲫鱼、鲳鱼、鳗鱼、黄鳝、鲥鱼、扁鱼、黑鱼等。

虾：包括海水和淡水产的活、鲜、冻、咸、干的各种虾，主要有对虾、毛虾、米虾、白虾、沼虾、龙虾、河虾、草虾、基围虾等。包括熟虾、各种虾制品、虾罐头等，如虾皮、虾米、虾干、虾仁。不包括虾片（可列入各类淀粉及制品项目）、虾油（列入调味品）、虾酱（列入其他水产品项目）。

其他水产品及制品：指鱼和虾以外的各种水产品，主要包括各种水生软体动物和蟹类。品种有：淡菜、干贝、海蛎、海参、海蜇、蛤利、蚶子、河蚌、蚬子、螺蛳、墨鱼、牡蛎、生蚝、鲜贝、赤贝、扇贝、鱿鱼、章鱼；蟹的主要品种有：海蟹、河蟹、青蟹、梭子蟹，还包括龟、鳖、食用的青蛙、海菜、石花菜、海带、紫菜。包括其它水产品的制品，如人造海蜇。

水产制品是指经过腌、干、薰等方法加工的水产制品，包括鱼干、鱼丸、海鲜贡丸、鱼松、烤鱼片、油炸鱼、熏鱼以及各种鱼虾罐头。论袋、论包、论只买的应根据实际情况折算统计。

蔬菜类：包括各种叶菜、茎菜、根菜、花菜、果菜以及各种食用菌类。

鲜菜：指没有经过腌制、干制、霉制等加工的新鲜的蔬菜。包括经过简单洗切的净菜。主要品种：白菜、洋白菜、菠菜、油菜、芹菜、韭菜、空心菜、大葱、菜花、萝卜、胡萝卜、葱头、生姜、莴笋、蒜台、蒜头、黄瓜、冬瓜、丝瓜、西红柿、茄子、青椒、豆角、莲藕、豆芽菜、毛豆角、红辣椒、蚕豆芽、鲜黄花菜、鲜香菇等。

干菜：指鲜菜经过干制的加工品。包括干制的笋干、黄花菜、黑木耳、蘑菇、食用白木耳等菌类食品。也包括水发的笋干、黑木耳。

菜制品：指鲜菜的再制品。包括腌菜、榨菜、泡菜、酱菜、萝卜干、蔬菜罐头、速冻蔬菜等。

调味品：包括食用盐、酱油、虾油（鱼卤）、醋、味精、鸡精、糖精、料酒、辣椒酱、花生酱、芝麻酱、蕃茄酱、花椒、八角、茴香、胡椒、咖喱粉、五香粉、炸鸡粉等。

糖烟酒饮料类：包括各类糖、烟草、酒类和饮料。

糖类：以糖为主要原料，生产加工的食品。包括食糖、糖果、糖类小食品。不包括糖精。

烟草类：包括卷烟、烟叶。

酒类：是用高粱、大麦、米、葡萄或其他水果发酵制成的含酒精饮料。主要有白酒、黄酒、葡萄酒、啤酒。

白酒：由淀粉或糖质原料制成酒醅或发酵经蒸馏而得，是一种蒸馏酒。包括散装和瓶装两种，瓶装、罐装、坛装的应折合成千克计算。

果酒：以各种水果以及某些野生果实用发酵法酿成的酒，主要有葡萄酒、苹果酒、荔枝酒、桔子酒等，瓶装的应折合千克计算。

啤酒：以大麦芽、酒花为主要原料，经酵母发酵作用而成的包含二氧化碳的低酒精度酒。包括罐装、瓶装、散装的鲜啤酒、熟啤酒、黑啤酒、黄啤酒，罐装和瓶装应折合成千克计算。

其他酒：指白酒、果酒、啤酒以外的各种含酒精饮料和泡制酒。包括黄酒、米酒、五加皮酒、人参酒、香槟酒、汽酒及各种滋补酒等。不包括药酒和作调味用的料酒，药酒可计入滋补品，料酒可计入调味品。

饮料：饮料是指以水、粮食、果蔬或奶为基本原料加工而成的流体、半流体或固体冲剂食品。不包括白开水。

碳酸饮料：包含二氧化碳的非酒精液体饮料。包括盐汽水、甜汽水、果味汽水，以及罐装、瓶装、杯装的各种可乐。

瓶装饮用水：包括小瓶装的矿泉水、纯净水、天然水等。也包括饮水机用的桶装饮用水。

茶叶：以茶树新梢上的芽叶嫩梢为原料加工而成的产品。主要分为绿茶、红茶、黄茶、黑茶、白茶、青茶、花茶等。

其他饮料：指除碳酸饮料、果蔬饮料、瓶装饮用水、咖啡可可粉以外的各种非酒精饮料。主要有果味晶体饮料（桔子粉、酸梅粉、山楂晶、菊花晶）、白菊花、非奶制冰棍等。

干鲜瓜果类：包括干鲜瓜果及制品。

鲜果：包括苹果、梨、山楂；桃、杏、李、梅、樱桃、葡萄、柿子、猕猴桃、草莓、树莓、越橘、香蕉、椰子、芒果、菠萝、龙眼、荔枝、枇杷、杨梅、油橄榄、石榴、甘蔗、荸荠、莲蓬、百合等。不包括各类坚果。

鲜瓜：包括西瓜、甜瓜、哈密瓜等。

其他干鲜瓜果类及制品：指鲜果、鲜瓜以外的各种干鲜瓜果及制品。主要有干果、坚果、果仁及瓜果制品等。干果是由各种水果经过日晒或烘干而成的食品。带壳的有荔枝干、桂圆干等；带皮的有葡萄干、红枣、黑枣、南枣、无花果等；对切的有杏干、桃干等；片状的有山楂干、苹果干、梨干等。瓜果制品是指鲜瓜果经过工业加工而成的再制品，包括各种蜜饯（果脯、桔饼、加应子、话梅、蜜饯、蜜枣等）、水果罐头、果酱、山楂糕、山楂片等。坚果及果仁包括生的和熟的大核桃、小核桃、板栗、银杏、榛子、松子、瓜子、花生、芝麻和各种坚果及果仁的加工品。包括湿花生、嫩花生、鱼皮花生、糖衣花生、油炸花生等。

糕点：指以面粉和糖为基本原料，以油、蛋、奶、果仁、果料等为辅料，经过调制、成型、熟制而成的食品。包括饼干和蛋糕、冻米糕、米花糖，不包括面包。幼儿园、中小学生交纳的点心费，如不能分清具体品种，归入糕点指标。

奶及奶制品：包括鲜奶品、奶粉、酸奶以及其他奶制品。不包括代乳粉、糕干粉等以粮食或豆类为主加工的制品。

鲜乳品：包括牛奶、马奶、羊奶、以及以鲜奶为主要原料配制的混合奶，不包括酸奶、活性乳、奶粉等各种奶制品，也不包括豆奶。

奶粉：以鲜奶为原料，经预处理及真空浓缩，然后喷雾干燥而制成的粉末状食品。

酸奶：以牛（马、羊）乳为原料，接入专用菌种，经保温发酵而制成的乳制品。

其他奶制品：指除鲜奶、奶粉、酸奶以外的以奶为主要原料制成的加工品，包括炼乳、奶酪、麦乳精、可可奶、活性乳，也包括以奶为主要原料制成的冷食，如冰淇淋、雪糕。不包括含奶量很低的各种果奶饮料。

其它食品：指上述各类食品以外的其他食品，包括半成品净菜、面筋、奶糕、代乳粉、蜂蜜、发酵粉、甜酒药、糖桂花、各种膨化食品等。

饮食服务：包括在外用餐和食品加工费。

食品加工服务费：指用于食品加工所支付的加工服务费，包括磨粉、爆米花、炒花生、做糕点、加工彩蛋等费用。

在外饮食：指在家庭以外地点的自费用餐支出，包括在单位食堂、餐饮业、亲友家的用餐支出。对于从单位食堂、餐饮业购买并带回家直接食用的食品，若能单列具体品种的，则分别计入相应的食品项中，若不能单列的，则作为在外用餐支出。公费在外饮食不含在内。

衣着：指各种穿着用品及加工穿着品的各种材料，包括棉、麻、丝、毛和各种人造纤维、合成纤维纺织的各种布匹、呢绒、绸缎及其加工的服装，各种鞋、袜、帽及其他零星穿着用品等。

服装：指以各种棉布、棉花化纤混纺布、化纤布、呢绒、绸缎、毛皮等为材料加工的各式服装，以及棉、麻、毛、丝、化纤纯纺或混纺经针织而成的服装，按穿着对象分为男士服装、女士服装、各式童装，不包括塑料雨衣和胶布雨衣（雨披）。

衣着材料：指以棉、麻、丝、毛和各种人造纤维纺织及混纺的各种衣着材料，也包括加工衣着品所需的其他各种材料。不包括用于加工床上用品、窗帘、台布的布料。

鞋类：包括用棉布、呢绒、绸缎、化纤、塑料、橡胶、皮革、人造革等为材料制作的有各种式样和用途的皮鞋、旅游鞋、布鞋、雨鞋、凉鞋、拖鞋、运动鞋、健身鞋、婴儿鞋等。

其他衣着用品：指除服装、鞋以外的各种穿着用品，主要有帽子、袜子、手套、护脚套、耳罩、胸罩；装饰性服饰件，如头纱、披巾、红领巾、领带、领带夹、面纱、发带、围巾；雨披；鞋垫；鞋带；皮带等。

衣着加工服务费：指为加工服装、鞋、帽等穿着用品所支付的各项加工维修、保养和洗涤等服务费。包括拷边、裁剪、绒线编结（手织或机织）、打油、洗涤、修鞋等费用。

居住：指与居住有关的支出，包括住房、水、电、燃料方面的支出。

住房：指调查户用于住房的直接支出，包括房租、房屋维修支出、物业管理费、房屋装潢支出。

租赁房房租：指调查户租赁公房或私房支付的房租。不包括外出住旅店、宾馆或招待所支付的住宿费。如果单位管理的宿舍，房租、水、电合并计算的，要根据实际情况估算分摊，分别计入房租、水费、电费项内。

住房装潢支出：装潢是指依附于建筑物的各种装修支出，装潢后与建筑物合为一体，不能搬移。主要包括水电装修、墙面、门窗、地面、顶装饰、厨房间、卫生间的装修等。包括全部装潢材料和人工费。不包括装潢时制作的各种家具、电器支出和饰品的支出。

维修用建筑材料：指调查户购买用于住房维修的各种建筑材料支出。如木材、水泥、钢筋、砖、瓦、防水材料、玻璃、防盗门、防盗窗、雨蓬等。不包括新建住房购买的各种建筑材料支出。

其他住房支出：指调查户用于房租、房屋维修支出、物业管理费、房屋装潢支出以外的其他住房支出。

水电燃料及其他：指调查户支付的水费、电费、燃料费、取暖费等支出。

水：指调查户支付的自来水费。不包括桶装饮用水。其消费量以吨或立方米为计量单位。

电：住户用于照明和使用家用电器等所支付的电费。

燃料：指家庭用于购买煤炭、液化气、煤气等的燃料支出。

煤炭：包括原煤、煤球、蜂窝煤。论个、论筐、论车购买的都要按实际情况折算成重量（千克）计算。

罐装液化石油气：指罐装的液化石油气。

管道液化石油气：指通过管道运输供调查户使用的液化石油气。

管道煤气：指通过管道运输供调查户使用的煤气、包括焦炉煤气。

管道天然气：指通过管道运输供调查户使用的管道天然气。

柴油：指用于燃料的柴油。

其他燃料：指煤炭、液化石油气、管道煤气以外的各种燃料，包括煤油、柴油、酒精、柴草、木炭等家用燃料。

取暖费：指调查户使用集中供暖而支付的取暖费用。

其他相关支出：指调查户用于水、电、燃料支出以外的其他支出，包括取暖费、管道燃气的初装费、液化气的开户费、电力一户一表的扩容费等。

居住服务费：指用于住房各种服务费用，包括物业管理费、住房维修服务费等。

物业管理费：指住户向承担本住宅管理的物业管理部门交纳的物业管理费。包括治安费、清洁费、绿化费等。

维修服务费：指调查户用于住房装潢和维修房屋所支付的人工费、招待费等。

其他居住服务费：除上述各项住房支出外的其他各类住房支出

家庭设备用品及服务：指家庭各类日用消费品及家庭服务。包括日用耐用消费品、室内装饰品、床上用品、家庭日用杂品、家具、家庭服务。不含个人用品和服务。

耐用消费品：指价值比较高、消费期较长的家用电器和家庭设备。

家具：主要有坐卧类家具，如椅子、凳子、沙发、床；凭椅类家具，如桌子、茶几；贮藏类家具，如柜、箱；隔断类家具，如屏风等。

家庭设备：指家庭使用的各类电气和电子器具，不包括文娱用家电。包括制冷电器，如冰箱、冷饮机；空气调节器，如空调、电扇、冷热风机、换气扇、空气除湿机；清洁电器，如洗衣机、电熨斗、吸尘器、干衣机；厨房电器，包括热水器、微波炉、电饭煲、消毒碗柜、电炒锅、食品加工机；电暖器具，如取暖器、油汀等。

洗衣机：指一次洗衣在 6 公斤以下的自动、半自动、单缸、双缸、滚筒家用洗衣机，不包括手摇洗衣机。

电冰箱（柜）：指单门、双门、三门家用电冰箱，包括冰柜。

微波炉：指利用微波辐射来烹饪食物的厨房电器。

空调器：指具有空气的加热、冷却、增湿、除湿等功能的空气调节器，不包括冷暖风机。

淋浴热水器：指家用淋浴热水器，包括电热水器、燃气热水器、太阳能热水器。

消毒碗柜：利用红外线对食用器具进行杀菌消毒的电子器具。

洗碗机：利用电力清洗碗、碟、杯、盘等餐具的厨房电器。

其他家庭设备：指以上各列以外的其他各项家庭设备。包括电风扇、电炊具、排油烟机、吸尘器、饮水机、取暖器、排气扇、电熨斗、甩干机、食品加工机、干衣机等。

室内装饰品：指美化、装饰房间用的各种装饰品及工艺品，包括纺织装饰品、装饰灯具及其它装饰品。不含珍藏的艺术品。

纺织装饰品：指用于房间装饰用的纺织品及纺织工艺品。包括棉、麻、丝、化纤等为原料纺织或编结的窗帘、台布、茶具罩、电视机罩等，也包括各种装饰用的织锦品和刺绣品以及其他纺织工艺品等。

装饰灯具：指带有各种装饰性、艺术性的灯具。如落地灯、吊灯、壁灯、吸顶灯、工艺台灯等，一般价格比较高。不包括普通的照明灯具，如日光灯、白炽灯、荧光灯以及各种节能灯等以照明为主要目的普通灯具。

其他装饰品：指除纺织装饰品和装饰灯具以外的各种室内装饰品。包括各种泥、石、塑、竹、木、骨、石膏等各种材料制作的雕塑品、插花，以及字画、条幅、年画、挂历、花架、盆景、陶瓷工艺品、塑料百页窗、塑料和木珠门帘、塑料台布等。

床上用品：指以棉、毛、丝及合成纤维等材料纺织或针织制品，各种纺织品制成的各种床上用品。包括毛毯、床单、被单、床罩、被套、枕具、蚊帐、凉席、垫褥以及各种棉被．鸭绒被．棉毯．线毯．电热毯．毛巾被等。

家庭日用杂品：指除家具、室内装饰品、各种家庭设备以及床上用品以外的各类家庭日用品。包括厨、炊、茶具、家用工具、家庭清洁用品等日用杂品。包括各种材料制作的锅、勺、刀、水壶、案板、水缸、碗、碟、匙、筷，各种炉灶具（电炉、煤油炉、煤炉、鼓风机、煤气灶、煤气瓶等）、各种茶具及咖啡具等；各种榔头、钳子、锯子、板手、锉刀、泥刀等泥工、木工、电工等家用工具；肥皂、香皂、洗衣粉、洗衣皂、丝毛洗剂、洗洁精、去污粉、衣物漂白剂、衣物柔软剂、空气清新剂、家居消毒剂、除臭剂、家具光亮剂、地板蜡、鞋油等家居清洁用各种日用化工产品；小五金（如元钉、木螺丝、铁丝、合页、插销、门勾、锁等）；各种电料（如插座、插头、开关、灯头、电线、镇流器、日光灯管、日光灯架、灯泡、灯罩、普通台灯、电表）；各种材料的自来水管、各种水笼头、阀门、水表等；各种保温瓶（如大口冰瓶、热水瓶、气压热水瓶、瓶胆等）；各种扫帚、床刷、剪刀、扇子、竹帘、烟筒、火柴、照明用蜡烛、各种灭蚊用品、电池、皮鞋刷等；各种材料制成的脸盆、脚盆、水桶、洗衣板、簸箕、手电筒、窗纱、雨伞等；各种纸制品（如卫生纸、卫生巾、餐巾纸、皱纹纸、纸杯等）；各种购物袋（如网线袋、塑料袋、纺织袋、编织袋等）；做衣服用的针线、顶针、编织衣物的针、勾针等。

家具材料：指自制家具用的材料，包括木材、胶合板、纤维板、玻璃、粘胶、油漆以及各种零配件材料等。住房装潢时自制的各种柜、家具，应对用于家具部分的支出进行估算。

家庭服务：指家政服务支出及加工维修费用。

家政服务：指家庭日常生活中，各类家庭服务所支付的费用，如雇请的长期或计日、计时的保姆费、钟点工；搬运费；送气费；送煤费、管道疏通费等。不包括家庭的托幼费、归入物业管理的治安费和清洁费。

加工维修服务费：指家庭用于加工和维修所支付的服务费用。包括各种设备维修（零配件）、自制家具加工费、修锁和配钥匙的费用等。

医疗保健：指用于医疗和保健的药品、用品和服务费用。包括医疗器具、保健用品、医药费、滋补保健品、医疗保健服务及其他医疗保健费用。实行医疗改革的单位，医疗基金（医保卡）支付的全部费用计入工资及补贴收入中，同时记入相应的医疗保健支出中。个人先现金支付然后到单位报销的医疗费在记入相应消费的同时，如果是在职职工则记入工资性收入，如果是离退休职工则记入离退休金中。

医疗器具：指家庭购买的用于医疗的器具。包括血压计、体温计、注射器等。

保健器具：指用于身体保健的器具。包括按摩器、健身球、磁疗枕（药枕）、护膝、护腰、护肩等。不包括体育运动器械，如扩胸器、哑铃等。

药品费：指去医院治疗或直接向药店购买的西药、中成药、中草药（包括药用的白木耳），包括输血费。交纳的子女统筹医疗费也作为药品费统计。不包括滋补品和可报销部分的药品费。

滋补保健品：为了简化统计归类，市场上销售的具有滋补保健作用的保健食品均统计在内，包括人参、鹿茸、蜂王浆、阿胶、青春宝、西洋参、各种营养口服液、燕窝、胎盘等。

医疗费：指用于医疗保健的服务性支出。包括挂号费、诊疗费、注射费、手术费、透视费、镶牙费、出诊费、送药费、陪侍费、住院费、救护车费等。

其他医疗保健支出：指除医疗器具、保健用品、药品费、滋补保健品、医疗保健服务以外的其他医疗保健支出，包括胶布、纱布、药棉及学习气功和太极拳学费等。

交通和通信：指用于交通和通信工具和相关的各种服务费、维修等支出。

交通：指购置交通工具及零配件、支付各种交通费、修理服务费、油料费等的支出。

家庭交通工具：指家庭购买摩托车、自行车、家用汽车及其他家庭交通工具的支出。不包括购买经营用交通工具。

摩托车：以汽油机为动力的二轮或三轮机动车，包括轻便摩托车。

助力车：也称助动车，主要以电力、小型汽油发动机为辅助动力的二轮或三轮车。

家用汽车：指购买以消费为主的各种家用汽车。包括轿车、面包车等。

其他交通工具：指除摩托车、助力车、家用汽车以外的其他交通工具。包括三轮车、自行车、残疾人车、母子斗车以及购买零件自行装配的自行车等。

车辆用燃料及零配件指用于家庭交通工具的燃料及充电费和零配件。

燃料：包括汽油、柴油、机油、电瓶以及电瓶充电费。

汽油：指购买车辆用汽油的费用。

柴油：指购买车辆用柴油的费用。

零配件：指购买交通工具的零配件支出。包括摩托车头盔、挡风板、挡泥板、防冻手套、护膝等。

交通工具服务支出：除车辆用油支出和零配件外的使用各项交通工具所发生的相关费用，包括交通工具维修费其它相关支出。

维修费：指维修各种交通工具的支出，不包括零配件支出。

汽车使用税费：指汽车使用中所支付的各种税、费。包括购买时支付的相关费用，如上牌费、牌照成本费、喷码费、销售单位出库费、过路费、过桥费、停车费；也包括养路费、车辆管理费、车辆年检费、排污费等。包括与汽车有关的各种税及汽车内装修费用。

其它车辆使用费：指除汽车外的其它车辆的使用费。

交通费：指家庭成员乘坐各种交通工具所支付的交通费。不包括因公出差暂由个人垫付的交通费。

飞机：指家庭成员乘坐飞机旅行的机票费及机场建设费。不包括保险费，保险费计在“非储蓄性支出”内。

火车：指家庭成员乘坐火车旅行的火车票费及相关的订票费等。

长途汽车：指家庭成员乘坐除市内公交汽车以外的长途汽车旅行（一般指车程在三小时以上）的汽车票费。

市内公共交通：指家庭成员乘坐市内交通工具出行的车票费。如公共汽车、地铁、轻轨铁路等。不包括乘坐出租汽车和其它交通工具。

出租汽车费：指乘坐出租汽车所支付的交通费，出租汽车一般以里程计费。包括向汽车租赁公司租用汽车的租用费。不包括公共小汽车、机动三轮车等的费用。

其他交通费：指除以上各类交通工具以外的各类其它交通工具费用。如三轮车费、摆渡费等。不包括公园内的车船及摆渡费、以及碰碰车、脚踏船、自划船的租借费（列入文娱费）。

通信：指家庭用于通信方面的全部支出。包括通信工具、电话费、邮费及其他通信费用。

通信工具：指购买各种通信工具所支付的费用。包括固定电话机、移动电话机、寻呼机、传真机等。

电话机：指购买固定电话的电话机支出，不包括电话初装费。

移动电话机：指购买移动电话的电话机，包括本地通、小灵通。不包括入网费。

其他通信工具：指购买电话机、移动电话机以外的通信工具，如对讲机、寻呼机、传真机等，也包括为通信工具购买的附件及零配件，如移动电话电池、皮套、挂件、电话线、电话号码簿等。

通信服务：指家庭用于电话初装费、入网费、电信费、邮费等方面的服务支出。

电信费：指居民交纳的电信业务使用费，包括月租费、特种业务费和根据通信时间和次数收取的通信费，也包括购买 IC 卡、IP 卡、磁卡等各种电信卡费、电报费、电传费、公用电话费、公用电话呼叫费、电报纸费等。

邮费：指用于邮寄信件、包裹以及汇款等支付的邮资，也包括购买包装匣、包装箱的费用、包装费、特快专递的信封费、包裹超时保管费。不包括为集邮所支付的费用。

其他通信服务费：指除购买通信工具、电信费和邮费以外的其它家庭通信费。包括移动通信工具的修理费，各类通信工具的安装费和入网，即为取得特种电讯业务的使用权向电信部门支付的费用，如申请固定电话交纳的电话初装费、移动电话的入网费、申请一线通（ISDN）的专线费、申请 163 账号的入网费等。

教育文化娱乐服务：指调查户用于教育和文化娱乐方面的支出。

文化娱乐用品：指调查户用于购置家庭文娱用耐用消费品和其它文娱用品的支出。其中，购买家庭影院的根据其设备配置情况分别记为彩色电视机、影碟机、组合音响等。

彩色电视机：也称彩色电视接收机。包括显像管彩色电视机和固体显示（液晶显示、等离子显示）彩色电视机，不包括可以接收电视的计算机。

家用电脑：指有显示器、中央处理器、键盘输入设备、存贮器等主要部件组成的家用电子计算机，主要有台式计算机和便携式计算机。不包括学习机、掌上电脑。

购买整机：指一次购买剧具有显示器、主机、键盘全部部件的计算机。包括自行购买散件一次性组装而成的计算机。

计算机外部设备：指安装在主机外的计算机外部附属设备。主要包括显示器、键盘、鼠标、外置光驱、移动硬盘、扫描仪、打印机、音响、调制解调器、数码摄像头等。

各种零配件及耗材：指令性购买主机内的各种零件和配件。

组合音响：指收录、扩音、放音等两件和两件以上的多功能组合音响。不包括普通音箱以及自制的音箱。

摄像机：把景物的图像和现场的声音转换为电子信号的设备。不包括有录像功能的电视监视器。

照相机：把景物记录在感光材料或磁性材料上的设备。包括普通照相机和数码照相机。

钢琴：击奏弦鸣乐器，主要部件包括键盘、踏板、击弦机、弦槌、琴弦、金属框架及共鸣板。主要式样有三角钢琴和立式钢琴。

其他中高档乐器：指除钢琴以外的价格在 200 元以上的各种中高档乐器。包括提琴、手风琴、吉他及各种电子乐器。

健身器材：指价值 500 元以上的体育锻炼器械，如跑步器、划船器等，不包括医疗功能的按摩器。

电子词典：指各类袖珍电子工具。包括好易通、商务通、掌上电脑、快译通等。不包括计算器。

音像制品和软件：指除用于教育之外的记录声音、图像、文字等的磁介质和各类光盘。包括磁带、录像带、CD、VCD、DVD、游戏娱乐光盘、电子书籍等。

体育用品：包括各类体育运动器材和体育用品。如球类、棋类、乒乓球板、乒乓球台、小型健身用品（哑铃、拉力器）、秒表等，不包括运动服、运动鞋。

书报杂志：指除教材及参考书以外的各种中外文图书、报纸、杂志。预订的书报杂志按订购的全部金额记入付款当月。

纸张文具：包括各种簿册、纸张、各种笔、文具盒、墨水、图钉、胶水、日历、写字台板玻璃、书立、电子计算器等。

其他文娱用品：指除上述所列文娱用耐用消费品和音像制品、体育用品以外的各类文化娱乐用品。主要包括电唱机、录像带倒带机、单放机和自制音箱、照相器材、各类玩具、低档乐器、扑克、游戏带、胶卷、鞭炮、集邮品（不包括用于投资的）、价值低廉的饰品、钓鱼用具、喂养花、宠物的食物、用具、肥料支出、有线电视接线和信号分配器、儿童玩具童车、明信片、贺卡、请柬、鲜花、盆花等。

文化娱乐服务：指和文化娱乐活动有关的各种服务费用。

参观游览：指参观各类展览、游览公园的门票及游览设施的使用费。

健身活动：指为锻炼身体而进行的各类健身活动的费用。如游泳、打球、去健身房等。如果是一次性购买活动卡，要一次性记录花费。

团体旅游：指随旅游团参加国内或出境旅游，无法拆分旅游花费的。如是自费旅游或可以拆分旅游花费，需分别记入各项花费中。

其它文娱活动费：指除以上 3 项文娱活动以外的其它文娱活动费。如电影票、演出门票、体育娱乐用品的租借费、游泳场的沐浴费、存衣费、有限电视安装及使用费等。

文娱用品修理服务费：指文娱用品的修理服务费用及零配件。

教育：教育是指按一定的目的要求，对受教育者的德育、智育、体育、爱好、技能等诸方面施以影响的一种有计划的活动，与这一活动直接相关的支出即为教育支出。包括学费、教材费、家教费、赞助费、寄宿学生的住宿费等。

教材：接受各类教育购买的学习用书。

课本及参考书：指用于教育的教材及参考书，包括成人教育（包括自学者和五大生），大、中、小学学生以及幼儿的课本、讲义和其他各种学习用书，也包括报考研究生、公务员的考前培训班书费。

教育软件：指家庭购买的各种教育用软件支出，如英语学习软件、中小学教材辅导软件等。包括系统工具软件，不包括游戏软件、电子书籍及娱乐用 CD、VCD、DVD 等。

其它教材：指课本及参考书和教育软件以外的各类教育用书。

教育费用：包括付给学校的各种学费、杂费及其它教育支出。

非义务教育学杂费：指高中及以上学生以及在非国立学校就读的学生在校期间交纳的各种学费和杂费。

义务教育学杂费：指在义务教育期的中、小学学生在公立学校学习而支付的学杂费，包括学费、杂费、报告费、补课费以及学生参加必须参加的文化艺术、体育班学习的费用（自愿参加的培训班费用不计在其中）、向学校交纳的各种管理费、电费、困难班费、自备课桌椅购置费、电扇费等，不包括课本及讲义费，如一并交付的应进行分摊，部分费用列入教材及参考书支出项目中。

托幼费：指支付给幼儿园、托儿所和请私人带小孩的费用。不包括伙食费、家庭保姆工资以及可报销的部分托幼费。

成人教育费：指用于成人教育所支付的有关教育费用，包括学杂费、报名费、听课费、培训费等。

家教费：指聘请专业人员在家庭给子女进行各类辅导的费用。包括语文、数学等文化课的家教费，也包括对子女进行音乐、美术等艺术教育的家教费。

培训班：指在校学生自愿参加各种类型的培训班所交纳的费用。

学校住宿费：指在本市寄宿的学生在学校所交纳的住宿费。

其他教育费用：指除上列各项教育费用以外的其他教育费支出。如赞助费、转学费、捐资助学费、旁听费、教材及参考书租借费等。

其他商品和服务：指无法直接归入上述各类支出以外的个人用品和其他商品与服务支出。

其他商品：指七大类以外的个人用品和各种其他商品。

金银珠宝饰品：指以珍珠、玉器等珠宝和金银制作或镀金、镀银的耳坠、耳针、手镯、戒指、项链、胸针、头簪等装饰品。不包括价值低廉的玻璃、铝制饰品（列入文娱用品项目中）等。

手表：一种戴在手上的计时工具，包括机械表、电子表、石英表、自动表。不包括怀表和运动秒表。

理发美容用具：指用于理发和美容的工具。包括剃须刀、刮脸刀具、理发用具、镜子、梳子、电吹风、卷发器等。

化妆品：指清洁、保护、美化人体面部、皮肤以及毛发等的日用化学品。包括护肤化妆品、毛发化妆品、美容化妆品。主要有：胭脂、粉饼、指甲油、洗面奶、润肤霜、爽肤水、唇膏、眉笔、香粉、香水、头油、摩丝、定型水、焗油膏、倒膜膏、染发用品等。

其他商品：指饰品、手表、化妆品、理发美容工具以外的各种个人用品支出，包括手提包、眼镜、牙膏、牙刷、毛巾、打火机、怀表、表带、手杖、发套、甘油、蛤蜊油、痱子粉、花露水等。包括无法列入七大类支出的其他各类商品，如迷信用品、丧葬用品、老鼠药、蟑螂药、各种驱蚊药水（片）等。

服务：指用于个人消费中的服务费，包括旅馆住宿费、理发洗澡费、美容费等。

旅馆住宿费：指居住饭店、旅馆、招待所等场所支付的住宿费，不包括住校的住宿费。

理发洗澡费：指用于一般的理（烫）发和洗澡费用。不包括出于美容和其他需要而支付的染发、中高档烫发、修发和蒸气浴、桑拿浴以及修脚、搓澡、按摩的费用。

美容费：指出于美容的目的而支付的服务费。包括整容、面部护理、整形、染发、中高档烫发等。

其他服务费：指除理发洗澡费、美容费以外的其他服务费，包括蒸气浴、桑拿浴以及修脚、搓澡、按摩的费用。包括无法归入七大类服务支出的其他各项服务支出，如迷信服务费、丧葬费、请律师等（指非营业性）的诉讼费、公证费以及部分证件的工本费，参加各类应聘的报名和考试费（与教育类中的考试报名费不同）。对服务性支出，根据用途性质记入相应的七类商品支出中，确实无法归入的，统计在本项中。

第 2 篇　城市资源与经济

年末总人口：是指本市本年 12 月 31 日 24 时的人口总数。

非农业人口：是指从事农业以外的职业维持生活的人口以及由他们抚养的人口，本年报采用按农业、非农业户口分类的户籍统计口径。

年末单位从业人员数：是指在各级国家机关、政党机关、社会团体及企业、事业单位中工作，并取得劳动报酬的全部人员。包括在岗职工、再就业的离退休人员、民办教师以及在各单位中工作的外方工作人员和港、澳、台人员、兼职人员、借用的外单位人员和第二职业者。不包括离开本单位仍保留劳动关系的职工。

年末城镇登记失业人员数：是指有非农业户口，在一定的劳动年龄内，有劳动能力，无业而要求就业，并在当地就业服务机构进行求职登记的人员。

行政区域土地面积：是指在该行政区划内的全部土地面积(包括水面面积)。计算土地面积是以行政区划为准。

建成区面积：指市政区范围内经过征用的土地和实际建设发展起来的非农业生产建设地段，包括市区集中连片的部分以及分散在近郊区与城市有着密切联系，具有基本完善的市政公用设施的城市建设用地(如机场、污水处理厂、通讯电台)。

国内生产总值(GDP)：指按市场价格计算的一个国家(地区)所有常住单位在一定时期内生产活动的最终成果。

地方财政一般预算内收入：包括：（1）各项税收；（2）国有资产经营收益；（3）国有企业计划亏损补贴 ；（4）行政性收费收入（5）罚没收入；（6）海域场矿区使用费收入；（7）专项收入；（8）其他收入。不包括中央补助收入（含税收返还）、地方向国外借款收入、国债转贷收入、国债转贷资金上年结余、上年结余收入和调入其他资金等。

地方财政一般预算内支出：包括：(1)基本建设支出；(2)企业挖潜改造资金；(3)地质勘探费；(4)科技三项费用；(5)流动资金；（7）农业支出；(8)林业支出；(9)水利气象支出(10)工业交通等部门的事业费；(11)流通部门事业费；(12)文体广播事业费；（13）教育支出；(14)科学支出；(15)医疗卫生支出；（16）其他部门的事业费(17)抚恤金和社会福利救济费；(18)行政事业单位离退休支出；(19)社会保障补助支出；(20)行政管理费；（21）武装警察部队支出；(22)公检法司支出；(23)城市维护费；(24)政策性补贴支出；（25）支

援不发达地区支出；(26)海域开发建设和场地使用费支出；（27）车辆税费支出；（28）债务利息支出；（29）专项支出；（30）其他支出；（31）总预备费。不包括上中央支出、建设预算周转资金、地方向国外借款安排的支出、地方向国外借款还本付息支出、国债转贷收入安排的支出、国债转贷收入结余、调出资金和年终滚存结余等。

城乡居民储蓄年末余额：包括城镇居民储蓄、农民个人储蓄两部分的年末余额。不包括工矿企业、部队、机关团体等集团存款。

社会消费品零售总额：指国民经济各行各业售给城乡居民直接用于生活消费的商品和社会集团直接用于公共消费的商品的总量。

在岗职工平均人数：是指在国有经济、城镇集体经济和其他各种经济类型单位及附属机构生产或工作，并由单位支付工资的在岗人员人数(包括在乡镇一级管理机构中工作、由国家支付工资的干部)，不包括已退休的职工、在农村乡镇企、事业单位中参加劳动并取得收入的劳动者和城乡个体劳动者。职工平均人数等于 12 个月月末人数之和除以 12 或 4 个季度的季末人数之和除以 4 求得。

在岗职工工资总额：指各单位在一定时期内直接支付给本单位在岗职工的劳动报酬总额。包括：计时工资、计件工资、奖金、津贴和补贴、加班加点工资和其他工资。

第 3 篇　城市生活质量与环境

普通高等学校：是指按国家规定的标准和审批程序批准建立的，通过全国普通高等教育统一招生考试、招收高级中等学校毕业为主要培养对象，实施高等学历教育的全日制大学、独立设置的学院和高等专科学校、高等职业学校和其他机构。

中等职业技术学校：是指按国家规定的设置标准和审批程序批准建立的，招收初中(或部分高中)毕业生或同等学历者，实施中等职业技术教育，培养中等职业技术人才的学校。招收初中毕业生的，修业年限一般为三至四年；招收高中毕业生的，修业年限一般为二年至三年。包括中等专业学校、技工学校、职业中学（高中）等。统计中等职业学校时应注意，已承担培养学生任务的中等职业技术学校和独立设置的高等学校中专部或中专学校计算校数。正在筹建、尚未招生的中等职业学校和高等学校附设的中专班不计校数。

普通中学：指按国家规定的审批程序批准设立的，招收小学、初中(或部分高中)毕业生或同等学历者，实施普通中学教育的学校。

剧场、影剧院数：是指独立核算的专用剧场和属文化部门主管的能演出戏剧的影剧院、兼映电影的剧场，以及附属在剧院、团公开营业的非独立核算的剧场、排演场。

公共图书馆图书总藏量：指图书馆已编目的古籍、图书、期刊和报纸的合订本、小册子、手稿、以及缩微制品、录像带、录音带、光盘等听视文献资料数量总和。

体育场馆数：体育场指有 400 米跑道（中心含足球场）、有固定道牙、跑道 6 条以上并有固定看台的室外田径场地。体育场按看台容纳观众人数分为：甲级 25000 人以上，乙级 15000-25000 人，丙级 5000-15000 人，丁级 5000 人以下；体育馆指有固定看台、可供篮球、排球、羽毛球、乒乓球、体操等项目训练比赛活动用的室内运动场地。体育馆按看台容纳观众人数分为：甲级 6000 人以上，乙级 4000-6000 人，丙级 2000-4000 人，丁级 2000 人以下。

医院、卫生院数：是指卫生部门、工业及其他部门(如农业、铁道、邮电、公安、文教、民政、社团、等)、集体所有制单位、私人、各种合作方式(全民与集体或个体合办集体与个体合办、中外合资)等举办的医院和卫生院数(包括县及县以上医院数、城市街道卫生院、农村卫生院及其他医院数)。

医院、卫生院床位数：指各级各类医院本年 10 月底的固定实有床位(非编制床位)。包括正规床、简易床、监护床和正在消毒、修理的床位及因扩建或大修理而停用的床位(按扩建或大修理前的床位计算)，但不包括产科的新生儿床、库存床、临时增设的床位、病人家属的陪床、接产室的待产床等。

在岗职工平均人数：是指在国有经济、城镇集体经济和其他各种经济类型单位及附属机构生产或工作，并由单位支付工资的在岗人员人数(包括在乡镇一级管理机构中工作、由国家支付工资的干部)，不包括已退休的职工、在农村乡镇企、事业单位中参加劳动并取得收入的劳动者和城乡个体劳动者。职工平均人数等于 12 个月月末人数之和除以 12 或 4 个季度的季末人数之和除以 4 求得。

在岗职工工资总额：指各单位在一定时期内直接支付给本单位在岗职工的劳动报酬总额。包括：计时工资、计件工资、奖金、津贴和补贴、加班加点工资和其他工资。

人均住房使用面积：使用面积和常住人口的比值。此数据由住户调查得到。

基本养老保险参保职工：指报告期末参加基本养老保险的职工人数。

基本医疗保险参保人数：指报告期末参加基本医疗保险的职工人数。

失业保险参保人数：指报告期末参加失业保险的人数。

居民最低生活保障线以下人数：指在报告期末，家庭平均收入在当地规定的最低生活保障线以下的城镇居民数。包括“三无对象”，失业人员和在职、下岗，退休人员。

年末实有城市道路面积：是指路面经过铺筑的路面宽度在 3.5 米以上(含 3.5 米)的道路。包括高级、次高级道路和普通道路，不包括街道内部路面宽度不足 3.5 米的胡同、里弄。

道路面积只包括路面面积和与道路相通的广场、桥梁、停车场面积。不包括街心花坛、侧石、人行道和路肩的面积。人均实有道路面积指该指标除以年末总人口。

居民家庭用水量：指城市范围内所有居民家庭的日常生活用水。包括城市居民、农民家庭、公共供水站用水。

用水人口：指供应生活用水的年末实际人口。包括非农业人口和农业人口。

人均家庭生活用水量指居民家庭用水量除以用水人口。

用水普及率指城市用水人口数与城市人口总数的比率。2000 年数据系非农业人口计算。

煤气(人工煤气、天然气)供气总量：是指城市煤气企业向城市生产用户、家庭用户和其他用户供应的全部煤气量，包括外购及损失量。

用煤气人口：指报告期末家庭用户的用气人口。

人均煤气家庭用量指煤气供气总量除以用煤气人口。

用气普及率指报告期末使用燃气的城市人口数与城市人口总数的比率。

年末实有公共汽(电)车运营车辆数：是指城市公共交通企业可参加营运的全部车辆数。包括技术完好的、在修的、待修的、长期停驶的，以及拟报废尚未经上级主管部门批准报废的运营车辆数。不包括公交企业的油罐车、货车和其他专用车等非运营车，也不包括借入、租入的客运车辆。

全年公共汽(电)车客运总量：指运送乘客的总人数。包括普通票乘客人次，月票乘客人次和包车乘客人次。普通票乘客人次按上车付现金购票，一张票计算一个人次；月票日乘车次按 5 个人次计算；团体包车，一个乘客按一个人次计算，往返按二个人次计算。

年末实有出租汽车数：指经有关部门批准的专门从事出租业务的一切营业车辆。包括轿车、面包车、大客车。

园林绿地面积：指用作园林和绿化的各种绿地面积。包括公共绿地、单位附属绿地、居住区绿地、生产绿地、防护绿地和风景林地的总面积。

人均园林绿地面积＝(公共绿地＋单位附属绿地＋居住区绿地＋生产防护绿地＋风景林地)÷城市非农业人口

公共绿地面积：指开放的各级各类公园和街头绿地。

建成区绿化覆盖面积：指城市建成区内各单位管理的一切用于绿化的乔灌木和多年生草本植物的垂直投影面积。包括园林绿地以外的道路绿化覆盖面积(即道路的隔离带、中心绿岛和林荫道及行道树的覆盖面积)和单株树木的覆盖面积。行道和单株树覆盖面积，可按各种树的平均垂直投影面积乘以各种树木的总株数求得。乔木树冠下重叠的灌木和草本植物不再重复计算。

第 4 篇　价格

一、居民消费价格和商品零售价格指标解释：

食品：指人们为摄取身体所需要的营养和满足某种嗜好而进食的各种消费品，包括在商店、集市、工作单位食堂和饮食业购买的主食、副食以及干鲜瓜果、糖果、糕点、奶制品等。

粮食：指人们用作主食的各种成品粮及其加工品，包括大米、面粉、粗杂粮以及各种粗、细粮制品，不包括薯类、豆类及糕点食品。

大米：包括粳米、籼米、杂交米、糯米等。

面粉：指小麦粉。

粮食制品：指各种粮食类的加工制品，包括生制品和熟制品，如馒头、面条、方便面、饺子皮、米粉等。

其他粮食：包括大米、面粉之外的其他各种粗杂粮，如玉米、小米、大麦等。

淀粉：包括各种淀粉及淀粉制品。

干豆类及豆制品：包括大豆、杂豆等各种豆类及豆制品。

油脂类：指各种食用油脂，包括植物油、植物油制品和动物油等。

食用植物油：以植物果实为原料榨取的油料。包括花生油、菜籽油、芝麻油、豆油、茶油、葵花籽油等。

植物油制品：指各种以植物油为原料制作的食用油品，包括色拉油、调和油等。

肉禽及其制品类：包括肉、禽及其制品。

食用畜肉及副产品：指各种家畜、野畜肉食品，包括活的、鲜的、冻的。

猪肉：指鲜、冻猪肉，不包括各种内脏及猪肉加工品。

牛肉：指鲜、冻牛肉，不包括内脏及各种牛肉加工品。

羊肉：指鲜、冻羊肉，不包括内脏及各种羊肉加工品。

畜肉副产品：指上述畜类内脏、头、爪、皮、骨头等。

其他畜肉：指猪、牛、羊肉以外的兔、驴、马、狗、蛇肉以及各种野畜肉等。

禽类：指用于食用的各种家禽和野禽。

鸡：指食用的活鸡、白条鸡、分割的鸡腿、鸡翅、速冻的鸡脯肉等，包括鸡头、鸡爪、鸡架、各种内脏，不包括加工品。

鸭：指食用的活鸭、白条鸭、分割的鸭腿、鸭翅等，包括鸭头、鸭爪、各种内脏，不包括加工品。

其他禽类：指鸡、鸭以外的各种禽类。如鹅、鹌鹑、野鸡、野鸭、火鸡、鸽子，不包括加工品。

畜肉加工制品：指各种畜肉的加工制品，包括熟肉品、酱肉、腊肉、咸肉、火腿、香肠、火腿肠、西式火腿、红肠、各种灌肠、烤羊肉串、肉松、肉干、肉圆、鲜肉贡丸、油炸猪肉皮以及各种肉罐头等。

禽制品：指家禽和野禽的腌、腊、酱、烧、熏、烤制品以及各种禽制罐头等，也包括内脏加工品。

蛋类：包括各种禽蛋和禽蛋制品。

鲜蛋：指鲜鸡蛋、鲜鸭蛋以及各种鲜禽蛋，如鹅蛋、鹌鹑蛋等，不包括蛋制品。

蛋制品：各种禽蛋的加工制品，包括咸蛋、松花蛋(也称皮蛋、彩蛋)、冰蛋、糟蛋、茶叶蛋等。

水产品类：包括鱼、虾、蟹、贝、藻等各类海水和淡水产品。

鱼：包括各类海水鱼和淡水鱼。主要有黄花鱼、带鱼、草鱼、鲤鱼、鲢鱼、鲫鱼、鲳鱼、鳗鱼、黄鳝、鲥鱼、扁鱼、黑鱼等。

其他水产品：指鱼以外的各种水产品，主要包括各种水生软体动物、虾蟹类及贝类等。品种有：淡菜、干贝、海蛎、海参、海蜇、蛤蜊、蚶子、河蚌、蚬子、螺蛳、墨鱼、牡蛎、生蚝、鲜贝、赤贝、扇贝、鱿鱼、章鱼；虾的主要品种有：对虾、毛虾、米虾、白虾、沼虾、龙虾、河虾、草虾、基围虾等；蟹的主要品种有：海蟹、河蟹、青蟹、梭子蟹。还包括龟、鳖、食用的青蛙、海菜、石花菜、海带、紫菜。包括其他水产品的制品，如人造海蜇。

蔬菜类：包括各种叶菜、茎菜、根菜、花菜、果菜以及各种食用菌类。

鲜菜：指没有经过腌制、干制、霉制等加工的新鲜的蔬菜，包括经过简单洗切的净菜。主要品种：白菜、洋白菜、菠菜、油菜、芹菜、韭菜、空心菜、大葱、菜花、萝卜、胡萝卜、葱头、生姜、莴笋、蒜苔、蒜头、黄瓜、冬瓜、丝瓜、西红柿、茄子、青椒、豆角、莲藕、豆芽菜、毛豆角、红辣椒、蚕豆芽、鲜黄花菜、鲜香菇等。

干菜及菜制品：指鲜菜经过干制的加工品和鲜菜再制品。包括干制的笋干、黄花菜、黑木耳、磨菇、食用白木耳等食品。也包括水发的笋干、黑木耳。鲜菜再制品包括：腌菜、榨菜、泡菜、酱菜、萝卜干、蔬菜罐头、速冻蔬菜等。

薯类：各种薯类，包括马铃薯、红薯等。

调味品：包括食用盐、酱油、虾油(鱼卤)、醋、味精、鸡精、糖精、料酒、辣椒酱、花生酱、芝麻酱、蕃茄酱、花椒、八角、茴香、胡椒、咖喱粉、五香粉、炸鸡粉等。

糖类：以糖为主要原料，生产加工的食品。包括食糖、糖果、巧克力制品和糖类小食品，不包括糖精。

干鲜瓜果：包括干鲜瓜果及制品。

鲜瓜果：鲜瓜类包括西瓜、甜瓜、哈密瓜等；鲜果类包括：苹果、梨、山楂、桃、杏、李、梅、樱桃、葡萄、柿子、猕猴桃、草莓、树莓、柑桔、香蕉、椰子、芒果、菠萝、龙眼、荔枝、枇杷、杨梅、油橄榄、石榴、甘蔗、荸荠、莲蓬、百合等。不包括各类干、坚果。

干(坚)果及瓜果制品：包括各种干(坚)果及瓜果制品。干果包括各种水果经过日晒或烘干而成的食品。带壳的有荔枝干、桂圆干等；带皮的有葡萄干、红枣、黑枣、南枣、无花果等；对切的有杏干、桃干等；片状的有山楂干、苹果干、梨干等。坚果指坚果及果仁，具体包括生的和熟的大核桃、小核桃、板栗、银杏、榛子、松子、瓜子、花生、芝麻和各种坚果及果仁的加工品。包括湿花生、嫩花生、鱼皮花生、糖衣花生、油炸花生等。瓜果制品指鲜瓜果经过工业加工而成的再制品，包括各种蜜饯(果脯、桔饼、加应子、话梅、蜜枣等)、水果罐头、果酱、山楂糕、山楂片等。

糕点饼干面包：指以面粉和糖为基本原料，以油、蛋、奶、果仁、果料等为辅料，经过调制、成型、熟制而成的食品，包括饼干、面包、蛋糕等。

液体乳及乳制品：包括鲜奶、奶粉、酸奶以及其他乳制品。不包括代乳粉、糕干粉等以粮食或豆类为主加工的制品。这里的鲜奶包括鲜牛奶、鲜马奶、鲜羊奶以及以鲜奶为主要原料配制的混合奶，不包括活性乳、奶粉等各种奶制品，也不包括豆奶。

巴氏杀菌奶：通常指将生奶加热到72℃-85℃，瞬间杀死致病微生物，保留有益菌群，对牛奶营养物质破坏少，充分保持牛奶的鲜度，但只能低温保存且保存时间短的产品。

高温杀菌奶：在135℃-150℃下对牛奶进行4-15秒的瞬间杀菌处理，完全破坏其中可生长的微生物和芽孢，能在常温下可保存数月的产品。

目前市场上销售的绝大部分“鲜奶”均为上述产品。一般来说，每日供应的、低温条件下保质期在48小时以内的“鲜奶”多为“巴氏杀菌奶”；避光条件下常温保存30-45天的“鲜奶”多为“高温杀菌奶”。

酸奶：指以新鲜牛乳为原料，添加适量的砂糖，经巴氏杀菌和冷却后加入纯乳酸菌发酵剂，经保温发酵而制成的产品。

奶粉：以鲜奶为原料，经预处理及真空浓缩，然后喷雾干燥而制成的粉末状食品。

其他乳制品：指除鲜奶、酸奶、奶粉以外的以奶为主要原料制成的加工品，包括炼乳、奶酪、麦乳精、可可奶、活性乳，不包括含奶量很低的各种果奶饮料。

在外用膳食品：指在家庭以外地点的用餐，主要是在餐饮业用餐的食品，包括主食、炒菜和地方小吃。

其他食品：指上述各类食品以外的其他食品，包括半成品净菜、面筋、代乳粉、蜂蜜、发酵粉、甜酒药、糖桂花、各种膨化食品等，但不包括面包、糕点类食品。

茶叶：以茶树新梢上的芽叶嫩梢为原料加工而成的产品。主要分为绿茶、红茶、黄茶、黑茶、白茶、青茶、花茶等。

饮料：指以水、粮食、果蔬或奶为基本原料加工而成的流体、半流体或固体冲剂食品，包括固体饮料、液体饮料和冷冻饮品。固体饮料包括咖啡、可可粉和一些果味晶体饮料，如桔子粉、酸梅粉、山楂晶、菊花晶等；液体饮料主要有碳酸饮料、果蔬饮料和桶装矿泉水、饮用水等。

碳酸饮料指含二氧化碳的非酒精液体饮料，包括盐汽水、甜汽水、果味汽水，以及罐装、瓶装、杯装的各种可乐。果蔬饮料是以水果、蔬菜、植物的根、茎、叶、花为原料，经压榨或浸渍抽提等方法取汁后加工而成的饮料；冷冻饮品主要是以奶为主要原料制成的冷食，如冰淇淋、雪糕等。

烟草类：指卷烟和烟叶。包括国产卷烟和进口卷烟。

酒：指用高粱、大麦、米、葡萄或其他水果发酵制成的含酒精饮料。主要有白酒、黄酒、葡萄酒、啤酒等。

白酒：由淀粉或糖质原料制成酒醅或发酵经蒸馏而得，是一种蒸馏酒。包括散装和瓶装两种，瓶装、罐装、坛装的应折合成千克计算。

葡萄酒：用经过发酵的葡萄酿成的酒，含酒精量较低。瓶装的应折合成千克计算。

啤酒：以大麦芽、酒花为主要原料，经酵母发酵作用而成的包含二氧化碳的低酒精度酒。包括罐装、瓶装、散装的鲜啤酒、熟啤酒、黑啤酒、黄啤酒，罐装和瓶装的应折合成千克计算。

其他酒：指白酒、葡萄酒、啤酒以外的各种含酒精饮料和泡制酒。包括黄酒、米酒、五加皮酒、人参酒、香槟酒、汽酒及各种滋补酒等。不包括药酒和作调味用的料酒，药酒可计入滋补品，料酒可计入调味品。

服装鞋帽类：指各种穿戴用品，包括棉、麻、丝、毛和各种人造纤维、合成纤维纺织的各种布匹、呢绒和绸缎加工而成的服装，各种鞋、袜、帽等。

服装：指以各种棉布、棉花化纤混纺布、化纤布、呢绒、绸缎、毛皮等为材料加工的各式服装，以及棉、麻、毛、丝、化纤纯纺或混纺经针织而成的服装，按穿着对象分为男士服装、女士服装、各式童装，不包括塑料雨衣和胶布雨衣(雨披)。

男式服装：指各类材料、各种工艺制作的各式男士服装，包括单衣、夹衣、棉衣、内衣、外衣等。

女式服装：指各类材料、各种工艺制作的各式女士服装，包括单衣、夹衣、大衣、裤子、内衣、外衣等。

儿童服装：指各类材料、各种工艺制作的各式儿童服装，包括单衣、夹衣、棉衣、大衣、毛线衣、披风、各种学生装、各种婴儿服装。儿童一般指年龄12周岁及以下。

鞋袜帽类：包括皮鞋、胶鞋、布鞋、全塑料鞋及各种材料制作的靴子、凉鞋、便鞋、拖鞋、运动鞋、旅游鞋、春秋鞋。帽袜包括男、女、童、婴儿的各种面料、各种样式的帽子和袜子。

纺织品：指以棉、麻、丝、毛和各种人造纤维纺织及混纺的各种衣着材料和床上用品，也包括加工衣着品和其他用品所需的其他各种纺织类产品。

床上用品：指以棉、毛、丝及合成纤维等为材料纺织或针织制成的各种床上用品。包括毛毯、床单、被单、床罩、被套、枕具、蚊帐、凉席、垫褥以及各种棉被、鸭绒被、棉毯、线毯、电热毯、毛巾被等。

家庭设备：包括洗涤电器：洗衣机、甩干机；制冷电器：电冰箱、电冰柜；清洁电器：吸尘器、加湿器、空气净化器、电熨斗、电风扇、房间空调器、电淋浴器等；家用厨房电器具：食品加工机、电炊具、吸排油烟机、微波炉、电饭煲、饮水机、电烤箱、洗碗机、消毒柜；家用保健电器：电取暖器、电动按摩器等。

洗衣机：指一次洗衣在6公斤以下的自动、半自动、单缸、双缸、滚筒家用洗衣机，不包括手摇洗衣机。

电风扇：包括各种规格、型号的台扇、壁扇、落地扇、吊扇，不包括换气扇。

电冰箱：指单门、双门、三门家用电冰箱，不包括冰柜。

冰柜：指用于冷冻食品的各种规格家用冰柜。

微波炉：指利用微波辐射来烹饪食物的厨房电器。

空调器：指具有空气的加热、冷却、增湿、除湿等功能的空气调节器，不包括冷暖风机。

电炊具：指以电为热能的家用炊具，包括电饭煲、电炒锅、电水壶、电火锅、电烤箱等，不包括电炉子。

吸排油烟机：指家庭炊事用的排油烟机，又称抽油烟机或脱排油烟机，不包括换气扇、排气风扇。

电暖器：包括油汀、暖风机、石英管取暖器、浴霸等取暖设备。

其他家用设备：指除上述已列出的其他家庭设备，如吸尘器、消毒碗柜、洗碗机等，不包括家庭文娱用耐用消费品。

文娱用耐用消费品：包括彩色电视机、激光视盘机(LD、VCD、DVD)、摄像机、音响、收录音机、录放像机、幻灯机等。

彩色电视机：也称彩色电视接收机。包括显像管彩色电视机和固体显示(液晶显示、等离子显示)彩色电视机，不包括可以接收电视的计算机。

激光视盘机：主要包括VCD视盘播放机、DVD视盘播放机、DVD视盘录放机等。

便携式音响：主要包括袖珍盒式磁带录放机、MP3、CD机、MD机和复读机等产品。

音像器材类：包括专业音响器材、专业声像器材及其配件。

自行车：包括脚踏自行车、助动车。助动车指主要以蓄电池或燃油作为辅助能源，具有两个车轮，能实现人力骑行、电动或电动助力功能的特种自行车。

义务教育：指按照国家义务教育法规定的、并主要由政府财政支出的初等教育和成人扫盲教育及按照国家义务教育法规定的对小学毕业生进行的初级中等教育。

非义务教育：指主要由政府财政支出的，通过考试招收初中毕业生进行普通高中教育的活动以及普通高等教育。

技能培训：指经教育主管部门、劳动部门或有关主管部门批准，由政府部门、企业、社会力量办的职业培训、就业培训及各种知识、技能的培训活动。

学杂托幼费中其他项：主要指社会力量所办初等教育、初中教育和高中教育所收取的学费。家教费及择校费也可归入此类。

文化办公用品：包括学习和办公用的纸张、文具、计算机及其配件、打印机及配件、复印机、扫描仪、油印机、速印机、电子辞典、计算器、印刷材料以及教学用的设备、普通测绘仪器、器材、标本、模型等，不包括通讯器材。计算机及其配套产品包括大、中、小、微型、台式和手提式电子计算机、掌上电脑和计算机的辅助设备，如不间断电源、多媒体配件以及专用设备、零配件，计算机用光盘、磁盘、磁带等，不包括单板机、插卡式电脑学习机和各种电子计算机软件。打印机及配件包括各种打印机(针式、喷墨、激光)以及相关的打印机用纸、色带、硒鼓等。

日用百货：包括非机动车及配件(主要是自行车及配件)、雨衣雨伞、理发用具、剃须刀具、部分日用小五金(如刀、剪、针线、锁等)、卫生纸、卫生巾、保温瓶、打火机等。

日用杂品：包括精铝、铸铝、铝合金家用器皿、不锈钢餐具、家用厨具及其他不锈钢器皿等，不包括工业建筑的通用金属器皿；日用搪瓷制品，包括单瓷、双瓷的面盆、口杯及其他搪瓷制品等，不包括工业建筑的通用搪瓷制品；铁锅、笼屉、瓷碗、碟等餐具和炊事用具，清洁卫生用具，竹、木、藤、柳编制品以及炉子、烟筒等。

洗涤用品：包括洗衣粉、肥皂、香皂、浴皂、药皂、牙膏及各种清洁洗涤剂(膏、液、粉)等日用洗涤用品。

洗浴服务：指专业洗浴室以及在宾馆、饭店或娱乐场所常设的独立（或相对独立）洗浴服务。

其他日用品：不包括以上列出的其他日用品。包括：各种燃气灶具、各种儿童玩具、照明器具(各种灯具、灯泡、灯管等)、钟表(各种机械、石英电子的闹钟、挂钟、座钟等；各种机械、石英电子手表、怀表等及钟表零配件)、眼镜(各种成品眼镜、眼镜架、眼镜片、眼镜毛坯、眼镜零配件)、工艺美术品(各种雕塑工艺品，如玉雕、牙雕等；金属工艺品；漆器工艺品；画类工艺品；人造花卉；天然植物、纤维编织工艺品，如竹、藤、草编工艺品等；刺绣工艺品；抽纱工艺品)、日用塑料制品、日用皮革制品、日用玻璃器皿和日用普通饰品等。

体育用品：包括球类及球类器材、棋牌和健身器材。球类包括篮球、足球、排球、羽毛球、乒乓球等；棋牌包括象棋、国际象棋、围棋、克郎棋、军棋、跳棋、扑克牌、麻将牌等。健身器材包括各种通过器械达到锻炼身体、提高身体素质的器材，如侧重于“练块的”扩胸机、举重床、自重式健力器、哑铃组合架、坐式后拉器、卧式后屈腿训练器等；侧重于身体素质训练的跑步机、健步器、骑马机、滑雪器、健骑机等以及集消除疲劳、减肥健身为一体的各种非电动按摩机、健腹器等。其他体育用品包括体操运动器材，举重运动器材，田径运动器材，水上运动器材，冰雪运动器材，射击、射箭、击剑器材，场地器材，航空、航海模型材料，运动保护用具，钓鱼用具等。

娱乐用品：包括游艺器材、照相器材和乐器等。游艺器材包括游戏机、插卡式电脑学习机、儿童运动游艺器材等；照相器材，包括照相机、胶卷、存储卡、座机、外拍机、胶片(不包括X光胶片及工业胶片)、相纸、放大机、照相镜头、摄影灯具、零配件等，暗房用品，如上光机、反拍机、翻版机、冲片机等，修相用品，如修相油、上光用品、修底版用具等，洗相药品，如显影液、定影液等。乐器包括中西乐器、电子乐器、乐器辅助用品及配件，如钢琴、提琴、手风琴、吉他等。

交通运输机械：包括各类轿车、客车、货车、摩托车等机动车辆及其配件。

通信器材：包括各种通信工具器材，如固定电话机、移动电话机、传真机、对讲机及其配件等。

家具：主要有坐卧类家具，如椅子、凳子、沙发、床；凭椅类家具，如桌子、茶几；贮藏类家具，如柜、箱；隔断类家具，如屏风等；以及具有多种组合功能的组合家具等。

柜：包括卧室柜（服装柜）、书柜、展示柜、厨房整体橱柜等产品。

床上套件：包括床单（罩）、被罩、枕套等产品的不同组合。

化妆品类：包括护肤品、美容品、护发美容品、清洁化妆品和药物美容用品等。护肤品，如霜、香脂、乳液、润肤油等；美容品，如香粉(粉饼)、胭脂、唇膏、眼影、眉笔、指甲油及各种化妆盒、假发等；护发美容品，如发油、发霜、发蜡、发宝、营养发水、护发素、发胶、摩丝、各种染发剂等；清洁化妆用品，如洗发香波、洗发膏、洗发精、剃发膏、花露水、爽身粉、腋下香、香水等；药物美容用品，如防秃生发水、浓眉露、止痒水(粉)、祛斑霜、粉刺露、防晒剂、痱子粉(水)、减肥霜等。

金银珠宝类：包括以金、银、铂等金属及钻石、宝(玉)石、翡翠、珍珠、水晶、象牙、骨角等为原料，经加工和连接组合、镶嵌等方法，制成各种图案造型的装饰品、饰品、工艺品等。包括首饰，如项链、戒指、耳环、手镯、脚链、挂件、别针、发卡等；珠宝饰品，如宝(玉)石、钻石镶嵌、珍珠镶嵌、宝(玉)石首饰以及其他金银珠宝饰品等。

医疗器具：指人使用的用于医疗的小型器具。包括血压计、体温计、注射器等，不包括医疗用的各种大型设备，如CT机、核磁共振器等医疗器材。

保健器具：指用于身体保健的器具。包括按摩器、健身球、磁疗枕(药枕)、护膝、护腰、护肩等。不包括体育运动器械，如扩胸器、哑铃等。

滋补保健用品：指市场上销售的具有滋补保健作用的保健食品，包括人参、鹿茸、蜂王浆、阿胶、青春宝、西洋参、各种营养口服液、燕窝、胎盘等。

抗微生物药：包括抗生素类药品、合成抗菌药、抗分枝杆菌药、抗真菌药、抗病毒类药。其中，（1）抗生素类药品主要包括青霉素类、头孢菌类、大环内酯类等药品。青霉素类主要包括窄谱青霉素类的青霉素（注射剂）、普鲁卡因青霉素（注射剂）和广谱青霉素及复方制剂的阿莫西林（口服常释剂型）；头孢菌类主要包括第一代头孢菌类中的头孢氨苄、头孢拉定；大环内酯类主要包括红霉素、琥乙红霉素、罗红霉素、乙酰螺旋霉素等药品。(2) 合成抗菌药主要包括磺胺类、喹诺酮类（主要包括吡哌酸、环丙沙星、诺氟沙星等药品）和硝基咪唑类(主要指甲硝唑类)等药品。

消化系统用药：包括抗酸药及抗溃疡病药、助消化药、胃肠解痉及胃动力药、泻药、止泻药、肝病辅助治疗药、利胆药、肛肠科用药和其他消化系统药物。其中，(1) 抗酸药及抗溃疡病药主要包括抗酸药及胃粘膜保护药、抑酸药。抗酸药及胃粘膜保护药主要包括大黄碳酸氢钠、复方铝酸铋、枸橼酸铋钾等药品。抑酸药主要包括雷尼替丁、西咪替丁等药品。(2) 助消化药主要包括乳酶生（口服常释剂型）。(3) 胃肠解痉及胃动力药主要包括胃肠解痉药、胃动力药和止吐药、催吐药。(4) 其他消化系统药物主要包括缓解消化道不适症状的复方 OTC 制剂。

呼吸系统用药：包括祛痰药、镇咳药和平喘药。

解热镇痛及非甾体抗炎药：包括解热镇痛及非甾体抗炎药和抗痛风药。其中，解热镇痛及非甾体抗炎类药品主要包括阿司匹林（口服常释剂型）、布洛芬（口服常释剂型）、复方阿司匹林（口服常释剂型）及缓解感冒症状的复方 OTC 制剂。

抗肿瘤药：包括细胞毒药物、激素类及抗激素类抗肿瘤药和其他抗肿瘤药。

激素及调节内分泌功能药：包括胰岛素及其他影响血糖的药物、雄激素、抗雄激素及同化激素类、肾上腺皮质激素类、甲状腺激素及抗甲状腺药和下丘脑垂体激素及其类似物。其中，胰岛素及其他影响血糖的药物主要包括胰岛素类药品和口服降糖药。

循环系统用药：包括强心药、抗心律失常药、利尿降压药、钙拮抗药、血管舒张药、降血脂药等。血管舒张类药主要包括复方降压药、硝酸甘油等药品。

神经系统用药：包括脑血管病用药、抗重症肌无力药、抗癫痫药、抗帕金森病药、中枢兴奋药、镇静催眠药、抗偏头痛药和其他神经系统用药。其中，脑血管病用药主要包括尼莫地平（口服常释剂型）、倍他司汀（口服常释剂型或注射剂）和丹参酮 IIA（注射剂）等药品。

专科用药：包括皮肤科外用药、眼科用药、耳鼻喉科用药、口腔科用药和妇产科用药。皮肤科外用药主要包括红霉素（软膏剂）、环丙沙星（软膏剂）、甲硝唑（凝胶剂）、地塞米松（软膏剂）、克霉唑（软膏剂）、尿素（软膏剂）等药品。眼科用药主要包括红霉素（眼膏剂）、金霉素（眼膏剂）、氯霉素（滴眼剂）、环丙沙星（滴眼剂）、可的松（滴眼剂、眼膏剂）等药品。耳鼻喉科用药主要包括复方硼砂漱口（口服常释剂型）、复方诺氟沙星（滴鼻剂）、克霉唑（滴耳剂）等药品。口腔科用药主要包括糠甾醇（牙周宁）。妇产科用药主要包括甲硝唑、克霉唑、咪康唑等药品。

书报杂志：包括以纸介质形态出版发行的各种中、外文书籍，工具书、课本，教材，图片，报纸和杂志等。

电子音像制品：包括以数字代码方式将声音、图像、文字和编码等图文音像信息编辑加工后存储在磁、光、电介质上，通过计算机或者具有类似功能的设备读取使用的产品，其媒体形态包括软磁盘(FD)、只读光盘(CD—ROM)、交互式光盘(CD—I)、照片光盘(PHOTO—ROM)、高密度只读光盘(DVD—ROM)等。音像制品指各种磁、光、电介质的录音、录像的磁带、光盘(CD、LD、VCD、DVD)等。

煤炭及制品类：包括原煤、煤炭及制品，如焦炭、石油焦、半焦、煤(饼)块和煤球等。

石油及制品类：包括液化石油气、管道燃气、汽油、柴油、机油等。

木材及制品类：包括原木、板材、锯材等。

五金、电料类：包括五金工具、电工工具、工具配件、水暖器材、各种专业工具、五金杂品，各种五金商品，木瓦工具，电工、电讯器材及配件等各类商品。如各种榔头、钳子、锯子、扳手、锉刀、泥刀、自来水管、各种水龙头、暖气片、阀门、螺丝、螺母、水表、电表、插座、插头、开关、电线、铁丝、镇流器、灯架、灯罩等。

二、固定资产投资价格

固定资产投资额：固定资产投资额(又称固定资产投资完成额)是以货币形式表现的在一定时期内建造和购置固定资产的工作量以及与此有关的费用的总称。它是反映固定资产投资规模、结构和发展速度的综合性指标，又是观察工程进度和考核投资效果的重要依据。

固定资产投资额的构成：指固定资产投资额的工程内容和实现方式，包括:

1.建筑工程是指各种房屋、建筑物的建造工程，又称建筑工作量。这部分投资额必须兴工动料，通过施工活动才能实现，是固定资产投资额的重要组成部分。

建筑工程包括:

(1)各种房屋如厂房、仓库、办公室、住宅、商店、学校、医院、俱乐部、食堂、招待所等工程。包括房屋的土建工程；列入房屋工程预算内的暖气、卫生、通风、照明、煤气等设备的价值及装设油饰工程；列入建筑工程预算内的各种管道(如蒸汽、压缩空气、石油、给排水等管道)、电力、电讯电缆导线等的敷设工程；房地产开发单位进行的商品房屋开发建设工程。

(2)设备基础、支柱、操作平台、梯子、烟囱、凉水塔、水池、灰塔等建筑工程；炼焦炉、裂解炉、蒸汽炉等各种窑炉的砌筑工程及金属结构工程。

(3)为施工而进行的建筑场地的布置、工程地质勘探，原有建筑和障碍物的拆除、平整场地、施工临时用水、电、汽、道路工程，以及完工后建筑场地的清理、环境绿化美化工作等；房地产开发单位进行的土地开发工程。

(4)矿井的开凿，井巷掘进延伸，露天矿的剥离，石油、天然气钻井工程和铁路、公路、港口、桥梁等工程。

(5)水利工程，如水库、堤坝、灌溉以及河道整治等工程。

(6)防空、地下建筑等特殊工程及其他建筑工程。

2.安装工程是指各种设备、装置的安装工程，又称安装工作量。

安装工程包括:

(1)生产、动力、起重、运输、传动和医疗、实验等各种需要安装设备的装配和安装，与设备相连的工作台、梯子、栏杆等装设工程，附属于被安装设备的管线敷设工程，被安装设备的绝缘、防腐、保温、油漆等工作。

(2)为测定安装工程质量，对单个设备、系统设备进行单机试运、系统联动无负荷试运工作(投料试运工作不包括在内)。在安装工程中，不包括被安装设备本身价值。

3.设备、工具、器具购置是指把工业企业生产的产品转为固定资产的购置活动，包括建设单位或企、事业单位购置或自制的，达到固定资产标准的设备、工具、器具的价值。新建单位及扩建单位的新建车间，按照设计或计划要求购置或自制的全部设备、工具、器具，不论是否达到固定资产标准均计入“设备、工具、器具购置”中。

(1)设备：指各种生产设备、传导设备、动力设备、运输设备等。分为需要安装的设备和不需要安装的设备两种。

需要安装的设备(简称“需安设备”)：指必须将其整体或几个部位装配起来，安装在基础上或建筑物支架上才能使用的设备。如轧钢机、发电机、蒸汽锅炉、变压器、塔、换热器、各种泵、机床等。有的设备虽不要基础，但必须进行组装工作，并在一定范围内使用的，如生产用电铲、塔吊、门吊、皮带运输机等也作为需要安装的设备统计。

不需要安装的设备(简称“不需安设备”)：指不必固定在一定位置或支架上就可以使用的各种设备，如电焊机、叉车、汽车、机车、飞机、船舶以及生产上流动使用的空压机、泵等。

(2)工具、器具：指具有独立用途的各种生产用具、工作工具和仪器。如生产和维修用的切削工具、压延工具、铆焊工具、模压器、铸型、风镐等，检验、实验测量用的各种计量、分析、化验仪器，以及达到固定资产标准的包装容器等。

4.其他费用是指在固定资产建造和购置过程中发生的，除上述几项内容以外的各种应分摊计入固定资产的费用(包括范围见“其他费用的内容”)。

其中：土地购置费是指行政事业单位建设项目通过出让方式取得土地使用权而支付的出让金。

旧建筑物购置费是指购置已使用过的各种旧房屋及其他建筑物。

建筑安装工程投资额的费用项目：建筑安装工程费用划分为直接工程费、间接工程费两个部分。

一、直接工程费，由直接费、其他直接费、现场经费组成。

(一)直接费，指施工过程中耗费的构成工程实体和有助于工程形成的各项费用，包括人工费、材料费、施工机械使用费。

1.人工费，指直接从事建筑安装工程施工的生产工人开支的各项费用，内容包括：(1)基本工资(2)工资性补贴(3)生产工人辅助工资(4)职工福利费(5)生产工人劳动保护费。

2.材料费，指施工过程中耗用的构成工程实体的原材料、辅助材料、构配件、零件和半成品的费用以及周转使用材料的摊销(或租赁)费用，内容包括：(1)材料原价(或供应价)(2)供销部门手续费(3)包装费(4)材料装卸费、运输费及途耗(5)采购及保管费。

3.机械使用费，指使用施工机械作业所发生的机械使用费以及机械安、拆及进出场费用，内容包括：(1)折旧费(2)大修费(3)经修费(4)安拆费及场外运输费(5)燃料动力费(6)人工费(7)运输机械养路费、车船使用税及保险费。

(二)其他直接费，指直接费以外施工过程中发生的其他费用，内容包括：1.冬雨季施工增加费 2.夜间施工增加费 3.二次搬运费 4.仪器仪表使用费 5.生产工具用具使用费 6.检验试验费 7.特殊工种培训费 8.工程定位复测、工程点交、场地清理等费用 9.特殊地区施工增加费。

(三)现场经费，指为施工准备、组织施工生产和管理所需费用，内容包括:

1.临时设施费，指施工企业为进行建筑安装工程施工所必需的生活和生产用的临时建筑物、构筑物和其他临时设施费用等，内容包括：临时设施的搭设、维修、拆除或摊销费。

2.现场管理费，内容包括：(1)现场管理人员的基本工资、工资性补贴、职工福利费、劳动保护费等。(2)办公费(3)差旅交通费(4)固定资本产使用费(5)工具用具使用费(6)保险费(7)工程保修费(8)工程排污费(9)其他费用。

二、间接工程费，由企业管理费、财务费、其他费用和计划利润、税金组成。

(一)企业管理费，指施工企业为组织施工生产经营活动所发生的管理费用，内容包括：1.管理人员的基本工资、工资性补贴及按规定标准计提的职工福利费；2.差旅交通费；3.办公费；4.固定资产折旧、修理费；5.工具用具使用费；6.工会经费；7.职工教育经费；8.劳动保险费；9.职工养老保险费及待业保险费用；10.保险费；11.税金；12.其他。

(二)财务费用，指企业为筹集资金而发生的各项费用，包括企业经营期间发生的短期贷款利息净支出、汇兑净损失、调剂外汇手续费、金融机构手续费、以及企业筹集资金发生的其他财务费用。

(三)其他费用，指按规定支付工程造价(定额)管理部门的定额编制管理费及劳动定额管理部门的定额测定费，以及按有关部门规定支付的上级管理费。

(四)计划利润，指按规定应计入建筑安装工程造价的利润。依据不同投资来源或工程类别实施差别利率。

(五)税金，指国家税法规定的应计入建筑安装工程造价内的营业税，城市维护建设税及教育费附加。

其他费用:

1.旧房屋购置：指建设单位和企、事业单位购置的各种旧房屋和其他建筑物，但不包括由房地产开发公司统一开发建设的商品房屋购置。

2.基本畜禽支出：指农林建设单位的基本畜禽购置，包括新建农场外购的大牲畜(如种畜)、各种禽类(如鸡群、鸭群等)。不包括老农场自繁自养或外购补充的基本畜禽支出。基本畜禽支出一般包括：基本畜禽购置费用；基本畜禽在移交生产单位前所发生的各种饲养费用。

3.林木支出：指各种经济林木的造林费用。一般包括：整地、种植和幼林抚育等支出。

4.办公生活用家具、器具购置：指为保证新建、扩建、改建项目投产初期正常生产经营所必需购置的办公和生活用家具、用具的费用。包括办公室、会议室、资料档案室、阅览室、文娱室、食堂、浴室、理发室、单身宿舍和设计规定必须建设的托儿所、卫生所、招待所、中小学校等的家具、用具。

5.建设单位管理费：指建设单位所发生的管理费用。包括工作人员的工资、工资附加费、劳保支出、办公费、差旅交通费、劳动保护费、工具用具使用费、固定资产使用费、零星固定资产购置费、招募生产工人费、技术图书资料费和其他管理性质的开支。

6.土地征用及迁移补偿费：指通过划拨方式取得无限期的土地使用权而支付的土地补偿费、附着物和青苗补偿费、安置补偿费以及土地征收管理费等，以及行政事业单位建设项目通过出让方式取得土地使用权而支付的出让金。不包括非行政事业单位建设项目通过出让方式取得有限期的土地使用权而支付的出让金。

7.勘察设计费：指建设单位自行或委托勘察设计单位进行工程水文地质勘察、设计所发生的各项费用。

8.研究实验费：指为建设项目提供或验证设计数据、资料进行必要的研究试验，按照设计规定在施工过程中必须进行试验所发生的费用，以及支付科技成果和先进技术的一次性技术转让费。不包括应由科技三项费用开支的费用和应由间接费开支的施工企业对建筑材料、构件和建筑物进行一般鉴定、检查所发生的费用及技术革新的研究试验费，以及应由勘察设计单位的事业费或基本建设投资开支的费用。

9.可行性研究费：指在建设前期进行建设项目可行性研究而发生的费用，包括为进行可行性研究而购置的固定资产。

10.施工机构转移费：指按规定支付给施工企业因成建制地调来承担施工任务而发生的一次性搬迁费用。

11.设备检验费：指按照规定支付给商品检验部门的进口成套设备检验费。建设单位对进口成套设备自行组织检验所发生的费用，应计入设备、工器具购置。

12.负荷联合试车费：指单项工程(车间)在交工验收以前进行的负荷联合试车亏损(即全部试车费减去试车产品销售收入和其他收入后的差额)。单机试运或系统联动无负荷试运所发生的费用，应计入安装工程投资。

13.土地占用、使用费：指因进行固定资产投资活动而占用土地，按规定应支付的土地使用税、耕地占用税、以及应支付的土地复垦费用和土地损失补偿费用。

14.退耕退牧还林还草、土壤改良、城市绿化等投资：指列入县及县以上投资计划的，有资金投入的退耕退牧还林还草、土壤改良、城市绿化等投资。

15.建设期应付利息：指在建设阶段应支付的各种利息，包括采取分期付款方式进口成套设备应支付的利息，向银行或其他金融机构借款应支付的利息，以及因发行或使用各种债券进行固定资产投资应支付的利息。不包括超过建设期或投产后应付的各种利息。

16.政府收费：指在投资过程中发生的各种政府收费。主要有土地增值税、城市维护建设税、城市基础设施配套费、教育纲附加、排污费、城市水资源费、电力增容费等。

17.企业债券发行费：指筹措债券资金而发生的债券发行费用，包括支付给银行的代理发行手续费和债券的设计、印刷等费用。

18.合同公证费及工程质量监测费：指建设单位按规定支付给司法部门的合同公证费和支付给工程质量监测部门的工程质量监测费。

19.国外借款手续费及承诺费：指因向境外借款而支付的手续费和承诺费。

20.汇兑损益：指利用外资或外汇进行固定资产投资，由于不同时间、不同汇率而产生的外汇兑换差额。

21.临时设施费：指按照规定拨付给施工企业的临时设施包干费，以及建设单位自行施工所发生的临时设施实际支出。包括临时设施的搭设、维修、拆除费或摊销费，以及施工期间专用公路养护费、维修费。

22.坏账损失：指建设单位按规定程序报经批准确实无法收回的预付及应收款项。

23.固定资产亏损及损失：指在固定资产建造和购置过程中，由于管理不善、设计方案变更、重大自然灾害等原因造成的工程报废净损失、固定资产净损失、器材处理亏损和设备净盘亏。

24.其他：指在建设阶段发生的除上述各种费用以外的其他费用，如国外设计及技术资料费、出国联络费、外国技术人员费、取消项目的可行性研究费、编外人员生活费、停缓建维护费、商业网点费、供电贴费和行政事业单位建设项目发生的非常损失等。

计算固定资产投资额的价格：固定资产投资额是以货币形式表现的建造和购置固定资产的工作量指标，计算固定资产投资额的价格，应该反映一定时期固定资产的价值，即建造或购置固定资产所耗费的社会必要劳动时间。为真实反映固定资产投资活动的规模、水平和效果，便于进行综合平衡，原则上应以实际价格作为计算固定资产投资额的价格依据。

1.计算建筑安装工程投资额的价格

由于建筑产品的单个性及周期长的特点，建筑安装工程投资额一般按预算价格计算。预算价格，是在施工图设计阶段根据一定时期的预算定额计算出来的工程总费用。由于预算定额的编制有一定的时间间隔和相对稳定性，预算价格不能完全反映当期的实际水平。因此，以预算价格计算建安工程投资额时，应将经建设单位与施工单位双方协商同意，且经商业银行同意拨款的工程价差、量差，视同修改预算价格。建筑安装工程应按修改后的预算价格计算投资完成额。

实行招标投标的建安工程，以中标价格作为计算建安工程投资额的价格依据。中标后价格有调整的，以调整后的价格作为计算投资完成额的价格依据。

对于某些工程已进入施工，但施工图预算尚未编出的，可根据工程进度先按设计概算或套用相同结构、类型工程的预算价格计算，待预算编出后再进行调整。

建设单位议价购料供应给施工单位，材料价差部分未转给施工单位的，建设单位应将这部分价差包括在建安工程投资额中。

2.设备、工具、器具购置投资额一律按实际价格，即支出的全部金额计算。外购设备、工具、器具除设备本身的价格外，还应包括运杂费、仓库保管费等。自行建造的设备、工具、器具，按建造过程中实际发生的全部支出计算。如果设备已经安装，而实际价格尚未结出，可暂按设计(计划)价格计算，待实际价格结出后再行调整。

3.其他费用的计算价格

一般按财务部门实际支付的金额计算。为保证统计数字的及时性，基层单位可根据会计账面数字填报，不必等财务决算或财务报表编出。在报送投资统计月报时，可根据报告期发生的其他费用报送初步数字或预计完成数，待年报时根据会计账表进行调整。

三、房地产价格

房地产：从广义上讲，房地产是房产与地产的总称，指国家、集体及个人所拥有的房屋和土地。但就我国目前房地产业的业务范围而言，它包括归国家所有的城镇生产性或非生产性用地（城市地产），及附着在其上的城镇生产、生活用建筑和辅助设施（城市房产）和对这些建筑、辅助设施的管理等。农村生产用地、用房及宅基地等不属城市房地产业的业务范围。国家有偿征用农村土地用于城镇建设时，只有所有权转让过程结束后，才纳入城市房地产业的经营范围。

商品房：进入房屋市场进行交易，第一次进行产权登记的商品房屋。

二手房：进入房屋市场进行交易，第二次以上进行产权登记的商品房屋。

房产价格：房产价格按取得所有权（使用权）的方式分为房屋销售价格和房屋租赁价格两种形式。

房屋销售价格：房屋销售价格指房产所有权转移时买卖双方实际成交的价格（合同价格）。房产买卖时，买房人购买的是房产的所有权，卖房人将房产所有权出让，同时要获得房产所有权出让的价值补偿。它主要包括商品房销售和二手房销售两部分。

房屋租赁价格：房屋租赁价格指房屋的所有人出租房屋而取得的实际租金。在此种流通形式中，房屋所有权不变，承租者支付房租，获得一定时期内的房屋使用权；出租者放弃或出让一定时期内的房屋使用权。它包括住宅租赁、办公楼租赁、商业用房租赁和工业用房租赁等。

商品房销售价格：商品房销售价格是指进入房屋市场进行交易的房屋，第一次进行产权登记时的实际交易价格（合同价格）。其价格由成本、税金、利润、代收费用等组成，它受地段、层次、朝向、质量、材料差价等因素的影响。

住宅：住宅是专供居住用的房屋。它主要包括经济适用房、普通住宅、高档住宅和廉租房等，职工单身宿舍和学生宿舍等也包括在内。

非住宅：非住宅是指除住宅以外的其它房屋。它主要包括办公楼、商业用房和工业仓储用房等。

私房：私房是指由个人或家庭购买、建造并拥有产权的房屋。一般情况下，居民可以自由出租或出售。

经济适用房：经济适用房是指具有政策和社会保障性质的商品住宅，是国家为解决中低收入家庭住房问题而修建的普通住房，具有经济性和适用性的特点。经济性是指住宅价格相对市场价格而言，是适中的，能够适应中低收入家庭的承受能力；适应性是指在住房设计及其建筑标准上强调住房的使用效果，而不是降低建筑标准。这类住宅因减免了工程报建中的部分费用，其成本略低于普通商品房，故称为经济实用房（安居工程住宅）。其认购是有标准的。集资、合资所建房屋也属于经济适用房。

普通住宅：普通住宅是指按所在地一般民用住宅建筑标准建造的居住房屋。普通住宅主要包括多层住宅和高层住宅。多层住宅是指2－6层（含6层）的楼房；高层住宅是指6层以上的楼房，高层住宅多安装电梯。由于各地对多层和高层的定义不一致，划分标准各地可根据实际情况酌情确定。

高档住宅：高档住宅是指按超出普通住宅建筑标准建造的高标准住宅，通常包括别墅和高档公寓。

别墅是指在郊区或风景区建造的园林式住宅，一般拥有独自的私家车库、花园、草坪、院落等。

高档公寓一般是指其单位建筑面积销售价格高于当地普通住宅销售价格一倍以上的高档次住宅，通常为复式住宅顶层有花园或多层住宅配有电梯并拥有较好的绿化、商业服务、物业管理等配套设施。

办公楼：办公楼是指机关、团体、企业、事业、学校、医院等单位的各类办公用房。其中，档次较高的、设备较齐全的为写字楼，条件一般的为普通办公用房。

写字楼：写字楼是指机关、团体、企业、事业、等单位的高档次办公用房。一般拥有较完备的办公设施，且交通便利，服务设施齐全。

商业用房：商业用房是指用于商业经营服务活动的房屋。如商场、酒店、饭店、度假村等。

工业仓储用房：指用于工业生产、存储活动的房屋。

工业厂房：工业厂房指直接用于工业生产或为工业生产配套的各种房屋。工业厂房主要包括车间、辅助用房及附属设施用房。凡工业、交通运输、商业、建筑业以及科研、学校等单位中的厂房都应包括在内。

仓库：仓库指工业、交通运输、商业、供销、外贸、物资及其他企事业单位等用于物资存储的房屋。

土地交易价格：土地交易价格是指房地产开发商或其他建设单位在进行项目开发之前，为取得土地使用权而实际支付的价格，不包括土地的后续开发费用、税费、各种手续费和拆迁费等。土地交易方式主要包括：政府出让、政府划拨、政府租赁、政府其它、市场转让、市场出租和市场抵押。

居住用地：居民住宅用地指用于建造居民居住用房所用的土地。其中主要包括经济适用房用地、普通住宅用地和高档住宅用地。

工业仓储用地：工业用地指工业生产或与工业生产相配套的各种活动所占用的场所，包括车间用地、仓库用地、辅助用房用地及附属设施用房用地等。

商业、旅游、娱乐用地：商业、旅游、娱乐用地指用于开展商业、旅游、娱乐活动所占用的场所。如用于建造商店、粮店、饮食店、公园、游乐场、影剧院、俱乐部等用地。

其他用地：其他用地指用于建造服务业用房、办公用房、教育用房、医疗用房、科学实验研究用房等所占用的土地。如理发馆、照相馆、旅馆、办公室、教室、医院、科研所等占用的土地。

项目地段：项目地段是指根据项目所在地段的土地级别而划分的项目等级。其中，土地级别是指根据土地使用价值及所处地段繁华程度的不同而划分的土地等级。目前各地的标准不一，例如北京市的土地级别分为一、二、三、四级、…、十级，而福建省的土地级别分为一、二、三、四、五级。土地没有进行级别划分的地区，我们可以将其按繁华、较好、一般和偏僻等划分为一、二、三、四级。

项目结构：项目结构是按房屋建筑的主要承重部分（如梁、柱、墙及各种构架）所用的主要材料划分为不同的结构类型，一般可分为：

（1）钢架结构：承重的主要结构是用钢材建造的。

（2）钢、钢筋混凝土结构：承重的主要结构是用钢、钢筋混凝土建造的。如一栋房屋的一部分梁柱采用钢制构架，一部分梁柱采用钢筋混凝土建造。

（3）钢筋混凝土结构：承重的主要结构是用钢筋混凝土建造的。

（4）混合结构：承重的主要结构是用钢筋混凝土和砖木建造的。如一栋房屋的梁是用钢筋混凝土制成，以砖为承重墙；或者梁是木材制造，柱是钢筋混凝土建造的。

（5）砖木结构：承重的主要结构是用砖、木材建造的。如一栋房屋是木制房架、砖墙、木柱建造的。

（6）其他结构：凡不属于上述结构的房屋都归此类。如土砖木结构（土基墙、砖柱、木梁）、木结构、竹结构、砖拱结构、窑洞等。

随着施工技术的发展和新型材料的问世而出现的一些新结构，按上述划分标准分别列入有关结构中。

权数：权数表示某商品销售的金额占全社会商品销售总金额的比重，通常以千分之多少表示。如：在商品房销售中，住宅和非住宅销售额分别占商品房销售总额的 700‰和 300‰，那么住宅和非住宅的权数就分别为 700 和 300。

附录 2　城市调查统计方法的简要说明

一、城镇居民家庭收支调查（城镇住户调查）

（一）调查方法

城镇居民可支配收入和收支资料是通过城镇住户抽样调查得到的。城镇住户调查采用住宅框选取调查户样本。调查对象包括中国城镇区域内的所有住户。住户调查城镇采用分层随机抽样的方法确定，首先，按照城镇规模将全国所有省（区、市）的城镇划分为三层：大中城市(地级和地级以上的城市)、县级市和县城(镇)；第二，按各层人口占全省（区、市）人口的比例来分配每层的样本量；第三，按城镇就业者年人均工资从高到低排队，依次计算各城镇人口累计数，然后根据样本量的大小随机起点等距抽取所需数量的调查城镇。

调查户的抽选工作分两步进行。第一步进行一次性的大规模城镇住户基本情况抽样调查，采取分层、二(多)阶段、与大小成比例(PPS 方法)的随机等距方法选取调查样本也称一相样本；第二步根据城镇住户基本情况抽样调查取得的家庭人口、就业人口、收入等资料进行分组，从中按比例抽出一个小样本也称二相样本，作为经常性调查户，开展家庭日记账工作，以取得可支配收入和相关收支资料。

为了增强样本代表性，城镇住户调查实行样本轮换制度。调查城镇中的经常性调查户要求每年轮换 1/2，也就是每年有 1/2 的调查户要退出调查，再从一相样本中抽选 1/2 的新调查户替代之。

最后，由国家统计局对城镇住户调查数据进行全国汇总，得出城镇居民可支配收入和相关收支资料。

（二）开展一次性城镇住户基本情况抽样调查的必要性

城镇住户基本情况抽样调查每三年进行一次，其目的主要是为经常性调查提供抽样框和为经常性调查数据评估提供基础资料，是我国开展住户调查工作的主要特点和方法。各调查市、县采取分层、二(多)阶段、与大小成比例(PPS 方法)的随机等距方法选取调查样本。取得调查户家庭人口、就业人口、收入等辅助资料后，根据这些资料进行分组，从中按比例抽出一个小样本也称二相样本，作为经常性调查户，开展日记账工作。

进行城镇住户基本情况抽样调查，首先可以全面系统地收集我国城镇居民家庭人口、就业、收入、消费的基本情况，为全面构建社会主义和谐社会提供基础资料，为各级党委和政府研究和解决好医疗、教育、住房与社会保障等人民群众最关心、最直接、最现实的利益问题提供决策参考信息。

其次，是为了抽选常规调查记账户，为常规城镇住户调查提供基础抽样框。常规城镇住户调查一直采用二相法抽选调查户。每三年在全国选出一个大样本（或称一相样本）开展基本情况抽样调查，并以此为分层依据，从中抽出一个小样本（也称二相样本）作为常规调查户，开展连续日记账工作。

第三，可以评估现行城镇住户调查中样本及数据的科学性，提高常规城镇住户调查的代表性。由于一些中小城市样本量较小，利用大样本调查的资料进行排队，采用分层、等距等抽样技术，能大大提高抽样的设计效应，尤其是对调查户数相对较少的市（县），作用更加明显。

第四，可以有效控制样本抽选或轮换时的随意性，进一步加强国家对基层常规调查户的抽选和监控，尽量避免随意换户和人为换户现象，为提高常规住户调查数据质量提供科学依据。

（三）城镇居民可支配收入与农民人均纯收入的区别

城镇居民可支配收入指调查户可用于最终消费支出和其它非义务性支出以及储蓄的总和，即居民家庭可以用来自由支配的收入。它是家庭总收入扣除经营性支出、交纳的个人所得税、个人交纳的社会保障费以及调查户的记账补贴后的收入。计算公式为:

可支配收入= 家庭总收入-经营性支出-交纳个人所得税-个人交纳的社会保障支出-记账补贴

农民人均纯收入是指农村住户当年从各个来源得到的总收入相应地扣除所发生的费用后的收入总和。纯收入主要用于再生产投入和当年生活消费支出，也可用于储蓄和各种非义务性支出。“农民人均纯收入”按人口平均的纯收入水平，反映的是一个地区或一个农户农村居民的平均收入水平。计算方法为:

纯收入＝总收入-家庭经营费用支出-税费支出-生产性固定资产折旧-农村内部亲友赠送

（四）恩格尔系数的概念及其经济含义

19 世纪德国统计学家恩格尔根据统计资料，对消费结构的变化得出一个规律：一个家庭收入越少，家庭收入中（或总支出中）用来购买食物的支出所占的比例就越大，随着家庭收入的增加，家庭收入中（或总支出中）用来购买食物的支出则会下降。推而广之，一个国家越穷，每个国民的平均收入中（或平均支出中）用于购买食物的支出所占比例就越大，随着国家的富裕，这个比例呈下降趋势。

恩格尔系数是根据恩格尔定律得出的比例数，是表示生活水平高低的一个指标。其计算公式如下：

$$恩格尔系数=\frac{食物支出金额}{总支出金额}$$

除食物支出外，衣着、住房、日用必需品等的支出，也同样在不断增长的家庭收入或总支出中，所占比重上升一段时期后，呈递减趋势。

（五）基尼系数的概念及经济含义

20 世纪初意大利经济学家基尼，根据洛伦茨曲线找出了判断分配平等程度的指标（如下图），设实际收入分配曲线和收入分配绝对平等曲线之间的面积为 A，实际收入分配曲线右下方的面积为 B。并以 A 除以 A+B 的商表示不平等程度。这个数值被称为基尼系数或称洛伦茨系数。如果 A 为零，基尼系数为零，表示收入分配完全平等；如果 B 为零则系数为 1，收入分配绝对不平等。该系数可在零和 1 之间取任何值。收入分配越是趋向平等，洛伦茨曲线的弧度越小，基尼系数也越小，反之，收入分配越是趋向不平等，洛伦茨曲线的弧度越大，那么基尼系数也越大。如果个人所得税能使收入均等化，那么，基尼系数即会变小。联合国有关组织规定：若低于 0.2 表示收入绝对平均；0.2 ~ 0.3 表示比较平均；0.3 ~ 0.4 表示相对合理；0.4 ~ 0.5 表示收入差距较大；0.6 以上表示收入差距悬殊。

二、价格调查

（一）居民消费价格指数的含义和作用

居民消费价格指数是度量消费商品及服务项目的价格水平随时间而变动的相对数，反映居民家庭购买的消费品及服务价格水平的变动情况。它是宏观经济分析和调控、价格总水平监测以及国民经济核算的重要指标。

在日常经济生活中，大体来说 CPI 它有三个用途，一是测量通货膨胀之用，如果 CPI 在一段时期内连续高幅度上涨，就可以说发生了严重通货膨胀；二是用于国民经济核算，比如核算城市运输业价值量时要扣除物价上涨因素，从而得到了城市运输业实际成果的变化情况；三是作为利益关系方的利益调整参照系数，比如在一些西方国家中作为劳资双方工资调整的依据。

（二）居民消费价格指数的调查和编制方法

国家统计局每月在直辖市、省会城市、自治区首府城市和大连、青岛、宁波、厦门、深圳市，以及其他选中的调查市、县进行价格调查，即调查城乡居民购买并用于日常生活消费的商品和服务项目的价格。调查方式采用派员定时、定点直接调查采价。一般性商品（服务）每月调查 2 至 3 次，对于与居民生活密切相关、价格变动比较频繁的商品（服务），每 5 天调查一次价格，价格变动不频繁的规格品（服务）每月调查 1 次。目前我国编制指数的地区根据各地情况选择了 550 ~ 750 个代表规格品进行调查。

各调查点每月定期报送调查数据，国家统计局根据上报数据，运用国际通用的计算方法计算出全国及分省、36 个大中城市的居民消费价格指数。每月定期发布居民消费价格总指数及分类价格指数（按用途划分为 8 个大类：食品、烟酒、衣着、家庭设备用品及维修服务、医疗保健和个人用品、交通和通信、娱乐教育文化用品及服务、居住）。

（三）编制现行居民消费价格指数需要调查的主要内容

日常生活中，城乡居民消费的商品和服务项目包罗万象、品种繁多、变化多样。为了及时准确地编制出每个月的 CPI，就要在成千上万种的商品和服务项目中选出一部分用来编制 CPI。也就是说，CPI 不是用全部商品和服务项目编制的，而是挑选重要的商品和服务项目用于编制 CPI 的商品和服务项目。计算 CPI 的商品和服务项目一旦被选中，一般要使用五年，最短的也要使用两三年。

如何确定每种商品和服务项目的重要性呢？目前全国有城乡 12 万户居民要把自己家的支出一笔一笔地记录下来，这些数据被国家统计局收集、加工出来，就得到了全国城乡居民的消费结构，并由此确定了日常消费的商品及服务项目在消费总额中的重要程度。

（四）为什么公布的居民消费价格指数与百姓的感受不一样？

老百姓的日常感受与国家统计局公布的居民消费价格指数不一致是很正常的情况。一般来说，导致这种情况的出现有这么几点原因：

1. 居民消费价格指数在我国叫做城乡居民消费价格指数。由于我国城乡人口有 13 亿，这 13 亿消费者中有农民有城市居民，有富人也有低收入者，有生活在东南沿海经济较发达地区的居民，也有生活在中西部经济欠发达地区的居民，所以居民消费价格指数是 13 亿人平均水平的居民消费价格指数。因而，当某个人谈对居民消费价格指数的感受时是他（她）的个体感受，个体感受肯定会与平均水平的居民消费价格指数有差异。打个比方吧，假如说我国平均海拔是2000米，可是我国有世界上最高的高原—青藏高原，有世界海拔最高的山峰—珠峰，而东南沿海大多在海拔几百米左右。那么，如果生活在东南沿海的人就会感到这个平均海拔高了，而如果生活在青藏高原就会感到这个海拔太低了。

2. 国家统计局公布居民消费价格指数时，公布的大多是总指数和类指数，作为消费者比较时，总是用自身感受的某种具体商品或服务项目价格的变动情况与居民消费价格指数总指数或某类指数比较，从而得出居民消费价格指数走势与感受不一致的结论。比方说吧，国家统计局公布的9月份居民消费价格指数同比上涨1.5%（但居住类商品和服务项目却上涨了5%），如果这段时间您正好装修房子，买的建筑材料价格上涨了许多，当您看到1.5%的价格涨幅时，肯定感到国家统计局公布的居民消费价格指数低了。

3. “人往高处走，水往低处流”的潜意识在起作用。每个人都希望自己的生活蒸蒸日上、日子一天比一天好，因此总是希望市场价格不涨或者下降才好。在这种心理的作用下，一种情况是人们一般对市场上商品或服务项目价格的下降不敏感或者没什么反映，但对商品或服务项目价格的上涨比较敏感（比如说近几年来，猪肉、鸡蛋的价格下降不少，但人们没什么反映，而对医疗服务项目价格上涨确反映强烈）；另一种情况是，有些商品价格下降很大，但大家日常生活中不常消费这些商品，所以对这些商品价格的下降就不敏感，而对日常生活中经常消费的商品或服务项目价格的上涨反映强烈（比如说，近几年来手机、彩电大幅度降价，但这些商品我们不经常消费，所以就不敏感，而水、电、燃气价格大幅度上涨，而这些商品我们天天要消费，所以我们感受强烈）。

4. 收入水平和消费水平的不同导致了对价格指数感受的不同。改革开放以来，我国的国民经济有了巨大发展，人民生活水平也有了极大提高，但高收入者毕竟只是少数，绝大多数城乡居民收入水平和消费水平还不高。一般来说，收入水平和消费水平的高低会造成对价格指数感受的差异。高收入者消费水平高，消费内容广，对价格上涨的承受能力强；反之，低收入者消费水平低、消费面窄，收入主要用于吃、穿、医疗和子女的教育等方面上，对价格上涨的承受能力低。近几年来，一些生活必需品不断涨价，因此特别是低收入者反映敏感，感觉实际消费价格上涨的幅度应该比公布的居民消费价格指数要高。

（五）生产者价格指数的概念及内容

生产者价格指数是价格统计指数体系的重要组成部分。它反映的是一定时期内产品出售或购买（也称产出和投入）的价格以及服务所收取费用价格的变动情况，国际上统称为PPI（producer price index）。生产者价格指数主要包括三部分：一是农产品生产价格指数，二是工业生产者价格指数（有些国家只编制制造业生产者价格指数），三是服务业生产者价格指数。在我们国家农产品生产价格指数是从2002年正式开始编制的，在此之前一直编制农产品收购价格指数。工业生产者价格指数包括工业品出厂价格指数和原材料、燃料、动力购进价格指数两部分，这是我国起步最早、编制技术也较为完善的一种生产者价格指数。服务业生产者价格指数是起步最晚也是亟待完善的一种生产者价格指数。除上面提到的三种生产者价格指数，我国还编制了固定资产投资价格指数，包括建筑安装工程投资价格指数（它的前身为建筑业价格指数）、设备工器具购置价格指数以及其它费用投资价格指数三部分。应该说，目前我国涵盖第一、第二产业的生产者价格指数已经较为完善，而且已基本上满足了国民经济核算的需要，尤其是开展了二十多年的工业生产者价格指数无论是它的调查范围还是调查方法已得到国际同仁的认可。相比之下，我们的服务业生产者价格调查工作则远远落后于其他国家，很难满足国民经济核算的需要。因此，弄清我国服务业生产者价格统计现状及未来的发展方向，已成为一项摆在我们面前的重要工作。

（六）开展工业品价格调查的目的和任务

工业品价格调查的主要任务是按照科学的方案调查收集代表企业中代表产品的价格资料，编制工业品价格指数。它包括工业品第一次出售时的出厂价格和企业作为中间投入的原材料、燃料、动力购进价格。工业品价格是在国民经济活动中处于生产环节或上游领域的价格，其价格波动对国民经济、对下游产品价格变化都有重要影响。工业品价格指数是我国价格体系的重要组成部分。

工业品价格调查的目的在于及时、准确、科学地反映全国及各地区的各工业行业产品价格水平和各种工业产品价格的变动趋势及幅度，为国民经济核算、计算工业发展速度、宏观经济分析和调控、理顺价格体系提供科学、准确的依据。我国的工业品价格统计工作从1986年建立到现在，走过了20年的历程。这期间，工业品价格调查的方法制度不断更新，调查企业、调查产品不断增加，调查网点日益完善。工业品价格指数从总体上看，基本反映了我国工业品价格的变动趋势和变动幅度，为宏观经济分析和决策，为理顺我国价格体系，为统计分析和核算，为科研、教学部门和社会公众了解国情，提供了大量宝贵的资料，发挥了应有的作用。尤其是2004年以后，根据国际惯例及国民经济核算的需要，国家统计局正式采用价格指数法计算工业发展速度，从而使工业品价格指数的应用范围进一步扩大了。

（七）工业品价格指数在县区级计算工业发展速度中的应用

我国现行工业品价格统计制度按照国际统计一般规则的要求，不断改进和完善，正在努力接近国际先进水平，得到不少国际组织和外国专家的好评。2002年，我国加入国际货币基金组织（IMF）的通用数据公布系统（GDDS）。工业品价格调查制度经IMF专家严格审核，已登上IMF的GDDS网站，和我国居民消费价格统计等少数统计制度一起享受如此殊荣。目前，工业品价格调查的企业为 50000多家，包括大、中、小等各种规模的企业，也涵盖了国有、集体、其它等各种经济类型的企业。调查市县为430 多个，各省（自治区、直辖市）均编制了本省的工业品价格指数，35 个大中城市及部分有条件的地级市也编制了本地区的工业品价格指数。县区级由于产业结构比较单一，一般不编制本地区的工业品价格指数，但代表性的企业要参与工业品价格的上报，以保证地市级或更高一级指数的代表性。为满足地、市、县计算发展速度的需要，现在各省（自治区、直辖市）建立了定期向地、市、县统计部门反馈分行业工业品价格指数资料的制度，各地、市、县根据本地的工业结构，选择有关行业的工业品价格指数计算工业发展速度。由于计算发展速度时，采用的是当地的行业资料做权数，因而具有足够的代表性。

（八）现行房地产价格调查统计中包括的主要内容

从广义上讲，房地产是房产与地产的总称。因此房地产价格调查的内容主要包括以下几个部分:

房屋销售价格。从进入房地产市场的渠道看，房屋销售价格包括商品房和二手房两大部分。

房屋租赁价格。房屋租赁价格包括住宅、办公楼、商业娱乐用房、工业仓储用房和其他用房五部分。

土地交易价格。土地交易价格包括居民用地、工业仓储用地、商业旅游娱乐用地和其他用地四部分。

物业管理价格。物业管理价格包括住宅、办公楼、商业娱乐用房和工业仓储用房四部分。

房地产价格调查采用重点调查与典型调查相结合的方法。调查方式采用报表与走访相结合的方式。目前我国房地产价格调查在七十个大中城市开展，调查样本超过 1 万个。

（九）固定资产投资价格调查主要目的

固定资产投资是社会再生产的重要环节，其规模、速度、结构、比例和效益直接影响国民经济的发展。各类投资品价格作为生产领域价格是国民经济价格体系中的重要组成部分。

固定资产投资价格调查的目的在于及时、准确地反映全社会及各类工程固定资产投资中涉及的各类投资品和取费项目价格的变动趋势和变动幅度，消除按现价计算的固定资产投资指标中的价格变动因素，真实地反映全社会及各类工程固定资产投资的规模、速度、结构和效益，为国家及各部门科学地制定、检查固定资产投资计划和进行国民经济核算提供科学的、可靠的依据。

（十）固定资产投资价格调查的主要任务

1.调查和搜集全社会及各类工程固定资产投资经济活动中涉及的各种价格资料和费用资料，并掌握各种平均价格水平和费用标准。

2.编制与固定资产投资经济活动有关的各种价格指数，(如固定资产投资价格总指数及主要分类指数、分工程类别投资价格指数等)，准确地反映全社会及各类工程固定资产投资价格变动幅度和变动趋势。

3.结合固定资产投资经济和建筑业经济活动中的主要指标(如投资规模、效益和建筑业产值、成本等)，积极开展统计分析，并及时反映新情况和新问题，为宏观决策提供咨询服务。

三、城市基本情况统计

（一）城市统计的基本概念和基本任务

城市基本情况统计是以城市总体为观察对象，收集、反映和认知城市经济、社会等各个方面活动规律的科学，是具有全面性、综合性、地区性等特点的一项统计工作。基本任务和职责是搜集、整理、分析反映城市规模、经济发展、社会发展、城市建设、生态环境的基本现状及其发展变化的基础资料。为研究制定城市发展战略和城市总体规划；为加强城市建设和管理，更好地发挥城市的整体功能和综合效益；为加强城市在全国和区域经济中的地位与作用；为有效的开展城市之间、地区之间乃至国际间的比较研究；为反映和研究城市居民生活环境与状况、城市居民生活质量等提供科学依据。城市统计指标体系可归纳为五个部分:

1. 城市人口和劳动力资源统计。包括人口状况、劳动力的素质与结构等。

2. 经济发展。包括综合经济、农业、工业、建筑业、商业、外贸、投资、财政金融、保险等。

3. 社会发展。包括居民收入与消费、居住、医疗、教育、文化、社会服务、旅游等。

4. 基础设施。包括道路与交通、邮政与通讯、水、电等基础设施。

5. 环境与环境保护。包括城市绿化、环境状况、城市环境保护和治理情况。

（二）调查方法

城市统计主要采用条块结合的统计方法，根据指标体系的内容，各城市统计部门每年从相关部门收集资料，以反映城市发展的全貌，并报上级统计部门，以全面反映区域和全国城市发展状况。